COLECCION DE DOCUMENTOS

PARA LA HISTORIA DE MÉXICO

TOMO PRIMERO

IMPRENTA PARTICULAR DEL EDITOR,
Calle de Manrique N. 5.

De esta obra solo se han impreso 800 ejemplares en papel comun, y 12 en papel fino.

PROPIEDAD DEL EDITOR.

COLECCION

DE

DOCUMENTOS

PARA LA

HISTORIA DE MÉXICO

PUBLICADA POR JOAQUIN GARCÍA ICAZBALCETA

TOMO PRIMERO

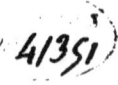

MÉXICO
LIBRERIA DE J. M. ANDRADE, PORTAL DE AGUSTINOS N. 3

1858

PRÓLOGO.

Quam bene, alii judicabunt, magno certe cum labore.

Si ha de escribirse algun dia la historia de nuestro pais, es necesario que nos apresuremos á sacar á luz los materiales dispersos que aun puedan recogerse, antes que la injuria del tiempo venga á privarnos de lo poco que ha respetado todavía. Sin este trabajo prévio no hay que aguardar resultados satisfactorios, porque la doble tarea de reunir y aprovechar es superior á las fuerzas de un solo hombre. El ingenio mas vigoroso consume su brío en la primera parte de la empresa, y está ya rendido antes de comenzar el desempeño de lo que en realidad interesa al pais, cual es la obra en que presente el resultado de sus investigaciones. Son además tan distintas y aun opuestas las cualidades requeridas para cada uno de estos trabajos, que viene á ser casi imposible encontrarlas reunidas en una misma persona.

Convencido de estas verdades, y ya que mi buena suerte, ayudada de activas diligencias, ha traido á mi poder un regular acopio de manuscritos, no quise dejar de contribuir al beneficio público, divulgándolos por medio de la prensa. El poco estímulo que encuentra hasta ahora en nuestro pais esta clase de publicaciones, no dejaba esperanza de hallar editor que quisiera encargarse de una empresa que ofrecia pérdida segura: tuve, pues, que tomarla á mi cargo. Me allanaba el camino para la ejecucion del proyecto, la circunstancia de tener á mi disposicion una pequeña imprenta particular, resultado de mi temprana aficion al arte tipográfico; de suerte que la impresion ha sido hecha siempre á mi vista, y en gran parte por mis propias manos. He sido, por consiguiente, colector, editor é impresor del presente volúmen, que ha ocupado mis ratos de ocio durante algunos años.

Pensé al principio sujetar á mejor arreglo esta Coleccion, disponiendo los documentos por órden cronológico y geográfico, sin pasar á nuevo periodo ó distinto suceso, hasta quedar agotado el anterior; pero la imposibilidad de reunir anticipadamente todos los materiales necesarios para tan vasto plan, y sobre todo el temor de que la empresa se frustrase enteramente por quererla demasiado perfecta, me obligaron á conformarme con un mediano órden cronológico, y aun interrumpido á veces para reunir piezas relativas á un mismo suceso ó personaje. No he creido conveniente tampoco añadir al título de *Coleccion de Documentos* la palabra *Inéditos*, por no privarme de incluir aquellos que, aunque ya impresos, son excesivamente raros, ó están como perdidos en colecciones voluminosas y poco conocidas. Así sucede con el *Itinerario de Grijalva* y *El Conquistador Anónimo*, que van en este volúmen, y con los *Diálogos de Cervántes* y otras piezas que oportunamente tendrán lugar en esta Coleccion.

Sin predileccion particular hácia época alguna de nuestra historia, y proponiéndome abrazarla toda, desde los tiempos mas remotos hasta el año de 1810, publico desde luego una série de documentos del siglo XVI, como el período mas interesante de nuestros anales, en que desaparecia un pueblo antiguo y se formaba otro nuevo; el mismo que existe en nuestros dias y de que formamos parte. Justo era, pues, asistir ante todo al nacimiento de nuestra sociedad. Nada tan propio para esclarecer aquellos sucesos, como la preciosa crónica del Padre Motolinia, con que da principio el volúmen, y á la que hacen compañía las piezas contemporáneas que le siguen. El mismo siglo XVI nos dará materia para el segundo tomo, y en él tendrán cabida otros documentos originales y desconocidos, de que sirve ahora como de muestra la *Carta inédita de Hernan Cortés*.

Los defectos que indudablemente han de notarse en esta Coleccion, he procurado redimirlos, hasta cierto punto, con una escrupulosa fidelidad en seguir los originales, y un extremo cuidado en la correccion tipográfica. He preferido á veces dejar cierta oscuridad en los textos, antes que atreverme á sustituir lecciones aventuradas. Y para que el lector gradúe la autoridad que hayan de gozar los documentos, he reunido en una *Noticia* que va al frente de cada volúmen, cuantos datos puedan dar luz acerca de su origen y autores. En esta parte he sido algo pródigo de noticias bibliográficas; pero lo he hecho así en atencion á la suma dificultad que cuesta á veces el reunir estos datos, y á la utilidad que prestan en corto espacio, una vez reunidos. La parte principal de estos preliminares, es la extensa *Noticia de la Vida y Escritos de Fray Toribio de Motolinia*, que á ruego mio escribió el Sr. D. José Fernando Ramirez, y que forma por sí sola un opúsculo bien interesante.

Antes de concluir cumplo con un grato deber manifestando que todos mis esfuerzos para adquirir documentos habrian sido estériles, á no haber logrado la inesperada fortuna de merecer las mas finas atenciones á dos sugetos tan corteses é instruidos como el distinguido historiador americano Mr. Prescott, y el Sr. D. Francisco Gonzalez de Vera, residente en Madrid. Á uno ú otro de estos señores soy deudor de cuanto mas precioso encierra mi coleccion; pues si el primero ha desempeñado siempre con la mayor bondad y eficacia mis molestos y repetidos encargos de copias de manuscritos en su poder, el segundo se ha anticipado constantemente á mis deseos con sus continuas remesas de libros raros, manuscritos originales ó copias; todo con un empeño é inteligencia, que no habrian sido mayores si formara una coleccion para sí propio. Aprovecho, pues, con el mayor gusto esta ocasion de manifestar públicamente á ambos mi reconocimiento.

México, Diciembre 31 de 1858.

ÍNDICE GENERAL.

Prólogo V
Noticia de las piezas contenidas en este volúmen XIII
Noticias de la vida y escritos de Fray Toribio de Benavente, ó Motolinia, por Don José Fernando Ramirez XLV

HISTORIA DE LOS INDIOS DE NUEVA ESPAÑA, POR FR. TORIBIO MOTOLINIA.

PÁGS.

Epístola proemial 1
TRATADO PRIMERO.—Aquí comienza la relacion de las cosas, idolatrías, ritos y ceremonias que en la Nueva España hallaron los Españoles cuando la ganaron: con otras muchas cosas dignas de notar que en la tierra hallaron 14
Capítulo primero.—De cómo y cuándo partieron los primeros frailes que fueron en aquel viaje, y de las persecuciones y plagas que hubo en la Nueva España . . . . ib.
Cap. II.—De lo mucho que los frailes ayudaron en la conversion de los Indios, y de muchos ídolos y crueles sacrificios que hacian: son cosas dignas de notar 21
Cap. III.—En el cual se prosigue la materia comenzada, y cuenta la devocion que los Indios tomaron con la señal de la cruz, y cómo se comenzó á usar. 24
Cap. IV.—De cómo comenzaron algunos de los Indios á venir al bautismo, y cómo comenzaron á deprender la doctrina cristiana, y de los ídolos que tenian 29
Cap. V.—De las cosas variables del año,

y cómo en unas naciones comienza diferentemente de otras; y del nombre que daban al niño cuando nacia, y de la manera que tenian en contar los años, y de la ceremonia que los Indios hacian 35
Cap. VI.—De la fiesta llamada Panquetzaliztli, y los sacrificios y homicidios que en ella se hacian; y cómo sacaban los corazones y los ofrecian, y despues comian los que sacrificaban. . . 39
Cap. VII.—De las muy grandes crueldades que se hacian el dia del dios del fuego y del dios del agua; y de una esterilidad que hubo en que no llovió en cuatro años 42
Cap. VIII.—De la fiesta y sacrificio que hacian los mercaderes á la diosa de la sal; y de la venida que fingian de su dios; y de cómo los señores iban una vez en el año á los montes, á cazar para ofrecer á sus ídolos 47
Cap. IX.—De los sacrificios que hacian en los ministros Tlamacazques, en especial en Tehuacan, Cozcatlan y Teutitlan; y de los ayunos que tenian. . 49
Cap. X.—De una muy gran fiesta que hacian en Tlaxcallan, de muchas ce-

ÍNDICE GENERAL.

remonias y sacrificios........ 55
Cap. XI.—De las otras fiestas que se hacian en la provincia de Tlaxcallan, y de la fiesta que hacian los Chololtecas á su dios; y porqué los templos se llamaron teocallis.......... 60
Cap. XII.—De la forma y manera de los teocallis, y de su muchedumbre, y de uno que habia mas principal.... 63
Cap. XIII.—De cómo celebran las pascuas y las otras fiestas del año, y de diversas ceremonias que tienen... 69
Cap. XIV.—De la ofrenda que hacen los Tlaxcaltecas el dia de Pascua de Resurreccion; y del aparejo que los Indios tienen para se salvar...... 73
Cap. XV.—De las fiestas de Corpus Christi y San Juan que celebraron en Tlaxcallan en el año de 1538....... 79
TRATADO SEGUNDO.—De la conversion y aprovechamiento de estos Indios; y cómo se les comenzaron á administrar los sacramentos en esta tierra de Anáhuac, ó Nueva España; y de algunas cosas y misterios acontecidos. 99
Capítulo primero.—En que dice cómo comenzaron los Mexicanos y los de Coatlinchan á venir al bautismo y á la doctrina cristiana.......... 100
Cap. II.—Cuándo y adónde comenzaron las procesiones en esta tierra de la Nueva España, y de la gana con que los Indios vienen á bautizarse.... 105
Cap. III.—De la prisa que los Indios tenian en venir al bautismo, y de dos cosas que acontecieron en México y en Tetzcoco............. 107
Cap. IV.—De los diversos pareceres que hubo sobre el administrar el sacramento del bautismo, y de la manera que se hizo los primeros años.... 110
Cap. V.—De cómo y cuándo comenzó en la Nueva España el sacramento de la penitencia y confesion, y de la restitucion que hacen los Indios..... 116
Cap. VI.—De cómo los Indios se confiesan por figuras y caracteres; y de lo que aconteció á dos mancebos Indios en el artículo de la muerte..... 122
Cap. VII.—De dónde comenzó en la Nueva España el sacramento del matrimonio, y de la gran dificultad que hubo en que los Indios dejasen las muchas mujeres que tenian..... 124

Cap. VIII.—De muchas supersticiones y hechicerías que tenian los Indios, y de cuán aprovechados están en la fe. 129
Cap. IX.—Del sentimiento que hicieron los Indios cuando les quitaron los frailes, y de la diligencia que tuvieron que se los diesen; y de la honra que hacen á la señal de la cruz... 133
Cap. X.—De algunos Españoles que han tratado mal á los Indios, y del fin que han habido; y pónese la conclusion de la segunda parte......... 139
TRATADO TERCERO......... 142
Capítulo primero.—De cómo los Indios notaron el año que vinieron los Españoles, y tambien notaron el año que vinieron los frailes. Cuenta algunas maravillas que en la tierra acontecieron.............. ib.
Cap. II.—De los frailes que han muerto en la conversion de los Indios de la Nueva España. Cuéntase tambien la vida de Fray Martin de Valencia, que es mucho de notar y tener en la memoria.............. 147
Comienza la vida de Fray Martin de Valencia............. 148
Cap. III.—De que no se debe alabar ninguno en esta vida; y del mucho trabajo en que se vieron hasta quitar á los Indios las muchas mujeres que tenian; y cómo se ha gobernado esta tierra despues que en ella hay Audiencia................ 162
Cap. IV.—De la humildad que los frailes de San Francisco tuvieron en convertir á los Indios, y de la paciencia que tuvieron en las adversidades.... 166
Cap. V.—De cómo Fray Martin de Valencia procuró de pasar adelante en convertir nuevas gentes, y no lo pudo hacer, y otros frailes despues lo hicieron.............. 169
Cap. VI.—De unos muy grandes montes que cercan toda esta tierra, y de su gran riqueza y fertilidad, y de muchas grandezas que tiene la ciudad de México.............. 174
Cap. VII.—De los nombres que México tuvo, y de quién dicen que fueron sus fundadores; y del estado y grandeza del señor de ella, llamado Moteuczoma................ 180
Cap. VIII.—Del tiempo en que México se

ÍNDICE GENERAL.

fundó, y de la gran riqueza que hay en sus montes y comarca, y de sus calidades, y de otras muchas cosas que hay en esta tierra. 186
CAP. IX.—En el cual prosigue la materia de las cosas que hay en la Nueva España, y en los montes que están á la redonda de México. 193
CAP. X.—De la abundancia de rios y aguas que hay en estos montes, en especial de dos muy notables fuentes; y de otras particularidades y calidades de estos montes; y de cómo los tigres y leones han muerto mucha gente. 196
CAP. XI.—En el cual prosigue la materia, y nombra algunos grandes rios que bajan de los montes, y de su riqueza; trata algo del Perú. 201
CAP. XII.—Que cuenta del buen ingenio y grande habilidad que tienen los Indios en aprender todo cuanto les enseñan; y todo lo que ven con los ojos lo hacen en breve tiempo. 209
CAP. XIII.—De los oficios mecánicos que los Indios han aprendido de los Españoles, y de los que ellos de antes sabian. 212
CAP. XIV.—De la muerte de tres niños, que fueron muertos por los Indios, porque les predicaban y destruian sus ídolos, y de cómo los niños mataron al que se decia ser dios del vino . . . 214
CAP. XV.—De la ayuda que los niños hicieron para la conversion de los Indios, y de cómo se recogieron las niñas indias, y del tiempo que duró, y de dos cosas notables que acontecieron á dos Indias con dos mancebos. . . . 224
CAP. XVI.—De qué cosa es provincia, y del grandor y término de Tlaxcallan, y de las cosas notables que hay en ella 227
CAP. XVII.—De cómo y por quién se fundó la ciudad de los Ángeles, y de sus calidades. 231
CAP. XVIII.—De la diferencia que hay de las heladas de esta tierra á las de España, y de la fertilidad de un valle que llaman el Valle de Dios; y de los morales y seda que en él se cria, y de otras cosas notables 236
CAP. XIX.—Del árbol ó cardo llamado maguey, y de muchas cosas que de él se hacen, así de comer como de beber, calzar y vestir, y de sus propiedades. 243
CAP. XX.—De cómo se han acabado los ídolos, y las fiestas que los Indios solian hacer, y la vanidad y trabajo que los Españoles han puesto en buscar ídolos 247

Carta de Fray Toribio de Motolinia al Emperador Cárlos V. (Enero 2 de 1555.). . . . 251

VARIOS DOCUMENTOS DEL SIGLO XVI.

Itinerario de la armada del Rey Católico á la isla de Yucatan, en la India, el año de 1518, en la que fué por comandante y capitan general Juan de Grijalva. Escrito para Su Alteza por el capellan mayor de la dicha armada. (Texto italiano y traduccion.). . 281
Vida de Hernan Cortés Fragmento anónimo. (Texto latino y traduccion.) . 309
Carta del licenciado Alonso Zuazo al P. Fray Luis de Figueroa, prior de la Mejorada. 358
El Conquistador Anónimo.—Relacion de algunas cosas de la Nueva España y de la gran ciudad de Temestitán México; escrita por un compañero de Hernan Cortés. (Texto italiano y traduccion.). 368
Carta que Diego Velazquez escribió al licenciado Figueroa, para que hiciese relacion á SS. MM. de lo que le habia fecho Fernando Cortés. 399
El proceso y pesquisa hecho por la Real Audiencia de la Española é tierra nuevamente descubierta. 404
Probanza hecha en la Villa Segura de la

Frontera, por Juan Ochoa de Lejalde, á nombre de Hernan Cortés. 411
Probanza fecha en la Nueva España del Mar Océano, á pedimento de Juan Ochoa de Lejalde, en nombre de Hernando Cortés, sobre las diligencias que el dicho capitan hizo para que no se perdiese el oro ó joyas de SS. MM. que estaban en la ciudad de Temistitán. 421
Carta del ejército de Cortés al Emperador. 427
Demanda de Ceballos en nombre de Pánfilo de Narvaez, contra Hernando Cortés y sus compañeros. 437
Ordenanzas militares y civiles mandadas pregonar por Don Hernando Cortés en Tlaxcala, al tiempo de partirse para poner cerco á México. 445
Lo que pasó con Cristóbal de Tapia, acerca de no admitirle por gobernador, con los procuradores de México y demás poblaciones, y los de Hernan Cortés. 452
Instruccion civil y militar á Francisco Cortés, para la expedicion de la costa de Colima. 464
Carta inédita de Hernan Cortés. . . . 470
Carta del contador Rodrigo de Albornoz al Emperador. 484
Memoria de lo acaecido en esta ciudad despues que el gobernador Hernando Cortés salió della, que fué á los doce dias del mes de Octubre de mill é quinientos é veinte é cinco años. . . . 512
Carta de Diego de Ocaña 524

ERRATAS.

Pág. LXVII, lín. 18: las Indios *léase* los Indios
Pág. 23, col. 2ª de la nota, lín. 1: *despues de* Hist. Gen. de las Indias, *añádase* Parte II,
Pág. 158, lín. 24: dejó de tener oficio por su voluntad, escogió *léase* dejó de tener oficio, por su voluntad escogió
Pág. 264, lín. 12: tierra *léase* tierras
Pág. 267, lín. 1: i *léase* ó
Pág. 268, lín. 6: le *léase* se
Pág. 272, lín. 33: ya *léase* y á
Pág. 275, lín. 9: un *léase* una
Pág. 289, lín. única de la nota: al *léase* el
Pág. 344, lín. 10: expresivas; *léase* expresivas,
Pág. 387, lín. 11 del texto italiano: que *léase* che
Pág. 396, lín. 2 del texto italiano: cassa *léase* casa
Pág. 398, lín. 7 del texto italiano: por *léase* per

NOTICIA

DE LAS PIEZAS CONTENIDAS EN ESTE VOLÚMEN.

Segun queda advertido en el prólogo que precede, este primer tomo se compone en su totalidad de documentos del siglo XVI. Hay dos traducidos del italiano, y uno del latin; los tres llevan al pié el texto respectivo, á fin de que las personas que entiendan la lengua del original no tengan que fiarse de la traduccion. El mismo órden ha de seguirse siempre que se publiquen documentos traducidos.

Por regla general se advierte, que cuando ha sido necesario suplir alguna palabra en el texto para perfeccionar la cláusula, se ha cuidado de distinguirla imprimiéndola con letras VERSALITAS; y aunque de esta misma letra se han puesto tambien las firmas, no hay lugar á equivocacion, atendiendo á que estas se hallan siempre al fin de los escritos. De este modo se han excusado infinitas notas, que no harian mas que distraer al lector, guardándose al mismo tiempo el respeto debido á los originales.

La *Noticia* correspondiente á la *Historia de los Indios de Nueva España*, por Fray Toribio de Motolinia, se halla al frente de dicha obra.

ITINERARIO DE GRIJALVA.

Juan de Grijalva fué natural de Cuellar, y por lo mismo paisano de. adelantado de Cuba Diego Velazquez, de quien era además tan amigo, que muchos les tenian por parientes, aunque en realidad no lo eran. Animado Velazquez con las noticias adquiridas por medio de la expedicion de Francisco Fernandez de Córdoba (1517), y satisfecho de la conducta de Grijalva en el desempeño de algunas comisiones que le habia confiado en Cuba, le envió en 1518 á continuar los descubrimientos en la costa de Yucatan, mandándole entre otras cosas que no fundara ninguna colonia, sino que se limitara á rescatar oro entre los indígenas. La exactitud de Grijalva en el cumplimiento de esta parte de sus instrucciones le acarreó graves disgustos, no solo con la gente que llevaba á sus órdenes, sino aun con el mismo Velazquez, quien á su regreso le reconvino muy injustamente por no haber poblado en tierra que parecia tan rica y feraz. Sin embargo, aquella expedicion dió origen á la de Cortés; y así por esto como por haber sido el primero que descubrió las costas del imperio de Moctezuma, y puso nombre á la Nueva España, merece Grijalva un lugar distinguido en nuestra historia.

Años adelante volvió á nuestras costas en la desgraciada expedicion de Francisco de Garay, cuya armada tuvo á su cargo, é hizo con ella un papel bien triste, hasta quedar prisionero de los capitanes de Cortés. Pasado algun tiempo le encontramos en Honduras, donde al cabo terminó su carrera en 1526, habiendo sido muerto con otros Españoles en una sublevacion de los Indios del pueblo de Olancho. Grijalva era un oficial honrado y obediente; pero sin ninguna de aquellas cualidades que hacen sobresalir á los hombres en tiempos de agitacion.

El Itinerario de su expedicion á la Nueva España, que ahora publico, si fué escrito por el capellan de la armada, segun expresa el título, es obra del clérigo Juan Diaz, que desempeñaba tal cargo en aquella expedicion, pero que no debia ser muy amigo del general, á quien censura varias veces con tanta injusticia como dureza. El original castellano no existe, ó á lo menos no se ha encontrado hasta ahora, y solo nos queda la traduccion italiana, impresa en una obra antigua de que luego daré noticia. Para la presente edicion me han servido de original dos copias manuscritas; una remitida de Boston por el Sr. W. H. Prescott, y sacada de la coleccion de Don Juan Bautista Muñoz; otra enviada de Madrid, que fué hecha por el célebre Don Martin Fernandez de Navarrete, y tiene esta nota al pié:

«Se ha sacado esta copia de un libro en 8º impreso en lengua toscana «en Venecia á 17 de Septiembre de 1522, por el heredero de Georgio di «Ruscon, que existe con el nº 21, en la Biblioteca Colombina de la Santa «Iglesia Catedral de Sevilla, rotulado: *Itinerario de Varthema.*—Además «de esta Relacion contiene el Itinerario del Egipto, Suria *(sic)*, Arabia «Desierta y Feliz, Persia, India y Etiopia, con todas las Islas descubiertas «hasta entonces en aquellas regiones de Oriente, usos y costumbres de sus «naturales, Religion, Comercio, Navegacion &c. Su autor Ludovico de «Varthema, Bolognés, que dice anduvo todo: dedicada á la Illma y Exma «Señora, la Condesa de Albi y Duquesa de Tagliacozzo Madama Agnesina «Feltria Colonna.—Confrontóse en 28 de Junio de 1793.—Vº Bº—Martin «Fernandez de Navarrete.»

Del cotejo de ambas copias resultan algunas variantes; mas como son pocas y descubren siempre con claridad el vicio de uno ú otro texto, me han servido mucho para la correccion previa, sin haber sido necesario expresarlas al pié de las páginas. En lo que ambos manuscritos van enteramente de acuerdo, es en su detestable ortografía, que me he visto obli-

gado á conservar, por no exponerme á introducir correcciones indebidas.
La puntuacion, sobre todo, está en completo desórden, pues cuando no
falta del todo, es porque va apareciendo donde menos se necesitaba; y si
á esto se añade lo anticuado del estilo, y la mezcla de palabras del dialecto veneciano, se tendrá idea de las dificultades que ofrecia la traduccion: sirva esto como disculpa de sus defectos. Fué mi ánimo conservar
en ella la mayor fidelidad posible, y al mismo tiempo el estilo anticuado
del perdido original castellano.—Hay tambien una traduccion francesa de
este *Itinerario*, publicada por Mr. Ternaux-Compans en el tomo X de sus
*Voyages, Relations et Mémoires originaux pour servir à l'histoire de la dé-
couverte de l'Amérique*, (Paris, 1837-41,) la que en verdad no me ha sido
tan útil como yo me figuraba al emprender la mia, ni puedo elogiar su
exactitud. De ella he tomado la nota que va al fin del documento, la cual
no se halla en mis copias, ó indudablemente es de Muñoz.

El autor de la obra á que corre unido este *Itinerario*, es llamado *Varthema* por unos, y *Barthema* ó *Verthema* por otros: *Ludovicus Patritius* le
dicen los traductores latinos, y *Lewes Vertomannus* los ingleses. El título
de la obra lo hemos visto ya en las notas de Muñoz y Navarrete; y las
ediciones de ella son las siguientes, segun Brunet:[1] Roma, 1510, 4º; ibid.,
1517, 8º, gót.; Venecia, *Zorzi di Rusconi*, 1517, 8º; ibid., *Matthio Paganini*, sin fecha, 8º; (en esta y las siguientes se encuentra ya el Itinerario de Grijalva;) ibid., *Rusconi*, 1520 y 1526; ibid., *Bindoni*, 1535, 8º,
gót.; Milan, *Scinzenzeler*, 1522 ó 1523, 4º.—Nótase desde luego que
ninguna de estas es la de la Biblioteca Colombina. Barcia[2] da al autor el
título de monje bernardo; pero lo juzgo error, porque el mismo Varthema
dice en su relacion, que tenia mujer é hijos. Señala el citado Barcia una edicion de Venecia, *por Matheo Pagan*, 1508, fol., que seria anterior á todas
las que cita Brunet; pero atendiendo á las infinitas erratas que afean la *Biblioteca Oriental*, y á que ese mismo año de 1508 concluyó Varthema su
viaje, creo que se trata de la edicion de *Mateo Paganini*, sin fecha, que
trae Brunet, debiéndose leer en Barcia *1518* en vez de *1508*, aunque resta
la dificultad de que uno la pone en 8º y el otro en folio. Ramusio incluyó
tambien la Relacion de Varthema en el tomo I de sus *Navigationi et Viaggi*,
(Venetia, 1588, fol. 159,) con la extraña advertencia de haberse valido de
la traduccion *castellana* de Arcos para corregir el texto italiano.

La traduccion latina de Archangelo Madrignano se imprimió en Milan,
1511, fol., y se incluyó despues en el *Novus Orbis* de Gryneo (Paris, 1532,
pág. 164; Basilea, 1537, pág. 187; ibid., 1555, pág. 255.) La inglesa
fué obra de Ricardo Eden, quien la tomó de la latina, y la publicó en su

---

[1] *Manuel du libraire et de l'amateur de livres*, 4ᵐᵉ édition, (Paris, 1842-44,) t. IV. p. 574.

[2] *Epítome de la Biblioteca Oriental y Occidental, Náutica y Geográfica de D. Antonio
de Leon Pinelo*, (Madrid, 1737,) col. 31.

History of Travayles, (Londres, 1577, 4°, gót.:) despues se incluyó tambien en el tomo IV de la reimpresion de los Viajes ingleses de Hakluyt, (Londres, 1809-15.) Hay traducciones francesa y alemana; la española salió á luz tres veces en Sevilla, 1520, 1523 y 1576: ignoro si en esta última edicion se hallará el *Itinerario* de Grijalva; pero me inclino á lo contrario, porque el licenciado Cristóbal de Arcos, autor de la traduccion, la tomó de la latina, por no haber hallado el original italiano, segun dice Barcia; y como aquella se imprimió en 1511, no era posible que incluyese el *Itinerario*. Por otra parte, si este documento existiera en castellano, é impreso en Sevilla, ¿podria haberse ocultado á dos colectores tan diligentes como Muñoz y Navarrete? El haber sacado ambos copias manuscritas del *Itinerario* de Grijalva, demuestra la suma rareza del impreso: yo no he visto ninguna edicion separada del Itinerario de Varthema, y solo le conozco en las colecciones ya citadas de Ramusio, Gryneo, Eden y Hakluyt.

Del viaje de Grijalva escriben todos los autores de Indias; pero la relacion mas extensa es la de Oviedo en su *Historia General y natural de Indias,* lib. XVII, cap. 8-18.

VIDA DE HERNAN CORTÉS.

En la nota que sigue á este documento (pág. 356) pueden verse las conjeturas de Don Juan Bautista Muñoz acerca del nombre de su autor, que se cree con fundamento haber sido Juan Cristóbal Calvet de Estrella. Allí se registran tambien cuantas noticias pueden desearse, relativas al documento en sí y á su orígen, de modo que solo me resta advertir, que para la presente edicion me han servido dos copias; una remitida de Boston por el Sr. W. H. Prescott, y otra de Madrid por el Sr. Don Francisco Gonzalez de Vera. Con el auxilio de ambas se ha restablecido el texto, viciado en algunos lugares por descuido de los copistas; penosa tarea de que tuvo la bondad de encargarse el Sr. Don J. Bernardo Couto, así como de revisar detenidamente la traduccion que yo habia hecho, llegando su eficacia hasta corregir las *pruebas* de ambos idiomas al tiempo de la impresion. Con tal auxilio no puede quedarme duda del feliz éxito del trabajo; y es de toda justicia advertir que lo bueno que en él se halle no puede pertenecerme; solo reconozco por mios los descuidos que se noten, porque sin duda estaban en mis primeros borradores, y consiguieron escaparse á la perspicacia del revisor.

La fecha de este fragmento puede fijarse aproximadamente por lo que su autor escribe en la pág. 321. Dice que á la sazon era obispo de Santo Domingo Don Alonso de Fuenmayor; y habiendo ocupado la silla este prelado de 1548 á 1560, entre estos doce años queda dudosa la composicion del escrito. Es extraña la coincidencia que se nota entre muchos pasajes de él y otros de la Crónica de Gómara, y creo que alguno aprovechó los trabajos del otro. Mas habiéndose publicado por primera vez la obra de Gómara en 1552, no es posible aclarar quién escribió primero: me inclino á favor de Gómara. Muéstrase nuestro autor anónimo sumamente parcial de Hernan Cortés, y no se toma el trabajo de ocultarlo; su latin es bueno, y el estilo agradable. Se habria leido con gusto la obra completa; pero no creo que su hallazgo, si llegó á escribirse, nos hiciera conocer mejor á Hernan Cortés.

CARTA DEL LICENCIADO ZUAZO.

Nació el licenciado Zuazo en la villa de Olmedo hácia el año de 1466. Pasó á la isla de Santo Domingo con los monjes gerónimos enviados por el cardenal Cisneros á gobernar las colonias españolas, llevando el cargo de administrar la justicia civil y criminal, por ser cosa ajena de la profesion religiosa de los gobernadores. Desempeñó en la isla muchas é importantes comisiones; fué enviado á Cuba para residenciar á Diego Velazquez, y por consejo de este pasó á México con motivo de las diferencias ocurridas entre Garay y Cortés sobre la gobernacion de Pánuco, y para tratar de avenirlos, como amigo que era de ambos. Habiendo marchado luego Cortés á la expedicion de las Hibueras, quedó Zuazo por gobernador en compañía de los oficiales reales; y despues de varias alternativas fué depuesto por sus compañeros y enviado preso á Cuba, so pretesto de que fuera á dar su residencia. Allí le aguardaba en efecto el licenciado Altamirano para tomársela; pero salió libre y absuelto de todo cargo. Por último el rey, en premio de sus servicios, le nombró oidor de la audiencia de Santo Domingo, donde parece que terminó sus dias en 1527.³

La carta que ahora publico fué dirigida al Padre Fray Luis de Figueroa, uno de los monjes gerónimos gobernadores de la Española, que ya habia regresado á la Península. Del contexto del primer párrafo aparece que al regreso de Grijalva fué el licenciado uno de los que quisieron armar expedicion para continuar los descubrimientos, y que Fray Luis se lo estorbó. La mayor parte de las noticias de la carta se encuentran en otros autores coetáneos; pero hay algunas curiosas por su exageracion, distinguiéndose entre todas la singularísima de existir entre los Indios el tribunal de la Inquisicion. Con razon dice el autor que fué cosa «de que «yo mas admiracion ove que de todas las pasadas.»

El grave letrado no creyó ofensivas á la decencia ciertas expresiones que estampó hácia el fin de su carta; pero no ha sido posible permitir que la

---

³ Estas noticias biográficas del licenciado Zuazo se han extractado de las que publicó Don Martin Fernandez de Navarrete en el tomo II de la Coleccion de Documentos Inéditos para la Historia de España, pág. 375.

imprenta las reproduzca. Fuera de eso se ha seguido fielmente el manuscrito remitido de Boston por el Sr. W. H. Prescott.

En el lugar citado de la *Coleccion de Documentos Inéditos para la Historia de España*, se encuentra una larga carta de Zuazo al Señor de Xevres (Mr. de Chievres), en que le da noticia de los excesos cometidos contra los Indios de la Española, é indica varios remedios, entre ellos la importacion de negros.

EL CONQUISTADOR ANÓNIMO.

De la célebre coleccion de Juan Bautista Ramusio he sacado esta breve relacion del estado de la Nueva España en la época de la conquista. El original castellano ya no existe, ó á lo menos no se conoce hasta ahora; y este precioso documento se habria perdido, como tantos otros, á no haber sido por la traduccion italiana que nos ha conservado Ramusio.

Clavigero fué, segun entiendo, el que por no haber logrado descubrir el nombre del autor de esta relacion le llamó «El Conquistador anónimo,» y así se le cita comunmente desde entonces. Lástima fué que el anónimo no escribiese una obra mas extensa, ó que si la escribió se haya perdido, pues seria sin duda uno de nuestros mejores documentos históricos. Los escritores modernos hacen grandes elogios de esta relacion, comenzando por el mismo Clavigero, quien dice así: «EL CONQUISTADOR ANÓNIMO. Así «llamo al autor de una breve, pero harto curiosa y apreciable relacion «que se halla en la Coleccion de Ramusio con este título: *Relazione d' un* «*gentilhuomo di Ferdinando Cortès*. No he podido adivinar quién sea ese «*gentilhuomo, porque ningun autor antiguo lo menciona;* pero sea quien «fuere, es verídico, exacto y curioso. Sin hacer mencion de los sucesos «de la conquista, cuenta lo que vió en México, de templos, casas, sepul- «cros, armas, vestidos, comidas, bebidas &c. de los Mexicanos, y nos «manifiesta la forma de sus templos. Si su obra no fuera tan sucinta, no «habria otra que pudiera comparársele, en lo que toca á antigüedades me- «xicanas.⁴ *Breve ma sugosa relazione*, la llama el docto jesuita Márquez,⁵ y Mr. Ternaux-Compans habla de ella en estos términos: «El autor, cuyo «nombre ignoro, era sin duda uno de los capitanes del ejército de Cortés: «la relacion es tanto mas curiosa, cuanto que dejando enteramente á un «lado las operaciones militares, ya bastante conocidas, se dedicó princi- «palmente el autor á tratar de las costumbres de los indígenas. Era buen «observador, y se encuentran en este opúsculo varios pormenores curiosos «que en vano buscariamos en otra parte. Es fácil conocer por muchas

---

⁴ Storia antica del Messico, (Cesena, 1780,) t. I, p. 7.

⁵ Due antichi monumenti di architettura messicana, illustrati da D. Pietro Marquez, (Roma, 1804,) p. 40.

«circunstancias, que esta relacion fué escrita muy poco despues de la con-
«quista.»⁶

Cuantas investigaciones se emprendan para descubrir el nombre del autor, han de ser necesariamente infructuosas, porque en todo el documento no se encuentra la menor indicacion que ponga en via de llegar á la verdad. Los autores antiguos tampoco le mencionan, como expresamente lo dice Clavigero, y así es que el soldado historiador guardaba en paz el anónimo, hasta que en estos últimos tiempos se empeñó en sacarle de su oscuridad uno de nuestros mas conocidos escritores. Hablo de Don Cárlos María de Bustamante, quien con débiles fundamentos creyó haber descubierto lo que todos ignoraban. Con gran seguridad asentó en varios lugares de sus voluminosas obras,⁷ que el autor de esta relacion fué Francisco de Terrazas, mayordomo de Cortés; mas como lo hizo comunmente sin exhibir pruebas de su aserto, es preciso limitar el exámen á los pocos pasajes en que manifestó las razones que le decidieron á abrazar y sostener esa opinion.

En el libro XII de la *Historia* del Padre Sahagun, que imprimió por segunda vez el año de 1840,⁸ á la pág. 225, se encuentran estas pala-

---

⁶ Voyages, &c., t. X, p. 49, *nota*.

⁷ Los Tres Siglos de México, por el Padre Andrés Cavo, (México, 1836,) t. I, p. 152 *nota*.—Fastos militares de iniquidad, barbarie y despotismo del gobierno español, (México, 1843,) en la advertencia, p. V, *nota*.—Mañanas de la Alameda, (México, 1836,) t. II, p. 222, *nota*.—&c.

⁸ La Aparicion de Nuestra Señora de Guadalupe de México, comprobada con la refutacion del argumento negativo que presenta D. Juan Bautista Muñoz, fundándose en el testimonio del P. Fr. Bernardino de Sahagun; ó sea Historia original de este escritor, que altera la publicada en 1829 en el equivocado concepto de ser la única y original de dicho autor. Publícala......Cárlos María de Bustamante.—México, impreso por Ignacio Cumplido, 1840.—Un tomo en 4°, de XXIV y 252 pp.

La historia de este *segundo* libro XII es la siguiente. Sabíase ya que el P. Sahagun habia escrito dos veces la relacion de la conquista de México, que forma el último libro de su grande obra. Bustamante adquirió una copia de toda ella, y el año 1829 dió principio á la publicacion por el citado libro XII, expresando ser el corregido por el autor, y no era sino el otro: continuó luego la impresion de los once libros restantes, y la acabó el año siguiente de 1830.—Nadie ignora, por otra parte, que el principal argumento en que apoyó Don Juan Bautista Muñoz su famosa disertacion contra la aparicion de Nuestra Señora de Guadalupe, fué el silencio, ó mas bien, testimonio contrario del P. Sahagun. Pues cuando Bustamante encontró en 1840 el verdadero libro XII *corregido*, persuadió al cabildo de la colegiata de Guadalupe, que el hallazgo de aquel manuscrito destruia el argumento de Muñoz. De ahi provino que se publicara á costa del cabildo, con el título que hemos visto, y acompañado de una estampa de la Virgen de Guadalupe. Cualquiera creeria despues de esto que el P. Sahagun referia en ese libro la historia de la aparicion. Pues no dice palabra de ella, y toda la disertacion preliminar de Bustamante se reduce á sostener que están adulterados los escritos del P. Sahagun, puesto que despues de concluido el libro XII, lo corrigió ó escribió de nuevo, de donde saca por consecuencia que refirió la historia de la aparicion y que los Españoles borraron el pasaje, por no convenirles que se publicara el favor tan distinguido que la Santísima Vírgen habia hecho á los Indios. ¿Pero quién busca crítica en Bustamante?

bras: «Yo entiendo (descansando en la opinion del Sr. Veytia) y en la de
«D. Alonso de Zurita (cuyos manuscritos poseo), que era el mayordomo
«mayor de Cortés llamado Francisco de Tarrazas *(sic)*, el cual escribió en
«octavas la conquista de México, que no llegó á ver la luz por la imprenta
«como la de los Araucanos por Don Alonso de Ercilla.»[9] Aquí tenemos ya
dos autoridades; Veytia y Zurita. En cuanto al primero, aunque he registrado de nuevo su *Historia Antigua*, incluso el prólogo que falta en la
edicion mexicana y se publicó luego en la Coleccion de Kingsborough,
nada he encontrado que verifique la cita de Bustamante. Únicamente en
el apéndice del editor, Don Francisco Ortega, es donde se ve esta nota:
«Llama Clavigero *Conquistador anónimo* al autor de una relacion *que se su-*
«pone escrita por un gentilhombre de Hernan Cortés, cuyo nombre no se ha
«podido averiguar, porque ningun otro autor lo menciona.» (T. III, p. 279.)
Claro es que nadie como el editor de una obra podia conservar fresco el
recuerdo de lo que en ella se contenia; y si Veytia apuntase la mas ligera
noticia del autor de esta relacion, el Sr. Ortega no habria confesado que
participaba de la ignorancia general. Leí despues los *Baluartes de México*,
del mismo Veytia, sin encontrar nada tampoco; y no conozco otra obra
impresa de este autor.

Más curiosa es todavía la historia de la cita del *Sr. Zurita*, cuyo manuscrito *poseia* Bustamante. Tenia en efecto un manuscrito anónimo,[10] que
quiso aplicar al oidor Zurita, y con tal nombre lo citó muchas veces en
sus obras, especialmente en las *Mañanas de la Alameda;* pero el tal manuscrito no es del doctor Zurita, sino la *Historia de Tlaxcala*, de Diego
Muñoz Camargo, que Bustamante halló anónima y bautizó con su acostumbrada ligereza. En este manuscrito de Camargo (el Zurita de Don Cárlos), solo se encuentra relativo á Francisco de Terrazas el siguiente breve
pasaje: «....habiendo pasado muy grandes trabajos y sucesos inauditos, él

---

[9] Notaré de paso que Bustamante trajo aquí á cuento al Conquistador anónimo para apoyar con su autoridad la relacion que acababa de hacer de la prision de Cuauhtemotzin y otros sucesos de la conquista, de todo lo cual no dice palabra el Anónimo. Es evidente que Bustamante no lo habia leido.

[10] Es un grueso tomo en 4º, copia moderna, con abundantes é impertinentes notas de Bustamante. Muerto este pasó el manuscrito á poder del Sr. Don José María Andrade, quien al momento se sirvió ponerlo á mi disposicion. La portada decia, *MSS. de Zurita;* mas apenas lo hube hojeado, conocí que no habia tal cosa. El prólogo de Bustamante es de lo mas singular en su línea, y las razones mismas que allí apunta para atribuir la obra á Zurita, fueron las que me inclinaron desde luego á creer que aquello no era otra cosa que la *Historia de Tlaxcala*, de Diego Muñoz Camargo, como lo confirmé despues, cotejando el manuscrito con otra copia mia, con la traduccion francesa de Ternaux inserta en los *Annales des Voyages*, y aun con las citas del Sr. Prescott en las notas de su *Conquista de México*. Ni queda el recurso de decir que Bustamante poseia otro manuscrito que en efecto era el de Zurita, porque todas las citas que hizo con este nombre en las *Mañanas de la Alameda*, son de la *Historia de Tlaxcala*.—Debo advertir que cotejando la copia del Sr. Andrade y la mia, resultan graves y frecuentes variantes.

«(Cortés) y sus compañeros en esta grande y atrevida jornada que hizo de «las Higueras, segun que mas largamente lo tratan los cronistas, y lo re- «fiere en particular Francisco de Terrazas en un tratado que escribió del «aire y tierra.»[11] Y Bustamante agrega en nota: «Este Francisco de Ter- «razas fué *gentilhombre y mayordomo* de Cortés, que llevó *un diario de la conquista*: llámasele el escritor anónimo, &c.» Nótase desde luego que el asunto de la obra que escribió Terrazas, segun Camargo, es muy diverso del de la Relacion anónima; allí se habla de un tratado del Aire y Tierra, donde se hacia mencion de la *grande y atrevida jornada de las Higueras*, al paso que en la Relacion no se nombra nunca á Cortés, ni se dice palabra de tal expedicion.[12]

El empeño de Bustamante en hacer á Terrazas autor de la obra que nos ocupa, le hizo caer en otro nuevo error. En el ejemplar de la *Biblioteca* de Beristain que fué suyo y hoy para en mi poder, al márgen del artículo TERRAZAS (*Don Francisco*), puso esta nota de su puño: «Este fué, á lo «que entiendo, el incógnito mayordomo de Hernan Cortés que llevó el dia- «rio de su expedicion á México. Llámasele tambien el Anónimo. Es bas- «tante exacto.» Esta última calificacion parece posterior á la nota, porque está escrita con distinto corte de pluma.

Beristain no da noticia alguna de este Francisco de Terrazas, y solo le incluyó en su *Biblioteca* porque Cervántes en el *Canto de Caliope*, inserto en el libro IV de su *Galatea*, puso estas dos octavas:

«De la region antártica podria
Eternizar ingenios soberanos,
Que si riquezas hoy sustenta y cria,
Tambien entendimientos sobrehumanos:
Mostrarlo puedo en muchos este dia,
Y en dos os quiero dar llenas las manos:
Uno de Nueva España y nuevo Apolo,
Del Perú el otro, un sol único y solo.
«*Francisco* el uno *de Terrazas* tiene
El nombre acá y allá tan conocido,
Cuya vena caudal nueva Hipocrene
Ha dado al *patrio* venturoso nido:
La mesma gloria al otro igual le viene,
Pues su divino ingenio ha producido
En Arequipa eterna primavera,
Que este es Diego Martinez de Ribera.»

La *Galatea* fué escrita en 1583, y las palabras de Cervántes indican bien claro que el poeta de quien habla era Mexicano y aun vivia entonces,

[11] Quisiera poder señalar el lugar del manuscrito en que se encuentra el pasaje citado; pero es imposible, á causa de estar escrita la obra en un solo contexto de principio á fin, sin division alguna á que referirse.

[12] De este Tratado del Aire y Tierra de

mientras que el supuesto autor de la Relacion anónima era Español y llevaba muchos años de muerto, puesto que falleció en 1549, siendo alcalde ordinario de México.[13]

De todo esto parece resultar que hubo dos individuos con el nombre de Francisco de Terrazas, que acaso serian padre é hijo; pero que no consta que ni uno ni otro fuese autor de esta relacion. Es extraño que del poeta elogiado por Cervántes no quede ya otra memoria, á lo menos que yo sepa, pues ignoro de dónde tomaria Bustamante la especie apuntada arriba, de que un Francisco de Terrazas escribió en octavas la historia de la conquista de México. Lo indudable es que cuando Bustamante dió en que Terrazas era el autor de la Relacion anónima, no habia leido esta. Hemos visto que la llama *Diario de la Conquista*, siendo una cosa muy diversa. Dudo además que Bustamante poseyera el italiano; pero aun cuando así fuera, no creo probable que hubiese tenido á mano una obra tan rara como la de Ramusio.[14] La Relacion anónima no habia salido de allí, hasta que Ternaux publicó la traduccion francesa:[15] esta tuvo Bustamante en sus últimos años,[16] y de su lectura pudo sacar la calificacion de *Es bastante exacto*, que añadió á la nota de la *Biblioteca* de Beristain, segun acabamos de ver.

¿Pues cuál fué entonces el motivo que tuvo Bustamante para adoptar y sostener esa opinion? No creo haya sido otro sino la calificacion de *gentilhuomo* que se da al autor en el título de la obra. El traductor de Clavigero pone por correspondiente á esta palabra la española *gentilhombre*; y considerándola Bustamante como sinónimo de *mayordomo*, hizo autor del escrito á Terrazas, que desempeñaba ese oficio, segun Bernal Diaz. Me

Terrazas, no tengo mas noticia que la de Camargo; pero en el catálogo de los manuscritos de Mr. O. Rich encuentro uno, (n° 135,) cuyo título, por curioso y semejante al de la obra de Terrazas, quiero copiar aquí: «Tratado cuyo título es de los tres elementos Aire, Agua y Tierra, en que se trata de las cosas que en cada uno de ellos acerca de las Occidentales Indias, naturaleza engendra y produce, comunes con las de acá, y particulares de aquel Nuevo Mundo. Dividido en tres partes. Compuesto por el Lic. Tomás López Medel, oidor por muchos años en Indias, y electo arzobispo de México &c.—Folio, 169 fojas.—*Nota al fin:* Consta de esta historia que su autor vió gran parte de las Indias. Estaba visitando la provincia de Yucatan en 1551 y 1552. Despues estuvo en el Nuevo Reino de Granada, en Cartagena, Santa Marta y Popayan. Vuelto á España, trabajaba el presente escrito despues de 1563 en tierra adentro, &c.» Hasta aquí el catálogo de Rich.

[13] Cavo, Los Tres Siglos de México, t. I, p. 152.—Bernal Diaz, que concluyó su Historia en 1568, refiere tambien que *murió de su muerte*. Cap. CCIV.

[14] Durante varios años la busqué inútilmente en México: al cabo di con un ejemplar en la biblioteca del colegio de San Ildefonso, que se hallaba entonces en el mas lastimoso estado de suciedad y desórden: posteriormente se limpió y arregló. El Ramusio es uno de los libros que legó al colegio su ex-rector el P. Parreño: el ejemplar que tengo me fué remitido de Londres algun tiempo despues.

[15] Voyages, &c., t. X, pp. 49-105.

[16] Era suyo el ejemplar de la Coleccion de Ternaux que hoy está en mi poder.

confirma en esta sospecha el advertir que le da ambos títulos en la nota á la *Historia de Tlaxcala.*

Si el nombre del autor ha de averiguarse por los dictados que tenga en el título de la obra, seria preciso asegurarse previamente de que el tal título estaba en el original castellano, y no fué añadido por Ramusio. Aun suponiendo lo primero, quedaría por saber cuál era la palabra española que habia en el lugar de la italiana *gentilhuomo.* Dado desde luego que al original castellano llevara título alguno, porque no siempre lo ponian, y menos en documentos de corta extension: dudo tambien que la division en párrafos y los epígrafes de estos vengan del original. Pues para que la calificacion de *gentilhuomo* tuviera todo su valor, era preciso que conociéramos la castellana que le dió orígen, y mientras esto no se logre, solo por conjetura podremos señalar cuál era el dictado que Ramusio tradujo por *gentilhuomo;* siempre en el supuesto inseguro de que el título que hoy tenemos sea traduccion del español.

La primitiva acepcion de aquella palabra italiana es la de *uomo nobile,* (*vir nobilis, patricius,*)[17] y en tal sentido corresponde simplemente á la castellana *hidalgo.* En efecto, en el antiguo *Vocabulario de las Lenguas Toscana y Castellana,* de Cristóbal de las Casas, (Sevilla, 1583, 4°,) veo que *gentilhuomo* es *cavallero, hidalgo.* Y el autor incógnito del *Diálogo de las Lenguas* confirma mas claramente aún esta correspondencia.[18]

Años há que consulté mis dudas con el Sr. Don José Fernando Ramirez, residente entonces en Durango, y en respuesta á ellas se sirvió dirigirme una carta tan curiosa como erudita, que siento no poder insertar aquí por su mucha extension. En ella, despues de fijar con profundas investigaciones y gran copia de ejemplos los diversos significados de las palabras *hidalgo* y *gentilhombre,* acaba por expresar su opinion en estos términos: «De todo «concluyo que la inscripcion de la relacion del *Conquistador anónimo* pudo «muy bien haber expresado en su original la palabra *gentilhombre,* que «Ramusio no haria mas que traducir, juzgando poco probable que el nar- «rador empleara la de *hidalgo,* atendiendo á que esta no puede ser regida «con propiedad por la preposicion *de,* si no es cuando se trate de desig- «nar la procedencia ú orígen de la persona, v. gr. *hidalgo de Medellin;* «mas no para expresar una calidad gentilicia de familia, como la de *hi-* «*dalgo de Hernan Cortés.*»

La objecion del Sr. Ramirez es de tal naturaleza, que á pesar de todo

---

[17] Dizionario della Lingua Italiana, (Vocabolario della Crusca, pubblicato con aggiunte da L. Carrer e F. Federici, (Padova, 1827-30, 7 vol. in-4°.

[18] «Cortesano. ¿Qué quiere decir *hijodalgo?*—*Valdés.* A los que acá (en Nápoles) llamais *gentiles hombres,* en castellano llamamos *hidalgos.*» Diálogo de las Lenguas, apud Mayans y Siscar, Orígenes de la Lengua Española, (Madrid, 1737,) t. II, p. 114.—«En este pueblo grande se halló mucho bastimento y comida; pusiéronle por nombre el pueblo de Majía, porque murió allí un *gentilhombre,* de enfermedad, que se llamaba Mejía.» Relacion de la conquista de los Teules Chichimecas, que dió Juan de Sámano, MS.

lo expuesto, parece indudable que la palabra *hidalgo* no estaba en el título castellano, si acaso lo hubo. Suponiendo, pues, que *gentilhuomo* sea traduccion de *gentilhombre*, é indique un cargo inmediato á la persona de Cortés, tendrémos todavía que elegir entre los individuos que desempeñaban esa clase de empleos, segun Bernal Diaz (cap. CCIV), y la lista de Conquistadores del Sr. Orozco y Berra,[19] á saber: Cristóbal Martin de Gamboa, *caballerizo;* Simon de Cuenca y Francisco de Terrazas, *mayordomos*; Hernandez, Valiente y Villanueva, *secretarios;* y Juan Diaz, *que traia á su cargo el rescate é vituallas*. Aunque no deban entrar en esta cuenta los pajes, camareros, maestresalas, reposteros, cocineros, cetreros, botiller, despenseros &c., conviene advertir que constan los nombres de todos, sin que haya ninguno á quien se dé el título de *gentilhombre* de Hernan Cortés.

De aqui concluyo que no existe prueba alguna para afirmar que Francisco de Terrazas sea el autor de la Relacion anónima, pero tampoco la hay para negarlo, antes bien tiene á su favor la circunstancia de saberse por Camargo que habia escrito de sucesos de la conquista, lo cual prueba que era hombre de pluma, y por lo mismo no seria extraño que escribiera tambien de las costumbres de los naturales. Al tiempo de la conquista estaba en la mejor edad para observar y escribir, pues declarando en el proceso de residencia de Pedro de Alvarado, dijo en 1529, que tenia cuarenta años, poco mas ó menos; lo que hace fijar la fecha de su nacimiento hácia 1489.

Pero sea como fuere, y por estar la cuestion indecisa, no quise usar en el título del escrito la palabra *gentilhombre*, adoptando, para no errar, la designacion mas vaga de *compañero* de Hernan Cortés. En lo demás he procurado traducir literalmente, conservando en lo posible hasta el estilo anticuado del original.

Mr. Ternaux-Compans publicó una traduccion francesa del Anónimo en el tomo X de sus *Voyages*, segun queda advertido. Es en general bastante exacta; pero no carece de omisiones y descuidos, ni parece haber sido desempeñada con grande esmero. Omitió las estampas del Ramusio, y yo me he creido obligado á reproducirlas, aunque son dibujos de puro capricho. Pero la del templo ha adquirido cierta celebridad que no merece, y sobre todo no debo apartarme de mi propósito de no omitir nada de los originales. En la reimpresion del texto italiano se ha seguido con toda fidelidad el Ramusio de 1556.

Y ya que á este célebre geógrafo debemos la conservacion de tan precioso documento, justo será apuntar aquí algunas noticias de su vida y obras. Juan Bautista Ramusio, Ranusio ó Ramnusio, nació en Venecia el año de 1485, de familia noble, y contaba entre sus ascendientes varios

---

[19] Diccionario Universal de Historia y de Geografía, (México, 1853-56,) t. II, p. 492.

hombres distinguidos en ciencias y literatura. Desde muy jóven obtuvo en su patria cargos públicos, para cuyo desempeño tuvo que hacer muchos viajes, especialmente en Francia, donde fué muy bien acogido por el rey Luis XII. Vuelto á su país, en premio de sus servicios fué nombrado secretario del Consejo de los Diez, cuyo empleo parece que renunció algun tiempo despues. Retiróse entonces á Padua, y allí murió el 10 de Julio de 1557, á la edad de 72 años.[20] Fué Ramusio muy versado en literatura clásica, tenia museo de antigüedades, y á mediados del siglo pasado aun se conservaba en el Vaticano un códice de inscripciones antiguas recogidas por él.[21] Tambien se le cuenta por uno de los fundadores de la Academia creada por el célebre Aldo Manuzio para cuidar de las ediciones griegas y latinas que producian sus prensas; pero esto es algo dudoso, porque habiéndose verificado la fundacion de la Academia en 1500, Ramusio no tenia entonces mas que quince años.[22] En sus viajes tuvo ocasion de aprender el francés y el español, idiomas que poseyó como el patrio; era además muy instruido en geografía, astronomía y náutica, de modo que reunia todas las cualidades necesarias para desempeñar dignamente el trabajo que emprendió. Pero desconfiando aún de sus propias fuerzas, sostenia activa correspondencia con muchos sabios y viajeros, en especial con Pedro Bembo, Andrés Navagero, Baltasar Castiglione, Gerónimo Fracastoro, Sebastian Caboto y el cronista de Indias Gonzalo Fernandez de Oviedo, quienes le remitian sus propios escritos, ó le proporcionaban los ajenos, comunicándole tambien cuantas noticias podian serle útiles para su obra. Cerca de treinta años pasaron entre formar el plan de ella y comenzar la ejecucion;[23] no es, pues, extraño que antes de terminarla ocurriese la muerte del autor.

La *Coleccion de Ramusio* se compone de tres volúmenes en folio, y de cada uno de ellos se hicieron repetidas ediciones, todas en Venecia y en casa de los *Juntas*, familia célebre de impresores, rivales de los *Aldos*. El primer tomo se publicó por primera vez en 1550, y se halla reimpreso en 1554, 1563, 1588, 1606 y 1613. Comprende relaciones de viajes antiguos, y de otros recientes á las Indias Orientales; con mas, dos relaciones de Américo Vespucio, y otras dos del viaje de Magallanes.

El segundo tomo no salió á luz hasta 1559, muerto ya Ramusio, y despues de publicado el tomo tercero. La causa del retardo fué, como ex-

---

[20] Foscarini, Letteratura Veneziana, (Padova, 1752,) pp. 435-39.—Tiraboschi, Storia della Letteratura Italiana, (Roma, 1782-5,) t. VII, pte. I, lib. 1, cap. 6, § 6.—Daru, Histoire de Venise, (Paris, 1821,) t. VI, p. 266.—Roscoe cuenta á Ramusio entre los literatos mas célebres de su siglo, (Vie et Pontificat de Léon X, trad. fr., [Paris, 1813,] t. III, p. 319;) y Fontanini coloca la *Coleccion* en el catálogo de las mejores obras en lengua italiana. (Della Eloquenza Italiana, [Venezia, 1727,] p. 208.)—La obra de Foscarini tiene al fin del libro IV un pequeño medallon con el retrato de Ramusio.

[21] Foscarini, p. 376.

[22] Renouard, Annales de l'Imprimerie des Alde, 3ᵐᵉ éd., (Paris, 1834,) p. 385.

[23] Foscarini, p. 436.

plica el impresor Tomás de Junta, el haberse acopiado antes los materiales para el tomo tercero, cuya publicacion no quiso detener. Y aun quedó al fin sin concluir el segundo, pues para darle igual grueso que á los otros, fué preciso que el impresor añadiese algunos viajes. Todos los de este tomo se refieren al Oriente y Norte, y entre ellos están los de Marco Polo. Hay reimpresiones de 1574, 1583 y 1606.

El tomo tercero está exclusivamente destinado á la América. La primera edicion es de 1556, y se volvió á imprimir en 1565 y 1606. He aquí la lista de las piezas que contiene la edicion de 1556.

Discurso (de Ramusio) sobre el tercer tomo.
Sumario de la Historia de las Indias Occidentales, sacado de las obras de Pedro Mártir de Angleria.
Sumario de la Natural y General Historia de las Indias, compuesto por Gonzalo Fernandez de Oviedo y Valdés.
La General y Natural Historia de las Indias, por el mismo; en 20 libros.
Hernando Cortés. Segunda, Tercera y Cuarta Relacion de la Nueva España.
Pedro de Alvarado. Dos cartas á Hernando Cortés.
Diego de Godoy. Carta á Hernando Cortés.
Relacion de un *gentilhuomo* de Cortés. (El Conquistador anónimo.)
Álvar Nuñez Cabeza de Vaca. Relacion de lo sucedido á la armada de Pánfilo de Narvaez. (1527-36.)
Discurso (de Ramusio) sobre la Relacion de Nuño de Guzman.
Relacion de Nuño de Guzman, escrita en Omitlán, provincia de Mechuacán de la Mayor España, á 8 de Julio de 1530.
Discurso (de Ramusio) sobre la relacion de Francisco de Ulloa.
Relacion de la armada de Cortés, en que iba por capitan Francisco de Ulloa.
Discurso (de Ramusio) sobre los tres viajes que siguen.
Sumario de cartas de Francisco Vazquez Coronado, escritas en Culiacán á 8 de Marzo de 1539.
Carta del virey Don Antonio de Mendoza al Emperador.
Relacion del R. P. Fray Márcos de Niza.
Relacion del viaje de Francisco Vazquez Coronado.
Relacion de los descubrimientos que hizo por mar el capitan Hernando de Alarcon, por órden del virey Don Antonio de Mendoza.
Discurso (de Ramusio) sobre el descubrimiento y conquista del Perú.
Relacion de la conquista del Perú, por un capitan español.
Relacion de la misma conquista, por Francisco de Xerez.
Relacion de la misma, por Pedro Sancho.
La navegacion del grandísimo rio Marañon, por Gonzalo Fernandez de Oviedo.
Discurso (de Ramusio) sobre la Nueva Francia.
Relacion de Juan de Verrazzano, Florentino, escrita en Dieppe, á 8 de Julio de 1524.
Discurso de un gran capitan de mar, residente en Dieppe, sobre las navegaciones hechas á la Nueva Francia.
Primera y Segunda Relacion de Jaime Cartier, de la tierra nueva llamada la Nueva Francia, descubierta el año de 1534.

Con esto termina el volúmen en las ediciones de 1556 y 1565; la de 1606 contiene además:

Cesar de' Federici. Viage á la India Oriental.—Tres navegaciones de Holandeses y Zelandeses, á la China, á la Nueva Zembla y á la Groenlandia.

CONTENIDAS EN ESTE VOLÚMEN.

Como no todas las ediciones de cada volúmen contienen las mismas piezas, sino que los impresores fueron añadiéndolas sucesivamente; si se quiere tener un ejemplar completo de la Coleccion deben elegirse las ediciones siguientes:[24]

Tomo I. — 1563, 1588, 1606 ó 1613.
Tomo II. — 1583 ó 1606.
Tomo III. — 1606.

Nunca quiso Ramusio poner su nombre al frente de esta obra, y las impresiones que se hicieron durante su vida no llevan mas que este título: *Primo (secondo ó terzo) volume delle Navigationi et Viaggi; nel quale si contengono....* y sigue el catálogo de los viajes comprendidos en aquel tomo. Pero despues de su muerte, el impresor Tomás de Junta publicó el nombre del colector, añadiendo desde entonces en las portadas las palabras *raccolto già da M. Gio. Batt. Ramusio.*

Habia este acopiado ya los materiales necesarios para el cuarto tomo,[25] y aun los tenia entregados en la imprenta; pero habiendo sufrido esta un incendio en el mes de Noviembre de 1557, pereció allí el manuscrito. El autor habia muerto cuatro meses antes, y de ese modo la obra quedó reducida á los tres volúmenes. La falta del cuarto es tanto mas sensible, cuanto que tambien debia contener documentos relativos á la América.

La *Coleccion de Ramusio* no ha vuelto á imprimirse desde 1613, y los ejemplares son ya bien raros. A pesar de su antigüedad, y de los infinitos trabajos de la misma especie que han visto despues la luz pública, se mira aún con grande aprecio. El autor es muy digno de nuestra gratitud por el inmenso trabajo que puso en reunir, revisar, traducir y dar á luz tantos documentos; á que se agrega, y no es poco, la incorreccion de los manuscritos que adquiria.[26] Cerraré, pues, esta breve noticia con el merecido elogio que del autor y de la obra hizo un sabio francés. «Es, dice, «una coleccion preciosa, poco alabada por los libreros, poco buscada por «los aficionados á libros bellos, porque no está adornada de láminas, sino «de grabados en madera que nada tienen de agradable; pero los sabios la «estiman, y los geógrafos la consideran hasta hoy como una de las colec«ciones mas importantes. Tanto á causa de los viajes que habia hecho «él mismo, como por sus grandes conocimientos en historia, geografía é «idiomas, y en fin, por su extensa correspondencia con las personas que «podian ayudarle en su empresa, reunia Ramusio los elementos necesarios «para formar una excelente coleccion.»[27]

---

[24] Gamba, Serie dei Testi di Lingua, (Venezia, 1839,) p. 727.

[25] Discorso sopra il discoprimento et conquista del Perú, en el t. III, f. 371. (1556.)

[26] «Il che si e fatto del miglior modo ch'è stato possibile, anchora che habbiamo ha-uute le copie incorrettissime,» dice Ramusio hablando de sus traducciones. Discorso sopra il terzo volume, f. 4.

[27] A. G. Camus. Mémoire sur la Collection des Grands et Petits Voyages, (Paris, 1802,) p. 7.

NOTICIA DE LAS PIEZAS

CARTA DE DIEGO VELAZQUEZ AL LICENCIADO FIGUEROA.

Las desavenencias entre Cortés y Velazquez produjeron una multitud de escritos, públicos y privados, en que ambas partes quisieron atribuirse la justicia y sostener sus respectivos derechos. Aunque esta controversia tiene poco interés en sí misma, conviene conservar sus documentos, ya porque figura en ella un grande hombre, y ya porque con motivo de la disputa se esclarecen algunos puntos de nuestra historia. Varias piezas tocantes á este pleito publicó ya Don Martin Fernandez de Navarrete en la *Coleccion de Documentos Inéditos para la Historia de España*, y yo las habria reproducido aquí, añadiendo en sus lugares las que están en mi poder, con el objeto de presentar reunido todo lo concerniente al negocio, á no haber sido por la necesidad de dar cabida á otras piezas inéditas y mas importantes.—Con lo publicado hasta ahora, parece que el pleito entre Cortés y Velazquez se encuentra ya en estado de sentencia; y si el éxito de la empresa no hubiera sido tan brillante, acaso la posteridad no habria justificado ú olvidado tan pronto la defeccion de Cortés.

Para la impresion de esta carta me he servido de una copia remitida de Boston por el Sr. W. H. Prescott.

PESQUISA DE LA AUDIENCIA DE LA ESPAÑOLA.

La resolucion tomada por Diego Velazquez, de remitir á las armas la decision de sus diferencias con Hernan Cortés, llamó al fin la atencion de las autoridades; y previendo los males que de semejantes discordias habian de resultar, quisieron evitarlos estorbando el rompimiento. A tal fin se encaminaba la presente informacion, que no aparece concluida, á lo menos en la copia de que me he servido y que debo al favor del Sr. Prescott; pero es sabido que no pudiendo la Audiencia disuadir á Velazquez de su propósito, determinó que el licenciado Ayllon, uno de los oidores, viniese en la armada, para contener en lo posible al comandante Pánfilo de Narvaez, y procurar un avenimiento pacífico. Tambien es sabido que Ayllon no logró su objeto, y antes fué preso y enviado á la Española por el mismo Narvaez, con lo cual adquirió la causa de Velazquez un poderoso enemigo.

PROBANZA EN LA VILLA SEGURA DE LA FRONTERA.

El objeto de esta informacion fué probar que Cortés habia hecho todos los gastos de la armada que trajo á la conquista de la Nueva España, sin que Velazquez pusiera en ello cosa alguna. Así lo declararon muchos testigos, entre ellos el Padre Fray Bartolomé de Olmedo; siendo de notarse que entre los que declaran ahora todo cuanto convenia á Cortés, hay algunos, que convertidos despues en enemigos suyos, le acriminaron todo lo posible en el juicio de residencia.

Los huecos que se observan en la impresion, existen asimismo en la copia que ha servido de original, y que, como las anteriores, debo al favor del Sr. Prescott.

PROBANZA HECHA EN LA NUEVA ESPAÑA DEL MAR OCÉANO, &c.

El título mismo de este documento expresa su contenido. Declararon en esta segunda informacion la mayor parte de los testigos de la anterior, y ambas fueron hechas á pedimento de Juan Ochoa de Lejalde, apoderado de Cortés. La presente no tiene indicacion de lugar ni fecha, y aun parece no estar concluida. Se ha impreso segun copia remitida de Boston por el Sr. Prescott.

CARTA DEL EJÉRCITO DE CORTÉS AL EMPERADOR.

Esta carta, poco interesante por su contenido, pues se reduce á la narracion de hechos conocidos y á pedir que no se quitase á Cortés la gobernacion, es curiosa por las muchas firmas que lleva al pié, y que forman una lista de mas de quinientos conquistadores. Entre ellos aparecen nombres desconocidos hasta ahora, al paso que faltan otros de los mas notables. No ha sido poco el trabajo impendido en preparar este manuscrito para la prensa, como podrá conocerlo cualquiera que haya manejado algo de papeles antiguos, y sepa que nada hay tan difícil como descifrar firmas. El copiante primitivo incurriria en bastantes equivocaciones, y los siguientes irian añadiendo algunas mas. Así es que en la copia remitida de Boston por el Sr. Prescott, habia muchos nombres enteramente ilegibles. Fué, pues, necesario restablecerlos con el auxilio de otros documentos, y quedaron al fin algunos dudosos, que se distinguen por ir de letra *cursiva*; estos debe recibirlos el lector con cierta desconfianza. Véase además lo que acerca del número de firmas se dice en la nota que va al pié del documento, pág. 436.

Esta carta carece de fecha, y lo que es mas, de la larga antefirma que nunca faltaba cuando se escribia al Emperador, segun puede verse en las págs. 483 y 511 del presente volúmen. Acaso alguno de los copiantes suprimió ambas cosas, juzgándolas inútiles.

DEMANDA DE CEBALLOS.

No lleva fecha esta terrible acusacion contra Cortés; pero del contexto se deduce que fué escrita en México hácia 1531. Se coloca en este lugar para que haga compañía á las piezas que preceden, relativas á las desavenencias entre Cortés y Velazquez, pues atendiendo solo al órden cronológico, habria tenido lugar mas adelante. En la nota que lleva al pié, se queja ya Muñoz de los descuidos del primer escribiente; los que le siguieron añadirian otros, y asi no es de extrañar que costara algun trabajo la correccion de la copia remitida por el Sr. Prescott.

ORDENANZAS DE CORTÉS.

La importancia de este documento histórico, y su corta extension, me decidieron á incluirlo en este volúmen, á pesar de haberlo ya impreso el Sr. Prescott en el *Apéndice* á su *Historia de la Conquista de México*, y por consiguiente se halla repetido en las tres traducciones castellanas. Pero como en estas los documentos del *Apéndice* son meras reimpresiones de la edicion de Nueva York, la cual parece haber sido hecha por persona cuyo idioma nativo no era el castellano, pasaron todos los errores del manuscrito, que he podido corregir teniendo á la vista una copia que me remitió el mismo Sr. Prescott.

LO QUE PASÓ CON CRISTÓBAL DE TAPIA.

Cristóbal de Tápia, enviado a la colonia en 1521 con el alto carácter de gobernador y juez pesquisidor, presentó sus provisiones reales á los procuradores de las ciudades, acompañados con los de Cortés, y pidió se le admitiese al ejercicio de ambos empleos. Los procuradores rehusaron recibirle, alegando varias razones, en verdad harto débiles, y que le fué fácil á Tápia contestar victoriosamente. He aquí en suma el contenido de este curioso documento, que parece no estar completo. Su lectura deja el ánimo rendido á la fuerza de las razones de Tápia; pero no por eso prescinde de una profunda conviccion de que su entrada al gobierno habria causado infinitos males á la colonia, y quizá su completa ruina. ¿Qué habria sido de ella si en el mismo año de la conquista saliera el mando de las diestras y vigorosas manos de Cortés, para caer en las de un recienvenido como Tápia? La resistencia de los procuradores fué ilegal sin duda, y asi como salvó al pais, pudo tambien haber encendido una guerra civil. Por fortuna el nuevo gobernador no era hombre para tanto, bajo ningun aspecto; y convencido, no por los requerimientos de los procuradores, sino por otros argumentos de mas peso, que en forma de tejos de oro le remitió Cortés para comprarle á buen precio sus equipajes, tomó el prudente partido de regresar á su casa, reservándose el hacer luego en la corte todo el daño posible al Conquistador.

La impresion del documento se ha hecho conforme á la copia remitida de Boston por el Sr. Prescott.

CONTENIDAS EN ESTE VOLÚMEN.

INSTRUCCION Á FRANCISCO CORTÉS.

Nada particular ocurre que advertir acerca de este documento, que debo tambien al Sr. Prescott. La villa de Colima fué poblada por Gonzalo de Sandoval en 1523, despues de vencer á los naturales, que el año anterior habian derrotado á Cristóbal de Olid. La creencia de que existian Amazonas en aquel rumbo, provino, segun Herrera, de haber una provincia con el nombre de Cihuatlan, que significa *lugar de mujeres*.

En estas instrucciones se admira, como siempre, la prevision de Cortés, y la facilidad con que su grande ánimo podia atender simultáneamente á las mayores empresas y á los pormenores mas insignificantes.

CARTA INÉDITA DE HERNAN CORTÉS.

Entre los manuscritos que he reunido, ninguno estimo tanto como el *original* de esta carta. Consta de cuatro fojas en folio, de las que hay escritas siete páginas; el sobrescrito ocupa la octava. La letra es muy pequeña y clara, siendo únicamente de puño de Cortés la firma y las palabras que le preceden, las cuales se han puesto de letra cursiva en esta impresion.

La carta tiene la misma fecha que la *Cuarta Relacion*, es decir, el 15 de Octubre de 1524, y comprende la parte secreta de los informes de Cortés al Emperador. Es probable que iguales cartas reservadas acompañasen á las demas relaciones, pues tenemos tambien la de la Tercera,[20] aunque es de poquísimo interés. No sucede lo mismo con la presente, porque conforme corria el tiempo y crecia la importancia de la colonia, la máquina del gobierno se complicaba y eran de mas dificil resolucion las cuestiones que iban apareciendo. El asunto principal de la carta es la exposicion de los motivos que habia tenido Cortés para no dar cumplimiento á ciertos capítulos de las instrucciones que habia recibido, y lo hace con tal franqueza que á veces toca en atrevimiento. Muestra tambien su impaciencia por las trabas que le imponian los oficiales reales, y pide al Emperador los contenga en sus justos límites, ó les deje de una vez todo el gobierno. Anuncia su resolucion de ir al castigo de la rebelion de Olid, rechazando de paso la imputacion de haberse rebelado él antes contra Velazquez, y concluye quejándose en pocas palabras, llenas de amarga ironía, por la mezquina recompensa señalada á sus grandes servicios.

Esta preciosa carta era no solo inédita, sino enteramente desconocida. Luego que vino á mis manos no faltó quien tomase subrepticiamente una copia de ella para regalarla á la Real Academia de la Historia de Madrid; como si yo hubiera podido negar cosa alguna que se me pidiera para tan

---

[20] Coleccion de Documentos Inéditos para la Historia de España, t. I, p. 11.

ilustre corporacion. Poco despues imprimí suelta esta carta en un cuadernito en 8º de 14 fojas. Dos particularidades tiene esta edicion; la una, el estar hecha con pequeños caractéres góticos de los usados en el siglo XVI, y la otra, el no haberse impreso sino sesenta ejemplares, que no se han puesto en venta.²⁹ De manera que la presente edicion viene á ser en realidad la segunda. Es inútil decir que una y otra reproducen el original con la mayor fidelidad posible.

Hasta principios de este siglo no se conocian mas escritos de Cortés que tres de sus cartas de relacion. Posteriormente se han publicado algunos otros; pero nunca se han reunido en coleccion, y ni siquiera existe una noticia bibliográfica de ellos. La mejor es la de Navarrete,³⁰ y solo comprende la lista no completa de las cartas de relacion. Don Nicolás Antonio nos deja admirados con su diminuto é inexacto artículo de Cortés; parece que aquel gran bibliógrafo vé¹. con poco aprecio lo relativo á las inmensas colonias de su patria, segun la negligencia con que formó esta parte de su obra. Sirva de muestra lo que dice de Cortés.³¹

«HERNANDO CORTÉS, natural de Medellin, esclarecido conquistador de la Nueva España en Occidente, bajo los auspicios de Don Cárlos Emperador y Rey de España, marques del Valle de Oajaca, cuya fama brillará hasta las generaciones mas remotas por la prudencia, fortaleza y bizarría de sus acciones; viene tambien á ilustrar este catálogo por razon de las cuatro cartas que *dicen* escribió con la relacion de sus propios hechos en las Indias, de las cuales *solo se ha publicado la última*, que se imprimió en folio el año de 1525. Dícese, sin embargo, que los Alemanes las tienen todas en su idioma. Valerio Andrés Taxandro en su *Catálogo de Escritores de España*, refiere tambien que dos de estas *Relaciones de la Nueva España del Mar Océano*, dirigidas á Cárlos V, Emperador de Romanos, se publicaron en Colonia, año de 1532, traducidas al latin por Pedro Savorgnano. Este Pedro Savorgnano, natural de Forli, fué secretario del Sr. Don Juan Rebelles, obispo de Viena (en Francia), é imprimió dicha obra en Nuremberg, año de 1524. En el mismo año, y tomándola de la version latina de Savorgnano, hizo otra italiana Nicolás Liburno, dedicada á Marino Grimano, patriarca de Aquileya: Venecia, por Bernardino de Viano de Lexova, en 4º.—Lucio Marineo Siculo, en el libro XXIII *De las cosas memorables de España*, que se titula de *Varones Ilustres* (cuyo libro y los dos siguientes, XXIV y XXV, solo se hallan íntegros en la edicion de Alcalá, 1530), reunió muchas cosas memorables de Hernan Cortés: allí celebra sus *arengas* á sus soldados, que son, dice, sus propias *memorias*, y muchas

---

²⁹ Carta inedita d Hernã Cortes. Primera edicion d sesesta exemplares, impssa con caracteres goticos dl siglo xvj. publicada segũ el manuscrito original por Joaquin Garcia Icazbalceta. En Mexico. Año d M. DCCC. lv.

³⁰ Documentos Inéditos para la Historia de España, t. I, p. 410.

³¹ Bibliotheca Hispana Nova, (Matriti, 1783,) t. I, p. 375.

cartas dirigidas al rey Don Cárlos; así como *una defensa suya*, ante el mismo Don Cárlos; en todo lo cual hace ver cómo brillan su facundia é ingenio, entre repetidos adornos de retórica.»

Si poca luz da este artículo, tampoco se saca mucha mas del de Barcia (*Biblioteca Occidental*, col. 597); y ninguno de los dos podia hacer mencion de los escritos de Cortés hallados posteriormente. Trataré, pues, de formar el catálogo de lo que hasta ahora ha venido á mi noticia.

I. CARTAS DE RELACION.

A. EDICIONES EN CASTELLANO.

1. CARTAS SUELTAS.

Entre las muchas cartas que escribió Cortés, hubo *cinco* que se conocen con el nombre de *Relaciones*, ya porque son mas extensas que las otras, ó porque contienen la *relacion* de sus viajes y conquistas en la Nueva España.

La primera de estas *Relaciones* se ha perdido. Ya á los pocos años de escrita decia Ramusio[32] que no habia podido encontrarla, aunque la buscó con toda diligencia. Tampoco Robertson logró dar con ella, ni en Madrid ni en Viena;[33] pero en este último punto halló en vez de la que buscaba, una *Relacion del Descubrimiento y Conquista de la Nueva España*, hecha por la *Justicia y Regimiento* (Ayuntamiento) de la nueva ciudad de la Vera Cruz, á 10 de Julio de 1519. Esta carta acompañó á la primera de Cortés, y está impresa en el tomo IV de la *Coleccion de Documentos Inéditos para la Historia de España*. La reprodujo el Sr. Alaman en el Apéndice II al tomo I de sus *Disertaciones sobre la Historia de la República Mexicana*,[34] y ha vuelto á imprimirse en el tomo XXII de la *Biblioteca de Autores Españoles*, que se publica actualmente en Madrid por Rivadeneira. La necesidad ha hecho que esta carta del Ayuntamiento de Veracruz supla por la primera de Hernan Cortés, mientras llega á encontrarse.

Segunda Carta.

«Segunda Carta de Relacion enviada á S. M. el Imperador por el capitan general de la Nueva España llamado Fernan Cortes, en la cual hace relacion de las provincias y tierras sin cuento que se han nuevamente descubierto en el Yucatan.» Sevilla, Juan Cronberger, á 8 de Noviembre de 1522; en fol., letra gotica. 14 fojas. (*Ternaux-Compans, Bibliothèque Américaine*, Paris, 1837, n. 23. — Navarrete, apud *Coleccion de Documentos Inéditos para la Historia de España*, Madrid, 1842, t. I, p. 412. — Barcia, *Biblioteca Occidental*, col. 597. — Brunet, *Manuel du Libraire*, t. I, p. 782.)

La fecha de esta carta es en la Villa Segura de la Frontera, á 30 de Octubre de 1520. — Reimpresa en Zaragoza, por George Coci, Aleman, 1523, fol., let. got. (*Ternaux*, n. 27. — Brunet, *ubi supra*.)

Tercera Carta.

«Carta Tercera de Relacion enviada por Fernando Cortés, capitan y Justicia mayor del Yucatan llamado la Nueva España del Mar Océano, al muy alto señor Don Cárlos emperador, é de las cosas sucedidas y muy dignas de admiracion en la conquista y recuperacion

---

[32] Navigationi et Viaggi, t. III, p. 225. Ed. 1286.
[33] History of America. Notes and Illustrations, XCVII.
[34] Es de extrañarse que autor tan versado en nuestra historia dé á entender que esta carta es la primera de Cortés. «No se habia encontrado, dice, la primera, que ha publicado ahora el Sr. Navarrete.»

de la muy grande y maravillosa ciudad de Temixtitán y de las otras provincias á ella subjetas que se rebelaron &c.» Acabóse á 30 dias de Marzo, año de 1523. Sevilla, por J. Cronberger, Aleman; fol., let. got. (*Ternaux, n. 26.—Barcia, Navarrete, Brunet, ubi supra.*)

Está fechada esta carta en Cuyoacan, á 15 de Mayo de 1522.

Cuarta Carta.

«La quarta relacion que Fernando Cortés, gobernador y capitan por S. M. en la Nueva España del Mar Oceano, envió al muy alto y muy potentissimo invictissimo señor D. Carlos emperador semper augusto y rey de España nuestro señor, en la cual están otras cartas y relaciones que los capitanes Pedro de Alvarado y Diego de Godoy enviaron al dicho capitan Ferando (*sic*) Cortés. Acabóse el 20 de Octubre de 1525.» Toledo, por Gaspar de Ávila, fol., let. got. 22 fojas. (*Ternaux, n. 34.—Barcia, Navarrete, Brunet, ubi supra.*)

Tiene fecha esta carta en la ciudad de Temixtitán, á 15 de Octubre de 1524.

Todas estas ediciones góticas son sumamente raras, y las pocas veces que se han vendido han alcanzado precios exorbitantes.

Quinta Carta.

La quinta *Relacion* fué hallada en la Biblioteca Imperial de Viena, en el mismo códice en que estaba la del Ayuntamiento de Veracruz. Se imprimió por primera vez en el t. IV de la ya citada *Coleccion de Documentos Inéditos para la Historia de España*, págs. 8-167. Refiere los sucesos de la expedicion de Honduras, y su fecha es en la ciudad de Temixtitán, á 3 de Setiembre de 1526.

2. COLECCIONES.

El primero que juntó las Relaciones de Cortés, segunda, tercera y cuarta, fué Don Andrés Gonzalez de Barcia, y se hallan en el tomo I de sus *Historiadores Primitivos de las Indias Occidentales*, que salieron á luz en Madrid el año de 1749, en tres tomos de á folio. El editor dice en otra de sus obras (*Biblioteca Occidental, col. 597*), que ya desde entonces «no se hallaban fácilmente en castellano,» y que para imprimirlas tuvo que pedirlas prestadas á Don Miguel Nuñez de Rojas, del Consejo Real de Órdenes. No se extrañe que diga tambien que se estaban acabando de imprimir en 1731, siendo así que los *Historiadores Primitivos* llevan la fecha de 1749, porque es bien sabido que esta coleccion es un conjunto de piezas sueltas, impresas por separado mucho antes y en diversos años, las que no fueron reunidas en el cuerpo que conocemos con aquel nombre, sino hasta despues de la muerte del editor, ocurrida el 4 de Noviembre de 1743; y para publicarlos en 1749 se añadieron las portadas de los tomos. Hago esta advertencia para que no se crea que existen dos impresiones de las *Cartas*, hechas por Barcia. Es de temerse que en la única que hizo se tomase las mismas libertades que en la *Historia* de Gómara, de lo cual no he podido cerciorarme, por no haber conseguido ver nunca las ediciones góticas.

La mas usada entre nosotros es la que hizo en esta ciudad el Sr. Arzobispo Lorenzana, cuyo título es como sigue:

«Historia de Nueva España, escrita por su esclarecido Conquistador Hernan Cortés, aumentada con otros documentos y notas, por el Illmo. Sr. Don Francisco Antonio Lorenzana, Arzobispo de México. Con las licencias necesarias. En México en la Imprenta del Superior Gobierno, del br. D. Joseph Antonio de Hogal, en la Calle de Tiburcio. Año de 1770.» Un tomo en folio menor con láminas.

Comprende este volúmen las cartas segunda, tercera y cuarta, con notas del editor. Ignoro si sirvieron de original para esta edicion las cartas góticas ó la reimpresion de Barcia; pero de todos modos es digna de aprecio por las adiciones del editor, que son las siguientes:

1. Mapa de la Nueva España, por Don José Antonio Alzate. (1769.)
2. Viaje de Hernan Cortés desde la Antigua Vera Cruz á México, para la inteligencia de los pueblos que expresa en sus Cartas y se ponen en el Mapa.
3. Una lámina del Templo mayor de México.

CONTENIDAS EN ESTE VOLÚMEN. xxxv

4. Advertencias para la inteligencia de las Cartas de Hernan Cortés. (Noticias de Historia Antigua, con la série de los emperadores mexicanos.)
5. Los meses del año mexicano. (Lámina.)
6. Gobierno político de Nueva España. (Catálogo de vireyes, desde Hernan Cortés hasta el marques de Croix.)
Sigue la segunda carta de Cortés.
7. Fragmentos de un mapa de tributos (la Coleccion de Mendoza), ó Cordillera de Pueblos que lo pagaban, en qué género, en qué cantidad y en qué tiempo, al emperador Motezuma en su gentilidad. (34 láminas con una advertencia preliminar.)
Sigue la tercera carta de Cortés.
8. Viaje de Hernan Cortés á la península de Californias, y noticia de todas las espediciones que á ella se han hecho hasta el presente año de 1769, para la mejor inteligencia de la cuarta carta de Cortés y sus designios.
9. Un curioso mapa de la costa del Mar del Sur, hecho en México por Domingo del Castillo, en 1541.
Concluye con la cuarta carta de Cortés.

La Coleccion del Sr. Lorenzana fué reimpresa en Nueva York en 1828, un tomo en 8°, con la nota de «revisada y adaptada á la ortografía moderna, por Don Manuel del Mar.» Uno de los resultados de esta revision fué el cambio de la *x* por *j* en los nombres mexicanos, y no hay paciencia que baste para leer á cada paso *Temijtitán.* Se omitieron en esta edicion los números 1 á 5, 7 y 9 de la anterior, y se añadió una noticia histórica de Cortés, con algunas malas estampas tomadas de Clavigero.

Tenemos aún otra coleccion moderna, y la única completa, de las Relaciones de Cortés. Hállase en el tomo XXII de la *Biblioteca de Autores Españoles,* publicada en Madrid por Rivadeneira. Comprende las cuatro Relaciones y la carta del Ayuntamiento de Veracruz; esta se tomó de la *Coleccion de Documentos Inéditos* ya citada; las Relaciones segunda, tercera y cuarta, de la edicion de Barcia, y la quinta, de un códice manuscrito. El colector, Don Enrique de Vedia, no parece muy versado en su asunto; dice que Ramusio insertó en su Coleccion la relacion de Pedro Sancho *en latin!* y asienta mas adelante, que publica por primera vez la carta quinta, siendo así que fué impresa en la misma corte ocho años antes. La noticia bibliográfica que añadió á las Relaciones, es la misma de Navarrete, con poca variacion. El colector añade que *le habian asegurado* que en la Real Academia de la Historia estaban las ediciones góticas; están en efecto, y no se comprende cómo no las tomó por originales, para darnos algo mejor que lo que ya teniamos. Yo envié hace tiempo á Madrid un ejemplar de la edicion del Sr. Lorenzana, para que despues de cotejado con las góticas y anotadas las variantes, me lo devolviesen. El Sr. D. Francisco Gonzalez de Vera cumplió el molesto encargo segun costumbre, es decir, con la mayor puntualidad; pero una larga ausencia de la corte le habia estorbado el envio del libro, que aguardo ya muy pronto. Quizá algun dia podré lograr mi deseo de reunir en un volúmen todo lo que nos resta de Cortés, con cuyo objeto emprendí estos trabajos preparatorios.

B. TRADUCCIONES.

1. Latin.

«Praeclara Ferdinandi Cortesii de nova maris Oceani Hispania narratio, Sacratissimo ac Invictissimo Carolo Romanorum Imperatori Semper Augusto, Hispaniarum & (?) Regi Anno Domini M. D. XX transmisa;....per Doctorem Petrum Savorgnanum Foro Juliensem Reven. D. Joan. de Revelles Episco. Vienensis Secretarium ex Hispano idiomate in latinum versa Anno Domini M. D. XXIIII. KL. Martii.» Y *al fin;* «Explicit secunda Cortesii narratio.....Impressa in celebri civitate Norimberga. Conventui Imperiali presidente Serenissimo Ferdinando Hispaniarum Infante & Archiduce Austriæ Sac. R. Imp. Locût. Generali Anno Dni. M. D. XXIIII. Quart: No. Mar. Per Fridericum Peypus Arthimesius.» (*Navarrete, ubi supra, y Ternaux, n. 32, dan este título con algunas diferencias; he seguido al primero, extractándolo.*)

«Tertia Ferdinandi Cortesii Sac. Caesar. et cath. Maiesta. In nova maris Oceani Hyspania Generalis præfecti præclara narratio. In qua celebris civitatis Temixtitan expugnatio, aliarumque Provintiarum quæ defecerant recuperatio continetur....Per Doctorem Petrum Savorgnanum Foroiuliensem....ex Hispano idiomate in latinum versa» *Al fin:* «Impressum in Imperiali Civitate Norimberga, per discretum et providum virum Foedericum Ar-

themesium civem ibidem. Anno Virginei partus Milesimo quingentesimo vigesimo quarto.»
(*Navarrete, ubi supra.—Ternaux, n. 33.*)

«De Insulis nuper inventis Ferdinandi Cortesii ad Carolum V. Rom. Imperatorem Narrationes, cum alio quodam Petri Martyris ad Clementem VII. Pontificem Maximum consimilis argumenti libello, &c.» Coloniæ, ex officina Melchioris Novesani. Anno M. D. XXXII. Decimo Kalendas mensis Septembris. Venduntur in pingui Gallina. Fol. (*Lo he visto en poder del Sr. D. Francisco Abadiano.*)

Contiene este libro:

El Tratado «De Insulis Nuper Inventis» de Pedro Mártir de Angloría, impreso muchas veces.
Las cartas segunda y tercera de Cortés.
Una carta de Fray Martin de Valencia, fecha en Tlalmanalco á 12 de Junio de 1531.
Otra del Sr. Zumárraga, sin fecha.
El «Epítome convertendi gentes Indiarum ad fidem Christi,» por Fray Nicolás Herborn.

Este libro fué reproducido por entero en el *Novus Orbis*, Basilea, 1555, fol., y Rotterdam, 1616, 12°. Las cartas de Cortés cuarta y quinta, no existen en latin.

2. Italiano.

Don Nicolás Antonio, Barcia, Brunet y Navarrete hablan de una traduccion italiana de las cartas de Cortés, cuyo autor fué Nicolás Liburno ó Liburnio, y se imprimió en Venecia, 1524; pero la *Bibliothèque Américaine* de Ternaux, trae con el n. 28 el artículo siguiente:

«La preclara narratione di Ferdinando Cortese al imperatore, conversa dal idioma hispaniuolo al italiano *da* Pietro Savorgnano. Venezia, B. de Viana de Lexona, 1523, in-4°.—Avec un grand plan de Mexico gravé sur bois.»

Aquí aparece como traductor italiano el mismo Savorgnano que hizo la traduccion latina, y aunque la indicacion del mapa, con que termina el artículo, da á entender que Ternaux tuvo á la vista el libro, acaso padeceria alguna equivocacion al copiar un título en lengua extraña. Tambien adelanta un año la fecha de la edicion.

Barcia y Navarrete mencionan otra traduccion italiana hecha por Mr. Juan Rebelles, quien la imprimió el mismo año (1524) con el mismo título. No hallo noticia del autor ni de la obra en ninguna otra parte, y me inclino á creer que ni uno ni otro existe. Me llama tambien la atencion que el traductor tenga el mismo nombre que el obispo Don Juan de Rebelles, á quien Savorgnano dedicó la traduccion latina.

En el tomo III de las *Navigationi et Viaggi* de Ramusio, se encuentran tambien las tres Relaciones de Cortés en italiano.

3. Francés.

«Correspondance de Fernand Cortès avec l'empereur Charles-Quint, sur la conquête du Mexique. Traduite par Mr. le Vicomte de Flavigni.» Paris, *sans date* (*sed 1778*), in-8°.

Sirvió para esta traduccion la edicion del Sr. Lorenzana. (*Navarrete, ubi supra.—O. Rich, Bibliotheca Americana Nova, London, 1846, t. I, p. 272.*)

Reimpresa en Suiza, 1779, en 8°. (*Navarrete.*)

4. Inglés.

«Despatches of Hernando Cortés, the conqueror of Mexico addressed to the emperor Charles V, written during the conquest, and containing a narrative of its events. Now first translated into English from the original spanish, with an introduction and notes, by Geo. Folsom.» New York, 1843, 8vo.

Tambien sirvió de original la edicion de Lorenzana. (*O. Rich, t. II, p. 377.*)

5. Aleman.

«Ferdinandi Cortesii von dem newen Hispanien so im Meer gegen Niedergang, zwei lustige Historien erstlich in Hispanischer Sprache durch himselbst Beschrieben unt verteuscht von Xysto Betuleio und Andrea Diethero.» Augsburg, Ulhardt, 1550, fol. (*Ternaux, n. 57 bis.*)

CONTENIDAS EN ESTE VOLÚMEN.

II. ESCRITOS SUELTOS.

1. Ordenanzas militares. Tlaxcala, 22 de Diciembre de 1520. (*Prescott, Conquista de México, t. III, Ap. II, n. 13; y en este volúmen, p. 445.*)
2. Carta al Emperador Cárlos V. Cuyuacán, 15 de Mayo de 1522. (*Coleccion de Documentos Inéditos para la Historia de España, t. I, p. 11.*—*Kingsborough, Antiquities of Mexico, t. VIII.*)
3. Ordenanzas para los vecinos. México, 20 de Marzo de 1524. (*Alaman, Disertaciones, t. I, Ap. II, p. 105.*)
4. Ordenanzas ó arancel para los venteros. México, sin fecha. (*Alaman, p. 117.*)
5. Instruccion á Francisco Cortés para la expedicion de la costa de Colima. 1524. (*Publicada por primera vez en este volúmen, p. 464.*)
6. Carta al Emperador. México, 15 de Octubre de 1524. (*Inédita hasta ahora; publicada por primera vez en este volúmen, p. 470.*)
7. Ordenanzas para las nuevas poblaciones. Sin fecha. (1525.) (*Alaman, p. 119.*)
8. Instrucciones á Hernando de Saavedra, lugarteniente de gobernador y capitan general en las villas de Trujillo y la Natividad de Nuestra Señora de Honduras. 1525. (*Alaman, p. 129.*)
9. Ordenanzas para los encomenderos. Sin fecha. (*Alaman, p. 137.*)
10. Carta á la ciudad de México, avisando su llegada á Veracruz de vuelta de la expedicion de Honduras, Mayo de 1526. (*Está inserta en el primer Libro de Actas del Ayuntamiento de esta capital, en el cabildo de 31 de Mayo de 1526; y se publicó en el t. III del Mosaico Mexicano, México, 1840, p. 97; y Alaman, ubi supra, p. 198.*)
11. Carta al Emperador. México (Temistitán), 11 de Setiembre de 1526. (*Documentos Inéditos, t. I, p. 14.*—*Kingsborough, ubi supra.*)
12. Carta al Emperador. México (Temistitán), 11 de Setiembre de 1526. (*Documentos Inéditos, t. I, p. 25.*—*Kingsborough, ubi supra. Distinta de la anterior.*)
13. Carta al obispo de Osma. Coadnavach (Cuernavaca), 12 de Enero de 1527. (*Documentos Inéditos, t. I, p. 27.*—*Kingsborough, ubi supra.*)
14. Instruccion á Álvaro de Saavedra, veedor de la armada que enviaba al Maluco. 27 de Mayo de 1527. (*Navarrete, Coleccion de Viajes de los Españoles, Madrid, 1825-27, t. V, p. 442.*)
15. Instruccion á Antonio Guiral para desempeñar el cargo de contador en la armada de Saavedra. Misma fecha. (*Ibid., p. 443.*)
16. Instruccion á Álvaro de Saavedra Ceron para el viaje que habia de hacer con la armada á las islas de Maluco. 28 de Mayo de 1527. (*Ibid., p. 444.*)
17. Carta á los individuos de la armada de Sebastian Caboto, que habia salido de España para el Maluco, á fin de que le informasen de sus sucesos, y ofreciéndoles los auxilios que necesitasen. Misma fecha. (*Ibid., p. 456.*)
18. Carta que escribió á Sebastian Caboto y le remitió con Álvaro de Saavedra, informándole de las órdenes que tenia del Emperador para socorrer la armada que llevó al Maluco, y la del comendador Loaisa. Misma fecha. (*Ibid., p. 457.*)
19. Carta que entregó á Álvaro de Saavedra para el rey de la isla ó tierra adonde arribase con su armada. Misma fecha. (*Ibid., p. 459.*)
20. Carta al rey de Cebú manifestándole el objeto de la expedicion que iba al Maluco mandada por Álvaro de Saavedra. Misma fecha. (*Ibid., p. 461.*)
21. Carta al rey de Tidore dándole gracias en nombre del Emperador por la buena acogida que hizo á la gente de la armada de Magallanes que quedó en aquella isla. Misma fecha. (*Ibid., p. 463.*)
22. Carta al Emperador. Tezcuco, 10 de Octubre de 1530. (*Documentos Inéditos, t. I, p. 31.*—*Kingsborough, ubi supra.*)
23. Instruccion á Diego Hurtado de Mendoza para el descubrimiento de la Mar del Sur. 3 de Setiembre de 1532. (*Documentos Inéditos, t. IV, p. 167.*)

24. Capítulo de carta al Emperador sobre el mismo descubrimiento. 20 de Abril de 1532. (*Documentos Inéditos, t. IV, p. 175.*)

25. Relacion de los servicios del Marques del Valle, que de su parte presentó á S. M. el licenciado Nuñez. Sin fecha. (*Documentos Inéditos, t. IV, p. 178. — Aunque en este escrito no habla directamente Cortés, parece redactado por él. Tengo una copia manuscrita, mucho mas extensa que el impreso, y que deberá publicarse en el t. II de esta Coleccion.*)

26. Carta al presidente del Consejo de Indias. México, 20 de Setiembre de 1538. (*Documentos Inéditos, t. IV, p. 193.*)

27. Memorial al Emperador, sobre que no se le embarazase el descubrimiento de la Mar del Sur. 1539. (*Documentos Inéditos, t. IV, p. 201.*)

28. Instruccion á Juan de Avellaneda, Jorge Ceron y Juan Galvarro, sobre la relacion que habian de hacer á S. M. del descubrimiento del Mar del Sur. 1539. (*Documentos Inéditos, t. IV, p. 206.*)

29. Memorial sobre agravios que le habia hecho Don Antonio de Mendoza. 1540. (*Documentos Inéditos, t. IV, p. 209.*)

30. Memorial al Emperador con relacion de servicios y peticion de mercedes. 1542. ? (*Documentos Inéditos, t. IV, p. 219. — Kingsborough, ubi supra.*)

31. Memorial pidiendo residencia contra Don Antonio de Mendoza. 1542. (*Manuscrito en mi poder. Distinto del n. 29.*)

32. Carta ó memorial al Emperador Cárlos V. 3 de Febrero de 1544. (*Documentos Inéditos, t. I, p. 41.—Kingsborough, ubi supra.—Es la que Vargas Ponce llama última y sentidísima carta, porque no se halla otra posterior, y por el tono de queja en que está escrita.*)

33. Testamento de Hernan Cortés. 18 de Agosto de 1548. (*Humboldt, Ensayo político sobre la Nueva España, Paris, 1836, t. IV, p. 309.—Mora, México y sus revoluciones, Paris, 1836, t. III, p. 379.—Documentos Inéditos, t. IV, p. 239.—Alaman, Disertaciones, t. II, Ap. II, p. 98.—Diccionario Universal de Historia y de Geografía, México, 1853-56, art. Cortés.*)

CARTA DEL CONTADOR ALBORNOZ.

Desde el año de 1522 fué nombrado contador de la Nueva España Rodrigo de Albornoz, que habia sido secretario del Emperador Cárlos V, y trajo por compañeros al factor Gonzalo de Salazar, al tesorero Alonso de Estrada y al veedor Pedro Almindez Chirinos. Llegados á México se unieron todos para acriminar á Cortés, acusándole siempre en sus cartas á la corte, y pidiendo con empeño facultades para perseguirle. No obstante eso, cuando Cortés marchó á la expedicion de las Hibueras (1524), trató de llevar consigo á Albornoz; mas habiéndose enfermado este, se quedó en México, y Cortés le dió nombramiento de gobernador durante su ausencia, en los mismos términos que lo habia dado ya al tesorero Estrada. Los dos gobernadores se desavinieron muy pronto, y aun llegaron á poner mano á las espadas por motivo tan leve como el nombramiento de un alguacil. A poco tiempo el factor Salazar y el veedor Chirinos entraron tambien al gobierno, por nueva provision que Cortés les dió en Goatzacoalco, hasta donde le habian ido acompañando. Con el mayor número de gobernadores tomaron nueva fuerza las discordias: al fin Salazar y Chirinos lograron alzarse con el mando; y habiendo dado licencia á Estrada y Albornoz para que fueran á embarcar por Medellin algunos caudales del rey, apenas estaban á ocho leguas de México cuando salió Chirinos con gente armada, los alcanzó y trajo presos. Albornoz fué puesto con grillos en la fortaleza; pero el intrigante Salazar consiguió atraerle á su partido para la conjuracion que tramó contra el apoderado y pariente de Cortés, Rodrigo de Paz, de que resultó la prision, tormento y suplicio de este. Al tiempo de morir nombró Paz heredero suyo á Albornoz, cosa que no se comprende, porque eran enemigos mortales; pero Salazar se apropió la herencia. Siempre doble y artificioso, no quiso Albornoz unirse á los enemigos de Salazar, sino bajo condicion de que antes lo prendiesen, pudiendo conservar así en cualquier evento la apariencia de haber cedido á la fuerza. Caido el factor Salazar, entró Albornoz de nuevo al gobierno; pero á pesar de tantos agravios, procedió con la mayor moderacion contra los vencidos, no por virtud, sino por contemplacion á ser favorecidos del famoso secretario de Cárlos V, Francisco de los Cobos. Despues del regreso de Cortés, marchó Albornoz á España, y cuando se aguardaba que en la corte acusara empeñosamente á Salazar y Chirinos, sucedió lo contrario, por la misma consideracion á Cobos. No vuelve á saberse ya nada de Albornoz, y sin duda murió en la oscuridad.

Cuando factor y veedor estaban apoderados del gobierno, y en vísperas ya de la revolucion que los derribó para levantar á Estrada y Albornoz, escribia este último al Emperador la extensa carta que ahora ve por primera vez la luz pública. Nótase desde luego en ella, que á pesar de las ofensas recibidas del factor y veedor, apenas se atreve á acusarlos, mientras que aprovecha varias ocasiones de acriminar á Cortés, despues de honrarle con algunas frases en abono de su fidelidad al soberano: elogio tanto menos sincero y desinteresado, cuanto que se funda principalmente en el hecho de haber dejado por gobernadores durante su ausencia á los oficiales reales, entre los que se contaba el mismo Albornoz: y creo que ni aun tan poca cosa hubiera escrito en favor de Cortés, á no ser porque le creia muerto. Nada se arriesga en darse aires de imparcialidad y desinteres, elogiando á quien ya no puede hacer sombra.

La carta de que tratamos es verdaderamente interesante. Presenta un cuadro casi completo del estado de la colonia: señala los males y apunta los remedios, no siempre, en verdad, acertados. La esclavitud de los Indios llama mucho su atencion: revela los innumerables y horribles abusos que se cometian en esa materia; pero no tiene bastante valor para resolverse á cortarlos de raiz, y se contenta con proponer términos medios, que no servirian sino para agravar el mal, legitimando hasta cierto punto los delitos. Respecto á la árdua cuestion de los repartimientos, opina por su perpetuidad, destruyendo así con una mano lo que intentaba edificar con la otra. Teme tambien un alzamiento de la raza conquistada, y por consiguiente aconseja medidas opresivas contra ella, al paso que desea mejorar su condicion moral con el establecimiento de colegios de ambos sexos.

No olvida el aumento de las rentas reales, ni faltan tampoco indicaciones útiles respecto á la agricultura, al comercio, á negocios eclesiásticos, y á otros ramos de la administracion pública. Pide el contador, entre otras cosas, la publicacion de leyes suntuarias; opina que la capital se traslade á otro sitio mas favorable para la defensa, sin hablar palabra del inconveniente mas grave, que eran las inundaciones, y procura allanar las dificultades que presentaba el proyecto. No escasea, en fin, las alabanzas propias, y pide á cada paso facultades para poner en ejecucion sus ideas.

Este importante documento, de no mal estilo y de agradable lectura, se ha impreso conforme á una copia remitida por el Sr. W. H. Prescott.

MEMORIA DE LO ACAECIDO EN ESTA CIUDAD &c.

Bien sabidos son los desórdenes que hubo en México durante el viaje de Cortés á Honduras, y algo se ha dicho de ellos en el párrafo que antecede; pero el presente escrito anónimo refiere ciertos pormenores nuevos, y sirve para aclarar mas la historia de aquellos sucesos. Don Juan Bautista Muñoz atribuye esta *Memoria* al tesorero Estrada, y considero muy probable su opinion. El contador Albornoz escribia ciertamente con mas cultura, y su estilo es muy diverso, como puede conocerse á primera vista comparando este escrito con la carta que le precede. Pero con todo eso, y en medio de la incorreccion y desaliño del anónimo, se nota cierto vigor y viveza en las descripciones, que hace se lea sin cansancio. El autor era partidario decidido del contador y el tesorero; las cosas tan personales que acerca de ellos apunta, me inclinan á creer, con Muñoz, que escribia el mismo Estrada. No dice á quién dirige su *Memoria*, ni esta lleva fecha; pero bien se conoce que es contemporánea de los sucesos, y acaso iria dirigida á los oficiales de la Casa de la Contratacion de Sevilla, que venia á ser entonces el Ministerio de Indias.

El título que este documento lleva en la presente edicion, se ha copiado del que tiene mi MS., que debo, como tantos otros, al favor del Sr. Prescott. Pero desde luego se observa que la fecha allí mencionada no es exacta, pues la expedicion de Cortés á las Hibueras no comenzó en 1525, sino en 1524. Aquí hay evidentemente un yerro de pluma; mas no puede suponerse igual cosa en la designacion del *12 de Octubre* como dia de la salida de Cortés, porque se repite en la segunda línea del texto, y porque el mismo Cortés dice en su *Carta Quinta*,[34] que salió de México el 12 de Octubre de 1524. Así pues, parece que esta es una fecha perfectamente fijada por declaracion unánime de dos testigos de vista, siendo uno de ellos el gefe mismo de la expedicion.

Hay, sin embargo, una dificultad muy grave. La *Carta Cuarta* de Cortés

---

[34] Coleccion de Documentos Inéditos para la Historia de España, tom. IV, pág. 10.

está fechada en MÉXICO á *15 de Octubre de 1524;*³⁶ y aun cuando pretendiéramos suponer aquí una errata, no habria lugar á ello, pues igual fecha y en la misma ciudad tiene la *Carta Inédita* de Cortés que se halla en este tomo (pág. 483), cuyo *manuscrito original* tengo á la vista: de suerte que por los datos que Cortés mismo suministra, resulta que el 15 de Octubre avisaba al Emperador haber prescindido de su intencion de ir á castigar á Olid, siendo así que tres dias antes habia marchado ya con tal objeto.

El Sr. Prescott,³⁷ teniendo á la vista esta *Memoria* y la *Carta Quinta,* fijó la salida de la expedicion el 12, sin reparar en el inconveniente que ofrecia la fecha de la *Cuarta Carta.* El Sr. Alaman³⁸ por su parte, censura al Sr. Prescott, y dando entero crédito á la fecha de la *Carta Cuarta,* pone la salida á fines de Octubre, apoyado tambien en el *Primer Libro de Cabildo.* Pero este de nada sirve, como vamos á ver, y además el Sr. Alaman no conoció esta *Memoria,* ni se acordó del testimonio contradictorio del propio Cortés en su *Carta Quinta.*

A la verdad no sé cómo conciliar tales dificultades, y me limito á exponerlas para que el lector juzgue. Las noticias del *Libro de Cabildo* están reducidas á lo siguiente: entre el 7 de Octubre y el 4 de Noviembre no hubo sesion; en el acta de aquel dia nada se dice que haga á nuestro propósito, y en la de este último consta que se presentaron ya Zuazo, Albornoz y Estrada como tenientes de gobernador. Por consiguiente, la salida pudo ser el dia 12 que señala Cortés, ó *á mediado Octubre,* segun Herrera,³⁹ y *por Octubre,* como dice todavía mas vagamente Gómara.⁴⁰ Todas las opiniones pueden, pues, admitirse sin ir contra el *Libro de Cabildo,* y por lo mismo de nada sirve este en la presente investigacion.— Paréceme, sin embargo, que es imposible desechar el testimonio de Cortés, apoyado en el de un testigo ocular, y que la partida de la expedicion debe fijarse en el dia 12 de Octubre de 1524; la dificultad que ofrece la data de las otras cartas solo puede conciliarse suponiendo que se escribieron en vísperas ya de marchar, y se les puso la fecha del dia en que debia partir de México el encargado de llevarlas; ó mas bien que Cortés las concluyó y firmó yendo ya en el camino. Las conjeturas, sin embargo, distan mucho de ser satisfactorias.

Y no es tampoco esta la única dificultad cronológica que ofrece la *Memoria.* Poco mas adelante (pág. 513, lín. 6 y 7) se dice que «vinieron «á la dicha ciudad los dichos fator é veedor el segundo dia de Pascua de «Navidad *del año siguiente,*» y no fué sino del *mismo año de 1524,* segun

---

³⁶ Edicion del Sr. Lorenzana, (México, 1770,) pág. 399.
³⁷ Conquest of Mexico, book VII, ch. 3.
³⁸ Disertaciones sobre la Historia de la República Mexicana, tom. I, pág. 197.

³⁹ Déc. III, lib. 6. cap. 10.
⁴⁰ Crónica de Nueva España, fol. 98 de la edicion gótica (Medina del Campo, 1553,) ó cap. 163 de la edicion de Barcia en sus *Historiadores Primitivos de Indias.*

consta de todos los autores, y en especial del *Libro de Cabildo*, donde se ve que en la sesion de 29 de Diciembre de 1524 presentaron sus provisiones. — Tal vez el autor seguia el uso antiguo de comenzar á contar el año desde Pascua, y en tal caso el segundo dia de esta pertenecia ya *al año siguiente;* pero no recuerdo ningun ejemplo de ello en nuestros documentos históricos.

Otras observaciones pudieran hacerse acerca de la *Memoria,* así como tambien sobre los demás escritos contenidos en este volúmen; pero habiéndome propuesto únicamente divulgar en beneficio público los documentos que poseo, he debido abstenerme de toda discusion crítica que no verse sobre la correccion de los textos, dejando el cuidado de su exámen y apreciacion como monumentos históricos, á cargo de quien se valga de ellos para esclarecer nuestros anales.

CARTA DE DIEGO DE OCAÑA.

Cierra la serie de los documentos contenidos en este volúmen la carta del escribano Ocaña, que llegado á México por Junio de 1525, fué admitido á ejercer su oficio en cabildo de 20 del mismo mes; el 1º de Setiembre quedó asentado por vecino de la nueva ciudad, y el 28 de Noviembre obtuvo un solar en ella para edificar su casa. A esto se reducen las noticias que he hallado en el *Libro de Cabildo* acerca del autor de la presente carta. Fué dirigida, segun parece, á los oficiales de la Casa de la Contratacion de Sevilla, en la cual sospecho que Ocaña habia tenido antes algun empleo. Casi toda la epístola se reduce á una violenta acusacion contra Cortés, de quien llega á decir que si iba á los descubrimientos del Mar del Sur, moriria con corona. No pierde ocasion de hacer sospechosa su fidelidad, y ciertamente que causa impaciencia ver cómo esos oscuros advenedizos, incapaces de toda accion noble y generosa, se ensañaban contra el grande hombre á quien debian hasta la tierra que pisaban.

Habria dejado inédita la copia de esta carta que me remitió el Sr. Prescott, si no hubiera sido porque se trataba de un documento de cierta importancia, que nos da á conocer la violencia de las pasiones en aquella época de desórdenes y crímenes. El escribano demuestra bien la malicia consiguiente á su edad y ejercicio, en el tono hipócrita y plañidero con que suelta las mas terribles inculpaciones, sin que al parecer les dé grande importancia. Pertenecia á la parcialidad de factor y veedor, pero no está muy distante de entenderse tambien con tesorero y contador; por todo podrá pasar, como no se trate de Cortés. Siendo contra él, no hay conseja que no adopte, ni rumor vago que no acredite, ni providencias que le parezcan fuertes. Propone, en fin, que sea reducido á prision, para que todos puedan acusarle sin miedo. Parece increible que esto se escribiera en México, cinco años despues de la conquista.

HISTORIA

DE LOS

INDIOS DE NUEVA ESPAÑA

POR

FRAY TORIBIO DE BENAVENTE

Ó MOTOLINIA

NOTICIAS DE LA VIDA Y ESCRITOS

DE

FRAY TORIBIO DE BENAVENTE, Ó MOTOLINIA,

POR

DON JOSÉ FERNANDO RAMIREZ.

PRIMERA PARTE.—BIOGRAFÍA.

FRAY TORIBIO DE BENAVENTE, natural de la ciudad de este nombre en el reino de Leon, fué el sexto de los nombrados para formar el Apostolado Franciscano encargado de propagar el cristianismo en México, bajo la obediencia de su superior, FRAY MARTIN DE VALENCIA. Fray Toribio era profeso de la provincia de Santiago, de la cual, así como la mayor parte de sus compañeros, fué trasladado á la de San Gabriel de Extremadura, para partir de allí á su santa y civilizadora mision. El dia 30 de Octubre de 1523 recibieron su patente, y despues de algunas dilaciones, empleadas en hacer sus provisiones y en reemplazar un compañero que desistió de la empresa, se embarcaron en San Lúcar de Barrameda el Mártes 25 de Enero de 1524; el 4 de Febrero arribaron felizmente á la Gomera, una de las Canarias; el 3 de Marzo á Porto-Rico; el 13 á la Española, ó isla de Santo Domingo; el 30 de Abril á la Trinidad, ó isla de Cuba; «y vueltos á embarcar la quinta vez, dice Torquemada, ¹ dieron «consigo en el deseado puerto de San Juan de Ulúa......en 13 de Mayo

---

¹ Monarquía Indiana, lib. XV, cap. 9.— El P. Motolinia, que da este mismo derrotero del viaje, discrepa en la última fecha, segun puede verse en la pág. 156 de su Historia; allí dice:— «Tornados á embarcar vinieron á San Juan de Ulúa á 13 de Mayo, «que aquel año fué vigilia de Pentecostes.» —Aunque la autoridad de nuestro historiador parezca decisiva, pues que refiere sus propios hechos; sin embargo, debe preferirse, como mas exacta, la correccion de Torquemada; porque confrontándola con el Calendario Perpetuo que se encuentra en L'Art de vérifier les Dates, etc., tanto de la edicion de los Benedictinos, como de la última de Saint-Alais, se ve que el 13 de Mayo de 1524, que cita el P. Motolinia, fué Juéves, y por consiguiente no podia ser la Vigilia de Pentecostes. Fuélo el Sábado 14, y así lo anota explícitamente la antigua edicion, resultando de ella plenamente justificada la correccion que hace el P. Torquemada.

«del mismo año de 24, *un dia antes* de la vigilia de Pascua del Espíritu
«Santo.»

Luego que Hernan Cortés tuvo noticia de la llegada de esta ilustre colonia, envió para recibirla y felicitarla, á Juan de Villagomez, criado suyo. Los religiosos rehusaron sus obsequios y ofrecimientos, emprendiendo luego su marcha para el interior, á pié y descalzos; ordinario desabrigo y manera de caminar de los primitivos misioneros.—La narracion de los sucesos posteriores de su viaje hasta México, la haré con las palabras de un escritor coetáneo, que á la cándida sencillez de su lenguaje, reune la inapreciable calidad de resumir las noticias de dos testigos presenciales; del mencionado Villagomez y de Rafael Trejo, uno de los compañeros de Cortés. Oigámoslos por boca de Fray Juan de Torquemada.[1]

«Pasando estos siervos de Dios por Tlaxcalla, se detuvieron allí algunos
«dias...... y aguardaron el dia del mercado, que los Indios llaman *Tian-*
«*quiztli*, cuando la mayor parte de la gente de aquella provincia se suele
«juntar á sus tratos y granjerías, acudiendo á la provision de sus familias.
«Y maravilláronse de ver tanta multitud de almas, cuanta en su vida ja-
«más habian visto así junta, alabaron á Dios con grandísimo gozo por ver
«la copiosísima mies que se les ofrecia y ponia por delante. Y movidos
«con el celo de la caridad que venian, ya que no les podian hablar, por
«ignorar su lengua, comenzaron con señas (como hacen los mudos) á de-
«clararles su intento, señalando al cielo, queriéndoles dar á entender que
«ellos venian á enseñarles los tesoros y grandezas que allá en lo alto habia.
«Los Indios andaban detrás de ellos, como los muchachos suelen seguir á
«los que causan novedad, y maravillábanse con verlos con tan desarrapado
«traje, tan diferente de la bizarría y gallardía que en los soldados espa-
«ñoles habian visto.»

La fuerte y extraña impresion que debe haber causado en el espíritu de los Indios la presencia de estos huéspedes, de tan singular carácter y catadura, con sus predicaciones por señas ó en lengua incomprensible, lo manifiesta perfectamente una de las antiguas relaciones comunicadas al cronista Herrera:—«¿qué han estos pobres miserables, que tantas voces «están dando?»—se preguntaban unos á otros los asombrados indígenas; —«mírese, añadian, si tienen hambre: deben ser enfermos ó están locos: «dejadlos vocear, que les debe haber tomado su mal de locura: pásenlo «como pudieren y no les hagan mal, que al cabo dello morirán: notad «cómo á medio dia y á media noche y al amanecer, cuando todos se ale-«gran, ellos lloran: sin duda es grande su mal, porque no buscan placer, «sino tristeza.»[2] En estas y las otras conversaciones de su género, la palabra MOTOLINIA se encontraba en boca de todos, repitiéndose con un gesto

---

[1] Monarquía Indiana, libro XV, capítulo 10.

[2] Herrera, Décadas de Indias, déc. III, lib. 2, cap. 9.

y expresion que la hacian mas remarcable. Tales circunstancias y su mismo sonido armonioso, hirieron la ardiente imaginacion de Fray Toribio, que ansiaba tambien por comenzar su aprendizaje de la lengua mexicana. Preguntó lo que querian decir con ella, y habiéndosele contestado que significaba POBRE, dijo:—«Este es el primer vocablo que sé en esta lengua, «y porque no se me olvide, este será de aquí adelante mi nombre:»—«y «desde entonces, añade Torquemada,⁴ dejó el nombre de *Benavente*, y se «llamó MOTOLINIA.»⁵—El rasgo retrata al hombre.

Despues de algunos dias de descanso que la colonia franciscana tomó en Tlaxcala, continuó su peregrinacion á México, donde se les aguardaba con grandes preparativos y alboroto. Cuando se tuvo noticia de su aproximacion, salió Cortés á recibirlos, acompañado de todos sus capitanes y de los restos de la antigua grandeza mexicana, haciendo con ellos la famosa demostracion de humildad y respeto que debia captarle su afecto y consolidar su propio poder.—Los historiadores, que, incluso el mismo P. Motolinia, nos han conservado el minucioso itinerario de los misioneros desde España hasta Veracruz, no expresan las fechas de su llegada á Tlaxcala, ni la de su entrada á México. Esta puede deducirse, muy aproximadamente, de la reunion de su primer capítulo, que dice Torquemada⁶ se celebró «el dia de la Visitacion de Nuestra Señora,» á los quince dias de su arribo; con que así, este debió ser entre el 17 y 18 de Junio.— Vetancurt,⁷ haciendo el mismo cómputo, fija el 25; mas su equivocacion es patente.—En seguida se repartieron los religiosos de cuatro en cuatro por las tres mayores poblaciones de la época, Tezcoco, Tlaxcala y Huexotzinco, quedándose en México Fray Martin de Valencia, su superior, con otros cuatro; pues cuando aquel Apostolado llegó á México se encontraron con cinco individuos de su órden, que servian de capellanes, y que luego fueron incorporados á la nueva comunidad.

Nuestros monumentos históricos no presentan suficiente material para seguir paso á paso la vida de Fray Toribio, que fué una de las mas activas y laboriosas. Por tal motivo, no menos que por el carácter particular de este escrito, reduciremos sus noticias á los hechos principales y mejor averiguados.

No se sabe positivamente cuál residencia le tocó en la dispersion de sus

---

⁴ Lib. XX, cap. 25.

⁵ La traduccion vulgar que se ha dado á esta palabra, es impropia, y por lo mismo no representa exactamente su idea, ni el espíritu ó sentimiento con que se pronunciaba en esa ocasion. Verdad es que significa POBRE; mas tambien tiene las acepciones de *infeliz, desgraciado, infortunado* &c. &c., y los Indios la usaban en esa vez como interjeccion ó exclamacion de piedad ó lástima, á la manera misma que nosotros las usamos en ocasiones semejantes. Don Lúcas Alaman se equivocaba aun mas, traduciendo aquella palabra por el sustantivo *Pobreza*. Véanse sus Disertaciones &c., t. II, p. 140.

⁶ Lib. XV, cap. 12.

⁷ Chronica de la Provincia del Santo Evangelio &c., tratado I, cap. 1, n. 4.

hermanos, y la primera noticia cierta que de él tenemos se encuentra en el Acta de 28 de Julio de 1525, del primer *Libro de Cabildo* de esta ciudad. Por ella sabemos que el gobierno colonial, entonces al cargo de Gonzalo de Salazar, con el carácter de teniente gobernador por la ausencia de Cortés, se manifestaba alarmado por la conducta de los franciscanos, haciéndoles las graves inculpaciones que revela el siguiente pasaje que copio de aquel inédito y curioso documento:—«E dixeron (el teniente «gobernador y regidores) que á su noticia es venido que Frey Martin de «Valencia, frayle del monesterio de Sor. San Francisco, é *Frey Toribio*, «*guardian* del dicho monesterio en su nombre, diciéndose *Vice Episcopo* «en esta N. España, no solamente entiende en las cosas tocantes á los des-«cargos de conciencia, mas aun entremétense en usar de juridicion civil «é criminal é enyben (inhiben) por la corona de las justicias, que son co-«sas tocantes á la preminencia Episcopal, no lo pudiendo hacer syn tener «prouisyon de sus magestades para ello; é porque esto es contra su real «preminencia. acordaron de enviar á «rogar al dicho Padre Frey Toribio, *guardian* del dicho monesterio, que «llegue al dicho cabildo é que se le notifique de su parte, que le piden é «requieren que no huse de la dicha juridicion hasta tanto que en el dicho «Cabildo muestre las bulas é prouisyones que de su magestad tiene para «ello &c.»—Consta de la misma Acta que Fray Toribio respondió incontinenti que sus bulas estaban ya presentadas—«é que por ellas tenian bas-«tante poder del Papa é del Emperador, á cuya peticion fueron concedi-«das é á ellos dadas.»

Todas las corporaciones, particularmente las electivas, son desmemoriadas; así es que—«los dichos sres. justicia é regidores dixeron, que tal «no havian visto, ni en este cabildo havia sido presentado»—y en consecuencia ordenaron nuevamente al requerido hiciera la presentacion de sus títulos. Entonces Fray Toribio exhibió dos cédulas expedidas en Pamplona á 15 de Noviembre y 12 de Diciembre de 1523, dirigida la una á los oficiales de la Casa de Contratacion de Sevilla, y la otra á los gobernadores y justicias de América. La primera era el permiso que se concedia á los religiosos para pasar á estas partes, con la órden de que se les facilitara el pasaje y recursos necesarios: la segunda era una especie de pasaporte ó credencial en que se ordenaba á la autoridad respectiva «que en «todo lo que por los dichos frayles ó por alguno de ellos fuera requerida «é ovieran menester. . . . . . . los hubiera por encomendados.» Con estas cédulas presentó Fray Toribio «dos bulas de su ministro general escritas «en lengua latina. . . . . . en que dixo estaba encorporada la bula de S. S. «las cuales no se trasladaron (en el Acta) por su prolixidad. . . . . . é asy «presentada dixo, que como quiera que otra vez estaban presentadas, á «mayor abundamiento requeria (al Ayuntamiento) que las cumpliera.»

Fray Toribio tenia mucha razon en reprochar su olvido á los concejales, pues del mismo Libro de Cabildo consta que en la sesion de 9 de Marzo anterior, presente Gonzalo de Salazar, como uno de los tenientes de gobernador, y «de pedimento del P. Fr. Martin de Valencia, *Custodio* de la «casa del Sr. S. Francisco, vistas las bulas que presentó ante sus merce«des en el dicho cabildo, dixeron que las obedecian como á mandamiento «de Su Santidad, y que conforme á ellas podian usar de todas las cosas y «casos en ellas contenidas en esta Nueva España.»—El Ayuntamiento repitió la misma fórmula y protesta, manifestándose dispuesto á hacerlas efectivas en lo perteneciente «á la predicacion é instruccion de los Indios;» mas «en quanto á lo demás de la juridicion é judicatura cebil é criminal «de que los dichos PP. Religiosos querian usar, dixeron que apelaban é «suplicaban de dichas bulas, por ser en perjuicio de la preminencia real é «daño de la pacificacion destas partes.»—De conformidad con esta determinacion les prohibió el Ayuntamiento usar de ambas jurisdicciones. Los pasajes referidos nos permiten conjeturar un hecho que no se encuentra mencionado en ninguno de los cronistas de la provincia, conviene á saber: que Fray Toribio se quedó en México despues de la dispersion de sus hermanos, siendo tambien el primer guardian de su convento. El Padre Valencia debió conservar el carácter de *Custodio*.

Si bien las contradicciones que vemos asomar entre los religiosos y el gobierno, debian proceder en mucha parte del grande celo con que los Españoles han defendido siempre las prerogativas del poder civil, en la ocasion eran fuertemente estimuladas por la adhesion que profesaban á Cortés, entonces vivamente perseguido por sus émulos, y sobre todo por el ardiente celo é infatigable perseverancia con que protegia á los infelices Indios, víctimas de la codicia y rudeza de los conquistadores. Aunque todos los religiosos hacian una profesion de conciencia en ampararlos y protegerlos, afrontando con el odio y con la persecucion de los potentados, Fray Toribio sobresalia en esas calidades, adelantándose hasta un punto que quizá hoy no podemos calificar debidamente, porque tampoco conocemos todas las faces y secretos de aquella sociedad, trabajada por las discordias civiles que excitaban la ambicion y la codicia, contrariadas por un celo religioso ardiente é inflexible.

Las incesantes quejas que recibia el Emperador del mal tratamiento que se daba á sus nuevos vasallos, le inspiraron la idea de crear el cargo de *Protector de Indios*, que encomendó por cédula de 24 de Enero de 1528 á Don Fray Julian Garcés y á Don Fray Juan de Zumárraga, primeros obispos, el uno de Tlaxcala y el otro de México. Este nombramiento caia en lo recio de aquellas turbaciones, y produjo sus naturales efectos. El gobierno colonial, que se encontraba muy mal avenido con esta especie de tribunado eclesiástico que se le imponia, pensó nulificarlo discurriendo dudas que le permitian paralizar su poder, mientras se consultaba con la corte, cuyas respuestas se hacian esperar meses y aun años. El Sr. Zumárraga exigia, al contrario, su pronta obediencia; y como se discutia con la sangre ardiente, por intereses que en el sentir de los disputadores no admitian transaccion, y el gobierno se consideraba con la facultad de resolverlos por las vias de hecho, la contienda se exacerbó hasta el extremo en que nos la pinta Fray Vicente de Santa María, testigo presencial, de cuya relacion, aun cuando rebajemos mucho, por las pasiones que entonces dividian á dominicos y franciscanos, siempre quedará lo bastante para descubrir un grande é importante fondo de verdad. Él decia al obispo de Osma en carta escrita el año de 1528, desgraciadamente sin indicacion de mes, que el Sr. Zumárraga habia mandado á los franciscanos que predicaran contra la Audiencia, y que los predicadores se extendieron hasta apellidar á los oidores—*ladrones y bandidos*, ordenando á sus visitadores «se abstuvieran de proceder, bajo pena de excomunion. En mi presen«cia, añadia el narrador, han tratado de tirano al presidente de la Au«diencia, aconsejando á los Indios que no los obedecieran cuando les man«daban trabajar en las obras públicas.»

Las turbaciones producidas por estos sucesos se extendieron á todas partes, poniendo en lucha abierta á los conquistadores, ávidos de riquezas, con los pueblos esquilmados y agobiados bajo un yugo apenas soportable. A la energía de aquellos hombres, estimulada por su propio interés, parecia indecoroso ceder ante el débil obstáculo que oponia la resistencia de un puñado de frailes, y en consecuencia comenzaron las vias de hecho contra los renuentes. Estos, como era natural, buscaron el arrimo y favor de los únicos que simpatizaban con su desgracia, y que en la ocasion eran sus protectores legales. Los caciques perseguidos se refugiaron al convento de Huexotzinco, implorando un asilo, y el animoso Fray Toribio se los otorgó, arrostrando con todos sus peligros.* Prolongándose estas resistencias en el año de 1529, la Audiencia comisionó al alcalde Pero Nuñez para aprehender y enviarle bajo custodia á los caciques principales de Huexotzinco y sus familias, quienes noticiosos del caso se asilaron con sus bienes, el dia 15 de Abril, en el convento de los franciscanos. Fray Toribio, su guardian, no solamente los acogió, sino que al otro dia hizo notificar en toda forma á los agentes de la Audiencia la órden de salir de la poblacion dentro de nueve horas, bajo pena de excomunion. Los testigos mandados examinar por la Audiencia deponian que Fray Alonso de Herrera la habia apodado en un sermon llamándola «Audiencia del demo«nio y de Satanás;» y que Fray Toribio, que decia la misa mayor, cuando la hubo terminado, hizo una ligera plática «confirmando cuanto habia di«cho el predicador.»—Los mismos testigos imputaban á los frailes, que aconsejaban á los Indios no pagaran los tributos que exigia la Audiencia,

* Lettre du Fr. Vincent de Sta. Maria, dominicain, à l'évéque d'Osma, *apud* Ternaux-Compans, Voyages, Relations etc.: *Second Recueil de Pièces sur le Mexique*, p. 92.

sino en la cuota que ellos les fijaban.⁹ En fin, el fraile dominico antes mencionado, decia que habia faltado muy poco para que los Indios no se hubieran sublevado con las predicaciones de Fray Toribio.—Este se denominaba en sus actos oficiales, *Visitador, Defensor, Protector y Juez de los Indios en las Provincias de Huexotzinco, Tlaxcalla y Huacachula;* títulos que le autorizaban para intervenir en los otros, y que legitimaban sus resistencias, despojándolas del carácter de inobediencia y aun de rebelion que les daban sus enemigos. Esa energía, ese valor civil, esa conciencia con que los frailes hacian frente al despotismo de los conquistadores, era el único escudo que defendia á los Indios. Fray Toribio, uno de los mas animosos, si no el mas, en esta parte de la América, aun fué acusado de regentear una conspiracion: deciase que su plan era alzarse con el gobierno de la colonia, aunque reconociendo la soberanía del rey de España, pero prohibiendo enteramente la introduccion de Españoles en el pais, como obstáculos insuperables á la conversion de los Indios. Atribuíase el complot á los Padres Fray Luis de Fuensalida, Fray Francisco Ximenez y Fray Toribio, los tres, personajes eminentes, y miembros del famoso Apostolado.¹⁰ Si algo pudiera probabilizar esta imputacion, seria la circunstancia de referirse á la época del intolerable despotismo y desórden del gobierno de los oficiales reales.

El descuido en la determinacion precisa de la fecha de los sucesos, muy comun en nuestras antiguas crónicas, produce dificultades cronológicas de ardua resolucion, y que tampoco podrian analizarse en un escrito como el presente. Hemos visto, con la autoridad de un dominico contemporáneo, que el año de 1528 se encontraba Fray Toribio en México comprometido con la Audiencia en una lucha que todavía duraba á mediados de Abril del año siguiente, siendo su teatro Huexotzinco.—Ahora bien; el cronista de la provincia franciscana de Guatemala¹¹ asegura que en ese mismo año hizo nuestro misionero su primera entrada en aquella provincia, siendo, así, tambien el primero que introdujo el cristianismo en esas lejanas regiones. Para establecer el hecho cita pruebas que no carecen de fuerza, tales como el testamento de un indígena que decia haberlo bautizado Fray Toribio poco despues de la prision del rey Ahpozeil, ó Acpocaquil, como lo llama Juarros, acaecida en 1526; una patente, firmada por el mismo religioso, admitiendo en su hermandad «al magnífico Señor Gaspar Arias, «alcalde primero de la ciudad (Guatemala);» cuyo documento, aunque sin

---

⁹ Procès-verbal de l'Audience contre certains franciscains de Huexotzinco, commanderie de Fernand Cortez, commencée le 22 Avril 1529.—En la citada Coleccion de Ternaux-Compans, p. 104.

¹⁰ Rapport fait à l'Audience de Mexico, le 23 Avril 1529, par Gonzalo de Medina.—En el citado volúmen de la Coleccion de Ternaux-Compans, p. 109.

¹¹ Fr. Francisco Vazquez, Chronica de la Provincia del SS. Nombre de Jesus de Guatemala, lib. I, cap. 4.—Juarros repite estas noticias en su Compendio de la Historia de Guatemala, t. I, trat. 2, cap. 6.

fecha, precisa la época, por constar del Primer Libro de Cabildo, que Arias fué alcalde en el bienio de 1528 y 29.—El Padre Vazquez cita otras pruebas que parecen establecer suficientemente el hecho de la presencia del Padre Motolinia en aquellos lugares, entre los años mencionados. Allí tuvo noticia de dos religiosos extranjeros que recorrian el pais predicando el Evangelio, y con tal motivo se internó hasta Nicaragua, ya para comunicarse con ellos, ya para ver un volcan y algunas otras curiosidades naturales, de que era grande admirador.[12] El Padre Vazquez[13] dice que en esa exploracion fundó los conventos de Quetzaltenango, Tecpan-Guatemala y Granada.

Este cronista, que parece hizo esquisitas investigaciones para seguir los pasos á nuestro Fray Toribio, asegura que volvió de aquella expedicion á fines de 1529, encontrándose en Guatemala y de vuelta para México, con el famoso Fray Andrés de Olmos, que iba en su busca y á la conversion.[14] Pretende tambien establecer que ambos religiosos permanecieron allí detenidos por las instancias que les hacian los principales vecinos para que fundaran, manteniéndose todavía el 25 de Julio, fiesta del patrono de la ciudad, en que dice el Padre Vazquez[15] predicó Fray Toribio. Este hecho es inconciliable con el que vamos á referir, y que parece bien probado.

Una de las causas próximas de la opresion y malestar de los Indios era la ociosidad ó sea holganza á que aquí se entregaban los Españoles, pretendiendo vivir y enriquecerse única ó principalmente con los servicios personales denominados *encomiendas*, *repartimientos* &c., esto es, con el fruto del trabajo de cierto número de Indios que se les aplicaban, constituyendo una especie, ya de esclavitud, ya de vasallaje feudal. Esta distribucion del trabajo, cuyo empleo ordinario era el de las minas, como mas lucrativo, precipitaba rápidamente la destruccion de la raza indígena, oponiendo tambien mayores dificultades á su civilizacion. Fray Toribio pensó remediarla en mucha parte, abriendo una nueva y útil senda á la inmigracion española, y promovió la fundacion de la ciudad de *Puebla*. Él mismo nos refiere este suceso en la pág. 232 de su Historia, diciéndonos que su primera piedra se puso «en el año de 1530, en las octavas de «Pascua de Flores, á 16 dias del mes de Abril, dia de Santo Toribio, «obispo de Astorga.»—Los Padres Torquemada[16] y Vetancurt[17] añaden que nuestro historiador fué tambien quien dijo allí la primera misa que se celebró.

Las contradicciones que hemos notado podrian conciliarse aproximando un poco los sucesos relativos á la expedicion de Guatemala, cuyas pruebas no son tan concluyentes, en punto á cronología, como sus contrarias; pues

---

[12] Torquemada, lib. XX, cap. 25.
[13] Chronica de Guatemala, lib. I, cap. 4.
[14] Ibid., cap. 5.
[15] Ibid., lib. I, cap. 5.—Lib. III, cap. 34.
[16] Lib. III, cap. 30.
[17] Trat. de la Ciudad de Puebla, cap. 1, § 3.

bien examinadas, aparecen fundadas en meras conjeturas. La que aquí se propone para esa conciliacion, tiene además en su apoyo la circunstancia de que nada sabemos de positivo de las acciones del Padre Motolinia en los años posteriores, desde la mitad del 1530, hasta el 18 de Enero de 1533 que le hallamos en Tehuantepec, acompañando á Fray Martin de Valencia y á los otros religiosos que suscriben la carta dirigida al Emperador desde aquel punto.[18] Probablemente fué esta la expedicion emprendida por el Padre Valencia, de que habla el autor en la pág. 170 de su Historia, y que se desgració por los motivos que expone. Ignórase la ruta que de allí siguió.

En el año de 1536 sabemos por su misma Historia (pág. 73) que residia en el convento de Tlaxcala, como su guardian, y que allí moró seis años (pág. 49). Cuándo comenzaron estos, no se sabe; mas sí que aun permanecia el año de 1538, en que se verificó la solemnidad famosa de la fiesta del Corpus[19] que nos describe en la pág. 79.

En los primeros años de la conversion los indígenas afluian en tan gran número para recibir los sacramentos, especialmente el bautismo, que los religiosos se quejaban de faltarles aun la fuerza física para administrarlo, porque se trataba de centenares y aun de millares de personas por dia. Así tambien la gloria y mayores timbres del misionero se median por el mas alto guarismo de los bautizados, ostentándolo entre sus blasones, como un conquistador mostraria las plazas sometidas, y un avaro sus tesoros. En la materia que nos ocupa, los cronistas presentan á Fray Toribio como uno de los mas infatigables, si no como el mayor, afirmando que hácia la época que recorremos, iban bautizados cosa de seis millones, y que solo aquel religioso «bautizó *por cuenta que tuvo en escrito*,» y que Torquemada[20] dice haber visto, «*mas de cuatrocientos mil*, sin los que se le podrian haber «olvidado.»

Era físicamente imposible que un número tan exorbitante pudiera administrarse con entera sujecion al Ritual, y así es que desde los principios se trató de abreviar la fórmula, reduciéndola á la mayor simplicidad po-

---

[18] Véase el volúmen intitulado *Second Recueil de Pièces sur le Mexique*, p. 228, en la citada Coleccion de Ternaux-Compans.

[19] Torquemada pone esta solemnidad en el año 1536; pero como él mismo dice (Monarq. Ind., lib. XVII, cap. 9,) que su descripcion la copió «sin quitar ni poner letra,» de un Memorial del P. Motolinia, hemos preferido la notacion de este, por no tener dato alguno para decidir de parte de quién está la equivocacion. El único que se presenta no he podido depurarlo. Ambos historiadores dicen que el dia de la fiesta «fué el primero en «que los Tlaxcaltecas sacaron el escudo de ar-«mas que el Emperador les dió, cuando á este «pueblo (Tlaxcala) hizo ciudad;» y ya se ve que con tal noticia podria fijarse muy aproximadamente la incertidumbre de aquellas fechas; mas no he encontrado la cédula que declaró ciudad á Tlaxcala, y tengo poca esperanza de dar con ella, porque D. Diego García Panes, diligente investigador de nuestras antiguallas, dice que se perdió. Limitome, pues, á indicar el vacío, dejando á otro mas afortunado, el trabajo y placer de llenarlo.

[20] Lib. XX, cap. 25; y Lib. XVI, cap. 8.

sible; operacion que comenzaron los franciscanos, como que fueron los primeros, continuando en ella sin contradiccion por algunos años. Esta nació con la entrada de los dominicos, que fueron los segundos; parte por escrúpulos religiosos, y parte por los celos que siempre han dividido las órdenes monásticas, en aquella época mas agrios, como que habia mas fe y fervor; contribuyendo tambien como activo colaborador el clero secular, que jamas ha estado enteramente avenido con el regular, y que entonces era inferior bajo todos aspectos. Nada enajena tanto las voluntades, ni engendra mayores rencores, que las disputas escolásticas y religiosas; así es que las suscitadas entre franciscanos y dominicos degeneraron al punto que manifiesta la carta antes citada de Fray Vicente de Santa María, que ya en 1528 se manifestaba asombrado—«del sufrimiento con que la Au«diencia soportaba la *insolencia* de los religiosos franciscanos.»—«*Nos* «*aborrecen*, añadia este dominicano, porque no hemos querido predicar «en su sentido: ellos impiden á los Indios que vengan á trabajar á nuestra «casa, lo cual prueba su poca caridad; porque mientras ellos tienen diez «ó doce monasterios en el pais, nosotros no poseemos uno solo.» En tiempos de turbaciones, y cuando las pasiones hablan mas alto que la razon y el deber, sucede siempre que el partido débil busque un apoyo en la autoridad, lo cual es funesto y desolador en materias de religion, porque los hombres se persiguen y degüellan en el nombre de Dios. Parece que los dominicos tomaron aquí por entonces el partido de la Audiencia, ó sea del gobierno, contra quien estaban en perpetua lucha los franciscanos, por la defensa de los Indios, y esta oposicion exacerbó las controversias teológicas que los dividian.

Varios eran los puntos sobre que versaban; el uno verdaderamente de filología, ó literatura sagrada, propio por lo mismo para excitar las pasiones que engendra la vanidad, y el otro rigorosamente teológico y de los mas aptos para inflamar aquel celo que abrasa. En el uno se disputaba sobre la palabra propia para expresar el nombre de Dios en las lenguas indígenas; el otro versaba sobre la ritualidad para administrar el bautismo, sembrándose de paso dudas alarmantes sobre la validez del administrado. No se necesitaba tanto para encender una ardiente controversia con todas sus inevitables consecuencias, produciendo, segun decian al Emperador los obispos reunidos en esta ciudad,[11]—«mucha cisma y contradicciones y «pasiones entre ellos (los disputadores), hasta predicar unos contra otros, «é los Indios se escandalizan é turban &c.»—La querella tomó tales proporciones, que fué necesario someterla á la autoridad Pontificia, decidiéndola el Sr. Paulo III por su bula *Altitudo Divini consilii*, de 1° de Julio

---

[11] Carta original de los Illmos. Sres. obispos de México, Guatemala y Oajaca, sobre la ida al Concilio general &c.—De México, á fin (sic) de Noviembre de 1537.—En el Apéndice á los Concilios Primero y Segundo Mexicanos, p. 13.

de 1537, que, como era de esperarse, no dejó enteramente satisfecho á ninguno de los contrincantes. El Pontífice declaró que todos los bautismos hasta entonces celebrados eran válidos, y que no habían pecado sus ministros. Ordenando para lo futuro, dispuso que excepto en caso de urgente necesidad, se guardaran á lo menos las solemnidades siguientes:— 1.ª Agua santificada con el exorcismo acostumbrado: 2.ª Catecismo y exorcismo con cada uno: 3.º Que la sal, saliva, capillo y candela se pusieran, cuando menos, á dos ó tres por todos los que se hubieran de bautizar, así hombres como mujeres: 4.ª Que el crisma se pusiera en la coronilla de la cabeza, y el óleo sobre el corazon de los varones adultos, niños y niñas, salvando en las mujeres crecidas las reglas de la honestidad.

Aunque esta declaracion debió recibirse en México á fines de aquel mismo año de 1537, no se reunió la Junta Eclesiástica que prescribió y reglamentó su obediencia sino hasta el año de 1539, concurriendo á ella los obispos de México, Tlaxcala, Oajaca y Michoacán, el comisario general de los franciscanos, y los superiores de las órdenes religiosas. En esa Junta se acordaron veinticinco capítulos que resumian todos los puntos decididos por la bula, y que se notificaron el 27 de Abril á quienes concernian para su observancia. Comprendíase entre ellos el que prescribia la uniformidad en la administracion del bautismo, expresándose en términos que aun hoy tienen un áspero sonido;—«para que ninguno baptize *á cada paso, ni á albedrío*,» decia el capítulo 12 de las resoluciones acordadas. En el capítulo siguiente limitó su práctica, respecto de los adultos, á las épocas prescritas por el Ritual, salvo los casos de urgente necesidad.

La vaguedad con que el Padre Motolinia habla de su conocimiento con el célebre FRAY BARTOLOMÉ DE LAS CASAS, no permite determinar su época de una manera precisa. En su famosa carta al Emperador[20] escrita el año de 1554 decia:—«yo há que conozco al de las Casas *quince años*, primero «que á *esta tierra* viniese, i él iva á la tierra del Perú, y no pudiendo «allá pasar estuvo en Nicaragua &c.»—Imposible es concordar estas indicaciones con otros datos históricos que he consultado, ni aun con ellas mismas, por la incertidumbre del término desde el cual debe hacerse la cuenta de los *quince años*; pues si por *la tierra* de que allí se habla y á la que se dice vino *por primera vez*, se entiende, como muchos entendian en la época, toda la parte descubierta de la América, entonces el conocimiento de nuestros ilustres misioneros dataria desde el año de 1512 ó 1513, porque Fray Bartolomé no vino á ella *por la primera vez* sino hácia los años de 1527 á 28. Esta conjetura parece poco probable, en razon de que ese año Fray Toribio estaba en España encerrado en su convento, y el Padre Casas, clérigo recientemente ordenado, residia en Cuba, donde

---

[20] Página 257 del presente volúmen.—Lleva la fecha de 2 de Enero de 1555; pero se escribió, por supuesto, á fines del año anterior.

permaneció hasta el año de 1515, á fines del cual volvió á Sevilla.[23] Pero si por la frase, *esta tierra*, se entiende la de México, donde el Padre Motolinia escribia su mencionada carta, entonces, si bien el texto no se aclara enteramente, nos da una fecha precisa y verdadera, pues contando los quince años desde el de 1554 en que la escribió, tendremos el de 1539 para el conocimiento *personal* de ambos misioneros. Digo *personal*, porque habiendo bastantes fundamentos para conjeturar que ambos se encontraron en el territorio de Guatemala hácia el año de 1528, es seguro que el Padre Motolinia tuvo largas noticias, cuando menos, del Padre Casas, y que participó de la excitacion general que causaba con sus predicaciones, tan ruidosas por la novedad de sus principios, como alarmantes por los intereses que ponian en peligro.

El V. Casas es una de las figuras mas colosales y de los tipos mas prominentes del siglo XVI, no solo en América, sino aun en Europa; y como ciertos sucesos de su vida se enlazan íntimamente con la del Padre Motolinia, y este haya arrojado sobre la mas luciente página de la historia de aquel héroe de la caridad cristiana, un borron tan atezado y escurridizo, que podria manchar aun á la misma pluma que imprudentemente lo soltó, he creido que la verdad histórica, el buen nombre de aquellos ilustres antagonistas, y aun el interés mismo de nuestra narracion, ganarian con echar una ligera ojeada sobre ciertas acciones del V. Casas, únicamente en la parte necesaria para que se puedan apreciar las críticas y censuras excesivamente acres que se hallarán en un escrito del Padre Motolinia. Esta era para mí una tarea tanto mas necesaria, cuanto que el deseo de vindicar la ajada memoria de aquel prelado fué lo que principalmente me decidió á cargarme con la no ligera tarea de difundirme en sus noticias, dándoles una extension tan superior á las otras que se ven en esta preciosa Coleccion con que el Sr. Don Joaquin García Icazbalceta ha enriquecido nuestra literatura. Para desempeñar convenientemente mi intento, necesito tomar la narracion de un poco mas atrás.

La profesion de mutua amistad y fraternidad que hacen los franciscanos y dominicos, en conmemoracion de la que dicen mantuvieron sus santos fundadores, no fué bastante á impedir que entre ambas órdenes religiosas surgieran desde su principio fuertes contiendas, «y que comenzaran una «guerrilla civil y muy cevil unos frailes contra otros,» segun dice un escritor dominicano[24] que nos hace una rápida, pero viva pintura de esos combates, como un preludio de los últimos que se proponia describir. Los motivos fueron los que siempre han separado á toda corporacion, particularmente las literarias, instigadas por esa oculta é invencible pasion, disfrazada con el modesto título de *espíritu de cuerpo*. Uno de estos estímulos,

---

[23] Quintana, Vidas de Españoles célebres, art. Casas, t. III, p. 286, (Madrid, 1833, 12º.)

[24] Remesal, Historia de la Provincia de San Vicente de Chiapa, lib. X, cap. 1.

probablemente alguna de las disputas escolásticas tan en boga á principios del siglo XVI, produjo el primer combate que aquellas órdenes monásticas se dieron en el Nuevo Mundo, si nos atenemos á las noticias que de él nos ha conservado el cronista Herrera.[15] «Hubo, dice, entre los frailes «dominicos y franciscos de la isla Española (Santo Domingo), diferencias «sobre *ciertos sermones* y *proposiciones* que se hicieron, y llegaron á poner «*públicas conclusiones*, de que se siguió *algun escándalo:* y aunque se acu- «dió al provisor para que atajase la *vehemencia* con que se procedia, y «puso pena de *excomunion*, sin embargo de ella, la órden de Santo Do- «mingo procedia adelante &c.»—Esta persistencia indica suficientemente cuál fuera la acritud y exaltacion de los ánimos; y si reparamos en que esto pasaba el año de 1528; que la Española era, por decir así, la metrópoli y centro de donde partian todas las ideas á las colonias; y en fin, recordando que en ese mismo año, los dominicos y franciscos de México no se trataban mas fraternalmente, segun lo hemos visto[16] en la carta de Fray Vicente de Santa María, no parece aventurado conjeturar que las discordias que hacian tales estragos en la entonces Reina de las Antillas, extendieran sus influencias á la Nueva España.

Hácia esa misma época se agitaba con grandísimo calor, y tambien con rabioso frenesí, segun el carácter é intereses de los contendientes, una cuestion de religion y de política, que dividió hondamente los ánimos, dejando una inmensa y sangrienta huella, que no han podido borrar tres siglos. Un fraile[17] la resumia á principios del XVII en una enérgica exposicion que dirigió al rey, dilucidando el siguiente problema: si era justo y político «que la espada fuese abriendo primero el camino al Evangelio.... «que es el mismo que tuvo el maldito Mahoma para sembrar su mala «secta;» ó bien debe preferirse como mas acertado, «que la espada no «vaya delante del Evangelio, sino que lo vaya siguiendo, esto es, que va- «yan los predicadores á predicarlo, y que para su seguridad lleven consigo «soldados y gente de guerra.»

Este gravísimo problema habia surgido de entre las devastaciones, desastres y ruinas producidos en todo el continente americano por los bárbaros y sangrientos estragos de la conquista, y mas aún por las hordas de aventureros que venian de Europa á buscar fortuna, y que querian hacerla en breve tiempo. Ellos fueron los que sorprendiendo la buena fe y paternal corazon de los reyes de España, lograron establecer el sistema llamado de *Encomiendas*, y los *Repartimientos* para el servicio personal, que reducian á los Indios á una esclavitud infinitamente mas dura, opresiva y

---

[15] Décadas de Indias, déc. IV. lib. 5, c. 1.
[16] Pág. 1..
[17] Advertencias importantes acerca del buen gobierno y administracion de las Indias, así en lo espiritual como en lo temporal.... dirigidas á Su Mag. y Real Consejo de Indias, por Fr. Juan de Silva, (Madrid, 1621, fol.)

destructora que la que ha pesado y pesa sobre las víctimas de la raza africana; porque el amo de estos se ve forzado á mantener y conservar sus esclavos, por su propia conveniencia, mientras que á los Indios de *repartimiento* se les dejaba perecer por la fatiga ó por las enfermedades, con la seguridad de que serian inmediata y aun ventajosamente reemplazados.— He aquí una causa muy suficiente para esa espantable devastacion, que despertando los sentimientos nobles y humanitarios, y alarmando las conciencias, produjo una reaccion en las ideas, que hizo subir á la fuente para investigar su origen.

Muchos campeones se lanzaron denodados en esta nueva liza, á que provocaba el espíritu de la época, ávida de discusion, y que reemplazaba los antiguos torneos y justas de los caballeros, con las disputas y contiendas literarias de sus sabios. Entre ellos sobresalia como un héroe de ardiente é inextinguible caridad, Fray Bartolomé de las Casas, que habia cambiado la sotana por la estameña dominicana, para lidiar con mas desembarazo. Él abordó denodadamente las dos cuestiones que dividian la religion y la política, y de cuya solucion dependian la vida y la fortuna de los habitantes del Nuevo Mundo; y enarbolando la Cruz como única bandera y como único medio de civilizacion, proclamó la libertad de los Indios y condenó el empleo de la fuerza: porque, decia, «sobre todas las leyes que fueron, «y son y serán, nunca otra ovo ni avrá que así requiera la libertad, como «la ley evangélica de Jesucristo, porque ella es ley de suma libertad.»[18] De conformidad con este principio, y como su forzoso corolario, deducia que las encomiendas, los repartimientos y todos los otros medios inventados por el interés para forzar el trabajo de los Indios, eran injustos, ilegítimos y pecaminosos. Cuando un individuo de cierta respetabilidad en una corporacion ó clase alza una bandera, raro es que no la siga su gremio, y que los intereses creados por ella no se defiendan con el calor que produce lo que se llama *espíritu de cuerpo*. La historia de todos los tiempos y de todas las clases nos presenta abundantes ejemplos. Los dominicos se lanzaron por la senda que Fray Bartolomé habia ya ilustrado con su nombre y con sus afanes apostólicos, tomándolo por su caudillo.

En la misma linea habian asentado sus reales los franciscanos, siguiendo una opinion media que tendia á conciliar la catequizacion con la conquista, y el bienestar de los Indios con los intereses de los conquistadores; bien que en esa doctrina no se presentaba perfectamente acorde la familia seráfica, porque entre sus hombres mas distinguidos por su piedad y por su ciencia, habia muchos que profesaban estrictamente la del Padre Casas. Sin embargo, era una cuestion político-religiosa, convertida además en bandera, y esto bastaba para que esas dos antiguas órdenes monásticas, fuertes, respetables y rivales desde su cuna, abrieran una nueva polémica,

---

[18] Remedio contra la despoblacion de las Ind. Occid., razon 2ª al fin. (Sevilla, 1552, 4° got.)

sobre las muchas que las dividian. El interés de la que iba á comenzar podrá reconocerse por la apreciacion que los contendientes hacian del carácter y calidades de un mismo individuo, que era como el punto de mira comun para ambos, y por decir así, el inspirador de las ideas de la época. Hablo del famoso Conquistador de México.—Fray Bartolomé, que no veia en él mas que al guerrero é implacable violador de su doctrina, decia de él y de sus hazañas: «desde que entró á la Nueva España, hasta el año «de treinta...... duraron las matanzas y estragos que las sangrientas y «crueles manos y espadas de los Españoles hicieron continuamente en cua-«trocientas y cincuenta leguas en torno cuasi de la ciudad de México...... «matando á cuchillo y á lanzadas y quemándolos vivos, mujeres y niños y «mozos y viejos........ siendo lo que ellos llaman conquistas, invasiones «violentas de crueles tiranos, condenadas no solo por la ley de Dios, pero «por todas las leyes humanas, como lo son, y muy peores que las que hace «el Turco para destruir la Iglesia cristiana.»—«Inicuos, é crueles, é bes-«tiales,» los apellida un poco mas adelante; y combatiendo el título que juzgaban haber adquirido con la sumision de los vencidos, les decia: «no «ven los ciegos é turbados de ambicion é diabólica codicia, que no por «eso adquieren una punta de derecho...... si no es el reatu é obligacion «que les queda á los fuegos infernales, é aun á las ofensas y daños que «hacen á los reyes de Castilla...... y con este tan justo y aprobado título «envió este capitan tirano (Cortés) otros dos tiranos capitanes (Alvarado «y Olid) muy mas crueles é feroces, peores é de menor piedad é miseri-«cordia que él, á los florentísimos, grandes é felicísimos reinos....... de «Guatimala, Naco y Honduras.»[29] En otro de sus escritos[30] le reprocha que habiendo recibido una real órden, poco despues «que era entrado en «la Nueva España por las mismas tiránicas conquistas,» prohibiéndole dar encomiendas y hacer repartimientos, «no cumplió nada por lo mucho que «á él le iba en ello.»—Al tenor siguen otros muchos cargos y reproches que seria largo enumerar.

Fray Toribio Motolinia, animado de un celo y caridad no menos ardientes, refiriéndose á la misma época, á los mismos sucesos y al mismo personaje, veia y juzgaba de manera tan diversa, que nadie, sin antecedentes, podria creer que se trataba del propio sugeto. Acusa de sinrazon *al de las Casas* (Fray Bartolomé), porque decia que «el servicio de los cristia-«nos pesaba mas que cien torres, y que los Españoles estimaban en menos «los Indios que las bestias.» Pareciale que era grande cargo de concien-

---

[29] Brevísima Relacion de la destruycion de las Indias, § *De la Nueva España.* Este pasaje y el siguiente se han copiado de la edicion original que publicó el autor en 1552, en Sevilla, 4° got.; pues la que nos dió Llorente de sus Obras está absolutamente corrompida, por el improbo y perjudicial trabajo que emprendió de enmendar el antiguo lenguaje, y lo que es peor, la redaccion misma.

[30] Treinta proposiciones muy jurídicas. &c.—Propos. 29.

cia y grandísima temeridad decir «que el servicio que los Españoles exi-
«gian por fuerza á los Indios, era incomportable y durísimo.» Tronando
contra los que «murmuraban del marques del Valle...... y querian escu-
«recer y ennegrecer sus acciones,» se aventuraba hasta decir: «yo creo
«que delante de Dios no son sus obras tan acetas como lo fueron las del
«marques.» El lector puede ver[31] el extenso y completo panegírico que
le hace, hasta presentarlo con la vocacion de un mártir, «ansioso de em-
«plear la vida y la hacienda por ampliar y aumentar la fe de Jesucristo y
«morir por la conversion destos gentiles;» con la piedad y compuncion de
un novicio, «confesándose con muchas lágrimas, comulgando devotamente
«y poniendo su ánima y hacienda en manos de su confesor;» con la perseverancia de un devoto, no descuidando jamás «de oir misa, de ayunar
«los ayunos de la Iglesia, y otros dias por devocion;» en fin, con el ferviente celo de un misionero, pues «con Aguilar y Marina, que le servian
«de intérpretes, predicaba á los Indios y les daba á entender quién era
«Dios, y quién eran los ídolos, y así destruia los ídolos y cuanta idolatría
«podia;» y en esto (habia dicho antes el panegirista) «hablaba con mucho
«espiritu, como aquel á quien Dios habia dado este don y deseo, y le ha-
«bia puesto por singular capitan desta tierra de Occidente.»—¡Imposible
seria reconocer en esa pintura el retrato del gran Conquistador!—El
entusiasta Padre Motolinia, refrendando la piadosa pulla que antes habia
disparado *al de las Casas*, segun le llamaba, decia refiriéndose á su héroe; «y creo que es hijo de salvacion, y que tiene mayor corona que otros
«que lo menosprecian.»—Una tan grande discordancia en la apreciacion
del carácter y méritos del hombre «que traia por bandera una cruz,»[32]
marca igualmente la de las ideas y doctrina de las órdenes religiosas que
caminaban bajo su sombra. Ellas, en nuestro asunto, pueden considerarse personificadas en el franciscano Fray Toribio Motolinia, y en el
dominicano Fray Bartolomé de las Casas.—Es una desgracia que la defec-
tiva y defectuosa cronología de nuestras crónicas no nos permita llevar
la aproximacion á su último punto con la determinacion precisa de las
fechas; mas por las vagas noticias que ministran aquellas, puede conjeturarse que si en la época que recorremos, aquellos dos héroes del cristianismo y ardientes propagadores de su civilizacion, no se encontraron frente
á frente en México ó en Guatemala, se combatieron sin conocerse, animados por la oposicion de su escuela, y aun por la mision que habian recibido del monarca español, quien aspirando á asegurar la observancia de las
cédulas que habia expedido para garantir la libertad de los Indios, encargó á ambas religiones velaran sobre su cumplimiento, dándoles tambien
un gran participio en su ejecucion.[33] Esto, como decia en otra parte, ha

---

[31] Págs. 274 y sig. de este vol.—Pullas como la que precede no escasean.

[32] Carta cit. del P. Motolinia, p. 275.

[33] Herrera, déc. III, lib. 10, cap. 10.

debido ocurrir entre los años de 1527 y 1528,[34] época en la cual los cronistas de Guatemala,[35] segun hemos visto, ponen la primera mision de Fray Toribio en aquella comarca, y la fundacion de un convento, que poco despues quedó abandonado y que ocuparon los dominicos.[36]

El gobernador enviado á Nicaragua en 1534 quiso aumentar su poder y su fortuna promoviendo nuevos descubrimientos. El V. Casas, que veia en esto una patente violacion de su doctrina, «se opuso al descubrimiento, «y protestaba á los soldados en los sermones, en las confesiones y en «otras partes, *que no iban con sana conciencia á entender en tal descubri-«miento.*»[37] Sus predicaciones hacian efecto, y el gobernador que veia volar con ellas sus esperanzas, trató al predicador como amotinador y sedicioso, haciéndole instruir un proceso, cuyo extracto nos ha dado Quintana,[38] librándolo de sus resultas la mediacion del obispo. Muerto este y continuando las desavenencias, dice el mismo historiador «que abandonó «el convento de Nicaragua y tomó con sus frailes el camino de Guatemala; «á despecho de los ruegos y reclamaciones que le hicieron.» El proceso habia comenzado en Marzo de 1536 y aun duraba en Agosto; asi es que Llorente[39] se equivocó cuando conjeturaba que en ese año habia marchado el Padre Casas á España para quejarse del gobernador y defender su doctrina, no siendo tampoco seguro que en 1537 volviera á España y llegara hasta México, influyendo en la administracion del virey Mendoza; pues de las noticias mismas y buenos datos de Quintana aparece que el 2 de Mayo de ese año estaba en Guatemala, habiendo grandes probabilidades de que aun permanecia allí el de 1538.

El cronista Herrera[40] menciona explícitamente entre los sucesos del siguiente de 1539 la existencia de Fray Bartolomé en México, disfrutando de favor, y con grande influjo en el ánimo y en la administracion del virey Mendoza. De ambos seguramente participaban sus hermanos, pues dice que «á instancias de aquel religioso, del obispo de Guatemala y de «otros muchos padres dominicos, no enviaba *gente de guerra* á los descu-«brimientos y conversion de los Indios, sino *religiosos;*» lo cual indica que Fray Bartolomé habia triunfado de sus opositores, concitándose, como era natural, su mala voluntad. Aunque la cronología de Herrera no sea siempre enteramente exacta, en el caso puede adoptarse, teniendo en su

---

[34] Vid. y conf. las noticias de Herrera en la déc. IV, lib. 1, cap. 9, y lib. 5, cap. 1, con la déc. VI, lib. 1, cap. 8.

[35] Vazquez, op. cit., lib. I, cap. 4.—Juarros, Compendio de la Historia de Guatemala, trat. II, cap. 6.

[36] Vazquez, *ubi sup.*, y lib. III, cap. 34. —Remesal, *op. cit.*, lib. X, cap. 4.

[37] Herrera, déc. VI, lib. 1, cap. 8.

[38] Vidas de Españoles célebres, art. Casas, p. 349, y § 10 del Apéndice en el t. III.

[39] Vida de D. Fr. Bartolomé de las Casas, pp. 52 y 55 al principio del t. I de la Coleccion de sus obras.

[40] Déc. VI, lib. 7, cap. 6.—Quintana (*ubi supra*, p. 363) confirma el hecho, aunque expresando que era de tránsito en su viaje á España.

favor una indicacion de nuestro Motolinia, con la cual se concuerda perfectamente. Este dice que Fray Bartolomé, «siendo *fraile simple*, aportó «á la ciudad de Tlaxcala;» y que esto sucedió «al tiempo que estaban «ciertos obispos y perlados examinando una bula del Papa Paulo, que ha-«bla de matrimonios y baptismo &c. »⁴¹—La indicacion no puede ser mas clara y precisa para designar el año de 1539, en el cual estaba reunida en México la *Segunda Junta Eclesiástica*, de cuyas resoluciones hablamos en la pág. LV, cuando interrumpimos nuestra principal narracion con el episodio á que damos fin. Volvemos á tomar su hilo.

Si la decision pontificia no dejó satisfecho á ninguno de los contrincantes, segun deciamos en otra parte, la de la *Junta Eclesiástica*, que estrechaba las restricciones, causó un disgusto mayor, manifestándose muy pronto por actos de abierta desobediencia, que podrian calificarse de rebelion. Nuestro Motolinia figura en ellos de una manera muy prominente, arrastrado por la fogosidad y energía de su carácter, y tambien, no hay que dudarlo, por los poderosos estímulos de su conciencia y de su conviccion. Siguiéndolo atentamente en el ejercicio de su apostolado, se reconoce luego que él epilogaba principalmente en el sacramento del bautismo toda la virtud, eficacia y esencia del cristianismo,⁴² viendo por consiguiente en sus limitaciones ó restricciones, el peligro inminente de la condenacion de millares de almas: quizá se consideraba obligado en conciencia á desobedecer á los pastores de la naciente Iglesia mexicana, juzgandolos equivocados, puesto que aun entre ellos mismos, no obstante su reducido número, las opiniones tampoco eran perfectamente concordes. Para juzgar á los hombres con imparcialidad y acierto, debe revestirse su espíritu y trasladarse á su época.

Creo que en esta ocasion y circunstancias conviene colocar el suceso que refiere el mismo Padre Motolinia, y que probablemente fué el principio del conocimiento que hizo con Fray Bartolomé, así como del desvio que los separó durante su vida. Él mismo nos lo refiere con la mayor simplicidad y candor en la pág. 258 de este volúmen, sazonando su narracion con pullas y desahogos harto picantes, que ponen en plena evidencia la mala voluntad que le profesaba, y quizá alguna otra pasion que le ha imputado un ilustre escritor de nuestros dias. Es el caso que «un Indio «habia venido de tres ó cuatro jornadas á se baptizar, y habia demandado «el baptismo muchas veces..... y *yo* (añade nuestro historiador) con otros «frailes rogamos mucho al de las Casas que baptizase aquel Indio, porque

⁴¹ Pág. 258 de este volúmen.
⁴² «Trabajaba siempre en enseñar la doctrina cristiana y cosas de nuestra Santa Feé .....así como en bautizar, de lo cual era amicísimo...... Con este espíritu se disponia á ir á lejas tierras, porque los niños no se muriesen sin bautismo........ bautizó por cuenta que tuvo en escrito, mas de *cuatrocientos mil* &c.» (Torquemada, lib. XX, cap. 25.)—«Pasó á Nicaragua..... por el ansia con que siempre vivió de administrar el bautismo.» (Vazquez, Cron. de Guat., lib. I, cap. 4.)

«venia de lejos; y despues de muchos ruegos demandó muchas condiciones «de aparejos para el bautismo, *como si él solo supiera mas que todos* &c.» El resultado final fué que Fray Bartolomé rehusó bautizar al Indio, por motivos que su antagonista calla, y que por consiguiente no podemos juzgar si él tendria razon para calificar, como califica, de *achaques*. Seguramente reconocian por base las recientes prohibiciones de la Silla Apostólica y de la *Junta Eclesiástica*, en cuyo caso nada tenian de *achaques*, y la resistencia era perfectamente legítima y fundada, así como su violacion era un acto de culpable desobediencia.

Ya hemos dicho que el Padre Motolinia pensaba de muy diversa manera; así es que tomando en cuenta sus convicciones y su fervor apostólico, no se extrañan los ulteriores acontecimientos, ni la conducta que en ellos le vemos guardar. Él mismo nos los relata con una franqueza y candor inconcebibles. «En muchas partes (decia aludiendo á las prevenciones de la «*Junta Eclesiástica*) no se bautizaban sino niños y enfermos; pero esto duró «tres ó cuatro meses, hasta que en un monasterio que se llama Quecholac, «los frailes se determinaron de bautizar á cuantos viniesen, *no obstante lo* «*mandado por los obispos*.» El propio narrador, no pudiendo resistir al contagio del ejemplo, confiesa ingenuamente que cayó en la tentacion,—«y en «*cinco dias*, añade, que estuve en aquel monasterio, *otro sacerdote y yo* «*bautizamos por cuenta catorce mil y doscientos y tantos!!!...*»⁴⁵ Componga quien pueda este rasgo de fervor y de celo por la salvacion de las almas, con los preceptos de la obediencia; para mi intento basta notar el suceso. Él marca, mejor que pudiera hacerlo un libro, la total diferencia de carácter de nuestros misioneros: el uno (Casas) canonista y hombre de ley, vacilando, luchando y al fin cediendo á la autoridad del precepto legal; el otro, ferviente propagador de la fe, afrontándolo y arrollándolo como un obstáculo, como una fórmula que impedia llegar al logro de lo que juzgaba el fin. Nada, pues, tiene de extraño que caractéres tan diversos se encontraran siempre en continua y abierta oposicion.—Por lo demás, la vehemencia, y bien podria decirse virulencia é ira, que respira el len-

---

⁴⁵ Trat. II, cap. 4 de su Historia, en la pág. 114 de este volúmen.—El caso, por lo que toca al cuantioso número de bautismos administrados en esta ocasion, parece exento de toda duda, pues aun llamó la atencion de los mismos Indios. Confírmalo la siguiente noticia que se encuentra en una especie de Anales inéditos, escritos en lengua mexicana por un indígena de Tecamachalco ó Quecholac.—*Matlactlloce Tochtli 1542.—Ipanin xihuitl ohuulla Fray Cimplo Presidente mochihuico ihuan Fray Francisco de las Navas, icuac mochintin quin cuateyuique.* (En el año 11 Conejos llegó Fray Cimplo [?] con el cargo de presidente, y él en union de Fray Francisco de las Navas bautizaron una multitud inmensa de gente. *Trad. del Lic. D. Faustino Galicia.*)—Solo hay que notar en este pasaje el error de correspondencia entre el año mexicano y el europeo; pues al nuestro de 1542 no correspondia en el otro el símbolo de 11 *Conejos*. Tales equivocaciones, de pluma ó de cálculo, son muy frecuentes por la dificultad de la materia, descuido de los copiantes, y rápida decadencia de la antigua cultura indígena.

guaje de la carta del Padre Motolinia, son debilidades de la especie humana, á que nadie escapa: quizá en las que notamos habia algo de despecho, producido por el favor que su antagonista y su doctrina encontraron en el virey Mendoza, quien, dice Herrera, "«siguió, como hombre pio, el parecer de *su gran amigo* Fray Bartolomé de las Casas, de no hacer los «descubrimientos de mano armada, sino por medio de religiosos que lo «hiciesen, y predicasen.»

Con el entusiasmo y actividad que este santo religioso ponia en el desempeño de su caritativa mision, y que la mala voluntad del Padre Motolinia traducia por los resabios de un genio inquieto, bullicioso, haragan &c., " se dirigió á España para poner un dique á las violencias y temeridades de los gobernadores de la América del Sur, y obtener de la corona medidas que aligeraran el rudo yugo que pesaba sobre los infelices Indios. Estos esfuerzos prepararon los beneficios que despues vinieron con las famosas cédulas denominadas las *Nuevas Leyes*, de que se hablará en su lugar. El cronista Herrera " dice que en esta ocasion obtuvo del monarca la órden en cuya virtud se mandó fundar nuestra Universidad.— Dejémoslo corriendo por Europa en pos del Emperador, y volvamos á su ilustre antagonista.

A los principios de la conversion, cuando el celo cristiano para destruir los templos y los dioses de la religion nacional, luchaba con las resistencias que se oponian para defenderla, relajando aun los vínculos de la familia y de la sangre, una algazara de muchachos dió origen á un suceso, en su esencia sumamente grave. Cantando y jugando mataron á pedradas en Tlaxcala á un sacerdote del antiguo culto, dando así asunto á la tragedia que refiere nuestro escritor (págs. 214 y sig.), y á la leyenda llamada de los *Mártires de Tlaxcala*, que el mismo escribió separadamente con el título de *Vida de tres Niños Tlaxcaltecas, y los martirios que padecieron por la fe de Cristo*. En este mismo año de 1539, el historiador se hallaba en Atlihuetzia, ocupado en hacer las averiguaciones correspondientes para descubrir y hacer castigar á los autores de aquel crímen, cuyo escarmiento alcanzó aun á algunos Españoles, sus cómplices.

Por las noticias de nuestro mismo historiador (pág. 118) sabemos que el año siguiente de 1540 residia en Tehuacan, ayudando probablemente á su misionero en la fatiga que le daban «los muchos que allí iban á se bau«tizar, y casar, y confesar.»—En principios de 1541 estaba en Antequera, hoy Oajaca, de vuelta de la excursion que habia hecho durante treinta dias por la Mixteca (págs. 8 y 9), y el 24 de Febrero escribia ya en Te-

---

" Déc. VI, lib. 7, cap. 7.

" «.....é despues que estuvo (aquí en México) luego se hartó y tornó á vaguear y andar en sus bullicios y desasosiegos....... acá apenas tuvo cosa de religion........ estuvo en esta tierra obra de *siete* años, y fué como dicen que llevó *cinco* de calle.»—Carta del P. Motolinia, en este volúmen, pp. 258, 273 y *passim*.

" Déc. VI, lib. 7, cap. 6.

huacan la *Epístola proemial* de su Historia (pág. 13), ó sea la dedicatoria al conde de Benavente.

La fundacion de la provincia franciscana de Guatemala es un punto de séria controversia, por la autoridad que le da la opinion del Padre Fray Francisco Vazquez, su cronista particular. Él, despues de haber examinado y pesado las noticias de nuestro Torquemada, las de la crónica general de la órden y otros monumentos manuscritos, resuelve que aquel suceso se verificó el año de 1544, siendo el fundador el Padre Motolinia. Añade que lo envió al efecto con veinticuatro frailes, Fray Jacobo de la Testera, comisario general, á su vuelta del capítulo general de la órden, celebrado en Mantua el año de 1541.[47] Contra estos fundamentos, meramente conjeturales, pueden producirse sus mismos datos, porque el Padre Testera, segun las noticias que ministran Torquemada[48] y algunos monumentos manuscritos que he consultado, murió en 8 de Agosto de 1542, fecha en la cual pone expresamente aquel historiador[49] el viaje del Padre Motolinia. Vetancurt[50] ha incurrido en el mismo error cronológico que el Padre Vazquez. De Guatemala envió á Fray Luis de Villalpando, con título de comisario,[51] y cuatro religiosos á predicar el Evangelio en Yucatan; y continuando sus afanes apostólicos en los principales lugares de aquella y de las comarcas inmediatas, puso los cimientos de la nueva provincia franciscana de Guatemala, denominada del *Nombre de Jesus*.[52]

Fray Toribio permaneció allí trabajando con celo y constancia infatigables para propagar la religion y la civilizacion en su dilatado territorio, aprovechando la oportunidad que le presentaban sus mismas tareas apostólicas para estudiar las bellezas y prodigios de la naturaleza, de que era grande admirador, segun lo manifiestan sus escritos. Los monumentos de la provincia franciscana de México dejan un gran vacio, por falta de cronología, en la historia de nuestro misionero durante los seis años corridos desde este de 1542 hasta el de 1548; mas por las noticias de la Crónica de Guatemala parece seguro que se conservaba en aquellas regiones en 1544, incesantemente ocupado en su santo ministerio, y con el cargo de *Custodio* que obtuvo en el primer capítulo, celebrado el 2 de Junio de aquel año.—Dejémoslo allí para echar una ojeada sobre los sucesos de nuestro Fray Bartolomé, con los cuales se encuentran íntima é inseparablemente enlazados los del misionero franciscano.

Benévolamente acogido del monarca español, y despachado tan favorablemente como podia desearlo, se preparaba á dar la vuelta á Guatemala con una numerosa colonia de dominicos y franciscanos, cuando una órden

---

[47] Crónica de Guatemala, lib. I, cap. 20.
[48] Lib. XIX, cap. 28; lib. XX, cap. 47.
[49] Lib. XIX, cap. 43.
[50] Menologio franciscano, dia 8 de Agosto.
[51] Cogolludo, Hist. de Yucatan, l. V, c. 1.
[52] Torquemada, ubi sup., y cap. 14.— Vasquez, Crónica de Guatemala, lib. III, cap. 35.

del presidente del Consejo de Indias le mandó suspenderla—«por ser ne-
«cesarias sus luces y su asistencia en el despacho de ciertos negocios gra-
«ves que pendian entonces en el Consejo. Casas, pues, dividió su expe-
«dicion, y quedándose él para ir despues en compañía de los dominicos,
«envió delante á los franciscanos.»[53] El negocio que entonces se trataba,
el mas grave é importante de cuantos podian suscitarse, como que de él
pendia la suerte de los millones de habitantes que aun poblaban el Nuevo
Mundo recientemente descubierto, «era la expedicion de las ordenanzas
«conocidas en la historia de las Indias con el dictado de las *Nuevas Leyes*.
«Desde el año de 40, continúa el citado historiador, todo lo que pertene-
«cia á la reforma del gobierno (de aquellas) y á la mejora de la suerte de
«los naturales del pais se ventilaba, no solo en una junta numerosa de ju-
«ristas, teólogos y hombres de estado que se formó para ello, sino tambien
«por los particulares, que hacian oir su opinion, en la corte con memoria-
«les, en las escuelas con disputas, en el mundo con tratados. El Padre
«Casas tomó parte en aquella agitacion de ánimos con la vehemencia y te-
«son que empleaba siempre en estos negocios y con la autoridad que le
«daba su carácter conocido en los dos mundos. No hubo paso que dar,
«ni explicacion que hacer, que él no hiciese ó no diese en favor de sus
«protegidos.»[54]

El año de 1542 será siempre memorable en los anales de América por
las ruidosas disputas á que daba asunto en la primera corte del mundo.
Allí tambien afirmó Fray Bartolomé su bandera y la gloria inmortal de su
nombre, proclamando en las gradas del solio y ante la flor de la grandeza
y de la ciencia, la fórmula de su fe religiosa y política, en un largo memorial, de cuyo asunto se formará idea por su portada. Dice así el singular título que en ella puso, y que segun se verá, forma por sí solo un
programa.—«✠ Entre los remedios que don fray Bartolomé de las Casas,
«obispo[55] de la ciudad real de Chiapa, refirió por mandado del Empera-
«dor rey nuestro señor, en los ayuntamientos que mandó hacer su mages-
«tad de perlados y letrados y personas grandes en Valladolid el año de
«mill é quinientos y cuarenta y dos, para reformacion de las Indias. El
«octavo en órden es el siguiente. Donde se asignan veynte razones, por
«las quales prueva *no deberse dar los indios á los Españoles en encomienda,
«ni en feudo, ni en vassallaje, ni de otra manera alguna*. Si su magestad
«como dessea quiere librarlos *de la tyranía y perdicion que padecen como
«de la boca de los dragones, y que totalmente no los consuman y maten y
«quede vazio todo aquel orbe de sus tan infinitos naturales habitadores* como
«estaba y lo vimos poblado.»—A este formidable golpe, que arrebataba
á los Españoles residentes en América todos sus ensueños de riqueza y de

[53] Quintana, Vidas &c., p. 365.
[54] Quintana, loc. cit., pp. 364-368.
[55] En ese año aun no lo era.

prosperidad, siguió la famosa y aterradora *Brevísima Relacion de la Destruicion de las Indias*, que causó un asombro universal, propagándose hasta los últimos confines del mundo civilizado, y que atrajo sobre su autor el odio y la maldicion del número incontable de ofendidos, los celos y la envidia de sus émulos y rivales en la misma justa causa que defendia, y aun la censura de las personas tímidas ó de sentimientos moderados. El ilustre escritor que con tanta frecuencia y gusto he citado, y que critica ese famoso opúsculo con una grande severidad, quizá tenia razon para decir: «El error mas grande que cometió Casas en su carrera política y «literaria, es la composicion y publicacion de ese tratado.»[56]—En efecto, él le concitó enemigos implacables que le persiguieron encarnizadamente, amargándole todo el resto de su vida; y como los colores de su paleta eran tan crudos, y las atrocidades que referia excedian á lo que podia discurrirse de mas horrible y cruel, dió ocasion á que se le acusara de exageracion y aun falsedad, logrando así embotar el sentimiento y dificultar el remedio; resultado consiguiente á todos los afectos exagerados.—A fines del mismo año se expidieron las mencionadas y famosas *Nuevas Leyes*, que aseguraban la libertad de las Indias, y que pusieron á las colonias á pique de una insurreccion general, por los innumerables intereses que atacaban. Una parte muy principal del odio con que se les recibió procedia de que se les consideraba, como realmente eran, obra de la inspiracion y de los infatigables esfuerzos del Padre Casas, eficazmente apoyados por los religiosos de su órden.[57]

A estos motivos de malevolencia que obraban ya en sus desafectos, vinieron á acumularse en el año siguiente (1543), los que producian la elevacion de aquel religioso al obispado del Cuzco, que renunció luego, seguida inmediatamente de su nombramiento al de Chiapas:—«él instó, «rogó, lloró por librar sus hombros de una carga á que se consideraba in«suficiente; pero todo fué en vano, porque las razones que mediaban para «su eleccion eran infinitamente mas fuertes que las de su repulsa.»[58] Esta distincion, justamente considerada como una muestra del favor del monarca, aumentaba el despecho y la ira en proporcion de los temores y envidias que despertaban el prestigio y favor del agraciado. Aun el buen Padre Motolinia pagó su tributo, y bien fuerte, á la debilidad humana, imputándole (pág. 259) haber ido á España á negociar que le hicieran obispo. Este es un arranque de pasion que apenas puede creerse.

El 9 de Julio de 1544[59] dió la vuelta para tomar posesion de su silla episcopal, acompañándolo la numerosa mision de dominicos, que segun

---

[56] Quintana, *ubi sup.*, p. 369.
[57] Herrera, déc. VII, lib. 6, cap. 4.
[58] Quintana, *ubi sup.*, p. 372.
[59] Gil Gonzalez Dávila, Teatro Eclesiástico de las Indias; Iglesia de Chiapa, t. I, p. 191.—Quintana dice que se embarcó el dia 10.

dijimos quedó en espera suya; pero como el terror de las *Nuevas Leyes* habia precedido á su regreso, y él mismo tenia comision para cuidar de su exacto cumplimiento, — « apenas puso los piés en el Nuevo Mundo «(Santo Domingo) cuando comenzó á recoger otra vez la amarga cosecha «de desaires y aborrecimiento que las pasiones abrigan siempre contra el «que las acusa y refrena....... nadie le dió la bienvenida, nadie le hizo «una visita y todos le maldecian como á causador de su ruina. La aversion «llegó á tanto, que hasta las limosnas ordinarias faltaron al convento de «dominicos, solo porque él estaba aposentado allí. Otro que él se hubiera «intimidado con estas demostraciones rencorosas; mas Casas, despreciando «toda consideracion y respeto humano, notificó á la Audiencia las provi-«siones que llevaba para la libertad de los Indios, y la requirió para que «diese por libres todos los que en los términos de su jurisdiccion estuvie-«sen hechos esclavos, de cualquiera modo y manera que fuese. Fué esto «añadir leña al fuego, especialmente entre los oidores, más interesados «que nadie en eludir las *Nuevas Leyes,* porque eran los que mas provecho «sacaban de la esclavitud de los Indios; de hecho las eludieron......... «resistiendo, replicando y admitiendo las apelaciones que de aquellas pro-«videncias interponian los vecinos de la isla, dando lugar á que se nom-«brasen procuradores por la ciudad, para pedir á la corte su revocacion.»[60]

Los desabrimientos con que la entonces cabeza del Nuevo Mundo inauguraba la dignidad y funciones del nuevo obispo, no eran mas que el preludio de los que le aguardaban en sus provincias. Afligido, pero no desalentado por ellos, y deseoso de abreviar sus padecimientos, fletó un buque por su cuenta y se embarcó con sus frailes el 14 de Diciembre de 1544 con direccion á Yucatan, para pasar de allí á Chiapas por Tabasco. En toda esta travesía sufrió los mismos desaires y desprecios, exacerbados con la amargura de haber perdido en un naufragio treinta y dos compañeros de viaje, nueve de ellos religiosos, con sus libros, equipaje, bastimentos &c. El 1º de Febrero siguiente llegó á Ciudad-Real: los primeros dias fué festejado y obsequiado á porfía por los principales vecinos, que tenian Indios esclavos ó en encomienda, esperanzados de ganarle la voluntad con sus obsequios y atenciones; pero cuando vieron que estos medios eran absolutamente ineficaces, y que el obispo, primero rogando y suplicando, y despues ejerciendo su autoridad, exigia inflexible el cumplimiento de las *Nuevas Leyes,* su interesada adhesion se trocó en despecho, jurándole un odio mayor que fué su afecto. El obispo no podia absolutamente desempeñar la mision que habia recibido del soberano para proteger á los Indios y hacer cumplir las leyes expedidas en su favor, por las resistencias que en todas partes encontraba, y porque las autoridades encargadas de su ejecucion, lejos de hacer algo para dominarla, la favo-

---

[60] Quintana, *ubi sup.*, pp. 375-76.

recian, como directamente interesados en la continuacion de los abusos.

Cuando la potestad civil llega á corromperse, la sociedad no puede hallar su salvacion mas que en el poder de la conciencia; ¡remedio heroico, delicado y sumamente peligroso! porque se corre el riesgo de sustituir un despotismo malo con otro peor, cual es el del poder espiritual, siempre que sus depositarios entran en la propia senda de corrupcion. Sin embargo, es el único remedio, así como la amputacion lo es para la gangrena, aunque se corran las contingencias de caer en manos de la ignorancia. El gobierno colonial se encontraba entonces en ese estado de corrupcion, porque sus depositarios mismos tenian vinculada su fortuna en el trabajo forzado de los indígenas; siendo por consiguiente interesados en la continuacion de los abusos. Nada, pues, podia esperar de su cooperacion el nuevo obispo y protector de los Indios.—Convencido de ello, empuñó la arma invisible, y por ello mas formidable, contra la cual nada pueden las de los hombres: llamó en su auxilio la autoridad que no se corrompe con dones ni intimida con amenazas, y ofreciéndose en voluntario holocausto á la ira y codicia irritada de sus enemigos, los puso en la absoluta imposibilidad aun de dañarlo. El obispo apeló al poder de la conciencia, y para darle eficacia privó á todos los confesores de sus licencias, no dejándolas mas que al dean y á un canónigo; y eso, dice Remesal, «dándoles un memorial de casos, cuya absolucion reservaba para si.» Esta reserva comprendia los penitentes que traficaban con la libertad y trabajo de los Indios. Así precavia, hasta donde la prevision humana puede alcanzar, los deslices que en circunstancias tales suelen tener los confesores complacientes.

La noticia de esta determinacion del obispo fué como bomba que estalla en almacen de pólvora. Un grito de maldicion y despecho resonó por todas partes; y para que nada faltara á las amarguras del prelado, la apostasía vino á dar un terrible golpe á su autoridad, fortificando la interesada obcecacion de los recalcitrantes. ¡Y el dean fué quien dió el ejemplo y el escándalo!...... Comenzó por mostrar su oposicion en términos mas perniciosos que lo habria sido una abierta desobediencia; porque si bien retenia la absolucion en los casos reservados, enviándolos al obispo, lo hacia dando al penitente una cédula en que decia: «El portador desta «tiene alguno de los casos reservados por V. S., aunque yo no los hallo «reservados en el derecho ni en autor alguno;»[1] calificacion atrevida que deprimia la autoridad episcopal, que exacerbaba el odio que se profesaba al prelado, y que contribuia á aumentar la obcecacion, especialmente tratándose de gentes tan puntillosas como los Españoles. Ofendíalos en sumo grado que se les negaran los sacramentos, y mas aún por contemplacion á los Indios, que veian con el último desprecio. El interés pecuniario ve-

[1] Remesal, lib. VI, cap. 2.

nia por otra parte á fortificar los sentimientos malévolos engendrados por la vanidad.

Parece que ha sido achaque muy antiguo en la raza española emplear los influjos del favor y de las súplicas en los asuntos que solamente debieran decidirse por el poder de la justicia y de la razon; achaque funesto que el curso de los siglos ha hecho crónico, causando en nuestro pais daños incalculables. Los vecinos principales, con el clero mismo á su cabeza, se presentaron al obispo para rogarle mitigara su rigor espiritual; y como todas sus súplicas fueron inútiles, «*lo requirieron* por ante escribano y «testigos *diese licencia á los confesores para que los absolviesen,* protestando, «si no lo queria hacer, de quejarse y querellarse dél al arzobispo de Mé-«xico, al Papa y al rey y á su consejo, como de hombre alborotador de «la tierra, inquietador de los cristianos y su enemigo, y favorecedor y «amparador de unos perros Indios.»[n] Este empuje lo producia probablemente la proximidad de la cuaresma de 1545, en la cual, segun las antiguas costumbres, las autoridades y todas las personas de viso se confesaban y recibian la Eucaristía con grande solemnidad, so pena de caer en la nota popular de impiedad y herejia, entonces temible é infamante. — El prelado no cedió una línea, como que se trataba de un negocio de conciencia, y antes bien procuró persuadir á sus diocesanos la justicia y rectitud de sus procedimientos. Creíalos, si no convencidos, á lo menos resignados, y á los confesores obedientes á sus mandatos, cuando observó que á las comuniones de la Semana Santa y Pascua habian concurrido personas «que conocidamente se sabia que eran de los contenidos en los «casos reservados, porque tenian Indios esclavos, y en aquellos mismos «dias ejercitaban el comprarlos y venderlos como antes.»

Sabíase tambien que habian sido absueltos por el dean. — Semejante conducta tenia todos los caracteres de una abierta y osada desobediencia, que era necesario reprimir pronta y enérgicamente. El buen prelado quiso amonestar á aquel con suavidad y en secreto, y al efecto lo convidó á comer. Aceptó, pero no concurrió: llamado nuevamente, se excusó; en fin, requerido, aun con censuras, no obedeció. Entonces el obispo envió un alguacil y clérigos para aprehenderlo; mas como el caso habia llamado la atencion, reuniendo algunos curiosos en las inmediaciones, el dean «que «salia preso comenzó á hacer fuerza con los que le llevaban y dar voces, «gritando: *Ayudadme, señores. que yo os confesaré á todos; soltadme, que «yo os absolveré.*» A estas voces estalló el tumulto, capitaneado por uno de los mismos alcaldes: toda la ciudad se puso en armas, corriendo los unos á soltar al dean y los otros á la habitacion del obispo, quizá sin saber ellos mismos lo que iban á hacer ó pretendian. Ya en su presencia y cegados por la ira, «tuvieron mucha descomposicion de palabras,» y un

[n] Remesal, *ubi supra.*

atrevido que pocos dias antes le habia disparado un arcabuz, para intimidarlo, «juró allí de matarle.»

Aunque este intempestivo alboroto, segun el furor con que habia comenzado, amenazaba con ruinas y desastres, detúvose súbitamente ante la imperturbable calma y serenidad con que el obispo salió al encuentro á los amotinados, y con la suavidad y uncion de sus blandas, pero enérgicas palabras. El dean, causa de aquella asonada, se escondió por lo pronto, refugiándose despues en Guatemala. El prelado lo privó de sus licencias, declarándolo por excomulgado.⁶³—El órden público se habia en efecto restablecido; pero quedaba vivo y aun mas encendido el fuego de la sedicion. Cuál fuera el falso pié en que se encontraba colocado el Sr. Casas, y cuáles las amarguras de su espíritu, lo comprenderemos por las ingénuas revelaciones que nos hace el mas entusiasta de sus panegiristas. «El Sr. obispo (decia) era uno de los hombres mas malquisto y mas aborrecido de todos cuantos vivian en las Indias, chicos y grandes, eclesiásticos y seglares, que ha nacido de mujeres, y no habia quien quisiese oir su nombre ni le nombraba sino con mil execraciones y maldiciones. Y *él mismo lo conocia así.*»⁶⁴ El odio, y con él la desmoralizacion, habian llegado á un extremo que verdaderamente horroriza: juzguémoslo por otros dos hechos que refiere el propio historiador;⁶⁵ fué el uno la audacia del insolente que el dia del tumulto lo insultó llamándole *poco seguro en la fe*, y publicando que sus resistencias para dar la absolucion «eran achaques para comenzar á impedir en su obispado el uso de los sacramentos.» El otro, tan inmoral que apenas parece creible, fué el de componer coplas desvergonzadas y satíricas contra el obispo, *que se hacian aprender de memoria á los niños, para que se las dijesen pasando por su calle!!!... Y yo vi escritas las trovas*, añade el cronista.

Como ni aquellas ni otras mil invenciones del demonio de la ira y de la codicia podian desviar una sola linea al V. Casas de su ruta, apelaron á un medio de infalible efecto. Pusiéronse de acuerdo para suspender las limosnas, único recurso de subsistencia de los religiosos. El obispo, inflexible en su doctrina, ocurrió á la caridad de los pueblos inmediatos, enviando limosneros; pero «los alcaldes esperáronlos á la entrada de la «ciudad y quitáronles cuanto traian; y porque no se dijese que se aprovechaban dello, quebraron los huevos, echaron el pan á los perros y la «fruta á los puercos, *y aporreados los Indios que lo traian*, quedaron ellos «muy contentos desta hazaña.»⁶⁶—Una hostilidad de tal carácter era irresistible; así, los religiosos dominicos abandonaron la ciudad. El obispo, cobrando nuevos alientos con las contrariedades mismas, dispuso dirigirse á la Audiencia llamada *de los Confines*, para exigir el estricto cumplimiento

⁶³ Remesal, lib. VI, cap. 2 y 3.
⁶⁴ Remesal, lib. VII, cap. 16.
⁶⁵ Lib. VI, cap. 2.
⁶⁶ Remesal, lib. VI, cap. 3.

de las *Nuevas Leyes,* que protegian la libertad de los Indios, así como el castigo de sus atrevidos violadores. Proponíase tambien aprovechar la reunion con los obispos de Guatemala y Nicaragua en la ciudad de Gracias-á-Dios, residencia de aquel supremo tribunal, á fin de que sus esfuerzos comunes tuvieran mayor eficacia. Contaba igualmente con ejercer suficiente influjo en aquella Audiencia, por la circunstancia de haberse establecido mediante sus esfuerzos, y mas aún porque la mayoría de los oidores habia sido nombrada por su reco...iendacion. Confiaba principalmente en el licenciado Alonso Maldonado, su presidente, oidor que fué en México de la segunda Audiencia, y persona que disfrutaba buena reputacion de honradez, humanidad y ciencia. Ya veremos cómo podian conciliarse estas cualidades en el siglo XVI con otras que en el nuestro parecen incompatibles.

Vamos á entrar en uno de los períodos mas interesantes y agitados de la vida del Sr. Casas; en el que sufrió mas recias borrascas y se concitó mayor número de enemigos, remachándose de paso la malquerencia que siempre le profesó el Padre Motolinia. Tuvo su origen en las famosas instrucciones secretas que dió á los confesores de su obispado, para dirigirse en la administracion de los sacramentos con los injustos opresores de la libertad de los Indios. De ellas se ha hablado con suma variedad, siendo todavía un punto bastante oscuro en la historia. Creo que ha habido tres documentos, que aunque congruentes, son bastante diversos: 1° las instrucciones primitivas y reservadas, compuestas de doce artículos, que no debian comunicarse sino en el acto de la confesion, á manera de consejo que daba el confesor, y de las cuales, aunque vagamente, habla el Padre Motolinia.[67] 2° El edicto, ó rescripto, como lo denomina Remesal, en que algun tiempo despues hizo el nombramiento de confesores, mandándoles observar aquella instruccion, y el cual algunos confunden con esta. 3° La instruccion misma, que llamaremos *oficial,* por haber servido de materia y de texto en las ruidosas contiendas con la corte, con las religiones y con los doctores. Esta es todavía posterior á las otras, segun se verá claramente en su propio lugar. Entiendo, pues, que en el período que recorremos solamente se redactó la instruccion reservada, obra indispensable para suplir la falta del obispo, supuesta la necesidad de su ausencia. Dejémoslo emprender su camino á Gracias-á-Dios, y mientras volvamos á nuestro Padre Motolinia.

La doctrina que tan vigorosamente defendia el Sr. Casas no era la opinion privada y meramente especulativa de un doctor, sino la doctrina que profesaba y practicaba la órden entera de Santo Domingo en América, y

---

[67] « ....i dende á muy pocos dias (de llegado á Chiapa) descomúlgalos y pónseles *quince o diez y seis leyes,* y las condiciones del *Confissionario,* y déjalos y vase adelante.» Pág. 259. — Dióse comunmente el nombre de *Confissionario* á aquella Instruccion.

que portaba como una enseña que la distinguia y le asignaba un rango especial en el Nuevo Mundo: ella por consiguiente se encontraba planteada en Guatemala, y allá como cá sufria las mismas contradicciones, con su mismo carácter y entre los propios actores. Aunque la semilla se habia sembrado en los cimientos de su primer monasterio desde el año de 1529, los conquistadores y encomenderos la encontraban siempre extravagante y de mal sabor, inculpando á los dominicos de profesar opiniones singulares, pues «jamas, decian, por docto y escrupuloso que fuese un confesor, negó «la absolucion á conquistador ó Español que tuviese Indios esclavos en la-«branzas ó minas.»[**] El Sr. Marroquin, que ocupaba entonces la silla episcopal, protegia aquella doctrina, aunque probablemente con gran templanza y bajo la forma de restitucion en que, segun el mismo Padre Motolinia (pág. 270), la observaban los franciscanos. Sin embargo, todavía les escocian esas restricciones puestas á los confesores. En tales circunstancias «entraron de refresco» los padres que formaban la mision que trajo de España el Sr. Casas, siendo tan mal recibidos en Guatemala como lo habian sido en Chiapas, ya por su hábito, ya por quien los conducia. Tambien el ayuntamiento tomó parte contra ellos, manifestándose descontento de que se pretendiera adelantar los descubrimientos y poblaciones, por otro medio que el de la guerra; no faltando tampoco algun «hombre «poderoso, á quien se habia negado la absolucion porque no queria po-«ner en libertad sus esclavos,» que amagara la vida de los religiosos poco condescendientes.

El contraste que presentaba en Guatemala la condicion desvalida de los dominicos con la prepotente de los franciscanos, era tan notable como lo era la de sus dos cabezas mas visibles en aquellas regiones, Fray Bartolomé de las Casas y Fray Toribio Motolinia, y como lo son las narraciones de los cronistas de esas dos provincias rivales. Mientras que al primero y á sus frailes se trataba con el desvío y aun dureza que hemos visto en los sucintos extractos de Remesal, el segundo y los suyos, si damos crédito á Vazquez, gozaban de un entero y completo favor, tanto de las poblaciones como de sus autoridades. Apenas el Padre Motolinia habia puesto por la primera vez el pié en Guatemala, cuando se vió colmado de obsequios y respetos, y rogado y apremiado de todas partes para que fundara convento, facilitándole los medios de hacerlo; el obispo Marroquin le dispensaba una proteccion especial; los vecinos de la ciudad «estaban devo-«tamente ufanos» con su presencia; el ayuntamiento, que disputaba á los dominicos el derecho de disponer del desierto sitio de su convento en la antigua y abandonada ciudad, llamaba á Fray Toribio á sus acuerdos, le daba un lugar preeminente entre sus concejales, y le consultaba en todos los negocios graves; en fin, mientras á aquellos los lanzaban de sus mu-

[**] Remesal, lib. VI, cap. 5.

ros las poblaciones españolas, privándolos del agua y del fuego, y hacian un dia de fiesta del en que abandonaban sus ciudades, Guatemala instaba y rogaba por la vuelta de Fray Toribio; dirigíale «amorosos cargos» por su ausencia, y representaba á sus prelados la urgente necesidad de su retorno, «por la grande falta que hacia en la tierra.»⁶⁹ ¿Y cuál podia ser el orígen de tan grave contraste?.... La diferencia de doctrina, que ya hemos notado en otra parte, mucho mas moderada, condescendente y política en Fray Toribio de Motolinia y algunos de sus hermanos, que en Fray Bartolomé de las Casas y la mayoría de los suyos. El uno absolvia á los que el otro condenaba.

Quien haya leido con alguna atencion la historia lamentable de las disidencias religiosas, conoce toda la fuerza de las discordias y encono que producen; así es que no se necesitaba otro motivo que el reseñado para producir y mantener las disensiones que dividian á aquellas órdenes religiosas; pero aun habia otros perfectamente adecuados por su carácter para atizar mas y mas el fuego, conviene á saber, la emulacion, los celos y las competencias, no solo para aventajarse en la propagacion del cristianismo, sino para adquirir derechos exclusivos, para no admitir rivales, y para lanzar á los que se presentaran, no permitiéndoles ni poner el pié en sus respectivos distritos. De ello tenemos pruebas patentes en documentos irrefragables, cuales son las varias cédulas expedidas por los monarcas españoles poniendo coto á aquellas funestas disensiones.—Remesal copia textualmente varias de todos géneros, cuyo asunto es notable por mas de un capitulo. En ellas se excitaba á dominicos y franciscanos «tuvieran toda «conformidad y amor,» absteniéndose «de querer ampliar cada uno de «ellos sus monasterios:» prohibíaseles fundaran sin permiso del gobierno, ó inmediatos los unos á los otros, «si no era con alguna distancia de le-«guas;» ordenábase «que los religiosos de la una órden no solo no se «entrometiesen á visitar lo que la otra órden hubiese visitado y adminis-«trado,» sino tambien que «los Indios de los pueblos que visitaba la una «órden, *no fuesen á oir misa*, ni á recibir los sacramentos á las casas de «la otra órden.» En suma, y para evitar toda ocasion de conflicto, se llevaron las precauciones al rigor, que parecia extremo é inconciliable con el espíritu del Evangelio, de prohibir «que en el distrito donde una de «las órdenes hubiera entrado primero á doctrinar y administrar sacramen-«tos, no entraran los religiosos de la otra órden á entender en la dicha doc-«trina, ni hicieran allí monasterio alguno... y que los Indios de la doctrina «de una de ellas no fueran ni pasaran al distrito de la otra á recibir los «sacramentos.»⁷⁰ Cuáles fueran los disturbios, lo dice suficientemente el

⁶⁹ Vazquez, Crón. de Guatemala, lib. I, cap. 5 y 20.—Lib. III, cap. 35 *y passim*.
⁷⁰ Cédulas de 22 de Enero de 1556, y de 1º de Agosto de 1558, en Remesal, lib. X, cap. 1 y 2.

asunto de estas leyes. Otros muchos motivos, algunos, segun ya hemos insinuado, de controversia literaria, tan aptos para excitar la ira, la envidia y las otras pasiones rencorosas, venian á envenenar las discordias.

No puede dudarse que las reseñadas en aquellas leyes traian su orígen de las ocurridas en el período que recorremos, y que sus autores fueron los religiosos que condujeron allá los Padres Casas y Motolinia. Así lo insinúa muy claramente el cronista franciscano, cuando mencionando las «disensiones que el demonio principiaba,» añade que habian venido «con «ocasion de haber llegado aquel mismo año á Chiapa el Sr. obispo Casave «(Casas) con una numerosa mision de treinta y cinco religiosos de N. P. «Santo Domingo.»[71] Tampoco es dudoso que esos sucesos mismos hicieron tal mella en el carácter recio y sumamente impresionable del Padre Motolinia, que lo determinaron no solo á renunciar el cargo de custodio que desempeñaba en aquel nuevo plantel religioso, creado por su celo, sino aun á abandonar el terreno, volviéndose á su convento de México.—Esto lo dice tambien el propio cronista, y nos lo confirma el venerable misionero en la carta con que se despidió del ayuntamiento de Guatemala, cuyo documento se encontrará en su propio lugar.

En el vasto campo de las discordias económico-eclesiásticas que agitaban todas estas comarcas, comenzaba á aparecer un tercer combatiente que debia desalojar á sus rivales, quedando dueño del terreno. El obispo Marroquin habia llevado á Guatemala los primeros religiosos franciscanos y dominicos que allí hicieron asiento, contándose entre estos á nuestro V. Casas, que entonces era simple fraile: á él tambien, segun hemos visto, le encomendó traer de España la numerosa mision de ambas órdenes, que en parte condujo personalmente, y con los cuales desempeñaba las funciones de su ministerio. La mas perfecta armonía reinaba entre el prelado y sus colaboradores apostólicos, no obstante sus privadas querellas. Mas he aquí que cambiándose las voluntades, no solo el obispo sino tambien el gobernador comenzaron á desfavorecerlos á todos, y despues aun á tratarlos tan mal, que se hizo necesaria la intervencion del soberano, quien por cédulas de tono áspero[72] previno al primero «tuviera muy gran cui«dado de favorecer, é ayudar, é honrar á los dichos religiosos, como á «personas (decia en otra cédula posterior) *que le ayudaban á cumplir la* «*obligacion que tenia* en la predicacion y conversion de aquellas gentes.» Si esta reminiscencia no era de muy melodioso sonido, peor aún lo tenian las prevenciones que se le hacian, ya respecto «á los *muchos clérigos fa-* «*cinerosos y de mala vida y ejemplo* que se decia estaban refugiados en su «obispado, huyendo de otros obispados;» ya á los que «se entremetian «en tratos de mercaderías ú otras cosas fuera de su profesion.»—Aunque estas cédulas sean posteriores de cinco y ocho años al que recorremos,

---

[71] Vazquez, *ubi sup.*, cap. 20 cit.   [72] Véanse en Remesal, lib. X, cap. 2.

determinan muy bien la época de su orígen, pues la circunspecta corte de Madrid no precipitaba sus determinaciones, ni las dictaba sino cuando rebosaba el abuso. ¿Y qué pudo producir tan completo cambio? Nuestro sincero cronista dice con toda lisura [13] que «por los pleitos y disensiones «que se levantaron entre los frailes, porque le cansaban y molian con «quejas, peticiones, informaciones, notificaciones, escritos, palabras, en-«fados y otros frutos de la discordia que traian entre sí.»—Comenzaba tambien la viva y prolongada guerra, que todavía no acaba, entre el clero secular y el regular, invadiendo el uno las doctrinas para crear *curatos*, y defendiéndolas el otro para mantener sus *misiones*.—El obispo Marroquin *era clérigo*.

El V. Casas habia emprendido su marcha á Gracias-á-Dios por Tuzulutlan, distrito perteneciente al obispado de Guatemala, donde habia presentado la prueba práctica de la teoría proclamada en su famoso tratado *De unico vocationis modo;* conviene á saber, de la pacificacion y civilizacion de los Indios por el solo efecto de la predicacion del Evangelio, sin auxilio alguno de la fuerza armada; antes bien con su total exclusion. La invencible fe y perseverancia de Fray Bartolomé lo habia alcanzado, dejando allí escritos su memoria y su triunfo con el hermoso y significativo nombre de *Vera-Paz*, que dió á aquel territorio y aun conserva. Quiso visitar de paso ese precioso y caro fruto de sus afanes. Por las noticias de Remesal [14] y por las de una carta del obispo Marroquin podemos fijar esta visita entre fines de Junio y principios de Julio de 1545. Aquella carta, publicada por el ilustre Quintana, [15] es un documento preciosísimo para mi intento, por las revelaciones que contiene. Su objeto era dar noticia al Emperador de la visita que habia hecho en esa parte de su obispado, y lo desempeñó apocando cuanto allí habia, hasta alterar la verdad histórica.[16]—El siguiente pasaje nos descubre el pensamiento, los afectos y el espíritu de aquel prelado: «la tierra, decia, es la mas fragosa que hay «acá; no es para que pueblen Españoles en ella, por ser tan fragosa y «pobre, y los Españoles no se contentan con poco........ Hay en toda «ella seis ó siete pueblos que sean algo. Digo todo esto porque sé que el «obispo de Chiapa y los religiosos *han de escribir milagros*, y no hay mas «destos que aquí digo: *estando yo para salir llegó Fray Bartolomé*.» V. M.

[13] Remesal, *ubi supra*.
[14] Lib. VII, cap. 4.
[15] Apéndice á la Vida de Fray B. de las Casas, n° 11.
[16] Asienta en términos explícitos que ese territorio fué conquistado y poblado por los Españoles, que *voluntariamente lo abandonaron* por correr tras las riquezas del Perú; mas Herrera (Déc. IV, lib. 10, cap. 13), Juarros (Trat. I, cap. 3) y los otros historiadores

lo contradicen, conservando la uniforme tradicion de que en la época «se le llamó *tierra de guerra*, porque nunca la entraron con armas.» El primero se extiende en la etimología del nombre *Vera-Paz*.
[17] Yo no dudo que el P. Motolinia se refería á esta misma expedicion y sucesos en el pasaje de su carta (pág. 259) que se me permitirá trasladar aquí por su perfecta congruencia: «entonces, decia, fué (el Sr. Casas)

«favorezca á los religiosos y los anime, que *para ellos es muy buena tierra,*
«que están seguros de Españoles y no hay *quien les vaya á la mano, y po-*
«drán *andar y mandar á su placer.* Yo los visitaré y los animaré en todo
«lo que yo pudiere: aunque Fray Bartolomé dice *que á él le conviene,* yo
«le dije que mucho en hora buena: yo sé que él *ha de escribir invenciones*
«*é imaginaciones,* que ni él las entiende, ni las entenderá en mi concien-
«cia &c.» Se ve claramente que el obispo de Guatemala y Fray Toribio
cantaban al unison, estando ambos perfectamente de acuerdo en rebajar
el mérito é importancia de las obras del de Chiapas: se ve tambien cómo
las rivalidades y competencias asomaban entre ambos prelados con motivo
de la jurisdiccion sobre las misiones de la Vera-Paz, y ya se verá igualmente cómo, tres renglones despues, el mal humor del obispo de Guatemala
se disparaba contra su colega, tan irritado como cualquiera otro de sus
mas implacables enemigos. Sin embargo, parece que en la corte se conocian bastantemente bien estas pobres pasiones que agitaban la naciente
Iglesia de América y que, previsora y recta, hacia imparcial justicia, in-
fligiendo, aunque con suma templanza y delicadeza, paternas correcciones
á los extraviados. Tal me parece la que se dirigió al obispo de Guatemala en la cédula con que se contestó á su carta: «he holgado, decia el
«soberano, del fruto que en ella decis han hecho los religiosos de la ór-
«den de Santo Domingo que allí residen. Y el trabajo que vos tomastes
«en ir á aquella provincia y lo que en ella hecistes os tengo en servicio;
«pues la estada de los dichos religiosos es de tanto provecho en aquella
«provincia, yo os ruego los animeis y favorezcais para que continúen lo
«que han comenzado y traigan de paz toda aquella provincia &c.»[16]

A fines de este año de 1545 se encontraron en Gracias-á-Dios los dos
prelados mencionados y el de Nicaragua, con el motivo ostensible de con-
sagrar un obispo; mas la reunion no era casual: habíanla concertado en
aquel lugar, que era el asiento del gobierno, con el objeto de promover
lo conveniente para aliviar la infeliz condicion de los Indios. Cada uno
presentó á la Audiencia sus peticiones, — «que he visto, dice Remesal, y
«por no hacer un largo catálogo de inhumanidades é injusticias no se tras-
«ladan aquí: solo baste decir, que respecto de las peticiones...... la de
«menos delitos personales era la que presentó nuestro D. Fray Bartolomé.»

al reino que llaman do la *Verapaz*, del cual allá ha dicho que*s grandísima cosa y de gen-te infinita:* esta tierra *es cerca de Guatemala, ó yo he andado visitando y enseñando por allí, y lleguó muy cerca, porque estaba dos jornadas della, y no es de diez partes la una do lo que allá han dicho y sinificado. Mones-terío hay en México que dotrina i venita diez tanta gente* de la que hay en el reino de la Verapaz, *y desto es buen testigo el obispo de Guatemala;* yo vi la gente, *ques de pocos quilates y menos que otra.*» — Las noticias de Fray Toribio quizá nos revelan otro motivo de graves desavenencias en esa época: el de entrarse en el territorio de las doctrinas de los dominicos.

[16] Remesal, lib. VII, cap. 4.

—Esta contenia nueve capítulos, siendo los principales 1° que se reformara la tasacion de los tributos de su obispado, por exorbitante: 2° que se abrieran caminos de herradura para evitar que se empleara á los Indios como bestias de carga: 3° que se mandara salir á los Españoles y á sus familias avecindados en los pueblos de aquellos: 4° la abolicion del servicio personal forzado: 5° que se prohibiera á los Españoles establecer labranzas cerca de los pueblos de Indios: 6° que se prohibiera residir en estos á los *calpixques* ó recaudadores de tributos. Los otros capítulos versaban sobre la enmienda de algunos abusos privados y castigo de culpables, tales como los alcaldes de Ciudad-Real que protegieron la fuga del dean, provocando el tumulto de que dimos noticia.[19]

Los obispos habian concluido el negocio que aparentemente los llevó á Gracias-á-Dios, aguardando la resolucion de la Audiencia sobre sus peticiones; pero esta se manifestaba tan remisa y aun poco dispuesta á obsequiarlas, que nada podian avanzar su perseverancia y continuas gestiones. No se desalentó por ello el de Chiapas, antes bien se manifestó mas perseverante, como queriendo luchar de constancia con la estudiada y aun interesada inercia de las autoridades. El resultado fué cual debia esperarse. Los oidores rompieron aun las barreras que oponian el decoro y el bien parecer, á punto de que habiendo entrado una vez el venerable prelado á la sala de acuerdos para agitar el despacho de sus memoriales, — «con «solo verle daban voces desde los estrados el presidente y oidores (gri«tando) *Echad de ahí á ese loco.* Y una vez sobre cierta réplica que hizo «para no salir de la sala, dijo el presidente, mandando que con violencia «le echaran della: *Estos cocinerillos, en sacándolos del convento, no hay «quien se pueda averiguar con ellos.* Habló número plural, observa el cro«nista, para incluir al obispo de Nicaragua, que tambien importunaba á «la Audiencia por el remedio de los males de su provincia.»[20]

A los ultrajes y desprecios que por todas partes encontraba, solamente oponia Fray Bartolomé una resignacion y sufrimiento imperturbables, no sabiéndose que haya dado una respuesta que pudiera parecer algun tanto punzante, sino en la vez que tocando un último y heroico medio para vencer la culpable apatía de la Audiencia «se le presentó en acuerdo público «y en presencia de los oficiales y otras muchas personas que allí estaban, «requirió al presidente y oidores de parte de Dios y de San Pedro y San «Pablo y del Sumo Pontífice, que le desagraviasen su Iglesia y sacasen «sus ovejas de la tiranía en que estaban: que diesen órden como los Es«pañoles no impidiesen la predicacion del Evangelio, y que le dejasen li«bre su jurisdiccion para poder usar della. Y la respuesta que sacó de su «requerimiento, de boca del presidente, fué en sus formales palabras: — «*Sois un bellaco, mal hombre, mal fraile, mal obispo, desvergonzado, y me-*

---

[19] Pág. LXX. [20] Remesal, lib. VII, cap. 5, que copia el Memorial del obispo.

«reciais ser castigado.»—Esta insolente reprimenda habria excitado la ira en el mas humilde y sufrido cartujo, y mas cuando se diriiga á un prelado y en público; pero él, revistiéndose tan solo de la dignidad que el caso requeria,—«poniéndose la mano en el pecho, algo inclinada la cabeza y los ojos en el presidente, no respondió otra cosa que:—*Yo lo merezco* «*muy bien todo eso que V. S. dice, Señor Licenciado Alonso Maldonado.*— «Y dijo esto el obispo por lo mucho que habia trabajado para que le hi- «ciesen presidente de aquella Audiencia, abonando y calificando su per- «sona, y dando noticia de sus buenas partes, para que saliese nombrado «en las *Nuevas Leyes.*» [81]

Mientras así y tan mal despachado en sus pretensiones se encontraba el obispo en Gracias-á-Dios, las cosas iban de mal en peor en su diócesis. El provisor y gobernador de la mitra, ajustándose á las estrechas órdenes ó instrucciones que le habia dejado su prelado, rehusaba los sacramentos á los que resistian dar libertad á sus Indios esclavos. Los amos suscitaban con tal motivo continuos alborotos, amenazando y hostilizando al provisor, único que tenia la facultad de absolver á tales personas. El obispo volvió entonces nuevamente á la carga, y sin intimidarse con las amenazas, ni retraerse con los desaires de la Audiencia, urgió con mayor empeño por una resolucion sobre sus pretensiones.

La noticia de estas habia causado grandísimas alarmas en Guatemala y Chiapas, exacerbando por consiguiente las disputas y desavenencias entre los miembros de las dos órdenes religiosas que las habian provocado y mantenian con sus opuestas doctrinas. Han debido llegar á un alto grado, ó bien colmar la medida, algo escasa segun parece, del sufrimiento del Padre Motolinia, supuesta la intempestiva y violenta resolucion que tomó y llevó al cabo. Quince meses hacia solamente que habia sido electo Custodio de aquella nueva fundacion, compuesta ya de treinta y un religiosos, cuando reunió una congregacion custodial, haciendo ante ella renuncia de su encargo, y manifestando la resolucion inflexible de volverse á México. Nada fué bastante á disuadirlo; ni los ruegos de sus hermanos, ni los empeños de la ciudad. Si nos atenemos al cronista de aquella provincia, parece que en tal determinacion influyeron bastante los nuevos desabrimientos suscitados entre dominicos y franciscanos con motivo de la disputa filológica que enunciamos en otra parte, sobre la palabra propia con que debia mencionarse el nombre de Dios. Segun el mismo cronista,[82] los franciscanos, deseosos de prevenirla, aun adoptaron la precaucion de hacer censurar y aprobar por un dominico distinguido, el Catecismo que escribió en lengua de Guatemala Fray Pedro de Betanzos, imprimiéndolo

[81] Remesal, lib. VII, cap. 6.

[82] Vazquez, Crón. de Guatemala, lib. I, cap. 20, con las noticias que da Beristain (Biblioteca Hispano-Americana), en el art. *Betanzos, Fray Pedro.*

además bajo la proteccion de su obispo; «para cerrar ladridos de gente
«sin razon;» sin embargo, añade el mismo cronista, «no le bastó al re-
«ligioso padre esta humilde resignacion, ni al Illmo. Sr. obispo su política
«atencion, para excusar el fuego que de algunas centellas en materias
«opinables, sopló la malicia y fomentó el demonio. Apúntalas el V. Padre
«Fray Toribio en carta escrita á la muy noble ciudad de Guatemala, res-
«pondiendo á los amorosos cargos que le hacian aquellos nobles y devotos
«caballeros, sintiendo su vuelta á México.»⁸⁵ La carta de que aquí se
habla es la de despedida que dirigió al ayuntamiento, y cuyo original aun
se conservaba en su archivo cuando escribió el Padre Vazquez. Como su
texto descubre suficientemente los sentimientos penosos que dirigian la
pluma del autor, y solamente se encuentra en la Crónica Franciscana de
Guatemala, libro no muy comun, le damos aquí lugar. Dice así:

«Muy magníficos y devotísimos señores:—La paz del muy alto Señor
«Dios nuestro sea siempre con sus santas ánimas, amen.—Lo que Vuesas
«Mercedes me demandan, yo lo quisiera tanto como el que mas; pero
«sepan Vuesas Mercedes que há muchos dias que Fray Luis é otros frailes
«de los que conmigo vinieron, supieron que en lo de Yucatan hay mucha
«gente y muy necesitada de doctrina, y como acá vieron que en esto de
«Guatemala hay muchos ministros, y todos los mas de los naturales están
«enseñados y baptizados—*é solo los padres dominicos han dicho algunas*
«*veces que ellos bastan para esta gobernacion, y aún que tomarán sobre su*
«*conciencia de enseñar á los naturales*. Vistas estas cosas, Fray Luis de
«Villalpando y otros me pidieron muchas veces licencia para ir á Yuca-
«tán, é yo no se la dando, procuráronla del que á mí me envió, que es
«nuestro superior. E sepan Vuesas Mercedes que yo siempre he procurado
«lo que conviene á Guatemala y á su obispado, *y he detenido lo que he*
«*podido*. Y esta voluntad sepan Vuesas Mercedes que la he tenido y tengo
«para servir á Dios y á Sus Mercedes en esta tierra. Y esto baste para
«por carta, que despues á los que mas particularmente quisieren saber
«*porqué algunos frailes van á Yucatán y otros son vueltos á México, yo lo*
«*diré*. La gracia del Espíritu Santo more siempre en el ánima de Vuesas
«Mercedes, amen. De Xuchtepet xxi de Octubre año de MDXXXV. (1545.)
«Pobre y menor siervo de Vmds.

MOTOLINIA
FRAY TORIBIO.»⁸⁶

En el sobrescrito:

«A los Muy Magníficos y devotísimos Señores, los Señores del Cabildo
y Regimiento de la Ciudad de Guatemala.»

---

⁸⁵ P. Vazquez, cit. lib. I, cap. 20.
⁸⁶ El P. Vazquez (Crón. cit., lib. III, cap. 35) explica esta singular forma de la sus- cricion de Fray Toribio, diciendo que por mostrar «la estimacion que hacia de la santa pobreza tomó el apellido *Motolinia*, que

El tono de esta carta revela suficientemente toda la intensidad del sentimiento que la dictaba, siendo, en contraposicion de la que mas adelante extractaremos, tan notable por lo que calla, como la otra lo es por lo que habla. Pero la disposicion de espíritu del autor en esos momentos, y la verdadera medida de sus afectos, las comprenderemos por los que expresaba mucho tiempo despues de los acontecimientos, cuando el tiempo, la edad y la distancia habrian debido producir su natural efecto; el olvido ó la templanza; tanto mas de esperarse, cuanto que separado el V. Casas de su obispado, por renuncia que hizo de la mitra, y encerrado en el convento de San Gregorio de Valladolid, hacia una vida retirada, enteramente consagrado á ejercicios de piedad y devocion, no tomando en los negocios de América otro participio que el que le daban el gobierno con sus consultas, ó los encargos que se le hacian de aquí para promover algunas medidas favorables á los Indios.—Pues bien: entonces era cuando el Padre Motolinia escribia la tremenda filípica que forma parte de esta Coleccion con el carácter de Carta al Emperador, y que, como antes observaba, nos permite conjeturar cuáles fueran la acerbidad é intensidad de sus sentimientos contra Don Fray Bartolomé *diez años* antes, en el calor é irritacion de los sucesos. Allí, echando una ojeada sobre la vida entera de su adversario, y como queriendo formar un epílogo de sus obras, de sus calidades y hasta de sus sentimientos íntimos, lo califica de ignorante vanidoso; [54] llámalo difamador atrevido, mal obispo, [55] mal fraile, inquieto y callejero, [56] diablo tentador que deberia ser encerrado en un convento para que llorara sus culpas, considerándolo tan perjudicial, que de dejarlo suelto, dice, seria capaz de meter la discordia y el desórden aun en la misma Roma. [58] Ultimamente, indignado y como atemorizado de sus acciones, y aun mas todavía «de las injurias, deshonras y vituperios» que lanzaba contra los Españoles, y «del pecado que cometia» difamándolos, lo tacha de orgulloso, soberbio y poco caritativo, [59] dirigiendo al cielo un

no solo abrazó, sino que la puso sobre su cabeza, firmando en dos rengloncitos,» dispuestos como aquí se ven.

[54] «....por cierto, para con unos *poquillos* cánones quel de las Casas oyó, él se atreve á mucho, y muy grande parece su desórden y poca su *humildad* (pág. 257).»

[55] El censor aun abusó de la Santa Escritura, para aplicarle el tremendo pasaje de San Juan : *fugit quia mercenarius est &c.* (pág. 264.)

[56] «Yo me maravillo cómo V. M. ha podido sufrir.... á un hombre tan pesado, inquieto é importuno i bullicioso i pleitista en hábito de religion, tan desasosegado, *tan mal-*

criado, i tan injuriador i perjudicial, y tan sin reposo &c. (pág. 257.) ....acá *apenas tuvo cosa de religion* (pág. 258), ni deprendió lengua de Indios, *ni se humilló*, ni aplicó á los enseñar (pág. 260.) ....estuvo en esta tierra obra de siete años, y fué como dicen que llevó cinco de calle (pág. 273.)»

[58] «....estas cosas (las obras del obispo) es clara tentacion de nuestro adversario.... y V. M. le debia mandar encerrar en un monesterio, porque no sea cabsa de mayores males; que si no, tengo temor que ha de ir á Roma, y será cabsa de turbacion en la corte romana (pág. 261.)»

[59] «....á mas de la poca caridad y menos

ferviente voto por que «Dios le libre de quien tal ósa decir.»[90]—Este, repito, no es mas que un árido y breve resúmen de lo que el Padre Motolinia sentia *diez años* despues de sus contiendas con el Sr. Casas, segun puede verse de la lectura entera de su famosa carta. ¡Qué sentiria en su época!.... No se puede, por consiguiente, tomarlo como juez imparcial de los actos de su antagonista. El obispo de Guatemala, con quien tampoco llevaba su colega la mejor armonía, no era ciertamente mas que el eco de los sentimientos del Padre Motolinia, cuyas ideas reproducia casi con las mismas palabras. Una muestra flagrante de ello nos da su carta al Emperador,[91] citada en otra parte (pág. LXXVI), donde, con referencia á Don Fray Bartolomé y su mision de Verapaz, le decia:—«todo su edifi-«cio y fundamento va fabricado sobre *hipocresía* y *avaricia*, y así lo mos-«tró luego que le fué dada la mitra: *rebosó la vanagloria*, como si nunca «hubiera sido fraile, y como si los negocios que ha traido entre las ma-«nos no pidieran *mas humildad* y santidad para confirmar el celo que ha-«bia mostrado.»—Se ve, pues, que ambos cantaban al unison.

No se sabe de una manera precisa la fecha en que el Padre Motolinia salió de Guatemala; mas debió ser probablemente á fines de aquel mismo mes de Octubre, puesto que el 4 de Diciembre ya lamentaba su falta el Ayuntamiento. «Este dia, dice el acta, los dichos señores proveyeron y «mandaron que atento que el R. señor el Padre Fray Toribio, comisario, «hace en la tierra tanta falta en los naturales destas partes, y ques tanta «la falta que al presente hay de su persona á causa de su ausencia; se es-«criba al P. Comisario general de México, é al Sr. obispo de allí lo en-«vie.»[92]—Una demostracion de este género era evidentemente sincera, y probaba la estimacion que se hacia de la persona; mas tambien podia tener en ella mucha parte la politica y la pasion, pues frecuentemente vemos que se ensalza y se eleva á una persona, menos por su propio merecimiento, que por mortificar y abajar á otra que se le opone como rival. Esta reflexion es una inspiracion de los propios sucesos y de la circunstancia casual de ser la época de ese acuerdo municipal la misma en que Don Fray Bartolomé volvia de Gracias-á-Dios á su obispado, precedido de noticias que á todos ponian en alarma.

En efecto, este prelado habia urgido y urgia con tal perseverancia por una resolucion definitiva y precisa sobre las peticiones pendientes, que hostigados el presidente y oidores,—«y por verse libres de tan continua «y molesta importunacion, le concedieron al fin un oidor que fuese á «Chiapa y ejecutase las *Nuevas Leyes* en todo aquello que era bien y pro-

piedad que en sus palabras y escripturas tiene.... fuera mucha razon que se templara y hablara con alguna color de humildad (pág. 268.)

[90] Pág. 274.
[91] Quintana, *ubi sup.*, Apénd. n° 11.
[92] Vazquez, Crón. cit., lib. I, cap. 20.

«vecho de los naturales.»—La noticia de esta determinacion, con la de la vuelta del obispo, causó en Chiapas y aun en Guatemala, una alarma y espanto mayores que los que habria causado la sublevacion de una provincia, ó la invasion de un ejército. Un regidor de Ciudad-Real, accidentalmente en Guatemala, decia en carta á un amigo suyo:—«El obispo «vuelve á esa tierra para acabar de destruir esa pobre ciudad, y lleva «un oidor que tase de nuevo la tierra.»[93] En otra carta se leia: «dezi«mos por acá que muy grandes deben ser los pecados de esa tierra, cuando «la castiga Dios con un azote tan grande como enviar á ese Anti-Cristo «por obispo. Nunca le nombraban por su nombre, añade el cronista, sino «*ese diablo que os ha venido por obispo.*»[94]—Aun el maestrescuela de su catedral, Juan de Perera, arrastrado por el torrente de la corrupcion general, se sublevó contra su prelado, y prestándose á ser instrumento de los que vinculaban su fortuna en la esclavitud y opresion de los Indios, le escribió una destemplada carta para amedrentarlo y retraerlo de su empeño.—«El mas honroso epíteto (que en ella le daba) era llamarle «traidor, enemigo de la patria y de los cristianos que allí vivian, favore«cedor de Indios idólatras, bestiales, pecadores y abominables delante de «Dios y de los hombres. Y una de las cláusulas postreras de la carta era: «—Voto á San Pedro que os he de aguardar en un camino con gente que «tengo apercibida aquí en Guatemala, y prenderos y llevaros maniatado «al Pirú, y entregaros á Gonzalo Pizarro y á su maestre de campo para «que ellos os quiten la vida, como á tan mal hombre, que sois la causa «de tantas muertes y desastres como allá hay. Y á ese bigardo de Fray «Vicente (el compañero del obispo) yo le voto á tal que en cogiéndole le «tengo de llevar como Indio delante de mí, cargado del lio de su hato á «cuestas &c.»[95] ¡Vaya un maestrescuela!...—La prevaricacion de este sacerdote fué el golpe mas rudo y doloroso que recibió el santo obispo, menos por su propia injuria, que por el fomento que daba á la desmoralizacion, siempre creciente, y por lo que debilitaba su autoridad, alentando el cisma que ya asomaba. Sin embargo, imitando á San Estéban, que oraba por sus verdugos, pidió á Dios un rayo de luz para aquel sacerdote extraviado, y no mucho tiempo despues tuvo el consuelo de ver que su oracion habia sido escuchada, convirtiéndose el enemigo en el mas robusto apoyo y en el mas fervoroso propagador de la doctrina del prelado.—Este, sin dejarse intimidar, emprendió su viaje de retorno á Chiapas para auxiliar, ó mejor dicho para abreviar y dirigir la nueva tasacion de tributos que debia hacer el oidor nombrado al efecto.

Apenas se supo en Ciudad-Real la salida del obispo, cuando comenzó la alarma, poniéndose todo en movimiento, cual si el enemigo estuviera

---

[93] Remesal, lib. VII, cap. 6. [94] Remesal, cap. 6, cit.
[95] El mismo, allí, cap. 10.

ya á las puertas de la ciudad. El ayuntamiento se reunió el 15 de Diciembre (1545) para protestar é impedir el efecto de las provisiones que se decian arrancadas á la corona y á la Audiencia «con falsas relaciones;» y convocado el pueblo al toque de la campana mayor, se resolvió no darles cumplimiento, no reconocer la autoridad del obispo, si pretendia obtenerlo, y ocuparle las temporalidades, con otras varias de aquellas medidas que aconseja el interes sobresaltado, y mas cuando es espoleado por el espíritu de faccion. Para mas imponer al pueblo, y quizá para contenerlo en la obediencia, se tomaron todas las otras precauciones que tomaria una plaza en riesgo de ser asaltada. La ciudad se puso en armas, y sus caminos se cubrieron de atalayas á larga distancia, «apercibiendo «mallas, petos, corazas, coseletes, arcabuces, lanzas, espadas y gran can«tidad de Indios flecheros........ todo contra un obispo ó pobre fraile, «solo, á pié, con un báculo en la mano y un breviario en la cinta.» [96]

Mientras así se preparaban en Ciudad-Real para recibir á su pastor espiritual, este tomaba un ligero descanso en Copanahuaztla, disponiendo con los religiosos allí refugiados los medios de aquietar los ánimos y de continuar su apostólica mision. Los padres, que sabian lo que pasaba y que temian aun por su vida, hicieron cuanto estaba en su poder para disuadirlo del viaje, poniéndole por delante los ingentes peligros que le amenazaban; y á fin de aumentarle los obstáculos, mandaron retroceder su equipaje, que habian adelantado. Todo fué inútil: el obispo, sacando nuevos alientos de los riesgos y de las contrariedades que se le oponian, «determinó irse derecho á la ciudad y entrarse en ella sin miedo ni tur«bacion alguna: porque, decia, *si yo no voy á Ciudad-Real, quedo deste*«*rrado de mi Iglesia, y yo mismo soy quien voluntariamente me alejo, pudién*«*doseme decir con mucha razon*, huye el malo sin que nadie le persiga: y «levantándose de la silla con una resolucion grandísima, cogiendo las fal«das del escapulario, comenzó á caminar. Lloraban con él los religiosos; «el obispo se enternecia con ellos, consolábalos con su ánimo y confianza «en Dios, y ellos ofreciéndole sus sacrificios y oraciones, le dejaron ir.»

El V. obispo caminó toda la noche á pié y agobiado bajo el grave peso de sus cuidados, de sus enfermedades y de sus *setenta y un años* cumplidos, sin preocuparse de su futuro destino. En esa noche hubo un fuerte terremoto que duró «lo que basta á rezar tres veces el salmo del *Mise*«*rere mei*,» y que obrando singularmente en el espíritu supersticioso de la época, infundió muy extraños terrores. Debiendo considerarlo mas bien como una muestra del enojo divino por su obstinada ceguedad, solo vieron en él una confirmacion de sus interesadas y codiciosas aprehensiones: «*No es posible*, decian, *sino que el obispo entra, y aquellos perros In*«*dios* (los espías) *no nos han avisado; que este temblor pronóstico es de la*

---

[96] Romesal, *ibid.*, cap. 7.

«destruicion que ha de venir por esta ciudad con su venida.»[37]—No se engañaban en la principal de sus conjeturas, porque el obispo tropezó con los espías, quienes en vez de dar el grito de alarma, se arrojaron á sus piés implorando con lágrimas perdon por la culpa que habian cometido aceptando aquel encargo.—El piadoso obispo los consoló, y previendo que pudiera acusárseles de connivencia, y por tal motivo fueran cruelmente castigados, discurrió amarrarlos, cual si los hubiera cogido de sorpresa, operacion que practicó por sí mismo, con la ayuda de Fray Vicente, su inseparable compañero, llevándoselos tras sí como sus prisioneros. Al amanecer del dia siguiente entró en la ciudad sin que nadie lo sintiera, y como ni pretendia ocultar su llegada, ni tenia alojamiento en que posar, se fué derecho á la iglesia, donde el sacristan le informó del mal espíritu que dominaba en la ciudad. El indomable prelado, sin arredrarse ni desalentarse, aguardó la hora ordinaria de despertar, y en ella mandó notificar su llegada al ayuntamiento, con la prevencion de presentarse en la iglesia á escuchar su plática.

Imposible seria describir la sorpresa y el espanto que tal nueva esparció en los grandes de la ciudad,—«y todos se confirmaban en que fué «profeta verdadero el que dijo que el temblor (de la noche precedente) «lo pronosticaba, y el adivino quedó calificado de allí adelante.»[38] Un rasgo oportuno de energía produce siempre sus efectos, y los que pocas horas antes amenazaban acabar con el obispo, se presentaron, si no arrepentidos, á lo menos bastantemente sumisos y respetuosos. Sin embargo, firmes en su tema, le hicieron notificar por medio del escribano de cabildo el *requerimiento* que tenian preparado, como condicion de su obediencia, reducido sustancialmente á exigir «que los tratase como cris-«tianos, *mandándolos absolver*, y que no intentase cosa nueva *en órden á* «*quitalles los esclavos*, ni á *tasar* la tierra;» en suma, que no solo sancionase, sino que *santificase* los abusos, lavándolos con la absolucion sacramental. El obispo, sin acceder á ninguna de sus pretensiones, les habló con tanta caridad y uncion, que logró desarmarlos, y aun infundirles respeto. Retirábase ya á la sacristía, cuando lo detuvo el secretario del cabildo, anunciándole con mucha cortesía «que traia una peticion de la «ciudad en que le suplicaba le señalase confesores *que los absolviesen y* «*tratasen como cristianos.*» El prelado accedió en el acto, designando al canónigo Perera y á los religiosos dominicos; «pero respondieron todos, «que no querian aquellos confesores que eran de su parcialidad, sino *confe-* «*sores que les guardasen sus haciendas.* Yo los daré como me los pedis, res-«pondió; y señaló entonces á un clérigo de Guatemala y á un padre merce-«dario, entrambos sacerdotes cuerdos y celosos del bien de las almas.»[39]

---

[37] Remesal, lib. VII, cap. 8.
[38] Remesal, *ibid.*
[39] Remesal, *ubi sup.*, cap. 8.

El inseparable Fray Vicente, que ignoraba las calidades de los escogidos, y que en la condescendencia del obispo creyó ver un acto de debilidad ó de temor, «tiróle de la capa, diciéndole: *no haga V. S. tal cosa, «mas que la muerte;*» palabras que escuchadas por la multitud, despertaron inopinadamente su furor, causando un tumulto tan violento, que por poco cuesta la vida al consejero. Íbase ya aplacando, y el V. prelado casi exánime por el cansancio, la fatiga, el insomnio y aun por el hambre, se retiró á una celda del convento de la Merced, para reparar sus fuerzas y su espíritu. «Comenzaba á desayunarse con un mendrugo de pan para «tomar un trago de vino, y apenas lo habia mezclado, cuando toda la «ciudad puesta en armas entra por el convento, y los mas osados por la «celda del obispo, que viéndose cercado de tantas espadas y estoques des- «nudos, tantas rodelas y montantes, se turbó en extremo, juzgando era «llegada su última hora.»[100] El pretesto de tan grande y escandaloso alboroto era la amarradura de los Indios espías, que el obispo habia atado por los compasivos motivos de que se ha dado razon.—Los feroces é implacables opresores la echaban aquí de humanos, para encontrar culpas en el único protector de aquellas víctimas de su avaricia. El tumulto ha debido ser tan grave y peligroso, que el cronista de quien tomo estas noticias se consideró precisado á combatir «como calumnia manifiesta» una antigua y muy popularizada tradicion, que, segun decia, echaba un borron infamante sobre «la nobleza ilustre, la cristiandad, caballerosidad «&c., &c., de los vecinos y fundadores de Ciudad-Real.» Cuéntase que estos— «en las furias de sus cóleras y pesadumbres con el Sr. Don Fray «Bartolomé de las Casas, arremetieron á la posada donde estaba, le sa- «caron della con violencia y *apedreándole le echaron fuera de la ciudad.*»[101] Grande, repito, debió ser el desórden, para dar materia á tal tradicion. —La templanza, el sufrimiento y mas que todo, la indomable energía del prelado, que no retrocedió, ni aun teniendo la muerte á los ojos, conjuraron aquella embravecida borrasca, á términos que «tres horas despues «era visitado de paz de casi todos los vecinos de la ciudad; todos le pe- «dian con mucha humildad perdon de lo hecho; todos de rodillas le be- «saban la mano, confesando que eran sus hijos y él su verdadero obispo «y pastor...... y con procesion y fiesta le sacaron del convento y lleva- «ron á las casas que estaban ya aderezadas para aposentarle.»[102] Quizá habia en efecto un arrepentimiento sincero; ó quizá solamente se cambiaba de medios, esperándose vencer con halagos y obsequios al que se habia mostrado invencible con el terror y con la fuerza. La impresion que este acontecimiento hizo en su espíritu; el único fruto cosechado de tantos afanes; las reflexiones que le inspiraron, y la resolucion definitiva á que

---

[100] El mismo.
[101] *Ibid.*, cap. 15.
[102] El mismo, cap. 8.

DE FRAY TORIBIO DE MOTOLINIA.

lo condujeron, han sido breve y diestramente epilogados por la pluma de Quintana, de quien el lector los oirá con mas aprovechamiento y placer.

«A pesar, dice, del aspecto de serenidad y de paz que habian tomado «las cosas, el obispo desde aquel dia fatal se propuso en su corazon re- «nunciar á conducir un rebaño tan indócil y turbulento. Los motivos fun- «damentales de la contradiccion y del disgusto permanecian siempre en «pié, y no era posible destruirlos, pues ni aquellos Españoles habian de «renunciar á sus esclavos y granjerías ilícitas, ni él en conciencia se las «podia consentir. Añadíase á esta difícil situacion el disgusto que recibia «con las cartas que entonces le enviaban el virey y visitador de México, «diferentes obispos, y muchos religiosos letrados, en que ásperamente le «reprendian su teson, motejándole de terco y duro....... El odio, por «tanto, que se habia concitado por la singularidad de su conducta, era «general, y segun su mas apasionado historiador, no habia en Indias quien «quisiese oir su nombre, ni le nombrase sino con mil execraciones. Todo, «pues, le impelia á abandonar un puesto y un pais, donde su presencia, «en vez de ser remedio, no debia producir naturalmente mas que escán- «dalos. Hallándose en estos pensamientos, fué llamado á México á asistir «á una junta de obispos que se trataba de reunir allí para ventilar ciertas «cuestiones respectivas al estado y condicion de los Indios, y esto fué ya «un motivo para que apresurase sus disposiciones de ausentarse de Chia- «pa; en lo cual acabó de influir eficazmente la llegada del juez que se «aguardaba de Gracias-á-Dios, para la visita de la provincia, prometida «por la Audiencia de los Confines.

«Era este el licenciado Juan Rogel, uno de los ministros que la com- «ponian, y su principal comision la de arreglar los tributos de la tierra, «á la sazon tan exorbitantes, que por muy ajenos que estuviesen los oi- «dores de dar asenso á las quejas del obispo, esta fué tan notoria y tan «calificada, que no pudieron menos de aplicarle directamente remedio en «la visita de Rogel. Deteniase este en empezar á cumplir con su encargo «y ejecutar sus provisiones. Notábalo el obispo, y apuraba cuantas razo- «nes habia en la justicia y medios en su persuasion, para animarle á que «diese principio al remedio de tantos males como los Indios sufrian, po- «niendo en entera y absoluta observancia las Nuevas Leyes. Al principio «el oidor escuchaba sus exhortaciones con atencion y respeto: mas al fin, «ó cansado de ellas, ó viendo que era necesario hablarle con franqueza, «le contestó un dia en que le vió mas importuno: *Bien sabe V. S. que* «*aunque estas nuevas leyes y ordenanzas se hicieron en Valladolid con acuerdo* «*de tan graves personajes, como V. S. y yo vimos, una de las razones que* «*las han hecho aborrecidas en las Indias, ha sido haber V. S. puesto la mano* «*en ellas, solicitándolas y ordenando algunas. Que como los conquistadores* «*tienen á V. S. por tan apasionado contra ellos, no entienden que lo que* «*procura por los naturales es tanto por amor de los Indios, cuanto por el*

«rborrecimiento de los Españoles, y con esta sospecha, más sentirian tener á
«V. S. presente cuando yo los despoje, que el perder los esclavos y haciendas.
«El visitador de México tiene llamado á V. S. para esa Junta de prelados
«que hace allí, y V. S. se anda aviando para la jornada; y yo me holgaria
«que abreviase con su despedida y la comenzase á hacer, porque hasta que
«V. S. esté ausente, no podré hacer nada; que no quiero que digan que hago
«por respeto suyo aquello mismo á que estoy obligado por mi comision, pues
«por el mismo caso se echaria á perder todo.

«Este lenguaje era duro, pero franco, y en cierto modo racional. El
«obispo se persuadió de ello, y abrevió los preparativos de su viaje, que
«estuvieron ya concluidos para principios de cuaresma de 1546, y salió
«al fin de Ciudad-Real al año, con corta diferencia, que habia entrado
«en el obispado. Acompañáronle en su salida los principales del pueblo,
«y alguna vez le visitaron en los pocos dias que se detuvo en Cinacatlan
«para descansar y despedirse de sus amigos los religiosos de Santo Do-
«mingo: prueba de que las voluntades no quedaban tan enconadas como
«las desazones pasadas prometian.» [103]

El licenciado Don Francisco Tello de Sandoval, que era el visitador de
quien habla Quintana, habia sido enviado por la corte con tal carácter y
con el especial encargo de promulgar y hacer cumplir las *Nuevas Leyes*.
Aunque habia llegado á México desde el 8 de Marzo de 1544, fueron
tantas y tan pujantes las resistencias que encontró, apoyadas hasta cierto
punto por la administracion misma, que ni aun se atrevió á publicarlas
luego, difiriendo esta formalidad hasta el dia 28, para tomar las precauciones convenientes. A pesar de ellas la impresion que produjeron fué
terrible: «hubo, dice Torquemada,[104] grandes alteraciones y estuvo la
«tierra en términos de perderse; pero con la sagacidad y prudencia de
«Don Antonio de Mendoza, tomaron acuerdo él y el visitador y Audiencia
«de que no se ejecutasen algunas cosas por entonces, sino que fuesen en-
«trando en ellas poco á poco y que se consumiesen los esclavos que habia,
«y con buenos medios se sobreseyesen las Leyes &c.»—Con este favor que
dispensaba el gobierno, los encomenderos y todos los que se sentian agra-
viados, apelaron de las *Nuevas Leyes* para ante el Emperador, y para dar
mayor eficacia á sus gestiones se dispuso enviarle una diputacion compuesta de los superiores de las religiones de San Francisco, Santo Domingo y San Agustin, de regidores de la ciudad y procuradores de los
encomenderos, con el encargo de obtener su revocacion y la confirmacion
de las disposiciones antiguas que autorizaban el servicio forzado de los
Indios.

Como al visitador habia parecido prudente y mas útil a los intereses
de la corona admitir las apelaciones interpuestas, se encontró paralizado

[103] Quintana, Vidas, *ubi sup.*, pp. 401-4.   [104] Lib. V, cap. 13.

en el punto principal de su mision, mientras no recibiera nuevas órdenes. La espera debia ser bien larga, así es que para aprovecharla determinó desempeñar otro artículo de sus instrucciones, contraido á convocar «una «junta de todos los prelados de la Nueva España y de todos los hombres «de ciencia y de conciencia que en ella habia, para tratar y resolver las «cuestiones y dificultades que en tan grave materia, como el hacer á los «Indios esclavos y tenerlos por súbditos y vasallos en los repartimientos y «encomiendas que los gobernadores habian hecho, se ofrecian; para que «si eran ó no eran lícitos los tales esclavos y las tales encomiendas, se re-«solviera de una vez...... porque (y esta observacion del cronista es muy «digna de atencion) la *mayor parte* de los doctores y obispos *tenian la* «*afirmativa* desta opinion, como mas favorable á los seglares; y la *menor,* «que era *la órden de Santo Domingo,* y en ella no todos, *tenian la nega-*«*tiva,* como mas llegada á la verdad y al bien de los Indios.»[105] He aquí muy claro y perfectamente formulado el punto de desacuerdo y controversia entre franciscanos y dominicos, y que, como observa uno de esta órden, habia logrado introducir no solo la division, sino aun el cisma, porque religiosos de la misma provincia y hasta del mismo convento opinaban de diversa manera.

Si la discordancia de pareceres hubiera quedado encerrada en el claustro, ó no excediera los términos comunes de una controversia teológica, el mal hubiera podido sobrellevarse como otros muchos de su género; pero afectando tantos y tan cuantiosos intereses materiales, la polémica se convirtió en negocio de estado, apareciendo en ella y en primer término la potestad civil, como uno de los principales campeones. El visitador tomó la parte que le tocaba, y lo hizo guiándose preferentemente por los intereses de la política; así, uniendo su voz á las que censuraban al obispo de Chiapa, habia ya prejuzgado la cuestion, escribiéndole «con mucha as-«pereza, notándole de duro y terco, porfiado é imprudente en aferrarse «tanto con su parecer, siendo *el único y solo* en negar los sacramentos á «los cristianos.» Y como los paralogismos y los argumentos que afectan la vanidad ó amor propio son siempre los mas convincentes para la multitud, no dejó de hacerse valer contra Don Fray Bartolomé «que levantaba «nuevas opiniones, oponiéndose á los obispos, religiosos, maestros, letra-«dos y hombres santos y doctos de todas las Indias, atribuyendo su opo-«sicion á soberbia y á estimarse él y los padres de Chiapa en mas, y te-«nerse por mas acertados, ó sabios, que cuantos acá (en México) habia.»[106] Así le preparaban el terreno sus émulos y desafectos para desalentarlo, acobardarlo y hacerlo fracasar en su filantrópica mision.

El obispo de Chiapa estaba dotado ciertamente de una energía y perseverancia que ofrecen muy raros ejemplos; pero de estas virtudes á la

---

[105] Remesal, lib. VII, cap. 13.   [106] Remesal, *ibid.,* cap. 15.

terquedad y obstinacion que le atribuyen, hay una inmensa distancia, que desgraciadamente no comprenden los caracteres suaves, contemporizadores, ó si se quiere, demasiado prudentes. El Sr. Casas se juzgaba bien asentado en el sendero del deber, y por eso no cejaba; pero como se le decia tanto y se le censuraba de todas partes y por toda clase de personas, quiso conferenciar nuevamente sobre el asunto, para rectificar y consolidar su opinion, antes de presentarse en la junta eclesiástica de México, donde debia emitir un voto definitivo é irrevocable. Al intento, y ya en camino, reunió á todos los religiosos dominicos de la comarca, y despues de muy detenidas conferencias en que la materia se debatió con libertad y con conciencia, «tomóse la *última* resolucion de lo que el obispo *habia de pro-*
«*poner y defender* y con todas sus fuerzas procurar que se pusiese en eje-
«cucion *en la junta de México*, acicalando las razones que todos tenian
«para la doctrina que enseñaban, y que como era opuesta á todo el tor-
«rente comun de las Indias, tenian por contrarios á seglares, clérigos,
«religiosos y algunos obispos.»—Con esta determinacion se despidió de su grey, para mas no volver, acompañado de tres religiosos de su órden y de aquel canónigo de que dimos noticia (pág. LXXXIII) que lo habia renegado y colmado de ultrajes, y que ahora era su mejor amigo y mas ferviente colaborador. Sus últimas disposiciones fueron para repartir entre las iglesias y monasterios sus ornamentos, muebles, libros y cuanto poseia, quedándose con lo encapillado. Su camino fué una predicacion continua con que asombraba á cuantos lo escuchaban, por la novedad y rigidez de su doctrina, que «condenaba á todos, *confesores y penitentes,*
«abominando públicamente los pecados de los unos y la ceguera de los «otros.»

Natural era que la fama de estas predicaciones, que segun la cándida expresion de Remesal *escandalizaban este Nuevo Mundo*, produjeran mayor excitacion en la ciudad de México, como centro de mayores y mas protegidos intereses. En efecto, hallábase ya á pocas jornadas de ella, y aun habia fijádose el dia de su entrada, cuando comenzaron á asomar los alborotos—«como si hubieran de ver un ejército de enemigos, encendién-
«doseles tanto la sangre en su odio y aborrecimiento, que temiendo el vi-
«rey y visitador alguna alteracion ó desgracia, le escribieron que se detu-
«viese hasta que ellos le avisasen, que seria cuando entendiesen que la
«gente estaba algo desapasionada.»[107] Quizá se esperaba que tales prenuncios hicieran en el ánimo del ilustre huésped el natural efecto de intimidarlo ó contenerlo, y quizá tambien se contaba con ellos para lo que se preparaba; mas teníanselas con un hombre que cual el gigante de la fábula, recobraba sus brios al tocar la tierra. Llegado el último dia de espera hizo su entrada en México, y no á oscuras, sino á las diez de la

[107] Remesal, lib. VII, cap. 16.

mañana, atravesando por entre la muda y atónita multitud, que lo vió pasar con respetuoso silencio. Fuése directamente á posar al convento de su órden, que en ese año ocupaba ya la misma localidad que hoy.—El virey y los oidores le enviaron la bienvenida en el mismo dia; mas su sorpresa y estupor debieron ser inexplicables al oir el mensaje que les devolvió el obispo en retorno de su cortés saludo. «Envióles á decir que «lo perdonasen que no los iria á visitar *porque estaban descomulgados*, por «haber mandado cortar la mano en la ciudad de Antequera (Oajaca) á un «clérigo de grados.» [108] Esta respuesta se hizo pública, causando «gran-«des inquietudes y altercados,» que, como se comprenderá, aumentaban las pesadumbres y conflictos del obispo; mas con ella habia afianzado su bandera, no dejando ocasion para que nadie pudiera equivocarse respecto de su doctrina y ulterior conducta.

Reunidos los prelados, doctores y demás personas convocadas para la celebracion de esta junta eclesiástica, procedió á ocuparse de los asuntos de su mision. Cuáles fueran estos no se sabe con entera certidumbre, porque los historiadores, tan comunicativos sobre otras materias menos importantes, han pasado muy rápidamente sobre este suceso, limitándose á mencionarlo y á decir que en esa reunion se resolvió la duda relativa á la administracion del Sacramento de la Eucaristía á los Indios. Remesal, [109] que tuvo á la vista un resúmen de sus debates, menciona algunos de sus puntos, los cuales giran principalmente sobre la libertad de los indígenas y manera de catequizarlos; todo en el espíritu de la doctrina que sobre el particular defendia y propalaba el obispo Casas. Natural era que con polémicas de tal carácter y en tales circunstancias, «sudaran los «de la junta muchas conclusiones, y que *cada disputa suya fuera como un* «*dia del juicio*,» segun la expresion del mismo cronista. En esas conferencias se ventiló tambien el gravísimo punto relativo á la absolucion de los encomenderos, y añade que «los obispos, los perlados y demás letra-«dos de la junta, despues de largas disputas y tratados que tuvieron entre «sí, *hicieron como un formulario del modo que se habian de haber los confe-*«*sores en absolver* los conquistadores, pobladores, mercaderes &c., que «tuviesen escrúpulo de las haciendas que poseian.»

No obstante estas resoluciones, y que con ellas la doctrina del Sr. Casas obtenia una solemne sancion, y su conciencia un grande alivio.—«él «y Fray Luis Cancer, su compañero, tenian gran pena porque uno de los «principales puntos, que era el del modo de hacer los esclavos, no se ha-«bia tratado y disputado y determinado como ellos quisieran, ni tomádose «la resolucion que era justo.... Propúsola el Sr. obispo muchas veces, y «nunca se acababa de tratar de veras; y en cierta ocasion le dijo el virey: «que era razon de estado no determinarse aquello, y que asi no se cansase en

[108] Remesal, lib. VII, cap. 16.   [109] *Ubi supra*.

«*proponerlo en la junta general; porque él habia mandado que no se resol-*
«*viese.*»—Los hombres de ideas fijas no comprenden las intermedias, y
la exaltacion del celo religioso rara vez transige con los intereses de la
política; asi el obispo, sumamente descontento y desazonado con la respuesta del virey, trató de vencerla por uno de aquellos medios que, no
sin razon, le concitaban tantas contradicciones y enemistades. Aprovechando la ocasion de desempeñar el púlpito de la Matriz en una festividad
á que asistió el virey, «acriminó aquel mandato, amenazando al que lo
«habia puesto» con uno de tantos terribles anatemas como se ven en
Isaías.[110] Don Antonio de Mendoza, que era el virey, sintió todo el escozor de la reprimenda; mas obrando con aquella prudencia y cordura que
distinguen el período de su administracion, dió vado á la dificultad, man-
teniendo la prohibicion de tratar tales materias en la *Junta Eclesiástica*, y
permitiendo al obispo «que en el convento de Santo Domingo se hiciesen
«todas las juntas que quisiese, y que allí se tratase no solo el punto de
«los esclavos, sino todas las materias que á él le pareciesen,» ofreciendo
ponerlas en conocimiento de la corte para su resolucion.

Autorizado el obispo con este permiso, «juntó, dice Remesal, á todos
«los que eran de la junta principal, excepto los Sres. obispos, y por mu-
«chos dias, en disputas públicas, trató la materia de los Indios esclavos....
«diéronse estos por mal hechos, condenándose á sus amos por tiranos....
«obligándolos á ponerlos en libertad, so pena de *mal estado*....»[111] De todo
«lo que en esta junta se determinó *se hicieron muchos traslados y se envia-*
«*ron por todas las Indias*, principalmente por el distrito y gobernacion de
«la Audiencia de México, para que así eclesiásticos como seglares lo su-
«piesen y se gobernasen por ello.»—Asegúrase, y el hecho parece cierto,
que en estas juntas tuvo el obispo el placer y el consuelo de ver aprobada
la doctrina de su famosa *Instruccion á los Confesores*, de que antes hemos
hablado, aunque su texto, *tal cual corre impreso* en la edicion de Sevilla,
se redactó ciertamente con posterioridad, pues en la *Regla 8ª* se hace
mérito de una de las resoluciones acordadas en esa misma *congregacion
de los obispos.... celebrada año de 1546*.[112]

Tranquila la conciencia del obispo con el juicio de las personas mas

---

[110] Remesal, *ibid.*, cap. 17.

[111] Esto es, so pena de conciencia peca-
minosa, ó de no poseerlos con buen título.

[112] El título de esta obra célebre del Venerable Casas, es uno de los que presentan
mayores incertidumbres, ya por la originalidad de él, ya por el descuido con que los
antiguos trataban la parte bibliográfica. —
He aquí sus variantes, en el órden cronológico de las autoridades que han llegado á
mi noticia. —Dávila Padilla, que escribia
á fines del siglo XVI su *Historia de la Fundacion y discurso de la Provincia de Santiago
de México*, lo cita solamente (lib. I, cap. 98)
por via de mencion, diciendo que escribió
un libro «donde se contenian unos avisos y
reglas para los confesores que oyesen confesiones de los Españoles que son ó han sido
en cargo á los Indios de las Indias del Mar
Océano.» Remesal se expresa poco mas ó
menos en idénticos términos. «Escribió, dice,
(lib. X, cap. 24) un *Confesonario* que con-

competentes que presentaba el Nuevo Mundo en las ciencias eclesiásticas, lo comunicó á su clero de Chiapas para darle mas aliento en el desempeño de su difícil ministerio; y á fin de vigorizar su accion, no menos que para proveer al mejor régimen de su Iglesia, cuyo gobierno habia ya determinado renunciar, nombró vicario general á aquel mismo canónigo Juan de Perera, extraviado un momento, segun dijimos, y ahora de vuelta, contrito y humillado al redil eclesiástico. Remesal nos ha conservado íntegro el texto de su título que contiene varias instrucciones, algunas de ellas bien severas, para el desempeño del encargo. El documento está fechado *en la ciudad de México á 9 de Noviembre de 1546* con la suscricion *Frater*

tiene doce reglas;» y cita como tal el que copia en su *Crónica*, y del que doy particular noticia. — En la primera edicion (1629) del *Epítome de la Biblioteca Oriental y Occidental* de Leon Pinelo, se menciona á la pág. 64 este opúsculo con el siguiente título, que desde luego revela haberse compuesto con vista de las noticias de Remesal: *Confessionario de doze reglas, para los confessores de Españoles que han sido en cargo á los Indios*. — El maestro Gil Gonzalez Dávila en su *Teatro Eclesiástico de la Santa Iglesia de Chiapa*, cita, cual si describiera objetos que tenia á la vista, «Otro (cuaderno ó legajo) que tenia 32 hojas, con título de *Confessionario*.» — Perplejo Don Nicolás Antonio con estas variantes, dudó (*Bibliotheca Nova Hispan. Scrip.* art. *Bartholomæus de las Casas*) si se trataba de dos obras diversas, y así las citó, dando á la una el título *Avisos para los confesores de las Indias*, el cual ciertamente sacó de las noticias de sus predecesores; y á la otra el de *Confessionario, follis XXXII*, copiado evidentemente de las del maestro Gil Gonzalez Dávila. — En la 2ª edicion (1737, fol.) de la *Biblioteca* de Leon Pinelo nada se adelantó sobre la 1ª: el editor (Barcia) copió simplemente (pág. 570) esta, notando las dudas que insinuaba Don Nicolás Antonio. — El doctor Beristain (*Biblioteca Hispano-Americana*, art. *Casas, Illmo. Don Fr. B.*) copió el primer título de este, citándolo vagamente con la nota de *impreso*. — Llorente, que formó á su modo y publicó una coleccion de los opúsculos del Sr. Casas, omitió el de que se trata, limitándose á citarlo y en términos muy inexactos, pues dice «que escribió y publicó (la instruccion para confesores) con el título de *Confesionario*.» — En el catálogo de MSS. colectados por D. Juan B. Muñoz, que insertó Fustér en su *Biblioteca Valenciana*, se cita con el siguiente título y noticia (tom. II, pág. 218): «*Confesional para los conquistadores y encomenderos de Indias*, por D. Fr. Bartolomé de las Casas. Parece original, es un cuaderno en 4º de doce fojas.» — Aun el muy respetable Don Manuel José Quintana pagó su tributo al descuido, en la Noticia que nos dió de los escritos del autor, al fin de su Biografía, mencionando aquel opúsculo con el título que le impuso Don Nicolás Antonio y repitió despues el doctor Beristain. — El suyo verdadero (si es que tal puede llamarse) copiado de la edicion original que hizo en Sevilla, terminada « á xx dias del mes de Setiembre, año de 1552 » en casa de Sebastian Trugillo, en 4º gor., es el siguiente: ⁌ Aqui ſe cōtiene vnos auiſos y reglas para los confeſſores q̄ oyeren confeſſiones de los Eſpañoles que ſon/o han ſido en cargo a los Indios de las Indias del mar Oceano: colegidas por el obiſpo de Chiapa don fray Bartholome d̄ las caſas/o caſaus de la orden de Sancto Domingo. — La simple lectura de este epígrafe muestra claramente el origen de algunos de los títulos que hemos mencionado. Su texto, compuesto de *doce reglas* y de un apéndice intitulado *Addicion de la primera y quinta reglas*, que es la apología ó defensa de su doctrina, componen el verdadero texto original ó genuino, que dió material á las disputas, controversias y decisiones de la corte de España. El que con el mismo título y número de párrafos ó *reglas*, cita el P. Remesal, aunque congruente, es diverso, segun se manifiesta en su lugar.

Bartolomeus de las Casas Episcopus civitatis Regalis.—Con fecha del dia siguiente trae el mismo cronista el texto de las licencias concedidas á los eclesiásticos «que podian oir confesiones de los Españoles vecinos y mora- «dores de su obispado,» reduciéndolos á cuatro individuos de su órden y á los otros que su vicario estimase conveniente aumentar.[113]

Desde aquí comienzan la confusion y dudas relativas al que debe consi- derarse como primitivo y genuino texto del famoso *Confesonario*, ó Ins- trucciones para los confesores, pues algunos escritores han tomado por tal el del mandamiento en que se hizo la designacion de ellos, quizá porque contiene la prohibicion impuesta á los otros eclesiásticos de «oir confesion «alguna de Español vecino, ni morador del obispado que fuera conquista- «dor, ó que tuviera Indios de repartimiento...... exceptuados los casos «de artículo de muerte y de que no pudiera llamarse á alguno de los con- «fesores titulados.»—El mismo Remesal, á quien debemos los mas abun- dantes y seguros datos, autoriza la equivocacion, porque al mencionar los escritos de nuestro prelado, hablando del *Confesonario*, dice ser *el que está en este libro;*[114] esto es, en su crónica, y en ella no hay otra cosa que se le parezca mas que el mencionado mandamiento. Sin embargo, su propio texto destruye la suposicion, porque en el segundo párrafo les previene el obispo por via de precepto é instruccion «que manden al penitente que «guarde y cumpla y disponga su ánima *conforme doce reglas que están fir- «madas de nuestro nombre y señaladas con nuestro sello.*»—Luego estas eran diversas del mandamiento. Así lo reconoce el propio Remesal en las si- guientes palabras: «Estas doce reglas que aquí dice el señor obispo envió «á los padres de Santo Domingo (de Chiapas), es el Formulario de confe- «sores que arriba se dijo que se habia hecho en aquella grave junta (la «segunda congregacion eclesiástica): el señor obispo habia *muchos años*

---

[113] Remesal, lib. VIII, cap. 5.—Estos documentos son los últimos llegados á mi conocimiento que nos den una data bien de- terminada de los hechos de D. Fr. Bartolomé durante su residencia en esta ciudad de Mé- xico. Deseoso de adelantar sus noticias hice una detenida exploracion en la biblioteca del convento de Santo Domingo, donde es- tuvo hospedado y celebró su famosa Junta Eclesiástica; mas desgraciadamente sin su- ceso. Tampoco se conserva tradicion alguna entre sus moradores. En un volúmen MS. de 374 fojas fol., que hallé entre los impre- sos, intitulado *Segunda Parte de la Historia de la Provincia de Santo Domingo de Méxi- co, Orden de Predicadores en la Nueva Espa- ña, por Fr. Alonso Franco &c.*, no hace men- cion de D. Fr. Bartolomé de las Casas en el cap. 36, cuyo título es como sigue: *De todos los Religiosos que ha tenido la Provincia de México insignes en santidad y de conocida virtud desde que se fundó hasta el año en que sale esta*. El 29º de los mencionados es *Fray Bartolomé de las Casas. C. Año 1569.*—La letra C denota que pertenecia á la provincia de Santa Cruz.—En el cap. 37 de la misma Crónica, intitulado *De otros Religiosos de la Provincia dignos de memoria, y si algunos son hijos de otras Provincias, por haber es- tado en esta se ponen en la Historia de Mé- xico*, tambien se le menciona entre los obis- pos con la siguiente nota: *Fr. Bartolomé de las Casas. Chiapa. Profesado en este conven- to y Procurador de la Provincia.*

[114] Lib. X, cap. 24.

DE FRAY TORIBIO DE MOTOLINIA.   XCV

«que las habia hecho y se gobernaba por ellas, y por muchas disputas y «consultas, averiguó su razon y verdad en México, &c. &c.»[113]

Esta Instruccion, Formulario de confesores, ó *Confesionario*, segun lo denominaba el Padre Motolinia y yo continuaré denominándolo para facilitar su mencion, se hizo luego tan comun, no obstante la prevencion de mantenerlo secreto, «que aun los mas de los seglares, dice Remesal, te- «nian sus traslados; y como eran tan rigurosas sus reglas, pareciôles que «si por ellas eran juzgados, á ninguno se le podia dar la absolucion.»— Eran, en efecto, muy severas, con particularidad la 1ª y la 5ª [114] que

---

[113] Lib. VIII, cap. 5.

[114] Como estas restricciones hicieron un tan singular papel en las disputas teológico-políticas del siglo XVI, y lo hacen muy principal en la historia de nuestros dos venerables misioneros, creemos que al lector no desagradará conocer su texto; tanto mas que hoy ya es muy raro, pues solamente se encuentra en la edicion gótica de los opúsculos del Sr. Casas, varias veces citada. Dicen así con su respectivo *Prólogo*.

¶ Los confesores que oyeren de confession penitentes en las yndias/o en otras partes á hombres de las yndias: de los que ouierē sido cōquistadores en ellas/o ouieren tenido/ o tienen yndios de repartimiento/o ouieren auido parte de los dineros que con yndios/o de yndios se ouieren adquerido: deuen de guardar y regirse por estas doze Reglas.

La primera quāto al presente negocio toca tres generos de psonas puedē venirse a cōfessar: o son conquistadores: o pobladores cō yndios de repartimiēto: que por otro nōbre se llamā comēderos/o que tienē encomiēdas de yndios: el tercero es mercaderes no todos: sino los que lleuarō armas y mercadurias a los que conquistauan y haziā guerras a los yndios estādo en aquel acto bellico. Si fuere conquistador y este tal se quisiere cōfessar en el articulo de la muerte: antes que entrē en la cōfessiō haga llamar vn escriuano publico/o del rey y por acto publico hagale el confessor declarar y ordenar y conceder las cosas siguientes.

¶ Lo primero que haga assentar y diga que el como xpiano fiel y que dessea salir desta vida sin offensa de dios y descargada su conciēcia: pa parecer ante el juez diuinal en estado seguro: elige por cōfessor a fulano sacerlote clerigo/o religioso de tal orden: a qual da poder cūplido (con quanto puede y

es obligado de derecho diuino y humano pa que descargue su cōsciēcia) en todo aquello que el viere que conuiene a su saluaciō. Y que si para esto viere y le pareciere al dicho cōfessor q̃ necesario restituyr toda su haziēda de la manera que a el pareciere que se deue de restituyr sin quedar cosa algūa para sus herederos: lo pueda librēmēte hazer: como el mismo enfermo/o penitente en su vida lo pudiera y deuiera hazer librēmēte/viendo que conuenia a la seguridad de su anima. Y en este caso somete la dicha toda su hazienda a su juyzio y parecer/sin condicion ni limitacion alguna.

¶ Lo. 2. declare y assiēte el escriuano que se hallo en tal/o en tales conquistas/o guerras cōtra yndios en estas yndias y que hizo y ayudo a hazer los robos/violēcias/daños/ muertes y cāptiuidades de yndios/destruyciones de muchos pueblos y lugares que ēllas y por ellas se hizieron.

¶ Lo. 3. declare y assiente el escriuano que no truxo hazienda alguna de castilla: sino que todo lo que tiene es auido de yndios/ o con yndios: aun que algunas cosas tenga de granjerias. Y que affirma que monta tanto lo que ha auido de yndios y es encargo a yndios cō los daños que les ha hecho y ha ayudado a hazer despues que está en las yndias: que no bastaria otra mucha haziēda sobre la suya para les satisfazer. Y por tanto quiere y es su vltima voluntad que el dicho confessor lo restituya y satisfaga todo cumplidamēte/al menos en quanto su hazienda toda bastare/como viere que á su anima cumple y sobre ello le encarga estrechamente la consciēcia.

¶ Lo. 4. si tuuiere algunos yndios por esclavos de qualquiera via/o titulo/ o manera que los ouiere auido/ o los tenga: luego encontinente y desde luego los de por libres

fueron las que realmente causaron el alboroto y arrancaron un grito universal de angustia y desesperacion, que se abrió camino hasta el solio, como que herian á todas las personas, clases é intereses de la sociedad.

El mismo Padre Motolinia que afectaba tener un tan bajo concepto de su antagonista, se manifestaba sumamente azorado con la doctrina del *Confesonario*, siendo este el que principalmente le puso la pluma en la mano para escribir la fulminante y descompasada filípica que con el título de *Carta* escribió á Cárlos V y forma parte de este volúmen desde la página 251. — «Por amor de Dios, le decia, ruego á V. M. que mande ver y «mirar á los letrados, así de vuestros Consejos como á los de las universi«dades, si los conquistadores, encomenderos y mercaderes desta Nueva «España están en estado de recibir el sacramento de la penitencia y los «otros sacramentos, *sin hacer instrumento público por escritura y dar cau«cion juratoria*, porque afirma el de las Casas que sin estas y otras diligen«cias no pueden ser absueltos, y á los confesores *pone tantos escrúpulos,* «*que no falta sino ponellos en el infierno*, y así es menester esto se consulte «con el Sumo Pontífice. » —Hemos visto en otra parte la fe y el celo ardiente que ponia el Padre Motolinia en la administracion del bautismo, estimándolo como la primera y mas meritoria práctica del cristianismo: con este conocimiento ya podremos comprender cuál seria su amargura é inquie-

yrreuocablemente sin alguna limitacion ni condicion. Y pida les perdon de la injuria que les hizo en hazellos esclauos vsurpado su libertad / o en ayudar / o en ser parte que fuessen hechos : o si no los hizo por auellos comprado / tenido y seruido se dellos por esclauos con mala fee. Porque esto es cierto y sepa lo el confessor que ningun español ay en las yndias que aya tenido buena fee cerca de cuatro cosas. La primera cerca de las guerras conquistas. La segunda cerca de las armadas que se hizieron de las yslas á Tierra firme : a traher salteados y robados yndios. La tercera cerca del hazer y del cõprar los yndios que se han vendido por esclauos. La quarta cerca del lleuar y vender armas y mercadurias a los tyranos conquistadores : quando actualmente estauan en las dichas conquistas / violencias τ tyranias. Y mandara que se les pague a los dichos yndios que tuuo por esclauos por cada mes / o cada año todo aquello que juzgare el discreto confessor : que por sus trabajos y seruicios τ injuria hecha que se les recompense / merecian.

¶ Lo quinto que reuoque otro qualquiera testamento / o codicilio que aya hecho affirmando que este solo quiere que sea valido y firme y que se cumpla como su vltima voluntad. Y si fuere menester tambien da poder al dicho confessor para añadir a esta su determinacion en fauor de la dicha restitucion y satisfaccion qualquiera clausula / o clausulas que viere que conuengan a la salud de su anima. Y que pueda declarar por ellas qualesquiera dubdas que cerca deste negocio occurrieren : y ordenar qualquiera cosa que de nueuo ordenar conuiniere para en fauor y mayor descargo de su consciencia.

¶ Lo sexto haga juramento solẽne en forma de derecho y obligacion de todos sus bienes muebles y rayzes que lo guardara y cumplira : de estar por lo que el dicho cõfessor ordenare y mandare hazer de todos sus bienes sin faltar cosa alguna. Y si acaesciere escapar de aquella enfermedad : que no reuocara en su vida ni al tiempo de su fin y muerte aqueste Testamento en todo ni en parte ni hara declaracion por otro testamento ni codicilio en cõtra de lo susodicho. Y que estara mientras biuiere por las reglas que el dicho confessor le diere : que abaxo seran puestas cerca de los conquistadores que no estan en el articulo d'la muerte. Y si contra alguna cosa de las suso dichas en parte / o en

tud de espíritu, cuando en esa misma carta decia: « qué nos aprovecharia á «algunos que hemos baptizado mas de cada *trescientas mil* ánimas y despo-«sado y velado otras tantas y confesado otra grandísima multitud, si por «haber confesado *diez ó doce* conquistadores, *ellos y nos hemos de ir al in-*«*fierno*....... »

Y no eran solamente las conciencias las que el Sr. Casas habia alarmado con sus doctrinas, sino que tambien irritó la vanidad y el interes; pasiones infinitamente mas descontentadizas y susceptibles que la conciencia, como que tienen el funesto poder de sojuzgarla. En el Padre Motolinia, y lo mismo en los otros ministros del Evangelio, obraba el sentimiento del misionero que temia aventurar la salvacion del alma, único fin de todos sus sacrificios y desvelos, con la práctica y ejercicio de los actos mismos con que la creian asegurada; y obraba tambien el punzante escozor del teólogo, del moralista, del hombre de letras que se veia públicamente tildado y deshonrado con una censura que argüia una ignorancia supina. Esto lo marcaba muy distintamente el Padre Motolinia en muchos pasajes de su carta, manifestando bien claramente la penosa impresion que le causaban; [116] y como en causas de tal género la voz del mayor número suele ser mas poderosa que la de la razon, hizo cuanto pudo para aumentar el de los descontentos, irritando la vanidad del mercader, del militar, del

todo viniere/o hiziere en algūa cosa: da poder al obispo su prelado y a la justicia ecclesiastica: y si menester fuere para effecto desto á la justicia seglar: para que le castigue como perjuro y que le haga cūplir todo lo que dicho es sin faltar cosa algūa. Y desde luego se despoja τ haze cession de todos sus bienes quanto a esto: y los subjeta a la jurisdiciō ecclesiastica en quanto a cōstreñille al cūplimiēto d̄ todo ello: y renūcia qualesquiera leyes que cōtra lo suso dicho le puedā ayudar......

¶ Quinta Regla: si el penitente no estuuiere en estado d̄ peligro de muerte: sino que se confessare sano/deue el confessor antes de la confession concertarse con el y pedir le si q̃ere salir de toda dubda y poner en estado seguro su cōsciēcia,/ τ si respōdiere con todo coraçon que si: mande le hazer vna scriptura publica por la qual se obligue a estar por la determinacion de lo que el confessor de su hacienda toda ordenare y viere que conuiene a su cōciēcia: aunque sea expendella toda. Y para lo tener y auer por firme y cūplir como el cōfessor lo ordenare τ mandare: obligue todos sus bienes de la misma manera que esta dicho en la. 1. regla:

dādo poder al obispo de aquel obispado τ justicia ecclesiastica: para que le puedan cōstreñir/o compeller en el foro judicial eclesiastico a lo suso dicho. Esta regla cō la primera se prueba clara y formalmēte en los mismos terminos por el c. Sup eo. de raptoribᵒ: donde esta establecido por el Eugenio papa. 3. que los confessores no puedā absoluer a los raptores como son todos los dichos conquistadores de las yndias: si primero no restituyeren todo lo robado/o dierē/restituēdi seu/emēdandi firmā τ plenā securitatē τc. Assi lo dize el texto: y pone alli graves penas al cōfessor que lo contrario hiziere. Prueua se tambien por el cap. quanq̃. de vsuris en el lib. 6.

[117] Una de las mas enérgicamente expresadas se encuentra ciertamente en aquel arranque donde hablaba (pág. 257) de los « poquillos cánones qu el de las Casas oyó:»—«y Dios perdone (decia en la pág. 267) al.... que tan gravísimamente deshonra y disfama, i tan terriblemente injuria y afrenta una y muchas comunidades i una nacion Española, i á su Príncipe y Consejos, con todos los que en nombre de V. M. administran justicia en estos Reynos &c. »

seglar, del eclesiástico, del letrado, del magistrado, del virey, del consejo, y aun la del mismo emperador Cárlos V, á quien decia (pág. 257): «Si los tributos de Indios son y han sido mal llevados, injusta y tiránica«mente (como afirma el de las Casas), *buena estaba la conciencia de V. M.* «*pues tiene y lleva V. M. la mitad ó mas* de todas las provincias....... de «manera que la principal injuria ó injurias hace á V. M. y condena á los «letrados de vuestros consejos, llamándolos muchas veces injustos y tira«nos: y tambien injuria y condena á todos los letrados que hay y ha ha«bido en toda esta Nueva España, así eclesiásticos como seculares, y á los «presidentes y audiencias de V. M., &c. &c. »

Estas y otras muchas especies de su género que el Padre Motolinia hacia todavía valer en 1554, no eran mas que la repeticion y brevísimo epílogo de lo que se decia en principios de 1547, cuando terminadas las sesiones de la segunda junta eclesiástica y las conferencias privadas que promovió Don Fray Bartolomé para hacer revisar la doctrina de su *Confesionario*, se volvia á España con la resolucion ya formal de renunciar su obispado; «convencido íntimamente, dice Quintana, de que segun la disposi«cion de los ánimos, la flaqueza y parcialidad de los gobernadores, el «endurecimiento general de los interesados y el odio concebido en todas «partes contra él, no podia ser útil aquí á sus protegidos.»—Ese viaje fué una inspiracion del cielo que salvó á las infelices razas conquistadas de calamidades que ni siquiera seria posible conjeturar, pero que podrian augurarse en parte por la total extincion que sufrieron en algunas de las Antillas, donde hoy no se encuentra una sola persona de las familias primitivas. Los interesados en la conservacion de los abusos habian puesto en juego todos sus medios para salvarse y para perder al indomable protector de los Indios. Uno de los mejor escogitados, por su conformidad con el espíritu de la época, fué ganarse la pluma de dos de los mas afamados sabios que, por decir así, se partian el imperio de las letras en la vasta monarquía española, en el Antiguo y Nuevo Mundo; el Dr. Juan Ginés de Sepúlveda, «hábil filósofo, diestro teólogo y jurista, erudito muy «instruido, humanista eminente y acérrimo disputador, que escribia el la«tin con una pureza, una facilidad y una elegancia exquisitas, talento en«tonces de mucha estima, y en que Sepúlveda se aventajaba entre los mas «señalados. Favorecíanlo además las ventajas de cronista y capellan del «emperador.»[118] Hacíale eco en México el Dr. Bartolomé Frias Albornoz, discípulo del gran Don Diego Covarrubias, primer profesor y fundador de la cátedra de derecho civil de esta universidad, y segun la espresion del famoso Brocense, *varon doctísimo y consumado* en todas lenguas. D. Nicolás Antonio[119] decia en su elogio que fué hombre de ingenio eminente y

---

[118] Quintana, *op. cit.*, pág. 416.
[119] ....*ut summi ingenii, ac plane monstroci, sic et memoria specimen sæpe dedit.* Nic. Ant. Biblioth. Nova, en su artículo.—Beristain, Bibliot. Hisp.-Amer., id.

de memoria monstruosa. El primero se encargó de batir en brecha y de zapar en sus fundamentos la doctrina de Don Fray Bartolomé, sosteniendo la justicia del derecho de conquista y formulando su doctrina en un axioma que, por una de aquellas absurdas contradicciones del entendimiento humano, hoy forma el dogma del pueblo que se juzga el mas culto, el mas filantrópico y mas liberal de la tierra: el Dr. Sepúlveda, así como los políticos Norte-Americanos, defendia — *que subyugar á aquellos que por su suerte y condicion necesariamente han de obedecer á otros, no tenia nada de injusto*. El principio era inmensamente fecundo en consecuencias. Nuestro Dr. Frias Albornoz lo sostenia tambien aquí, atacando ademas, de una manera directa y esplícita, la persona y escritos del obispo de Chiapas. De su obra no nos ha quedado mas que el título, que trascribiré con las palabras de Don Nicolás Antonio, de quien lo copió Beristain con su acostumbrado descuido; dice así: *Un tratado de la conversion y debelacion de los Indios.*

Los enemigos del Sr. Casas para mejor asegurar el logro de todos sus intentos, habian subvertido la cuestion reduciéndola principalmente al paralogismo que tanto hacia valer el Padre Motolinia en su carta al Emperador; esto es, de presentar la doctrina de aquel como atentatoria á la dignidad y á los derechos de la corona, ya porque segun decian, tendia á invalidar el título con que los soberanos de Castilla podian justificar su señorío en América, ya tambien porque los convertia en cómplices, cuando menos, de las tiranías, violencias, despojos y usurpaciones que los conquistadores cometian y de cuyos frutos participaban en gruesa cuantía. — El medio de argumentacion no podia ser mas vigoroso, y manejado por un tan diestro, respetable y *acérrimo disputador*, como dice Quintana era el Dr. Sepúlveda, el triunfo debia considerarse asegurado en aquel siglo formuloso y silogístico. El doctor habia efectivamente trabajado un opúsculo [130] sobre este tema favorito, que corria con gran boga en los círculos político-literarios de la corte, á tiempo que llegó nuestro obispo. Hasta entonces no habia mas que simples lecturas en copias manuscritas, procurándosele así patrocinio para obtener el permiso de la impresion. El obispo, impuesto de lo que pasaba, se echó por su lado para combatir con su vehemencia y ardor característicos, la doctrina y pretensiones del doctor, caminando en esta parte con tanta dicha, que obtuvo un triunfo completo con grande gloria suya, y mayor aún con la de la magistratura española que conquistó entonces un timbre que no borrará el curso de los siglos, mientras la justicia y la moralidad conserven sus respetos. Aunque la Apología de Sepúlveda no solo favorecia y lisonjeaba la política española, sino que tambien venia á darle un grande apoyo, tanto para legitimar su sé-

---

[130] Intitulado: *De justis belli causis, sive Democrates alter.* — Este segundo titulo aludia al de otro opúsculo publicado antes: *De honestate rei militaris qui inscribitur Democrates.* Romæ, 1535.

ñorío en las Américas, como para esquivar los espinosos argumentos que se le hacian con los desmanes de los conquistadores y encomenderos, sin embargo, «no por eso halló mejor cabida en el gobierno: los ministros «que lo componian tuvieron entonces á la moral y honestidad pública un «respeto que desconoció el escritor, y no quisieron manifestarse aproba-«dores de aquella apología artificiosa de la violencia y de la injusticia. «Negó el Consejo de Indias su licencia para la impresion; igual repulsa halló «en el de Castilla; las universidades le reprobaron y algunos sabios le com-«batieron.» [121]

El triunfo de Don Fray Bartolomé no podia ser ni mas completo ni mas lisonjero; pero estas mismas calidades se lo hacian tambien sumamente peligroso por lo que le acrecian de odios y de obstáculos. Conociendo muy bien por dónde seria mas vivamente atacado, procuró reforzarse haciendo examinar de nuevo su *Confesionario* por algunos de los mas insignes teólogos de España, entonces emporio del poder y de la ciencia. Encomendó esta delicada censura á los maestros Galindo, Miranda, Cano, Mancio, Soto Mayor y Fray Francisco de San Pablo, quienes, dice nuestro obispo en el prólogo de aquel, «lo vieron, examinaron, aprobaron y firmaron.» Yo creo que en esta ocasion y con el designio insinuado fué cuando dió á su *Confesionario* la forma con que hoy lo conocemos, añadiéndole la parte que intituló: *Addicion de la primera y quinta reglas.* Esta es una defensa teológico-canónica de la doctrina contenida en ellas, como que, segun se ha visto, fué la que suscitó principalmente los alborotos y quejas de los encomenderos. Más tranquilo su espíritu con esta aprobacion de los maestros de la ciencia, y considerándose protegido por ella como con un escudo impenetrable, dejó seguir su curso á los sucesos, aunque sin perder de vista al Dr. Sepúlveda, ya para continuar combatiendo su doctrina en la arena privada de los círculos literarios, ya para mantener la prohibicion impuesta á la impresion de su *Apología*.

Mientras que con tantas fatigas, pero con éxito tan glorioso, mantenia en España su bandera, los sucesos de América se complicaban, preparándole una borrasca que debia causarle mortales pesadumbres. La carta del Padre Motolinia manifiesta sobradamente cuál fuera el estado de excitacion que mantenia la doctrina del *Confesionario*, y los esfuerzos que se harian para destruirla con su autor. Los primeros de este género partieron de donde mas sensibles podian ser para el obispo, manifestándose aun en una forma ultrajante. El ayuntamiento de la capital de su diócesis tomó la iniciativa en Abril de 1547 constituyendo procuradores en México y en España: aquí, haciendo mérito de la insuficiencia de los sacerdotes que habia dejado el obispo, pidieron licencia al virey «para concertarse con clérigos «que sirvieran la Iglesia, administraran los sacramentos, confesaran y *ab-*

---

[121] Quintana, Vidas &c., pág. 417.

«solvieran á los vecinos.» La mision del procurador enviado á la corte era mas importante y elevada, y para mejor asegurar su éxito se confió á un regidor y encomendero; autorizósele «para que pueda parecer (decia «el acuerdo del ayuntamiento) ante S. M. en nombre de la ciudad é pue-«da suplicar é suplique á S. M. sea servido de mandar proveer *que venga* «á esta dicha ciudad é provincia *un* perlado, atento *que se fué* desta ciu-«dad é provincia el obispo de ella, &c.» [122] No podia pedirse con mas claridad la remocion del Sr. Casas, quien en la ocasion pudo igualmente repetir aquella última y sentida exclamacion de César: ¡*tu quoque, fili mi!*..... Sí; y con doble aplicacion de sugeto, porque uno de los principales instigadores de esas quejas y turbaciones era el dean Gil Quintana, aquel eclesiástico perverso que le suscitó el tumulto de 1545 (pág. LXX), que aun puso en riesgo su vida. El buen obispo, incapaz de odio, ni menos de rencor, no solamente lo habia perdonado y absuelto, sino que lo volvió á su Iglesia y al goce de su beneficio, en el cual por única recompensa se ocupaba en censurar la conducta de su prelado, en exacerbar la irritacion de los ánimos mal prevenidos y en aumentarle dificultades.

Eran tantos los intereses puestos en conflicto y tan ardientes y exaltadas las pasiones que los impelian, que habria sido un verdadero prodigio librar enteramente á sus efectos. En América todo se le disponia mal á nuestro obispo, aun en lo que á primera vista parecia indiferente; tal por ejemplo, como la eleccion del ministro provincial de los franciscanos, que en el año siguiente de 1548 recayó en nuestro Padre Motolinia, el sexto en órden de los escogidos, segun hemos visto, para formar el apostolado de los primeros misioneros, y el sexto tambien en órden de los ministros provinciales elegidos en esta provincia del Santo Evangelio. En España iban las cosas peor, por el empuje poderoso que recibian de aquí, eficazmente auxiliado por el influjo de tantas personas como habian tomado parte en la contienda por interes, por conciencia ó por la gloria literaria. Entre estos sobresalia el formidable Dr. Sepúlveda, más que vencido, humillado con la prohibicion que le impedia la impresion de su opúsculo. Estos son agravios que no olvida ni perdona un estudiante, y estudiantes eran casi todos los sabios de aquella época. El maltratado doctor, eco y representacion de todos los intereses en conflicto, ya que mas no podia, se conformó con tomar su desquite en la misma especie, y la real cédula de 28 de Noviembre de aquel año (1548) se lo dió tan completo como podia desearlo. El Emperador mandó á la audiencia de México que recogiera todas las copias que circularan del famoso *Confesionario*, mientras el Consejo, á cuya revision se habia sujetado, pronunciaba sobre su doctrina. Ordenóse ademas á Don Fray Bartolomé, que dentro de un término bastante limitado diera explicaciones satisfactorias ante aquel augusto tribu-

---

[122] Remesal, lib. VIII, cap. 4.

nal sobre ciertos puntos que se le notaron en su *Confesionario*, que parecian depresivos de la autoridad y dignidad de la corona.—Casi al mismo tiempo (7 de Diciembre) y para que ninguna amargura le faltara, el ayuntamiento de Ciudad Real de Chiapas enviaba otro nuevo procurador á la corte con el encargo especial de querellarse contra su obispo por las restricciones de su *Confesionario*. Ese procurador, ¡quién lo creyera! fué aquel mismo miserable dean Quintana, tan generosamente perdonado por su prelado, y que en esta vez solicitó y mendigó del ayuntamiento ese oprobioso encargo para mortificar y perseguir á su benefactor, como efectivamente lo hizo, «andando en la corte, con tanta ignominia como insolen-«cia, agenciando y solicitando contra su obispo, hasta que vió que renun-«ciaba la mitra.»[123]

Nada aventurado seria creer que nuestro Provincial Fray Toribio, con aquel su carácter no menos inflexible que impetuoso, contribuyera hasta donde alcanzara su poder, en la resolucion imperial que descargó tan rudo y terrible golpe sobre su antagonista, puesto que en ello veia el triunfo de sus propios principios, no menos sanos y benévolos en su orígen que los del mismo Don Fray Bartolomé; y si bien no tenemos dato alguno positivo para asegurarlo, si lo hay patente y explícito del uso inmoderado que hizo de su victoria, excediendo, fuerza es decirlo, los limites del derecho y los de la caridad. En esta parte no hay duda alguna, porque Fray Toribio mismo lo refiere, siendo en esta vez el historiador de sus propios hechos. Él tuvo ademas la satisfaccion de ser el escogido para ejecutar inmediatamente la cédula que mandaba recoger el *Confesionario*, redoblándole así á Don Fray Bartolomé la humillacion que le infligia esa comision. El Padre Motolinia es quien nos ha conservado la memoria del suceso en las siguientes palabras de su carta al Emperador: «Y.... sepa V. M. que «puede haber *cinco ó seis años* que por mandado de V. M. y de vuestro «Consejo de Indias, *me fué mandado* que recogiese ciertos *Confesionarios* «quel de las Casas dejaba acá en esta Nueva España escriptos de mano[124] «entre los Frailes menores, é yo busqué todos los que habia entre los frai-«les menores y los dí á Don Antonio de Mendoza, vuestro visorrey, y *él «los quemó* porque en ellos se contenian *dichos y sentencias falsas é escan-«dalosas, &c.*» Habiéndose escrito esta carta, segun ya hemos advertido, á fines de 1554, refiriéndose en ella su autor á una época anterior de *cinco ó seis* años para la quema del *Confesionario*, y teniéndose presente que la

---

[123] Remesal, *ubi sup.*—Don Manuel José Quintana, de quien son las palabras copiadas, añade con relacion al dean: «Entonces, ya como seguro y satisfecho, se volvió á Indias, y en el viaje se le sorbió el mar; justo, cuando menos aquella vez, en devorar á un villano.» *Op. cit.*, pág. 422.

[124] Esto es, *manuscritos ó no impresos.*—Este pasaje de la Carta del P. Motolinia está citado conforme á la edicion del Sr. Smith, de que se dará noticia mas adelante, y que ofrece aquí mejor leccion que la del presente volúmen.

cédula que lo mandó recoger fué expedida el 28 de Noviembre de 1548, es seguro que aquella operacion se practicó en principios de 1549, así como tambien que el Padre Motolinia no fué extraño al *auto de fe* ejecutado en la obra predilecta de su ilustre antagonista.—¡Cuánto no ha debido sufrir en su espíritu este anciano venerable en ese lance, por mas macerado que lo supongamos en la escuela de la tribulacion!...... La quema de su *Confesionario* fué un acto impropio, abusivo y censurable, por mas que se haya ejecutado en nombre de la religion; ¡triste efecto de las pasiones que traspasan sus justos límites!

Estos triunfos fugaces que los enemigos del obispo obtenian, los envalentonaban, y viéndolo ya enredado en las telarañas del Consejo, urgian y apretaban con la esperanza de ponerlo pronto y de una vez fuera de combate. El mero hecho de haber conseguido que se le exigiera una formal explicacion de su doctrina, era ya un fuerte golpe dado á su respetabilidad y á su crédito, y no concediéndosele el tiempo suficiente para hacer sus defensas, habia grandes probabilidades de desgraciarlo, porque el obispo, en efecto, se habia ido demasiado lejos y habia asentado máximas muy avanzadas para su época, que era difícil dilucidar en un sumario. Esperábase, en fin, que, cuando menos, rebajara mucho de la rigidez de sus principios, ya para salir del lance, ya por el respeto y temor reverencial que inspiraba el senado de España, vivo reflejo de su potentísimo monarca. Don Fray Bartolomé comprendia perfectamente su delicada y desventajosa posicion; mas viendo que no tenia medio alguno de contrastarla, la afrontó con un valor tan imperturbable, que quizá es el momento de su vida en que aparece mas grande y mas sublime.—Lleno de confianza en Dios y en la justicia de su causa, ni pide tiempo para preparar su defensa, ni intenta dilucidar los fundamentos de su doctrina, sino que enunciando ligeramente el orígen y los motivos y autores de la persecucion que sufria,[125] y el apremio con que se le obligaba á repeler sus ataques,[126] se redujo, siguiendo el espíritu escolástico de la época, á asentar *Treinta proposiciones* en forma de *tésis*, resumiendo en ellas toda su doctrina, teológica, canónica y política, reservando sus pruebas para cuando pudiera expenderlas.

Las circunstancias que acompañaron á este escrito de Don Fray Barto-

[125] «....algunos émulos de la verdad (contenida en el *Confesionario*) ignorantes del hecho y del derecho de las cosas pasadas en las Indias, que pretendian poner escusas y colores á obras nefandísimas queriéndolo calumniar, tomaron ocasion para fundarse una de las reglas dichas.» *Treinta proposiciones muy jurídicas &c. Argumento.* Edic. gótica.

[126] «....esta es materia de gran calidad ó importancia y para dar cuenta della requie-

re largo tratado.... pero porque vuestra Alteza *me da priesa* por lo enviar á su magestad parecióme mucho abreviando hacer de todo lo que segun Dios y su ley cerca deste artículo alcanzo, por las siguientes proposiciones *sin proballas*, el sumario presente. La prueba dellas con lo demás se quedará para en el dicho tratado que en breves dias si plazo á Dios vuestra alteza verá.» *Ibid. Prólogo.*

lomé lo colocan en la primera categoría, siendo el mas seguro crisol que puede escogerse para calificar el espíritu y el valor de aquel hombre extraordinario, fenómeno de su siglo y admiracion de los venideros. Temiendo quizá sucumbir en esa ruda prueba, quiso, como Suetonio dice de César,—caer en postura decente.—Allí no solamente epilogó la doctrina toda que habia esparcido en sus escritos, neta, precisa, severa, sin admitir temperamento alguno, sino que lo hizo tambien con la vehemencia, calor, y aun diriase despecho, del que teme hablar por la última vez. No perteneciendo directamente á mi intento el asunto principal de ese escrito, me limitaré á notar, que si bien Don Fray Bartolomé reconocia explicitamente, pues que jamas lo habia negado, que «á los reyes de Cas«tilla y Leon..... pertenecia de derecho todo el imperio alto é universal «jurisdiccion sobre todas las Indias» *(Proposicion XVII)*, sin embargo, á renglon seguido, y con la misma claridad y precision establecia y defendia que «ese soberano imperio y universal principado y señorío de los reyes «de Castilla en las Indias,» no era incompatible, ni por consiguiente afectaba en nada al que «los reyes y señores naturales dellas,» tenian á la «administracion, principado, jurisdiccion, derechos y dominio sobre «sus propios súbditos y pueblos;» pudiéndose conciliar el del uno con el de los otros, á la manera que «se compadecia (conciliaba) el señorío uni«versal y supremo de los emperadores, que sobre los reyes antiguamente «tenian.» *(Propos. XVIII.)* Aunque en las proposiciones siguientes imponia á los reyes de Castilla el deber de propagar el cristianismo, como una condicion *sine qua* de su soberanía en América, no obstante advertia que habia de ser «en la forma que el Hijo de Dios dejó en su Iglesia es«tatuida, y la prosiguieron sus apóstoles, pontífices, doctores, y la uni«versal Iglesia tuvo siempre de costumbre.... conviene á saber; pacifica «y amorosa y dulce y caritativa y allectivamente:[127] por mansedumbre y «humildad y buenos ejemplos.» De esta proposicion (la XXII) deducia, como su forzoso consectario, las siguientes, que se me permitirá copiar textualmente, porque ellas son un vivo reflejo del espíritu de su autor, y nos dan el punto de su principal desacuerdo con la política de la administracion española, con los intereses y pretensiones de los conquistadores, y en fin con la doctrina del Padre Motolinia, que profesaba una opinion absolutamente contraria.

«Proposicion XXIII.—Sojuzgallos (á los Indios) primero por guerra es «forma y via contraria de la ley y yugo suave y carga ligera y mansedum«bre de Jesucristo; es la propia que llevó Mahoma y llevaron los Romanos «con que inquietaron y robaron el mundo; es la que tienen hoy los Turcos «y Moros y que comienza á tener el xarife: y por tanto es iniquísima,

---

[127] *Esto es, atrayendo á las personas y ganándoles la voluntad con halagos, obsequios y medios suaves.*—Es voz derivada del verbo latino *allicio.*

«tiránica, infamativa del nombre melifluo de Cristo, causativa de infinitas
«nuevas blasfemias contra el verdadero Dios y contra la religion cristiana;
«como tenemos longísima experiencia que se ha hecho y hoy se hace en
«las Indias. Porque estiman de Dios ser el mas cruel y mas injusto y sin
«piedad que hay en los dioses; y por consiguiente es impeditiva de la
«conversion de cualesquiera infieles, y que ha engendrado imposibilidad
«de que jamas sean cristianos en aquel orbe gentes infinitas: allende de
«todos los irreparables y lamentables males y daños puestos en la propo-
«sicion undécima, de que es esta infernal via plenísima.

« Proposicion XXIIII.—Quien esta via osa persuadir, gran velamen es
«el suyo cerca de la ley divina; mayor es su audacia y temeridad, que
«podria tener [134] el que desnudo en carnes se pusiese voluntariamente á
«luchar con cient bravos leones y fieros tigres: mal ha entendido las di-
«ferencias de los infieles que en esta materia se han de suponer para de-
«terminar contra quién se han de hacer conquistas. No lo aprendió de los
«preceptos de la caridad que tanto nos dejó encargada y mandada Cristo:
«y no se debe haber desvelado mucho en la cuenta estrecha y duro juicio
«que le ha de venir por los inexpiables pecados de que es causa eficací-
«sima. »

El principal capítulo que se le hacia en esta ocasion procedia de la *Regla 7.ª del Confesionario*, donde anatematizaba la política y conducta de los
Españoles en América, como «contraria á todo derecho natural y derecho
«de las gentes y tambien contra derecho divino; siendo, por tanto, todo
«(lo que allí habian hecho) injusto, inicuo, tiránico y digno de todo fuego
«infernal, y por consiguiente nulo, inválido y sin algun valor y momento
«de derecho. Y como fuera todo nulo é inválido de derecho, por tanto,
«*no pudieron llevarles (á los Indios) un solo maravedí de tributos justamente*,
«y por consiguiente *eran obligados á restitucion de todo ello.*»—Esta doctrina, que era la que mas escocia, se prestaba tambien á la siniestra
interpretacion que se le dió para perder á su autor, atribuyéndole que
negaba la legitimidad de los derechos del soberano y particularmente la
justicia y regularidad de sus actos. El obispo, lejos de retroceder una sola
línea, mantuvo el campo, repitiendo casi textualmente su doctrina en la
Proposicion XXV, á la cual, así como á las siguientes, dió aun mas acer-
bas amplificaciones. En la XXVIII se lanza terrible contra los *repartimientos y encomiendas*, que eran el vellocino de esas contiendas, llamándolos «pestilencia inventada por el diablo para destruir todo aquel Orbe
«(la América), consumir y matar aquellas gentes dél.» Pocas líneas despues califícalos de «la mas cruel especie de tiranía y mas digna de fue-
«go infernal que pudo ser imaginada:» acusa á los encomenderos españoles y á los otros especuladores con el trabajo de los Indios, de que

---

[134] Esto es, *su audacia y temeridad son mayores que las del que &c.*

«perseguian y echaban de los pueblos á los religiosos predicadores de la «fe...... por no tener testigos de sus violencias, crueldades, latrocinios «continuos y homicidios;» tales, añade, que por su causa «habian pere- «cido en obra de *cuarenta y seis años* sobre *quince cuentos* (millones) de «ánimas..... y despoblado tres mil leguas de tierra..... y por esta via «acabarian mil mundos sin tener remedio.» Últimamente, pasando de la historia de los abusos cometidos á la sombra de las encomiendas, á la de su orígen é introduccion en América, traza en la Proposicion XXIX su breve pero vivo y enérgico sumario, tomando con grande tino por base y fundamento de todos sus raciocinios el hecho de que los reyes de Castilla, desde la grande Isabel, jamas autorizaron aquella institucion, «ni tal pen- «samiento tuvieron,» antes bien habian hecho cuanto estaba en su poder para destruirla; porque, añadia con igual oportunidad y talento, no se «compadece tal gobernacion inicua, tiránica, vastativa y despoblativa de «tan grandes reinos, poniendo á todo un mundo en aspérrima y continua, «horrible y mortífera servidumbre; con la rectitud y justicia de ningunos «que sean católicos cristianos, ni aunque fuesen gentiles infieles, con que «tuviesen alguna razon de reyes.»—De estas premisas concluia nuestro obispo, «en fuerza de consecuencia necesaria,» con su proposicion fun- damental, materia de la denuncia y de la calificacion del Consejo; con- viene á saber, «que sin perjuicio del título y señorío soberano y real que «á los reyes de Castilla pertenecia sobre el Orbe de las Indias, todo lo «que en ellas se habia hecho, *ansi* en lo de las *injustas* y *tiránicas con- «quistas*, como en lo de los *repartimientos* y *encomiendas*, habia sido nulo, «ninguno y de ningun valor ni fuerza de derecho, *por haberlo fecho todo* «*tiranos puros*, sin causa justa, ni razon, ni autoridad de su príncipe y «rey natural; antes contra expresos mandamientos suyos...... y así en- «tiendo, concluia, la séptima regla de mi *Confesionario*, que han calum- «niado *los que parte ó arte tienen ó esperan* de los robos y tiranías y des- «truiciones y perdimientos de ánimas de los Indios cualesquiera que en «estos reinos sean.»

Si en nuestra época llamada de libertad y de igualdad, con las decep- ciones fantasmagóricas de la soberanía popular, y aun hablándose á alguno de nuestros soberanos *pro tempore*, tal lenguaje pareceria impropio, y sus argumentos puros sofismas, por los muchos intereses poderosos que ata- caban; ya se comprenderá cuál fuera el juicio que de ellos se formara en un siglo cuyo carácter y costumbres aun se resentian de la áspera rudeza de los siglos feudales; en que era incontable el número de los interesados en los abusos; en que estos no se mostraban bastantemente perceptibles á las ideas de entonces; en que se trataba de pueblos lejanos, nuevos y de disputada racionalidad; en que los sabios mismos estaban divididos sobre la legítima apreciacion de sus quejas y de los principios que se invocaban para defenderlos; en fin, cuando aquellas y estos debian exponerse al pié del primer trono del mundo, y ante un monarca tan potente y absoluto como CÁRLOS V.—Y si el juicio de nuestro ilustre Quintana, que calificaba de *efugios* y de *sofismas* las explicaciones de Don Fray Bartolomé, fuera exacto, entonces mucho menos podria comprenderse que aquella corte, en que el predominio de los letrados era tan grande, hubiera perdonado al temerario argumentador. Sin embargo, no lo condenó. La filosofía de aquel siglo, llamado de tinieblas, verdaderamente púdica y filantrópica, obligaba á los mas altos monarcas de la tierra, á abajar la cabeza ante sus principios morales, cualesquiera que fuesen los intereses políticos en conflicto; así, el desvalido defensor de los aun mas desvalidos y míseros Indios, salió ileso de esa terrible lucha en que bregaba cuerpo á cuerpo contra todas las sumidades; las del poder, las de la riqueza y las de la ciencia. ¡Loor eterno á los hombres rectos que no sacrifican á los fugaces intereses de la conveniencia, los sacrosantos, y por lo mismo inalienables de la moral!

El doctor Sepúlveda, alentado con el rudo golpe que habia dado al crédito y respetabilidad del Sr. Casas la cédula que mandó recoger el *Confesionario*, redobló sus esfuerzos para obtener el permiso, que se le habia negado, de imprimir su *Apología*, juzgando, probablemente, que lo uno debia ser consecuencia de lo otro. El Consejo puso el sello á su justificada y prudente conducta, rehusando el permiso. El doctor, vivamente lastimado en su honra literaria, quiso vengarla; mas como en el pecado podia llevar la penitencia, concitándose el desagrado del Emperador y del Consejo, excogitó el medio de escapar á sus resultas, y al efecto, dice nuestro Casas en otro opúsculo de que vamos á dar razon, [129]—«acordó (el «doctor) no obstante las muchas repulsas que ambos Consejos reales le ha-«bian dado, enviar su Tratado á Roma á sus amigos, para que lo hiciesen «imprimir, aunque debajo de forma de cierta *Apología* que habia escripto «al obispo de Segovia; porque el dicho obispo de Segovia viendo el dicho «su libro, le habia, como entre amigos y prójimos, por cierta carta suya «fraternalmente corregido.»

La impresion de esta apología se hizo el año de 1550, segun parece, con el título: *Apologia pro libro de justis belli causis contra Indos suscepti*, Romæ, 1550, in-8°; [130] mas como nuestro obispo no perdia de vista á su adversario estaba pronto para atacarle, caminando con tal ventura, mediante la admirable y nunca bien ponderada justificacion del Consejo de Castilla, que, dice el mismo obispo, tan luego como fué «informado el «Emperador de la impresion del dicho libro y apología, mandó despachar

---

[129] «.....Disputa ó controversia entre el obispo Don Fray Bartolomé de las Casas..... y el doctor Ginés de Sepúlveda &c. »—de la edicion gótica.

[130] Las noticias de Don Nicolás Antonio comparadas con la de Leon Pinelo, hacen dudar si el *Democrates* se imprimió tambien ese año, *paucis admodum exemplaribus*, como dice el mismo Don Nicolás.

«luego su real cédula para que se recogiesen y no paresciesen todos los «libros ó traslados della. Y así se mandaron recoger por toda Castilla.» El doctor paró en parte el golpe y continuó mas eficazmente la ofensiva, con el compendio en castellano que hizo de su opúsculo, y que hacia circular rápidamente por todas las tertulias literarias. El obispo le seguia los pasos con sus impugnaciones; pero como no podia competir ventajosamente con su adversario, ni en relaciones, ni en influjo, ni en la elegancia y gracias del estilo, apeló á otro medio, muy conforme con las costumbres de la época, y que causó un asombro universal, porque nadie dudaba que Don Fray Bartolomé sucumbiria en su tremenda prueba, y que sucumbiria de una manera afrentosa. Arrojó el guante denodadamente al orgulloso doctor, desafiándolo, en la forma acostumbrada, á un combate literario, cuerpo á cuerpo, y ante una «congregacion de letrados teólogos «y juristas,» presidida por el Consejo Real de las Indias, donde se disputaria «si contra la gente de aquellos reinos (la América) se podia líci-«tamente y salva justicia, sin haber cometido nuevas culpas, mas de las en «su infidelidad cometidas, mover guerras que llaman conquistas.» — El punto de la cuestion no podia ser mas delicado, grave ni importante; y cuando se consideraba que iba á debatirse con el mas formidable campeon de la monarquía, y ante el trono de un monarca guerrero y de una corte que, precisamente, por las conquistas se habia elevado y mantenia en el primer rango, nadie dudaba que la derrota del fraile desvalido y antipopular, que así osaba provocarlo, seria tan completa como vergonzosa. Gozábanse ya en su victoria todos los que, segun su acerba expresion, « desea-«ban y procuraban ser ricos y subir á estados que nunca tuvieron ellos ni «sus pasados, sin costa suya, sino con sudores y angustias y aun muertes «ajenas.» — ¡Estirpe numerosa y semilla fecunda, cuyas hondas raices, como las de la mala yerba, renacen en todos los tiempos, en todos los terrenos y bajo todas las formas, sin que baste poder humano para extirparla!

El reto fué aceptado con delicia, y el Emperador mandó formar la junta de sabios y de magnates que debian hacer de jueces en aquel torneo literario. El doctor Sepúlveda se presentó el primero; y confiado en su ciencia y en su justa celebridad, improvisó un elocuente discurso que ocupó toda la sesion. Don Fray Bartolomé, al contrario, desconfiando de sus propias fuerzas, y aspirando á asegurar su intento, llevó escrito su defensorio, cuya lectura ocupó cinco sesiones continuas. — « Y porque era muy «largo, nos dice él mismo, rogaron todos los señores teólogos y juristas «de la Congregacion al egregio Maestro y Padre Fray Domingo de Soto,[131] «confesor de S. M., de la órden de Santo Domingo, *y que era uno dellos,* «que la sumase, y del sumario se hiciesen tantos traslados, cuantos eran

---

[131] Y tan *egregio*, que en la universidad de Salamanca se repetia como proloquio: — *qui scit Sotum, scit totum.* Aun hoy es una de las autoridades mas respetables en teología moral y derecho canónico.

«los señores que en ella habia, los cuales eran catorce; porque estudiando «sobre el caso, votasen despues lo que segun Dios les paresciese.»

El Maestro Soto desempeñó su comision con una escrupulosidad suma, pues tenia encargo de no dejar traslucir su parecer; y como los informes al Consejo se habian hecho privadamente, esto es, sin que el uno de los contrincantes oyera al otro, se determinó oirlos nuevamente por escrito, dando á ambos conocimiento del extracto del Maestro Soto. El doctor Sepúlveda lo hizo segun las prácticas de la época, es decir, en forma escolástica y en estilo áspero, sembrado de alusiones y observaciones picantes. Diestro y ejercitado *disputador*, segun lo llama Quintana, comenzó por captarse la benevolencia y favor de la corte, presentándose como el campeon del Pontificado y del Imperio, pidiendo «se le oyera un rato con «atentos ánimos, mientras respondia breve y llanamente á las objeciones «y *argucias* (del obispo).... á mí, decia, que defiendo el *indulto* y auto- «ridad de la Sede apostólica y la *justicia* y *honra* de nuestros reyes y na- «cion.» A este *prefacio* seguia una hábil y razonada impugnacion distribuida en doce capítulos, número igual al de las Reglas que formaban el famoso *Confesionario*, — «que mas verdaderamente (advertia como de paso) «se podia llamar *libelo infamatorio* de nuestros reyes y nacion.»—La conclusion, perfectamente congruente con su exordio, se resumia en las siguientes palabras, igualmente calculadas para captarse la benevolencia del soberano y del altivo pueblo español.— «Y en verdad que el Sr. obispo «ha puesto tanta diligencia y trabajo en cerrar todas las puertas de la «justificacion, *y deshacer todos los títulos en que se funda la justicia del* «*Emperador*, que ha dado no pequeña ocasion á los hombres libres, ma- «yormente á los que ovieren leido su *Confesionario*, que piensen y digan que «*toda su intencion* ha sido dar á entender á todo el mundo *que los reyes* «*de Castilla contra toda justicia y tiránicamente tienen el imperio de las In-* «*dias.....* Pues concluyendo digo: que es lícito sujetar estos bárbaros «desde el principio para quitarles la idolatría y los malos ritos, y porque «no puedan impedir la predicacion, y mas fácil y mas libremente se puedan «convertir.».

La réplica del obispo, muy fundada en ambos derechos y en doctrina teológica, era vehemente y acerba, más quizá que el ataque; bien que tal era la práctica de aquellos torneos, en que las palabras duras y ofensivas reemplazaban los tajos y botes de lanza. Al tema lisonjero y belicoso con que el doctor preludiaba su discurso, opuso el obispo el suyo pacífico que proscribia la guerra y fundado enteramente en la suave predicacion del Evangelio; porque, decia, «quien otro título á los reyes nuestros señores «dar quiere para conseguir el principado supremo de aquellas Indias, gran «ceguedad es la suya: ofensor es de Dios; infiel á su rey; enemigo es de «la nacion española, porque perniciosamente la engaña; hinchir quiere los «infiernos de ánimas &c.» El obispo se defendió con la misma energía en todos los puntos de ataque, siguiendo al doctor en sus doce divisiones, á que dió otras tantas respuestas. Ellas muestran claramente que su autor no habia *oido* solamente *unos poquillos cánones,* como decia el resentido Padre Motolinia, sino que era un profesor muy aventajado de la ciencia, no careciendo tampoco de aquel ingenio y talento tan necesario en la polémica para captarse los afectos, conmoviéndolos y aun excitándolos segun las conveniencias, para llegar al fin propuesto. Así, tan presto fulminaba con la indignacion y severidad del Profeta que amenaza en nombre de Dios á un pueblo corrompido, como rogaba y persuadia con la uncion y suavidad del pacífico propagador del cristianismo: si en una parte hablaba en nombre del patriotismo y del honor, para elevar el alma de sus compatriotas é inspirarles grandes y heroicos sentimientos, en otra les procuraba arrancar de su sendero de sangre y desolacion estrujándoles el amor propio y el pundonor; y el amor propio y pundonor del Español del siglo XVI. [132] En fin, al sofisma de ese propio carácter con que se procuraba captar el ánimo del Emperador y de su Consejo, dió una réplica dura y vehemente, que sin embargo envolvia una saludable leccion, no solo para los reyes, sino tambien para las repúblicas: « esto, decia, es deser«vir ó ofender á los reyes, muy peligrosamente lisonjeallos, engañallos y «echallos á perder. » — Y cayendo luego de golpe sobre el doctor y sus doctrinas, escribia : — « son tan enormes los errores y proposiciones es«candalosas contra toda verdad evangélica y contra toda cristiandad, en«vueltas y pintadas *con falso celo del servicio real,* dignísimas de señalado «castigo y durísima represion, las que acumula el doctor Sepúlveda, que «nadie que fuese prudente cristiano se deberia maravillar, si contra él no «solo con larga escritura, pero *como á capital enemigo de la cristiana re*«*pública, fautor de crueles tiranos, extirpador del linaje humano, sembrador* «*de ceguedad mortalísima* en estos reinos de España, lo quisiéramos im«pugnar. » Arrebatado de su ardor, y despues de otras explanaciones de su doctrina, exclamaba en la última foja de su Memoria : — « quien esto «ignora, muy poquito es su saber; y quien lo negare, *no es mas cristiano* «*que Mahoma,* sino solo de nombre. » [133]

Aunque los pasajes copiados no parezcan tener relacion ostensiblemente

[132] «Vergüenza grande y vituperiosa confusion deviamos aver, ya que temor de Dios nos falta. » (*Undécima réplica.*)

[133] *Duodécima réplica.*—Hay en esta otros muchos pasajes igualmente dignos de relevarse; mas no quiero dejar en el tintero uno que justamente fijó la atencion de Quintana, y que ciertamente nos da el verdadero tipo del carácter de ese hombre extraordinario, no menos que de la sinceridad y pureza de su ferviente celo. El doctor Sepúlveda le habia opuesto un tremendo argumento *de hecho,* que el P. Motolinia repite en la p. 255 de su *Carta,* contra la eficacia del sistema de propagar el cristianismo por la sola predicacion, sin el auxilio de las armas, produciendo en apoyo del suyo, belicoso, la trágica muerte de Fray Luis Cáncer, víctima de la ferocidad de los Indios de la Florida. «Pero aprovéchile poco al reverendo doctor Sepúlveda (exclamaba el obispo, en una retorsion tan enérgica como inteligente), porque *aun-*

mas que con el doctor Sepúlveda, ellos sin embargo afectaban muy directamente, aunque de rechazo, al Padre Motolinia, que defendia la misma doctrina, y que por su profesion y ministerio debia sentir mas vivamente las invectivas lanzadas contra su escuela. He aquí el motivo de mencionarlos, pues que la mala impresion que dejaron en el ánimo de los ofendidos, es un criterio absolutamente necesario para juzgar de la imparcialidad y justificacion de las calificaciones desventajosas con que se vengaban de su ofensor, resumidas sustancialmente en la virulenta *Carta* que aquel misionero escribió al Emperador. — Ya dije que uno de los motivos que muy particularmente me determinaron á tomar la pluma, fué vindicar la siempre perseguida memoria del obispo de Chiapa; deber de gratitud en un hijo de América, y de conciencia en todo el que encuentra injustamente ultrajada la honra del que no puede defenderse.

Si el Consejo no quedó satisfecho con las explicaciones de la doctrina del *Confesionario*, tampoco las reprobó, y mas adelante puede decirse que les prestó una perfecta aquiescencia. Nuestro obispo, juzgando que habia hecho ya cuanto era de su obligacion y podia hacer en desempeño de su caritativa y dificílima mision, renunció la mitra y se retiró al monasterio de San Gregorio de Valladolid, llevando consigo á su fiel amigo y compañero, Fray Rodrigo de Ladrada, resuelto á consagrarse enteramente á ejercicios de devocion y piedad. Así manifestaba que ni tenia un interes impropio en las cuestiones que debatia, ni un tenaz empeño en conducirlas á un término preciso, ni en fin la obstinacion y terquedad que se le imputaban. Casi dos años habian trascurrido desde su famosa disputa con el doctor Sepúlveda, sin que el Consejo hubiera pronunciado su fallo, ni manifestara siquiera la intencion de hacerlo. En el entretanto el fuego de la controversia y las pasiones irritadas por el conflicto suscitado entre el interes y la conciencia, ardian inextinguibles en América. El clero de Chiapa, firme en la doctrina de su Pastor, no absolvia, nos dice el mismo Padre Motolinia,[134] á los Españoles impenitentes. En otras partes se hacia absolutamente lo contrario, creándose así la llaga mas pestilencial y cancerosa á la religion y á la moral: el cisma.

La renuncia de la mitra habria debido dejar enteramente libre al obispo de sus antiguos cuidados y del encono de sus infinitos enemigos; pero no fué así, ya porque el gobierno le consultaba frecuentemente en los negocios de América que presentaban alguna gravedad, ya porque, dice Re-

que mataran á todos los *frailes de Sancto Domingo, y á Sant Pablo* con ellos, no se adquiriria un punto de derecho mas del que de antes avia, que era ninguno, contra los Indios. La razon es, porque en el puerto donde lo llevaron los *pecadores marineros*, que devieran desvíallos de allí, como iban avisados, *han entrado y desembarcado quatro armadas de crueles tiranos, que han perpetrado crueldades extrañas en los Indios..... por lo cual tienen justísima guerra hasta el dia del juicio contra los de España, y aun contra todos los cristianos.*

[134] *Carta*, pág. 260.

mesal,[135] « su ocupacion despues que dejó el obispado, *fué ser protector y* «*defensor de los Indios.*» Si este era un encargo oficial ó un servicio oficioso, no se discierne bien de las palabras del cronista; mas dicen lo bastante para comprender algunos sucesos posteriores de su vida. El conocimiento de uno de ellos, que el lector atento estimará en todo su valor, lo debemos á la curiosidad de los estudiantes de San Gregorio, y á la sordera de Fray Rodrigo, confesor del obispo. Cuéntase que *algunas veces* oian aquellos las amonestaciones que con voz bastante alta hacia á su ilustre penitente, á quien solia decir: «Obispo, mirad que os vais al in-«fierno: *que no volveis* [136] *por estos pobres Indios como estais obligado.*» [137] ¡Qué debemos juzgar del buen Fray Rodrigo de Ladrada!!!

No podemos dudar que esas agrias correcciones hicieran una honda impresion en el espíritu del obispo, tan profundamente religioso, como delicadamente susceptible, y que lo dispusieran á todo lo que se le presentara como el estricto cumplimiento de su deber. Así, podemos considerar como inspiracion suya la idea que le vino de imprimir sus opúsculos; empresa arriesgada bajo todos aspectos, y que necesariamente debia propagar y remachar el odio rabioso con que por todas partes era maldecido su nombre. Remesal cita una cédula de Felipe II, despachada en Valladolid á 3 de Noviembre de 1550, por la cual, segun parece, se ratificaba la prohibicion impuesta á la circulacion de la *Apología* que el doctor Sepúlveda habia hecho imprimir en Roma, segun dijimos antes (pág. cvii), ordenándose además al gobernador de Tierra Firme que recogiese los ejemplares que hubieran pasado á América, y los volviera á España. — « Y lo mismo, «añade el cronista, escribió Su Alteza al virey de México, firmando la «carta en San Martin, á los 19 de Octubre del mismo año de 1550.» — Esta prohibicion era una consecuencia necesaria del estado que guardaba la polémica entre el obispo y el doctor, no pareciendo conveniente ni arreglado, segun las prácticas de entonces, que el público preocupara una cuestion de tal gravedad é importancia, que solo podia determinarse legítimamente por la autoridad del Consejo.

El año de 1552 habia entrado, y nada indicaba que aquella augusta corporacion se dispusiera á pronunciar su fallo, á la vez que, segun se ha dicho, la controversia se proseguia con el mismo ardor y con sus mismas fatales trascendencias. El obispo se decidió entonces á imprimir sus opúsculos, ya para provocar con ellos la resolucion definitiva del Consejo, ya, si no la daba, para autorizar con su silencio la doctrina establecida en aquellos. Firme, como en todas sus resoluciones, y sin desalentarse por la mala suerte con que habia caminado el doctor Sepúlveda, imprimió y circuló los tratados que hoy corren en un volúmen, tan estimado como

---

[135] Lib. X, cap. 24.   [137] Remesal, *ubi sup.*
[136] Esto es, *no los amparais ni protegeis.*

escaso, aunque sin formar cuerpo ó coleccion. Como en cuatro de ellos falta la indicacion del *mes* y *dia* de la impresion, es difícil saber cuál fué el primero que salió á luz; mas por los otros cuatro que se encuentran en el ejemplar que yo poseo, se puede reconocer que el obispo quiso publicarlos simultáneamente, pues las fechas de su impresion son 17 de Agosto, 10, 12 y 20 de Setiembre de 1552, con la circunstancia de haberse encargado la del penúltimo á otro impresor, probablemente para abreviar y para facilitar la circulacion simultánea, por la suma lentitud con que entonces se ejecutaban las operaciones tipográficas. En esa coleccion figuraba la famosa *Brevísima relacion de la destruycion de las Indias*, que desde entonces se tradujo en las lenguas principales de Europa; la *Disputa ó Controversia* con el doctor Sepúlveda, de que se ha dado ya razon; una *Memoria* que presentó al Consejo, por su órden, sobre la esclavitud de los Indios, papel mas espantable por sus horribles revelaciones, que la misma *Brevísima relacion*;[138] y en fin, el execrado *Confesionario*, materia de tanta turbacion y escándalo, con las *Adiciones* y las *Treinta proposiciones*, que le servian de comentario y defensorio.

Ninguna pluma alcanzaria á describir, ni todos podrán comprender la irritacion y terrible sacudimiento que debió producir en esa época la lectura de estas piezas, que se anunciaban como el grito de la victoria obtenida por un fraile anciano, desde el fondo de su claustro, sobre los inmensos y poderosos intereses de los potentados de dos mundos, y despues de una lucha largamente sostenida y empapada en sangre y lágrimas. Podemos juzgar de esa impresion por la que hizo en el espíritu del Padre Motolinia, pues que esos opúsculos, y muy particularmente el *Confesionario*, fueron los que dieron ocasion y materia á la filípica tantas veces citada, y que en forma de *Carta* dirigió á Cárlos V el 2 de Enero de 1555. Si quisiéramos reconocer la medida de su irritacion, la tendriamos en el arrojo con que se desliza hasta darse por ofendido del Consejo,[139] y lo que es mas, hasta manifestar su enojo al Emperador mismo.

De las palabras con que Fray Toribio formulaba su queja, combinadas con otro pasaje que se encuentra en la pág. 256, surgen dos dudas que no será inútil esclarecer, por su congruencia con nuestro asunto. — 1ª ¿Don Fray Bartolomé imprimió sus opúsculos á la manera del doctor Sepúlveda, esto es, á excusas del Consejo y atropellando sus prohibiciones? 2ª ¿En qué fecha llegaron á México los primeros ejemplares? — Si diéramos asenso

---

[138] Hablando de él y de otro que escribió sobre los *repartimientos*, decia nuestro Padre Motolinia (pág. 267): « no hay hombre humano de cualquiera nacion, ley ó condicion que sea, que los lea, que no cobre aborrecimiento y odio mortal y tenga á todos los moradores de esta Nueva España por la mas cruel y mas abominable y mas infiel y detestable gente de cuantas naciones hay debajo del cielo &c. »

[139] «....cuando yo supe lo que escribia el de las Casas, tenia queja de los del Consejo, porque consentian que tal cosa se imprimiese &c. » (Carta cit., en la pág. 269.)

á Fray Toribio, la respuesta á la primera cuestion seria afirmativa, pues consolándose á sí propio y dándose satisfaccion de su queja contra el Consejo que habia tolerado la impresion, dice en seguida: « mas despues «bien mirado, vi que la impresion era hecha en Sevilla *al tiempo* que los «navíos se querian partir, *como cosa de hurto y mal hecho.* » Contra esta asercion obran varias consideraciones, y la autoridad del propio Padre Motolinia, que resuelve nuestra duda. 2ª en aquellas palabras de la pág. 256: «agora *en los postreros navios* que aportaron á esta Nueva España *han ve-* «*nido los ya dichos confisionarios* IMPRESOS, que no pequeño alboroto y escándalo han puesto &c. »—Analicemos las especies, harto contradictorias, contenidas en estos pasajes.

La comunicacion entre la América y la España no se hizo durante el siglo XVI, y aun mucho tiempo despues, sino por medio de las *Flotas* que venian y retornaban en épocas fijas. Una cédula expedida en 1564 [140] regularizó este tráfico, ordenando que las destinadas á la Nueva España (México) se hicieran precisamente á la vela el 1º de Abril, « aun cuando «estuvieran á media carga. » Disposiciones posteriores [141] hicieron una pequeña alteracion, designando el mes de Mayo para las de México, y el de Agosto para las de Tierra-Firme.—El retorno estaba igualmente regulado por la mencionada cédula, [142] señalándose para las que partian de Tierra-Firme el 1º de Febrero, y para las de Veracruz el 15, de manera que ambas se juntaran en la Habana el 1º de Marzo, para continuar unidas. No tenemos, ó yo no conozco, ninguna noticia de las fechas en que vinieron las Flotas de España, desde el descubrimiento de México hasta fines del siglo XVI; pero sí la hay de los *envios de caudales* que los gobernadores y vireyes de México hicieron desde el año de 1522 al de 1587; [143] y como estos han debido hacerse, necesariamente, por las *Flotas* y en las épocas prescritas por la ley, podemos tambien fijar con bastante certidumbre las de su partida de los puertos de España. Ahora bien; en la mencionada noticia del *envio de caudales*, encontramos que *no lo hubo en el año de 1552;* [144] pero sí en los de 1553, 1554 y 1555; por consiguiente las Flotas respectivas que los condujeron, salieron de España en Abril ó Mayo de 1552, 1553 y 1554, arribando á México, probablemente, há-

---

[140] Hoy la L. 13, tít. 36, lib. 9 de la Recop. de Ind.

[141] Encuéntranse, con otras muchas conexas, en la obra que escribió Don José de Veytia, padre de nuestro historiador Don Mariano, con el título *Norte de la Contratacion de las Indias &c.*, lib. II, cap. 4.

[142] Ley 30 de la misma Rec., y Veytia *cit.*

[143] Hállase en la Colec. de Ternaux-Compans, antes citada, en el vol. intit. *Recueil de Piéces relatives à la Conquête du Mexique*, pág. 451, con el siguiente epígrafe: *Envois d'or et d'argent faits par les Gouverneurs et Vice-Rois du Mexique*. A continuacion sigue la lista de los arribos de las Flotas, intitulada: *Liste générale des Flottes et Azogues qui sont entrées dans le port de la Veracruz depuis la conquête jusqu'à l'année 1760.*—No obstante este anuncio, comienza en el año de 1581.

[144] *Il n'y a pas eu d'envoi.*

cia Octubre [145] de su año respectivo. De estos precedentes y de la aserción del mismo Padre Motolinia, que decia *el 2 de Enero de 1555*, que los opúsculos IMPRESOS del V. Casas habian llegado á México *por la última Flota*, [146] se deduce necesariamente, que la que trajo aquellos fué la que salió de los puertos de España en Abril ó Mayo, y arribó á Veracruz hácia el mes de Octubre del año anterior de 1554. De esta deduccion son tambien forzosos consectarios, que el V. Casas ni imprimió furtivamente sus mencionados opúsculos, ni menos aguardó la ocasion de la salida de la Flota para imprimirlos y despacharlos á América, segun insinúa y pretende persuadir el Padre Motolinia. La prueba y fundamento de esta asercion nos la da incontrastable un simple cotejo de las fechas. La impresion del famoso *Confesionario*, el *último* de los publicados, se acabó el 20 de Setiembre de 1552, y de esta fecha á la de la salida de la Flota que los trajo, mediaron *diez y nueve meses*, cuando menos; tiempo muy sobrado para destruir la sospecha de clandestinidad, y para que el gobierno hubiera recogido la edicion é impedido su circulacion en América, como lo hizo con la *Apologia* del doctor Sepúlveda.—Obra todavía una última consideracion que parece decisiva, y es que la *Brevisima relacion*, esa tremenda invectiva contra los conquistadores y encomenderos, que causó el mayor escándalo, la DEDICÓ su autor á Felipe II,—« y la puse en molde «(dice en el prólogo) *porque su alteza la leyese con mas facilidad.* »—Dedicatorias de obras de tal carácter, y á tan altos personajes, no se hacian antes, ni aun hoy, sin captar préviamente su consentimiento.

La *Carta* del Padre Motolinia al Emperador, que tanto nos ha dado en que entender, es el último documento que conozcamos de este misionero, y tambien el último suceso de fecha cierta: los otros constan únicamente de las narraciones generales y vagas, características de las antiguas crónicas y biografías; bien que tampoco nos hayan conservado sucesos de grande interes. Los mas notables son la singular distincion con que lo honró la Silla Apostólica, concediéndole la facultad de administrar el sacramento de la confirmacion; [147] su ministerio de guardian de Tezcoco y la fundacion de Atlixco, cuya primera iglesia construyó. El MS. en lengua mexicana, de que se habló en otra parte, insinúa que fué guardian de Tecamachalco durante año y medio.

Los monumentos históricos y la tradicion son uniformes en encomiar las

---

[145] Fundo esta conjetura en la lentitud con que entonces se hacia la navegacion, y en el hecho, muy repetido para ser casual, de que todos los vireyes del siglo XVI tomaron posesion de su plaza entre Octubre y Noviembre, sin que forme excepcion Don Luis de Velasco el 2º, pues por motivos particulares desembarcó en Tampico á fin del año de 1589.

[146] «....agora en los *postreros* navios que aportaron á esta Nueva España &c. » (Carta citada. pág. 256.)

[147] El P. Vetancurt dice que la primera vez que hizo uso de esta facultad, fué en su viaje á Guatemala, sin expresar en cuál de ellos; pero es muy probable que las haya ejercido desde los primeros años de la conquista, segun puede deducirse del Acta del

grandes virtudes, trabajos é infatigable diligencia y perseverancia de nuestro misionero, diciéndose de él «que fué el que anduvo mas tierra.»— Pruébanlo en efecto sus dilatadas y repetidas expediciones. Ellas igualmente dan testimonio de su genio observador, en las variadas noticias que nos ha conservado de las curiosidades de la naturaleza en todos sus ramos, lo mismo que de los usos y costumbres de los indígenas.

De su ardiente caridad y amor á los Indios, de quienes fué un protector celosísimo y un verdadero padre, afrontando con todo género de contradicciones, tenemos igualmente pruebas inequívocas en este resúmen biográfico, y se encuentran á cada paso en los destrozados fragmentos que nos restan de las Memorias contemporáneas. Una de las mas estimables tradiciones, conservada por uno de los escritores tambien mas estimables,[148] nos lo retrata al vivo en las siguientes palabras: «y pusiéronle (á Fray To«ribio) el nombre de Motolinea..... porque cuanto le daban por Dios lo «daba á los Indios y se quedaba algunas veces sin comer, y traia unos «hábitos muy rotos y andaba descalzo y siempre les predicaba, y los Indios «lo querian mucho, porque era una santa persona.» Y justo era que lo quisieran, pues aun en las ocasiones en que los Españoles podian resultar directamente comprometidos por sus excesos contra los Indios, Fray Toribio perseguia inflexible á los culpados, hasta obtener se hicieran en ellos castigos saludables. Así sucedió en el ruidoso caso de la muerte de los niños denominados los *Mártires de Tlascala*, en el cual, apareciendo cómplices dos Españoles de haber intentado impedir la ejecucion de la justicia, fueron rudamente azotados.[149]

Estos actos de caridad y de justicia, y todas las otras virtudes evangélicas que en tan alto grado poseia el Padre Motolinia, le habian granjeado el afecto y veneracion pública, al punto de elevarlo sobre el nivel comun de la naturaleza humana. Así, á la eficacia de su oracion y merecimientos, atribuia el pueblo el beneficio de las lluvias, en un año que las cosechas se perdian por su falta; de la misma manera que otra vez, en que la abundancia de aguas las destruia, obtuvo la seca.[150]

La importancia de las funciones que en el siglo XVI ejercian los misioneros destinados á la América, sus incesantes contradicciones con los conquistadores y la infiltracion del elemento teocrático en la administracion general de la monarquía española, mas abundante y vigoroso en la particular de los paises recientemente conquistados, no solamente daba sino que obligaba á los misioneros á tomar una parte directa y activa en la direccion de los negocios públicos, autorizándolos para meditar y proponer

---

Ayuntamiento, citada al principio de esta Noticia, donde se le denominaba *Vice-Episcopo*.

[148] B Diaz del Castillo, Historia verdadera de la Conquista de la Nueva España, cap. 171.

[149] P. Motolinia, pág. 224 de su Historia.

[150] Torquemada, lib. XX, cap. 25.

los remedios y mejoras convenientes. Si el Padre Motolinia no puede aspirar á la corona literaria, sí tiene justos títulos para reclamar la que se debe al genio investigador y observador, que en la práctica vale mas que el ingenio y la erudicion. Fruto de aquellas dotes es el pensamiento profundamente político con que, sin pretensiones ni estudio, concluia uno de los capítulos de su Historia[154] y que en el último siglo dió tanta nombradía á uno de los mas famosos ministros de Cárlos III de España, estimándose como una profecía política, que podria decirse cumplida con los sucesos de nuestro pais y de nuestro tiempo. He aquí sus palabras, escritas probablemente hácia el año de 1540.—«Lo que esta tierra ruega á Dios «es, que dé mucha vida á su rey y muchos hijos para que *le dé un infante* «*que la señoree y* ennoblezca y prospere, así en lo espiritual como en lo tem«poral, porque en esto le va la vida; porque una tierra tan grande y tan «remota y apartada no se puede desde tan lejos bien gobernar, ni una co«sa tan divisa de Castilla y tan apartada, no puede perseverar sin padecer «grande desolacion y muchos trabajos, é ir cada dia de caida, por no tener «consigo á su principal cabeza y rey que la gobierne y mantenga en justicia «y perpetua paz, y haga merced á los buenos y leales vasallos, castigando á «los rebeldes y tiranos que quieren usurpar los bienes del patrimonio real.» —Este, como se vé, era el mismo pensamiento que se atribuye al conde de Aranda, y que enunciaba casi con las propias palabras cuando mas de dos siglos despues (1783) decia á su soberano:—« No me detendré ahora en examinar la opinion de algunos hombres de estado, así nacionales «como extrangeros, con cuyas ideas me hallo conforme sobre la dificultad «de conservar nuestra dominacion en América. Jamas posesiones tan ex«tensas y colocadas á tan grandes distancias de la metrópoli se han podi«do conservar por mucho tiempo. A esta dificultad que comprende á to«das las colonias, debemos añadir otras especiales, que militan contra las «posesiones españolas de ultramar, á saber: la dificultad de socorrerlas «cuando puedan tener necesidad, las vejaciones de algunos de los gober«nadores contra los desgraciados habitantes, la distancia de la autoridad «suprema, á la que tienen necesidad de ocurrir para que se atiendan sus «quejas, lo que hace que se pasen años enteros antes que se haga justicia á «sus reclamaciones, las vejaciones á que quedan expuestos de parte de las «autoridades locales en este intermedio, la dificultad de conocer bien la «verdad á tanta distancia, por último, los medios que á los vireyes y ca«pitanes generales, en su calidad de Españoles, no pueden faltar para ob«tener declaraciones favorables en España. Todas estas circunstancias no «pueden dejar de hacer descontentos entre los habitantes de la América, «y obligarlos á esforzarse para obtener la independencia, tan luego como «se les presente la ocasion.» De aquí deducia la necesidad y convenien-

---

[154] El 9 del Trat. III, pág. 196.

cia para la España—«de colocar á sus infantes en América; el uno rey
«de México, otro rey del Perú y el tercero de la Costa Firme, tomando
«el monarca español el título de emperador.»—¡Proyecto eminentemente
político y grandioso que habria cambiado totalmente la faz del continente
americano y retardado por siglos la decadencia de la metrópoli!

Las crónicas franciscanas, lo mismo que otros muchos monumentos inéditos que he consultado, dejan una laguna de catorce años en el último período de la vida del Padre Motolinia, saltando del 1555, última fecha bien conocida, hasta el 9 de Agosto de 1569 en que el Martirologio y el Menologio franciscano de Vetancurt ponen su muerte. Presintiéndola quiso celebrar por la última vez, á cuyo efecto hizo disponer un altar en el claustro antiguo del convento grande de esta ciudad. Trémulo, casi arrastrándose, rehusando todo ajeno apoyo y mostrando en el ánimo aquel esfuerzo que le negaba la naturaleza y que le caracterizó en su larga y trabajada carrera, se dirigió á la ara santa para consumar el augusto sacrificio. Poco antes de *completas* (seis de la tarde) se mandó administrar la extremauncion, y como á esta fúnebre ceremonia se encontraran presentes varios religiosos, los invitó á retirarse para que rezaran aquella hora canónica, advirtiéndoles «que á su tiempo los llamaria.» Hízolo así cuando hubieron concluido, «y estando todos juntos en su presencia y habiéndoles dado su «bendicion con muy entero juicio, dió el alma á su Criador.»[182] Apenas hubo exhalado el último suspiro, cuando los circunstantes se precipitaron sobre su cadáver, disputándose los girones de la pobrísima mortaja que lo cubria. Don Fray Pedro de Ayala, obispo de Xalisco, fué el primero «que le cortó un pedazo de la capilla del hábito, porque le tenia mucha «devocion y en reputacion de santo, como en verdad lo era,» añade su biógrafo.[183] El Padre Motolinia fué el *último* de los doce misioneros que pagó su tributo á la tierra que habia fecundado con su doctrina, edificado con su virtud, é ilustrado con sus apostólicos afanes, tan dilatados como útiles y meritorios.

La fecha de su muerte puede fijarse con bastante precision, no obstante la discordancia de sus dos principales biógrafos. Torquemada dice que murió «el dia del glorioso mártir español San Lorenzo, cuyo muy particu-«lar devoto era;» y que fué sepultado «el mismo dia con la misa del Santo, «en lugar de la de difuntos;» notando de paso que en su introito se encuentran aquellas palabras—*confessio et pulchritudo in conspectu ejus &c,*—«que con harta congruidad se podian aplicar al apostólico varon.»—Vetancurt, citando á Gonzaga y al Martirologio, dice que murió el 9 y que «le enterraron el dia de San Lorenzo;» repitiendo las otras circunstancias que Torquemada. Ellas, en buena crítica, autorizan la data de Ve-

[182] Torquemada, lib XX, cap. 25.—Vetancurt, Menolog. franciscano, 9 de Agosto.

[183] Torquemada y Vetancurt, *ubi supra*.

tancurt, porque supuesto que el Padre Motolinia haya muerto *despues de completas*, ó lo que es igual, *despues de las seis de* la tarde, es improbable sepultaran su cadáver en esa noche, é imposible que esto se hiciera con la misa de San Lorenzo, cuya festividad se celebraba al dia siguiente.

Un descuido, probablemente de pluma ó de imprenta, en la *Biblioteca Hispano-Americana* del Dr. Beristain, produce otra variante mucho mas grave, pues hace retroceder el suceso un año entero. No hay dato alguno para ponerlo, como allí se pone,[154] en el año de 1568.

Hasta aquí solamente hemos visto en Fray Toribio de Benavente al misionero infatigable, al caritativo y animoso defensor de las razas conquistadas, y al ardiente propagador de la civilizacion cristiana; vamos ahora á considerarlo en otro teatro no menos interesante para la civilizacion que para su propia gloria; en el de las letras, donde ocupa y ocupará siempre un lugar distinguido, como fuente abundante y pura de las tradiciones primitivas de la civilizacion cristiana, y de otras muchas preciosas de la historia antigua del pais. En esta investigacion quedará tambien vindicado su buen nombre de los lunares que una crítica severa é imparcial encuentra en su ardiente polémica con el V. Casas, y que han dado motivo á uno de sus mas esclarecidos compatriotas y distinguido escritor de nuestro siglo, para hacerle reproches excesivamente acres y duros. Asi como Quintana, memorando los furores de la conquista, decia de ellos para vindicar á su patria

« Crímen fueron del tiempo, y no de España, »

así tambien podria decirse de los deslices del Padre Motolinia, que lo fueron de la turbulenta situacion en que se encontraba metido y de la oposicion de principios en materia tan difícil y controvertible. Si todavia hoy la pusiéramos á discusion, produciria entre nosotros las mismas discordias con sus acompañantes inseparables de imputaciones ofensivas, recriminaciones y odios, pues que aun ardemos en ellos por motivos menos justificables, y hasta por cuestiones destituidas de sentido comun.

A pesar de todo, la historia trasmitirá el nombre de Fray Toribio Motolinia hasta las mas remotas generaciones, con la aureola debida á los grandes benefactores de la religion, de la humanidad y de la civilizacion.

---

[154] Art. *Motolinía (Fr. Toribio.)*

SEGUNDA PARTE.

BIBLIOGRAFÍA.

Varios son los escritores que nos han conservado la noticia de las obras de Fray Toribio Motolinia; pero habiéndolo hecho los mas por incidencia, y los otros con la vaguedad ó descuido con que hasta hace poco tiempo se cultivaba la bibliografía, las variantes se presentan á cada paso, y con ellas las dificultades ó incertidumbres, no solo para discernir un escrito de otro, sino aun para identificar su autor. — La dificultad se aumentó con el número. Los últimos, copiando indolentemente á sus predecesores, nos extraviaban con sus discrepancias, dando motivo aun para dudar si se trataba de una misma obra, anunciada con títulos diferentes, ó bien eran en realidad dos diversas. La noticia mas antigua que conozco de los escritos de nuestro autor, se encuentra en una compilacion de fines del siglo XVI;[1] y como ella sea la fuente donde han bebido los mas puntuales, y por otra parte se haya hecho rara, copiaré á la letra el párrafo que consagró á aquel asunto, para que así se puedan calificar con mas acierto las varias copias que de él nos han dado los bibliógrafos posteriores. Ese párrafo forma el final de la biografía del Padre Motolinia, y dice así: «*Scripsit libros nonnullos* UT *de Moribus Indorum;* Adventus duodecim «Patrum, qui primi eas regiones devenerunt, et de eorum rebus gestis; «Doctrinam christianam mexicano idiomate; *Alios item tractatus spiritua-* «*lium materiarum et devotionis plenarum qui maximo in pretio apud Indos* «*fideles habentur, passim lectitantur, ex illisque maximum fructum spiritua-* «*lem sibi hauriunt ac depromunt, etiam edidit.*» — Vetancurt afirma (V. § 2) que la obra de donde se ha tomado esta noticia, la escribió Fray Pedro de Oroz, contemporáneo del Padre Motolinia, en la misma provincia y convento. Torquemada no hizo mas que copiarla, volviéndola á su original castellano, con excepcion de un tratado al que conservó su título latino *De Moribus Indorum.*

Pocos años despues (1598), Fray Luis Rebolledo, otro religioso de la

---

[1] De origine Seraphicæ Religionis Franciscanæ ejusque progressibus, de Regularis observantiæ institutione, forma administrationis ac legibus, admirabilisque ejus propagatione, Fr. Francisci Gonzaguæ. Romæ, 1587, fol. Quarta Pars. Provincia S. Evangelii, pag. 1235.

misma órden, aumentó el catálogo con la noticia de un tratado sobre la guerra de los Indios, y otro de materias espirituales.

A principios del siglo siguiente (1601), Fray Juan Bautista, guardian que fué mucho tiempo del convento de Tlaltelolco, imprimió una traduccion mexicana de la vida y muerte de los niños indígenas denominados *Mártires de Tlaxcala.* — En 1606, Henrico Martinez, el desgraciado inventor y director del Desagüe de Huehuetoca, dando razon del calendario mexicano, menciona por incidencia una explicacion de él escrita por el Padre Motolinia.

En el mismo siglo (1615), dos de nuestros mas famosos historiadores, Fray Juan de Torquemada en México, y el cronista Antonio de Herrera en Madrid, citaban con el propio título una obra, que por la vaguedad de su enunciacion pone en gran perplejidad para identificarla. Torquemada, segun se verá en el § 9, habla varias veces de los *Memoriales* del Padre Motolinia; y como en su historia corrigió con tal cual acritud algunos pasajes de Herrera, ofendido este le contestó en el mismo estilo, deprimiendo sus autoridades. Abonando en seguida las suyas propias, decia haber seguido para la redaccion de sus Décadas, entre otros, «los Memo«riales de Diego Muñoz Camargo, de Fray Toribio Motolinia y otros mu«chos.»[1] Lo que debe juzgarse de esta obra, se dirá en su propio lugar.

Algunos años despues (1629) publicó Don Antonio de Leon Pinelo su *Epítome de la Biblioteca Oriental, Occidental, Náutica y Geográfica*, que aumentó las noticias bibliográficas de nuestro autor con la *Relacion de las cosas, idolatrías, ritos y ceremonias de la Nueva España*. El bibliógrafo añade *haber visto* este libro; circunstancia inapreciable que no se encuentra en ninguno de sus predecesores. Cita otros tres artículos ya conocidos.

Muy adelantado el siglo (1672) dió á luz Don Nicolás Antonio su famosa *Bibliotheca Hispana Nova*, haciendo á las letras el importante servició de reunir en un cuerpo las noticias que hasta entonces corrian dispersas. Pero no aumentó el catálogo, y con su crítica comenzaron las incertidumbres.

Fray Agustin de Vetancurt, religioso y cronista de este convento franciscano, cerró el siglo XVII (1697) con una noticia que se me hace sospechosa por su forma y concision. De ella me encargaré en el § 10.

El siglo XVIII nada adelantó, porque el nuevo editor de la *Biblioteca*

---

[1] Herrera, Déc. VI, lib. 3, cap. 19. — Para bien comprender este pasaje, que á primera vista presenta en el original dificultades inextricables, debe tenerse presente que las cuatro primeras Décadas de Herrera se imprimieron el año de 1601, y las cuatro siguientes el de 1615, en el mismo que se imprimió tambien, por primera vez, la *Monarquía Indiana* del P. Torquemada, donde se encuentran las censuras á que hago alusion. Es por tanto seguro que Herrera las vio antes de la impresion y en el mismo MS. del autor, que ha debido llegar á Madrid hácia fines de 1612. De esta manera se explica esa singular simultaneidad del cargo con la respuesta.

de Leon Pinelo (1737) no hizo mas que seguir el ejemplo de Don Nicolás Antonio. Robertson (1777) y Clavigero (1780) solamente nos dieron un nuevo y mas extenso título de una obra ya conocida.

Más afortunado nuestro siglo, vió salir (1805) de entre el polvo secular de los archivos de Madrid largos fragmentos de un importante documento; de la *Carta* del Padre Motolinia á Cárlos V. (V. § 12.)

No mucho tiempo despues (1816-21), el Dr. Don José Mariano Beristain reproducia en nuestras prensas, aunque descuidadamente, el catálogo de sus predecesores, omitiendo los *Memoriales* y los *Tratados espirituales*, olvidando la *Carta a Cárlos V*, y aumentando, en vez de esclarecer, las incertidumbres que habian sembrado los Bibliotecarios españoles.

En 1833 repitió el ilustre Don Manuel José Quintana la publicacion de los fragmentos de la *Carta á Cárlos V*, en menor número y con un espíritu enteramente opuesto, siendo el suyo defender la ultrajada memoria de Don Fray Bartolomé de las Casas.

Diez años despues, el insigne historiador de la Conquista de México, Mr. W. H. Prescott, dió á conocer por primera vez el mérito é importancia de la obra anunciada dos siglos antes por Leon Pinelo, elogiándola en una de las interesantes noticias biográficas y bibliográficas que exornan aquella historia.

En 1848 salió á luz la mayor parte de esa misma obra, en la espléndida y rica coleccion de Antigüedades Mexicanas que emprendió el magnífico y malogrado Lord Kingsborough; pero sorprendido por la muerte á la mitad de su carrera, y convertido despues su generoso pensamiento en mera especulacion de librería, esa obra, lo mismo que otras de su coleccion, quedó truncada en el volúmen póstumo publicado el dicho año.

En fines de 1854 la tenia ya impresa, completa y aumentada con la *Carta á Cárlos V*, el Sr. García Icazbalceta; pero como solo ha trabajado en ella en sus ratos de ocio y po. mero solaz, se le adelantó en la *publicacion* de la *Carta*, mi excelente amigo é infatigable investigador de MSS. americanos, Mr. Buckingham Smith, secretario que fué de la Legacion de los Estados-Unidos en esta República, y actualmente en la corte de Madrid. Ha dádola á luz el año próximo pasado en el tomo I de su interesante y bella *Coleccion de Documentos para la Historia de la Florida*. Ahora aparece tambien en la presente, y se anotan las ligeras variantes que ha dado su colacion.

Si en los párrafos que preceden hemos podido seguir paso á paso y con datos seguros la enfadosa cronología de las *noticias* adquiridas sobre los escritos del Padre Motolinia, no sucede otro tanto con respecto á la de la *redaccion* de los escritos mismos, porque con excepcion de los últimos mencionados, todos los otros solamente se conocen por las vagas indicaciones de los bibliógrafos. En tal deficiencia, formaré mi catálogo, siguiendo el órden de estas y de su mencion.

DE FRAY TORIBIO DE MOTOLINIA.

I. — *De Moribus Indorum.*

Esta es la primera obra mencionada en la noticia del Illmo. Gonzaga. Leon Pinelo la cita con su título en castellano (*De las costumbres de los Indios*), aunque anotando estar escrita en latin. Don Nicolás Antonio repite la especie, enunciando la duda de si sea la misma obra que la de los *Ritos, idolatrías &c.* (V. § 11), y Beristain añade que de ella se aprovechó mucho Torquemada, como antes lo hicieron el dominico Fray Diego Durán y el Padre José Acosta, jesuita. Yo conjeturo que ninguno de estos bibliógrafos la tuvo á la vista y que escribian por noticias, particularmente el último, cuya asercion, por lo que toca á los Padres Durán y Acosta, me parece enteramente divinatoria.

La suposicion de que haya sido escrita originalmente en latin, no tiene, en mi concepto, otro fundamento que el haberse anunciado por primera vez en esta lengua, como que en ella se publicaron las biografias de los misioneros franciscanos que vinieron á anunciar el Evangelio. En ella se dieron tambien los títulos de sus escritos; y aunque Torquemada lo haya conservado en su obra castellana, nada prueba, por la costumbre que aun duraba en su siglo, de citar en latin algunos títulos de obras castellanas, especialmente cuando en ella se presentaban con mayor concision, y antes se habian anunciado en dicha lengua. Fundo mi conjetura en un pasaje del mismo Torquemada,[3] donde exaltando el progreso que hacian los Indios en la perfeccion cristiana y los dones singulares con que Dios los favorecia, menciona varios casos, tomados, segun dice, de esta obra, que cita con el propio título latino *De Moribus Indorum.* Ahora bien; cotejado ese pasaje con los dos últimos párrafos del cap. 8, Tratado II, de la *Historia de los Indios*, se ve que el uno es copia casi literal del otro; congruencia que persuade la comunidad de orígen. Si la obra que nos ocupa era un tratado especial, ó bien un cartapacio que formaba parte de los *Memoriales* de que mas adelante hablaré (V. § 9) y que sirvieron para escribir la mencionada *Historia*, son problemas de resolucion muy difícil, ó imposible, sin tener á la vista los originales, hoy perdidos.

II. — *Adventus duodecim Patrum, qui primi eas regiones devenerunt, et de eorum rebus gestis.*

Así el Illmo. Gonzaga. Torquemada tradujo al castellano este título. (*Venida de los doce primeros Padres, y lo que llegados acá hicieron.*) Leon Pinelo lo abrevió, y Don Nicolás Antonio copió á Gonzaga con una lige-

---

[3] Monarquía Indiana, lib. XIX; cap. 14.

rísima alteracion gramatical. Beristain lo subvirtió escribiéndolo *Actas de los doce primeros Varones Apostólicos, que del órden de San Francisco pasaron á la conquista espiritual de la Nueva España.* Don Nicolás Antonio dudó si esta obra fuera la misma que la de los *Memoriales* (§ 9), ó la de la *Guerra de los Indios* que menciona Rebolledo (§ 4); pero no me parece fundada su incertidumbre. Es muy probable que perteneciera á los *Memoriales*, y que sirviera de material para escribir la *Parte cuarta de la Historia de los Indios*, que no conocemos. Los fundamentos de esta conjetura son; 1.° que en su título, que veremos adelante (§ 11), se anunciaba comprenderia esta materia: 2.° que el Padre Motolinia prometia formalmente una *Parte cuarta*,[4] con indicaciones del mismo asunto. Es igualmente muy probable que esta obra formara la base de las dos siguientes, que dice Vetancurt existian en su poder: *Un cuaderno escrito por el R. P. Fray Gerónimo de Mendieta, con las fundaciones de conventos, vidas de algunos varones ilustres y singulares; casos que sucedieron en el viaje de los primeros padres, con dia, mes y año, y lo que se decretó acerca del modo de administrar los santos sacramentos.*[5] — *Un libro escrito en cuarto por el R. P. Pedro de Oroz.... sobre la fundacion de la provincia y vidas de religiosos, que dedicó el año de 585 á la marquesa de Villamanrique.*[6] De este escritor, añade Vetancurt, «es todo lo que está en el libro del Illmo. Gon«zaga, *al pié de la letra sin discrepar palabra*, en latin lo que él escribió «en romance.» — Lo que yo he notado es, que el asunto y distribucion de materias de la crónica del Illmo. Gonzaga, son absolutamente los mismos que los del *Cuaderno* del Padre Mendieta, en lo relativo á fundaciones y biografías, alcanzando hasta el año de 1585.

Entre las preciosas noticias que debo á la generosa amistad del Sr. Smith, hay una que parece propia de este lugar. — En carta que me escribió de Madrid con fecha 10 de Febrero de 1856, me envió á Paris varios apuntes de los MSS. que posee la biblioteca de la Academia de la Historia; y á continuacion de la noticia de los del Padre Motolinia hay el siguiente, que copio á la letra: — «Legajos &c. — La relacion del Padre «Toribio de Benavente Motolinia está en un tomo folio, letra del tiempo, «ij X 21. — Cap. 2.° *de los Frayles que han muerto en la conversion de los* «*Indios.* — *Hay 20 capitulos*» — ¿Es esta una obra del Padre Motolinia? ¿Será un fragmento de la del Padre Mendieta, ó de la del Padre Oroz? Si, como podria presumirse, el autor del MS. ó el Sr. Smith escribieron

---

[4] «Es muy propia tierra (la de México) para ermitaños y contemplativos...... y aun de esto que digo comienza ya á haber harta muestra, como se dirá adelante en la *cuarta parte* de esta narracion.» *Historia cit.*, tratado III, cap 9.

[5] «Catálogo de Autores impresos y de Instrumentos manuscriptos de que se ha compuesto la Historia del Teatro Mexicano, segun el órden de los años de su imprenta. — Instrumentos MSS.» — Colocado al principio del mismo Teatro.

[6] Menologio Franciscano, Junio 10.

por distraccion *Capítulo 2º*, en lugar de *Libro ó Tratado 2º*, puesto que se dice *tiene 20 capítulos*, entonces podria conjeturarse muy fundadamente que perteneciera á la obra que nos ocupa del autor, y que el *Libro ó Tratado* de la *Venida de los primeros Padres*, fuera el *primero* de ella. —Solamente la inspeccion ocular y un detenido cotejo podrian resolver esta duda.

III. — *Doctrina christiana, mexicano idiomate.*

Así el Illmo. Gonzaga, copiado por Don Nicolás Antonio. En la noticia que da Torquemada[1] de los escritores franciscanos, menciona como el segundo á nuestro autor, con las siguientes palabras: « Tras él (Fray Francisco Ximenez) hizo luego una breve *Doctrina Christiana* Fray Toribio Motolinia, la cual anda impresa. » — Como se ve, no dice que fuera en mexicano; mas esta omision puede considerarse suplida por Gonzaga. — A pesar de mis exquisitas investigaciones, no he logrado ver un ejemplar de ella.

El Dr. Beristain conjetura que este opúsculo se sacó del *Libro de la Doctrina xpiana.... instituyda nuevamente en Roma con auctoridad de la Sede apostólica para instruccion de los niños y moços &c. &c.*, impreso en Sevilla, 1532. — « Y me funda esta conjetura, añade, el haber yo hallado en «la librería del convento de San Francisco de Tezcuco, un ejemplar de «esta obra, que en su fróntis ó carátula tiene del mismo puño del V. é «Illmo. Zumárraga estos renglones: *Esta Doctrina envia el obispo de México* «*al Padre Fray Toribio Motolinia, por donde doctrine y enseñe á los Indios,* «*y les basta.* ✠ *Fray Juan, obispo de México.* » — Yo tengo un ejemplar de la misma obra y edicion que cita Beristain; pero careciendo de la Doctrina del Padre Motolinia, me parece imposible formar una conjetura fundada sobre su procedencia. Al contrario, se notan ciertas discordancias con las de los antiguos misioneros, que arguyen diverso orígen. Prescindiendo de las de ordinacion, una de las mas notables se encuentra en el número de los que hoy denominamos *cinco mandamientos de la Santa Madre Iglesia*, que en aquel antiguo catecismo romano se intitulan « los *diez* «*mandamientos de la Ley canónica, que son dichos preceptos de la Iglesia.*» La única congruencia que se advierte entre ambas obras, es la concision de la primera parte de su doctrina, conservada hasta hoy en nuestro catecismo popular con el nombre de *oraciones*, formando la segunda la denominada *declaraciones*. La primera se tradujo luego al mexicano con el título mixto de *Doctrina tepiton* (Doctrinita, ó Doctrina pequeña). De ambas tengo á la vista varias copias impresas y MSS., siendo muy curioso y digno

---

[1] Monarquía Indiana, lib. XIX, cap. 33.

de reparo, que su estructura, su ordinacion, y en gran parte su contexto mismo, se ajustan al famoso Catecismo del Padre Ripalda, mejor que á ningun otro.*

* Como de la noticia que copio del Padre Torquemada podria deducirse rectamente que el Padre Motolinia fué el primero que escribió una Doctrina en Mexicano, debo añadir, por la exactitud y fidelidad que debe guardarse en las investigaciones literarias, que el mismo Torquemada (lib. XV, cap. 18) hace una explícita é importante rectificacion, expresando « que los primeros que supieron la lengua mexicana y salieron con ella, » fueron Fr. Luis de Fuensalida y Fr. Francisco Ximenez, y que « con esta inteligencia y con ayuda de los mas hábiles de sus discípulos, que estaban ya muy informados en las cosas de la fe, tradujeron lo principal de la doctrina cristiana en la lengua mexicana y pusiéronla en un canto llano muy gracioso para que los oyentes así la tomasen de memoria. »

La duda sobre la primacía aumenta con una noticia singular de Vetancurt, reforzada por Beristain. Dice el primero (Menologio, Junio 29, — Varones ilustres, n° 5) que el V. Fr. Pedro de Gante enseñó « á millares de niños la doctrina cristiana, que tradujo en mexicano *y á los dos años tenia impresa en Amberes*.... por carecer de imprenta » en México. Y como el P. Gante arribó á Veracruz el 30 de Agosto de 1523, tendriamos como hecho seguro, que su Doctrina, impresa en Amberes, estaba ya en México á fines de 1525, un año despues de la llegada de los misioneros franciscanos, y antes ciertamente que estos hubieran aprendido la lengua. Beristain dice en términos precisos, que la impresion se hizo el año de 1528, tres posteriores al que da la computacion de Vetancurt; añade que se reimprimió en México el de 1553, y agrega circunstancias que á primera vista inducirian á creer que habia tenido en sus manos ambos ejemplares. ¿A cuál atenernos?

Vivamente excitada mi curiosidad, hacia años, por esta duda, y encontrándome cerca de Amberes, quise aprovechar la oportunidad, ya para admirar los prodigios del pincel de Rubens, ya para aclarar este segundo misterio de la bibliografía mexicana, siendo el otro la tan decantada edicion de la *Escala espiritual* de San Juan Climaco. Nada encontré en sus mas acreditados depósitos de libros antiguos, ni los corredores del ramo supieron darme razon. Entonces me dirigí á Gante, con el único designio de visitar el monasterio de nuestro Fr. Pedro, esperando hallar en su biblioteca lo que buscaba, y añadir algo á las escasísimas noticias que poseemos de este venerable fundador de la civilizacion y de las artes en México. El superior del convento, sugeto muy afable y cortés, se manifestó perfectamente dispuesto á absolver todas mis dudas; pero no pudo responder á ninguna de mis preguntas. Biblioteca, frailes, convento, iglesia, todo habia desaparecido al soplo del furioso vendaval democrático brotado de la revolucion de Francia, sin dejar á los restauradores, ni las ruinas, ni aun el terreno, sobre el cual se levanta hoy un edificio público. Nada, por consiguiente, tenia de extraño que el guardian tampoco recordara al humildísimo lego que, mas de tres siglos antes, habia venido á esconder su existencia y su nombre en un mundo desconocido. Despues de muchas preguntas é indicaciones, me dijo que tenia idea de haber visto una copia escrita en flamenco de la carta que dirigió á sus hermanos en 27 de Junio de 1529, publicada últimamente en francés, por Mr. Ternaux-Compans. He aquí el único fruto de diez años de incesantes pesquisas. Quizá otro será mas dichoso.

Las noticias de nuestros dos bibliógrafos sobre la pretendida edicion de Amberes, me parecen sumamente sospechosas. Las del Illmo. Gonzaga, que segun hemos visto (§ 2) son las del P. Oroz, contemporáneo del V. Gante, se resumen en el siguiente pasaje, que nada expresa respecto de la impresion: *In ipsorum idiomate* (el mexicano) *perampla satis et copiosè christianam doctrinam scripsit, quæ excussa typis circumfertur*. Torquemada, su coetáneo, lo tradujo, ó quizá copió de su original castellano, en las siguientes palabras: « compuso en ella (en la lengua mexicana) una doctrina que anda

IV. — *Guerra de los Indios de la Nueva España.*

La mas antigua noticia que he visto de esta obra es en Fray Luis de Rebolledo, franciscano, quien la da en el *Catálogo de los sanctos y varones notables desta apostólica órden de nuestro seráfico y bienaventurado Padre Sant Francisco*, que puso al fin de la *Primera párte de la Chrónica general de N. S. P. Sant Francisco y su apostólica Órden*: Sevilla, en el convento de San Francisco, en la emprenta de Francisco Perez, 1598, fol. — Aquel catálogo comprende otros varios, siendo el *terciodécimo* el de los *Escriptores assi antiguos como modernos* (de la misma órden) *con cuya doctrina resplandece la Iglesia*. El último de los mencionados es Fray Toribio Motolineas (*sic*), quien, dice el bibliógrafo, «escribió la Guerra de los Indios «de la Nueva España y un tratado del Camino del espíritu, en lengua cas-«tellana.» — Hasta aquí el cronista. Don Nicolás Antonio[9] lo copió en su *Biblioteca*, insinuando una duda que, por sus términos, podria inducir á creer que Leon Pinelo habia dado noticia de esta obra; pero ella no se encuentra mencionada en ninguna de las dos ediciones de su *Biblioteca Oriental y Occidental*. Tambien dudaba si fuera la misma que los *Memoriales*, ó la de la *Venida de los doce Padres*, segun insinúo en el § 2.

V. — *Camino del espíritu.*

Rebolledus laudat, dice Don Nicolás Antonio; pero yo no he visto en el cronista franciscano mas que las palabras que literalmente he copiado en el artículo anterior. Beristain, que ciertamente no conoció este opúsculo, alteró su título por una de aquellas fatales licencias tan frecuentes en sus descripciones. Intitúlalo *Camino espiritual ó del espíritu*. — Él probablemente formaba parte de los *Tratados de materias espirituales*, vagamente

impresa, bien copiosa y larga.» — Más explícito en la noticia de los escritores franciscanos (Monarquía, lib. XIX, cap. 33), dice: «Despues de estos cuatro (que allí menciona), Fr. Pedro de Gante, aunque lego, compuso una *copiosa* Doctrina cristiana, que tambien anda impresa.» — La calidad de *copiosa* era bastante para conjeturar que no fuera la primera, aunque indudablemente el P. Gante lo fué en el catequismo mexicano. Esa doctrina, hoy muy rara, existe para ministrar una última prueba contra la pretendida edicion primera de Amberes. El ejemplar que tengo á la vista contiene 162 fojas en 8°, got.; sin contar las del *Calendario y Tabla*. Le falta la portada, y su suscricion dice así: «A honrra y gloria de nuestro señor Iesuxpo y de su bédita madre: aqui se acaba la presente doctrina xpiana en lēgua Mexicana. La ql fue recopilada por el R. p. fray Pedro de Gāte de la orlē de sant frācisco. Fue impressa en casa de Iuā pablos impressor de libros. Año. de. 1553.» — A ser una *reimpresion*, se hubiera expresado, como se ve en otras producciones del mismo tipógrafo.

[9] *Bibliotheca Hispana Nova*, art. *Toribius de Motolinea*. — Madrid, 1788, fol.

VI. — *La Vida y Muerte de Tres Niños de Tlaxcalla que murieron por la confesion de la fe: segun que la escribió en romance el Padre Fray Toribio Motolinia, uno de los doce religiosos primeros &c.*

Así aparece este título en la noticia que nos da Fray Juan Bautista de sus propias obras impresas,[10] aunque la publicacion se hizo en mexicano, siendo el traductor y editor el mismo Padre Bautista. Como yo, á pesar de las mas exquisitas investigaciones, no he logrado descubrir ningun ejemplar de esta obra, me he abstenido, á ley de fiel narrador, de dar su título en mexicano, no obstante tener á la vista una copia suya que perteneció á Boturini. Consérvase en el Museo Nacional en 18 fojas 4°, MS; y aunque aquel dice en el *Catálogo* de su *Museo Indiano*, que tenia un ejemplar impreso, desapareció hace muchos años, segun puede juzgarse de los inventarios posteriores. Adelante copiaré el título mexicano que tiene en aquel MS.

Don Nicolás Antonio da noticia de este opúsculo con ligeras variantes, y dice se imprimió en 1601, en la oficina de Diego Lopez Dávalos, en un vol. 8°. Tambien lo menciona el adicionador de la Biblioteca de Leon Pinelo, con el siguiente título: « *Vida i Martyrio de Christobal Indio*, Niño, «hijo del cacique Acxotecatl, en Tlaxcala, MS.» Esta leccion indica que el bibliógrafo conoció solamente una de las dos partes en que está dividido; ó bien que olvidó trascribir el título de la otra.

Vetancurt dice que de la Relacion del viaje del Padre Motolinia á Guatemala, « copiaron los mas autores el martirio de los Niños de Tlaxcala.» El Dr. Beristain prohijó la noticia, expresándola con tal confusion, que de ella se deduce que el Padre Bautista fué quien la extrajo, virtiéndola despues al mexicano. El opúsculo, por consiguiente, seria una simple *excerpta* sacada de aquella Relacion. Todas estas aserciones me parecen enteramente infundadas,[11] pues la obra misma que nos ocupa ministra

---

[10] Colocada al principio de la que lleva la siguiente portada: — « A Iesuchristo S. N. ofrece este Sermonario en lengua Mexicana su indigno siervo Fr. Ioan Baptista de la orden del Seraphico Padre Sanct Francisco, de la Provincia del Sancto Evangelio. Primera Parte. En Mexico, con licencia. En casa de Diego Lopez Davalos: y a su costa. Año 1606. » — En 4°.

[11] Ni el mismo P. Vetancurt, quien, segun vimos, dió un catálogo de los autores y documentos, así impresos como MSS., que tuvo á la vista para escribir su Teatro Mexicano, menciona esta Relacion de Viaje.

datos incontestables de que ella formaba un tratado especial sobre su asunto.

Las pruebas de esta asercion son muchas, y segun decia, se encuentran en la Historia misma. Hállase la primera al principio de la obra, en una *Exhortacion* que falta en el MS. del Museo, y que se encuentra en la traduccion impresa de que daré razon en el artículo siguiente. Allí se leen las siguientes palabras: «Esta Historia que aquí se refiere *es la misma que* «*escribió* en lengua castellana el Padre Fray Toribio Motolinia..... y se «tradujo en la mexicana por el Padre Fray Juan Bautista, guardian del «colegio de Santiago de Tlatilulco.» — «*Todo lo referido* (dice en el final «de la primera parte)[13] *lo escribió* el Padre Fray Toribio Motolinia: E yo «Fray Juan Bautista *lo traduje* al idioma mexicano, dividiéndolo en varios «capítulos, para que no les sirva de molestia á los que leyeren esta his-«toria.» — En el párrafo penúltimo de la de los niños Juan y Antonio, repite la misma idea con las siguientes palabras: «*Esta historia,* como llevo «dicho, *la escribió* en castellano el Padre Fray Toribio Motolinia; é yo Fray «Juan Bautista la traduje al idioma mexicano, dividiéndola en distintos «capítulos[13] (con el fin de que no se mezclaran con la del martirio del «niño Cristóbal), arreglándola y poniéndola en método para que su lectura «no fastidiara á los que se dedicaran á ella.» — He trascrito estos pasajes con sus mismas repeticiones, porque ellas convencen la equivocacion de Vetancurt y Beristain, que aun parecen despojar la obra de su originalidad, atribuyendo su redaccion al Padre Bautista. Ella, incuestionablemente, es original de nuestro autor, y si alguna duda quedara, la disiparia el final del cap. 10 de la historia de Cristóbal: «E yo (dice) *el autor* «*desta historia, Fray Toribio Motolinia,* digo: que trasladé los huesos del «bienaventurado niño á la expresada iglesia (de Santa María).» Él mismo dió tambien un resúmen de su leyenda en la *Historia de los Indios,*[14] y comparando ambas narraciones, puede deducirse, muy claramente, que aquella se escribió en 1538, un año antes que la de los Niños, pues que en esta habla ya de la traslacion de sus cenizas, mientras que en la otra decia, *refriéndose al testimonio* de Fray Andrés de Córdoba, que el cadáver de Cristóbal «estaba seco, mas no corrompido.»

La copia MS. de la traduccion mexicana, que segun dije antes perteneció á Boturini, y hoy se conserva en el Museo, comprende la historia de los tres niños, siendo la primera la de Cristóbal, y la otra la de Antonio y Juan. Sus títulos respectivos son como sigue:

---

[12] Esta contiene solamente la historia del niño Cristóbal.

[13] Era muy comun en las antiguas relaciones, y aun en formales tratados científicos, que se escribieran de una tirada, sin division de capítulos, y ni aun de párrafos.

[14] Trat. III, cap. 14. Torquemada copió todo lo sustancial de esta narracion, con grandes amplificaciones.

a) Nican mitohua motenehua ininemilitzin ihuan itlaiyohuilitzin in piltzintli *Christobalito;* ca oquimo tecpanilli caxtillancopahuic in teopixcatzintli Fray *Thoribio Motolinia.* Auh oquimo nåhuatemili in totåtzin *Fr. Ju° Bautista,* Guardian catqui *Santiago Tlatelolco.* Nican *Mexico* oquitecpan ipan matlactli ome capitulo tepitzitzin noce ocno ipan chicuey capitulo oquitlalli inin tlayohuilitzin *Juan* ihuan *Antonio* oquichpiltin *Tlaxcallan.*

b) Antonio ihuan *Juan* oquichpipiltotontin Tlaxcalteca Pipiltin in itlahiyohuiltiloca ihuan in tonehuaca pololoca. In yuh quimicuilhui zano huei yehuatzin *Padre Fr. Thoribio Motolinia* San Francisco Teopixqui. Auh in axcan nahuatlatolcopa quimo tecpanilia *P° Fray Juan Bautista* San Francisco Teopixqui. (*La ortografía del MS. está bastante corrompida, y se ha enmendado bajo la direccion del Lic. Don Faustino Galicia, profesor de la lengua.*)

El complemento de las noticias de este opúsculo se encuentra en el artículo que sigue.

VII. — *Traduccion de las Vidas y Martirios que padecieron Tres Niños principales de la ciudad de Tlaxcala, la cual practicó el intérprete general de esta Real Audiencia* (Don Vicente de la Rosa Saldivar), *en virtud de lo mandado por el Exmo. Sr. Conde de Revillagigedo, Virey, Gobernador y Capitan General de este Reino.*—México, por Vicente Garcia Torres, 1856, fol., *apud* « Documentos para la Historia de México, » Tercera Série, Tomo I.

El contexto de esta portada nos instruye claramente de que ella fué escrita por el intérprete de la Audiencia, y que el texto castellano que poseemos no es el original del Padre Motolinia, sino el del mismo intérprete que lo tradujo del mexicano del Padre Bautista; así es que lo debemos al trabajo de una doble version. A esta portada sigue una nota del intérprete, precedida del siguiente epígrafe: *Vida de tres Niños Tlaxcaltecas, y los martirios que padecieron por la Fe de Cristo;* el cual, por la manera con que se enuncia, podria considerarse como el título original con que el Padre Bautista publicó su traduccion mexicana. Su enunciacion en la lengua castellana no es una objecion, porque los antiguos misioneros la usaban muy frecuentemente para los títulos, no solo de sus libros, sino aun para los de los capítulos de las obras escritas en otras lenguas; práctica singular, pero muy comun.

En esa nota del intérprete se encuentran todas las noticias bibliográficas que nos faltan de la edicion del Padre Bautista. Por ellas sabemos que su traduccion mexicana estaba concluida desde el año de 1595 en que dieron su aprobacion los censores: que la licencia para la impresion la concedió el virey conde de Monterey; y aunque allí se expresa que la del ordinario eclesiástico fué en 14 de Setiembre de 1701, este guarismo está errado por descuido del copiante, debiendo leerse 1601, en el cual se hizo su impresion. El intérprete concluye advirtiendo que *no copió á la letra* las licencias, pareceres y censuras, por estar en castellano; « y solo lo ejecuto

«(continúa) de lo que puramente se halla en mexicano, á saber, la Dedi-
«catoria, Exhortacion ó Historia, cuyo tenor, uno en pos de otro, es en
«la forma y manera siguiente.» &c.

La *Dedicatoria* no es, con ligeras variantes, mas que la repeticion del
título que ya conocemos, y termina con las siguientes palabras:—«Dedi-
«cado á Don Cristóbal de Oñate,[15] encomendero de Santiago Tecali, por
«Cornelio Adriano César. Año 1604.»—Por la distribucion que dió el
Padre Bautista á la obra original, resultó dividida en dos partes ó relaciones, cada una con su respectivo epígrafe, segun antes se ha visto en sus
títulos escritos en mexicano. La primera contiene la historia de Cristóbal,
con once capítulos. La segunda la de Antonio y Juan, con ocho, termi-
nando con la atestacion del intérprete, formulada á estilo de escribano en
28 de Febrero de 1794.

El texto que sirvió de original para esta edicion se conserva en el tomo II de la Coleccion de Memorias Históricas del Archivo General, intitulado *Varias piezas de Órden Real*, formada por disposicion del ilustre
virey conde de Revillagigedo. No puede dudarse que el intérprete hizo
su version directamente de un ejemplar impreso de la traduccion mexicana
del Padre Bautista.

VIII.—*Calendario Mexicano*.

Henrico Martinez es el primero que habló de esta obra, y eso por incidencia, en la noticia que da del sistema que empleaban los mexicanos para
la distribucion del tiempo y formacion de sus calendarios en figura circular. «Yo tengo en mi poder, decia, una rueda de estas con toda su de-
«claracion, hecha por Fray Toribio Motolina *(sic)*, de la órden de San
«Francisco.»[16] Torquemada repitió textualmente la especie,[17] y diciéndose, por supuesto, poseedor de otro ejemplar. Las noticias de ambos son
tan superficiales, que hoy no es posible discernir entre los varios calendarios que han llegado hasta nosotros, cuál fuera el ejemplar que sirvió
de texto á la explicacion del Padre Motolinia.

IX.—*Memoriales*.

Aunque Herrera y Torquemada los mencionaron simultáneamente en sus
historias impresas el año de 1615, el segundo fué ciertamente el primero,
y quien lo hizo con mas especificacion, pues el otro solo habló de ellos
por incidencia. Leon Pinelo copió probablemente sus noticias, porque
no dice haberlos visto. Cuál fuera el carácter de esta obra, es un pro-

---

[15] El descubridor y conquistador de Za-
catecas.

[16] Reportorio de los Tiempos, trat. II, c. 9.
[17] Monarquía Indiana, lib. X, cap. 36.

blema envuelto en dificultades inextricables. Por los datos que existen puede conjeturarse que eran lo que anuncia su título; una especie de cartapacio ó libro de memoria en que el autor consignaba sus observaciones y recuerdos, distribuidos en sus principales secciones; conviene á saber, prácticas y ceremonias religiosas, usos y costumbres, propagacion del cristianismo, notas geográficas, físicas, de historia natural &c. &c., escritas con mas ó menos órden y coherencia, y en diversos tiempos y lugares. Estos tambien fueron los materiales de sus otros tratados especiales, particularmente del mas acabado é importante que, aunque incompleto, ha llegado hasta nuestros tiempos: la *Historia de los Indios*.

Varias son las menciones *específicas* que de ellos hace el Padre Torquemada. En tres lugares los cita con el simple título de *Memoriales*; en dos con el de *Memoriales de mano*;[18] y en uno con el de *Libros escritos de mano*. Cotejados los pasajes que allí se copian, con sus relativos de la *Historia de los Indios*, se ve que cuatro de ellos están mas ó menos textualmente en esta.[19] Los dos restantes no los he podido identificar, ni aun con el auxilio del Sr. García Icazbalceta, colector, editor é impresor á la vez de aquella obra. El mismo historiador cita otros varios, aunque sin asignarles procedencia, que igualmente se encuentran en la mencionada *Historia*, siendo aun considerable el número de las remisiones á que no se les halla correspondencia. Quizá un mas detenido exámen pudiera dar el de algunas, aunque muchas faltan indudablemente.[20] De estos antecedentes se puede deducir una de dos conjeturas igualmente probables: ó que hayan en efecto existido esas *Memorias*, como apuntes ó cartapacios de que el autor sacó despues su *Historia*; ó bien que fueran esta misma, antes de su final arreglo, y cuando todavía estaba desparramada en los varios cuadernos ó tratados que despues el autor coordinó y retocó, dándoles la forma en que hoy los vemos. Entre ellos se encontraban, ó á ellos pertenecian ciertamente, los tratados *De Moribus Indorum*, las biografías de los primeros misioneros, el material de la *Parte cuarta de la Historia*, que nos falta, y los otros pasajes de Torquemada á que no encontramos sus correlativos. Quien sabe si entre ellos se hallaria tambien el artículo que sigue.

[18] Esto es, *manuscritos*.

[19] Comp.

Torquemada:	Motolinia:
Lib. III, cap. 23.	Trat. III, cap. 6.
Lib. XI, cap. 27.	Epístola proemial.
Lib. XVI, cap. 23.	Trat. II, cap. 7.
Lib. XVII, cap. 9.	Trat. I, cap. 15.

Torquemada dice que el *Memorial* relativo al penúltimo de los pasajes citados lo escribió Fr. Toribio en Tlaxcala, hácia el año de 1540.

[20] *Sesenta y seis* son las remisiones que he contado en Torquemada á las obras del P. Motolinia: *seis* á los *Memoriales*; *una* al *Calendario*; otra á los *Mártires de Tlaxcala*, y *cincuenta y ocho* sin indicacion de su fuente. De todas ellas solamente se han podido identificar *treinta y seis*, quedando por consiguiente *treinta* indeterminadas; bien que haya unas cuantas bastante vagas, y que propiamente no son mas que remisiones. Repito que un exámen mas detenido podrá aumentar las concordancias.

X.— *Relacion del Viaje á Guatemala.*

Aunque en el órden cronológico que he dado á mis noticias, esta debia ser la penúltima, su débil importancia y la conveniencia de no cortar el hilo que enlaza los dos artículos siguientes, me decidieron á sacarlo de su lugar. El que nos ocupa, solamente se conoce por la mencion que de él hizo Vetancurt á fines del siglo XVII, y de la cual dí razon en el artículo consagrado á los Mártires de Tlaxcala (§ 6). Las equivocaciones y descuidos que allí le noté me hacen muy sospechosa la noticia.

XI.— *Ritos antiguos, sacrificios é idolatrias de los Indios de la Nueva España, y de su conversion á la fe, y quiénes fueron los que primero la predicaron.*— Impreso apud « Antiquities of Mexico, » by Lord Kingsborough. Vol. IX. London, published by Henry G. Bohn, York Street, Covent Garden. MDCCCXLVIII. Fol. máx.

Leon Pinelo fué el primero que á principios del siglo XVII dió noticia de esta obra, la principal y mas importante del Padre Motolinia, con la advertencia de *haberla visto,* y con el siguiente título: *Relacion de las cosas, idolatrias, ritos y ceremonias de la Nueva España, MS. fol.*— Don Nicolás Antonio lo reprodujo textualmente en su *Biblioteca.*— Robertson la menciona en el *Catálogo de libros y manuscritos* que consultó para escribir su *Historia de la América;*[21] mas como lo hace sin expresar el nombre del autor y con un título diferente, podria dudarse si se trataba del mismo manuscrito. He aquí literalmente el que le dió: *Historia de los Indios de Nueva España dividida en tres partes. En la primera trata de los Ritos, Sacrificios y Idolatrias del Tiempo de su Gentilidad. En la segunda de su maravillosa Conversion á la Fé, y modo de celebrar las Fiestas de Nuestra Santa Iglesia. En la tercera del Genio y Carácter de aquella Gente, y Figuras con que notaban sus Acontecimientos, con otras particularidades; y Noticias de las principales Ciudades en aquel Reyno. Escrita en el Año 1541 por uno de los doce Religiosos Franciscos que primero Passaron á entender en su Conversion. MS. fol. pp. 618.* La ortografía de este título indica una copia sacada á mediados del siglo XVII, siendo muy reparable que citándola Robertson con los caracteres de *anónimo,* mencione específica-

---

[21] Encuéntrase al fin de la obra, tanto en la edicion inglesa de 1777 (London, 2 vol. 4°), como en la traduccion francesa de Suard y Morellet. (Paris, 1818, 2 vol. 8°.) — No causa poca extrañeza advertir, que habiendo emprendido Mr. de la Roquette mejorar esta edicion, en la suya de 1852 (Paris, 2 vol. 12°) que aumentó con notas sacadas de las obras de Humboldt, Warden, Clavigero y otros, suprimiera este interesante trabajo bibliográfico, que solo podia aumentar su volúmen con cinco ó seis fojas.

mente en el cuerpo de su historia los escritos de Fray Toribio, aunque sin indicacion de obra ni de lugar. Algunos de los pasajes que copia, concuerdan exactamente con el MS. de los *Ritos*.[11]

En la *Noticia de los escritores de la historia antigua de América*, que puso Clavigero al principio de la suya, se encuentra la de esta obra con el simple título de *Historia de los Indios de Nueva España*, que forma el período inicial del que lleva el MS. de Robertson. Lo demas lo agregó en forma de extracto ó noticia del asunto de la obra. Por el mismo historiador sabemos que de ella habia algunas copias en España. No se concibe cómo escaparon al ojo lince y pesquisidor de Don Juan Bautista Muñoz, que reunió la mas vasta y rica coleccion de monumentos históricos de América, pues no he podido reconocerla en el catálogo que de ellos publicó Don Justo Pastor Fustér en su *Biblioteca Valenciana*.[12] El antiguo MS. que se conserva en la biblioteca del Escorial lleva un título que difiere, en la forma, de los anotados, aunque en la sustancia concuerda con todos. Helo aquí segun me lo comunicó el Sr. Smith en la carta de que antes hablé, y copiado de su puño con vista del original:

«№. 2.=Anonymi Rel.=idolatrías i ritus de los Indios de N.ª E.ª de la «conversion i aprovechamiento de los Indios.... i de los Frailes que han «muerto en su conversion—con la vida del P. Fr. Martin de Valencia de «Sn. Juan.—M. II. 21. p. 427.—1 tomo fol. letra del tiempo.»

El Sr. García Icazbalceta le ha dado en su coleccion el compendioso título con que la anunció Clavigero; el mismo que traia en el MS. que le ha servido de original en su edicion.(*) Debió este á la ilustrada liberalidad (harto rara entre literatos) del eminente historiador Mr. W. H. Prescott, que le permitió sacar una copia de la suya; (**) y este obtuvo la que posee, de Mr. O. Rich, cónsul de los Estados-Unidos en Menorca. Tal es la procedencia, filiacion y variantes que ha sufrido el título de la obra que ahora ve la luz pública por segunda vez, con aumentos que mejoran muy notablemente la primera.

---

[11] V. la nota 68 al lib. VIII de la edicion inglesa, y la 21 de la traduccion francesa antes citada.

[12] Tom. II, pág. 202.

(*) Adopté el título de *Historia de los Indios*, por ser el que tenia mi MS.; el que le habian dado ya Robertson, Clavigero y Prescott, y el mas breve y propio para facilitar las citas.—*El Editor.*

(**) El Sr. Prescott no solamente me *permitió* sacar las copias, sino que á la primera indicacion que le hice por medio del finado Sr. Alaman, me contestó poniendo á mi disposicion todos sus MSS., y preguntándome únicamente cuáles deseaba yo que se copia-ran. Él mismo tomó á su cargo la ejecucion de las copias, venciendo las infinitas dificultades que se presentaron, por tratarse de un idioma extraño; y desde entonces no ha cesado de favorecerme con repetidos envíos de MSS., siempre que me he tomado la libertad de pedirlos.—Casi todos los publicados en este primer volúmen los debo á su bondad, y no son sino una pequeña parte de los que me ha remitido. Esta liberalidad, *harto rara entre literatos*, como dice el Sr. Ramirez, merece mayor aplauso y agradecimiento en una persona casi privada de la vista, y ocupada siempre en importantes trabajos históricos. —*El Editor.*

DE FRAY TORIBIO DE MOTOLINIA.

La intencion y voluntad de su humilde autor era dejarla entre los *anónimos.* — «Si esta relacion (decia en su *Epístola proemial* al conde de Benavente) saliere de manos de V. I. S., dos cosas le suplico en limosna «por amor de Nuestro Señor: la una que el nombre del autor se diga ser «un Fraile Menor, y no otro nombre ninguno &c.» Sin él se publicó en la edicion de Kingsborough. Despues se le ha agregado, no sé por quién.

El detenido cotejo que ha hecho el Sr. García Icazbalceta de aquella copia con la del Sr. Prescott, contenida en este volúmen, ha dado la conviccion de que ambas reconocen una fuente, salvas las variantes inevitables que introduce el descuido de los copiantes, y que el editor ha notado con una minuciosa escrupulosidad. Ese cotejo ha descubierto que la edicion de Kingsborough está incompleta. Fáltanle casi la mitad del que allí es capítulo 9º, y el 10º del Tratado II, con todo el Tratado III. El encargado de la impresion anduvo tan precipitado y mezquino en esa operacion, que aun trunco el período, colocando un punto final en el lugar de un colon imperfecto. La misma suerte cupo á otras de las obras que forman los dos últimos volúmenes de aquella preciosa coleccion; porque convertida, despues de la muerte del noble editor, en mera especulacion de librero, ya no se trató mas que de darle fin, aprovechando el material impreso, sin cuidarse de completarlo.

El valor literario de este escrito ha sido apreciado por una de las autoridades mas competentes en la materia; por el ilustre autor de la *Historia de la Conquista de México.* El Sr. Prescott nos da razon de su asunto, de su mérito y de sus defectos en las siguientes palabras: «La *Historia de* «*los Indios de Nueva España,* escrita por Fray Toribio, se divide en tres «partes: 1ª Religion, ritos y sacrificios de los Aztecas: 2ª Su conversion al «cristianismo y manera con que celebraban las fiestas de la Iglesia: 3ª Ín-«dole y carácter de la nacion; su cronología y astronomía, con noticias «de las principales ciudades y de los productos de mayor tráfico en el pais. «La obra, no obstante su disposicion metódica, está escrita en la forma «vaga é incoherente de un libro de memoria ó cartapacio, en el cual el «autor hacinaba confusamente las noticias de lo que observaba y le parecia «mas interesante en el pais. No perdiendo jamas de vista su mision, corta «bruscamente el hilo del asunto que inmediatamente le ocupa, cualquiera «que sea, para dar cabida á una anécdota ó acontecimiento que pueda «ilustrar sus afanes eclesiásticos. Los sucesos mas estupendos [14] los relata

---

[14] Esta me parece la traduccion mas genuina del siguiente pasaje del original: *The most startling occurrences are recorded with all the credulous gravity which is so likely to win credit from the vulgar.* — La que se le ha dado en las ediciones de Cumplido y de García Torres presenta un cierto tinte epigramático, que no descubro ni en las palabras ni en la mente del autor. — En la primera dice su traductor: «Aun las mas estrañas ocurrencias las refiere con una grave credulidad tan á propósito para ganarse el favor del vulgo.» — En la segunda: «Las mas extravagantes ocurrencias están referi-

«con toda aquella grave credulidad que es de tan poderoso efecto para
«captarse el crédito del vulgo; y el historiador da fe y testimonio de una
«copia de milagros mas que suficiente para proveer al consumo de las na-
«cientes comunidades religiosas de Nueva España.

«No obstante, en medio de ese cúmulo de piadosas inverosimilitudes,[23]
«el investigador de las antigüedades aztecas hallará muchas noticias im-
«portantes y curiosas. El largo é íntimo trato que mantuvo Fray Toribio
«con los indígenas, le colocó en situacion favorable para adquirir todo el
«caudal de los conocimientos que poseian en su teología y ciencias; y como
«su estilo, aunque algun tanto escolástico, es llano y natural, sus ideas se
«comprenden sin dificultad alguna. Sus deducciones, en que se reflejan
«las supersticiones de la época y el carácter peculiar de la profesion del
«autor, no pueden adoptarse siempre con entera confianza; pero como su
«integridad y medios de instruccion son indisputables, su autoridad es
«de primer órden para el estudio de las antigüedades del pais, y para el
«conocimiento del estado que guardaba al tiempo de la conquista.»[24]

El juicio crítico del Sr. Prescott me parece perfectamente exacto, lo mismo que su comparacion de esta obra con un cartapacio, pues que examinándola atentamente se ve que fué escrita á retazos, en diversos tiempos y circunstancias; calidades que podrian conducirnos á conjeturar lo que fuera la primera, intitulada *Memoriales*, quizá refundida en esta misma. En efecto, y ateniéndonos solamente á las indicaciones que hace el autor con una fecha precisa, veremos que aunque él dató su dedicatoria al conde de Benavente, en Tehuacan «el dia del glorioso apóstol San Matías (24 de «Febrero) de 1541,» sus materiales se habian comenzado á reunir algunos años antes.

El Padre Motolinia dividió ó tuvo intencion de dividir su Historia en cuatro partes, de las cuales actualmente conocemos tres, con el título de *Tratados*, y con las particularidades que voy á notar.

PARTE 1ª.—Contiene quince capítulos en esta edicion, y catorce en la de Kingsborough, que duplicó por descuido la numeracion del 9º, resultando de aquí que el último lleva el número 13.—Su asunto, resumido en el epígrafe, son las idolatrías, ritos, ceremonias &c. El Sr. García ha advertido en una nota al cap. 14 el enredo y revoltura de la edicion inglesa, que intercala aquí un largo párrafo que por su asunto corresponde al cap. 15. Este es en aquella el cap. 8 del Tratado II, notándose ademas la omision de trozos que abrazan algunos renglones. El Sr. García juzga

das con aquella crédula gravedad que es tan á propósito para ganar crédito entre el vulgo.»—Paréceme que una y otra colocan al P. Motolinia bajo un punto de vista desventajoso que no quiso darle el autor.

[23] *Mass of pious incredibilia.*—El traductor de Cumplido falseó el pensamiento de esta frase, virtiéndola por *masa de fábulas increíbles*.

[24] History of the Conquest of Mexico, &c., book III, ch. 9, *post-script.* New York, 1847. 8th edition.

que tales descuidos proceden del editor inglés; mas parece que lo son de la copia que le sirvió de original, y que los de esta remontan á la época en que el MS. del autor aun no recibia su última compaginacion. (*)

Parte 2ª.—Contiene diez capítulos, de los cuales solamente hay ocho en la edicion inglesa, aunque el último lleva el número 9. La discrepancia consiste en que el 8º de aquella, forma en esta el 15º de la primera parte, notándose en esas permutaciones el mismo truncamiento de textos. El editor inglés, por dar fin á su volúmen, cortó el texto de la manera brusca que antes se ha notado. A esta Parte 2ª pertenece el cap. 20 de la 3ª, segun nos lo advierte el mismo Padre Motolinia, debiendo formar probablemente su cap. 1º.—El asunto, segun su epígrafe, es la predicacion del Evangelio.

Parte 3ª.—Comprende veinte capítulos, aunque el último, segun se ha advertido, pertenece por su asunto á la 2ª.—*No tiene epígrafe*, omision que indica que tampoco se le habia dado la última mano. Su asunto es una mixtura de las materias mas discordantes; historia civil, eclesiástica, natural, geografía &c., &c., todo se trata indistintamente, resaltando como un notable episodio, la Vida de Fray Martin de Valencia, anunciada en alguno de los títulos puesto á este MS.

Parte 4ª.—El autor la promete explícitamente en el cap. 9 de la anterior; pero falta. Véase lo que sobre ella dejo expuesto en el § 2. Su asunto era, probablemente, la biografía de los primeros misioneros; conjetura que adquiere grande probabilidad comparando el plan de esta historia con el de la *Monarquía Indiana* del Padre Torquemada, donde se encuentra copiado ó extractado lo mas interesante de ella.

Si las observaciones que preceden manifiestan suficientemente que esa obra se escribió á retazos, sirviendo así de original á otras copias, las variantes que tan escrupulosamente ha anotado el Sr. García en su actual edicion, prueban que en los tiempos sucesivos tuvo todavía enmiendas y adiciones.[17] Tambien hay datos inequívocos de que muchas de estas se perdieron, porque quizá se encontraban en fojas sueltas, que dejó extraviar la incuria de aquellos tiempos. Esto quizá tambien nos explica esas trasposiciones que cortan y desfiguran el texto, obra de copiantes indolentes que no se encargaban de su asunto. Las alternativas con que se hicieron aquellas enmiendas, se percibirán mas claramente echando una ojeada

---

(*) No atribuyo este descuido al editor inglés en el sentido de suponerle autor de la trasposicion, sino por no haberla notado, y hecho siquiera alguna advertencia sobre ello. Véase mi nota de la pág. 73 de la *Historia de los Indios*.— El Editor.

[17] El autor mismo nos instruye al fin del cap. 3 del Trat. II, que antes del año de 1537 se habian puesto en limpio sus borradores, y que todavía les hacia enmiendas. «Y despues que esto *se ha sacado en blanco* (dice) se han bautizado mas de quinientos mil, porque en esta cuaresma *pasada* del año de 1537 &c.»

sobre el siguiente cuadro de la disposicion ordinal de sus páginas, comparada con los años en que fueron escritas.

Libro	Capítulo	Página		Año
2	1	101	Escribíase en el año de	1540
			y segun la variante de Kingsborough, en 1536.	
2	2	106	En	1536
2	3	109	El § penúltimo se escribia en el mismo de	1536
			y el siguiente se añadió, lo mas tarde, en el de ...	1588
			La variante de Kingsborough señala el de 1537.	
2	6	122	En Tlaxcala, el Viérnes de Ramos de	1537
2	10	141	Escribíase en fines de Febrero de	1541
3	5	171	Id. en principios de........................	1540
3	8	186	En	1540
3	14	220	En Atlihuetzia, en Marzo de................	1539
			La Dedicatoria, último trabajo, en 24 de Febrero de. . . .	1541

Las variantes anotadas y las épocas á que se refieren son tan notables, que no es posible atribuirlas á descuidos del copiante: así, es necesario conjeturar que proceden de diversos traslados, sacados tambien en diversos tiempos y propagados aun en vida del autor, antes de que sufrieran la última revision.

Para dar fin á esta parte de mis observaciones y facilitar la inteligencia de las apostillas que el Sr. García Icazbalceta ha puesto á su edicion, copiaré en seguida los párrafos conducentes de una esquela que me escribió explicándolas. Dice así:

«Cuando la leccion que seguí en el texto es la del MS., la variante al «pié lleva la señal K., que denota ser la que presenta la edicion inglesa «de Kingsborough.

«Si por el contrario, se adoptó la leccion de Kingsborough, entonces «la variante va anotada MS.

«Pero si ni una ni otra leccion pareció buena, se tomó una tercera, y «en tal caso se anotan ambas variantes con sus respectivas señales, es á «saber, K. y MS., segun se ve en las págs. 23, 27, 36 &c.

«Desde la pág. 131 hasta el fin, ya no se pudo consultar el texto de «Kingsborough, por no estar completa su edicion, y hubo que atenerse «únicamente al MS., corrigiéndolo por su contexto mismo; en cuyo tra«bajo me fué de grande utilidad el auxilio que tuvo la bondad de pres«tarme nuestro amigo el Sr. Lic. Don Manuel Orozco y Berra.

«Todos los nombres mexicanos se han impreso conforme á la correccion «que hizo de ellos el Sr. Don Faustino Galicia.

«Por regla general, siempre que ha sido necesario suplir en el texto «una palabra que evidentemente hacia falta, se ha impreso con letras VER-«SALITAS.»

Pero no obstante el cuidado y esmero que el editor ha puesto en su

DE FRAY TORIBIO DE MOTOLINIA.

trabajo, todavía se escaparon algunas incorrecciones y oscuridades, que tampoco podia evitar, porque se encuentran en su *original;* cuyo texto, á fuer de concienzudo editor, ha seguido con la nimia escrupulosidad de que da plena fe su misma edicion. Algunas son de importancia para los estudios americanos, y otras no carecen de interés. De ambas me he encargado, para dar su complemento al empeño del editor, en las siguientes

ENMIENDAS Y ESCLARECIMIENTOS.

EPÍSTOLA PROEMIAL.—Pág. 9.—*Oaxyecac.*

Debe leerse *Huaxyacac,* nombre de la ciudad denominada hoy, corruptamente, *Oajaca.* En la antigua ortografía se escribe *Oaxyacac.*

TRAT. I, CAP. 3.—Pág. 27.—*Solo Aquel que cuenta &c.*

El editor ha advertido muy justamente que este párrafo y el que sigue no tienen relacion con el asunto de que ofrecia hablar el autor. Ellos, probablemente, fueron una adicion destinada al cap. 1, y colocada en este por inadvertencia ó descuido del copiante.

TRAT. I, CAP. 5.—Pág. 36.—....*al nono* (dia, llamaban) *nueve águilas.*

El noveno dia del calendario mexicano no era *Aguila* (Cuauhtli), sino *Agua* (Atl); así es que este pasaje debe leerse, segun la nomenclatura adoptada por el autor, *nueve aguas.*

TRAT. I, CAP. 6.—Pág. 39.—*En aquellos dias de los meses que arriba quedan dichos, en uno de ellos que se llamaba* Panquetzaliztli, *&c.*

La construccion de esta frase da á entender que se habla de un *dia* cuyo nombre es *Panquetzaliztli.* Este no existe en el calendario mexicano; pero sí lo es de uno de los *diez y ocho* períodos de á *veinte dias* en que se repartia el año solar, y que los escritores, por analogía, han denominado *meses.* La construccion es la defectuosa, y su sentido se rectifica relacionando la frase *en uno de ellos,* con la palabra *meses.*

TRAT. I, CAP. 7.—Pág. 44.—*El dia de* Atemoztli *ponian muchos papeles pintados y llevábanlos á los templos de los demonios, y ponian tambien* Óllin, *que es una goma de un árbol &c.*

Atemoztli no es nombre de *dia,* sino de *mes,* en el calendario mexicano. (V. la nota anterior.) Quizá falta un signo ó voz numeral antes de la palabra *dia.* En la descripcion que hace el Padre Sahagun de las solemnidades de este mes, dice que «en la noche de la vigilia «de la fiesta.... que era á los *veinte dias* de este mes, toda la noche gastaban en cortar pa- «peles de diversas maneras,» y que «todos los papeles estaban manchados con *ulli.*» [1] La palabra *Ollin* del texto es incorrecta; y como aun en algunos escritores se encuentra con la misma ortografía el nombre del 17º dia del mes mexicano (*Ollin*), esta aparente homonimia podria inducir alguna vez en graves equivocaciones.

TRAT. I, CAP. 7.—Pág. 45.—*A aquellos cabellos grandes llamaban* Nopapa, *y de allí les quedó á los Españoles llamar á estos ministros* Papas *&c.*

Esta observacion etimológica del Padre Motolinia demanda alguna explicacion.

Uno de los principales distintivos del sacerdocio mexicano era el cabello largo, enmara-

[1] *Historia General,* lib. II, cap. 35.

ñado y mechoso, porque la ley no permitia peinarlo sino en determinadas ocasiones. Su nombre propio era *Papatli*, que el Vocabulario de Fray Alonso de Molina traduce «cabellos «enhetrados y largos de los ministros de los ídolos.» Por una de aquellas locuciones trópicas, tan comunes en todas las lenguas, el nombre del símbolo se trasladó al individuo, y el vulgo denominó tambien *Papatli* á sus sacerdotes; pero como la sintáxis peculiar del mexicano exige en un gran número de casos, que al sustantivo se acompañe precisamente el pronombre posesivo respectivo, con la calidad de prefijo ó conjuntivo, de aquí es que el nombre genérico de los sacerdotes, usado en singular, se expresaba con la palabra *Nopapa*, compuesta del posesivo *No* (mi), y *Papatli*, elidida la final *tli*, por la regla comun de los compuestos. A los sacerdotes, pues, y no á su cabellera, se daba vulgarmente el nombre *Nopapa*; y como en la pronunciacion de esta palabra dominaba el sonido de sus dos últimas sílabas, los escritores contemporáneos de la conquista, particularmente Bernal Diaz del Castillo, denominaron constantemente *Papas* á los ministros del antiguo culto mexicano.

IBID. — *Hueytozoztli. Este* dia *era &c.* — Pág. 46. — *Tititl. Este* dia y otro *&c.*

En vez de *dia*, léase *mes*, por las razones expuestas en la nota á la pág. 44.

TRAT. I, CAP. 9. — Pág. 52. — *Contaban, si no me engaño,* diez y ocho veces ochenta, *porque* cinco *dias del* año *no los contaban, sino* diez y ocho meses, *á* veinte *dias cada mes.*

Los dos primeros guarismos, 18 y 80, son indudablemente los factores del período cuatrienal que duraba el ayuno impuesto al sacerdocio de Tehuacan, cuya descripcion se encuentra en la página anterior; el mismo tambien que se guardaba en Tlaxcala y Chollulan, con el nombre de *Año de Dios;* porque $18 \times 80 = 1440 + 20$ (de los complementarios) $= 1460$ dá el mismo producto que 4 (años) $\times 365$ (dias) $= 1460$, sin computar el dia intercalar del bisiesto. — El *año comun,* como lo advierte el mismo Padre Motolinia en el pasaje notado, se componia de 18 meses de á 20 dias, y 5 complementarios: $18 \times 20 = 360 + 5 = 365$.

TRAT. III, CAP. 10. — Pág. 197. — ....Ahuilizapan.... *que en nuestra lengua quiere decir* Agua blanca *&c.*

De los elementos constitutivos de la palabra *Ahuilizapan* no puede deducirse absolutamente la significacion que le da el Padre Motolinia; mas como su autoridad sea tan respetable en la materia, preciso es dar una idea, aunque somera, de los fundamentos de mi desacuerdo. El uso de la voz que nos ocupa se conserva hasta hoy entre los indígenas, y la aplican á los baños que toman en la laguna durante los meses de Mayo y Junio, en medio de algazaras, retozos y alegrías, de las cuales deriva su significacion vulgar, que es la de alegrarse ó regocijarse en el agua, braceando, nadando, zabulléndose y ejecutando todos los otros retozos que todavía acostumbra nuestra gente popular. El Lic. Don Faustino Galicia (mexicano de origen y profesor de su lengua en esta universidad), á quien debo estas noticias, dice que la radical de aquella voz compuesta es *Ahuilixtli* (diversion, regocijo &c.); palabra que, como otras muchas, falta en el Vocabulario de Molina.

Ahuilizapan es el nombre primitivo de la poblacion que hoy, corruptamente, llamamos *Orizaba*. El grupo trópico-ideográfico que lo sustituye en la escritura geroglífica de los antiguos mexicanos, se encuentra notado dos veces en el Códice Mendocino: [29] represéntase allí una figura humana, con los brazos levantados y metida hasta la cintura dentro de un depósito de agua á manera de alberca. — Este símbolo, que debe considerarse como *la letra escrita* del nombre, destruye completamente la interpretacion del Padre Motolinia. Quizá un exámen escrupuloso de la disposicion y forma de sus caracteres, aun autorizaria la conjetura de una alteracion en su ortografía primitiva, introducida por el uso.

[29] *Apud* Kingsborough, Antiquities of Mexico, vol. I, lám. 10, n. 15 y lám. 50, n. 5.

DE FRAY TORIBIO DE MOTOLINIA.

TRAT. III, CAP. 11.—Pág. 204.—....hay.... *unas aves muy hermosas, á que los Indios llaman Teocacholli, que quiere decir* Dios Cacholli.

Aquí tambien hay un error en la ortografía de la voz mexicana, y por consiguiente en su version castellana. Nótola con entera confianza, porque tomo la enmienda del Padre Sahagun, una de las autoridades mas competentes en materia de lengua mexicana. Describiendo las aves de México, dice: «hay otra que se llama *Tlauhquechol ó Teuhquechol,* vive «en el agua y es como pato (sigue la descripcion): dicen que esta ave es el *príncipe de las* «garzotas blancas, *que se juntan á él donde quiera que le ven.*»[20] — Esta noticia, y la calidad de *príncipe* que se le atribuye, corroboran la exactitud ortográfica de la radical *Teuh,* harto diversa de la otra *Teo.* Aquella lo es de *Tecuhtli ó Teuhtli* (señor, príncipe, caballero &c.), y esta de *Teotl* (Dios). Así, *Teuhquechol* quiere decir literalmente «el señor de «los *Quecholli,*» y metafóricamente «el príncipe de las aves de plumaje rico y vistoso, ó «que sobrepuja en esta calidad;» pues á las de su clase daban genéricamente el nombre *Quecholli.*

XII.—*Carta al Emperador Cárlos V.*

Este documento se ha copiado del que posee la Real Academia de la Historia de Madrid. Encuéntrase en las fojas 215-52 del vol. 87 de su Coleccion de MSS. históricos, con las siguientes indicaciones y marcas: —*Simancas. Indias.* J o *Cartas de N.ª España, de Frayles: de* 550-70.— *Visto:* MUÑOZ.—Esta última razon manifiesta claramente que él perteneció á la coleccion del famoso historiógrafo de América, bien que no se mencione en el catálogo que de ella nos dió Fustér. El Sr. García Icazbalceta lo adquirió por conducto de nuestro excelente y obsequioso amigo el Sr. DON FRANCISCO GONZALEZ DE VERA. La primera noticia que tuvo el mundo literario de su existencia, la debió á un anotador de la traduccion castellana de la Historia eclesiástica de Ducreux,[21] y no ciertamente por un sentimiento simpático hácia el obispo de Chiapa, sino mas bien con aquel otro de amargura con que la susceptibilidad castellana ve todavía los escritos del ilustre prelado, considerando en ellos ajado el pundonor de su nacion. El adicionador de Ducreux copió solamente los párrafos mas prominentes y que mejor cuadraban á su intento, suprimiendo enteramente la larga é interesante posdata (tan larga casi como la carta) que comienza en la pág. 267 de esta Coleccion.

Fragmentos tambien, y en menor cantidad, dió á luz Don Manuel José Quintana en el Apéndice á la Vida del V. Casas, siendo esta la segunda publicacion que se ha hecho, ó mejor dicho, noticia que se ha dado, del documento que nos ocupa.

La primera publicacion del texto íntegro la debemos á la ilustrada é infatigable laboriosidad de otro amigo que ya he mencionado; — á Mr. Buckingham Smith, que le dió lugar en el tomo I de su interesante y

---

[20] Historia General, lib. XI, cap. 2.
[21] Encuéntrase en su 2ª edicion, 4º esp., Madrid, 1805, tom. VI, pág. 94 en la nota.

preciosa *Coleccion de varios documentos para la historia de la Florida y tierras adyacentes.* [32] Él me comunicó tambien las indicaciones relativas al MS. que le sirvió de original, y que se encuentran perfectamente concordes con las del Sr. Gonzalez de Vera.

La segunda copia íntegra, en el órden de *publicacion*, es la que ahora da á luz el Sr. García Icazbalceta, bien que en el de *impresion* sea la primera, segun ya lo advertí en la noticia cronológica. Cotejada escrupulosamente con la anterior, solo se han notado las diferencias contenidas en la siguiente tabla comparativa, procedentes todas de descuidos de pluma.

Pág.	Lín.	EDICION DEL SR. GARCIA.	EDICION DEL SR. SMITH.
254	5	i este nombre lo tomaron	i este nombre tomaron
»	6	ídolo ó principal dios	ídolo i principal dios
255	5	i toda esta tierra puesta en paz	i toda esta tierra questá en paz
»	11 *subiendo*	no se ganó mas que de echar	no se ganó mas de echar
256	14	por escritura i dar caucion	por escribano i dar caucion
»	9 *sub.*	entre los frailes menores, i los di	entre los frailes é yo busqué todos los que habia entre los frailes menores, i los di
257	3	principales de toda esta nueva	principales de esta nueva
258	15 *sub.*	i estava bien	i estava muy bien
260	7	para que siquiera perseverara	para que si quisiera perseverara
»	12 *sub.*	Españoles procuraran Frayles	Españoles procuran Frayles
261	1	se hallarian mas delitos	se hallarán mas delitos
265	7	Itemachalco [33]	Itecamachalco
267	1	i lo que tienen	ó lo que tienen
268	6	i que le quedara	i que quedara
»	13	llamárselo cien veces ciento, más de la poca caridad	llámaselo cien veces ciento, demás de la poca caridad
»	6 *sub.*	á se oponer á morir	á se oponer y morir
269	5	punir ni castigar	punir i castigar
»	2 *sub.*	pecho i tributo	pecho ó tributo
273	20	que no ha salido de México	no ha salido de México
274	14	en San Francisco con Frayles	en San Francisco con los Frayles
»	19	que murmuraron	que murmuran

Decia antes que el anotador castellano de Ducreux habia dado á conocer la carta del Padre Motolinia con el sentimiento puntilloso que distingue al comun de los escritores de su nacion; no así el Sr. Quintana, quien examinando el documento á la altura de su elevada inteligencia y con una crítica aun demasiado severa, lo produce para formularle su proceso, ful-

---

[32] Impresa en Madrid, por José Rodriguez, 1857, fol., y en número solamente de 500 ejemplares.

[33] Esta leccion es evidentemente defectuosa por la omision de la sílaba medial *ca*. Tampoco es genuina la del Sr. Smith, que se encuentra en el original, por la adicion de la inicial *I*. La propia es *Tecamachalco*, nombre de una poblacion que todavia existe, y que conviene perfectamente con su notacion geroglífica. El error consiste en haber juntado la conjuncion *y* con el nombre, defecto muy comun en las copias antiguas.

minándole un fallo tan riguroso, que no obstante mi sincera adhesion y profundo respeto al Illmo. Casas, me es imposible suscribir. — *Furioso y temerario*, llamó el ataque que le dirigió Fray Toribio en esa carta; y abismado en la contemplacion de los motivos, sin poder conciliar sus evangélicas virtudes con sus destemplados discursos, creyó encontrar la clave del enigma en aquellas fragilidades mismas, que, como la funesta túnica de Neso, no abandonan al hombre sino con la vida. — « Probablemente, « decia el ilustre Quintana, debajo de aquel sayal roto y grosero, y en « aquel cuerpo austero y penitente se escondia una alma atrevida, sober- « bia, y aun envidiosa tal vez. A lo menos la hostilidad contra el obispo « de Chiapa presenta estos odiosos caracteres. Pues no bien llegaron á « América los opúsculos que el obispo hizo imprimir en Sevilla por los « años de 1552, cuando este hombre audaz (Fray Toribio) se armó de todo « el furor que suministra la personalidad exaltada, y en una representa- « cion [34] que dirigió al rey en principios del año de 1555, con achaque de « defender á los conquistadores, gobernadores, encomenderos y mercade- « res de Indios, trató á Casas como al último de los hombres. » — Pocos renglones adelante, insinuando el crítico la duda de si nuestro obispo tuvo ó no conocimiento de ese rudo ataque, califica mas duramente á su adversario, observando que aun en caso de saberlo, « aquel que en otro tiempo « supo mirar con tan noble indiferencia las sátiras y calumnias que los ve- « cinos de Ciudad-Real vomitaron contra él, en desquite de sus rigores, « no deberia comprometerse con un fraile descarado que nada tenia que « perder, y que aspiraba á darse importancia con el exceso mismo de su « insolencia. » [35]

Tal es el juicio que una de las mas brillantes lumbreras de la literatura española ha formado de nuestros beneméritos campeones, fallando entre sus dos compatriotas con el desinteres é imparcialidad que en un juicio de familia. Sin embargo, repito; el fallo contra el Padre Motolinia me parece excesivamente duro, pues que ciertamente se puede explicar su conducta por motivos mas naturales y mejor fundados, que acrisolen la verdad histórica, sin mengua del mérito ni del honor de sus actores; porque tal cual hasta hoy se nos presenta, ó el obispo de Chiapa era un genio inquieto, turbulento, hipócrita, interesado &c., &c., ó el Padre Motolinia un fraile envidioso, grosero, insolente, y un atrevido calumniador. Tales son los miembros de la disyuntiva en que se nos precisa á escoger.

Para juzgar acertadamente de los hombres y de sus actos, es absolutamente necesario trasladarnos á su época y revestir sus ideas, sus pasiones y sus intereses, porque estos han sido y serán en todos los tiempos y en todos los lugares el resorte secreto de las acciones. Por abandonar ese único y seguro criterio, se pronuncian tantos fallos falsos y se escriben

[34] La carta que nos ocupa.   [35] Vida del Sr. Casas, pág. 425-26.

romances fantásticos ó caricaturas con el nombre de historias. Fray Bartolomé y Fray Toribio pertenecian á dos célebres órdenes monásticas, divididas por contiendas seculares y por la natural rivalidad de corporacion; dividíanlas en la doctrina, las famosas escuelas Tomista y Escotista; en los puntos de creencia, el de la Concepcion; en el ministerio, las competencias sobre la defensa y la propagacion de la fe, y en la política, la cuestion mixta que surgió con el descubrimiento de la América, donde dominicos y franciscanos se dieron rudos y repetidos combates con ocasion del tremendo problema que los separaba, y que, segun hemos visto, resumia uno de los mismos contendientes en una figura retórica; conviene á saber: *si la espada debia abrir primero el camino al Evangelio, ó bien debia seguirlo.* ¡Ardua y grave cuestion, siempre que se discuta con conciencia y buena fe!.... Y no se olvide que aquel era el siglo de las contiendas literarias en que la resolucion de un punto de ciencia solia tener mas importancia que la conquista de un reino; especialmente si afectaba la religion, por el carácter profundamente devoto de aquella sociedad.

Otra de las facciones distintivas de la época era la aspereza del lenguaje, inseparable, ya de la rudeza de las costumbres, ya de la consiguiente energía del carácter, ya en fin del calor de las disputas mismas y de las pasiones exaltadas. Sin ir mas lejos, podriamos encontrar en nuestros dias y entre nosotros mismos la plena solucion de esos problemas sicológicos. ¿Qué hemos visto y oido en la lucha encarnizada y fratricida que nos destroza há casi medio siglo? ¿Cuál es la buena fama que ha quedado limpia? ¿cuál el prelado que no sea hipócrita y corrompido; el magistrado no venal; el sabio no estúpido; el patriota no interesado, y el administrador no concusionario?.... Nuestro retrato, trazado por nuestras propias iracundas plumas, no encontraria su igual ni en un banco de galeras.... y tales arranques de pasion salen de quienes hacen ó debieran hacer profesion de dominarla, aunque por dicha de la humanidad lleven el remedio en su exceso mismo.

La filosofía y la crítica, que ven aquellos descarríos de mas alto y tomándolos solamente como accidentes que no alteran la esencia de las cosas, los desprecian ó los perdonan, considerándolos como flaquezas á que no han escapado los mas eminentes genios, y ni aun los santos que la Iglesia expone á la veneracion pública en sus altares. ¿Quién no conoce las ardientes querellas de la teología, de la filosofía, de la jurisprudencia y aun de las ciencias exactas, que en manera alguna podian autorizar tanto mal como hombres verdaderamente distinguidos y respetables se han dicho y se han hecho? ¿Cuáles injurias olvidaron los jesuitas en su polémica con nuestro V. Sr. Palafox,[*] y cuáles perdonaron á aquella ilustre y benemé-

---

[*] Un individuo de la Compañía, censurando el libro de la *Vida interior* en que el Sr. Palafox, imitando á S. Agustin, hacia la confesion de sus culpas, lo trató áspera-

rita órden religiosa sus apasionados enemigos? El gran Bossuet, ese astro radiante de la elocuencia y de la Iglesia, ¿qué hizo con el eminente Fenelon, mas eminente aún por su humildad y por su virtud, que por su ciencia? ¿Cómo se trataban entre sí los Padres de la Iglesia en sus cartas, en sus apologías y aun en sus santas reuniones conciliares, durante la tormentosa infancia del cristianismo?[37] ¿Quién podria contar las difamaciones y calumnias que durante el siglo III se derramaron por todo el mundo cristiano contra el célebre San Atanasio?[38] ¿Qué vemos en las controversias suscitadas entonces con motivo de la validez del bautismo administrado por los herejes? Vemos que el papa San Estéban calificaba de herética la doctrina de los que la negaban, apellidando con tal motivo á San Cipriano, que la contradecia, seudo sacerdote, seudo apóstol y doloso ministro.[39] San Cipriano, quejándose con su amigo Pompeyo de este duro tratamiento, tachaba con muy áspero lenguaje la conducta y aun doctrina del Pontífice;[40] devolvíale sus reproches haciéndole los mas severos cargos,[41] rematando con inculpaciones que no nos atrevemos á reproducir en lengua vulgar.[42]. Firmiliano, obispo de Cesaréa en Capadocia,[43] grande amigo de San Cipriano y que profesaba su misma doctrina, se expresaba

mente, calumniando su intencion y tachándolo de *soberbio, ambicioso, vano, hipócrita, iluso, ignorante, artificioso, vengativo &c. &c.*—V. su defensa escrita por Fr. Juan de la Anunciacion, con el título de *La inocencia vindicada.*

[37] Convocados los Padres del famoso concilio Niceno que solidó los fundamentos de la fe cristiana, se les vió á muchos venir provistos de representaciones y quejas en que mútuamente se acriminaban, y que Constantino tuvo el buen juicio de cortar, mandándolas quemar en su presencia.— *Proinde unusquisque ea, quæ aliis objiciebat, crimina, libello comprehensa Imperatori offerens, ea, quæ adversus ipsum secus admissa fuerant, exponebat.... Imperator singulorum criminationem cessare, et libellos cremari jussit.*— Sozomeni, Eccles. Historiæ, lib. I, cap. 17. (Aug. Taurin., 1747, fol., edic. de Valois.)

[38] El episcopado de Oriente se adelantó hasta pronunciar su formal condenacion en el concilio de Arlés.— Fleury, Hist. Ecles., XIII, 10.

[39] ....*pseudochristum et pseudoapostolum et dolosum operarium.*— D. Cypriani Op., Ep. LXXV. (Paris, 1726, fol., edic. de Baluzio.)

[40] ....*misi tibi rescripti ejus* (Stephani) *exemplum: quo lecto, magis ac magis ejus errorem denotabis, qui hæreticorum causam contra christianos et contra ecclesiam Dei asserere conatur. Nam inter cætera vel superba, vel ad rem non pertinentia, vel sibi ipsi contraria quæ imperitè atque improvidè scripsit etc., etc.*— D. Cypriani, Ep. LXXIV.

[41] ....*quæ ista obstinatio est, quæve præsumptio, humanam traditionem divinæ dispositioni anteponere, nec animadvertere indignari et irasci Deum quoties divina præcepta solvit et præterit humana traditio.*— Ep cit.

[42] *Nam in eodem loco epistolæ suæ* (Stephani) *addidit et adjecit:* cùm ipsi hæretici propriè alterutrum ad se venientes non baptizent, sed communicent tantum. Ad hos enim malorum devoluta est ecclesia Dei et Sponsa Christi ut hæreticorum exempla sectetur...... et id faciunt christiani quod antichristi faciunt. Quæ verò est animi cæcitas, quæ pravitas, fidei unitatem de Deo Patre et de Jesu Christi Domini et Dei nostri traditione venientem nolle cognoscere?*--Ubi sup.

[43] *Beatæ recordationis,* lo llamaba en su epístola sinódica el concilio de Antioquia que condenó y depuso á Paulo de Samosata.— Eusebio, Hist. Ecles., lib. VII, cap. 30.

en términos todavía mas punzantes contra la defendida por el papa San Estéban, no perdonando tampoco ni á su ciencia, ni á su persona.[44]

Ahora bien, ¿y qué han perdido ni en la estimacion, ni en la veneracion pública, las personas ó corporaciones así difamadas?.... ¿Acaso el V. Palafox, Bossuet, Fenelon y los otros varones ilustres y santos de la Iglesia son menos respetados y honorificados de lo que reclaman sus merecimientos y sus virtudes?.... No; porque á cada uno en su caso podia aplicarse, con mas ó menos propiedad, la observacion que Brotier y Vauvilliers hacian con motivo de la violenta diatriba[45] que uno de los mas bellos genios de la Grecia disparó al justamente aclamado Padre de la Historia. — «Es imposible al hombre, decian, no pagar el tributo que «debemos á la malignidad, á la debilidad y á las pasiones que son el «triste patrimonio de la humanidad.» Por consiguiente, añadian (y yo repito con ellos), «nuestro esfuerzo y empeño para repeler y desenmas«carar la *injusticia*, deben ser tanto mas grandes, cuanto que proceden «de quien no puede sospecharse que consienta en ser su instrumento.»

La observacion que precede cuadra especialmente al Padre Motolinia, porque su respetabilidad, su ingenuidad y sus eminentes virtudes, han sido precisamente la poderosa palanca que ha dado una fuerza casi irresistible á las acres censuras y opinion desfavorable sembradas en el mundo contra su venerable antagonista Fray Bartolomé de las Casas. No pudiéndosele sospechar intereses privados, ni miras rastreras, sus palabras y juicios se tomaron como la sincera expresion de la verdad, y como el severo fallo de una concienzuda opinion. Sin embargo, ¡y quién lo creyera! el mismo Padre Motolinia viene á ministrar con su autoridad y con sus revelaciones históricas, la prueba plena y flagrante *de todos y de cada uno de*

[44] He aquí unos cuantos pasajes entresacados de la carta que escribió á S. Cipriano, consolándolo y fortificándolo en su doctrina.

Sed hæc interim quæ ab Stephano gesta sunt prætereantur; ne dum audaciæ et insolentiæ ejus meminimus, de rebus ab eo improbé gestis longiorem mæstitiam nobis inferamus.— Ep. LXXV cit., p. 143.

Et quidem quantum ad id pertineat quod Stephanus dixit.... plenissimé vos respondistis neminem tam stultum esse qui hoc credat apostolos tradidisse, quando etiam ipsas hæreses constet execrabiles ac detestandas postea extitisse etc., etc.— Ibid., p. 144.

Quod nunc Stephanus ausus est facere, rumpens adversùm vos pacem quam semper antecessores ejus vobiscum amore et honore mutuo custodierunt, adhuc etiam infamans Petrum et Paulum beatos apostolos, quasi hoc ipsi tradiderint etc., etc.— Ibid.

...jam probastis satis ridiculum esse ut quis sequatur errantes....

Atque ego in hac parte justé indignor ad hanc tam apertam et manifestam Stephani stultitiam....— Ibid., p. 148.

Stephanus, qui per successionem cathedram Petri habere se prædicat, nulo adversùs hæreticos zelo excitatur, concedens illis non modicam sed maximam gratiæ potestatem....— Ibid.

Et tamen non pudet Stephanum talibus adversùs ecclesiam patrocinium præstare et propter hæreticos asserendos fraternitatem scindere, insuper et Cyprianum pseudochristum et pseudoapostolum et dolosum operarium dicere.— Ibid., p. 151.

[45] La que escribió Plutarco intitulada *De la malignidad de Herodoto*, desacreditando la obra é infamando la persona de este célebre historiador.

los hechos que el Padre Casas invocaba en apoyo de las fulminantes filípicas que lanzaba á los conquistadores.

Dos fueron los principales intentos que se propuso Fray Toribio en su famosa Carta al Emperador: 1° vindicar á los conquistadores y encomenderos de las inculpaciones de Don Fray Bartolomé: 2° desacreditar la veracidad de sus narraciones, y subvertir su recta intencion, llevándose de calle al narrador. Para lo primero asienta que las adquisiciones de aquellos eran por medios legítimos; que los Indios estaban bien tratados; que sus tributos eran muy moderados; que los antiguos abusos habian desaparecido, y que á los Indios se hacia entera y pronta justicia contra sus mismos dominadores; que estos eran muy celosos por la propagacion del cristianismo, mas y mejor aún que el mismo Casas; en fin, insinuaba que la despoblacion procedia principalmente de las epidemias que habian afligido á las razas indígenas. Esto decia al Emperador en su Carta. Veamos ahora lo que antes habia dicho al conde de Benavente en su *Historia de los Indios*.

Comienza con las siguientes melancólicas palabras, que forman el epígrafe del trágico obituario de las familias aztecas. « Hirió Dios y castigó «esta tierra, y á los que en ella se hallaron, así naturales como extranje-«ros, con diez plagas trabajosas. »[46] Las tres primeras fueron la peste, la guerra y el hambre que trajo la conquista. La cuarta « los calpixques,[47] «ó estancieros y negros, que luego que la tierra se repartió, los conquis-«tadores pusieron en sus repartimientos y pueblos...... para cobrar los «tributos y para entender en sus granjerías...... Hanse (añadia) ense-«ñoreado de esta tierra, y mandan á los señores principales y naturales «de ella como esclavos; *y porque no querria descubrir sus defectos*, callaré «lo que siento con decir que...... á do quiera que están *todo lo enconan* «*y corrompen, hediondos como carne dañada*, y que no se aplican á nada «sino á mandar; son zánganos que comen la miel que labran las pobres «abejas, que son los Indios.

« La quinta plaga fué los grandes tributos y servicios que los Indios «hacian...... y como los tributos eran tan continuos....., para poder «ellos cumplir vendian los hijos y las tierras á los mercaderes, y faltando «de cumplir el tributo, hartos murieron por ello, unos con tormentos y «otros en prisiones crueles, porque los trataban bestialmente, y los esti-«maban en menos que á bestias.

« La sexta plaga fué las minas de oro, que además de los tributos y ser-«vicios de los pueblos á los Españoles encomendados, luego comenzaron «á buscar minas, que los esclavos Indios que hasta hoy en ellas han muerto «no se podrian contar.

« La séptima plaga fué la edificacion de la gran ciudad de México, en

[46] Alusion á las de Egipto.   [47] Recaudadores.

«la cual los primeros años andaba más gente que en la edificacion del
«templo de Jerusalem...... Allí murieron muchos Indios.»
« La octava plaga fué los esclavos que hicieron para echar en las mi-
«nas...... de todas partes entraban á México tan grandes manadas como
«de ovejas para echarles el hierro......; y por la prisa que daban á los
«Indios para que trajesen esclavos en tributo, tanto número de ochenta en
«ochenta dias, acabados los esclavos traian los hijos y los macehuales....»
«y cuantos mas haber y juntar podian......y como el hierro [50] andaba
«bien barato, dábanles por aquellos rostros tantos letreros, demás del
«principal hierro del rey, tanto que toda la cara traian escrita.

« La novena plaga fué el servicio de las minas, á las cuales iban de se-
«senta leguas y mas á llevar mantenimientos los Indios cargados.... destos
«y de los esclavos que murieron en las minas, fué tanto el hedor, que causó
«pestilencia, en especial en las minas de Oaxyecac, [51] en las cuales media
«legua á la redonda y mucha parte del camino, apenas se podia pasar sino
«sobre hombres muertos ó sobre huesos; y eran tantas las aves y cuervos
«que venian á comer sobre los cuerpos muertos, que hacian gran sombra
«al sol, por lo cual se despoblaron muchos pueblos.

« La décima plaga fué las divisiones y bandos que hubo entre los Espa-
«ñoles que estaban en México,» y que remataron con suplicios y matanzas de Indios.

Los párrafos que preceden se han tomado de UN SOLO CAPÍTULO; del
primero de la *Historia* del Padre Motolinia, y van copiados *con sus propias
palabras*.[52] Ahora pues, respóndase con franqueza y buena fe, si el V. Ca-

---

[48] El P. Motolinia advierte que este trabajo iba acompañado de gravámenes todavía
mas imponderables que los impuestos al
pueblo hebreo en Egipto; porque los Indios
«debian buscar á su costa los materiales, pagar los pedreros y carpinteros, y si ellos
mismos no traian que comer, ayunaban.»
Por supuesto que la conduccion era tambien
de su cuenta.

[49] Labradores y gente de servicio.

[50] La marca que se ponia á los esclavos.

[51] No *Oaxyecac* sino *Huaxyacac*. Véase
arriba, pág. CXXXIX.

[52] El que deseare aumentar sus datos no
tiene mas que registrar el resto de su Historia, dónde hallará una abundante cosecha.
Yo me limitaré á unas cuantas reminiscen-
cias. — « Solo Aquel que cuenta las gotas del
agua de la lluvia y las arenas del mar (decia en la pág. 27), puede contar todos los
muertos y tierras despobladas de Hayti, Cuba, S. Juan, Jamaica y las otras islas; y no
hartando la sed de su avaricia, fueron á descubrir las innumerables islas de los Lucayos
y las de Mayaguana, con toda la costa de
Tierra Firme.... matando tantas ánimas y
echándolas casi todas en el infierno, tratando á los hombres peor que á bestias.»

«¿Qué diré de los Españoles seglares que
con estos (Indios) han sido y son tiranos y
crueles, que no miran mas de á sus intereses y codicia....? (pág. 161).» «....no curan
de enseñarlos y doctrinarlos, ni hay quien
les diga lo que toca á la fe y creencia de Jesucristo.... ni quien procure destruir sus supersticiones &c. (pág. 175).» «....pues que
desde una tierra tan rica y tan lejos como es
España, muchos han venido....á buscar el
negro oro de esta, que tan caro cuesta, y á
enriquecerse y usurpar en tierra ajena lo de
los pobres Indios, y tratarlos y servirse de
ellos como de esclavos (pág. 205).»

« Más bastante fué la avaricia de nuestros
Españoles para destruir y despoblar esta

sas ha dicho ni podia decir mas en sus escritos, y si no es evidente que los del mismo Padre Motolinia ministran la mas robusta prueba, ya de la sinceridad y verdad de sus narraciones, ya de la justa indignacion con que fulminaba á los conquistadores.

Si el Padre Motolinia ha sido harto desgraciado en sus apologías y defensas, y por consiguiente en sus censuras contra la veracidad de Don Fray Bartolomé, no le cabe mejor suerte en el segundo y mas grave punto de su intento; en el de hacer sospechosas sus diligentes y desinteresadas investigaciones, no menos que su recta intencion. Píntanoslo como un frenético, enemigo de sus compatriotas, siempre á caza de chismes y de enredos, lince para lo malo, topo para lo bueno, y caminando de acá para acullá «con *veinte y siete ó treinta y siete* Indios cargados y fatigados, *todo lo mas con procesos y escrituras contra Españoles*, y bujerías de nada.»[33] Esta pintura es falsa por la exageracion de sus formas y crudeza de su colorido. Don Fray Bartolomé hacia, en efecto, todas las investigaciones que le proporcionaba la ocasion, porque así lo exigian los deberes de historiador y de protector de los Indios. No haciéndolo, habria incurrido en una verdadera y grave culpa; pero ni averiguaba despreciables enredos, ni menos acogia ligeramente cuanto se le contaba. Nimiamente prudente y concienzudamente circunspecto en esta parte, exigia siempre que las relaciones se le dieran por escrito y autorizadas por los que las enviaban. Concienzudo he dicho, y lo prueba su estudiada reserva en no mencionar el nombre de las personas cuyos crímenes delataba, á menos que lo exigiera la narracion, ó fueran tan conocidas que nada tuvieran que perder. Este solo rasgo de circunspeccion bastaria para absolverlo plenamente del reproche que sin fundamento ni justicia se le ha hecho de difamacion. Nuestro obispo observaba escrupulosamente el precepto —*dicere de vitiis, parcere personis*.

Comprendo que las precedentes aserciones causarán alguna extrañeza, merced á las falsas ideas tan generalmente propagadas sobre el carácter y escritos de Don Fray Bartolomé, y por eso lamentaré siempre que las fatigas de un prolongado trabajo y las pesadumbres de la expatriacion, durante mi residencia en Europa, no me dejaran tiempo ni aliento para producir hoy íntegro un documento de que solamente puedo dar un brevísimo extracto.[34] Refiérome al testamento del V. Casas, del cual se conserva en la Biblioteca Imperial de Paris, calle de Richelieu, un testimonio

---

tierra, que todos los sacrificios y guerras y homicidios que en ella hubo en tiempo de su infidelidad, con todos los que en todas partes se sacrificaban, que eran muchos (pág. 207). &c., &c., &c.

[33] Carta á Cárlos V, pág. 259.

[34] Encuéntrase en el departamento de MSS., en un vol. fol. intitulado Papeles varios, numerado y marcado Nº 4588, S. G. F. —Contiene otros muchos documentos muy interesantes para la historia de nuestro pais. (*)

(*) Espero recibir pronto una copia de todos ellos, y aparecerán á su tiempo en esta Coleccion. — *El Editor*.

jurídico, compulsado quince dias despues de su muerte. En esa ocasion solemne, en que aun los perversos, rompiendo la esclavitud de sus terrestres ataduras pagan su tributo á la verdad, Don Fray Bartolomé se manifestó como se le habia visto siempre; franco, sincero, entusiasta y profundamente convencido de la justicia de la causa y de la rectitud de los principios que habia defendido durante su larga y congojosa vida; tan convencido de ellos, que en esos momentos lo vemos reunir sus últimos esfuerzos para dirigir á su patria un apóstrofe á que tres últimos siglos van dando el melancólico tinte de una tremenda profecía. Lamento, vuelvo á decir, no haber copiado íntegro ese precioso é inédito documento, que hallaria hoy su propio lugar. Pongo á continuacion los apuntes y extractos que saqué de él en la misma Biblioteca Imperial, á fines de Noviembre de 1855. Su concision está indicando que, lo mismo que algunos otros, los tomé solamente para conservarlos como un recuerdo de viaje.

Fojas 302 á 306.

Testimonio jurídico de una cláusula del testamento del Illmo. Fray Bartolomé de las Casas, compulsado en Madrid en 14 de Agosto de 1566. — De él aparece que el 17 de Marzo de 1564 se presentó el escribano Gaspar Testa en el monasterio de Nuestra Señora de Atocha, del órden de Predicadores, para autorizar el testamento *cerrado* del obispo, y que el 31 de Julio de 1566 compareció Fray Juan Bautista ante el Licenciado Palomino, teniente de corregidor de la villa, avisando la muerte del prelado, y pidiendo, como albacea, que se procediera á la apertura del testamento. — En una de sus cláusulas dice el obispo: «hize «esta escritura por fin de hebrero de 1564.» &c.

Su asunto es el que formó el objeto de todos los trabajos y votos del prelado, expresados con su mismo entusiasmo y vehemencia, segun se comprenderá por el siguiente rasgo: «é «creo que por estas impías y celerosas é ignominiosas obras tan injusta, tiránica y bárba-«ricamente hechas en ellas (en las gentes de América) y contra ellas, Dios ha de derra-«mar sobre España su furor é ira, porque toda ella ha comunicado é participado poco que «mucho en las sangrientas riquezas robadas y tan usurpadas y mal habidas y con tantos «estragos é acabamiento de aquellas gentes, si gran penitencia no hiciere, y temo que tarde «ó nunca hará &c.» — Una de sus mayores recomendaciones al prelado del monasterio, era que conservara sus papeles con el mayor cuidado, sin permitir extraerlos, especialmente su *Historia general de las Indias*. Igualmente encargaba que se reunieran en volúmenes todas las cartas é informes que se le habian escrito comunicándole los atentados que cometian los conquistadores — «porque (decia) *estas cartas son testimonio de la verdad* que yo «siempre y por muchos años por misericordia de Dios he defendido, é de las injusticias, «injurias, é violencias, é prisiones, é calamidades, é muertes, que aquellas gentes de noso-«tros han padecido, *é será é vivirá como historia probada* por muchos............; por ende «pido por caridad al M. R. P. Rector.... que se haga un libro con todas, por la órden de «los meses é años que se me enviaban y de las provincias que venian, y se pongan en la «librería del dicho colegio *ad perpetuam rei memoriam*, porque si Dios determina destruir «á España, se vea que es por las destrucciones que habemos hecho en las Indias, y parecerá «la razon de su justicia. Esta compilacion comenzó á hacer un prudente colegial, puesto «que no ovo lugar para acabarla.»

El documento que describo presenta en muchas partes apostillas de letra del V. Fray

Alonso de la Veracruz.⁵⁵ Una, autorizada con su firma, es la siguiente:—«Digo yo Fray «Alonso de la Vera † ⁵⁶ que oí al doctor Cerrano, oidor de S. M. en esta ciudad de México, «que estando en corte de S. M. en España, y siendo relator allí de lo que el fiscal oyó pedia «contra Pizarro de los males y tiranías que habia hecho en el Perú, se le probó haber muerto «mas de veinte mil niños tomados de los pechos de sus madres, porque sin embarazo dellos «pudieran en las madres llevar las cargas de los que iban en compañía del dicho Pizarro y «suyas.—FR. ALONSO DE LA VERA † »⁵⁷

No es esta, segun ya advertia, la única apostilla que se encuentra en aquel precioso monumento; hay otras muchas, sumamente breves, pero todas confirmatorias de las especies asentadas por el ilustre testador, como de un testigo que daba fe de su verdad. ⁵⁸ ¿Qué podrá entonces oponerse, en buena crítica, á la fidelidad de sus narraciones y á la sinceridad del narrador?.... Contra esta, nada absolutamente, y si las otras claudicaban, no era suya la culpa; por eso recomendaba tan encarecidamente y aun *pedia por caridad* al rector del monasterio, que conservara las relaciones que se le habian enviado, haciéndolas encuadernar en un libro, *porque esas cartas eran testimonio de la verdad que siempre habia defendido*. Quien así se expresaba tenia su conciencia tranquila, no temia el juicio de la posteridad, y patentizaba hasta en sus últimos dias los rectos y desinteresados sentimientos de un buen obispo y de un buen ciudadano; porque un sincero y acendrado patriotismo entraba tambien en todos los actos del perseguido obispo de Chiapas.

Iguales ó mayores elogios que los que le tributaba el venerable escritor agustiniano, ha merecido á los historiadores de las otras órdenes religiosas. Pero hable por todos el ilustre franciscano Fray Juan de Torquemada, ardiente defensor de la honra de sus hermanos, historiador el mas diligente y sincero, que encontró aun fresca la memoria del V. Fray Toribio Motolinia ⁵⁹ y disfrutó de todos sus papeles. Ni una sola palabra vierte

---

⁵⁵ Este fué uno de los personajes mas ilustres por su virtud y por su ciencia, que honraron el suelo de América. Abandonando los honores y lisonjero porvenir que le presentaba la corte, se vino á México para no ser mas que misionero cristiano. Fué uno de los mas ardientes promovedores de la fundacion de nuestra Universidad, en la que desempeñó la primera cátedra de Escritura. Fué tambien el fundador de los estudios monásticos de PP. Agustinos en el colegio de S. Pablo, donde he visto su retrato. Promovido por tres veces al episcopado, lo renunció. El Dr. Beristain ha formado su elogio en su *Biblioteca Hispano-Americana*.

⁵⁶ Abreviacion de *Veracruz*, muy usada en el siglo XVI.

⁵⁷ Aquí termina el extracto del testamento.

⁵⁸ Llegó á Mexico el 2 de Julio de 1536.— V. Crónica de la Órden de N. P. S. Agustin en las provincias de la Nueva España, &c., por Fr. Juan de Grijalva, (México, 1624, f°,) Edad 1ª, cap. 16.

⁵⁹ Ninguno de nuestros bibliógrafos ha dado noticias completas del P. Torquemada, el mejor de nuestros historiadores, digan lo que quieran sus interesados ó mal impuestos censores. El Dr. Beristain dejó inciertas las épocas de su nacimiento, profesion y muerte; y el envidioso P. Vetancurt apenas hace de él una maligna mencion. En algunos monumentos que he consultado encuentro que nació en España hácia los años de

sobre sus contiendas con el V. Casas, ni tampoco menciona entre sus escritos la famosa carta que nos ocupa, y que seguramente tenia á la vista. En oposicion de este silencio, proclama al obispo «hombre santo y grande «inquisidor de verdades;» [60] apostólico y singular varon.» [61] Tejiendo en otra parte el elogio de los personajes ilustres de la órden de Santo Domingo, decia: «Y pues que hacemos memoria de los que la merecieron «por haber trabajado fiel y apostólicamente en la obra de la conversion «de los Indios, razon será que se haga de quien entre otros religiosos «mas que otro alguno trabajó y mas hizo por su conservacion y cristian-«dad. Este fué el obispo de Chiapa Don Fray Bartolomé de las Casas.» Haciendo en seguida un breve resúmen de sus afanes y trabajos por la defensa de los Indios, y para los cuales, advierte el historiador, que sus mismos hermanos franciscanos de México le enviaban noticias y documentos, concluye con la siguiente piadosa y sentida peroracion. «Tengo «para mí (sin alguna duda) que es muy particular la gloria que goza en «el cielo y honrosísima la corona de que está coronado por el *santísimo* «*celo* que con perseverancia hasta la muerte tuvo de padecer por amor de «Dios, volviendo por los pobres y miserables destituidos de toda ayuda «y favor. Émulos hartos ha tenido *por haber dicho claramente las verda-*«*des*: ¡plega á la majestad de Dios que ellos hayan alcanzado ante su «divina presencia alguna parte de lo mucho que él mereció y alcanzó, «segun la fe que tenemos!» [62]

Estas palabras en boca de un hombre de la alta virtud y ciencia histórica que reunia el Padre Torquemada; de un Español, de un coetáneo y de un religioso franciscano de la provincia y del convento que habia ilustrado el V. Motolinia con sus virtudes y con sus escritos, es una respuesta contundente á todos los argumentos y difamaciones lanzados contra su igualmente venerable antagonista. Yo podria multiplicar hasta lo infinito las remisiones á autoridades igualmente respetables; pero ¿cuál pudiera ser mayor? ¿qué mas podrian decir?..... Por lo demás, esos mismos acres y punzantes escritos del obispo de Chiapas; esa grande libertad y energía con que hablaba al mas absoluto y poderoso monarca del mundo; esa paciencia con que este lo escuchaba; esa pronta docilidad para atender á sus representaciones; esa abnegacion para sobreponer los intereses religiosos á los políticos; esa imparcialidad y justificacion del Consejo; y esas otras mil y flagrantes muestras del interes con que la corona veia la suerte de sus colonias, forman ciertamente el mas grandioso monumento

---

1563 ó 1565; que vino niño, y tomó el hábito en este convento de México el mes de Febrero de 1583, catorce años despues de la muerte del Padre Motolinia. La de nuestro diligente y venerable historiador acaeció el de 1624, siendo guardian del mismo convento.

[60] Monarquía Indiana, lib. VII, cap. 21.
[61] Ibid., lib. XIV, cap. 25.
[62] Ibid., lib. XV, cap. 17.

que la antigua monarquía española pudo elevar á su gloria, y le dan un timbre que puede ostentar con orgullo á las generaciones pasadas y venideras, segura de que difícilmente encontrará su igual, y jamás su superior.

XIII. — *Fragmentos.*

Si Gómara, Herrera y Torquemada nos hubieran citado con la escrupulosidad debida las fuentes de sus trabajos históricos, hoy podríamos recobrar, si no el todo, la mayor parte de lo que nos falta del Padre Motolinia; pero el primero ni aun lo menciona, y el segundo solo hizo una vaga remision. El último es el único que le conservó su propiedad en un gran número de pasajes, segun hemos visto en la pág. CXXXII. Allí dije tambien que las remisiones que me quedaban sin concordar eran *treinta*, que debemos reputar como otros tantos *Fragmentos*. Estos son de dos clases. Los unos propiamente tales que parecen reproducir el texto literal. Los otros que presentan las noticias tejidas con la narracion del historiador. Como su interes no es sostenido, y engrosarian demasiado esta, ya bastante abultada parte de mi trabajo, omitiré su insercion, bastando para satisfacer el empeño del curioso, que le indique los lugares de Torquemada donde puede encontrarlos. Este intento desempeña la siguiente tabla de remisiones. Advierto que todas se refieren á la edicion de Madrid, 1723, fol., que es la comun.

TOMO PRIMERO. — Pág. 175, *col.* 2. — 323, 2.⁶³ — 324, 2. — 327, 2. — 329, 2. — 331, 1. — 336, 2. — 531, 2. — 613, 1.

TOMO SEGUNDO. — 301, 2. — 379, 1. — 400, 2. — 420, 1. — 441, 2. — 444, 1. — 474, 2. — 475, 1 y 2. — 478, 1. — 556, 1. — 558, 1 y 2. — 564, 2. — 565, 2. — 566, 2. — 597.⁶⁴ — 612, 1. — 618, 1. — 623, 1.

TOMO TERCERO. — 605, 1.

Al dar fin á esta tabla y á mi tarea, repito la advertencia que antes hice, conviene á saber: que es muy posible se encuentre alguno de estos fragmentos en la *Historia de los Indios*, pues ni mis ocupaciones me permitian hacer un tan minucioso exámen, ni puedo confiar enteramente en mi memoria; por lo mismo he descansado principalmente en la del editor.

México, Setiembre 10 de 1858.

JOSÉ FERNANDO RAMIREZ.

---

⁶³ Este pasaje se encuentra casi textualmente en Gómara (Historia de las Indias, cap. 209, ed. de Barcia), y Torquemada dice que lo tomó de la relacion del P. Motolinia.

⁶⁴ Comprende las cinco páginas del capítulo 33 del libro XIV.

HISTORIA DE LOS INDIOS

DE LA NUEVA ESPAÑA.

EPÍSTOLA PROEMIAL de un Fraile menor al Illmo. Señor Don Antonio Pimentel, sesto conde de Benavente, sobre la relacion de los ritos antiguos, idolatrías y sacrificios de los Indios de la Nueva España, y de la maravillosa conversion que Dios en ellos ha obrado. Declárase en esta Epístola el orígen de los que poblaron y se enseñorearon de la Nueva España.

La paz del muy alto Señor Dios nuestro sea siempre con su ánima. Amen. Nuestro Redentor y Maestro Jesucristo en sus sermones formaba las materias, parábolas y ejemplos segun la capacidad de los oyentes; á cuya imitacion digo: que los caballeros cuerdos se deben preciar de lo que su rey y señor se precia; porque lo contrario hacer, seria gran desatino: y de aquí es, que cuando en la corte el emperador se precia de justador, todos los caballeros son justadores; y si el rey se inclina á ser cazador, todos los caballeros se dan á la caza; y el traje que el rey ama y se viste, de aquel se visten los cortesanos. Y de aquí es, que como nuestro verdadero Redentor se preció de la cruz, todos los de su corte se preciaron mas de la misma cruz, que de otra cosa ninguna, como verdaderos cortesanos que entendian y conocian que en esto estaba su verdadera salvacion. Y de aquí es, que el hombre de ninguna cosa se precia mas que de la razon, que le hace hombre, capaz y merecedor de la gloria, y le distingue y aparta de los brutos animales. Dios se preció TANTO de la cruz, que se hizo hombre y por ella determinó de redimir el humanal linaje: y pues el Señor se precia del fruto de la cruz, que son las ánimas de los que se han de salvar, creo yo que Vuesa Señoría, como cuerdo y leal siervo de Jesucristo, se gozará en saber y oir la salvacion y remedio de los convertidos en este Nuevo Mundo, que ahora la Nueva España se llama, adonde por la gracia y voluntad de Dios cada dia tantas y tan grandes y ricas tierras SE DESCUBREN, adonde Nuestro Señor es nuevamente conocido, y su santo nombre y fé ensalzado y glorificado, cuya es toda la bondad y virtud que en Vuesa Señoría y en todos los virtuosos príncipes de la tierra resplandece; de lo cual no es menos dotado Vuesa Señoría que lo fueron todos sus antepasados, mayormente vuestro ínclito y verdadero padre Don Alonso Pimentel, conde quinto de Benavente, de buena y gloriosa memoria, cuyas pisadas Vuesa Señoría en su mocedad bien imita, mostrando ser no menos generoso que católico señor de la muy afamada casa y excelente dictado de Benavente, por lo cual debemos todos sus siervos y capellanes estudiar y trabajar en servir y reagradecer las mercedes recibidas; y á esta causa suplico á Vuesa Señoría reciba este pequeño servicio quitado de mi trabajo y ocupacion, hurtando al sueño algunos ratos, en los cuales he recopilado esta relacion y servicio que á Vuesa Señoría presento; en la cual sé que he quedado tan corto, que podria ser notado de los prácticos en esta tierra, que han visto y entendido todo ó lo mas que aquí se dirá. Y porque esta obra no vaya coja de lo que los hombres naturalmente desean saber, y aun en la verdad es gloria de los señores y príncipes buscar y saber secretos, declararé en esta brevemente lo que mas me parezca á la relacion conveniente.

Esta tierra de Anáhuac, ó Nueva España (llamada ASI primero por el Emperador nuestro señor) segun los libros antiguos que estos naturales tenian de caracteres y figuras, que esta era su escritura; y á causa de no tener letras, sino caracteres, y la memoria de los hombres ser débil y flaca, los viejos de esta tierra son varios en declarar las antigüedades y cosas notables de esta tierra, aunque algunas cosas se han colegido y entendido por sus figuras, cuanto á la antigüedad y sucesion de los señores que señorearon y gobernaron

EPISTOLA PROEMIAL.

esta tan grande tierra; lo cual aquí no se tratará, por parecerme no ser menester dar cuenta de personas y nombres que mal se pueden entender ni pronunciar; baste decir cómo en el tiempo que esta tierra fué conquistada por el buen caballero y venturoso capitan Hernando Cortés, marques que ahora es del Valle, era supremo rey y señor uno llamado Moteuczoma, y por nombre de mayor dictado llamado de los Indios Moteuczomatzin.

Habia entre estos naturales cinco libros, como dije, de figuras y caracteres. El primero habla de los años y tiempos. El segundo de los dias y fiestas que tenian todo el año. El tercero de los sueños, embaimientos, vanidades y agüeros en que creian. El cuarto era el del bautismo, y nombres que daban á los niños. El quinto de los ritos, y ceremonias, y agüeros que tenian en los matrimonios. De todos estos, al uno, que es el primero, se puede dar crédito, porque habla la verdad, que aunque bárbaros y sin letras, mucha órden tenian en contar los tiempos, dias, semanas, meses, y años, y fiestas, como adelante parecerá. Y asimismo figuraban las hazañas y historias de vencimientos y guerras, y el suceso[1] de los señores principales; los temporales y notables señales del cielo, y pestilencias generales; en qué tiempo, y de qué señor acontecian; y todos los señores que principalmente sujetaron esta Nueva España, hasta que los Españoles vinieron á ella. Todo esto tienen por caracteres y figuras que lo dan á entender. Llaman á este libro, *Libro de la cuenta de los años,* y por lo que de este libro se ha podido colegir de los que esta tierra poblaron, fueron t.es maneras de gentes, que aun ahora hay algunos de aquellos nombres. A los unos llamaron Chichimecas, los cuales fueron los primeros señores de esta tierra. Los segundos son los de Colhua. Los terceros son los Mexicanos.[2]

De los Chichimecas no se halla mas de que ha ochocientos años

---

[1] Sucesion.

[2] El autor llama indistintamente en esta Epistola, *Colhuas ó Acolhuas* á los Tetzcocanos, siendo así que los Colhuas eran los Mexicanos, llamándose Acolhuas solo los Tetzcocanos; y su reino *Acolhuacan.* Será tal vez error de los copistas; pero tambien es muy fácil, como lo han hecho muchos, confundir nombres tan semejantes; cuya diferencia advierte muy bien, entre otros, Juan Bautista Pomar en su *Relacion de la Ciudad de Tetzcoco, MS.,* diciendo: «Y porque de Culhuaque á Aculhuaque hay mucha semejanza, y no se tome lo uno por lo otro, y por eso haya error; se advierte que como se ha dicho, Aculhuaque son los Chichimecas «hombrudos, y Culhuaque son los advenedizos del género mexicano.»

que son moradores en esta tierra, aunque se tiene por cierto ser mucho mas antiguos, sino que no tenian manera de escribir ni figurar, por ser gente bárbara y que vivian como salvajes. Los de Colhua se halla que comenzaron á escribir y hacer memoriales por sus caracteres y figuras. Estos Chichimecas no se halla que tuviesen casas, ni lugares, ni vestidos, ni maiz, ni otro género de pan, ni otras semillas. Habitaban en cuevas y en los montes; manteníanse de raices del campo, y de venados, y liebres, y conejos, y culebras. Comíanlo todo crudo, ó puesto á secar al sol; y aun hoy dia hay gente que vive de esta manera, segun que mas larga cuenta dará á Vuesa Señoría el portador de esta, porque él con otros tres compañeros estuvieron cautivos por esclavos mas de siete años, que escaparon de la armada de Pánfilo de Narvaez; despues se huyeron, y otros Indios los trajeron y sirvieron camino de mas de setecientas leguas, y los tenian por hombres caídos del cielo; y estos descubrieron mucha tierra encima de la Nueva Galicia, adonde[3] ahora van á buscar las siete ciudades. Ya son venidos mensajeros y cartas como han descubierto infinita multitud de gente. Llámase la primera tierra la provincia de Cíbola; creese[4] que será gran puerta para ir adelante.

Tenian y reconocian estos Chichimecas á uno por mayor, al cual supremamente obedecian.[5] Tomaban una sola por mujer, y no habia de ser parienta. No tenian sacrificios de sangre, ni ídolos; mas adoraban al sol y teníanle por Dios, al cual ofrecian aves y culebras y mariposas. Esto es lo que de estos Chichimecas se ha alcanzado á saber.

Los segundos fueron los de Colhua. No se sabe de cierto de adónde vinieron, mas de que no fueron naturales, sino que vinieron treinta años despues que los Chichimecas habitaban en la tierra; de manera que hay memoria de ellos de setecientos y setenta años; y que eran gente de razon, y labraron y cultivaron la tierra, y comenzaron á edificar y á hacer casas y pueblos, y á la fin comenzaron á comunicarse con los Chichimecas, y á contraer matrimonios, y casar unos con otros; aunque se sabe que esto no les duró mas de ciento y ochenta años.

3 Y.—*Kingsborough*.
4 Falta esta palabra en la edicion inglesa.
5 Supriormente reconocian.—*K*.

Los terceros, como hice mencion, son los Mexicanos, de los cuales se tratará adelante. Algunos quieren sentir que son de los mismos de Colhua, y creese será así, por ser la lengua toda una; aunque se sabe que estos Mexicanos fueron los postreros, y que no tuvieron [6] señores principales, mas de que se gobernaron [7] por capitanes. Los de Colhua parecieron [8] gente de mas cuenta y señores principales. Los unos y los otros vinieron á la laguna de México. Los de Colhua entraron por la parte de oriente, y edificaron un pueblo que se dice Tollantzinco, diez y siete leguas de México; y de allí fueron á Tollan, doce leguas de México, á la parte del norte, y vinieron poblando hácia Tetzcoco, que es en la orilla del agua de la laguna de México, cinco leguas de travesía, y ocho de bojeo. Tetzcoco está á la parte de oriente, y México al occidente, la laguna en medio. Algunos quieren decir que Tetzcoco se dice Colhua por respeto de estos que allí poblaron. Despues el señorío de Tetzcoco fué tan grande como el de México. De allí de Tetzcoco vinieron á edificar á Coatlichan, que es poco mas que legua [9] de Tetzcoco, á la orilla del agua, entre oriente y mediodía. De allí fueron á Colhuacan, á la parte de mediodía; tiene á México al norte dos leguas, por una calzada. Allí en Colhuacan asentaron, y estuvieron muchos años. Adonde ahora es la ciudad de México eran entonces pantanos y cenagales, salvo un poco que estaba enjuto como isleta. Allí comenzaron los de Colhua á hacer unas pocas de casas de paja; aunque siempre el señorío tuvieron en Colhuacan, y allí residia el señor principal.

En este medio tiempo vinieron los Mexicanos, y entraron tambien por el puerto [10] llamado Tollan, que es á la parte del norte respecto á México, y vinieron hácia el poniente poblando hasta Azcapotzalco, poco mas de una legua de México. De allí fueron á Tlacopan, y á Chapultepec, adonde nace una excelente fuente que entra en México, y de allí poblaron á México.

Residiendo los Mexicanos en México, cabeza de señorío, y los de Colhua en Colhuacan, en esta sazon se levantó un principal de los

---

6 Trajeron.—K.
7 Gobernaban.—K.
8 Así Kingsborough y el MS.
9 Poco mas léjos.—K.

10 No se olvide que puerto significa tambien en castellano, "el paso ó camino que "hay entre montañas."

de Colhua, y con ambicion de señorear mató á traicion al señor de los de Colhua, el cual era ya treceno señor despues que poblaron, y levantóse por señor de toda la tierra; y como era sagaz quiso, por reinar sin sospecha, matar á un hijo que habia quedado de aquel señor á quien él habia muerto, el cual por industria de su madre se escapó de la muerte y se fué á México, adonde estando muchos dias, creció y vino á ser hombre, y los Mexicanos, visto su buena manera, trataron con él matrimonios, de suerte que casó con veinte mujeres, unas en vida de otras, y todas hijas y parientas de los mas principales de los Mexicanos, de las cuales hubo muchos hijos, y de estos descienden todos los mas principales señores de la comarca de México. A éste favoreció la fortuna cuanto desfavoreció á su padre, porque vino á ser señor de México, y tambien de Colhuacan, aunque no de todo el señorío; y dió en su vida á un hijo el señorío de Colhua, y él quedó ennobleciendo á México, y reinó y señoreó en ella cuarenta y seis años. Muerto este señor, que se llamaba Acamapitztli, sucedióle un hijo de tanto valor, y mas que el padre, porque por su industria sujetó muchos pueblos, al cual despues sucedió un otro hermano suyo, al cual mataron sus vasallos á traicion, aunque no sin gran culpa suya, porque vivia con mucho descuido.

A este tercero señor sucedió otro hermano llamado Itzcoatzin, que fué muy venturoso, y venció muchas batallas, y sujetó muchas provincias, é hizo muchos templos, y engrandeció á México.

A este sucedió otro señor llamado Huehue Moteuczoma, que quiere decir Moteuczoma el Viejo, que fué nieto del primero señor. Era entre esta gente costumbre de heredar los señoríos los hermanos, si los tenia, y á los hermanos sucedia otra vez el hijo del mayor hermano, aunque en algunas partes sucedia el hijo al padre; pero el suceder los hermanos era mas general, y en los mayores señoríos, como eran México y Tetzcoco.

Muerto el viejo Moteuczoma sin hijo varon, sucedióle una hija legítima, cuyo marido fué un pariente suyo muy cercano, de quien sucedió y fué hijo Moteuczomatzin, el cual reinaba en el tiempo que los españoles vinieron á esta tierra de Anáhuac. Este Moteuczomatzin reinaba en mayor prosperidad que ninguno de sus pasados, porque fué hombre sabio, y que se supo hacer acatar y temer, y así fué el mas temido señor de cuantos en esta tierra reinaron. Esta diccion *tzin*, en que fenecen los nombres de los señores aquí nombrados, no es propia del nombre, sino que se añade por cortesía y dignidad, que así lo requiere esta lengua.

Este Moteuczoma tenia por sus pronósticos y agüeros, que su gloria, triunfo y majestad no habia de durar muchos años, y que en su tiempo habian de venir gentes extrañas á señorear esta tierra, y por esta causa vivia triste, conforme á la interpretacion de su nombre; porque Moteuczoma quiere decir, hombre triste, y sañudo, y grave, y modesto, que se hace temer y acatar, como de hecho éste lo tuvo todo.

Estos Indios demas de poner por memorias, caracteres y figuras las cosas ya dichas, y en especial el suceso y generacion de los señores y linajes principales, y cosas notables que en su tiempo acontecian, habian tambien entre ellos personas de buena memoria que retenian y sabian contar y relatar todo lo que se les preguntaba; y de estos yo topé con uno, á mi ver harto hábil y de buena memoria, el cual sin contradiccion de lo dicho, con brevedad me dió noticia y relacion del principio y órigen de estos naturales, segun su opinion y libros entre ellos mas auténticos. Pues éste dice, que estos Indios de la Nueva España traen principio de un pueblo llamado Chicomoztoc, que en nuestra lengua castellana quiere decir *Siete cuevas;* y cómo un señor de ellos hubo siete hijos, de los cuales el mayor y primogénito pobló á Cuauhquechollan y otros muchos pueblos, y su generacion vino poblando hasta salir á Tehuacan, Cozcatlan, y Teutitlan.

Del segundo hijo llamado Tenoch vinieron los Tenochcas, que son los Mexicanos, y así se llama la ciudad de México, Tenochca.

El tercero y cuarto hijos tambien poblaron muchas provincias y pueblos, hasta adonde está ahora la ciudad de los Ángeles edificada, adonde hubieron grandes batallas y reencuentros, segun que en aquel tiempo se usaba, y poblaron tambien adelante, adonde ahora está un pueblo de gran trato, adonde se solian juntar muchos mercaderes de diversas partes y de lejas tierras, y van [11] allí á contratar, que se dice Xicalanco. Otro pueblo del mismo nombre me acuerdo haber visto en la provincia de Maxcalzinco, que es cerca

---

11 Que iban—A.

del puerto de la Veracruz, que poblaron los Xicalancas; y aunque están ambos en una costa, hay mucha distancia del uno al otro.

Del quinto hijo llamado Mixtecatl vinieron los Mixtecas. Su tierra ahora se llama Mixtecapan, la cual es un gran reino: desde el primer pueblo hácia la parte de México, que se llama Acatlan, hasta el postrero, que se dice Tototepec, que está en la costa del mar del sur, son cerca de ochenta leguas. En esta Mixteca hay muchas provincias y pueblos, y aunque es tierra de muchas montañas y sierras, va toda poblada. Hace algunas vegas y valles; pero no hay vega en toda ella tan ancha que pase de una legua. Es tierra muy poblada y rica, adonde hay minas de oro y plata, y muchos y muy buenos morales, por lo cual se comenzó á criar aqui primero la seda; y aunque en esta Nueva España no há mucho que esta granjería se comenzó, se dice que se cogerán en este año mas de quince mil libras de seda; y sale tan buena, que dicen los maestros que la tratan, que la tonotzi es mejor que la joyante de Granada; y la joyante de esta Nueva España es muy estremada de buena seda.[12]

Es esta tierra muy sana. Todos los pueblos están en alto en lugares secos. Tiene buena templanza de tierra, y es de notar que en todo tiempo del año se cria la seda, sin faltar ningun mes. Antes que esta carta escribiese en este año de 1541, anduve por esta tierra que digo, mas de treinta dias; y por el mes de Enero vi en muchas partes semilla de seda, una que revivia, y gusanicos negros, y otros blancos, de una dormida, y de dos, y de tres, y de cuatro dormidas; y otros gusanos grandes fuera de las panelas, en zarzos; y otros gusanos hilando, y otros en capullo, y palomitas que echaban simiente. Hay en esto que dicho tengo, tres cosas de notar; la una, poderse avivar la semilla sin ponerla en los pechos, ni entre ropa,

---

[12] La introduccion de los gusanos de seda en la Nueva España se debe, segun Herrera, á Francisco de Santa Cruz, y al oidor Delgadillo. (Década IV, lib. 9, cap. 4.) El P. Motolinia nos hace ver el casi increible desarrollo de la industria de la seda en pocos años; pero no fué menos rápida su decadencia, hasta su total ruina hácia la segunda mitad del siglo XVII. Todavía en 1629 se encuentra mencionada la seda del país en las cuentas del entierro de Don Pedro Cortés, IV marqués del Valle. (Alaman, Disertaciones sobre la Historia de la República Mexicana, [México, 1844-49,] tom. II, apéndice II, pág. 74; y en el de 1744 ya decia Villaseñor, (Teatro Americano, [México, 1746-48,] tom. I, pág. 323,) «que solo habia quedado la memoria «de la opulencia que gozaba (Tepeji) en tan «estimable comercio, ignorándose la causa «de que totalmente se hubiese perdido." El virey conde de Revillagigedo se empeñó en revivir esta industria, y lo mismo se ha intentado en nuestros dias; pero siempre con mal éxito.

como se hace en España; la otra, que en ningun tiempo mueren los gusanos, ni por frio ni por calor; y haber en los morales hoja verde todo el año: y esto es por la gran templanza de la tierra. Todo esto óso afirmar porque soy de ello testigo de vista, y digo: que se podrá criar seda en cantidad dos veces en el año, y poca siempre todo el año, como está dicho.

En el fin de esta tierra de la Mixteca está el rico valle y fertilísimo de Oaxyecac, del cual se intitula el señor marques benemérito Don Hernando Cortés, en el cual tiene muchos vasallos. Está en el medio de este valle, en una ladera edificada, la ciudad de Antequera, la cual es abundantísima de todo género de ganados, y muy proveida de mantenimientos, en especial trigo y maiz. En principio de este año vi vender[13] en ella la fanega de trigo á real, que en esta tierra no se estima tanto un real, como en España medio. Hay en esta ciudad muy buenos membrillos y granados, y muchos y muy buenos higos, que duran casi todo el año, y hácense en la tierra las higueras muy grandes y hermosas.

Del postrero hijo descienden los Otomíes[14], llamados de su nombre, que se llamaba Otomitl. Es una de las mayores generaciones de la Nueva España. Todo lo alto de las montañas, ó la mayor parte, á la redonda de México, están llenas de ellos. La cabeza de su señorío creo que es Xilotepec, que es una gran provincia, y las provincias de Tollan y Otompa casi todas son de ellos, sin contar que en lo bueno de la Nueva España hay muchas poblaciones de estos Otomíes, de los cuales proceden los Chichimecas; y en la verdad estas dos generaciones son las de mas bajo metal, y de gente mas bárbara de toda la Nueva España; pero hábiles para recibir la fé, y han venido y vienen con gran voluntad á recibir el bautismo y la doctrina cristiana.

No he podido bien averiguar cuál de estos hermanos fué á poblar la provincia de Nicaragua, mas de cuanto sé que en tiempo de una grande esterilidad, compelidos muchos Indios con necesidad, salieron de esta Nueva España, y sospecho que fué en aquel tiempo que hubo cuatro años que no llovió en toda la tierra; porque se sabe que

---

13 Se venden.—MS.
14 El plural de Otomí se halla escrito *Otomís, Otomíes*, y *Otomítes*. Preferimos el segundo como mas conforme á las reglas de nuestra gramática; pero el plural en lengua mexicana es *Otomea*.

en este propio tiempo por el mar del sur fueron gran número de canoas ó barcas, las cuales aportaron y desembarcaron en Nicaragua, que está de México mas de trescientas y cincuenta leguas, y dieron guerra á los naturales que allí tenian poblado, y los desbarataron y echaron de su señorío, y ellos se quedaron, y poblaron allí aquellos Nahuales; y aunque no hay mas de cien años, poco mas ó menos, cuando los Españoles descubrieron aquella tierra de Nicaragua, que fué en el año de 1523, y fué descubierta por Gil Gonzalez de Ávila, juzgaron haber en la dicha provincia quinientas mil ánimas. Despues se edificó allí la ciudad de Leon, que es cabeza de aquella provincia. Y porque muchos se maravillan en ver que Nicaragua sea y esté poblada de Nahuales, que son de la lengua de México, y no sabiendo cuándo ni por quién fué poblada, pongo aquí la manera, porque apenas hay quien lo sepa en la Nueva España.

El mismo viejo, padre de los arriba dichos, casó segunda vez; la cual gente creyó que habia salido y sido engendrada de la lluvia y del polvo de la tierra; y asimismo creian que el mismo viejo y su primera mujer habian salido de aquel lugar llamado *Siete cuevas*, y que no tenian otro padre ni otra madre. De aquella segunda mujer Chimamatl, dicen que hubo un hijo solo que se [15] llamó Quetzalcoatl, el cual salió hombre honesto y templado, y comenzó á hacer penitencia de ayunos y disciplinas, y predicar, segun se dice, la ley natural, y enseñar por ejemplo y por palabra el ayuno; y desde este tiempo comenzaron muchos en esta tierra á ayunar: no fué casado, ni se le conoció mujer, sino que vivió honesta y castamente. Dicen que fué este el primero que comenzó el sacrificio, y á sacar sangre de las orejas y de la lengua; no por servir al demonio, sino en penitencia contra el vicio de la lengua y del oir: despues el demonio lo aplicó á su culto y servicio.

Un Indio llamado Chichimecatl ató una cinta ó correa de cuero al brazo de Quetzalcoatl, en lo alto cerca del hombro, y por aquel tiempo y acontecimiento de atarle el brazo aclamáronle Acolhuatl; y de este dicen que vinieron los de Colhua, antecesores de Moteuczoma, señores de México y de Colhuacan, y á dicho Quetzalcoatl tuvieron los Indios por uno de los principales de sus dioses, y llamáronle dios

---

15 Todo lo que sigue falta en el MS., hasta donde se halla la nota 16.

EPISTOLA PROEMIAL.

del aire, y por todas partes le edificaron infinito número de templos, y le levantaron su estatua y pintaron su figura. Acerca del orígen de estos naturales hay diversas opiniones, y en especial de los de Colhua ó Acolhua, que fueron los principales señores de esta Nueva España; y así las unas opiniones como las otras declararé á Vuestra Excelentísima Señoría.

Los de Tetzcoco, que en antigüedad y señorío no son menos que los Mexicanos, se llaman hoy dia Acolhuas y toda su provincia junta se llama Acolhuacan, y este nombre les quedó de un valiente capitan que tuvieron, natural de la misma provincia, que se llamó por nombre Acoli, que así se llama aquel hueso que vá desde el codo hasta el hombro, y del mismo hueso llaman al hombro[16] Acoli. Este capitan Acoli era como otro Saul, valiente y alto de cuerpo, tanto que de los hombros arriba sobrepujaba á todo el pueblo, y no habia otro á él semejante. Este Acoli fué tan animoso y esforzado y nombrado en la guerra, que de él se llamó la provincia de Tetzcoco Acolhuacan.

Los Tlaxcaltecas que recibieron y ayudaron á conquistar la Nueva España á los Españoles son de los Nahuales, esto es, de la misma lengua que los Mexicanos. Dicen que sus antecesores vinieron de la parte del norueste, y para entrar en esta tierra navegaban ocho ó diez dias; y de los mas antiguos que de allí vinieron tenian dos saetas, las cuales guardaban como preciosas reliquias, y las tenian por principal señal para saber si habian de vencer la batalla, ó si se debian de retirar con tiempo. Fueron estos Tlaxcaltecas gente belicosa, como se dirá adelante en la tercera parte. Cuando salian á la batalla llevaban aquellas saetas dos capitanes, los mas señalados en esfuerzo, y en el primer reencuentro herian con ellas á los enemigos, arrojándolas de lejos, y procuraban hasta la muerte de tornarlas á cobrar; y si con ellas herian y sacaban sangre, tenian por cierta la victoria, y animábanse todos mucho para vencer, y con aquella esperanza esforzábanse para herir y vencer á sus enemigos; y si con las dichas saetas no herian á nadie ni sacaban sangre, lo mejor que podian se retiraban, porque tenian por cierto agüero que les habia de suceder mal en aquella batalla.

Volviendo al propósito: los mas ancianos de los Tlaxcaltecas tie-

---

16 Continúa desde aquí el **MS.**

nen que VINIERON de aquella parte del norueste, y DE allí señalan y dicen que vinieron los Nahuales, que es la principal lengua y gente de la Nueva España; y esto mismo sienten y dicen otros muchos. Hácia esta misma parte del norueste están ya conquistadas y descubiertas quinientas leguas, hasta la provincia de Cíbola; y yo tengo carta de este mismo año hecha, cómo de aquella parte de Cíbola han descubierto infinita multitud de gente, en las cuales no se ha hallado lengua de los Nahuales, por donde parece ser gente extraña y nunca oida.

Aristóteles, en el libro *De admirandis in Natura*, dice que en los tiempos antiguos los Cartagineses navegaron por el estrecho de Hércules, que es nuestro estrecho de Gibraltar, hácia el occidente, navegacion de sesenta dias, y que hallaban tierras amenas, deleitosas y muy fértiles. Y como se siguiese mucho aquella navegacion, y allá se quedasen muchos hechos moradores, el senado cartaginense mandó, so pena de muerte, que ninguno navegase ni viniese la tal navegacion, por temor que no se despoblase su ciudad. Estas tierras ó islas pudieron ser las que están antes de San Juan, ó la Española, ó Cuba, ó por ventura alguna parte de esta Nueva España; pero una tan gran tierra, y tan poblada [17] por todas partes, más parece traer orígen de otras extrañas partes; y aun en algunos indicios parece ser del repartimiento y division de los nietos de Noé. Algunos Españoles, considerados ciertos ritos, costumbres y ceremonias de estos naturales, los juzgan ser de generacion de Moros. Otros, por algunas causas y condiciones que en ellos ven, dicen que son de generacion de Judíos; mas la mas comun opinion es, que todos ellos son gentiles, pues vemos que lo usan y tienen por bueno.

Si esta relacion saliere de manos de Vuestra Ilustrísima Señoría, dos cosas le suplico en limosna por amor de Nuestro Señor: la una, que el nombre del autor se diga ser un fraile menor, y no otro nombre ninguno: la otra, que Vuestra Señoría la mande examinar en el primer capítulo que en esa su villa de Benavente se celebrare, pues en él se ajuntan personas asaz dotísimas, porque muchas cosas despues de escritas aun no tuve tiempo de las volver á leer, y por esta causa sé que va algo vicioso y mal escrito.

---

17 Y tan poco poblada.—*E*.

Ruego á Nuestro Señor Dios que su santa gracia more siempre en el ánima de Vuestra Ilustrísima Señoría.

Hecha en el convento de Santa María de la Concepcion de Tehuacan,[18] dia del glorioso Apóstol San Matías, año de la redencion humana 1541.—Pobre y menor siervo y capellan de V. I. S.—MOTOLINIA, FRAY TORIBIO DE PAREDES.[19]

---

18 El Ms., *Teocaan.* Kingsborough, *Teozaan.* No hay duda que es Tehuacan, tanto por la semejanza del nombre, como porque en efecto el convento de Tehuacan estaba dedicado á la Purísima Concepcion. Véanse las págs. 118 y 129 de la presente obra, y Betancourt, Crónica de la Provincia del Santo Evangelio de México, (México, 1697,) p. 66.

19 La firma y antefirma, desde la palabra *pobre,* faltan en la edicion de Kingsborough, de suerte que la obra queda anónima. No recuerdo haber visto en otra parte este apellido de Paredes aplicado al Padre Motolinia; pero no es difícil que fuera el de su familia, puesto que el de *Benavente* era tomado del lugar de su nacimiento, segun se usaba entre los individuos de su órden.

TRATADO PRIMERO.

AQUÍ COMIENZA LA RELACION DE LAS COSAS, IDOLATRÍAS, RITOS Y CEREMONIAS QUE EN LA NUEVA ESPAÑA HALLARON LOS ESPAÑOLES CUANDO LA GANARON: CON OTRAS MUCHAS COSAS DIGNAS DE NOTAR QUE EN LA TIERRA HALLARON.

CAPÍTULO PRIMERO.

De cómo y cuándo partieron los primeros frailes que fueron en aquel viaje, y de las persecuciones y plagas que hubo en la Nueva España.

En el año del Señor de 1523, dia de la conversion de San Pablo, que es á 25 de Enero, el Padre Fray Martin de Valencia, de santa memoria, con once frailes sus compañeros, partieron de España para venir á esta tierra de Anáhuac, enviados por el reverendísimo Padre Fray Francisco de los Ángeles, entonces ministro general de la órden de San Francisco. Vinieron con grandes gracias y perdones de nuestro muy Santo Padre, y con especial mandamiento de S. M. el Emperador Nuestro Señor, para la conversion de los Indios naturales de esta tierra de Anáhuac, ahora llamada Nueva España.

Hirió Dios y castigó esta tierra, y á los que en ella se hallaron, así naturales como extranjeros, con diez plagas trabajosas.

La primera fué de viruelas, y comenzó de esta manera. Siendo capitan y gobernador Hernando Cortés, al tiempo que el capitan

TRATADO I, CAPITULO I.

Pánfilo de Narvaez desembarcó en esta tierra, en uno de sus navíos vino un negro herido de viruelas, la cual enfermedad nunca en esta tierra se habia visto, y á esta sazon estaba esta Nueva España en extremo muy llena de gente; y como las viruelas comenzaron á pegar á los Indios, fué entre ellos tan grande enfermedad y pestilencia en toda la tierra, que en las mas provincias murió mas de la mitad de la gente y en otras poco menos; porque como los Indios no sabian el remedio para las viruelas, antes como tienen muy de costumbre, sanos y enfermos, el bañarse á menudo, y como no lo dejasen de hacer morian como chinches á montones. Murieron tambien muchos de hambre, porque como todos enfermaron de golpe, no se podian curar los unos á los otros, ni habia quien les diese pan ni otra cosa ninguna. Y en muchas partes aconteció morir todos los de una casa; y porque no podian enterrar tantos como morian, para remediar el mal olor que salia de los cuerpos muertos, echábanles las casas encima, de manera que su casa era su sepultura. A esta enfermedad llamaron los Indios la gran lepra, porque eran tantas las viruelas, que se cubrian de tal manera que parecian leprosos, y hoy dia en algunas personas que escaparon parece bien por las señales, que todos quedaron llenos de hoyos.

Despues á once años vino un Español herido de sarampion, y de él saltó en los Indios, y si no fuera por el mucho cuidado que hubo en que no se bañasen, y en otros remedios, fuera otra tan gran plaga y pestilencia como la pasada, y aun con todo esto murieron muchos. Llamaron tambien á este el año de la pequeña lepra.

La segunda plaga fué, los muchos que murieron en la conquista de la Nueva España, en especial sobre México; porque es de saber, que cuando Hernando Cortés desembarcó en la costa de esta tierra, con el esfuerzo que siempre tuvo, y para poner ánimo á su gente, dió con los navíos todos que traia al través, y metióse la tierra adentro; y andadas cuarenta leguas entró en la tierra de Tlaxcallan, que es una de las mayores provincias de la tierra, y mas llena de gente; y entrando por lo poblado de ella, aposentóse en unos templos del demonio en un lugarejo que se llamaba Tecoautzinco: los Españoles le llamaron *la Torrecilla*, porque está en un alto, y estando allí tuvo quince dias de guerra con los Indios que estaban á la redonda, que se llaman Otomíes, que son gente baja como labradores. De estos se ayuntaba gran número, porque aquello es muy poblado. Los Indios de mas adentro hablan la misma lengua de México: y como los Españoles peleasen valientemente con aquellos Otomíes, sabido en Tlaxcallan salieron los señores y principales, y tomaron gran amistad con los Españoles, y lleváronlos á Tlaxcallan, y diéronles grandes presentes y mantenimientos en abundancia, mostrándoles mucho amor. Y no contentos en Tlaxcallan, despues que reposaron algunos dias tomaron el camino para México. El gran señor de México, que se llamaba Moteuczoma, recibiólos de paz, saliendo con gran majestad, acompañado de muchos señores principales, y dió muchas joyas y presentes al capitan Don Hernando Cortés, y á todos sus compañeros hizo muy buen acogimiento; y así anduvieron con su guarda y concierto paseándose por México muchos dias. En este tiempo sobrevino Pánfilo de Narvaez con mas gente y mas caballos, mucho mas que la que tenia Hernando Cortés, los cuales puestos debajo de la bandera y capitanía de Cortés, con presuncion y soberbia, confiando en sus armas y fuerzas, humillólos Dios de tal manera, que queriendo los Indios echarlos de la ciudad y comenzándoles á dar guerra, los echaron fuera sin mucho trabajo, muriendo en la salida mas de la mitad de los Españoles, y casi todos los otros fueron heridos, y lo mismo fué de los Indios que eran amigos suyos; y aun estuvieron muy á punto de perderse todos, y tuvieron harto que hacer en volver á Tlaxcallan, por la mucha gente de guerra que por todo el camino los seguia. Llegados á Tlaxcallan, curáronse y convalecieron, mostrando siempre ánimo; y haciendo de las tripas corazon, salieron conquistando, y llevando consigo muchos de los Tlaxcaltecas conquistaron la tierra de México. Y para conquistar á México habian hecho en Tlaxcallan bergantines, los cuales están hoy dia en las atarazanas de México, los cuales llevaron en piezas desde Tlaxcallan á Tetzcoco, que son quince leguas. Y armados los bergantines en Tetzcoco y echados al agua, cuando ya tenian ganados muchos pueblos, y otros que les ayudaban de guerra, de Tlaxcallan fué gran número de gente de guerra en favor de los Españoles contra los Mexicanos, porque siempre habian sido muy enemigos capitales de México. En México y en su favor habia mucha mas pujanza, porque estaban en ella y en su favor todos los mas principales señores de la tierra. Llegados los Españoles pusieron cerco á

México, tomando todas las calzadas, y con los bergantines peleando por el agua, guardaban que no entrase á México socorro ni mantenimientos. Los capitanes por las calzadas hicieron la guerra cruelmente, y ponian por tierra todo lo que ganaban de la ciudad; porque antes que diesen en destruir los edificios, lo que por el dia los Españoles les ganaban, retraidos á sus reales y estancias, de noche tornaban los Indios á ganar y abrir las calzadas. Y despues que fueron derribando edificios y cegando calzadas, en espacio de muchos dias ganaron á México. En esta guerra, por la gran muchedumbre que de la una parte y de la otra murieron, comparan el número de los muertos, y dicen ser mas que los que murieron en Jerusalem, cuando la destruyó Tito y Vespasiano.

La tercera plaga fué una muy gran hambre luego como fué tomada la ciudad de México, que como no pudieron sembrar por las muy grandes guerras, unos defendiendo la tierra ayudando á los Mexicanos, otros siendo en favor de los Españoles, y lo que sembraban los unos los otros lo talaban y destruian, no tuvieron que comer; y aunque en esta tierra acontecia haber años estériles y de pocas aguas, otros de muchas heladas, los Indios en estos años comen mil raices y yerbecillas, porque es generacion que mejor que otros y con menos trabajo pasan los años estériles; pero aqueste que digo fué de tanta falta de pan, que en esta tierra llaman centli cuando está en mazorca, y en lengua de las islas le llaman maiz, y de este vocablo y de otros muchos usan los Españoles, los cuales trajeron de las islas á esta Nueva España, el cual maiz faltó en tanta manera que aun los Españoles se vieron en mucho trabajo por falta de ello.

La cuarta plaga fué de los calpixques, ó estancieros, y negros, que luego que la tierra se repartió, los conquistadores pusieron en sus repartimientos y pueblos á ellos encomendados, criados ó negros para cobrar los tributos y para entender en sus granjerías. Estos residian y residen[1] en los pueblos, y aunque por la mayor parte son labradores de España, hánse enseñoreado de esta tierra y mandan á los señores principales naturales de ella como si fuesen sus esclavos; y porque no querria descubrir sus defectos, callaré lo que siento con decir, que se hacen servir y temer como si fuesen señores absolutos

---

[1] Falta esta palabra en la edicion de Kingsborough.

y naturales, y nunca otra cosa hacen sino demandar, y por mucho que les den nunca están contentos, que á do quiera que están todo lo encoman y corrompen, hediondos como carne dañada, y que no se aplican á hacer nada sino á mandar; son zánganos que comen la miel que labran las pobres abejas, que son los Indios, y no les basta lo que los tristes les pueden dar, sino que son importunos. En los años primeros eran tan absolutos estos calpixques en maltratar á los Indios y en cargarlos y enviarlos lejos de su tierra y darles otros muchos trabajos, que muchos Indios murieron por su causa y á sus manos, que es lo peor.

La quinta plaga fué los grandes tributos y servicios que los Indios hacian, porque como los Indios tenian en los templos de los ídolos, y en poder de los señores y principales, y en muchas sepulturas, gran cantidad de oro recogido de muchos años, comenzaron á sacar de ellos grandes tributos; y los Indios, con el gran temor que cobraron á los Españoles del tiempo de la guerra, daban cuanto tenian; mas como los tributos eran tan continuos que apenas pagaban uno que les obligaban á otro,[2] para poder ellos[3] cumplir vendian los hijos y las tierras á los mercaderes, y faltando de cumplir el tributo hartos murieron por ello, unos con tormentos y otros en prisiones crueles, porque los trataban bestialmente, y los estimaban en menos que á bestias.

La sexta plaga fué las minas del oro, que ademas de los tributos y servicios de los pueblos á los Españoles encomendados, luego comenzaron á buscar minas, que los esclavos Indios que hasta hoy en ellas han muerto no se podrian contar; y fué el oro de esta tierra como otro becerro por Dios adorado, porque desde Castilla le vienen á adorar pasando tantos trabajos y peligros; *y ya que lo alcanzan,*[4] plegue á Nuestro Señor que no sea para su condenacion.

La séptima plaga fué la edificacion de la gran ciudad de México, en la cual los primeros años andaba mas gente que en la edificacion del templo de Jerusalem; porque era tanta la gente que andaba en las obras que apenas podia hombre romper por algunas calles y calzadas, aunque son muy anchas; y en las obras á unos tomaban las

---

2 Que comunmente son de ochenta en ochenta dias.—*MS*.

3 Poderlos.—*K*.

4 Faltan estas palabras en la ed. inglesa

vigas, otros caian de alto, á otros tomaban debajo los edificios que deshacian en una parte para hacer en otra, en especial cuando deshicieron los templos principales del demonio. Allí murieron muchos Indios, y tardaron muchos años hasta los arrancar de cepa, de los cuales salió infinidad de piedra.

Es la costumbre de esta tierra no la mejor del mundo, porque los Indios hacen las obras, y á su costa buscan los materiales, y pagan los pedreros y carpinteros, y si ellos mismos no traen que comer, ayunan. Todos los materiales traen á cuestas; las vigas y piedras grandes traen arrastrando con sogas, y como les faltaba el ingenio y abundaba la gente, la piedra ó viga que habia menester cien hombres, traíanla cuatrocientos; y tienen de costumbre de ir cantando y dando voces, y los cantos y voces apenas cesaban ni de noche ni de dia, por el gran fervor que traian en la edificacion del pueblo los primeros dias.

La octava plaga fué los esclavos que hicieron para echar en las minas. Fué tanta la prisa que en algunos años dieron á hacer esclavos, que de todas partes entraban en México[5] tan grandes manadas como de ovejas, para echarles el hierro; y no bastaban los que entre los Indios llamaban esclavos, que ya que segun su ley cruel y bárbara algunos lo sean, pero segun ley y verdad casi ninguno es esclavo; mas por la prisa que daban á los Indios para que trajesen esclavos en tributo, tanto número de ochenta en ochenta dias, acabados los esclavos traian los hijos y los macehuales, que es gente baja como vasallos labradores, y cuantos mas haber y juntar[6] podian, y traíanlos atemorizados para que dijesen que eran esclavos. Y el exámen que no se hacia con mucho escrúpulo, y el hierro que andaba bien barato, dábanles por aquellos rostros tantos letreros, demas del principal hierro del rey, tanto que toda la cara traian escrita, porque de cuantos era comprado y vendido llevaba letreros, y por esto esta octava plaga no se tiene por la menor.

La novena plaga fué el servicio de las minas, á las cuales iban de sesenta leguas y mas á llevar mantenimientos los Indios cargados; y la comida que para sí mismos llevaban, á unos se les acababa en llegando á las minas, á otros en el camino de vuelta antes de su

---

5 Traian á México.—A'.   6 Hurtar.—MS.

casa, á otros detenian los mineros algunos dias para que les ayudasen á descopetar,[7] ó los ocupaban en hacer casas y servirse de ellos, adonde acabada la comida, ó se morian allá en las minas, ó por el camino; porque dineros no los tenian para comprarla, ni habia quien se la diese. Otros volvian tales, que luego morian; y de estos y de los esclavos que murieron en las minas fué tanto el hedor, que causó pestilencia, en especial en las minas de Oaxyecac, en las cuales media legua á la redonda y mucha parte del camino, apenas se podia pasar[8] sino sobre hombres muertos ó sobre huesos; y eran tantas las aves y cuervos que venian á comer sobre los cuerpos muertos, que hacian gran sombra al sol, por lo cual se despoblaron muchos pueblos, así del camino[9] como de la comarca: *otros Indios huian á los montes, y dejaban sus casas y haciendas desamparadas.*[10]

La décima plaga fué las divisiones y bandos que hubo entre los Españoles que estaban en México, que fué la que en mayor peligro puso la tierra para se perder, si Dios no tuviera á los Indios como ciegos; y estas diferencias y bandos fueron causa de que se justiciaron algunos Españoles, y otros fueron afrentados y desterrados. Otros fueron heridos cuando llegaron á las manos, no habiendo quien les pusiese en paz, ni quien se metiese en medio, si no eran los frailes, porque esos pocos Españoles que habia todos estaban apasionados de un bando ó de otro, y era menester salir los frailes, unas veces á impedir que no rompiesen, otras á meterse entre ellos despues de trabados, andando entre los tiros y armas con que peleaban, y hollados de los caballos; porque demas de poner paz porque la tierra no se perdiese, sabíase que los Indios estaban apercibidos de guerra y tenian hechas casas de armas, aguardando á que llegase una nueva que esperaban, que al capitan y gobernador Hernando Cortés habian de matar en el camino de las Hibueras, por una traicion que los Indios tenian ordenada con los que ido habian con él por el camino,[11] lo cual él supo muy cerca del lugar adonde estaba ordenada; justició los principales señores que eran en la traicion, y con esto cesó el pe-

---

7 Sacar el mineral.—*K.* Que es sinónimo del *descopetar* ó *escopetar* del MS. V. Oviedo, Hist. Gen. de las Indias, (Salamanca, 1547,) Parte I, lib. 6, cap. 8.

8 Andar.—*K.*

9 Campo.—*MS.*

10 Faltan en el MS. las palabras de letra cursiva.

11 Así los que habian ido con él, como los del campo.—*MS.*

ligro; y acá en México se esperaban á cuando los unos Españoles desbaratasen á los otros, para dar en los que quedasen y matarlos todos á cuchillo, lo cual Dios no permitió, porque no se perdiese lo que con tanto trabajo para su servicio se habia ganado; y el mismo Dios daba gracia á los frailes para los apaciguar, y á los Españoles para que los obedeciesen como á verdaderos padres, lo cual siempre hicieron; y los mismos Españoles habian rogado á los frailes menores (que entonces no habia otros) que usasen del poder que tenian del Papa, hasta que hubiese obispos: y así, unas veces por ruego, y otras poniéndoles censuras, remediaron grandes males y escusaron muchas muertes.

CAPÍTULO II.

De lo mucho que los frailes ayudaron en la conversion de los Indios, y de muchos idolos y crueles sacrificios que hacian: son cosas dignas de notar.

Quedó tan destruida la tierra de las revueltas y plagas ya dichas, que quedaron muchas casas yermas del todo, y ninguna hubo adonde no cupiese parte del dolor y llanto, lo cual duró muchos años; y para poner remedio á tan grandes males, los frailes se encomendaron á la Santísima Vírgen María, norte y guia de los perdidos y consuelo de los atribulados, y juntamente con esto tomaron por capitan y caudillo al glorioso San Miguel, al cual, con San Gabriel y á todos los Ángeles, decian cada lúnes una misa cantada, la cual hasta hoy dia en algunas casas[1] se dice; y casi todos los sacerdotes en las

---

[1] *Casas* llama el autor á los conventos de su órden, lo que es muy frecuente en los religiosos cronistas de aquel siglo.

misas dicen una colecta de los Ángeles. Y luego que el primer año tomaron alguna noticia de la tierra, parecióles que seria bien que pasasen algunos de ellos á España, así por alcanzar favor de su majestad para los naturales, como para traer mas frailes, porque la grandeza de la tierra y la muchedumbre de la gente lo demandaba. Y los que quedaron en la tierra recogieron en sus casas á los hijos de los señores y principales, y bautizaron muchos con voluntad de sus padres. Estos niños que los frailes criaban y enseñaban salieron muy bonitos y muy hábiles, y tomaban tan bien la buena doctrina, que enseñaban á otros muchos; y ademas de esto ayudaban mucho, porque descubrian á los frailes los ritos é idolatrías, y muchos secretos de las ceremonias de sus padres; lo cual era muy gran materia para confundir y desvanecer sus errores y ceguedad en que estaban.

Declaraban los frailes á los Indios quién era el verdadero y universal[2] Señor, Criador del cielo y de la tierra, y de todas las criaturas, y cómo este Dios con su infinita sabiduría lo regía y gobernaba y daba todo el ser que tenia, y cómo por su gran bondad quiere que todos se salven. Asimismo los desengañaban y decian, quién era aquel á quien servian, y el oficio que tenia, que era llevar á perpetua condenacion de penas terribles á todos los que en él creian y se confiaban. Y con esto les decia cada uno de los frailes lo mas y mejor que entendia que convenia para la salvacion de los Indios; pero á ellos les era gran fastidio oir la palabra de Dios, y no querian entender en otra cosa sino en darse á vicios y pecados dándose á sacrificios y fiestas, comiendo y bebiendo, y embeodándose en ellas, y dando de comer á los ídolos de su propia sangre, la cual sacaban de sus propias orejas, lengua y brazos, y de otras partes del cuerpo, como adelante diré. Era esta tierra un traslado del infierno; vor los moradores de ella de noche dar voces, unos llamando al demonio, otros borrachos, otros cantando y bailando: traian[3] atabales, bocinas, cornetas y caracoles grandes, en especial en las fiestas de sus demonios. Las beoderas que hacian muy ordinarias, es increible el vino que en ellas gastaban, y lo que cada uno en el cuerpo metia. Antes que á su vino lo cuezan con unas raices que le echan, es claro y dulce como aguamiel. Despues de cocido, hácese algo espeso y tiene mal

---

2 Unico.—M.   3 Tenian.—MS.

olor, y los que con él se embeodan, mucho peor. Comunmente comenzaban á beber despues de vísperas, y dábanse tanta prisa á beber de diez en diez, ó quince en quince, y los escanciadores que no cesaban, y la comida que no era mucha, á prima noche ya van[4] perdiendo el sentido, ya cayendo ya asentando, cantando y dando voces llamando al demonio. Era cosa de gran lástima ver los hombres criados á la imágen de Dios vueltos peores que brutos animales; y lo que peor era, que no quedaban en aquel solo pecado, mas cometian otros muchos, y se herian y descalabraban unos á otros, y acontecia matarse, aunque fuesen muy amigos y propincuos parientes. Y fuera de estar beodos son tan pacíficos, que cuando riñen mucho se empujan unos á otros, y apenas nunca dan voces, si no es las mujeres que algunas veces riñendo dan gritos, como en cada parte donde las hay acontece.

Tenian otra manera de embriaguez que los hacia mas crueles: era con unos hongos ó setas pequeñas, que en esta tierra los hay como en Castilla; mas los de esta tierra son de tal calidad, que comidos crudos y por ser amargos, beben tras ellos ó comen con ellos un poco de miel de abejas; y de allí á poco rato veian mil visiones, en especial culebras, y como salian fuera de todo sentido, parecíales que las piernas y el cuerpo tenian llenos de gusanos que los comian vivos, y así medio rabiando se salian fuera de casa, deseando que alguno los matase; y con esta bestial embriaguez y trabajo que sentian, acontecia alguna vez ahorcarse, y tambien eran contra los otros mas crueles. A estos hongos llaman en su lengua Teonanacatl, que quiere decir carne de Dios, ó del demonio que ellos adoraban: y de la dicha manera con aquel amargo manjar su cruel Dios los comulgaba.

En muchas de sus fiestas tenian costumbre de hacer bollos de masa, y estos de muchas maneras, que casi usaban de ellos en lugar de comunion de aquel dios cuya fiesta hacian; pero tenian una que mas propiamente parecia comunion, y era que por Noviembre, cuando ellos habian cogido su maiz y otras semillas, de la simiente de un género de planta llamada por ellos *cenizos*,[5] con masa de maiz hacian unos tamales, que son unos bollos redondos, y estos co-

---

[4] Iban.—*MS.*
[5] Gemujos.—*MS.* Xenixos.—*K.* Gomara les llama ajenjos, *aunque son de otra suerte que los de acá.* Hist. Gen. de las Indias, Medina del Campo, 1553, f. cxxxij. Los cenizos se llaman en mexicano *nenexquilitl.*

cian[6] en agua en una olla; y en tanto que se hacian[7] tañian[8] algunos niños con un género de atabal, que es todo labrado en un palo, sin cuero ni pergamino; y tambien cantaban y decian, que aquellos bollos se tornaban carne de Tezcatlipoca, que era el dios ó demonio que tenian por mayor, y á quien mas dignidad atribuian; y solo los dichos muchachos comian aquellos bollos en lugar de comunion, ó carne de aquel demonio; los otros Indios procuraban de comer carne humana de los que morian en el sacrificio, y esta comian comunmente los señores principales, y mercaderes, y los ministros de los templos; que á la otra gente baja pocas veces les alcanzaba un bocadillo. Despues que los Españoles anduvieron de guerra, y ya ganada México hasta pacificar la tierra, los Indios amigos de los Españoles muchas veces comian de los que mataban, porque no todas veces los Españoles se lo podian defender, sino que algunas veces, por la necesidad que tenian de los Indios, pasaban por ello, aunque lo aborrecian.[9]

CAPÍTULO III.

En el cual se prosigue la materia comenzada, y cuenta la devocion que los Indios tomaron con la señal de la cruz, y cómo se comenzó á usar.

En todo este tiempo los frailes no estaban descuidados de ayudar á la fé y á los que por ella peleaban, con oraciones y plegarias, mayormente el padre fray Martin de Valencia con sus compañeros, hasta que vino otro padre llamado fray Juan de Zumárraga, que fué primer obispo de México; el cual puso luego mucho cuidado y diligencia en adornar y ataviar su iglesia catedral, en lo cual gastó

---

6 Hacian.—*MS*.
7 Cocian.—*K*.
8 Traian.—*K*.
9 Aborreciesen.—*K*.

cuatro años toda la renta del obispado. Entonces no habia proveidas dignidades en la iglesia, sino todo se gastaba en ornamentos y edificios de la iglesia, por lo cual está tan ricamente ataviada y adornada como una de las buenas iglesias de España, aunque al dicho Fray Juan de Zumárraga no le faltaron trabajos, hasta hacerle volver á venir á España, dejando primero levantada la señal de la cruz, de la cual comenzaron á pintar muchas; y como en esta tierra hay muy altas montañas, tambien hicieron altas y grandes cruces, á las cuales adoraban, y mirando sanaban algunos que aun estaban heridos de la idolatría. Otros muchos con esta santa señal fueron librados de diversas asechanzas y visiones que se les aparecian, como adelante se dirá en su lugar.

Los ministros principales que en los templos de los ídolos sacrificaban y servian, y los señores viejos, que como todos estaban acostumbrados á ser servidos y gozar de toda la tierra, porque no solo eran señores de sus mujeres é hijos y haciendas, mas de todo lo que ellos querian y pensaban, todo estaba á su voluntad y querer, y los vasallos no tienen otro querer sino el del señor, y si alguna cosa les mandan, por grave que sea, no saben responder otra cosa sino *mayuh*, que quiere decir *así sea;* pues estos señores y ministros principales no consentian la ley que contradice á la carne, lo cual remedió Dios, matando muchos de ellos con las plagas y enfermedades ya dichas,[1] y otros se convirtieron; y de los que murieron han venido los señoríos á sus hijos, que eran de pequeños bautizados y criados en la casa de Dios; de manera que el mismo Dios les entrega sus tierras en poder de los que en él creen; y lo mismo ha hecho contra los opositores que contradicen la conversion de estos Indios por muchas vías.

Procuraron tambien los frailes que se hiciesen iglesias en todas partes, y así ahora casi en cada provincia en donde hay monasterio hay advocaciones de los doce Apóstoles, mayormente de San Pedro y de San Pablo, los cuales, demas de las iglesias intituladas de sus nombres, no hay retablo en ninguna parte adonde no estén pintadas sus imágenes.

En todos los templos de los ídolos, si no era en algunos derriba-

---

[1] *Y de otras muchas*, añade la edicion inglesa.

dos y quemados de México, en los de la tierra, y aun en el mismo México eran servidos y honrados los demonios. Ocupados los Españoles en edificar á México y en hacer casas y moradas para sí, contentábanse con que no hubiese delante de ellos sacrificio de homicidio público, que á escondidas y á la redonda de México no faltaban; y de esta manera se estaba la idolatría en paz, y las casas de los demonios servidas y guardadas con sus ceremonias. En esta sazon era ido el gobernador Don Hernando Cortés á las Hibueras, y vista la ofensa que á Dios se hacia, no faltó quien se lo escribió, para que mandase cesar los sacrificios del demonio, porque mientras esto no se quitase, aprovecharia poco la predicacion, y el trabajo de los frailes seria en balde; en lo cual luego proveyó bien cumplidamente. Mas como cada uno tenia su cuidado, como dicho es, aunque lo habia mandado, estábase la idolatría tan entera como de antes; hasta que el primero dia del año de 1525, que aquel año fué en Domingo, en Tetzcoco, adonde habia los mas y mayores teocallis ó templos del demonio, y mas llenos de ídolos, y muy servidos de papas y ministros, la dicha noche tres frailes, desde las diez de la noche hasta que amaneció, espantaron y ahuyentaron á todos los que estaban en las casas y salas de los demonios; y aquel dia despues de misa se les hizo una plática, condenando mucho los homicidios, y mandándoles de parte de Dios y del rey no hiciesen la tal obra, si nó que los castigarian segun que Dios mandaba que los tales fuesen castigados. Esta fué la primera batalla dada al demonio, y luego en México y sus pueblos y derredores, y en Cuautitlan. Y asimismo cuando en Tlaxcallan comenzaron á derribar y á destruir ídolos, y á poner la imágen del Crucifijo, hallaron la imágen de Jesucristo crucificado y de su bendita Madre puestas entre sus ídolos, las mismas que los cristianos les habian dado, pensando que á ellas solas adorarian; ó fué que ellos como tenian cien dioses, querian tener ciento y uno; pero bien sabian los frailes que los Indios adoraban lo que solian. Entonces vieron que tenian algunas imágenes con sus altares, junto con sus demonios y ídolos; y en otras partes la imágen patente y el ídolo escondido, ó detrás de un paramento, ó tras la pared, ó dentro del altar, y por esto se las quitaron, cuantas pudieron haber, diciéndoles que si querian tener imágenes de Dios ó de Santa María, que les hiciesen iglesia. Y al principio por cumplir con los

TRATADO I, CAPITULO III.

frailes comenzaron á demandar que les diesen las imágenes, y á hacer algunas ermitas y adoratorios, y despues iglesias, y ponian en ellas imágenes, y con todo esto siempre procuraron de guardar sus templos sanos y enteros; aunque despues, yendo la cosa adelante, para hacer las iglesias comenzaron á echar mano de sus teocallis para sacar de ellos piedra y madera, y de esta manera quedaron desolados[2] y derribados; y los ídolos de piedra, de los cuales habia infinitos, no solo escaparon quebrados y hechos pedazos, pero vinieron á servir de cimientos para las iglesias; y como habia algunos muy grandes, venian lo mejor del mundo para cimiento de tan grande y santa obra.[3]

Solo Aquel que cuenta las gotas del agua de la lluvia y las arenas del mar, puede contar todos los muertos y tierras despobladas de Hayti (hoy la Isla Española), Cuba, San Juan, Jamaica y las otras islas; y no hartando la sed de su avaricia, fueron á descubrir las innumerables islas de los Lucayos y las de Mayaguana, que decian herrerías de oro, de muy hermosa y dispuesta gente y sus domésticos Guatiaos,[4] con toda la costa de la Tierra Firme, matando tantas ánimas y echándolas casi todas en el infierno, tratando á los hombres peor que á bestias, y tuviéronlos en menos estima, como si en realidad no fuesen criados á la imágen de Dios. Yo he visto y conocido hartos de esta tierra y confesado algunos de ellos, y son gente de muy buena razon y de buenas conciencias; ¿pues porqué no lo fueran los otros, si no les dieran tanta prisa á los matar y acabar? ¡O cuánta razon seria en la Nueva España abrir los ojos y escarmentar en los que de estas islas han perecido! Llamo Nueva España, desde México á la tierra del Perú, y todo lo descubierto de aquella parte de la Nueva Galicia hácia el norte. Toda esta tierra, lo que no está destruido, deberia escarmentar y temer el juicio que Dios hará por la destruccion de las otras islas; baste que ya en esta

---

2 Despoblados.—K. Desollados.—MS.

3 El autor cambia aquí repentinamente de asunto y de estilo. Todo lo que sigue no tiene relacion con lo que va tratando, ni con el epígrafe del capítulo. Parece que este trozo está fuera de su lugar; pero tanto el MS. como la edicion de Kingsborough lo colocan aquí, y no nos hemos atrevido á trasladarlo.

4 Y hermanos domésticos guaridos.—MS. Guatiaos era en las Islas el nombre genérico de los Indios amigos, y de los que ajustaban amistad ó confederacion particular con un Español. Contraponíanse á los Caribes. V. Herrera, Déc. II, lib. 10, cap. 5; et passim

Nueva España hay muchos pueblos asolados, á lo menos en la costa del mar del norte, y tambien en la de la mar del sur, y adonde hubo minas al principio que la tierra se repartió, y aun otros muchos pueblos lejos de México están con media vida.

Si alguno preguntase qué ha sido la causa de tantos males, yo diria que la codicia, que por poner en el cofre unas barras de oro para no sé quién, que tales bienes yo digo que no los gozará el tercero heredero, como cada dia vemos que entre las manos se pierden y se deshacen como humo ó como bienes de trasgo, y á mas tardar duran hasta la muerte, y entonces por cubrir el desventurado cuerpo con desordenadas y vanas pompas y trajes de gran locura, queda la desventurada ánima, pobre, fea y desnuda. ¡O cuántos y cuántos por esta negra codicia desordenada del oro de esta tierra están quemándose en el infierno! Y plegue á Dios que pare en esto; aunque yo sé y veo cada dia que hay algunos Españoles que quieren mas ser pobres en esta tierra, que con minas y sudor de Indios tener mucho oro; y por esto hay muchos que han dejado las minas. Otros conozco, que de no estar bien satisfechos de la manera como acá se hacen los esclavos, los han ahorrado.[5] Otros van modificando y quitando mucha parte de los tributos, y tratando bien á los Indios. Otros se pasan sin ellos, porque les parece cargo de conciencia servirse de ellos. Otros no llevan otra cosa mas de sus tributos modificados, y todo lo demas de comidas, ó de mensajeros, ó de Indios cargados, lo pagan, por no tener que dar cuenta de los sudores de los pobres. De manera que estos tendria yo por verdaderos prójimos; y así digo, que el que se tuviese por verdadero prójimo y lo quisiera ser, que haga lo mismo que estos Españoles hacen.

---

[5] *Ahorrar* un esclavo es lo mismo que darle libertad.

CAPÍTULO IV.

De cómo comenzaron algunos de los Indios á venir al bautismo, y cómo comenzaron á deprender la doctrina cristiana, y de los ídolos que tenian.

Ya que los predicadores se comenzaron á soltar algo en la lengua y predicaban sin libros, y como ya los Indios no llamaban ni servian á los ídolos si no era lejos y escondidamente, venian muchos de ellos los domingos y fiestas á oir la palabra de Dios; y lo primero que fué menester decirles, fué darles á entender quién es Dios vivo,[1] Todopoderoso, sin principio ni fin, Criador de todas las cosas, cuyo saber no tiene fin, suma bondad, el cual crió todas las cosas visibles ó invisibles, y las conserva y dá ser, y tras esto lo que mas les pareció que convenia decirles por entonces; y luego junto con esto fué menester darles tambien á entender quién era Santa María, porque hasta entonces solamente nombraban María, ó Santa María, y diciendo este nombre pensaban que nombraban á Dios; y á todas las imágenes que veian llamaban Santa María. Ya esto declarado, y la inmortalidad del ánima, dábaseles á entender quién era el demonio en quien ellos creian, y cómo los traia engañados; y las maldades que en sí tiene, y el cuidado que pone en trabajar que ninguna ánima se salve; lo cual oyendo hubo muchos que tomaron tanto espanto y temor, que temblaban de oir lo que los frailes decian, y algunos pobres desharrapados,[2] de los cuales hay hartos[3] en esta tierra, comenzaron á venir al bautismo y á buscar el reino de Dios, demandándole con lágrimas y suspiros, y mucha importunacion.

En servir de leña al templo del demonio tuvieron estos Indios siempre muy gran cuidado, porque siempre tenian en los patios y salas

---

1 Uno.—N.   2 Desamparados.—N.   3 Tantos.—A.

de los templos del demonio muchos braseros de diversas maneras, algunos muy grandes. Los mas estaban delante de los altares de los ídolos, que todas las noches ardian. Tenian asimismo unas casas ó templos del demonio, redondas, unas grandes y otras menores, segun eran los pueblos; la boca hecha como de infierno y en ella pintada la boca de una temerosa sierpe con terribles colmillos y dientes, y en algunas de estas los colmillos eran de bulto, que verlo y entrar dentro ponia gran temor y grima; en especial el infierno que estaba en México, que parecia traslado del verdadero infierno. En estos lugares habia lumbre perpetua, de noche y de dia. Estas casas ó infiernos que digo, eran redondos y bajos, y tenian el suelo bajo, que no subian á ellos por gradas como los otros templos, de los cuales tambien habia muchos redondos; mas eran altos y con sus altares, y subian á ellos por muchas gradas: estos eran dedicados al dios del viento, que se decia Quetzalcoatl. Habia unos Indios diputados para traer leña, y otros para velar, poniendo siempre lumbre; y casi lo mismo hacian en las casas de los señores, adonde en muchas partes hacian lumbre, y aun hoy dia hacen algunas y velan las casas de los señores; pero no como solian, porque ya no hacen de diez partes la una. En este tiempo se comenzó á encender otro fuego de devocion en los corazones de los Indios que se bautizaban, cuando deprendian el Ave María, y el Pater Noster, y la doctrina cristiana; y para que mejor lo tomasen y sintiesen algun sabor, diéronles cantado el Per signum Crucis, Pater Noster y Ave María, Credo y Salve, con los mandamientos en su lengua, de un canto llano y gracioso. Fué tanta la prisa que se dieron á deprenderlo, y como la gente era mucha, estábanse á montoncillos, así en los patios de las iglesias y ermitas como por sus barrios, tres y cuatro horas cantando y aprendiendo oraciones; y era tanta la prisa, que por do quiera que fuesen, de dia ó de noche, por todas partes se oia cantar y decir toda la doctrina cristiana; de lo cual los Españoles se maravillaban mucho de ver el fervor con que lo decian, y la gana con que lo deprendian, y la prisa que se daban á lo deprender; y no solo deprendieron aquellas oraciones, sino otras muchas, que saben y enseñan á otros con la doctrina cristiana; y en esto y en otras cosas los niños ayudan mucho.

Ya que pensaban los frailes que con estar quitada la idolatría de los templos del demonio y venir á la doctrina cristiana y al bautismo era todo hecho, hallaron lo mas dificultoso y que mas tiempo fué menester para destruir, y fué que de noche se ayuntaban, y llamaban y hacian fiestas al demonio, con muchos y diversos ritos que tenian antiguos, en especial cuando sembraban el maiz, y cuando lo cogian, y de veinte en veinte dias, que tenian sus meses; y el postrero dia de aquellos veinte era fiesta general en toda la tierra. Cada dia de estos era dedicado á uno de los principales de sus demonios,[4] los cuales celebraban con diversos sacrificios de muertes de hombres, con otras muchas ceremonias. Tenian diez y ocho meses, como presto se dirá, y cada mes de veinte dias; y acabados estos quedábanles otros cinco dias, que decian que andaban en vano, sin año. Estos cinco dias eran tambien de grandes ceremonias y fiestas, hasta que entraban en año. Ademas de estos tenian otros dias de sus difuntos, de llanto que por ellos hacian, en los cuales dias despues de comer y embeodarse llamaban al demonio, y estos dias eran de esta manera; que enterraban y lloraban al difunto, y despues á los veinte dias tornaban á llorar al difunto y á ofrecer por él comida[5] y rosas encima de su sepultura; y cuando se cumplian ochenta dias hacian otro tanto, y de ochenta en ochenta dias lo mismo; y acabado el año, cada año en el que murió el difunto le lloraban y hacian ofrenda, hasta el cuarto año; y desde allí cesaban totalmente, para nunca mas se acordar del muerto por via de hacer sufragio. A todos sus difuntos nombraban *teotl fulano*, que quiere decir, fulano Dios, ó fulano santo.

Cuando los mercaderes venian de lejos, ú otras personas, sus parientes y amigos hacíanles gran fiesta y embeodábanse con ellos. Tenian en mucho alongarse de sus tierras, y darse por allá buena maña y volver hombres, aunque no trajesen mas que la persona; tambien cuando alguno acababa de hacer una casa, le hacian fiesta. *Otros trabajaban y adquirian dos ó tres años cuanto podian, para hacer una fiesta* al demonio, y en ella no solo gastaban cuanto tenian, mas aun se adeudaban, de manera que tenian que servir y trabajar otro año y aun otros dos para salir de deuda; y otros que no tenian

---

[4] Dios.—A.
[5] Ofrecerle comida.—A.
[6] Faltan en la edicion inglesa las palabras de letra cursiva.

caudal para hacer aquella fiesta, vendíanse y hacíanse esclavos para hacer una fiesta un dia al demonio. En estas fiestas gastaban gallinas, perrillos y codornices para los ministros de los templos, su vino y pan, esto abondo,[7] porque todos salian beodos. Compraban muchas rosas, y cañutos de perfumes, cacao, que es otro brebaje bueno, y frutas. En muchas de estas fiestas daban á los convidados mantas, y en las mas de ellas bailaban de noche y de dia, hasta quedar cansados ó beodos. Ademas de esto hacian otras muchas fiestas con diversas ceremonias, y las noches de ellas todo era dar voces y llamar al demonio, que no bastaba poder ni saber humano para las quitar, porque les era muy duro dejar la costumbre en que se habian envejecido; las cuales costumbres é idolatrías, á lo menos las mas de ellas, los frailes tardaron mas de dos años en vencer y desarraigar, con el favor y ayuda de Dios, y sermones y amonestaciones que siempre les hacian.

Desde á poco tiempo vinieron á decir á los frailes, cómo escondian los Indios los ídolos y los ponian en los piés de las cruces, ó en aquellas gradas debajo de las piedras, para allí hacer que adoraban la cruz y adorar al demonio, y querian allí guarecer la vida de su idolatría. Los ídolos que los Indios tenian eran muy muchos y en muchas partes, en especial en los templos de sus demonios, y en los patios, y en los lugares eminentes, así como bosques, grandes cerrejones, y en los puertos y mogotes[8] altos, adonde quiera que se hacia algun alto, ó lugar gracioso, ó dispuesto para descansar; y los que pasaban echaban sangre de las orejas ó de la lengua, ó echaban un poco de incienso del que hay en aquella tierra, que llaman copalli; otros rosas que cogian por el camino, y cuando otra cosa no tenian, echaban un poco de yerba verde ó unas pajas; allí descansaban, en especial los que iban cargados, porque ellos se echan buenas y grandes cargas.

Tenian asimismo ídolos cerca del agua, mayormente en par de las fuentes, adonde hacian sus altares con sus gradas cubiertas; y en muchas principales fuentes de mucha agua tenian cuatro de estos altares[9] puestos en cruz, unos enfrente de otros, la fuente en medio;

---

7 En abundancia.—M. Significa lo mismo, pues *abondo* es derivado del lat. *abundé*.
8 Montes.—M.
9 Idolos.—M.

y allí y en el agua ponian mucho copalli, y papel, y rosas; y algunos devotos del agua se sacrificaban allí. Y cerca de los grandes árboles, así como cipreses grandes ó cedros, hacian los mismos altares y sacrificios; y en sus patios de los demonios y delante de los templos trabajaban por tener y plantar cipreses, plátanos y cedros. Tambien hacian de aquellos altares, pequeños, con sus gradas, y cubiertos con su terrado, en muchas encrucijadas de los caminos, y en los barrios de sus pueblos, y en los altozanos; y en otras muchas partes tenian como oratorios, en los cuales lugares tenian mucha cantidad de ídolos de diversas formas y figuras, y estos públicos, que en muchos dias no los podian acabar de destruir, así por ser muchos y en diversos lugares, como porque cada dia hacian muchos de nuevo; porque habiendo quebrantado en una parte muchos, cuando por allí tornaban los hallaban todos nuevos y tornados á poner; porque como no habian de buscar canteros que se los hiciesen, ni escoda[10] para los labrar, ni quien se los amoldase, sino que muchos de ellos son maestros, y una piedra labran con otra, no los podian agotar ni acabar de destruir. Tenian ídolos de piedra, y de palo, y de burro cocido, y tambien los hacian de masa, y de semillas envueltas con masa, y tenian unos grandes, otros mayores, y medianos, y pequeños, y muy chiquitos. Unos tenian figuras de obispos, con sus mitras y báculos, de los cuales habia algunos dorados, y otros de piedras de turquesas de muchas maneras. Otros tenian figuras de hombres; tenian estos en la cabeza un mortero en lugar de mitra, y allí les echaban vino, por ser el dios del vino. Otros tenian diversas insignias, en que conocian al demonio que representaba. Otros tenian figuras de mujeres, tambien de muchas maneras. Otros tenian figuras de bestias fieras, así como leones, tigres, perros, venados, y de cuantos animales se crian en los montes y en el campo. Tambien tenian ídolos de figuras de culebras, y estos de muchas maneras, largas y enroscadas; otras con rostro de mujer. Delante de muchos ídolos ofrecian víboras y culebras, y á otros ídolos les ponian unos sartales de colas de víboras; que hay unas víboras grandes que por la cola hacen unas vueltas con las cuales hacen ruido, y á esta causa los Españoles las llaman víboras de cascabel;

---

10 Ni hay cosa para labrarlos.—*N. Escoda es el pico del cantero.*

algunas de estas hay muy fieras, de diez y once[11] ñudos; su herida es mortal, y apenas llega á veinte y cuatro horas la vida del herido. Otras culebras hay muy grandes, tan gruesas como el brazo. Estas son bermejas y no son ponzoñosas, antes las tienen en mucho para comer los grandes señores. Llámanse estas *culebras de venado*, esto es, ó porque se parecen en la color al venado, ó porque se ponen en una senda y allí espera al venado, y ella ásese á algunas ramas y con la cola revuélvese al venado y tiénele; y aunque no tiene dientes ni colmillos, por los ojos y por las narices le chupa la sangre. Para tomar estas no se atreve un hombre, porque ella le apretaria hasta matarle; mas si se hallan dos ó tres, síguenla y átanla á un palo grande, y tiénenla en mucho para presentar á los señores. De estas tambien tenian ídolos. Tenian tambien ídolos de aves, así como de águilas; y de águila y tigre eran muy continuos los ídolos. De buho y de aves nocturnas, y de otras como milano, y de toda ave grande, ó hermosa, ó fiera, ó de preciosas plumas tenian ídolo; y el principal era del sol, y tambien de la luna y estrellas, de los pescados grandes y de los lagartos de agua, hasta sapos y ranas, y de otros peces grandes, y estos decian que eran los dioses del pescado. De un pueblo de la laguna de México llevaron unos ídolos de estos peces, que eran unos peces hechos de piedra, grandes; y despues volviendo por allí pidiéronles para comer algunos peces, y respondieron que habian llevado el dios del pescado y que no podian tomar peces.

Tenian por dioses al fuego, y al aire, y á la agua, y á la tierra, y de estos sus figuras pintadas; y de muchos de sus demonios tenian rodelas y escudos, y en ellas pintadas las figuras y armas de sus demonios con su blason. De otras muchas cosas tenian figuras é ídolos, de bulto y de pincel, hasta de las mariposas, pulgas y langostas, grandes y bien labradas.

Acabados de destruir estos ídolos públicos, dieron tras los que estaban encerrados en los piés de las cruces, como en cárcel, porque el demonio no podia estar cabe la cruz sin padecer gran tormento, y á todos los destruyeron; porque aunque habia algunos malos Indios que escondian los ídolos, habia otros buenos Indios ya con-

---

[11] Quince.—*MS*.

vertidos, y pareciéndoles mal y ofensa de Dios, avisaban de ello á los frailes; y aun de estos no faltó quien quiso argüir no ser bien hecho. Esta diligencia fué bien menester, así para evitar ofensas de Dios, y que la gloria que á él se le debe no se la diesen á los ídolos, como para guarecer á muchos del cruel sacrificio, en el cual muchos morian, ó en los montes, ó de noche, ó en lugares secretos; porque en esta costumbre estaban muy encarnizados, y aunque ya no sacrificaban tanto como solian, todavía instigándoles el demonio buscaban tiempo para sacrificar; porque segun presto se dirá, los sacrificios y crueldades de esta tierra y gente sobrepujaron y excedieron á todas las del mundo, segun que leemos y aquí se dirá: y antes que éntre á decir las crueldades de los sacrificios, diré la manera y cuenta que tenian en repartir el tiempo en años y meses, semanas y dias.

CAPÍTULO V.

De las cosas variables del año, y cómo en unas naciones comienza diferentemente de otras; y del nombre que daban al niño cuando nacia, y de la manera que tenian en contar los años, y de la ceremonia que los Indios hacian.

Diversas naciones diversos modos y maneras tuvieron en la cuenta del año, y así fué en esta tierra de Anáhuac; y aunque en esta tierra, como es tan grande, hay diversas gentes y lenguas, en lo que yo he visto todos tienen la cuenta del año de una manera. Y para mejor entender qué cosa sea tiempo, es de saber, que tiempo es cantidad del año, que significa la tardanza del movimiento de las cosas variables, y estas se reparten en diez, que son: año, mes, semana, dia, cuadrante, hora, punto, momento, onza, átomo. El año tiene doce meses, ó cincuenta y dos semanas y un dia, ó trescientos sesenta y cinco dias y seis horas. El mes tiene cuatro semanas, y algunos meses tienen dos dias mas, otros uno, salvo Febrero. La semana tiene siete dias: el dia tiene cuatro cuadrantes: el cuadrante tiene seis horas: la hora cuatro puntos: el punto tiene diez momentos: el momento doce onzas: la onza cuarenta y siete átomos: el átomo es indivisible. Los Egipcios y los Árabes comienzan el año desde Septiembre, porque en aquel mes los árboles están con fruta madura, y ellos tienen que en el principio del mundo los árboles fueron criados con fruta, y que Septiembre fué el primer mes del año. Los Romanos comenzaron el año desde el mes de Enero, porque entonces, ó poco antes, el sol se comienza á allegar á nosotros. Los Judíos comienzan el año en Marzo, porque tienen que entonces fué criado el mundo con flores y yerba verde. Los modernos cristianos, por reverencia de Nuestro Señor Jesucristo, comienzan el año desde su santa Natividad, y otros desde su sagrada Circuncision.

Los Indios naturales de esta Nueva España, al tiempo que esta tierra se ganó y entraron en ella los Españoles, comenzaban su año en principio de Marzo; mas por no alcanzar bisiesto van variando su año[1] por todos los meses. Tenian el año de trescientos y sesenta y cinco dias. Tenian mes de á veinte dias, y tenian diez y ocho meses y cinco dias en un año, y el dia postrero del mes muy solemne entre ellos. Los nombres de los meses y de los dias no se ponen aquí, por ser muy revesados y que se pueden mal escribir; podrá ser que se pongan las figuras por donde se conocian y tenian cuenta con ellos. Estos Indios de la Nueva España tenian semana de trece dias, los cuales significaban por estas señales ó figuras: al primero, ademas del nombre que como los otros tenia, conocian por un espadarte, que es un pescado ó bestia marina; el segundo dos vientos; el tercero tres casas; el cuarto cuatro lagartos de agua, que tambien son bestias marinas; el quinto cinco culebras; el sexto seis muertes; el séptimo siete ciervos; el octavo ocho conejos; el nono nueve águilas; el décimo diez perros; el undécimo once monas; el duodécimo doce escobas; el décimotercio trece cañas. De trece en trece dias iban sus semanas contadas; pero los nombres de los dias

---

[1] Y ese ya variando su año por todos los meses.—*MS.* Varian de su año por todos los meses.—*K.* Como ambas lecciones son bastante oscuras, nos hemos atrevido á sustituir otra mas clara. Las figuras de los meses y dias que el autor ofrece, aunque sin asegurarlo, no se hallan en el MS. ni en la edicion inglesa: es de creerse que las omitió.

eran veinte, todos nombrados por sus nombres y señalados con sus figuras ó caracteres; y por esta misma cuenta contaban tambien los mercados, que unos hacian de veinte en veinte dias, otros de trece en trece dias, otros de cinco en cinco dias, y esto era y es mas general, salvo en los grandes pueblos, que estos cada dia tienen su mercado y plaza llena de medio dia para abajo; y son tan ciertos en la cuenta de estos mercados ó ferias, como los mercaderes de España en saber las ferias de Villalon y Medina. De esta cuenta de los meses y años y fiestas principales habia maestros como entre nosotros, los que saben bien el cómputo. Este calendario de los Indios tenia para cada dia su ídolo ó demonio, con nombres de varones y mujeres diosas; y estaban todos los dias del año llenos como calendarios de breviarios romanos, que para cada dia tienen su santo ó santa.

Todos los niños cuando nacian tomaban nombre del dia en que nacian, ora fuese una flor, ora dos conejos; y aquel nombre les daban el séptimo dia, y entonces si era varon poníanle una saeta en la mano, y si era hembra dábanle un huso y un palo de tejer, en señal que habia de ser hacendosa y casera, buena hilandera y mejor tejedora; el varon porque fuese valiente para defender á sí y á la patria, porque las guerras eran muy ordinarias cada año; y en aquel dia se regocijaban los parientes y vecinos con el padre del niño. En otras partes luego que la criatura nacia venian los parientes á saludarla, y decíanle estas palabras: "Venido eres á padecer; sufre y padece:" y esto hecho, cada uno de los que lo habian saludado le ponian un poco de cal en la rodilla. Y al séptimo dia de nacer dábanle el nombre del dia en que habia nacido. Despues desde á tres meses presentaban aquella criatura en el templo del demonio, y dábanle su nombre, no dejando el que tenia, y tambien entonces comian de regocijo; y luego el maestro del cómputo decíale el nombre del demonio que caia en aquel dia de su nacimiento. De los nombres de estos demonios tenian mil agüeros y hechicerías, de los hados que le habian de acontecer en su vida, así en casamientos como en guerras. A los hijos de los señores principales daban tercero nombre de dignidad ó de oficio; á algunos siendo muchachos, á otros ya jóvenes, á otros cuando hombres; ó despues de muerto el padre heredaba el mayorazgo y el nombre de la dignidad que el padre habia tenido.

No es de maravillar de los nombres que estos Indios pusieron á sus dias de aquellas bestias y aves, pues los nombres de los dias de nuestros meses y semanas los tienen de los dioses y planetas, lo cual fué obra de los Romanos.

En esta tierra de Anáhuac contaban ios años de cuatro en cuatro, y este término de años contaban de esta manera. Ponian cuatro casas con cuatro figuras; la primera ponian al mediodía, que era una figura de conejo; la otra ponian hácia oriente, y eran dos cañas; la tercera ponian al septentrion, y eran tres pedernales ó tres cuchillos de sacrificar; la cuarta casa ponian hácia occidente, y en ella la figura de cuatro casas. Pues comenzando la cuenta desde el primero año y desde la primera casa, iban contando por sus nombres y figuras hasta trece años, que acaban en la misma casa que comenzaron, que tiene la figura de un conejo. Andando tres vueltas, que son tres olimpiadas, la postrera tiene cinco años y las otras á cuatro, que son trece, al cual término podriamos llamar *indiccion,* y de esta manera hacian otras tres indicciones por la cuenta de las cuatro casas; de manera que venian á hacer cuatro indicciones, cada una de á trece años, que venian á hacer una hebdómada de cincuenta y dos años, comenzando siempre el principio de la primera hebdómada en la primera casa; y es mucho de notar las ceremonias y fiestas que hacian en el fin y postrero dia de aquellos cincuenta y dos años, y en el primer dia que comenzaba el nuevo año y nueva olimpiada. El postrero dia del postrer año, á hora de vísperas, en México y en toda su tierra, y en Tetzcoco y sus provincias, por mandamiento de los ministros de los templos mataban todos los fuegos con agua, así de los templos del demonio, como de las casas de los vecinos. (En algunos lugares que habia fuego perpetuo, que era en los infiernos ya dichos, este dia tambien mataban los fuegos.) Luego salian ciertos ministros de los templos de México, dos leguas á un lugar que se dice Ixtlapalapa, y subian á un cerrejon que allí está, sobre el cual estaba un templo del demonio, al cual tenia mucha devocion y reverencia el gran señor de México Moteuczoma. Pues allí á la media noche, que era principio del año de la siguiente hebdómada, los dichos ministros sacaban nueva lumbre de un palo que llamaban palo de fuego, y luego encendian tea, y antes que nadie encendiese, con mucho fervor y prisa la llevaban al principal templo de México, y puesta la lumbre delante de los ídolos, traian un cautivo tomado en guerra, y delante el nuevo fuego sacrificándole le sacaban el corazon, y con la sangre el ministro mayor rociaba el fuego á manera de bendicion. Esto acabado, ya que el fuego quedaba como bendito, estaban allí esperando de muchos pueblos para llevar lumbre nueva á los templos de sus lugares, lo cual hacian pidiendo licencia al gran príncipe ó pontífice mexicano, que era como papa, y esto hacian con gran fervor y prisa. Aunque el lugar estuviese hartas leguas, ellos se daban tanta prisa que en breve tiempo ponian allá la lumbre. En las provincias lejos de México hacian la misma ceremonia, y esto se hacia en todas partes con mucho regocijo y alegría; y en comenzando el dia, en toda la tierra y principalmente en México hacian gran fiesta, y sacrificaban cuatrocientos hombres en solo México.

CAPÍTULO VI.

De la fiesta llamada Panquetzaliztli, y los sacrificios y homicidios que en ella se hacian; y cómo sacaban los corazones y los ofrecian, y despues comian los que sacrificaban.

En aquellos dias de los meses que arriba quedan dichos, en uno de ellos que se llamaba Panquetzaliztli, que era el catorceno, el cual era dedicado á los dioses de México, mayormente á dos de ellos que se decian ser hermanos y dioses de la guerra, poderosos para matar y destruir, vencer y sujetar; pues en este dia, como pascua ó fiesta mas principal, se hacian muchos sacrificios de sangre, así de las orejas como de la lengua, que esto era muy comun: otros se sacrificaban de los brazos y pechos y de otras partes del cuerpo; pero en esto de sacarse un poco de sangre para echar á los ídolos, como quien esparce agua bendita con los dedos, ó echar la sangre de las orejas y lengua en unos papeles y ofrecerlos, á todos y en todas partes era general; pero de las otras partes del cuerpo en cada provincia habia su costumbre; unos de los brazos, otros de los pechos, que en esto de las señales se conocian de qué provincia eran. Demas de estos y otros sacrificios y ceremonias, sacrificaban y mataban á muchos de la manera que aquí diré. Tenian una piedra larga de una brazada de largo, y casi palmo y medio de ancho, y un buen palmo de grueso ó de esquina. La mitad de esta piedra estaba hincada en la tierra, arriba en lo alto encima de las gradas, delante del altar de los ídolos. En esta piedra tendian á los desventurados de espaldas para los sacrificar, y el pecho muy tieso, porque los tenian atados de los piés y de las manos, y el principal sacerdote de los ídolos ó su lugarteniente, que eran los que mas ordinariamente sacrificaban, y si algunas veces habia tantos que sacrificar que estos se cansasen, entraban otros que estaban ya diestros en el sacrificio, y de presto con una piedra de pedernal con que sacaban lumbre, de esta piedra hecho un navajon como hierro de lanza, no mucho agudo, porque como es piedra muy recia y salta, no se puede hacer muy aguda; esto digo porque muchos piensan que eran de aquellas navajas de piedra negra, que en esta tierra las hay, y sácanlas con el filo tan delgado como de una navaja, y tan dulcemente corta como navaja, sino que luego saltan mellas;[1] con aquel cruel navajon, como el pecho estaba tan tieso, con mucha fuerza abrian al desventurado y de presto sacábanle el corazon, y el oficial de esta maldad daba con el corazon encima del umbral del altar de parte de afuera, y allí dejaba hecha una mancha de sangre; y caído el corazon se estaba un poco bullendo en la tierra, y luego poníanle en una escudilla delante del altar. Otras veces tomaban el corazon y levantábanle hácia el sol, y á las veces untaban los labios de los ídolos con la sangre. Los corazones á las veces los comian los ministros viejos; otras los enterraban, y luego tomaban el cuerpo y echábanlo por las gradas abajo á rodar; y llegado abajo, si era de los presos en guerra, el que lo prendió con sus amigos y parientes llevábanlo, y aparejaban aquella carne humana con otras comidas, y otro dia hacian fiesta y lo comian; y el mismo que lo prendió, si tenia con qué lo poder hacer, daba aquel dia á los

---

[1] Sin que luego salten mellas.—*K.*

convidados mantas; y si el sacrificado era esclavo no le echaban á rodar, sino abajábanle á brazos, y hacian la misma fiesta y convite que con el preso en guerra, aunque no tanto con el esclavo; sin otras fiestas y dias de mas ceremonias con que las solemnizaban, como en estotras fiestas aparecerá.

Cuanto á los corazones de los que sacrificaban, digo: que en sacando el corazon al sacrificado, aquel sacerdote del demonio tomaba el corazon en la mano, y levantábale como quien lo muestra al sol, y luego volvia á hacer otro tanto al ídolo, y poníasele delante en un vaso de palo pintado mayor que una escudilla, y en otro vaso cogia la sangre y daba de ella como á comer al principal ídolo, untándole los labios, y despues á los otros ídolos y figuras del demonio. En esta fiesta sacrificaban de los tomados en guerra ó esclavos, porque casi siempre eran de estos los que sacrificaban, segun el pueblo, en unos veinte, en otros treinta, en otros cuarenta, y hasta cincuenta y sesenta: en México sacrificaban ciento, y de ahí arriba.

En otro dia de aquellos ya nombrados se sacrificaban muchos, aunque no tantos como en la ya dicha; y nadie piense que ninguno de los que sacrificaban matándoles y sacándoles el corazon, ó cualquiera otra muerte, que era [2] de su propia voluntad, sino por fuerza, y sintiendo muy sentida la muerte y su espantoso dolor. Los otros sacrificios de sacarse sangre de las orejas ó lengua, ó de otras partes, estos eran voluntarios casi siempre. De aquellos que sacrificaban desollaban algunos, en unas partes dos ó tres, en otras cuatro ó cinco, en otras diez, y en México hasta doce ó quince, y vestian aquellos cueros, que por las espaldas y encima de los hombros dejaban abiertos, y vestido lo mas justo que podian, como quien viste jubon y calzas, bailaban con aquel cruel y espantoso vestido: y como todos los sacrificados ó eran esclavos ó tomados en la guerra, en México para este dia guardaban alguno de los presos en la guerra, que fuese señor ó persona principal, y á aquel desollaban para vestir el cuero de él el gran señor de México Moteuczoma, el cual con aquel cuero vestido bailaba con mucha gravedad, pensando que hacia gran servicio al demonio que aquel dia honraban: y esto iban muchos á ver como cosa de gran maravilla, porque en los otros pue-

---

[2] Que no era.—*MS*.

blos no se vestian los señores los cueros de los desollados, sino otros principales. En otro dia de otra fiesta, en cada parte sacrificaban una mujer, y desollábanla, y vestíase uno el cuero de ella y bailaba con todos los otros del pueblo; aquel con el cuero de la mujer vestido, y los otros con sus plumajes.

Habia otro dia en que hacian fiesta al dios del agua. Antes que este dia llegase, veinte ó treinta dias, compraban un esclavo y una esclava y hacíanlos morar juntos como casados; y llegado el dia de la fiesta, vestian al esclavo con las ropas é insignias de aquel dios, y á la esclava con las de la diosa, mujer de aquel dios, y así vestidos bailaban todo aquel dia, hasta la media noche que los sacrificaban; y á estos no los comian, sino echábanlos en una hoya como silo que para esto tenian.

CAPÍTULO VII.

De las muy grandes crueldades que se hacian el dia del dios del fuego y del dios del agua; y de una esterilidad que hubo en que no llovió en cuatro años.

Otro dia de fiesta en algunas partes y pueblos, como Tlacopan, Coyoacan y Azcapotzalco, levantaban un gran palo rollizo de hasta diez brazas de largo, y hacian un ídolo de semillas, y envuelto y atado con papeles poníanle encima de aquella viga; y la víspera de la fiesta levantaban este árbol que digo con aquel ídolo, y bailaban todo el dia á la redonda de él; y aquel dia por la mañana tomaban algunos esclavos y otros que tenian cautivos de guerra, y traíanlos atados de piés y manos, y echábanlos en un gran fuego para esta crueldad aparejado, y no los dejaban acabar de quemar, no por piedad, sino porque el género de tormento fuese mayor; porque luego los sacrificaban y sacaban los corazones, y á la tarde echaban la viga en tierra, y trabajaban mucho por haber parte de aquel ídolo para comer; porque creian que con aquello se harian valientes para pelear.

Otro dia que era dedicado al dios del fuego, ó al mismo fuego, al cual tenian y adoraban por dios, y no de los menores, que era general por todas partes; este dia tomaban uno de los cautivos en la guerra y vestíanle de las vestiduras y ropas del dios del fuego, y bailaba á reverencia de aquel dios, y sacrificábanle á él y á los demas que tenian presos de guerra; pero mucho mas es de espantar de lo que particularmente hacian aquí en Cuautitlan, adonde esto escribo, que en todo lo general, adonde parece que se mostraba el demonio mas cruel que en otras partes. Una víspera de una fiesta en Cuautitlan, levantaban seis grandes árboles como mástiles de naos con sus escaleras; y en esta vigilia cruel, y el dia muy mas cruel tambien, degollaban dos mujeres esclavas en lo alto encima de las gradas, delante el altar de los ídolos, y allí arriba las desollaban todo el cuerpo y el rostro, y sacábanles las canillas de los muslos; y el dia por la mañana, dos Indios principales vestíanse los cueros, y los rostros tambien como máscaras, y tomaban en las manos las canillas, en cada mano la suya, y muy paso á paso bajaban bramando, que parecian bestias encarnizadas; y en los patios abajo gran muchedumbre de gente, todos como espantados, decian: "Ya vienen nuestros dioses; ya vienen nuestros dioses." Llegados abajo comenzaban á tañer sus atabales, y á los así vestidos ponian á cada uno sobre las espaldas mucho papel, no plegado sino cosido en ala, que habria obra de cuatrocientos pliegos; y ponian á cada uno una codorniz ya sacrificada y degollada, y atábansela al bezo que tenia horadado; y de esta manera bailaban estos dos, delante los cuales mucha gente sacrificaba y ofrecian[1] muy muchas codornices, que tambien era para ellas dia de muerte; y sacrificadas echábanselas delante, y eran tantas que cubrian el suelo por donde iban, porque pasaban de ocho mil codornices las que aquel dia se ofrecian; porque todos tenian mucho cuidado de las buscar para esta fiesta, á la cual iban desde México y de otros muchos pueblos. Llegado el medio dia cogian todas las codornices, y repartíanlas por los ministros de

---

[1] Muy mucha gente sacrificaban, y ofrecian.....—*K*.

los templos y por los señores principales, y los vestidos no hacian sino bailar todo el dia.

Hacíase en este mismo dia otra mayor y nunca oída crueldad, y era que en aquellos seis palos que la víspera de la fiesta habian levantado, en lo alto ataban y aspaban seis hombres cautivos en la guerra, y estaban debajo á la redonda mas de dos mil[2] muchachos y hombres con sus arcos y flechas, y estos en bajándose los que habian subido á los atar á los cautivos, disparaban en ellos las saetas como lluvia; y asaeteados y medio muertos subian de presto á los desatar, y dejábanlos caer de aquella altura, y del gran golpe que daban se quebrantaban y molian los huesos todos del cuerpo; y luego les daban la tercera muerte sacrificándolos y sacándoles los corazones; y arrastrándolos desviábanlos de allí, y degollábanlos, y cortábanles las cabezas, y dábanlas á los ministros de los ídolos; y los cuerpos llevábanlos como carneros para los comer los señores y principales. Otro dia con aquel nefando convite hacian tambien fiesta, y con gran regocijo bailaban todos.

Una vez en el año, cuando el maiz estaba salido de obra[3] de un palmo, en los pueblos que habia señores principales, que á su casa llamaban *palacio,* sacrificaban un niño y una niña de edad de hasta tres ó cuatro años: estos no eran esclavos, sino hijos de principales, y este sacrificio se hacia en un monte en reverencia de un ídolo que decian que era el dios del agua y que les daba la lluvia; y cuando habia falta de agua la pedian á este ídolo. A estos niños inocentes no les sacaban el corazon, sino degollábanlos, y envueltos en unas mantas poníanlos en una caja de piedra como lucillo antiguo, y dejábanlos así por la honra de aquel ídolo, á quien ellos tenian por muy principal dios. Su principal templo ó casa era en Tetzcoco, juntamente con los dioses de México; este estaba á la mano derecha, y los de México á la mano izquierda: y ambos altares estaban levantados sobre una cepa, y tenian cada tres sobrados, á los cuales yo fuí á ver algunas veces. Estos templos fueron los mas altos y mayores de toda la tierra, y mas que los de México.

El dia de Atemoztli ponian muchos papeles pintados, y llevábanlos á los templos de los demonios, y ponian tambien *óllin,* que es

---

[2] Doscientos.—*K*.   [3] De hoja.—*K*.

una goma de un árbol que se cria en tierra caliente, del cual punzándole salen unas gotas blancas, y ayúntanlo uno con otro, que es cosa que luego se cuaja y pára⁴ negro, así como pez blanda; y de esta hacen las pelotas con que juegan los Indios, que saltan mas que las pelotas de viento de Castilla, y son del mismo tamaño, y un poco mas prietas; aunque son mucho mas pesadas las de esta tierra, corren y saltan tanto que parece que traen azogue dentro de sí. De este óllin usaban mucho ofrecer á los demonios, así en papeles que quemándolo corrian unas gotas negras y estas caian sobre papeles, y aquellos papeles con aquellas gotas, y otros con gotas de sangre, ofrecianlo al demonio; y tambien ponian de aquel óllin en los carrillos de los ídolos, que algunos tenian dos y tres dedos de costra sobre el rostro, y ellos feos, parecian bien figuras del demonio, sucias, y feas, y hediondas. Este dia se ayuntaban los parientes y amigos á llevar comida, que comian en las casas y patios del demonio. En México este mismo dia salian y llevaban en una barca muy pequeña un niño y una niña, y en medio del agua de la gran laguna los ofrecian al demonio, y allí los sumergian con el acalli ó barca, y los que los llevaban se volvian en otras barcas mayores.

Cuando el maiz estaba á la rodilla, para un dia repartian y echaban pecho, con que compraban cuatro niños esclavos de edad de cinco á seis años, y sacrificábanlos á Tlaloc, dios del agua, poniéndolos en una cueva, y cerrábanla hasta otro año que hacian lo mismo. Este cruel sacrificio tuvo principio de un tiempo que estuvo cuatro años que no llovió, y apenas quedó cosa verde en el campo, y por aplacar al demonio del agua su dios Tlaloc, y porque lloviese, le ofrecian aquellos cuatro niños. Estos ministros de estos sacrificios eran los mayores sacerdotes y de mas dignidad entre los Indios; criaban sus cabellos á manera de nazarenos, y como nunca los cortaban ni peinaban y ellos andaban mucho tiempo negros y los cabellos muy largos y sucios, parecian al demonio. A aquellos cabellos grandes llamaban *nopapa*, y de allí les quedó á los Españoles llamar á estos ministros papas, pudiendo con mayor verdad llamarlos crueles verdugos del demonio.⁵

Hueytozoztli. Este dia era cuando el maiz era ya grande hasta la

---

⁴ Deviene negro.—*K*.
⁵ Crueles verdugos del demonio Behitozoz; y este dia era cuando el maiz era ya.....—*K*.

cinta. Entonces cada uno cogia de sus maizales algunas cañas, y envueltas en mantas, delante de aquellas cañas ofrecian comida y atolli, que es un brebaje que hacen de la masa del maiz, y es espeso, y tambien ofrecian copalli, que es género de incienso que corre de un árbol, el cual en cierto tiempo del año punzan para que salga y corra aquel licor, y ponen debajo ó en el mismo árbol atadas unas pencas de maguey, que adelante se dirá lo que es, y hay bien que decir de él; y allí cae y se cuajan unos panes de la manera de la jibia de los plateros; hácese de este copalli revuelto con aceite muy buena trementina; los árboles que lo llevan son graciosos y hermosos de vista y de buen olor; tienen la hoja muy menuda. Críase en tierra caliente en lugar alto adonde goce del aire. Algunos dicen que este copalli es mirra probatísima. Volviendo á la ofrenda digo: que toda junta á la tarde la llevaban á los templos de los demonios y bailábanle toda la noche porque les guardase los maizales.

Tititl. Este dia y otro con sus noches bailaban todos al demonio, y le sacrificaban muchos cautivos presos en las guerras de los pueblos de muy lejos; que segun decian los Mexicanos, algunas provincias tenian cerca de sí de enemigos y de guerra, como Tlaxcallan y Huexotzinco, que mas los tenian para ejercitarse en la guerra y tener cerca de donde haber cautivos para sacrificar, que no por pelear y acabarlos; aunque los otros tambien decian lo mismo de los Mexicanos y que de ellos prendian y sacrificaban tantos, como los otros de ellos. Otras provincias habia lejos, donde á tiempos, ó una vez en el año, hacian guerra y salian capitanías ordenadas á esto; y de estas era una la provincia y reino de Michuachapanco, que ahora los Españoles llaman Pánuco: de estos cautivos sacrificaban aquel dia, y no de los mas cercanos, ni tampoco esclavos.

CAPÍTULO VIII.

De la fiesta y sacrificio que hacian los mercaderes á la diosa de la sal; y de la venida que fingian de su dios; y de cómo los señores iban una vez en el año á los montes, á cazar para ofrecer á sus ídolos.

Los mercaderes hacian una fiesta, no todos juntos sino los de cada provincia por su parte, para la cual procuraban esclavos que sacrificar, los cuales hallaban bien baratos, por ser la tierra muy poblada. En este dia morian muchos en los templos que á su parte tenian los mercaderes, en los cuales otras muchas veces hacian grandes sacrificios.

Tenian otros dias de fiesta en que todos los señores y principales se ayuntaban de cada provincia en su cabecera á bailar, y vestian una mujer de las insignias de la diosa de la sal, y así vestida bailaba[1] toda la noche, y á la mañana á hora de las nueve sacrificábanla á la misma diosa. En este dia echan mucho de aquel incienso en los braseros.

En otra fiesta, algunos dias antes aparejaban grandes comidas, segun que cada uno podia y le bastaba la pobre hacienda, que ellos muy bien parten, aunque lo ayunen, por no parecer vacíos delante de su dios. Aparejada la comida fingian como dia de adviento, y llegado el dia llevaban la comida á la casa del demonio, y decian: "Ya viene nuestro dios, ya viene: ya viene nuestro dios, ya viene."

Un dia en el año salian los señores y principales para sacrificar en los templos que habia en los montes, y andaban por todas partes cazadores á cazar de todas animalias y aves para sacrificarlas al de-

---

[1] Bailaban.—*MS*.

monio, así leones y tigres como coyotes, que son unos animalejos entre lobo y raposa, que no son ni bien lobos ni bien raposas, de los cuales hay muchos, y muerden tan bravamente, que ha de ser muy escogido el perro que le matare diente por diente. Cazaban venados, liebres, conejos, codornices, hasta culebras y mariposas, y todo lo traian al señor, y él daba y pagaba á cada uno segun lo que traia; primero daba la ropa que traia vestida, y despues otra que tenia allí aparejada para dar, no pagando[2] por via de precio ni de conciencia, que maldito el escrúpulo que de ello tenian, ni tampoco por paga de los servicios, sino por una liberalidad con la cual pensaban que agradaban mucho al demonio, y luego sacrificaban todo cuanto habian podido haber.

Sin las fiestas ya dichas habia otras muchas, y en cada provincia y á cada demonio le servian de su manera, con sacrificios y ayunos y otras diabólicas ofrendas, especialmente en Tlaxcallan, Huexotzinco y Cholollan, que eran señoríos por sí. En todas estas provincias, que son comarcanas y venian de un abolengo, todos adoraban y tenian un dios por mas principal, al cual nombraban por tres nombres. Los antiguos que estas provincias poblaron fueron de una generacion; pero despues que se multiplicaron hicieron señoríos distintos, y hubo entre ellos grandes bandos y guerras. En estas tres provincias se hacian siempre muchos sacrificios y muy crueles, porque como todos estaban cercados de provincias sujetas á México, que eran sus enemigos, y entre sí mismos tenian continuas guerras, habia entre ellos hombres pláticos[3] en la guerra, y de buen ánimo y fuerzas, especialmente en Tlaxcallan, que es la mayor de estas provincias, y aun de gente algo mas dispuesta, atrevida y guerrera, y es de las enteras y grandes provincias, y mas pobladas de la Nueva España, como se dirá adelante. Estos naturales tenian de costumbre en sus guerras[4] de tomar cautivos para sacrificar á sus ídolos, y á esta causa en la batalla arremetian y entraban hasta abrazarse con el que podian, y sacábanle fuera y atábanle cruelmente. En esto se mostraban y señalaban los valientes.

Estos tenian otras muchas fiestas con grandes ceremonias y crueldades, de las cuales no me acuerdo bien para escribir verdad, aun-

---

2 Pasando.—K.   3 Es decir, *prácticos*.   4 En lo general.—K.

que moré allí seis años entre ellos, y oí y supe muchas cosas; pero no me informaba para lo haber de escribir.

En Tlaxcallan habia muchos señores y personas principales, y mucho ejercicio de guerra, y tenian siempre como gente de guarnicion, y todos cuantos prendian, ademas de muchos esclavos, morian en sacrificio; y lo mismo en Huexotzinco y Cholollan. A esta Cholollan tenian por gran santuario como otra Roma, en la cual habia muchos templos del demonio: dijéronme que habia mas de trescientos y tantos. Yo la vi entera y muy torreada y llena de templos del demonio; pero no los conté. Por lo cual hacian muchas fiestas en el año, y algunos venian de mas de cuarenta leguas, y cada provincia tenia sus salas y casas de aposento para las fiestas que se hacian.

CAPÍTULO IX.

De los sacrificios que hacian en los ministros Tlamacazques, en especial en Tehuacan, Cozcatlan y Teutitlan; y de los ayunos que tenian.

Demas de los sacrificios y fiestas dichas habia otras muchas particulares que se hacian muy continuamente, y en especial aquellos ministros que los Españoles llamaron papas, que estos se sacrificaban á sí mismos muchas veces de muchas partes del cuerpo, y en algunas fiestas se hacian agujeros en lo alto de las orejas con una navajuela de piedra negra, que la sacaban á la manera de una lanceta de sangrar, y tan aguda y con tan vivos filos: y así muchos Españoles se sangran y sangran á otros con estas, y cortan muy dulcemente, sino que algunas veces se despuntan, cuando el sangrador no es de los buenos; que acá cada uno procura de saber sangrar y herrar y otros muchos oficios, que en España no se tendrian por honrados de los aprender; aunque por otra parte tienen presuncion y fantasía, aunque tienen los Españoles que acá están la mejor y mas humilde conversacion que puede ser en el mundo. Tornando al propósito, digo: que por aquel agujero que hacian en las orejas y por las lenguas sacaban una caña tan gorda como el dedo de la mano, y tan larga como el brazo: mucha de la gente popular, así hombres como mujeres, sacaban ó pasaban por las orejas y por la lengua unas pajas tan gordas como cañas de trigo, y otros unas puntas de maguey, ó de metl, que á la fin se dice qué cosa es, y todo lo que así sacaban ensangrentado, y la sangre que podian coger en unos papeles, lo ofrecian delante de los ídolos.

En Tehuacan, Teutitlan y en Cozcatlan, que eran provincias de frontera y tenian guerra por muchas partes, tambien hacian muy crueles sacrificios de cautivos y de esclavos; y en sí mismos los Tlamacazques, ó papas mancebos, hacian una cosa de las extrañas y crueles del mundo: que cortaban y hendian el miembro de la generacion entre cuero y carne, y hacian tan grande abertura que pasaban por allí una soga tan gruesa como el brazo por la muñeca, y en largor segun la devocion del penitente; unas eran de diez brazas, otras de quince y otras de veinte: y si alguno desmayaba de tan cruel desatino, decíanle que aquel poco ánimo era por haber pecado y allegado á mujer; porque estos que hacian esta locura y desatinado sacrificio eran mancebos por casar, y no era maravilla que desmayasen, pues se sabe que la circuncision es el mayor dolor que puede ser en el mundo.¹ La otra gente del pueblo sacrificában de las orejas, y de los brazos, y del pico de la lengua, de que sacaban unas gotas de sangre para ofrecer; y los mas devotos, así hombres como mujeres, traian como arpadas las lenguas y las orejas, y hoy dia se parece en muchos. En estas tres provincias que digo, los ministros del templo y todos los de sus casas ayunaban cada año ochenta dias. Tambien ayunaban sus cuaresmas y ayunos antes de las fiestas del demonio, en especial aquellos papas, con solo pan de maiz y sal y agua; unas cuaresmas de á diez dias, y otras de veinte y de cuarenta; y alguna, como la de Panquetzaliztli en México, era de ochenta dias, de que algunos enfermaban y morian, porque el cruel de su dios no les consentia que usasen consigo de misericordia. Lla-

---

1 El MS. añade aquí: *si no díganlo los hijos de Jacob*. Esto no se halla en la edicion inglesa, y puede haber sido nota de algun lector, que el copiante introdujo en el texto.

mábanse tambien estos papas *dadores de fuego,* porque echaban incienso en lumbre ó en brasas con sus incensarios tres veces en el dia y tres en la noche. Cuando barrian los templos del demonio era con plumajes en lugar de escobas, y andando para atrás, sin volver las espaldas á los ídolos. Mandaban al pueblo y hasta á los muchachos que ayunasen. A dos, y á cuatro, y á cinco dias, y hasta diez dias, ayunaba el pueblo. Estos ayunos no eran generales, sino que cada provincia ayunaba á sus dioses segun su devocion y costumbre. Tenia el demonio en ciertos pueblos de la provincia de Tehuacan capellanes perpetuos que siempre velaban y se ocupaban en oraciones, ayunos y sacrificios; y este perpetuo servicio repartíanlo de cuatro en cuatro años, y los capellanes asimismo eran cuatro mancebos que habian de ayunar cuatro años. Entraban en la casa del demonio como quien entra en treintanario[2] cerrado, y daban á cada uno sola una manta de algodon delgada y un maxtlatl, que es como toca de camino con que se ciñen y tapan sus vergüenzas, y no tenian mas ropa de noche ni de dia, aunque en invierno hace razonable frio las noches; la cama era la dura tierra y la cabecera una piedra. Ayunaban todos aquellos cuatro años, en los cuales se abstenian de carne y de pescado, sal y ají; no comian cada dia mas de una sola vez á medio dia, y era su comida una tortilla, que segun señalan seria de dos onzas, y bebian una escudilla de un brebaje que se dice atolli. No comian otra cosa, ni fruta, ni miel, ni cosa dulce, salvo de veinte en veinte dias que eran sus dias festivales, como nuestro domingo á nosotros. Entonces podian comer de todo lo que tuviesen, y de año en año les daban una vestidura. Su ocupacion y morada era estar siempre en la casa y en presencia del demonio; y para velar toda la noche repartíanse de dos en dos. Velaban una noche los dos, sin dormir sueño, y dormian los otros dos, y otra noche los otros dos: ocupábanse cantando al demonio muchos cantares, y á tiempos sacrificábanse y sacábanse sangre de diversas partes del cuerpo, que ofrecian al demonio; y cuatro veces en la noche ofrecian incienso; y de veinte en veinte dias hacian este sacrificio: que hecho un agujero en lo alto de las orejas sacaban por allí sesenta cañas, unas gruesas

---

2 TREINTANARIO ENCERRADO. El número de treinta misas que se decian en sufragio de algun difunto por espacio de treinta dias continuos, permaneciendo el celebrante encerrado en la iglesia. (Dicc. de la Academia, ed. de Salvá, [Paris, 1847.])

y otras delgadas como dedos; unas largas como el brazo y otras de una brazada; otras como varas de tirar; y todas ensangrentadas poníanlas en un monton delante de los ídolos, las cuales quemaban acabados los cuatro años. Contaban, si no me engaño, diez y ocho veces ochenta, porque cinco dias del año no los contaban, sino diez y ocho meses á veinte dias cada mes. Si alguno de aquellos ayunadores ó capellanes del demonio moria, luego suplian otro en su lugar, y decian que habia de haber gran mortandad, y que habian de morir muchos señores; por lo cual todos vivian aquel año muy atemorizados, porque son gente que miran mucho en agüeros. A estos les aparecia muchas veces el demonio, ó ellos lo fingian, y decian al pueblo lo que el demonio les decia, ó á ellos se les antojaba, y lo que querian y mandaban los dioses; y lo que mas veces decian que veian era una cabeza con largos cabellos. Del ejercicio de estos ayunadores y de sus visiones holgaba mucho de saber el gran señor Moteuczoma, porque le parecia servicio muy especial y acepto á los dioses. Si alguno de estos ayunadores se hallaba que en aquellos cuatro años tuviese ayuntamiento de mujer, ayuntábanse muchos ministros del demonio y mucha gente popular, y sentenciábanle á muerte, la cual le daban de noche y no de dia; y delante de todos le achocaban y quebrantaban la cabeza con garrotes, y luego le quemaban y echaban los polvos por el aire, derramando la ceniza, de manera que no hubiese memoria de tal hombre; porque aquel hecho en tal tiempo le tenian por enorme y por cosa descomunal, y que nadie habia de hablar en ello.

Las cabezas de los que sacrificaban, en especial de los tomados en guerra, desollábanlas, y si eran señores ó principales personas los así presos, desollábanlas con sus cabellos y secábanlas para las guardar. De estas habia muchas al principio; y si no fuera porque tenian algunas barbas, nadie juzgara sino que eran rostros de niños de cinco á seis años, y causábalo estar, como estaban, secas y curadas. Las calaveras ponian en unos palos que tenian levantados á un lado de los templos del demonio, de esta manera: levantaban quince ó veinte palos, mas y menos, de largo de cuatro ó cinco brazas fuera de tierra, y en tierra entraba mas de una braza, que eran unas vigas rollizas apartadas unas de otras como seis piés, y todas puestas en hilera, y todas aquellas vigas llenas de agujeros; y tomaban las cabezas horadadas por las sienes, y hacian unos sartales de ellas en otros palos delgados pequeños, y ponian los palos en los agujeros que estaban hechos en las vigas que dije, y así tenian de quinientas en quinientas, y de seiscientas en seiscientas, y en algunas partes de mil en mil calaveras; y en cayéndose alguna de ellas ponian otras, porque valian muy barato; y en tener aquellos tendales muy llenos de aquellas cabezas mostraban ser grandes hombres de guerra y devotos sacrificadores á sus ídolos. Cuando habian de bailar en las fiestas solemnes, pintábanse y tiznábanse de mil maneras; y para esto el dia que habia baile, por la mañana luego venian pintores y pintoras al tianquizco, que es el mercado, con muchas colores y sus pinceles, y pintaban á los que habian de bailar los rostros, y brazos, y piernas de la manera que ellos querian, ó la solemnidad y ceremonia de la fiesta lo requerian: y así embijados y pintados íbanse á vestir de diversas divisas, y algunos se ponian tan feos que parecian demonios: y así servian y festejaban al demonio. De esta manera se pintaban para salir á pelear cuando tenian guerra ó habia batalla.

A las espaldas de los principales templos habia una sala aparte de mujeres, no cerrada, porque no acostumbraban puertas, pero honestas y muy guardadas; las cuales servian en los templos por votos que habian hecho: otras por devocion prometian de servir en aquel lugar un año, ó dos, ó tres: otras hacian el mismo voto en tiempo de algunas enfermedades: y estas todas eran doncellas vírgenes por la mayor parte, aunque tambien habia algunas viejas, que por su devocion querian allí morir, y acabar sus dias en penitencia. Estas viejas eran guardas y maestras de las mozas; y por estar en servicio de los ídolos eran muy miradas las unas y las otras.

En entrando luego las trasquilaban; dormian siempre vestidas por mas honestidad y para se hallar mas prestas al servicio de los ídolos; dormian en comunidad todas en una sala; su ocupacion era hilar y tejer mantas de labores y otras de colores para servicio de los templos. A la media noche iban con sus maestras y echaban incienso en los braseros que estaban delante de los ídolos. En las fiestas principales iban todas en procesion por una banda, y los ministros por la otra, hasta llegar delante los ídolos, en lo bajo al pié de las gradas, y los unos y las otras iban con tanto silencio y recogimiento, que no alzaban los ojos de la tierra ni hablaban palabra. Estas.

aunque las mas eran pobres, los parientes les daban de comer, y todo lo que habian menester para hacer mantas, y para hacer comida que luego por la mañana ofrecian caliente, así sus tortillas de pan como gallinas guisadas en unas como cazuelas pequeñas, y aquel calor ó vaho decian que recibian los ídolos, y lo otro los ministros.[3] Tenian una como maestra ó madre que á tiempo las congregaba y hacia capítulo, como hace la abadesa á sus monjas, y á las que hallaba negligentes penitenciaba; por esto algunos Españoles las llamaron monjas, y si alguna se reia[4] con algun varon dábanla gran penitencia; y si se hallaba alguna ser conocida de varon, averiguada la verdad á entrambos mataban. Ayunaban todo el tiempo que allí estaban, comiendo á medio dia, y á la noche su colacion. Las fiestas que no ayunaban comian carne. Tenian su parte que barrian de los patios bajos, delante los templos; lo alto siempre lo barrian los ministros, en algunas partes con plumajes de precio y sin volver las espaldas, como dicho es.

Todas estas mujeres estaban aquí sirviendo al demonio por sus propios intereses: las unas porque el demonio les hiciese mercedes:[5] las otras porque les diese larga vida; otras por ser ricas; otras por ser buenas hilanderas y tejedoras de mantas ricas. Si alguna cometia pecado de la carne estando en el templo, aunque mas secretamente fuese, creia que sus carnes se habian de podrecer, y hacian penitencia porque el demonio encubriese su pecado. En algunas fiestas bailaban delante de los ídolos muy honestamente.

---

[3] Y los otros ministros.—*K*.   [4] Se veia.—*K*.   [5] Modestas.—*MS*.

CAPÍTULO X.

De una muy gran fiesta que hacian en Tlaxcallan, de muchas ceremonias y sacrificios.*

Despues de lo arriba escrito vine á morar en esta casa de Tlaxcallan, y preguntando y inquiriendo de sus fiestas, me dijeron de una notable crueldad, la cual aquí contaré.

Hacíase[1] en esta ciudad de Tlaxcallan, entre[2] otras muchas fiestas, una al principal demonio que ellos adoraban, la cual se hacia al[3] principio del mes de Marzo cada año; porque la que se hacia de cuatro en cuatro años era la fiesta solemne para toda la provincia; mas esta otra que se hacia llamábanla año de dios. Llegado el año levantábase el mas antiguo ministro ó Tlamacazque que en estas provincias de Tlaxcallan, Huexotzinco y Cholollan habia, y predicaba y amonestaba á todos, y decíales: "Hijos mios: ya es llegado el año de nuestro dios y señor; esforzaos á le servir y hacer penitencia; y el que se sintiere flaco para ello, sálgase dentro de los cinco dias; y si se saliere á los diez y dejare la penitencia, será tenido por indigno de la casa de dios, y de la compaña de sus servidores, y será privado,[4] y tomarle han todo cuanto tuviese en su casa." Llegado el quinto dia tornábase á levantar el mismo viejo en medio de

---

* En la edicion inglesa este capítulo lleva el número IX, lo mismo que el anterior, y por consiguiente ya no va de acuerdo con el MS. en los capítulos restantes. Ademas, las palabras *despues de lo arriba escrito* con que comienza el capítulo, están incorporadas en el epígrafe, de suerte que el capítulo empieza *vine á morar en esta casa*, y no forma sentido.

1 Habia.—*K*.
2 Tras.—*K*.
3 En el.—*K*.
4 Así ambos textos. Deberá entenderse *despojado*.

todos los otros ministros, y decia: "¿Están aquí todos?" Y respondian "sí." (O faltaba uno ó dos, que pocas veces faltaban.) "Pues ahora todos de buen corazon comencemos la fiesta de nuestro señor." Y luego iban todos á una gran sierra que está de esta ciudad cuatro leguas, y las dos de una trabajosa subida, y en lo alto, un poco antes de llegar á la cumbre, quedábanse allí todos orando, y el viejo subia arriba, adonde estaba un templo de la diosa Matlalcueye, y ofrecia allí unas piedras, que eran como género de esmeraldas, y plumas verdes grandes, de que se hacen buenos plumajes, y ofrecia mucho papel é incienso de la tierra, rogando por aquella ofrenda al señor su dios y á la diosa su mujer, que les diese esfuerzo para comenzar su ayuno y acabarle con salud, y fuerzas para hacer penitencia. Hecha esta oracion volvíanse para sus compañeros, y todos juntos se volvian para la ciudad. Luego venian otros menores servidores de los templos, que estaban repartidos por la tierra sirviendo en otros templos, y traian muchas cargas de palos, tan largos como el brazo y tan gruesos como la muñeca, y poníanlos en el principal templo; y dábanles muy bien de comer, y venian muchos carpinteros, que habian rezado y ayunado cinco dias, y aderezaban y labraban aquellos palos; y acabados de aderezar fuera de los templos,[5] dábanles de comer, é idos aquellos venian los maestros que sacaban las navajas, tambien ayunados y rezados, y sacaban muchas navajas con que se habian de abrir las lenguas; y así como sacaban las navajas poníanlas sobre una manta limpia, y si alguna se quebraba al sacar, decíanles que no habian ayunado bien. Nadie que no vea cómo se sacan estas navajas podrá bien entender cómo las sacan, y es de esta manera: primero sacan una piedra de navajas, que son negras como azabache, y puesta tan larga como un palmo, ó algo menos, hácenla rolliza y tan gruesa como la pantorrilla de la pierna, y ponen la piedra entre los piés y con un palo hacen fuerza á los cantos de la piedra, y á cada empujon que dan salta una navajuela delgada con sus filos como de navaja; y sacarán de una piedra mas de doscientas navajas, y á vueltas algunas lancetas para sangrar; y puestas las navajas en una manta limpia, perfumábanlas con su incienso, y cuando el sol se acababa de poner, todos los ministros allí

[5] Patios.—K.

juntos, cuatro de ellos cantaban á las navajas con cantares del demonio, tañendo con sus atabales; y ya que habian cantado un rato, callaban aquellos y los atabales, y los mismos sin atabales cantaban otro cantar muy triste, y procuraban devocion y lloraban;[6] creo que era lo que luego habian de padecer. Acabado aquel segundo cantar estaban todos los ministros aparejados, y luego un maestro bien diestro como cirujano horadaba las lenguas de todos por medio, hecho un buen agujero con aquellas navajas benditas; y luego aquel viejo y mas principal ministro sacaba por su lengua de aquella vez cuatrocientos y cinco palos, de aquellos que los carpinteros ayunados y con oraciones habian labrado; los otros ministros antiguos y de ánimo fuerte, sacaban otros cada cuatrocientos cinco palos, que algunos eran tan gruesos como el dedo pulgar de la mano, y otros algo mas gruesos; otros habia de tanto grueso como puede abrazar el dedo pulgar *y el que está par dispuestos en redondo;*[7] otros mas mozos sacaban doscientos, como quien no dice nada. Esto se hacia la noche que comenzaba el ayuno de la gran fiesta, que era ciento sesenta dias antes de su pascua. Acabada aquella colacion de haber pasado los palos, aquel viejo cantaba que apenas podia menear la lengua; mas pensando que hacia gran servicio á dios esforzábase cuanto podia. Entonces ayunaban de un tiron ochenta dias, y de veinte en veinte dias sacaba cada uno por su lengua otros tantos palos, hasta que se cumplian los ochenta dias, en fin de los cuales tomaban un ramo pequeño y poníanle en el patio adonde todos le viesen, el cual era señal que todos habian de comenzar el ayuno; y luego llevaban todos los palos que habian sacado por las lenguas, así ensangrentados, y ofrecíanlos delante del ídolo, é hincaban diez ó doce varas de cada cinco ó seis brazas de manera que en el medio pudiesen poner los palos de su sacrificio; los cuales eran muchos por ser los ministros muchos. Los otros ochenta dias que quedaban hasta la fiesta ayunábanlos todos, así señores como todo el pueblo, hombres y mujeres; y en este ayuno no comian ají, que es uno de sus principales mantenimientos, y de que siempre usan á comer en toda esta tierra y en todas las islas. Tambien dejaban de bañarse, que entre ellos es cosa muy usada; asimismo se abstenian de sus propias mujeres; pero los que alcanzaban carne podian-

---

6 Llorando.—*K*.

7 Falta esto en la edicion inglesa.

la comer, especialmente los hombres. El ayuno de todo el pueblo comenzaba ochenta dias antes de la fiesta, y en todo este tiempo no se habia de matar el fuego, ni habia de faltar en casa de los señores principales de dia ni de noche; y si habia descuido, el señor de la casa adonde faltaba el fuego mataba un esclavo y echaba la sangre de él en el brasero ó fogar do el fuego se habia muerto. En los otros ochenta dias, de veinte en veinte dias, aquella devota gente, porque la lengua no pudiese mucho murmurar, sacaban por sus lenguas otros palillos de á jeme y del gordor de un cañon de pato; y esto se hacia con gran cantar de los sacerdotes; y cada dia de estos iba el viejo de noche á la sierra ya dicha y ofrecia al demonio mucho papel, y copalli, y codornices, y no iban con él sino cuatro ó cinco, que los otros, que eran mas de doscientos, quedaban en las salas y servicio del demonio ocupados, y los que iban á la sierra no paraban ni descansaban hasta volver á casa. En estos dias del ayuno salia aquel ministro viejo á los pueblos de la comarca, como á su beneficio, á pedir el hornazo,[8] y llevaba un ramo en la mano, é iba en casa de los señores y ofrecíanle mucha comida y mantas, y él dejaba la comida y llevábase las mantas.

Antes del dia de la fiesta, cuatro ó cinco dias, ataviaban y aderezaban los templos, y encalábanlos y limpiábanlos; y el tercero dia antes de la fiesta, los ministros pintábanse todos, unos de negro, otros de colorado, otros de blanco, verde, azul, amarillo; y así pintados, á las espaldas de la casa ó templo principal bailaban un dia entero. Luego ataviaban la estatua de aquel su demonio, la cual era de tres estados de altura, cosa muy disforme y espantosa; tenian tambien un ídolo pequeño, que decian haber venido con los viejos antiguos que poblaron esta tierra y provincia de Tlaxcallan: este ídolo ponian junto á la grande estatua, y teníanle tanta reverencia y temor que no le osaban mirar; y aunque le sacrificaban codornices, era tanto el acatamiento que le tenian que no osaban alzar los ojos á mirarle. Asimismo ponian á la grande estatua una máscara, la cual decian que habia venido con el ídolo pequeño, de un pueblo que se dice Tollan, y de otro que se dice Poyauhtlan, de donde se

---

8 Agasajo que en los lugares hacen los vecinos al predicador que han tenido en la cuaresma, el dia de Pascua despues de haber dicho el sermon de gracias. (Dicc.)

afirma que fué natural el mismo ídolo. En la vigilia de la fiesta tornaban á ofrecerle: primeramente ponian á aquel grande ídolo en el brazo izquierdo una rodela muy galana de oro y pluma, y en la mano derecha una muy larga y gran saeta; el casquillo era de piedra de pedernal del tamaño de un hierro de lanza, y ofrecíanle tambien muchas mantas y xicoles, que es una manera de ropa como capa sin capilla, y al mismo ídolo vestian una ropa larga abierta á manera de loba[9] de clérigo español, y el ruedo de algodon teñido[10] en hilo y de pelo de conejo, hilado y teñido como seda. Luego entraba la ofrenda de la comida, que era muchos conejos y codornices y culebras, langostas y mariposas, y otras cosas que vuelan en el campo. Toda esta caza se la ofrecian viva, y puesta delante se la sacrificaban. Despues de esto á la media noche venia uno de los que allí servian vestido con las insignias del demonio y sacábales lumbre nueva, y esto hecho sacrificaban uno de los mas principales que tenian para aquella fiesta; á este muerto llamaban hijo del sol. Despues comenzaba el sacrificio y muertes de los presos en la guerra á honra de aquel gran ídolo; y á la vuelta nombraban otros dioses por manera de conmemoracion, á los cuales ofrecian algunos de los que sacrificaban; y porque ya está dicha la manera del sacrificar, no diré aquí sino el número de los que sacrificaban. En aquel templo de aquel grande ídolo que se llamaba Camaxtli, que es en un barrio llamado Ocotelolco, mataban cuatrocientos y cinco, y en otro barrio que está de allí media legua, una gran cuesta arriba, mataban otros cincuenta ó sesenta; y en otras veinte y ocho partes de esta provincia, en cada pueblo segun que era; de manera que llegaba el número de los que en este dia sacrificaban, á ochocientos hombres en sola la ciudad y provincia de Tlaxcallan; despues llevaba cada uno los muertos que habia traido vivos al sacrificio, dejando alguna parte de aquella carne humana á los ministros, y entonces todos comenzaban á comer ají con aquella carne humana, que habia cerca de medio año que no lo comian.

---

[9] Ropa.—*MS. Loba era una especie de sotana.*   [10] Tejido.—*M.*

CAPÍTULO XI.

De las otras fiestas que se hacian en la provincia de Tlaxcallan, y de la fiesta que hacian los Chololtecas á su dios; y porqué los templos se llamaron teocallis.

En el mismo dicho dia morian sacrificados otros muchos de las provincias de Huexotzinco, Tepeyacac y Zacatlan, porque en todas honraban á aquel ídolo grande Camaxtli por principal dios; y esto hacian casi con las mismas ceremonias que los Tlaxcaltecas, salvo que en ninguna sacrificaban tantos ni tan gran multitud como en esta provincia, por ser mayor y de mucha mas gente de guerra, y ser mas animosos y esforzados para matar y prender los[1] enemigos; que me dicen que habia hombre que los muertos y presos por su persona pasaban de ciento, y otros de ochenta, y cincuenta, todos tomados y guardados para sacrificarlos. Pasado aquel nefando dia, el dia siguiente tornaban á hacer conmemoracion, y le sacrificaban otros quince ó veinte cautivos. Tenian asimismo otras muchas fiestas, y en especial el postrero dia de los meses, que era de veinte en veinte dias; y estas hacian con diversas ceremonias *y homicidios,*[2] semejables á los que hacian en las otras provincias de México; y en esto tambien excedia esta provincia á las otras, en matar y sacrificar por año mas niños y niñas que en otra parte; en lo que hasta ahora he alcanzado, estos inocentes niños los mataban y sacrificaban al dios del agua.

En otra fiesta levantaban un hombre atado en una cruz muy alta, y allí le asaeteaban. En otra fiesta ataban otro hombre mas bajo, y con varas de palo de encina del largo de una braza, con las puntas

---

1 Mas.—*MS.*   2 Falta esta palabra en el MS.

muy agudas, le mataban agarrocheándole como á toro; y casi estas mismas ceremonias y sacrificios usaban en las provincias de Huexotzinco, Tepeyacac y Zacatlan en las principales fiestas, porque todos tenian por el mayor de sus dioses á Camaxtli, que era la grande estatua que tengo dicha.

Aquí en Tlaxcallan un otro dia de una fiesta desollaban dos mujeres, despues de sacrificadas, y vestianse los cueros de ellas dos mancebos de aquellos sacerdotes ó ministros, buenos corredores; y así vestidos andaban por el patio y por el pueblo tras los señores y personas principales, que en esta fiesta vestian mantas buenas y limpias, y corrian en pos de ellos, y al que alcanzaban tomábanle sus mantas, y así con este juego se acababa esta fiesta.

Entre otras muchas fiestas que en Cholollan por el año hacian, hacian una de cuatro en cuatro años que llamaban el año de su dios ó demonio, comenzando ochenta dias antes el ayuno de la fiesta. El principal Tlamacazque ó ministro ayunaba cuatro dias, sin comer ni beber cada dia mas de una tortica tan pequeña y tan delgada que aun para colacion era poca cosa, que no pesaria mas que una onza, y bebia un poco de agua con ella; y en aquellos cuatro dias iba aquel solo á demandar el ayuda y favor de los dioses, para poder ayunar y celebrar la fiesta de su dios. El ayuno y lo que hacian en aquellos ochenta dias era muy diferente de los otros ayunos; porque el dia que comenzaba el ayuno íbanse todos los ministros y oficiales de la casa del demonio, los cuales eran muchos, y entrábanse en las casas y aposentos que estaban en los patios y delante de los templos, y á cada uno daban un incensario de barro con su incienso, y puntas de maguey, que punzan como alfileres gordos, y dábanles tambien tizne, y sentábanse todos por órden arrimados á la pared, y de allí ninguno se levantaba mas de para hacer sus necesidades; y así sentados habian de velar en los sesenta dias primeros, pues no dormian mas de á prima noche hasta espacio de dos horas, y despues velaban toda la noche hasta que salia el sol, y entonces tornaban á dormir otra hora; todo el otro tiempo velaban y ofrecian incienso, echando brasas en aquellos incensarios todos juntos á una: esto hacian muchas veces, así de dia como de noche. *A la media noche*[3] todos

---

[3] Faltan estas palabras en la edicion inglesa.

se bañaban y lavaban, y luego con aquel tizne se tornaban á entiznar y parar negros; también en aquellos dias se sacrificaban muy á menudo de las orejas con aquellas puntas de maguey, y siempre les daban algunas de ellas para que tuviesen, así para se sacrificar como para se despertar; y si algunos cabeceaban de sueño, habia guardas que los andaban despertando, y decíanles: "Ves aquí con que te despiertes y saques sangre, y así no te dormirás." Y no les cumplia hacer otra cosa, porque al que se dormia fuera del tiempo señalado, venian otros y sacrificábanle las orejas cruelmente, y echábanle la sangre sobre la cabeza, y quebrábanle el incensario, como indigno de ofrecer incienso á dios, y tomábanle las mantas y echábanlas en la privada, y decíanle, "que porque habia mal ayunado y dormídose en el ayuno de su dios, que aquel año se le habia de morir algun hijo ó hija:" y si no tenia hijos decíanle: "que se le habia de morir alguna persona de quien le pesase mucho." En este tiempo ninguno habia de salir fuera, porque estaban como en treintanario cerrado, ni se echaban para dormir, sino asentados dormian; y pasados los sesenta dias con aquella aspereza y trabajo intolerable, los otros veinte dias no se sacrificaban tan á menudo y dormian algo mas. Dicen los ayunantes que padecian grande trabajo en resistir el sueño, y que en no se echar estaban muy penadísimos.[1] El dia de la fiesta por la mañana ibanse todos los ministros á sus casas, y teníanles hechas mantas nuevas muy pintadas, con que todos volvian al templo, y alli se regocijaban como en pascua. Otras muchas ceremonias guardaban, que por evitar prolijidad las dejo de decir, hasta saber las crueldades que el demonio en esta tierra usaba, y el trabajo con que les hacia pasar la vida á los pobres indios, y al fin para llevarlos á perpetuas penas.

---

[1] Por lo que estaban muy penadísimos.—*N*.

CAPÍTULO XII.

De la forma y manera de los teocallis, y de su muchedumbre, y de uno que habia mas principal.

La manera de los templos de esta tierra de Anáhuac, ó Nueva España, nunca fué vista ni oída, así de su grandeza y labor, como de todo lo demas; y la cosa que mucho sube en altura tambien requiere tener gran cimiento; y de esta manera eran los templos y altares de esta tierra, de los cuales habia infinitos, de los que se hace aquí memoria para los que á esta tierra vinieren de aquí en adelante, que lo sepan, porque ya va casi pereciendo la memoria de todos ellos. Llámanse estos templos *teocallis*, y hallamos en toda esta tierra, que en lo mejor del pueblo hacian un gran patio cuadrado; en los grandes pueblos tenia de esquina á esquina un tiro de ballesta, y en los menores pueblos eran menores los patios. Este patio cercábanle de pared, y muchos de ellos eran almenados; guardaban[1] sus puertas á las calles y caminos principales, que todos los hacian que fuesen á dar al patio; y por honrar mas sus templos sacaban los caminos muy derechos por cordel, de una y de dos leguas, que era cosa harto de ver desde lo alto del principal templo, cómo venian de todos los pueblos menores y barrios los caminos muy derechos, y iban á dar al patio de los teocallis. En lo mas eminente de este patio habia una gran cepa cuadrada y esquinada, que para escribir esto medí una de un pueblo mediano que se dice Tenanyocan, y hallé que tenia cuarenta[2] brazas de esquina á esquina, lo cual todo henchian de pared maciza, y por la parte de fuera iba su pared de pie-

---

[1] Por *miraban.*   [2] Noventa.—E.

dra: lo de dentro henchíando de piedra todo, ó de barro y adobe; otros de tierra bien tapiada; y como la obra iba subiendo, íbanse metiendo adentro, y de braza y media ó de dos brazas en alto iban haciendo y guardando unos relejes metiéndose adentro, porque no labraban á nivel; y por mas firme labraban siempre para adentro, esto es, el cimiento ancho, y yendo subiendo la pared iba enangostando; de manera que cuando iban en lo alto del teocalli habian enangostádose y metídose para adentro, así por los relejes como por la pared, hasta siete y ocho brazas de cada parte; quedaba la cepa en lo alto de treinta y cuatro á treinta y cinco brazas. A la parte de occidente dejaban sus gradas y subida, y arriba en lo alto hacian dos altares grandes allegándolos hácia oriente, que no quedaba mas espacio detras de cuanto se podia andar; el uno de los altares á mano derecha, y el otro á mano izquierda, que cada uno por sí tenia sus paredes y casa cubierta como capilla. En los grandes teocallis tenian dos altares, y en los otros uno, y cada uno de estos altares tenia sus sobrados; los grandes tenian tres sobrados encima de los altares, todos *de terrados y*[3] bien altos, y la cepa tambien era muy alta, de modo que parecíanse desde muy lejos. Cada capilla de estas se andaba á la redonda y tenia sus paredes por sí. Delante de estos altares dejaban grande espacio, adonde se hacian los sacrificios, y sola aquella cepa era tan alta como una gran torre, sin los sobrados que cubrian los altares. Tenia el teocalli de México, segun me han dicho algunos que lo vieron, mas de cien gradas; yo bien las vi y las conté mas de una vez, mas no me acuerdo. El de Tetzcoco tenia cinco ó seis gradas mas que el de México. La capilla de San Francisco en México, que es de bóveda y razonable de alta, subiendo encima y mirando á México, hacíale mucha ventaja el templo del demonio en altura, y era muy de ver desde allí á toda México y á los pueblos de á la redonda.

En los mismos patios de los pueblos principales habia otros cada doce ó quince teocallis harto grandes, unos mayores que otros; pero no allegaban al principal con mucho. Unos TENIAN el rostro y gradas hácia otros, otros las tenian á oriente, otros á mediodía, y en cada uno de estos no habia mas de un altar con su capilla, y para cada

---
[3] Faltan estas palabras en la edicion inglesa.

uno habia sus salas y aposentos adonde estaban aquellos Tlamacazques ó ministros, que eran muchos, y los que servian de traer agua y leña; porque delante de todos estos altares habia braseros que toda la noche ardian, y en las salas tambien tenian sus fuegos. Tenian todos aquellos teocallis muy blancos, y bruñidos, y limpios, y en algunos habia huertecillos con flores y árboles. Habia en todos los mas de estos grandes patios un otro templo, que despues de levantada aquella cepa cuadrada, hecho su altar, cubríanlo con una pared redonda, alta y cubierta con su chapitel; este era del dios del aire, del cual dijimos tener su principal silla en Cholollan, y en toda esta provincia habia muchos de estos. A este dios del aire llamaban en su lengua Quetzalcoatl, y decian que era hijo de aquel dios de la grande estatua y natural de Tollan, y que de allí habia salido á edificar ciertas provincias adonde desapareció y siempre esperaban que habia de volver; y cuando aparecieron los navíos del marques del Valle Don Hernando Cortés, que esta Nueva España conquistó, viéndolos venir á la vela de lejos, decian que ya venia su dios; y por las velas blancas y altas decian que traia por la mar teocallis; mas cuando despues desembarcaron decian que no era su dios sino que eran muchos dioses.

No se contentaba el demonio con los teocallis ya dichos, sino que en cada pueblo y en cada barrio, y á cuarto de legua, tenian otros patios pequeños adonde habia tres ó cuatro teocallis, y en algunos mas, en otras partes solo uno, y en cada mogote ó cerrejon uno ó dos; y por los caminos y entre los maizales habia otros muchos pequeños, y todos estaban blancos y encalados, que parecian y abultaban mucho, que en la tierra bien poblada parecia que todo estaba lleno de casas, en especial de los patios del demonio, que eran muy de ver, y habia harto que mirar entrando dentro de ellos, y sobre todos hacian ventaja los de Tetzcoco y México.

Los Cholultecas comenzaron un teocalli estremadísimo de grande, que solo la cepa de él que ahora parece tendrá de esquina á esquina un buen tiro de ballesta, y desde el pié á lo alto ha de ser buena la ballesta que echase un pasador;[4] y aun los Indios naturales de Cho-

---

4 Género de saeta muy aguda.—Las dimensiones de la pirámide de Cholollan son, segun Humboldt (Vues des Cordillères, [Paris, 1810, f°.] pág. 26), las siguientes: Altura, 54ᵐ: Lado de la base, 439ᵐ. Y dando 0ᵐ,838 á la vara mexicana, será la altura de 64 ½, y el lado de la base de 523 ½ varas próximamente.

lollan señalan que tenia de cepa mucho mas, y que era mucho mas alto que ahora parece; el cual comenzaron para le hacer mas alto que la mas alta sierra de esta tierra, aunque están á vista las mas altas sierras que hay en toda la Nueva España, que son el volcan y la sierra blanca, que siempre tiene nieve. Y como estos porfiasen á salir con su locura, confundiólos Dios, como á los que edificaban la torre de Babel, con una gran piedra, que en figura de sapo cayó con una terrible tempestad que sobre aquel lugar vino; y desde allí cesaron de mas labrar en él. Y hoy dia es tan de ver este edificio, que si no pareciese la obra ser de piedra y barro, y á partes de cal y canto, y de adobes, nadie creeria sino que era alguna sierra pequeña. Andan en él muchos conejos y víboras, y en algunas partes están sementeras de maizales. En lo alto estaba un teocalli viejo pequeño, y desbaratáronle, y pusieron en su lugar una cruz alta, la cual quebró un rayo, y tornando á poner otra, y otra, tambien las quebró; y á la tercera yo fuí presente, que fué el año pasado de 1535; por lo cual descopetaron y cavaron mucho de lo alto, adonde hallaron muchos ídolos é idolatrías ofrecidas al demonio;[5] y por ello yo confundia á los Indios diciendo: que por los pecados en aquel lugar cometidos no queria Dios que allí estuviese su cruz. Despues pusieron allí una gran campana bendita, y no han venido mas tempestades ni rayos despues que la pusieron.[6]

Aunque los Españoles conquistaron esta tierra por armas, en la cual conquista Dios mostró muchas maravillas en ser guiada[7] de tan pocos una tan gran tierra, teniendo los naturales muchas armas, así ofensivas como defensivas; y aunque los Españoles quemaron algunos templos del demonio y quebrantaron algunos ídolos, fué

---

[5] Todo esto (y no lo que sigue) refiere Gabriel de Rojas en su *Relacion de la ciudad de Chololan*, (MS. orig. de 1581); pero su explicacion del fenómeno es muy diversa. Dice así: «Antes que los españoles ganaran esta «tierra no se remataua este cerro en llano «sino ē forma conuexa y los Religiosos lo hi- «zieron allanar para poner allí aquella cruz. «† La qual a mas de quarenta años fue dos «uezes deriuada de rayos donde los Religio- «sos pensando que auia algun mist° en ello «hizieron cabar ē lo alto del dicho cerro y «hallaron muchos caracoles grandes mari- «nos con que los indios antiguamente tañian «ē lugar de tronpetas y quien considera bien «la naturaleza de los rayos i que en esta «ciudad y comarca de ordin° caen muchos «no terna a milagro (como algunos historia- «dores quieren) el auer deribado dos uezes «aquella cruz por estar como esta dicho mas «alta que los mas altos edificios de la ciudad «quarenta varas.” Rojas da á la pirámide ochenta varas.

[6] Hoy existe allí una capilla dedicada á Ntra. Sra. de los Remedios.

[7] Así ambos textos: será *ganada*.

muy poca cosa en comparacion de los que quedaron; y por esto ha mostrado Dios mas su potencia en haber conservado esta tierra con tan poca gente como fueron los Españoles; porque muchas veces que los naturales han tenido tiempo para tornar á cobrar su tierra con mucho aparejo y facilidad, Dios les ha cegado el entendimiento, y otras veces que para esto han estado todos ligados y unidos, y todos los naturales uniformes, Dios maravillosamente ha desbaratado su consejo; y si Dios permitiera que lo comenzaran, fácilmente pudieran salir con ello, por ser todos á una y estar muy conformes, y por tener muchas armas de Castilla; que cuando la tierra en el principio se conquistó habia en ella mucha division y estaban unos contra otros, porque estaban divididos, los Mexicanos á una parte contra los de Michuacan, y los Tlaxcaltecas contra los Mexicanos, y á otra parte los Huaxtecas de Pango ó Pánuco; pero ya que Dios los trajo al gremio de su Iglesia y los sujetó á la obediencia del rey de España, él traerá los demas que faltan, y no permitirá que en esta tierra se pierdan y condenen mas ánimas, ni haya mas idolatrías.

Los tres años primeros ó cuatro despues que se ganó México, solo en el monasterio de San Francisco habia Sacramento, y despues el segundo lugar en que se puso fué en Tetzcoco; y así como se iban haciendo las iglesias de los monasterios, iban poniendo el Santísimo Sacramento y cesando las apariciones é ilusiones del demonio, que antes muchas veces aparecia, engañaba y espantaba á muchos, y los traia en mil maneras de errores, diciendo á los Indios "que porqué no le servian y adoraban como solian, pues era su dios, y que los cristianos presto se habian de volver á su tierra;" y á esta causa los primeros años siempre tuvieron creido y esperaban su huida, y de cierto pensaban que los Españoles no estaban de asiento, por lo que el demonio les decia. Otras veces les decia el demonio que aquel año queria matar á los cristianos, y como no lo podia hacer, deciales que se levantasen contra los Españoles y que les ayudaria; y á esta causa se movieron algunos pueblos y provincias, y les costó caro, porque luego iban los Españoles sobre ellos con los Indios que tenian por amigos, y los destruian y hacian esclavos. Otras veces les decia el demonio que no les habia de dar agua ni llover, porque le tenian enojado; y en esto se pareció mas claramente su mentira y falsedad, porque nunca tanto ha llovido, ni tan buenos temporales han tenido como despues que se puso el Santísimo Sacramento en esta tierra, porque antes tenian muchos años estériles y trabajosos; por lo cual conocido de los Indios, está esta tierra en tanta serenidad y paz, como si nunca en ella se hubiera invocado el demonio. Los naturales es de ver con cuánta quietud gozan de sus haciendas, y con cuánta solemnidad y alegría se trata el Santísimo Sacramento, y las solemnes fiestas que para esto se hacen, ayuntando los mas sacerdotes que se pueden haber y los mejores ornamentos; el pueblo adonde de nuevo se pone Sacramento, convida y hace mucha fiesta á los otros pueblos sus vecinos y amigos, y unos á otros se animan y despiertan para el servicio del verdadero Dios nuestro.

Pónese el Santísimo Sacramento reverente y devotamente en sus custodias bien hechas de plata, y demas de esto los sagrarios ataviados de dentro y de fuera muy graciosamente con labores muy lucidas de oro y pluma, que de esta obra en esta tierra hay muy primos maestros, tanto que en España y en Italia los tendrian por muy primos, y los estarian mirando la boca abierta, como lo hacen los que nuevamente acá vienen; y si alguna de estas obras ha ido á España imperfecta y con figuras feas, halo causado la imperfeccion de los pintores que sacan primero la muestra ó dibujo, y despues el amantecatl, que así se llama el maestro de esta obra que asienta la pluma; y de este nombre tomaron los Españoles de llamar á todos los oficiales *amantecas*; mas propiamente no pertenece sino á estos de la pluma, que los otros oficiales cada uno tiene su nombre; y si á estos amantecas les dan buena muestra de pincel, tal sacan su obra de pluma; y como ya los pintores se han perfeccionado, hacen muy hermosas y perfectas imágenes y dibujos de pluma y oro. Las iglesias atavian muy bien, y cada dia se van mas esmerando; y los templos que primero se hicieron pequeños y no bien hechos, se van enmendando y haciendo grandes; y sobre todo el relicario del Santísimo Sacramento hacen tan pulido y rico, que sobrepuja á los de España; y aunque los Indios casi todos son pobres, los señores dan liberalmente de lo que tienen para ataviar adonde se tiene de poner el Corpus Christi, y los que no tienen entre todos lo reparten y lo buscan de su trabajo.

CAPÍTULO XIII.

De cómo celebran las pascuas y las otras fiestas del año, y de diversas ceremonias que tienen.

Celebran las fiestas y pascuas del Señor y de Nuestra Señora, y de las advocaciones principales de sus pueblos, con mucho regocijo y solemnidad. Adornan sus iglesias muy pulidamente con los paramentos que pueden haber, y lo que les falta de tapicería suplen con muchos ramos, flores, espadañas, juncia que echan por el suelo, yerbabuena, que en esta tierra se ha multiplicado cosa increible, y por donde tiene de pasar la procesion hacen muchos arcos triunfales hechos de rosas, con muchas labores y lazos de las mismas flores; y hacen muchas piñas de flores, cosa muy de ver, y por esto hacen todos en esta tierra mucho por tener jardines con rosas, y no las teniendo ha acontecido enviar por ellas diez y doce leguas á los pueblos de tierra caliente, que casi siempre las hay, y son de muy suave olor. Los Indios señores y principales, ataviados y vestidos de sus camisas blancas y mantas, labradas con plumajes, y con piñas de rosas en las manos, bailan y dicen cantares en su lengua, de las fiestas que se celebran, que los frailes se los han traducido, y los maestros de sus cantares los han puesto á su modo á manera de metro, que son graciosos y bien entonados; y estos bailes y cantos comienzan á media noche en muchas partes, y tienen muchas lumbres en sus patios, que en esta tierra los patios son muy grandes y muy gentiles, porque la gente es mucha, y no caben en las iglesias, y por eso tienen su capilla fuera en los patios, porque todos oigan misa todos los domingos y fiestas, y las iglesias sirven para entre semana: y despues tambien cantan mucha parte del dia sin se les hacer mucho trabajo ni pesadumbre. Todo el camino que tiene de andar la procesion tienen enramado de una parte y de otra, aunque haya de ir un tiro ó dos de ballesta, y el suelo cubierto de espadaña y de juncia y de hojas de árboles y rosas, de muchas maneras, y á trechos puestos sus altares muy bien aderezados.

La noche de Navidad ponen muchas lumbres en los patios de las iglesias y en los terrados de sus casas, y como son muchas las casas de azotea, y van las casas una legua, y dos, y mas, parecen de noche un cielo estrellado: y generalmente cantan y tañen atabales y campanas, que ya en esta tierra han hecho muchas que ponen mucha devocion y dan alegría á todo el pueblo, y á los Españoles mucho mas. Los Indios en esta noche vienen á los oficios divinos y oyen sus tres misas, y los que no caben en la iglesia por eso no se van, sino que delante de la puerta y en el patio rezan y hacen lo mismo que si estuviesen dentro: y á este propósito contaré una cosa que cuando la vi, por una parte me hacia reir y por otra me puso admiracion; y es que entrando yo un dia en una iglesia algo lejos de nuestra casa, hallé que aquel barrio ó pueblo se habia ayuntado, y poco antes habian tañido su campana cómo y al tiempo que en otras partes tañen á misa; y dichas las horas de Nuestra Señora, luego dijeron su doctrina cristiana, y despues cantaron su Pater Noster y Ave María, y tañendo como á la ofrenda rezaron todos bajo; luego tañeron como á los Santos, y herian los pechos ante la imágen del Crucifijo, y decian que oian misa con el ánima y con el deseo, porque no tenian quien se la dijese.

La fiesta de los Reyes tambien la regocijan mucho, porque les parece propia fiesta suya; y muchas veces este dia representan el auto del ofrecimiento de los Reyes al Niño Jesus, y traen la estrella de muy lejos, porque para hacer cordeles y tirarla no han menester ir á buscar maestros, que todos estos Indios, chicos y grandes, saben torcer cordel. Y en la iglesia tienen á Nuestra Señora con su precioso Hijo en el pesebre, delante el cual aquel dia ofrecen cera, y de su incienso, y palomas, y codornices, y otras aves que para aquel dia buscan, y siempre hasta ahora va creciendo en ellos la devocion de este dia.

En la fiesta de la Purificacion ó Candelaria traen sus candelas á bendecir, y despues que con ellas han cantado y andado la procesion, tienen en mucho lo que les sobra, y guárdanlo para sus enfermedades, y para truenos y rayos; porque tienen gran devocion con Nuestra Señora, y por ser benditas en su santo dia las guardan mucho.

En el Domingo de Ramos enraman todas sus iglesias, y más adonde se han de bendecir los ramos, y adonde se tiene de decir la misa; y por la muchedumbre de la gente que viene, que apenas bastarian muchas cargas de ramos, aunque á cada uno no se le diese sino un pequeñito, y tambien por el gran peligro de dar los ramos y tomarlos, en especial en las grandes provincias, que se ahogarian algunos, aunque se diesen los ramos por muchas partes, que todo se ha probado, y el mejor remedio ha parecido bendecir los ramos en las manos; y es muy de ver las diferentes divisas que traen en sus ramos; muchos traen encima de sus ramos unas cruces hechas de flores, y estas son de mil maneras y de muchos colores; otros traen en los ramos engeridas rosas y flores de muchas maneras y colores, y como los ramos son verdes y los traen alzados en las manos, parece una floresta. Por el camino tienen puestos árboles grandes, y en algunas partes que ellos mismos están nacidos; allí suben los niños, y unos cortan ramos y los echan por el camino al tiempo que pasan las cruces, otros encima de los árboles cantan, otros muchos van echando sus ropas y mantas en el camino, y estas son tantas que casi siempre van las cruces y los ministros sobre mantas; y los ramos benditos tienen mucho cuidado de guardarlos, y un dia ó dos antes del Miércoles de Ceniza llévanlos todos á la puerta de la iglesia, y como son muchos hacen un rimero[1] de ellos, que hay hartos para hacer ceniza para bendecir. Esta ceniza reciben muchos de ellos con devocion el primero dia de cuaresma, en la cual muchos se abstienen de sus mujeres, y en algunas partes aquel dia se visten los hombres y mujeres de negro. El Juéves Santo con los otros dos dias siguientes vienen á los oficios divinos, y á la noche hacen la disciplina; todos, así hombres como mujeres, son confrades de la cruz, y no solo esta noche mas todos los viérnes del año, y en cuaresma tres dias en la semana, hacen la disciplina en sus iglesias, los hombres á una parte y las mujeres á otra, antes que

---

[1] Una quema.—M.

toquen el Ave María, y muchos dias de la cuaresma despues de anochecido. Y cuando tienen falta de agua, ó enfermedad, ó por cualquiera otra necesidad, con sus cruces y lumbres se van de una iglesia á otra disciplinando; pero la del Juéves Santo es muy de ver aquí en México, la de los Españoles á una parte y la de los Indios á otra, que son innumerables: en una parte son cinco ó seis mil, y en otra diez y doce mil, y al parecer de Españoles en Tetzcoco y en Tlaxcallan parecen quince ó veinte mil; aunque la gente puesta en procesion parece mas de lo que es. Verdad es que van en siete ú ocho órdenes, y van hombres y mujeres y muchachos, cojos y mancos; y entre otros cojos este año vi uno que era cosa para notar, porque tenia secas ambas piernas de las rodillas abajo, y con las rodillas y la mano derecha en tierra siempre ayudándose, con la otra se iba disciplinando, que en solo andar ayudándose con ambas manos tenia bien que hacer. Unos se disciplinan con disciplinas de alambre,[2] otros de cordel, que no escuecen menos. Llevan muchas hachas bien atadas de tea de pino, que dan mucha lumbre. Su procesion y disciplina es de mucho ejemplo y edificacion á los Españoles que se hallan presentes, tanto que ó se disciplinan con ellos, ó toman la cruz ó lumbre para alumbrarlos, y muchos Españoles he visto ir llorando, y todos ellos van cantando el Pater Noster y Ave María, Credo y Salve Regina, que muchos de ellos por todas partes lo saben cantar. El refrigerio que tienen para despues de la disciplina es lavarse con agua caliente y con ají.

Los dias de los Apóstoles celebran con alegría, y el dia de los Finados casi por todos los pueblos de los Indios dan muchas ofrendas por sus difuntos: unos ofrecen maiz, otros mantas, otros comida, pan, gallinas, y en lugar de vino dan cacao; y su cera cada uno como puede y tiene, porque aunque son pobres, liberalmente buscan de su pobreza y sacan para una candelilla. Es la gente del mundo que menos se mata por dejar ni adquirir para sus hijos. Pocos se irán al infierno por los hijos ni por los testamentos, porque las tierras ó casillas que ellos heredaron, aquello dejan á sus hijos, y son contentos con muy chica morada y menos hacienda; que como el caracol pueden llevar á cuestas toda su hacienda. No sé de quién

---

2 De sangre.—*MS*.

tomaron acá nuestros Españoles, que vienen muy pobres de Castilla, con una espada en la mano, y dende en un año mas petacas y hato tienen que arrancara una recua;³ pues las casas todas han de ser de caballeros.

CAPÍTULO XIV.

De la ofrenda que hacen los Tlaxcaltecas el dia de Pascua de Resurreccion, y del aparejo que los Indios tienen para se salvar.

En esta casa de Tlaxcallan en el año de 1536 vi un ofrecimiento que en ninguna otra parte de la Nueva España he visto ni creo que le hay; el cual para escribir y notar era menester otra mejor habilidad que la mia, para estimar y encarecer lo que creo que Dios tiene y estima en mucho; y fué que desde el Juéves Santo comienzan los Indios á ofrecer en la iglesia de la Madre de Dios, delante de las gradas adonde está el Santísimo Sacramento, y este dia y el Viérnes Santo siempre vienen ofreciendo poco á poco; pero desde el Sábado Santo á vísperas y toda la noche en peso, es tanta la gente que viene que parece que en toda la provincia no queda nadie.⁴ La ofrenda es

---

3 ....año, tienen mas trato y petacas que arrancara, &c.—*K*.

1 En este lugar hay en la edicion inglesa una notable equivocacion. A las palabras *que parece que en toda la provincia no queda nadie*, sigue inmediatamente: *porque se vea la habilidad de estas gentes*, lo que corresponde á los principios del cap. XV, segun allí lo anotaremos. De suerte que el epígrafe de este capítulo no corresponde á su contenido. (V. Kingsborough, Antiquities of Mexico, [London, 1830-48,] Vol. IX, pág. 37, lín. 12 y 13, [2ª numeracion.])

Este largo trozo suprimido lo trasporta malamente el editor al cap. VII del Tratado II, á cuyo epígrafe están agregadas, para que corresponda á lo que contiene, estas palabras: *De las ofrendas, y modo que tenian de vivir*. El trozo trasportado empieza en la pág. 56, lín. 11, de la edicion inglesa. El epígrafe del cap. VIII de dicho Tratado II es e del cap. XV del Tratado I, y sigue lo intercalado hasta la pág. 59, lín. 27, donde dice, *unos bejucos ó sogas en las manos*: lo que sigue desde *y estos no eran diez ó doce pasos*, pertenece ya al cap. VII, Tratado II, omitiendo doce líneas del MS. que seguimos. Es difícil comprender cómo el que cuidó de la edicion inglesa no advirtió la falta absoluta de sentido que resulta en el lugar citado, y el trastorno que causó en la obra esta trasposicion.

algunas mantas de las con que se visten y cubren; otros[2] pobres traen unas mantillas de cuatro ó cinco palmos en largo y poco menos de ancho, que valdrá cada una dos ó tres maravedís, y algunos mas pobres ofrecen *otras mas pequeñas. Otras mujeres ofrecen*[3] unos paños como paños de portapaz y de eso sirven despues: son todos tejidos de labores de algodon y de pelo de conejo; y estos son muchos y de muchas maneras. Los mas tienen una cruz en el medio, y estas cruces muy diferentes unas de otras. Otros de aquellos paños traen en medio un escudo con las cinco llagas,[4] tejido de colores. Otros el nombre de Jesus ó de María, con sus caireles ó labores á la redonda; otros son de flores y rosas tejidas y bien asentadas. Y en este año ofreció una mujer en un paño de estos un Crucifijo tejido á dos haces, aunque la una de cerca parecia ser mas la haz que la otra, y era tan bien hecho que todos los que lo vieron, así frailes como seglares españoles, lo tuvieron en mucho diciendo, que quien aquel hizo tambien tejeria tapicería. Estas mantas y paños traenlas[5] cogidas, y llegando cerca de las gradas hincan las rodillas, y hecho su acatamiento, sacan y descogen su manta, y tómanla por los cabos con ambas manos extendida, y levantada hácia la frente levantan las manos dos ó tres veces, y luego asientan la manta en las gradas y retíranse un poco, tornando á hincar las rodillas como los capellanes que han dado paz á algun gran señor, y allí rezan un poco, y muchos de ellos traen consigo niños por[6] quien tambien traen ofrenda, y dánsela en las manos, y amaéstranles cómo tienen de ofrecer, y á hincar las rodillas; que ver con el recogimiento y devocion que esto hacen, es para poner espíritu á los muertos.[7] Otros ofrecen de aquel copalli ó incienso, y muchas candelas: unos ofrecen una vela razonable, otros mas pequeña, otros su candela delgada de dos ó tres palmos, otros una candelilla como el dedo; que vérselas ofrecer y allí rezar, parecen ofrendas como la de la viuda que delante de Dios fué muy acepta, porque todas son quitadas de su propia[8] sustancia, y las dan con tanta simplicidad y encogimiento, como si allí estuviese visible el Señor de la tierra. Otros traen cruces pequeñas de palmo, ó palmo y medio,

---

2 Los.—*K*.
3 Faltan en la edicion inglesa las palabras subrayadas.
4 Plagas.—*MS*. Anticuado por *llagas*.

5 Traen bien.—*K*.
6 Con.—*K*.
7 Es de admirar.—*K*.
8 Cristiana.—*MS*.

y mayores, cubiertas de oro y pluma, ó de plata y pluma. Tambien ofrecen ciriales bien labrados, de ellos[9] cubiertos de oro y pluma bien vistosos, con su argentería colgando, y algunas plumas verdes de precio. Otros traen alguna comida guisada, puesta en sus platos y escudillas, y ofrécenla entre las otras ofrendas. En este mismo año trajeron un cordero y dos puercos grandes vivos; traia cada uno de los que ofrecian puerco, atado en sus palos como ellos traen las otras cargas, y así entraban en la iglesia; y allegados cerca de las gradas, verlos tomar los puercos y ponerlos entre los brazos y así ofrecerlos, era cosa de reir. Tambien ofrecian gallinas y palomas, y de todo en grandísima cantidad; tanto que los frailes y los Españoles estaban espantados, y yo mismo fuí muchas veces á mirar, y me espantaba de ver cosa tan nueva en tan viejo mundo; y eran tantos los que entraban á ofrecer y salian, que á veces no podian caber por la puerta.

Para recoger y guardar estas ofrendas hay personas diputadas, lo cual se lleva para los pobres del hospital que de nuevo se ha hecho, al modo de los buenos de España, y le tienen ya razonablemente dotado, y hay aparejo para curar muchos pobres. De la cera que se ofrece hay tanta que basta para gastar todo el año. Luego el dia de Pascua antes que amanezca hacen su procesion muy solemne, y con mucho regocijo de danzas y bailes. Este dia salieron unos niños con una danza, y por ser tan chiquitos, que otros mayores que ellos aun no han dejado la teta, hacian tantas y tan buenas vueltas, que los Españoles no se podian valer de risa y alegría. Luego acabado esto, les predican y dicen su misa con gran solemnidad. Maravillanse muchos[10] Españoles y son muy incrédulos en creer el aprovechamiento de los Indios, en especial los que no salen de los pueblos en que residen Españoles, ó algunos recien venidos de España, y como no lo han visto, piensan que no mas es fingido[11] lo que de los Indios se dice, y la penitencia que hacen; y tambien se maravillan que de léjos se vengan á bautizar, casar y confesar, y en las fiestas á oir misa; pero vistas estas cosas es muy de notar la fe de estos tan nuevos cristianos. ¿Y porqué no dará Dios á estos que á su imágen formó, su gracia y gloria, disponiéndose tan bien como nosotros? Estos

---

9 Es decir, *algunos de ellos*. — *Dellos* era muy usado antiguamente como distributivo.

10 Algunos. — K.

11 Que debe ser fingido. — K.

nunca vieron lanzar demonios, ni sanar cojos, ni vieron quien diese el oido á los sordos, ni la vista á los ciegos, ni resucitar muertos, y lo que los predicadores les predican y dicen es una cifra, como los panes de San Felipe, que no les cabe á migaja; sino que Dios multiplica su palabra, y la engrandece en sus ánimas y entendimientos, y es mucho mas el fruto que Dios hace y lo que se multiplica y sobra, que no lo que se les administra.

Estos Indios cuasi no tienen estorbo que les impida para ganar el cielo, de los muchos que los Españoles tenemos y nos tienen sumidos, porque su vida se contenta con muy poco, y tan poco, que apenas tienen con que se vestir y alimentar. Su comida es muy paupérrima, y lo mismo es el vestido; para dormir, la mayor parte de ellos aun no alcanzan una estera sana. No se desvelan en adquirir ni guardar riquezas, ni se matan por alcanzar estados ni dignidades. Con su pobre manta se acuestan, y en despertando están aparejados para servir á Dios, y si se quieren disciplinar, no tienen estorbo ni embarazo de vestirse ni desnudarse. Son pacientes, sufridos sobremanera, mansos como ovejas; nunca me acuerdo haber visto guardar injuria; humildes, á todos obedientes, ya de necesidad, ya de voluntad; no saben sino servir y trabajar. Todos saben labrar una pared, y hacer una casa, torcer un cordel, y todos los oficios que no requieren mucho arte. Es mucha la paciencia y sufrimiento que en las enfermedades tienen; sus colchones es la dura tierra, sin ropa ninguna; cuando mucho tienen una estera rota, y por cabecera una piedra, ó un pedazo de madero; y muchos ninguna cabecera, sino la tierra desnuda. Sus casas son muy pequeñas, algunas cubiertas de un solo terrado muy bajo, algunas de paja, otras como la celda de aquel santo abad Hilarion, que mas parecen sepultura que no casa. Las riquezas que en tales casas pueden caber, dan testimonio de sus tesoros. Están estos Indios y moran en sus casillas, padres, hijos y nietos; comen y beben sin mucho ruido ni voces. Sin rencillas ni enemistades pasan su tiempo y vida, y salen á buscar el mantenimiento á la vida humana necesario, y no mas. Si á alguno le duele la cabeza ó cae enfermo, si algun médico entre ellos fácilmente se puede haber, sin mucho ruido ni costa, vanlo á ver, y si no, mas paciencia tienen que Job; no es como en México, que cuando algun vecino adolece y muere, habiendo estado veinte dias en cama, para pagar la botica y el médico ha menester cuanta hacienda tiene, que apenas le queda para el entierro; que de responsos y pausas y vigilias le llevan tantos derechos, ó *tuertos*,[12] que queda adeudada la mujer, y si la mujer muere queda el marido perdido. Oí decir á un casado, hombre sabio, que cuando enfermase alguno de los dos, teniendo cierta la muerte, luego el marido habia de matar á la mujer, y la mujer al marido, y trabajar de enterrar el uno al otro en cualquier cementerio, por no quedar pobres, solos y adeudados: todas estas cosas ahórrase esta gente.

Si alguna de estas Indias está de parto, tienen muy cerca la partera, porque todas lo son; y si es primeriza va á la primera vecina ó parienta que la ayude, y esperando con paciencia á que la naturaleza obre, paren con menos trabajo y dolor que las nuestras Españolas, de las cuales muchas por haberlas puesto en el parto antes de tiempo y poner fuerza, han peligrado y quedan viciadas[13] y quebrantadas para no poder parir mas; y si los hijos son dos de un vientre, luego que ha pasado un dia natural, y en partes dos dias, no les dan leche, y los toma la madre despues, el uno con el un brazo y el otro con el otro, y les da la teta, que no se les mueren, ni les buscan amas que los mamanten, y adelante conoce despertando cada uno su teta; ni para el parto tienen aparejadas torrijas, ni miel, ni otros regalos de parida, sino el primer beneficio que á sus hijos hace es lavarlos luego con agua fria, sin temor que les haga daño; y con todo esto vemos y conocemos que muchos de estos así criados desnudos viven buenos y sanos, y bien dispuestos, recios, fuertes, alegres, ligeros y hábiles para cuanto de ellos quieran hacer; y lo que mas hace al caso es, que ya que han venido en conocimiento de Dios, tienen pocos impedimentos para seguir y guardar la vida y ley[14] de Jesucristo.

Cuando yo considero los enredos y embarazos de los Españoles, querria tener gracia para me compadecer de ellos, y mucho mas y primero de mí. Ver con cuánta pesadumbre se levanta un Español de su cama muelle, y muchas veces le echa de ella la claridad del sol, y luego se pone un monjilazo[15] (porque no le toque el viento) y pide

12 Falta esta palabra en la edic. inglesa.
13 Relajadas.—K.
14 Fe.—K.
15 Aumentativo de *monjil*: traje de luto que usaban las mujeres. Aquí parece empleado en el sentido de bata ó traje de levantar.

de vestir, como si no tuviese manos para lo tomar, y así le están vistiendo como á manco, y atacándose está rezando: ya podeis ver la atencion que tendrá; y porque le ha dado un poco de frio ó de aire, vase al fuego mientras que le limpian el sayo y la gorra; y porque está muy desmayado desde la cama al fuego, no se puede peinar, sino que ha de haber otro que le peine; despues, hasta que vienen los zapatos ó pantuflos y la capa, tañen á misa, y á las veces va almorzado, y el caballo no está acabado de aderezar: ya veréis en qué son irá á la misa; pero como alcance á ver á Dios, ó que no hayan consumido, queda contento, por no topar con algun sacerdote que diga un poco despacio la misa, porque no le quebrante las rodillas. Algunos hay que no traen maldito el escrúpulo aunque sea domingo ó fiesta: luego de vuelta la comida ha de estar muy á punto, si nó no hay paciencia, y despues reposa y duerme; ya veréis si será menester lo que resta del dia para entender en pleitos y en cuentas, en proveer en las minas y granjerías; y antes que estos negocios se acaben es hora de cenar, y á las veces se comienza á dormir sobre mesa si no desecha el sueño con algun juego; y si esto fuese un año ó dos y despues se enmendase la vida, allá pasaria; pero así se acaba la vida creciendo cada año mas la codicia y los vicios, de manera que el dia y la noche y casi toda la vida se les va sin acordarse de Dios ni de su ánima, sino con algunos buenos deseos que nunca hay tiempo de los poner por obra. Pues qué diremos de los que en diversos vicios y pecados están encenagados, y viven en pecado mortal, guardando la enmienda para el tiempo de la muerte, cuando son tan terribles los dolores y trabajos, y las asechanzas y tentaciones del demonio; que son tantas y tan recias, que entonces apenas se pueden acordar de sus ánimas: y esto les viene del justo juicio de Dios, porque el que viviendo no se acuerda de Dios, muriendo no se acuerda de sí.

Tienen los tales mucha confianza en los testamentos, y aunque algo ó mucho deban y lo puedan pagar, con los testamentos piensan que cumplen; y ellos serán tan bien cumplidos por sus hijos como los mismos cumplieron los de los padres: entonces la cercana pena y tormentos les abrirán los ojos que en la vida los deleites y penas cerraron y tuvieron ciegos. Esto se entiende de los descuidados de su propia salvacion, para que con tiempo miren por sí y se pongan en estado seguro de gracia, y de caridad y matrimonio, como muchos ya por la bondad de Dios viven en esta Nueva España, amigos de sus ánimas, y cuidadosos de su salvacion, y caritativos con sus prójimos; y con esto es tiempo de volver á nuestra historia.

CAPÍTULO XV.

De las fiestas de Corpus Christi y San Juan que celebraron en Tlaxcallan en el año de 1538.

Llegado este santo dia del Corpus Christi del año de 1538, hicieron aquí los Tlaxcaltecas una tan solemne fiesta, que merece ser memorada, porque creo que si en ella se hallaran el Papa y Emperador con sus cortes, holgaran mucho de verla; y puesto que no habia ricas joyas ni brocados, habia otros aderezos tan de ver, en especial de flores y rosas que Dios cria en los árboles y en el campo, que habia bien en que poner los ojos y notar, cómo una gente que hasta ahora era tenida por bestial supiesen hacer tal cosa.

Iba en la procesion el Santísimo Sacramento y muchas cruces y andas con sus santos; las mangas de las cruces y los aderezos de las andas hechas todas de oro y pluma, y en ellas imágenes de la misma obra de oro y pluma, que las bien labradas se preciarian en España mas que de brocado. Habia muchas banderas de santos. Habia doce Apóstoles vestidos con sus insignias: muchos de los que acompañaban la procesion llevaban velas encendidas en las manos. Todo el camino estaba cubierto de juncia, y de espadañas y flores, y de nuevo habia quien siempre iba echando rosas[1] y clavellinas, y hubo muchas maneras de danzas que regocijaban la procesion. Habia en

[1] Flores.—MS.

el camino sus capillas con sus altares y retablos bien aderezados para descansar, adonde salian de nuevo muchos[2] cantores cantando y bailando delante del Santísimo Sacramento. Estaban diez arcos triunfales grandes muy gentilmente compuestos; y lo que era mas de ver y para notar era, que tenian toda la calle á la larga hecha en tres partes como naves de iglesias; en la parte de en medio habia veinte piés de ancho; por esta iba el Santísimo Sacramento y ministros y cruces con todo el aparato de la procesion, y por las otras dos de los lados, que eran de cada quince[3] piés, iba toda la gente, que en esta ciudad y provincia no hay poca; y este apartamiento era todo hecho de unos arcos medianos que tenian de hueco á nueve piés; y de estos habia por cuenta mil y sesenta y ocho arcos, que como cosa notable y de admiracion lo contaron tres Españoles y otros muchos. Estaban todos cubiertos de rosas y flores de diversas colores y maneras; apodaban[4] que tenia cada arco carga y media de rosas (entiéndese carga de Indios), y con las que habia en las capillas, y las que tenian los arcos triunfales, con otros sesenta y seis arcos pequeños, y las que la gente sobre sí y en las manos llevaban, se apodaron en dos mil cargas de rosas; y cerca de la quinta parte parecia ser de clavellinas, que vinieron de Castilla, y hanse multiplicado en tanta manera que es cosa increible; las matas son muy mayores que en España, y todo el año tienen flores. Habia obra de mil rodelas hechas de labores de rosas, repartidas por los arcos, y en los otros arcos que no tenian rodelas habia unos florones grandes, hechos de unos como cascos de cebolla, redondos, muy bien hechos, y tienen muy buen lustre; de estos habia tantos que no se podian contar.

Una cosa muy de ver tenian. En cuatro esquinas ó vueltas que se hacian en el camino, en cada una su montaña, y de cada una salia su peñon bien alto; y desde abajo estaba hecho como prado, con matas de yerba, y flores, y todo lo demas que hay en un campo fresco, y la montaña y el peñon tan al natural como si allí hubiese nacido:[5] era cosa maravillosa de ver, porque habia muchos árboles, unos silvestres y otros de frutas, otros de flores, y las setas, y hon-

---

2 Niños.—*K*.
3 Veinte y cinco.—*K*.
4 Apostaban.— *K*. Es *apodaban*, del verbo *apodar*, que en lo antiguo significaba va-luar ó tasar. Mas abajo se repite adonde no puede caber duda de su acepcion, y en aquel lugar lo conserva la edicion inglesa.
5 Estuviera nacida.—*K*.

gos, y vello que nace en los árboles de montaña y en las peñas, hasta los árboles viejos quebrados: á una parte como monte espeso y á otra mas ralo; y en los árboles muchas aves chicas y grandes; habia halcones, cuervos, lechuzas, y en los mismos montes mucha caza de venados, y liebres, y conejos, *y adives,* [6] y muy muchas culebras; estas atadas y sacados los colmillos ó dientes, porque las mas de ellas eran de género de víboras, tan largas como una braza, y tan gruesas como el brazo de un hombre por la muñeca. Tómanlas los Indios con la mano como á los pájaros, porque para las bravas y ponzoñosas tienen una yerba que las adormece *ó entumece,*[7] la cual tambien es medicinal para muchas cosas: llámase esta yerba *picietl.*[8] Y porque no faltase nada para contrahacer á todo lo natural, estaban en las montañas unos cazadores muy encubiertos, con sus arcos y flechas, que comunmente los que usan este oficio son de otra lengua, y como habitan hácia los montes son grandes cazadores. Para ver estos cazadores habia menester aguzar la vista, tan disimulados estaban y tan llenos de rama y de vello de árboles, que á los así encubiertos fácilmente se les vendria la caza hasta los piés; estaban haciendo mil ademanes antes que tirasen, con que hacian picar á los descuidados. Este dia fué el primero que estos Tlaxcaltecas sacaron su escudo de armas, que el Emperador les dió cuando á este pueblo hizo ciudad; la cual merced aun no se ha hecho con ningun otro de Indios, sino con este, que lo merece bien, porque ayudaron mucho, cuando se ganó toda la tierra, á Don Hernando Cortés por su majestad; tenian dos banderas de estas y las armas del Emperador en medio, levantadas en una vara tan alta, que yo me maravillé adónde pudieron haber palo tan largo y tan delgado: estas banderas tenian puestas encima del terrado de las casas de su ayuntamiento porque pareciesen mas altas. Iba en la procesion capilla de canto de órgano de muchos cantores y su música de flautas que concertaban con los cantores, trompetas y atabales, campanas chicas y grandes, y esto todo sonó junto á la entrada y salida de la iglesia, que parecia que se venia el cielo abajo.

En México y en todas las partes do hay monasterio, sacan todos

---

6 Falta esta palabra *adives* en la edicion inglesa.

7 Falta esta palabra en el MS.
8 Es el tabaco.

cuantos atavíos é invenciones saben y pueden hacer, y lo que han tomado y deprendido de nuestros Españoles; y cada año se esmeran y lo hacen mas primo, y andan mirando como monas para contrahacer todo cuanto ven hacer, que hasta los oficios, con solo estarlos mirando sin poner la mano en ellos, quedan maestros como adelante diré. Sacan de unas yerbas gruesas, que acá nacen en el campo, el corazon, el cual es como cera blanca de hilera, y de esto hacen piñas y rodelas de mil labores y lazos que parecen á los rollos hermosos que se hacen en Sevilla; sacan letreros grandes de talla, la letra de dos palmos; y despues enróscanle y ponen el letrero de la fiesta que celebran aquel dia.⁹

Porque se vea la habilidad de estas gentes diré aquí lo que hicieron y representaron luego adelante en el dia de San Juan Bautista, que fué el lúnes siguiente, y fueron cuatro autos, que solo para sacarlos en prosa, que no es menos devota la historia que en metro, fué bien menester todo el viérnes, y en solo dos dias que quedaban, que fueron sábado y domingo, lo deprendieron, y representaron harto devotamente la anunciacion de la Natividad de San Juan Bautista hecha á su padre Zacarías, que se tardó en ella obra de una hora, acabando con un gentil motete en canto de órgano. Y luego adelante en otro tablado representaron la Anunciacion de Nuestra Señora, que fué mucho de ver, que se tardó tanto como en el primero. Despues en el patio de la iglesia de San Juan, á do fué la procesion, luego en allegando antes de misa, en otro cadalso, que no eran poco de ver los cadalsos cuán graciosamente estaban ataviados y enrosados, representaron la Visitacion de Nuestra Señora á Santa Isabel. Despues de misa se representó la Natividad de San Juan, y en lugar de la circuncision fué bautismo de un niño de ocho dias nacido que se llamó Juan; y antes que diesen al mudo Zacarías las escribanías que pedia por señas, fué bien de reir lo que le daban, haciendo que no le entendian. Acabóse este auto con *Benedictus Dominus Deus Israel,* y los parientes y vecinos de Zacarías que se regocijaron con el nacimiento del hijo, llevaron presentes y comidas de muchas maneras, y puesta la mesa asentúronse á comer que ya era hora.

9 Sacan letreros grandes en los piés, y unos bejucos ó sogas en las manos.—Á. En este lugar termina el trozo trasportado de que se hizo mencion en la nota de la pág. 73.

A este propósito una carta que escribió un fraile morador de Tlaxcallan á su provincial, sobre la penitencia y restituciones que hicieron los Tlaxcaltecas en la cuaresma pasada del año de 1539, y cómo celebraron la fiesta de la Anunciacion y Resurreccion.

"No sé con qué mejores pascuas dar á vuestra caridad, que con contarle y escribirle las buenas pascuas que Dios ha dado á estos sus hijos los Tlaxcaltecas, y á nosotros con ellos, aunque no sé por dónde lo comience; porque es muy de sentir lo que Dios en esta gente ha obrado, que cierto mucho me han edificado en esta cuaresma, así los de la ciudad como los pueblos hasta los Otomíes.

"Las restituciones que en la cuaresma hicieron yo creo que pasaron de diez ó doce mil, de cosas que eran á cargo, así de tiempo de su infidelidad como despues; unos de cosas pobres, y otros de mas cantidad y de cosas de valor; y muchas restituciones de harta cantidad, así de joyas de oro y piedras de precio, como tierras y heredades. Alguno ha habido que ha restituido doce suertes de tierra, la que menos de cuatrocientas brazas, otras de setecientas,[10] y suerte de mil y doscientas brazas, con muchos vasallos y casas dentro en las heredades. Otros han dejado otras suertes que sus padres y abuelos tenian usurpadas y con mal título; los hijos ya como cristianos se descargan y dejan el patrimonio, aunque esta gente aman tanto las heredades como otros, porque no tienen otras granjerías. Han hecho tambien mucha penitencia, así en limosnas á pobres como á su hospital, y con muchos ayunos de harta abstinencia, muchas disciplinas secretas y públicas; en la cuaresma por toda la provincia se disciplinan tres dias en la semana en sus iglesias, y muchos de estos dias se tornaban á disciplinar con sus procesiones de iglesia en iglesia, como en otras partes se hace la noche del Juéves Santo; y esta de este dia no la dejaron, antes vinieron tantos que á parecer de los Españoles que aquí se hallaron, juzgaron haber veinte ó treinta mil ánimas. Toda la Semana Santa estuvieron en los divinos oficios. El sermon de la Pasion lloraron con gran sentimiento, y comulgaron muchos con mucha reverencia, y hartos de ellos con lágrimas, de lo cual los frailes recien venidos se han edificado mucho.

"Para la Pascua tenian acabada la capilla del patio, la cual salió

---

10 Doble cantidad.—N.

una solemnísima pieza; llámanla Betlem. Por parte de fuera la pintaron luego al fresco en cuatro dias, porque así las aguas nunca la despintaran: en un octavo [11] de ella pintaron las obras de la creacion del mundo de los primeros tres dias, y en otro octavo [12] las obras de los otros tres dias; en otros dos octavos,[13] en el uno la vara de Jesé, con la generacion de la Madre de Dios, la cual está en lo alto puesta muy hermosa; en el otro está nuestro Padre San Francisco; en otra parte está la Iglesia, Su Santidad el Papa, cardenales, obispos, &c.; y á la otra banda el Emperador, reyes y caballeros. Los Españoles que han visto la capilla, dicen que es de las graciosas piezas que de su manera hay en España. Lleva sus arcos bien labrados; dos coros, uno para los cantores, otro para los ministriles;[14] hízose todo esto en seis meses, y así la capilla como todas las iglesias tenian muy adornadas y compuestas.

"Han estos Tlaxcaltecas regocijado mucho los divinos oficios con cantos y músicas de canto de órgano; TENIAN dos capillas, cada una de mas de veinte cantores, y otras dos de flautas, con las cuales tambien tañian rabel y jabebas,[15] y muy buenos maestros de atabales concordados con campanas pequeñas que sonaban saborosamente." Y con esto este fraile acabó su carta.

Lo mas principal he dejado para la postre, que fué la fiesta que los confrades de Nuestra Señora de la Encarnacion celebraron; y porque no la pudieron celebrar en la cuaresma guardáronla para el miércoles de las octavas. Lo primero que hicieron fué aparejar muy buena limosna para los Indios pobres, que no contentos con los que tienen en el hospital, fueron por las casas de una legua á la redonda á repartirles setenta y cinco camisas de hombre y cincuenta de mujer, y muchas mantas y zaragüelles: repartieron tambien por los dichos pobres necesitados diez carneros y un puerco, y veinte perrillos de los de la tierra, para comer con chile como es costumbre. Repartieron muchas cargas de maiz, y muchos tamales en lugar de roscas, y los diputados y mayordomos que lo fueron á repartir no quisieron tomar ninguna cosa por su trabajo, diciendo que antes

---

11 Espacio.—*K*.
12 Espacio. *K*.
13 Espacios. *K*.
14 Músicos de viento.

15 *Jabebas* ó *Jabegas* eran unas flautas moriscas que imitaban el sonido del órgano. Menciónanse en la relacion del **Paso Honroso** de Suero de Quiñones, § 72.

TRATADO I, CAPITULO XV.

habian ellos de dar de su hacienda al hospicio, que no tomársela.

Tenian su cera hecha, para cada cofrade un rollo, y sin estos, que eran muchos, tenian sus velas y doce hachas, y sacaron de nuevo cuatro ciriales de oro y pluma muy bien hechos, mas vistosos que ricos. Tenian cerca de la puerta del hospital para representar aparejado un auto, que fué la caída de nuestros primeros padres, y al parecer de todos los que lo vieron fué una de las cosas notables que se han hecho en esta Nueva España. Estaba tan adornada la morada de Adan y Eva, que bien parecia paraíso de la tierra, con diversos árboles con frutas y flores, de ellas naturales y de ellas contrahechas de pluma y oro; en los árboles mucha diversidad de aves, desde buho y otras aves de rapiña, hasta pajaritos pequeños, y sobre todo tenian muy muchos papagayos, y era tanto el parlar y gritar que tenian, que á veces estorbaban la representacion; yo conté en un solo árbol catorce papagayos entre pequeños y grandes. Habia tambien aves contrahechas de oro y pluma, que era cosa muy de mirar. Los conejos y liebres eran tantos, que todo estaba lleno de ellos, y otros muchos animalejos que yo nunca hasta allí los habia visto. Estaban dos ocelotles[16] atados, que son bravísimos, que ni son bien gato ni bien onza; y una vez descuidóse Eva y fué á dar en el uno de ellos, y él de bien criado desvióse: esto era antes del pecado, que si fuera despues, tan en hora buena ella no se hubiera llegado. Habia otros animales bien contrahechos, metidos dentro unos muchachos; estos andaban domésticos y jugaban y burlaban con ellos Adan y Eva. Habia cuatro rios ó fuentes que salian del paraíso, con sus rétulos que decian Phison, Gheon, Tigris, Euphrates; y el árbol de la vida en medio del paraíso, y cerca de él el árbol de la ciencia del bien y del mal, con muchas y muy hermosas frutas contrahechas de oro y pluma.

Estaban en el redondo del paraíso tres peñoles grandes, y una sierra grande, todo esto lleno de cuanto se puede hallar en una sierra muy fuerte y fresca montaña, y todas las particularidades que en Abril y Mayo se pueden hallar, porque en contrahacer una cosa al natural estos Indios tienen gracia singular. Pues aves no faltaban chicas ni grandes, en especial de los papagayos grandes, que son tan

---

16 El nombre mexicano es *ocelotl*, y su plural *ocelome*.

grandes como gallos de España; de estos habia muchos, y dos gallos y una gallina de las monteses, que cierto son las mas hermosas aves que yo he visto en parte ninguna; tendria un gallo de aquellos tanta carne como dos pavos de Castilla. A estos gallos les sale del papo una guedeja de cerdas mas ásperas que cerdas de caballo, y de algunos gallos viejos son mas largos que un palmo; de estas hacen hisopos y duran mucho.

Habia en estos peñoles animales naturales y contrahechos. En uno de los contrahechos estaba un muchacho vestido como leon, y estaba desgarrando y comiendo un venado que tenia muerto; el venado era verdadero y estaba en un risco que se hacia entre unas peñas, y fué cosa muy notada. Llegada la procesion, comenzóse luego el auto; tardóse en él gran rato, porque antes que Eva comiese ni Adan consintiese, fué y vino Eva, de la serpiente á su marido y de su marido á la serpiente, tres ó cuatro veces, siempre Adan resistiendo, y como indignado alanzaba de sí á Eva; ella rogándole y molestándole decia, que bien parecia el poco amor que le tenia, y que mas le amaba ella á él que no él á ella, y echándole en su regazo tanto le importunó, que fué con ella al árbol vedado, y Eva en presencia de Adan comió y dióle á él tambien que comiese; y en comiendo luego conocieron el mal que habian hecho, y aunque ellos se escondian cuanto podian, no pudieron hacer tanto que Dios no los viese, y vino con gran majestad acompañado de muchos ángeles; y despues que hubo llamado á Adan, él se excusó con su mujer, y ella echó la culpa á la serpiente, maldiciéndolos Dios y dando á cada uno su penitencia. Trajeron los ángeles dos vestiduras bien contrahechas, como de pieles de animales, y vistieron á Adan y á Eva. Lo que mas fué de notar fué el verlos salir desterrados y llorando: llevaban á Adan tres ángeles y á Eva otros tres, é iban cantando en canto de órgano, *Circumdederunt me*. Esto fué tan bien representado, que nadie lo vió que no llorase muy recio; quedó un querubin guardando la puerta del paraiso con su espada en la mano. Luego allí estaba el mundo, otra tierra cierto bien diferente de la que dejaban, porque estaba llena de cardos y de espinas, y muchas culebras; tambien habia conejos y liebres. Llegados allí los recien moradores del mundo, los ángeles mostraron á Adan cómo habia de labrar y cultivar la tierra, y á Eva diéronle husos para hilar y hacer ropa para su marido é hijos; y consolando á los que quedaban muy desconsolados, se fueron cantando por desechas [17] en canto de órgano un villancico que decia:

> Para qué comió
> La primer casada,
> Para qué comió
> La fruta vedada.
>
> La primer casada,
> Ella y su marido,
> A Dios han traido
> En pobre posada
> Por haber comido
> La fruta vedada.

Este auto fué representado por los Indios en su propia lengua, y así muchos de ellos tuvieron lágrimas y mucho sentimiento, en especial cuando Adan fué desterrado y puesto en el mundo.

Otra carta del mismo fraile á su prelado escribiéndole las fiestas que se hicieron en Tlaxcallan por las paces hechas entre el Emperador y el rey de Francia; el prelado se llamaba Fray Antonio de Ciudad Rodrigo.

"Como vuestra caridad sabe, las nuevas vinieron á esta tierra antes de cuaresma pocos dias, y los Tlaxcaltecas quisieron primero ver lo que los Españoles y los Mexicanos hacian, y visto que hicieron y representaron la conquista de Rodas, ellos determinaron de representar la conquista de Jerusalem, el cual pronóstico cumpla Dios en nuestros dias; y por la hacer mas solemne acordaron de la dejar para el dia de Corpus Christi, la cual fiesta regocijaron con tanto regocijo como aquí diré.

"En Tlaxcallan, en la ciudad que de nuevo han comenzado á edificar, abajo en lo llano, dejaron en el medio una grande y muy gentil plaza, en la cual tenian hecha á Jerusalem encima de unas casas que hacen para el cabildo, sobre el sitio que ya los edificios iban en altura de un estado; igualáronlo todo é hinchiéronlo de tier-

---

17 Por último.—*N. Desecha* es "un cierto "género de cancioncita con que se acaba el "canto. Y *desecha*, vale despedida cortés." Covarrúbias, Tesoro de la leng. cast. *ad verb.*

ra, é hicieron cinco torres; la una de homenaje[18] en medio, mayor que las otras, y las cuatro á los cuatro cantos; estaban cerradas de una cerca muy almenada, y las torres tambien muy almenadas y galanas, de muchas ventanas y galanes arcos, todo lleno de rosas y flores. De frente de Jerusalem, á la parte oriental fuera de la plaza, estaba aposentado el Señor Emperador; á la parte diestra de Jerusalem estaba el real adonde el ejército de España se habia de aposentar; al opósito estaba aparte aparejado para las provincias de la Nueva España; en el medio de la plaza estaba Santa Fe, adonde se habia de aposentar el Emperador con su ejército: todos estos lugares estaban cercados y por de fuera pintados de canteado, con sus troneras, saeteras y almenas muy al natural.

"Llegado el Santísimo Sacramento á la dicha plaza, con el cual iban el Papa, cardenales y obispos contrahechos, asentáronse en su cadalso, que para esto estaba aparejado y muy adornado cerca de Jerusalem, para que delante del Santísimo Sacramento pasasen todas las fiestas. Luego comenzó á entrar el ejército de España á poner cerco á Jerusalem, y pasando delante del Corpus Christi atravesaron la plaza y asentaron su real á la diestra parte. Tardó buen rato en entrar, porque eran mucha gente repartida en tres escuadrones. Iba en la vanguardia, con la bandera de las armas reales, la gente del reino de Castilla y de Leon, y la gente del capitan general, que era Don Antonio Pimentel conde de Benavente, con su bandera de sus armas. En la batalla iban Toledo, Aragon, Galicia, Granada,[19] Vizcaya y Navarra. En la retaguardia iban Alemania, Roma é Italianos. Habia entre todos pocas diferencias de trajes, porque como los Indios no los han visto ni lo saben, no lo usan hacer, y por esto entraron todos como Españoles soldados, con sus trompetas contrahaciendo las de España, y con sus atambores y pífanos muy ordenados; iban de cinco en cinco en hilera, á su paso de los atambores.

"Acabados de pasar estos y aposentados en su real, luego entró por la parte contraria el ejército de la Nueva España repartido en diez capitanías, cada una vestida segun el traje que ellos usan en

---

[18] Torre de homenaje es la mas alta y principal de la fortaleza.

[19] Falta en la edicion inglesa.

la guerra: estos fueron muy de ver, y en España y en Italia los fueran á ver y holgaran de verlos. [20] Sacaron sobre sí lo mejor que todos tenian de plumajes ricos, divisas y rodelas, porque todos cuantos en este auto entraron, todos eran señores y principales, que entre ellos se nombran Teuhpipiltin. Iban en la vanguardia Tlaxcallan y México; estos iban muy lucidos, y fueron muy mirados; llevaban el estandarte de las armas reales y el de su capitan general, que era Don Antonio de Mendoza, visorey de la Nueva España. En la batalla iban los Huaxtecas, Zempoaltecas, Mixtecas, Colhuaques, y unas capitanías que se decian los del Perú é Islas de Santo Domingo y Cuba. En la retaguardia iban los Tarascos y los Cuauhtemaltecas. En aposentándose estos, luego salieron al campo á dar la batalla el ejército de los Españoles, los cuales en buena órden se fueron derecho á Jerusalem, y como el Soldan los vió venir, que era el marques del Valle Don Hernando Cortés, [21] mandó salir su gente al campo para dar la batalla; y salida, era gente bien lucida y diferenciada de toda la otra, que traian unos bonetes como usan los Moros; y tocada al arma de ambas partes, se juntaron y pelearon con mucha grita y estruendo de trompetas, tambores y pífanos, y comenzó á mostrarse la victoria por los Españoles, retrayendo á los Moros y prendiendo algunos de ellos, y quedando otros caidos, aunque ninguno herido. Acabado esto, tornóse el ejército de España á recoger á su real en buen órden. Luego tornaron á tocar arma, y salieron los de la Nueva España, y luego salieron los de Jerusalem y pelearon un rato, y tambien vencieron y encerraron á los Moros en su ciudad, y llevaron algunos cautivos á su real, quedando otros caidos en el campo.

"Sabida la necesidad en que Jerusalem estaba, vínole gran socorro de la gente de Galilea, Judea, Samaria, Damasco y de toda tierra de la Siria, con mucha provision y municion, con lo cual los de Jerusalem se alegraron y regocijaron mucho, y tomaron tanto

---

20 Si los fueran á ver se holgaran de verlos. — K.

21 No debe entenderse por estas palabras que el mismo Cortés desempeñara el papel del Soldan, sino que al protagonista, por una doble ficcion, se le habia dado su nombre. De otra manera seria preciso creer que en esa farsa figuraban tambien en persona el virey Don Antonio de Mendoza (lo que es absolutamente inverosímil) y el conde de Benavente, que nunca vino á México. Tambien Pedro de Alvarado era capitan general de los Moros; é ignoro por qué razon los frailes, autores de todas estas fiestas, ofendian á los conquistadores poniéndolos en el bando de los infieles.

ánimo que luego salieron al campo y fuéronse derechos hácia el real de los Españoles, los cuales les salieron al encuentro, y despues de haber combatido un rato comenzaron los Españoles á retraerse y los Moros á cargar sobre ellos, prendiendo algunos de los que se desmandaron, y quedando tambien algunos caidos. Esto hecho, el capitan general despachó un correo á su majestad, con una carta de este tenor:

" 'Será Vuestra Majestad sabedor como allegó el ejército aquí sobre Jerusalem, y luego asentamos real en lugar fuerte y seguro, y salimos al campo contra la ciudad, y los que dentro estaban salieron al campo, y habiendo peleado, el ejército de los Españoles, criados de Vuestra Majestad, y vuestros capitanes y soldados viejos así peleaban que parecian tigres y leones; bien se mostraron ser valientes hombres, y sobre todos pareció hacer ventaja la gente del reino de Leon. Pasado esto vino gran socorro de Moros y Judíos con mucha municion y bastimentos, y los de Jerusalem como se hallaron favorecidos, salieron al campo y nosotros salimos al encuentro. Verdad es que cayeron algunos de los nuestros, de la gente que no estaba muy diestra ni se habia visto en campo con Moros; todos los demas están con mucho ánimo, esperando lo que Vuestra Majestad será servido mandar, para obedecer en todo. De Vuestra Majestad siervo y criado.—Don Antonio Pimentel.'

"Vista la carta del capitan general, responde el Emperador en este tenor: 'A mi caro y muy amado primo, Don Antonio Pimentel, capitan general del ejército de España. Vi vuestra letra, con la cual holgué en saber cuán esforzadamente lo habeis hecho. Tendréis mucho cuidado que de aquí adelante ningun socorro pueda entrar en la ciudad, y para esto pondréis todas las guardas necesarias, y hacerme heis saber si vuestro real está bien proveido; y sabed cómo he sido servido de esos caballeros, los cuales recibirán de mí muy señaladas mercedes; y encomendadme á todos esos capitanes y soldados viejos, y sea Dios en vuestra guarda.—Don Cárlos, Emperador.'

"En esto ya salia la gente de Jerusalem contra el ejército de la Nueva España, para tomar venganza del reencuentro pasado, con el favor de la gente que de refresco habia venido, y como estaban sentidos de lo pasado, querian vengarse, y comenzada la batalla, pelearon valientemente, hasta que finalmente la gente de las Islas comenzó á aflojar y á perder el campo de tal manera, que ENTRE caídos y presos no quedó hombre de ellos. A la hora el capitan general despachó un correo á su majestad con una carta de este tenor:

"'Sacra, Cesárea, Católica Majestad, Emperador siempre augusto. Sabrá Vuestra Majestad como yo vine con el ejército sobre Jerusalem, y asenté real á la siniestra parte de la ciudad, y salimos contra los enemigos que estaban en el campo, y vuestros vasallos los de la Nueva España lo hicieron muy bien, derribando muchos Moros, y los retrajeron hasta meter por las puertas de su ciudad, porque los vuestros peleaban como elefantes y como gigantes. Pasado esto les vino muy gran socorro de gente y artillería, municiones y bastimento; luego salieron contra nosotros, y nosotros les salimos al encuentro, y despues de haber peleado gran parte del dia desmayó el escuadron de las Islas, y de su parte echaron en gran vergüenza á todo el ejército, porque como no eran diestros en las armas, ni traian armas defensivas, ni sabian el apellido de llamar á Dios, no quedó hombre que no cayese en manos de los enemigos. Todo el resto de las otras capitanías están muy buenas. De Vuestra Majestad siervo y menor criado.—Don Antonio de Mendoza.'

"Respuesta del Emperador.—'Amado pariente y mi gran capitan sobre todo el ejército de la Nueva España. Esforzaos como valiente guerrero y esforzad á todos esos caballeros y soldados; y si ha venido socorro á la ciudad, tened por cierto que de arriba del cielo vendrá nuestro favor y ayuda. En las batallas diversos son los acontecimientos, y el que hoy vence mañana es vencido, y el que fué vencido otro dia es vencedor. Yo estoy determinado de luego esta noche sin dormir sueño andarla toda y amanecer sobre Jerusalem. Estaréis apercibido y puesto en órden con todo el ejército, y pues tan presto seré con vosotros, sed consolados y animados; y escribid luego al capitan general de los Españoles, para que tambien esté á punto con su gente, porque luego que Yo llegue, cuando pensaren que llego fatigado, demos sobre ellos y cerquemos la ciudad; y Yo iré por la frontera, y vuestro ejército por la siniestra parte, y el ejército de España por la parte derecha, por manera que no se puedan escapar de nuestras manos. Nuestro Señor sea en vuestra guarda.—Don Cárlos, Emperador.'

"Esto hecho, por una parte de la plaza entró el Emperador, y con él el rey de Francia y el rey de Hungría, con sus coronas en las cabezas; y cuando comenzaron á entrar por la plaza, saliéronle á recibir por la una banda el capitan general de España con la mitad de su gente, y por la otra el capitan general de la Nueva España, y de todas partes traian trompetas, y atabales, y cohetes, que echaban muchos, los cuales servian por artillería. Fué recibido con mucho regocijo y con grande aparato, hasta aposentarse en su estancia de Santa Fe. En esto los Moros mostraron haber cobrado gran temor, y estaban todos metidos en la ciudad; y comenzando la batería, los Moros se defendieron muy bien. En esto el maestre de campo, que era Andrés de Tapia, habia ido con un escuadron á reconocer la tierra detrás de Jerusalem, y puso fuego á un lugar, y metió por medio de la plaza un hato de ovejas que habia tomado. Tornados á retraer cada ejército á su aposento, tornaron á salir al campo solos los Españoles, y como los Moros los vieron venir y que eran pocos, salieron á ellos y pelearon un rato, y como de Jerusalem siempre saliese gente, retrajeron á los Españoles y ganáronles el campo, y prendieron algunos y metiéronlos en la ciudad. Como fué sabido por su majestad, despachó luego un correo al Papa con esta carta:

"'A nuestro muy Santo Padre. ¡O muy amado Padre mio! ¿Quién como tú que tan alta dignidad posea en la tierra? Sabrá Tu Santidad como Yo he pasado á la Tierra Santa, y tengo cercada á Jerusalem con tres ejércitos. En el uno estoy Yo en persona; en el otro están Españoles; el tercero es de Nahuales; y entre mi gente y los Moros ha habido hartos reencuentros y batallas, en las cuales mi gente ha preso y herido muchos de los Moros: despues de esto ha entrado en la ciudad gran socorro de Moros y Judíos, con mucho bastimento y municion, como Tu Santidad sabrá del mensajero. Yo al presente estoy con mucho cuidado hasta saber el suceso de mi viaje: suplico á Tu Santidad me favorezcas con oraciones y ruegues á Dios por mí y por mis ejércitos, porque Yo estoy determinado de tomar á Jerusalem y á todos los otros Lugares Santos, ó morir sobre esta demanda, por lo cual humildemente te ruego que desde allá á todos nos eches tu bendicion.—Don Cárlos, Emperador.'

"Vista la carta por el Papa, llamó á los cardenales, y consultada con ellos, la respuesta fué esta:

"''Muy amado hijo mio. Vi tu letra con la cual mi corazon ha recibido grande alegría, y he dado muchas gracias á Dios porque así te ha confortado y esforzado para que tomases tan santa empresa. Súbete que Dios es tu guarda y ayuda, y de todos tus ejércitos. Luego á la hora se hará lo que quieres, y así mando luego á mis muy amados hermanos los cardenales, y á los obispos con todos los otros prelados, órdenes de San Francisco y San Diego, y á todos los hijos de la Iglesia, que hagan sufragio; y para que esto tenga efecto, luego despacho y concedo un gran jubileo para toda la cristiandad. El Señor sea con tu ánima. Amen. Tu amado Padre.—EL PAPA.'

"Volviendo á nuestros ejércitos. Como los Españoles se vieron por dos veces retraídos, y que los Moros los habian encerrado en su real, pusiéronse todos de rodillas hácia donde estaba el Santísimo Sacramento demandándole ayuda, y lo mismo hicieron el Papa y cardenales; y estando todos puestos de rodillas, apareció un ángel en la esquina de su real, el cual consolándolos dijo: 'Dios ha oído vuestra oracion, y le ha placido mucho vuestra determinacion que teneis de morir por su honra y servicio en la demanda de Jerusalem, porque lugar tan santo no quiere que mas le posean los enemigos de la fe; y ha querido poneros en tantos trabajos para ver vuestra constancia y fortaleza: no tengais temor que vuestros enemigos prevalezcan contra vosotros, y para mas seguridad os enviará Dios á vuestro patron el Apóstol Santiago.' Con esto quedaron todos muy consolados y comenzaron á decir, 'Santiago, Santiago, patron de nuestra España;' en esto entró Santiago en un caballo blanco como la nieve y el mismo vestido como le suelen pintar; y como entró en el real de los Españoles, todos lo siguieron y fueron contra los Moros que estaban delante de Jerusalem, los cuales fingiendo [22] gran miedo dieron á huir, y cayendo algunos en el campo, se encerraron en la ciudad; y luego los Españoles la comenzaron á combatir, andando siempre Santiago en su caballo dando vueltas por todas partes, y los Moros no osaban asomar á las almenas por el gran miedo que tenian: entonces los Españoles, sus banderas tendidas, se volvieron á su real. Viendo esto el otro ejército de los Nahuales ó gente de la Nueva España, y que los Españoles no habian podido entrar en la ciudad, ordenando sus escuadrones fuéronse de presto á Jeru-

---

22 Sintiendo.—K.

salem, aunque los Moros no esperaron á que llegasen, sino saliéronles al encuentro, y peleando un rato iban los Moros ganando el campo, hasta que los metieron en su real, sin cautivar ninguno de ellos; hecho esto, los Moros con gran grita se tornaron á su ciudad. Los cristianos viéndose vencidos recurrieron á la oracion, y llamando á Dios que les diese socorro, y lo mismo hicieron el Papa y cardenales. Luego les apareció otro ángel en lo alto de su real, y les dijo: 'Aunque sois tiernos en la fe os ha querido Dios probar, y quiso que fuésedes vencidos para que conozcais que sin su ayuda valeis poco; pero ya que os habeis humillado, Dios ha oído vuestra oracion, y luego vendrá en vuestro favor el abogado y patron de la Nueva España San Hipólito, en cuyo dia los Españoles con vosotros los Tlaxcaltecas ganastes á México.' Entonces todo el ejército de los Nahuales comenzaron á decir: 'San Hipólito, San Hipólito:' á la hora entró San Hipólito encima de un caballo morcillo, y esforzó y animó á los Nahuales, y fuése con ellos hácia Jerusalem; y tambien salió de la otra banda Santiago con los Españoles, y el Emperador con su gente tomó la frontera, y todos juntos comenzaron la batería, de manera que los que en ella estaban aun en las torres, no se podian valer de las pelotas y varas que les tiraban. Por las espaldas de Jerúsalem, entre dos torres, estaba hecha una casa de paja harto larga, á la cual al tiempo de la batería pusieron fuego, y por todas las otras partes andaba la batería muy recia, y los Moros al parecer con determinacion de antes morir que entregarse á ningun partido. De dentro y de fuera andaba el combate muy recio, tirándose unas pelotas grandes hechas de espadañas, y alcancías de barro secas al sol llenas de almagre mojado, que al que acertaban parecia que quedaba mal herido y lleno de sangre, y lo mismo hacian con unas tunas coloradas. Los flecheros tenian en las cabezas de las viras unas bolsillas llenas de almagre, que do quiera que daban parecia que sacaban sangre; tirábanse tambien cañas gruesas de maiz. Estando en el mayor hervor de la batería apareció en el homenaje el arcángel San Miguel, de cuya voz y vision así los Moros como los cristianos espantados dejaron el combate é hicieron silencio: entonces el arcángel dijo á los Moros: 'Si Dios mirase á vuestras maldades y pecados y no á su gran misericordia, ya os habria puesto en el profundo del infierno, y la tierra se hubiera abierto y tragadoos vivos; pero porque habeis tenido reverencia á los Lugares Santos quiere usar con vosotros su misericordia y esperaros á penitencia, si de todo corazon á él os convertís; por tanto, conoced al Señor de la Majestad, Criador de todas las cosas, y creed en su preciosísimo Hijo Jesucristo, y aplacadle con lágrimas y verdadera penitencia:' y esto dicho desapareció. Luego el Soldan que estaba en la ciudad habló á todos sus Moros diciendo: 'Grande es la bondad y misericordia de Dios, pues así nos ha querido alumbrar estando en tan grande ceguedad de pecados: ya es llegado el tiempo en que conozcamos nuestro error; hasta aquí pensábamos que peleábamos con hombres, y ahora vemos que peleamos con Dios y con sus santos y ángeles: ¿quién les podrá resistir?' Entonces respondió su capitan general, que era el adelantado Don Pedro de Alvarado, y todos con él dijeron, 'que se querian poner en manos del Emperador, y que luego el Soldan tratase de manera que les otorgase las vidas, pues los reyes de España eran clementes y piadosos, y que se querian bautizar.' Luego el Soldan hizo señal de paz, y envió un Moro con una carta al Emperador de esta manera:

"'Emperador Romano, amado de Dios. Nosotros hemos visto claramente cómo Dios te ha enviado favor y ayuda del cielo; antes que esto yo viese pensaba de guardar mi ciudad y reino, y de defender mis vasallos, y estaba determinado de morir sobre ello; pero como Dios del cielo me haya alumbrado, conozco que tú solo eres capitan de sus ejércitos: yo conozco que todo el mundo debe obedecer á Dios, y á tí que eres su capitan en la tierra. Por tanto en tus manos ponemos nuestras vidas, y te rogamos que te quieras llegar cerca de esta ciudad, para que nos des tu real palabra y nos concedas las vidas, recibiéndonos con tu continua clemencia por tus naturales[23] vasallos. Tu siervo.—EL GRAN SOLDAN DE BABILONIA, Y TETRARCA DE JERUSALEM.'

"Leida la carta luego se fué el Emperador hácia las puertas de la ciudad, que ya estaban abiertas, y el Soldan le salió á recibir muy acompañado, y poniéndose delante del Emperador de rodillas, le dió la obediencia y trabajó mucho por le besar la mano; y el Emperador levantándole le tomó por la mano, y llevándole delante del

---

23 *Nabales* dice el MS., y *navales* la edicion inglesa.

Santísimo Sacramento, adonde estaba el Papa, y allí dando todos gracias á Dios, el Papa le recibió con mucho amor. Traia tambien muchos Turcos ó Indios adultos que de industria tenian para bautizar, y allí públicamente demandaron el bautismo al Papa, y luego Su Santidad mandó á un sacerdote que los bautizase, los cuales actualmente fueron bautizados. Con esto se partió el Santísimo Sacramento, y tornó á andar la procesion por su órden.

"Para la procesion de este dia de Corpus Christi tenian tan adornado todo el camino y calles, que decian muchos Españoles que se hallaron presentes: 'quien esto quisiere contar en Castilla, decirle han que está loco, y que se alarga y lo compone;' porque iba el Sacramento entre unas calles hechas todas de tres órdenes de arcos medianos, todos cubiertos de rosas y flores muy bien compuestas y atadas; y estos arcos pasaban de mil y cuatrocientos, sin otros diez arcos triunfales grandes, debajo de los cuales pasaba toda la procesion. Habia seis capillas con sus altares y retablos: todo el camino iba cubierto de muchas yerbas olorosas y de rosas. Habia tambien tres montañas contrahechas muy al natural con sus peñones, en las cuales se representaron tres autos muy buenos.

"En la primera, que estaba luego abajo del patio alto, en otro patio bajo á do se hace una gran plaza, aquí se representó la tentacion del Señor, y fué cosa en que hubo mucho que notar, en especial verlas representar á Indios. Fué de ver la consulta que los demonios tuvieron para ver de tentar á Cristo, y quién seria el tentador: ya que se determinó que fuese Lucifer, iba muy contrahecho ermitaño; sino que dos cosas no pudo encubrir, que fueron los cuernos y las uñas, que de cada dedo, así de las manos como de los piés, le salian unas uñas de hueso tan largas como medio palmo: y hecha la primera y segunda tentacion, la tercera fué en un peñon muy alto, desde el cual el demonio con mucha soberbia contaba á Cristo todas las particularidades y riquezas que habia en la provincia de la Nueva España, y de aquí saltó á Castilla, adonde dijo, que ademas de muchas naos y gruesas armadas que traia por la mar con muchas riquezas, y muy gruesos mercaderes de paños, y sedas, y brocados, habia otras muchas particularidades que tenia, y entre otras dijo, que tenia muchos vinos y muy buenos, á lo cual todos picaron, así Indios como Españoles, porque los Indios todos se mueren por nuestro vino. Y despues que dijo de Jerusalem, Roma, África, y Europa, y Asia, y que todo se lo daria, respondiendo el Señor, *Vade Sathana*, cayó el demonio; y aunque quedó encubierto en el peñon, que era hueco, los otros demonios hicieron tal ruido, que parecia que toda la montaña iba con Lucifer á parar al infierno. Vinieron luego los ángeles con comida para el Señor, que parecia que venian del cielo, y hecho su acatamiento pusieron la mesa y comenzaron á cantar.

"Pasando la procesion á la otra plaza, en otra montaña se representó como San Francisco predicaba á las aves, diciéndoles por cuántas razones eran obligadas á alabar y bendecir á Dios, por las proveer de mantenimientos sin trabajo de coger, ni sembrar, como los hombres, que con mucho trabajo tienen su mantenimiento; asimismo por el vestir de que Dios les adorna con hermosas y diversas plumas, sin ellas las hilar ni tejer, y por el lugar que les dió, que es el aire por donde se pasean y vuelan. Las aves llegándose al santo parecian que le pedian su bendicion, y él se la dando les encargó que á las mañanas y á las tardes loasen y cantasen á Dios. Ya se iban; y como el santo se abajase de la montaña, salió de traves una bestia fiera del monte, tan fea que á los que la vieron así de sobresalto les puso un poco de temor; y como el santo la vió hizo sobre ella la señal de la cruz, y luego se vino para ella; y reconociendo que era una bestia que destruia los ganados de aquella tierra, la reprendió benignamente y la trajo consigo al pueblo á do estaban los señores principales en su tablado, y allí la bestia hizo señal que obedecia, y dió la mano de nunca mas hacer daño en aquella tierra; y con esto se fué la fiera á la montaña."[24]

"Quedándose allí el santo comenzó su sermon diciendo: que mirasen cómo aquel bravo animal obedecia la palabra de Dios, y que ellos que tenian razon, y muy grande obligacion de guardar los mandamientos de Dios.... y estando diciendo esto salió uno fingiendo que venia beodo, cantando muy al propio que los Indios cantaban cuando se embeodaban; y como no quisiese de dejar de cantar y estorbase el sermon, amonestándole que callase, si no que se iria al infierno, y él perseverase en su cantar, llamó San Francisco á los demonios de un fiero y espantoso infierno que cerca á él estaba,[25] y

24 Se fué la fiera alimaña.—*K*.   25 Época á ojo estaba.—*MS*.

vinieron muy feos, y con mucho estruendo asieron del beodo y daban con él en el infierno. Tornaba luego el santo á proceder en el sermon, y salian unas hechiceras muy bien contrahechas, que con bebedizos en esta tierra muy fácilmente hacen malparir á las preñadas, y como tambien estorbasen la predicacion y no cesasen, venian tambien los demonios y poníanlas en el infierno. De esta manera fueron representados y reprendidos algunos vicios en este auto. El infierno tenia una puerta falsa por donde salieron los que estaban dentro; y salidos los que estaban dentro pusiéronle fuego, el cual ardió tan espantosamente que pareció que nadie se habia escapado, sino que demonios y condenados todos ardian, y daban voces y gritos las ánimas y los demonios; lo cual ponia mucha grima y espanto aun á los que sabian que nadie se quemaba. Pasando adelante el Santísimo Sacramento habia otro auto, y era del sacrificio de Abraham, el cual por ser corto y ser ya tarde no se dice mas de que fué muy bien representado. Y con esto volvió la procesion á la iglesia.

TRATADO SEGUNDO.

DE LA CONVERSION Y APROVECHAMIENTO DE ESTOS INDIOS; Y CÓMO SE LES COMENZARON Á ADMINISTRAR LOS SACRAMENTOS EN ESTA TIERRA DE ANÁHUAC, Ó NUEVA ESPAÑA; Y DE ALGUNAS COSAS Y MISTERIOS ACONTECIDOS.

Estando yo descuidado y sin ningun pensamiento de escribir semejante cosa que esta, la obediencia me mandó que escribiese algunas cosas notables de estos naturales, de las que en esta tierra la bondad divina ha comenzado á obrar, y siempre obra; y tambien para que los que en adelante vinieren sepan y entiendan cuán notables cosas acontecieron en esta Nueva España, y los trabajos é infortunios que por los grandes pecados que en ella se cometian Nuestro Señor permitió que pasase, y la fe y religion que en ella el dia de hoy se conserva, y aumentará adelante, siendo Nuestro Señor de ello servido.

Al principio cuando esto comencé á escribir, parecíame que mas cosas notaba y se me acordaban ahora diez ó doce años que no al presente: entonces como cosas nuevas y que Dios comenzaba á obrar sus maravillas y misericordias con esta gente, ahora como quien ya conversa y trata con gente cristiana y convertida, hay muchas cosas bien de notar, que parece claramente ser venidas por la mano de Dios; porque si bien miramos, en la primitiva Iglesia de Dios mucho se notaban algunas personas que venian á la fe, por ser primeros, así como el eunuco Cornelio y sus compañeros, y lo mismo los pueblos que recibieron primero la palabra de Dios, como fueron Jerusalem, Samaria, y Cesarea, &c. De Bernabé se escribe que vendió un campo, y el precio lo puso á los piés de los Apóstoles. Un campo no es muy precioso, segun lo que despues los seguidores de Cristo dejaron; pero escríbese por ser al principio, y por el ejemplo que daban. Estas cosas ponian admiracion, y por ser dignas de ejemplo los hombres las escribian; pues las primeras maravillas que Dios en estos gentiles comenzó á obrar, aunque no muy grandes, ponian mas admiracion que no las muchas y mayores que despues y ahora hace con ellos, por ser ya ordinarias; y á este propósito diré aquí en este segundo tratado algunas cosas de las primeras que acontecieron en esta tierra de la Nueva España, y de algunos pueblos que primero recibieron la fe, cuyos nombres en muchas partes serán ignotos, aunque acá todos son bien conocidos, por ser pueblos grandes y algunos cabezas de provincia. Tratarse ha tambien en esta segunda parte la dificultad é impedimentos que tuvo el bautismo, y el buen aprovechamiento de estos naturales.

CAPÍTULO PRIMERO.

En que dice cómo comenzaron los Mexicanos y los de Coatlichan á venir al bautismo y á la doctrina cristiana.

Ganada y repartida la tierra por los Españoles, los frailes de San Francisco que al presente en ella se hallaron comenzaron á tratar y á conversar entre los Indios; primero adonde tenian casa y aposento, como fué en México, y en Tetzcoco, Tlaxcallan y Huexotzinco, que en estos se repartieron los pocos que al principio eran; y en cada provincia de estas, y en las en que despues se tomó casa, que son ya cerca de cuarenta en este año de 1540,[1] habia tanto que decir que no bastaria el papel de la Nueva España. Siguiendo la brevedad que á todos aplace, diré lo que yo vi y supe, y pasó en los pueblos que moré y anduve; y aunque yo diga ó cuente alguna cosa de una provincia, será del tiempo que en ella moré, y de la misma podrán otros escribir otras cosas allí acontecidas con verdad y mas de notar, y mejor escritas que aquí irán, y podráse todo sufrir sin contradiccion. En el primer año que á esta tierra llegaron los frailes, los Indios de México y Tlatilolco se comenzaron á ayuntar los de un barrio y feligresía un dia, y los de otro barrio otro dia, y allí iban los frailes á enseñar y bautizar los niños; y desde á poco tiempo los domingos y fiestas se ayuntaban todos, cada barrio en su cabecera, adonde tenian sus salas antiguas, porque iglesia aun no la habia, y los Españoles tuvieron tambien, obra de tres años, sus misas y sermones en una sala de estas que servian por iglesia, y ahora es allí en la misma sala la casa de la moneda; pero no se enterraban allí casi nadie, sino en San Francisco el viejo, hasta que despues se comenzaron á edificar iglesias. Anduvieron los Mexicanos cinco años muy frios, ó por el embarazo de los Españoles y obras de México, ó porque los viejos de los Mexicanos tenian poco calor.[2] Despues de pasados cinco años despertaron muchos de ellos é hicieron iglesias, y ahora frecuentan mucho las misas cada dia y reciben los sacramentos devotamente.

El pueblo al que primero salieron los frailes á enseñar fué á Cuautitlan, cuatro leguas de México, y á Tepotzotlan, porque como en México habia mucho ruido, y entre los hijos de los señores que en la casa de Dios se enseñaban estaban los señoritos de estos dos pueblos, sobrinos ó nietos de Moteuczoma, y estos eran de los principales que en casa habia, por respeto de estos comenzaron á enseñar allí y á bautizar los niños, y siempre se prosiguió la doctrina, y siempre fueron de los primeros y delanteros en toda buena cristiandad, y lo mismo los pueblos á ellos sujetos y sus vecinos.

En el primer año de la venida de los frailes, el padre Fray Martin de Valencia, de santa memoria, vino á México, y tomando un compañero que sabia un poco de la lengua, fuése á visitar los pueblos de la laguna del agua dulce, que apenas se sabia cuántos eran, ni adón-

---

1 1536.—*K*.   2 Valor.—*MS*.

de estaban ; y comenzando por Xochimilco y Coyoacan, veníanlos á buscar de los otros pueblos, y rogábanles con instancia que fuesen á sus pueblos, y antes que llegasen los salian á recibir, porque esta es su costumbre, y hallaban que estaba ya toda la gente ayuntada; y luego por escrito y con intérprete les predicaban y bautizaban algunos niños, rogando siempre á Nuestro Señor que su santa palabra hiciese fruto en las ánimas de aquellos infieles, y los alumbrase y convirtiese á su santa fe. Y los Indios señores y principales delante de los frailes destruian sus ídolos, y levantaban cruces, y señalaban sitios para hacer sus iglesias. Así anduvieron todos aquellos pueblos que son dichos,[3] todos principales y de mucha gente, y pedian á Dios ser enseñados, y el bautismo para sí y para sus hijos; lo cual visto por los frailes, daban gracias á Dios con grande alegría, por ver tan buen principio, y en ver que tantos se habian de salvar, como luego sucedió. Entonces dijo el padre Fray Martin, de buena memoria, á su compañero, "muchas gracias sean dadas á Dios, que lo que en otro tiempo el espíritu me mostró, ahora en obra y verdad lo veo cumplir," y dijo; "que estando él un dia en maitines en un convento que se dice Santa María del Hoyo, cerca de Gata, que es en Extremadura, en la provincia de San Gabriel, rezaba ciertas profecías de la venida de los gentiles á la fe, le mostró Dios en espíritu muy gran muchedumbre de gentiles que venian á la fe, y fué tanto el gozo que su ánimo sintió, que comenzó á dar grandes voces;" como mas largamente parecerá en la tercera parte, en la vida del dicho Fray Martin de Valencia. Y aunque este santo varon procuró muchas veces de ir entre los infieles á recibir martirio, nunca pudo alcanzar licencia de sus superiores; no porque no le tuviesen por idóneo, que en tanto fué estimado y tenido en España como en estas partes, mas porque Dios lo ordenó asi por mayor bien, segun se lo dijo una persona muy espiritual, "que cuando fuese tiempo Dios cumpliria su deseo, como Dios se lo habia mostrado;" y así fué, que el general le llamó un dia y le dijo cómo él tenia determinado de venir á esta Nueva España con muy buenos compañeros, con grandes bulas que del Papa habia alcanzado, y por le haber elegido general de la órden, el cual oficio le impedia la pasada, que como cosa de

---

3 Que non ocho.—*MS*.

mucha importancia y que él mucho estimaba, le queria enviar y que nombrase doce compañeros cuales él quisiese, y él aceptando la venida vino, por lo cual parece lo á él prometido no haber sido engaño.

Entre los pueblos ya dichos de la laguna dulce, el que mas diligencia puso para llevar los frailes á que los enseñasen, y en ayuntar mas gente, y en destruir los templos del demonio, fué Cuitlahuac, que es un pueblo fresco y todo cercado de agua, y de mucha gente; y tenian muchos templos del demonio, y todo él fundado sobre agua; por lo cual los Españoles la primera vez que en él entraron le llamaron Venezuela. En este pueblo estaba un buen Indio, el cual era uno de tres señores principales que en él hay, y por ser hombre de mas manera y antiguo, gobernaba todo el pueblo: este envió á buscar á los frailes dos ó tres veces, y llegados, nunca se apartaba de ellos, mas antes estuvo gran parte de la noche preguntándoles cosas que deseaba saber de nuestra fe. Otro dia de mañana ayuntada la gente despues de misa y sermon, y bautizados muchos niños, de los cuales los mas eran hijos, y sobrinos, y parientes de este buen hombre que digo; y acabados de bautizar, rogó mucho aquel Indio á Fray Martin que le bautizase, y vista su santa importunacion y manera de hombre de muy buena razon, fué bautizado y llamado Don Francisco, y despues en el tiempo que vivió fué muy conocido de los Españoles. Aquel Indio hizo ventaja á todos los de la laguna dulce, y trajo muchos niños al monasterio de San Francisco, los cuales salieron tan hábiles, que excedieron á los que habian venido muchos dias antes. Este Don Francisco aprovechando cada dia en el conocimiento de Dios y en la guarda de sus mandamientos, yendo un dia muy de mañana en una barca, que los Españoles llaman *canoa*, por la laguna, oyó un canto muy dulce y de palabras muy admirables, las cuales yo vi y tuve escritas, y muchos frailes las vieron y juzgaron haber sido canto de ángeles, y de allí adelante fué aprovechando mas; y al tiempo de su muerte pidió el sacramento de la confesion, y confesado y llamando siempre á Dios, falleció.

La vida y muerte de este buen Indio fué gran edificacion para todos los otros Indios, mayormente los de aquel pueblo de Cuitlahuac, en el cual se edificaron iglesias; la principal advocacion es de San Pedro, en la obra de la cual trabajó mucho aquel buen Indio Don

Francisco. Es iglesia grande y de tres naves, hecha á la manera de España.

Los dos primeros años, poco salian los frailes del pueblo adonde residian, así por saber poco de la tierra y lengua, como por tener bien en que entender adonde residian. El tercer año comenzaron en Tetzcoco de se ayuntar cada dia para deprender la doctrina cristiana; y tambien hubo gran copia de gente al bautismo; y como la provincia de Tetzcoco es muy poblada de gente, en el monasterio y fuera no se podian valer ni dar á manos, porque se bautizaron muchos de Tetzcoco y Huexotzinco, Coatlichan y de Coatepec: aquí en Coatepec comenzaron á hacer iglesia y diéronse mucha prisa para la acabar, y por ser la primera iglesia fuera de los monasterios, llamóse Santa María de Jesus. Despues de haber andado algunos dias por los pueblos sujetos á Tetzcoco, que son muchos, y de lo mas poblado de la Nueva España, pasaron adelante á otros pueblos, y como no sabian mucho de la tierra, saliendo á visitar un lugar salian de otros pueblos á rogarles que fuesen con ellos á decirles la palabra de Dios, y muchas veces otros poblezuelos pequeños salian de traves, y los hallaban ayuntados con su comida aparejada esperando y rogando á los frailes que comiesen y los enseñasen. Otras veces iban á partes que[4] ayunaban lo que en otras partes les sobraba, y entre otras partes adonde fueron, fué Otompa, y Tepepolco, y Tollantzinco, que aun desde[5] en buenos años no tuvieron frailes; y entre estos, Tepepolco lo hizo muy bien, y fué siempre creciendo y aprovechando en el conocimiento de la fe; y la primera vez que llegaron frailes á este lugar, dejado el recibimiento que les hicieron, era una tarde, y como estuviese la gente ayuntada comenzaron luego á enseñarles; y en espacio de tres ó cuatro horas muchos de aquel pueblo, antes que de allí se partiesen, supieron persignarse y el Pater Noster. Otro dia por la mañana vino mucha gente, y enseñados y predicados lo que convenia á gente que ninguna cosa sabia ni habia oído de Dios, ni recibido la palabra de Dios; tomados aparte el señor y principales, y diciéndoles cómo Dios del cielo era verdadero Señor, criador del cielo y de la tierra, y quién era el demonio á quien ellos adoraban y honraban, y cómo los tenia engañados, y otras cosas

[4] Donde.—K.   [5] Despues.—K.

conforme á ellas; de tal manera se lo supieron decir, que luego allí delante de los frailes destruyeron y quebrantaron todos los ídolos que tenian, y quemaron los teocallis. Este pueblo de Tepepolco está asentado en un recuesto bien alto, adonde estaba uno de los grandes y vistosos templos del demonio que entonces derribaron; porque como el pueblo es grande y tiene otros muchos sujetos, tenia grandes teocallis ó templos del demonio; y esta es regla general en que se conocia el pueblo ser grande ó pequeño, en tener muchos teocallis.

CAPÍTULO II.

Cuándo y adónde comenzaron las procesiones en esta tierra de la Nueva España, y de la gana con que los Indios vienen á bautizarse.

El cuarto año de la llegada de los frailes á esta tierra fué de muchas aguas, tanto que se perdian los maizales y se caian muchas casas. Hasta entonces nunca entre los Indios se habian hecho procesiones, y en Tetzcoco salieron con una pobre cruz; y como hubiese muchos dias que nunca cesaba de llover, plugo á Nuestro Señor por su clemencia, y por los ruegos de su Sacratísima Madre, y de San Antonio, cuya advocacion es la principal de aquel pueblo, que desde aquel dia mismo cesaran las aguas, para confirmacion de la flaca y tierna fe de aquellos nuevamente convertidos: y luego hicieron muchas cruces y banderas de santos y otros atavíos para sus procesiones; y los Indios de México fueron luego allí á sacar muestras para lo mismo: y desde á poco tiempo comenzaron en Huexotzinco é hicieron muy ricas y galanas mangas de cruces y andas de oro y pluma; y luego por todas partes comenzaron de ataviar sus iglesias, y hacer retablos, y ornamentos, y salir en procesiones, y los niños deprendieron danzas para regocijarlas mas.

En este tiempo en los pueblos que habia frailes salian adelante, y de muchos pueblos los venian á buscar y á rogarles que los fuesen á ver, y de esta manera por muchas partes se iba extendiendo y ensanchando la fe de Jesucristo, mayormente en los pueblos de Eecapitztlan y Huaxtepec; para lo cual dieron mucho favor y ayuda los que gobernaban estos pueblos, porque eran Indios quitados de vicios y que no bebian vino; que era esto como cosa de maravilla, así á los Españoles como á los naturales, ver algun Indio que no bebiese vino; porque entre todos los hombres y mujeres adultos era muy general el embeodarse; y como este vicio era fómes y raiz de otros muchos pecados, el que de él se apartaba vivia mas virtuosamente. La primera vez que salió fraile á visitar las provincias de Coyxco y Tlachco fué de Cuauhnahuac, la cual casa se tomó el segundo año de su venida, y en el número fué quinta casa. Desde allí visitando aquellas provincias, en las cuales hay muchos pueblos y de mucha gente, fueron muy bien recibidos, y muchos niños bautizados; y como no pudiesen andar por todos los pueblos, cuando estaba uno cerca de otro venia la gente del pueblo menor al mayor á ser enseñados, y á oir la palabra de Dios, y á bautizar sus niños: y aconteció, como entonces fuese el tiempo de las aguas, que en esta tierra comienzan por Abril y acaban en fin de Septiembre, poco mas ó menos, habia de venir un pueblo á otro, y en medio estaba un arroyo, y aquella noche llovió tanto, que vino el arroyo hecho un gran rio, y la gente que venia no pudo pasar; y allí aguardaron á que acabasen la misa y de predicar y bautizar, y pasaron algunos á nado y fueron á rogar á los frailes, que á la orilla del arroyo les fuesen á decir la palabra de Dios, y ellos fueron, y en la parte donde mas angosto estaba el rio, los frailes de una parte y los Indios de otra, les predicaron, y ellos no se quisieron ir sin que les bautizasen los hijos; y para esto hicieron una pobre balsa de cañas, que en los grandes rios arman las balsas sobre unas grandes calabazas, y así los Españoles y su hato pasan grandes rios; pues hecha la balsa, medio por el agua y medio en los brazos pasáronlos de la otra parte, adonde los bautizaron con harto trabajo por ser tantos.

Yo creo que despues que la tierra se ganó, que fué el año de **1521**, hasta el tiempo que esto escribo, que es en el año de **1536**, mas de cuatro millones de ánimas se bautizaron, y por dónde yo lo sé, adelante se dirá.

CAPÍTULO III.

De la prisa que los Indios tenian en venir al bautismo, y de dos cosas que acontecieron en México y en Tetzcoco.

Vienen al bautismo muchos, no solo los domingos y dias que para esto están señalados, sino cada dia de ordinario, niños y adultos, sanos y enfermos, de todas las comarcas; y cuando los frailes andan visitando, les salen los Indios al camino con los niños en los brazos, y con los dolientes á cuestas, y hasta los viejos decrépitos sacan para que los bauticen. Tambien muchos dejan las mujeres y se casan con sola una, habiendo recibido el bautismo. Cuando van al bautismo, los unos van rogando, otros importunando, otros lo piden de rodillas, otros alzando y poniendo las manos, gimiendo y encogiéndose, otros lo demandan y reciben llorando y con suspiros.

En México pidió el bautismo un hijo de Moteuczoma, que fué el gran señor de México, y por estar enfermo aquel su hijo fuimos á su casa, que era junto adonde ahora está edificada la iglesia de San Hipólito, en el cual dia fué ganada México, y por eso en toda la Nueva España se hace gran fiesta aquel dia, y le tienen por singular patron de esta tierra. Sacaron al enfermo para bautizarse en una silla, y haciendo el exorcismo, cuando el sacerdote dijo, *ne te lateat Satanas*,[1] comenzó á temblar en tal manera, no solo el enfermo sino tambien la silla en que estaba, tan recio que al parecer de todos los que allí se hallaban parecia salir de él el demonio, á lo cual fueron presentes Rodrigo de Paz, que á la sazon era alguacil mayor (y por ser su pa-

---
[1] Vade retró satanas.—*M.*

drino se llamó el bautizado Rodrigo de Paz), y otros oficiales de su majestad.

En Tetzcoco yendo una mujer bautizada con un niño á cuestas, como en esta tierra se usa traer los niños, el niño era por bautizar; pasando de noche por el patio de los teocallis, que son las casas del demonio, salió á ella el demonio, y echó mano de la criatura, queriéndola tomar á la madre que muy espantada estaba, porque no estaba bautizado ni señalado de la cruz, y la India decia: "Jesus, Jesus;" y luego el demonio dejaba el niño, y en dejando la India de nombrar á Jesus, tornaba el demonio á quererla tomar el niño; esto fué tres veces, hasta que salió de aquel temeroso lugar. Luego otro dia por la mañana, porque no le aconteciese otro semejante peligro, trajo el niño á que se le bautizasen, y así se hizo. Ahora es muy de ver los niños que cada dia se vienen á bautizar, en especial aquí en Tlaxcallan, que dia hay de bautizar cuatro y cinco veces; y con los que vienen el domingo, hay semana que se bautizan niños de pila trescientos, y semana de cuatrocientos, otras de quinientos con los de una legua á la redonda; y si alguna vez hay descuido ó impedimento para que se dejen de visitar los pueblos que están á dos y á tres leguas, despues cargan tantos que es maravilla.

Asimismo han venido y vienen muchos de lejos á se bautizar con hijos y mujeres, sanos y enfermos, cojos y ciegos y mudos, arrastrando y padeciendo mucho trabajo y hambre, porque esta gente es muy pobre.

En muchas partes de esta tierra bañaban los niños recien nacidos á los ocho ó diez dias, y en bañando el niño poníanle una rodela pequeñita en la mano izquierda, y una saeta en la mano derecha; y á las niñas daban una escoba pequeñita. Esta ceremonia parecia ser figura del bautismo, que los bautizados habian de pelear con los enemigos del ánima, y habian de barrer y limpiar sus conciencias y ánimas para que viniese Cristo á entrar por el bautismo.

El número de los bautizados cuento por dos maneras; la una por los pueblos y provincias que se han bautizado, y la otra por el número de los sacerdotes que han bautizado. Hay al presente en esta Nueva España obra de sesenta sacerdotes franciscos, que de los otros sacerdotes pocos se han dado á bautizar: aunque han bautizado algunos, el número yo no sé qué tantos serán. Ademas de los sesenta sacerdotes que digo, se habrán vuelto á España mas de otros veinte, algunos de los cuales bautizaron muchos Indios antes que se fuesen, y mas de otros veinte que son ya difuntos, que tambien bautizaron muy muchos, en especial nuestro padre Fray Martin de Valencia, que fué el primer prelado que en esta tierra tuvo veces del Papa, y Fray García de Cisneros, y Fray Juan Caro, un honrado viejo, el cual introdujo y enseñó primero en esta tierra el castellano y el canto de órgano, con mucho trabajo; Fray Juan de Perpiñan y Fray Francisco de Valencia, los que cada uno de estos bautizó pasarian de cien mil: de los sesenta que al presente son este año de 1536, saco otros veinte que no han bautizado, así por ser nuevos en la tierra como por no saber la lengua; de los cuarenta que quedan echo á cada uno de ellos á cien mil ó mas, porque algunos de ellos hay que han bautizado cerca de trescientos mil, otros hay de doscientos mil, y á ciento cincuenta mil, y algunos que muchos menos; de manera que con los que bautizaron los difuntos y los que se volvieron á España, serán hasta hoy dia bautizados cerca de cinco millones.

Por pueblos y provincias cuento de esta manera. A México y á sus pueblos, y á Xochimilco con los pueblos de la laguna dulce, y á Tlalmanalco y Chalco, Cuauhnahuac con Eecapitztlan, y á Cuauhquechollan y Chietla, mas de un millon. A Tetzcoco, Otompa, y Tepepolco, y Tollantzinco, Cuautitlan, Tollan, Xilotepec con sus provincias y pueblos, mas de otro millon. A Tlaxcallan, la ciudad de los Ángeles, Chololan, Huexotzinco, Calpa, Tepeyacac, Zacatlan, Hueytlalpan, mas de otro millon. En los pueblos de la Mar del Sur, mas de otro millon. Y despues que esto se ha sacado en blanco se han bautizado mas de quinientos mil,[2] porque en esta cuaresma pasada del año de 1537,[3] en sola la provincia de Tepeyacac se han bautizado por cuenta mas de sesenta mil ánimas; por manera que á mi juicio y verdaderamente serán bautizados en este tiempo que digo, que serán quince años, mas de nueve millones de ánimas de Indios.

---

2 Quince mil.—M.   3 1536.—M.

CAPÍTULO IV.

De los diversos pareceres que hubo sobre el administrar el sacramento del bautismo, y de la manera que se hizo los primeros años.

Cerca del administrar este sacramento del bautismo, aunque los primeros años todos los sacerdotes fueron conformes, despues como vinieron muchos clérigos y frailes de las otras órdenes, agustinos, domínicos y franciscos, tuvieron diversos pareceres contrarios los unos de los otros: parecíales á los unos que el bautismo se habia de dar con las ceremonias que se usan en nuestra España, y no se satisfacian de la manera con que los otros le administraban, y cada uno queria seguir su parecer, y aquel tenia por mejor y mas acertado, ora fuese por buen celo, ora sea porque los hijos de Adan todos somos amigos de nuestro parecer; y los nuevamente venidos siempre quieren enmendar las obras de los primeros, y hacer, si pudiesen, que del todo cesasen y se olvidasen, y que su opinion sola valiese; y el mayor mal era que los que esto pretendian no curaban ni trabajaban en deprender la lengua de los Indios, ni en bautizarlos. Estas diversas opiniones y diversos pareceres fueron causa que algunas veces se dejó de administrar el sacramento del bautismo, lo cual no pudo ser sin detrimento de los que le buscaban, principalmente de los niños y enfermos, que morian sin remedio. Ciertamente estos queja tendrian de los que dieron la causa con sus opiniones é inconvenientes que pusieron, aunque ellos piensen que su opinion era muy santa, y que no habia mas que pedir; y la misma queja creo yo que tendrian otros niños y enfermos, que venidos á recibir este sacramento, mientras se hacian las ceremonias, antes que llegasen á la sustancia de las palabras se morian. En la verdad esta fué indiscrecion, porque con estos tales ya que querian guardar ceremonias, habian primero de bautizar al enfermo, y asegurado lo principal, pueden despues hacer las ceremonias acostumbradas. Demas de lo dicho, otras causas y razones que estos decian parecerán en los capítulos siguientes.

Los otros que primero habian venido tambien daban sus razones por donde administraban de aquella manera el bautismo, diciendo que lo hacian con pareceres y consejo de santos doctores y de doctas personas, en especial de un gran religioso y gran teólogo, llamado Fray Juan de Tecto, natural de Gante, catedrático de teología en la universidad de París, que creo no haber pasado á estas partes letrado mas fundado, y por tal el Emperador se confesó con él. Este Fray Juan de Tecto, con dos compañeros, vino en el mismo año que los doce ya dichos, y falleció el segundo año de su llegada á estas partes, con uno de sus compañeros tambien docto.[1] Estos dos padres, con los doce, consultaron con mucho acuerdo cómo se debia proceder en los sacramentos y doctrina con los Indios, allegándose á algunas instrucciones que de España habian traído, de personas muy doctas y de su ministro general el señor cardenal de Santa Cruz;[2] y dando causas y razones, alegaban doctores muy excelentes y derechos suficientes, y demas de esto decian que ellos bautizaban á necesidad y por haber falta de clérigos, y que cuando hubiese otros que bautizasen, ayudarian en las predicaciones y confesiones, y que por entonces tenian experiencia que hasta que cesase la multitud de los que venian á bautizarse, y muchos mas que en los años pasados se habian bautizado, y los sacerdotes habian sido tan pocos, que no podian hacer el oficio con la pompa y ceremonias que hace un cura cuando bautiza una sola criatura en España, adonde hay tantos ministros. Acá en esta nueva conversion, ¿cómo podrá un solo sacerdote bautizar á dos y tres mil en un dia, y á todos dar saliva,[3] flato, y candela, y alba, y hacer sobre cada uno particularmente todas las ceremonias, y meterlos en la iglesia adonde no las habia? Esto no lo podrá bien

---

[1] Torquemada, (Monarquía Indiana, lib. 20, cap. 18,) dice que el P. Tecto vino un año antes que los primeros franciscanos, es decir en 1523, y que habiendo acompañado á Cortés en la expedicion de Honduras (1525) murió de hambre arrimado á un árbol. Lo mismo copia Betancourt en su Menologio Franciscano, dia 17 de Julio.

[2] *Y de los Coroneles*, agrega aquí el MS.

[3] Sal.—*N*.

sentir sino los que vieron la falta en los tiempos pasados. ¿Y cómo podrian dar candela encendida bautizando con gran viento en los patios, ni dar saliva á tantos? Pues el vino para decir las misas muchas veces se hallaba con trabajo, que era imposible guardar las ceremonias con todos, adonde no habia iglesias, ni pilas, ni abundancia de sacerdotes, sino que un solo sacerdote habia de bautizar, confesar, desposar y velar, y enterrar, y predicar, y rezar, y decir misa, deprender la lengua, enseñar la doctrina cristiana á los niños, y á leer y cantar, y por no poderse hacer hacíanlo de esta manera. Al tiempo del bautismo ponian todos juntos los que se habian de bautizar, poniendo los niños delante, y hacian sobre todos el oficio del bautismo, y sobre algunos pocos la ceremonia de la cruz, flato, sal, saliva, alba; luego bautizaban los niños cada uno por sí en agua bendita, y esta órden siempre se guardó en cuanto yo he sabido. Solamente supe de un letrado que pensaba que sabia lo que hacia, que bautizó con hisopo, y este fué despues uno de los que trabajaron en estorbar el bautismo de los otros. Tornando al propósito digo: que bautizados primero los niños, tornaban á predicar y decir á los adultos examinados lo que habian de creer, y lo que habian de aborrecer, y lo que habian de hacer en el matrimonio, y luego bautizaban á cada uno por sí.

Esto tuvo tantas contradicciones que fué menester juntarse toda la Iglesia que hay en estas partes, así obispos y otros prelados, como los señores de la Audiencia Real, adonde se alteró la materia, y fué llevada la relacion á España; la cual vista por el Consejo Real y de Indias, y por el señor arzobispo de Sevilla, respondieron, que se debia continuar lo comenzado hasta que se consultase con Su Santidad. Y en la verdad, aunque no faltaban letras, y los que vinieron primero trajeron, como dicho es, autoridad apostólica y de su opinion eran santos y excelentes doctores; pero gran ciencia es saber la lengua de los Indios y conocer esta gente, y los que no se ejercitasen primero á lo menos tres ó cuatro años no deberian hablar absolutamente en esta materia, y por esto permite Dios que los que luego como vienen de España quieren dar nuevas leyes, y seguir sus pareceres, y juzgar y condenar á los otros y tenerlos en poco, caigan en confusion y hagan cègueras, y sus yerros sean como viga de lagar y una paja lo que reprendian. ¡Oh! y cómo he visto esto por experiencia ser verdad muchas veces en esta tierra; y esto viene del poco temor de Dios, y poco amor con el prójimo, y mucho con el interes; y para semejantes casos proveyó sabiamente la Iglesia, que en la conversion de algunos infieles y tierras nuevas, "los ministros que á la postre vinieren se conformen con los primeros hasta tener entera noticia de la tierra y gente adonde llegaren."

La lengua es menester para hablar, predicar, conversar, enseñar, y para administrar todos los sacramentos; y no menos el conocimiento de la gente, que naturalmente es temerosa y muy encogida, que no parece sino que nacieron para obedecer, y si los ponen al rincon allí se están como enclavados: muchas veces vienen á bautizarse y no lo osan demandar ni decir; por lo cual no los deben examinar muy recio, porque yo he visto á muchos de ellos que saben el Pater Noster y el Ave María y la doctrina cristiana, y cuando el sacerdote se lo pregunta, se turban y no lo aciertan á decir; pues á estos tales no se les debe negar lo que quieren, pues es suyo el reino de Dios, porque apenas alcanzan una estera rota en que dormir, ni una buena manta que traer cubierta, y la pobre casa que habitan rota y abierta al sereno de Dios; y ellos simples y sin ningun mal, ni codiciosos de intereses, tienen gran cuidado de aprender lo que les enseñan, y mas en lo que toca á la fe; y saben y entienden muchos de ellos cómo se tienen de salvar é irse á bautizar dos y tres jornadas; sino que es el mal que algunos sacerdotes que los comienzan á enseñar, los querrian ver tan santos en dos dias que con ellos trabajan, como si hubiese diez años que los estuviesen enseñando, y como no les parecen tales déjanlos: parécenme los tales á uno que compró un carnero muy flaco y dióle á comer un pedazo de pan, y luego tentóle la cola para ver si estaba gordo.

Lo que de esta generacion se puede decir es, que son muy extraños de nuestra condicion, porque los Españoles tenemos un corazon grande y vivo como fuego, y estos Indios y todas las animalias de esta tierra naturalmente son mansos, y por su encogimiento y condicion descuidados en agradecer, aunque muy bien sienten los beneficios; y como no son tan prestos á nuestra condicion son penosos á algunos Españoles; pero hábiles son para cualquiera virtud, y habilísimos para todo oficio y arte, y de gran memoria y buen entendimiento.

Estando las cosas muy diferentes, y muchos pareceres muy contrarios unos de otros, sobre la manera y ceremonias con que se habia de celebrar el sacramento del bautismo, llegó una bula del Papa, la cual mandaba y dispensaba en la órden que en ello se habia de tener; y para mejor la poder poner por la obra, en el principio del año 1539 se ayuntaron, de cinco obispos que en esta tierra hay los cuatro; y vieron la bula del papa Paulo III, y vista la determinaron que se guardase de esta manera. El catecismo dejáronle al albedrío del ministro. El exorcismo, que es el oficio del bautismo, abreviáronle cuanto fué posible, rigiéndose por un misal romano, y mandaron que á todos los que se hubiesen de bautizar se les ponga óleo y crisma, y que esto se guardase por todos inviolablemente, así con pocos como con muchos, salvo urgente necesidad. Sobre esta palabra *urgente* hubo hartas diferencias y pareceres contrarios, sobre cuál se entenderia urgente necesidad, porque en tal tiempo una mujer, y un Indio, y aun un Moro, pueden bautizar en fe de la Iglesia; y por esto fué puesto silencio al bautismo de los adultos, y en muchas partes no se bautizaban sino niños y enfermos. Esto duró tres ó cuatro meses, hasta que en un monasterio que está en un llano que se llama Quecholac, los frailes se determinaron de bautizar á cuantos viniesen, no obstante lo mandado por los obispos; lo cual como fué sabido por toda aquella provincia, fué tanta la gente que vino, que si yo por mis propios ojos no lo viera no lo osara decir; mas verdaderamente era gran multitud de gente la que venia, porque ademas de los que venian sanos, venian muchos cojos y mancos, y mujeres con los niños á cuestas, y muchos viejos canos y de mucha edad, y venian de dos y de tres jornadas á bautizarse; entre los cuales vinieron dos viejas, asida la una á la otra, que apenas se podian tener, y pusiéronse con los que se querian bautizar, y el que las habia de bautizar y las examinaba quísolas echar, diciendo que no estaban bien enseñadas; á lo cual la una de ellas respondió, diciendo: "¿A mí que creo en Dios me quieres echar fuera de la iglesia? Pues si tú me echas fuera de la casa del misericordioso Dios, ¿adónde iré? ¿no ves de cuán lejos vengo, y si me vuelvo sin bautizar en el camino me moriré? Mira que creo en Dios; no me eches de su iglesia."

Estas palabras bastaron para que las dos viejas fuesen bautizadas y consoladas con otros muchos; porque digo verdad, que en cinco dias que estuve en aquel monasterio, otro sacerdote y yo bautizamos por cuenta catorce mil y doscientos y tantos, poniendo á todos óleo y crisma, que no nos fué pequeño trabajo. Despues de bautizados es cosa de ver el alegría y regocijo que llevan con sus hijuelos á cuestas, que parece que no caben en sí de placer.

En este mismo tiempo tambien fueron muchos al monasterio de Tlaxcallan á pedir el bautismo, y como se lo negaron, era la mayor lástima del mundo ver lo que hacian, y cómo lloraban, y cuán desconsolados estaban, y las cosas y lástimas que decian, tan bien dichas, que ponian gran compasion á quien los oia, é hicieron llorar á muchos de los Españoles que se hallaron presentes, viendo cómo muchos de ellos venian de tres y de cuatro jornadas, y era en tiempo de aguas, y venian pasando arroyos y rios con mucho trabajo y peligro; la comida paupérrima y que apenas les basta, si no que á muchos de ellos se les acaba en el camino; las posadas son adonde les toma la noche, debajo de un árbol, si le hay; no traen sino cruz y penitencia. Los sacerdotes que allí se hallaron, vista la importunacion de estos Indios, bautizaron los niños y los enfermos, y algunos que no los podian echar de la iglesia; porque diciéndoles que no los podian bautizar, respondian: "Pues en ninguna manera nos iremos de aquí sin el bautismo, aunque sepamos que aquí nos tenemos de morir." Bien creo que si los que lo mandaron y los que lo estorbaron vieran lo que pasaba, que no mandaran una cosa tan contra razon, ni tomaran tan gran carga sobre sus conciencias; y seria justo que creyesen á los que lo ven y tratan cada dia, y conocen lo que los Indios han menester, y entienden sus condiciones.

Oído he yo por mis oídos á algunas personas decir que sus veinte años ó mas de letras no los quieren emplear en gente tan bestial; en lo cual me parece que no aciertan, porque á mi parecer no se pueden las letras mejor emplear que en mostrar al que no lo sabe el camino por donde se tiene de salvar y conocer á Dios. Cuánto mas obligados serán á estos pobres Indios, que los deberian regalar como á gusanos de seda, pues de su sudor y trabajo se visten y enriquecen los que por ventura vienen sin capas de España.

En este mismo tiempo que digo, entre los muchos que se vinieron á bautizar, vinieron hasta quince hombres mudos, y no fueron muchos segun la gran copia de gente que se bautizó en estos dos monasterios, porque en Cuauhquechollan que duró mas tiempo el bautizar, se bautizaron cerca de ochenta mil ánimas, y en Tlaxcallan mas de veinte mil: estos mudos hacian muchos ademanes, poniendo las manos, y encogiendo los hombros, y alzando los ojos al cielo, y todo dando á entender la voluntad y gana con que venian á recibir el bautismo. Asimismo vinieron muchos ciegos, entre los cuales vinieron dos, que eran marido y mujer, ambos ciegos, asidos por las manos, y adestrábanlos[4] tres hijuelos, que tambien los traian á bautizar, y traian para todos sus nombres de cristianos; y despues de bautizados iban tan alegres y tan regocijados, que se les parecia bien la vista que en el ánima habian cobrado, con la nueva lumbre de la gracia que con el bautismo recibieron.

CAPÍTULO V.

De cómo y cuándo comenzó en la Nueva España el sacramento de la penitencia y confesion, y de la restitucion que hacen los Indios.

De los que reciben el sacramento de la penitencia ha habido y cada dia pasan cosas notables, y las mas y casi todas son notorias á los confesores, por las cuales conocen la gran misericordia y bondad de Dios que así trae los pecadores á verdadera penitencia; para en testimonio de lo cual, contaré algunas cosas que he visto, y otras que me han contado personas dignas de todo crédito.

Comenzóse este sacramento en la Nueva España en el año de 1526, en la provincia de Tetzcoco, y con mucho trabajo, porque como era gente nueva en la fe apenas se les podia dar á entender qué cosa era

[4] Y detrás.—R.

este sacramento; hasta que poco á poco han venido á se confesar bien y verdaderamente, como adelante parecerá.

Algunos que ya saben escribir traen sus pecados puestos por escrito, con muchas particularidades de circunstancias, y esto no lo hacen una vez en el año, sino en las pascuas y fiestas principales, y aun muchos hay que si se sienten con algunos pecados se confiesan mas á menudo, y por esta causa son muchos los que se vienen á confesar; mas como los confesores son pocos, andan los Indios de un monasterio en otro buscando quien los confiese, y no tienen en nada irse á confesar quince y veinte leguas; y si en alguna parte hallan confesores, luego hacen senda como hormigas; esto es cosa muy ordinaria, en especial en la cuaresma, porque el que así no lo hace no le parece que es cristiano.

De los primeros pueblos que salieron á buscar este sacramento de la penitencia fueron los de Tehuacan, que iban muchos hasta Huexotzinco, que son veinte y cinco leguas, á se confesar: estos trabajaron mucho hasta que llevaron frailes á su pueblo, y hase hecho allí un muy buen monasterio, y que ha hecho mucho provecho en todos los pueblos de la comarca, porque este pueblo de Tehuacan está de México cuarenta leguas, y está en la frontera de muchos pueblos asentado al pié de unas sierras y de allí se visitan muchos pueblos y provincias. Esta gente es dócil, y muy sincera, y de buena condicion, mas que no la mexicana; bien así como en España, en Castilla la Vieja y más hácia Burgos, son mas afables y de buena índole y parece otra masa de gente, que desde Ciudad Rodrigo hácia Extremadura y el Andalucía, que es gente mas recatada y resabida; así se puede acá decir, que los Mexicanos y sus comarcas son como Extremeños y Andaluces, y los Mixtecos, Zapotecos, Pinomes, Mazatecos, Cuitlatecos, Mixes, estos digo que son mas obedientes, mansos y bien acondicionados, y dispuestos para todo acto virtuoso: por lo cual aquel monasterio de Tehuacan ha causado gran bien.

Habria mucho que decir de los pueblos y provincias que han venido á él cargados con grandísima cantidad de ídolos, que han sido tantos que ha sido una cosa de admiracion. Entre los muchos que allí vinieron vino una señora de un pueblo llamado Tetzitepec, con muchas cargas de ídolos, que traia para que los quemasen, y para que la enseñasen y dijesen lo que tenia de hacer para servir á Dios, la cual despues de ser enseñada recibió el bautismo, y dijo: "que no se queria volver á su casa hasta que hubiese dado gracias á Dios por el beneficio y merced que la habia hecho en dejarla y alumbrarla para que le conociese," y determinóse de estar allí algunos dias para aprender algo é ir mejor informada en la fe. Habia esta señora traido consigo dos hijos suyos á lo mismo que ella vino, y al que heredaba el mayorazgo mandó que se enseñase, no solo para lo que á él tocaba, sino tambien para que enseñase y diese ejemplo á sus vasallos. Pues estando esta señora y nueva cristiana en tan buena obra ocupada, y con gran deseo de servir á Dios, adoleció, de la cual enfermedad murió en breve término, llamando á Dios y á Santa María, y demandando perdon de sus pecados.

Despues en este pueblo de Tehuacan en el año de 1540, el dia de pascua de la Resurreccion, vi una cosa muy de notar, y es que vinieron á oir los oficios divinos de la semana santa y á celebrar la fiesta de la pascua Indios y señores principales de cuarenta provincias y pueblos, y algunos de ellos de cincuenta y sesenta leguas, que ni fueron compelidos ni llamados, y entre estos habia de doce naciones y doce lenguas diferentes. Estos todos despues de haber oído los divinos oficios hacian oracion particular á Nuestra Señora de la Concepcion, que así se llama aquel monasterio. Estos que así vienen á las fiestas siempre traen consigo muchos para se bautizar, y casar, y confesar, y por esto hay siempre en este monasterio gran concurso de gente.

Restituyen muchos de los Indios lo que son á cargo, antes que vengan á los piés del confesor, teniendo por mejor pagar aquí, aunque queden pobres, que no en la muerte; y de esto hay cada cuaresma notables cosas, de las cuales diré una que aconteció en los primeros años que se ganó esta tierra.

Yéndose un Indio á confesar, era en cargo cierta cantidad, y como el confesor le dijese que no podia recibir entera absolucion si no restituia primero lo que era en cargo, porque así lo mandaba la ley de Dios y lo requiere la caridad del prójimo, finalmente luego aquel dia trajo diez tejuelos de oro, que cada uno pesaria á cinco ó á seis pesos, que era la cantidad que él debia, queriendo él mas quedar pobre, que no que se le negase la absolucion. Aunque la hacienda que le quedaba no pienso que valia la quinta parte de lo que restituyó, más quiso pasar su trabajo con lo que le quedaba, que no irse sin ser absuelto, y por no esperar en purgatorio á sus hijos ó testamentarios que restituyesen por él, lo que él en su vida podia hacer.

Habia un hombre principal, de un pueblo llamado Cuauhquechollan natural, llamado por nombre Juan; este con su mujer é hijos por espacio de tres años venia por las pascuas y fiestas principales al monasterio de Huexotzinco, que son ocho leguas; y estaba en cada fiesta de estas ocho ó diez dias, en los cuales él y su mujer se confesaban y recibian el Santo Sacramento, y lo mismo algunos de los que consigo traia, que como era el mas principal despues del señor, y casado con una señora del linaje del gran Moteuczoma señor de México, seguíale mucha gente, así de su casa como otros que se le allegaban por su buen ejemplo, el cual era tanto, que algunas veces venia con él el señor principal con otra mucha gente; de los cuales muchos se bautizaban, otros se desposaban y confesaban, porque en su pueblo no habia monasterio, ni le hubo desde en cuatro años. Y como en aquel tiempo pocos despertasen del sueño de sus errores, edificábanse mucho, así los naturales como los Españoles, y maravillábanse tanto de aquel Juan, que decian que les daba gran ejemplo, así en la iglesia como en su posada. Este Juan vino una pascua de Navidad, y traia hecha una camisa, que entonces no se las vestian mas de los que servian en la casa de Dios, y dijo á su confesor: "Ves aquí traigo esta camisa para que me la bendigas y me la vistas; y pues que ya tantas veces me he confesado, como tú sabes, querria, si te parece que estoy para ello, recibir el Cuerpo de mi Señor Jesucristo, que cierto mi ánima lo desea en gran manera." El confesor, como lo habia confesado muchas veces y conocia la disposicion que en él habia, dióle el Santo Sacramento, tanto por el Indio deseado: y cuando confesó y comulgó estaba sano, y luego desde á tres dias adoleció y murió brevemente, llamando á Dios y dándole gracias por las mercedes que le habia hecho. Fué tenida entre los Españoles la muerte de este Indio por una cosa muy notada, y venida por los secretos juicios de Dios para salvacion de su ánima, porque verdaderamente era tenido por buen cristiano, segun se habia mostrado en muchas buenas obras que en su vida hizo.

El señor de este pueblo de Cuauhquechollan, que se dice Don Martin, procuró mucho de llevar frailes á su pueblo, é hízose un devoto monasterio, aunque pequeño, que ha aprovechado mucho, porque la gente es de buena masa y bien inclinada; vienen allí de muchas partes á recibir los sacramentos.

En todas partes y mas en esta provincia de Tlaxcallan, es cosa muy de notar ver á las personas viejas y cansadas la penitencia que hacen, y cuán bien se quieren entregar en el tiempo que perdieron estando en el servicio del demonio. Ayunan muchos viejos la cuaresma, y levántanse cuando oyen la campana de maitines, y hacen oracion y disciplínanse, sin nadie los poner en ello; y los que tienen de que poder hacer limosna buscan pobres para la hacer, en especial en las fiestas; lo cual en el tiempo pasado no se solia hacer, ni habia quien mendigase, que el pobre y el enfermo allegábase á algun pariente ó á la casa del principal señor, y allí se estaban pasando mucho trabajo, y algunos de ellos se morian allí sin hallar quien los consolase.

En esta provincia de Cuauhnahuac habia un hombre viejo de los principales del pueblo, que se llamaba Pablo, y en el tiempo que yo en aquella casa moré todos le tenian por ejemplo; y en la verdad era persona que ponia freno á los vicios y espuelas á la virtud; este continuaba mucho en la iglesia, y siempre le veian con las rodillas desnudas en tierra, y aunque era viejo y todo cano, estaba tan derecho y recio, al parecer, como un mancebo: pues perseverando este Pablo en su buen propósito vínose á confesar generalmente, que entonces pocos se confesaban, y luego como se confesó adoleció de su postrera enfermedad, en la cual se tornó á confesar otras dos veces, é hizo testamento, en el cual mandó distribuir con pobres algunas cosas; el cual hacer de testamento no se acostumbraba en esta tierra, sino que dejaban las casas y heredades á sus hijos, y el mayor, si era hombre, lo poseia y tenia cuidado de sus hermanos y hermanas, y yendo los hermanos creciendo y casándose, el hermano mayor partia con ellos segun tenia; y si los hijos eran por casar, entrábanse en la hacienda los mismos hermanos, digo en las heredades, y de ellas mantenian á sus sobrinos y de la otra hacienda. Todas las mantas y ropas, los señores principales despues de traidas algunos dias, que como son blancas y delgadas presto parecen viejas, ó se ensucian, guardábanlas; y cuando morian enterrábanlos con ellas, algunos con muchas, otros con pocas, cada uno conforme á quien era. Tambien enterraban con los señores las joyas y piedras y oro que tenian. En otras partes dejábanlas á sus hijos, y si era señor, ya sabian segun su costumbre cuál hijo habia de heredar; señalaba, empero, algunas veces en la muerte el padre á algun hijo, cual él queria, para que quedase y heredase el estado, y era luego obedecido: esta era su manera de hacer testamento.

Cuanto á la restitucion que estos Indios hacen, es muy de notar, porque restituyen los esclavos que tenian antes que fuesen cristianos, y los casan, y ayudan, y dan con que vivan; pero tampoco se sirven estos Indios de sus esclavos con la servidumbre y trabajo que los Españoles, porque los tienen casi como libres en sus estancias y heredades, adonde labran cierta parte para sus amos, y parte para sí, y tienen sus casas, y mujeres, é hijos, de manera que no tienen tanta servidumbre que por ella se huyan y vayan de sus amos; vendíanse y comprábanse estos esclavos entre ellos, y era costumbre muy usada; ahora como todos son cristianos, apenas se vende Indio, antes muchos de los convertidos tornan á buscar los que vendieron y los rescatan para darles libertad, cuando los pueden haber, y cuando no, hay muchos de ellos que restituyen el precio por que le vendieron.

Estando yo escribiendo esto, vino á mi un Indio pobre y díjome: "Yo soy á cargo de ciertas cosas; ves aquí traigo un tejuelo de oro que valdrá la cantidad; dime cómo y á quién lo tengo de restituir: y tambien vendí un esclavo dias ha, y héle buscado y no lo puedo descubrir; aquí tengo el precio de él: ¿bastará darlo á los pobres, ó qué me mandas que haga?" Restituyen asimismo las heredades que poseian antes que se convirtiesen, sabiendo que no las pueden tener con buena conciencia, aunque las hayan heredado ni adquirido segun sus antiguas costumbres; y las que son propias suyas y tienen con buen título, reservan á los macehuales ó vasallos de muchas imposiciones y tributos que les solian llevar; y los señores y principales procuran mucho que sus macehuales sean buenos cristianos y vivan en la ley de Jesucristo: cumplen muy bien lo que les es mandado en penitencia, por grave cosa que sea, y muchos de ellos hay que si cuando se confiesan no les mandan que se azoten, que les pesa, y ellos mismos dicen al confesor: "¿Porqué no me mandas disciplinar?" Porque lo tienen por gran mérito, y así se disciplinan muchos de ellos todos los viérnes de la cuaresma, de iglesia en iglesia, y lo mismo hacen en tiempo de falta de agua y de salud; y adonde yo creo que mas esto se usa es en esta provincia de Tlaxcallan.

CAPÍTULO VI.

De cómo los Indios se confiesan por figuras y caracteres; y de lo que aconteció á dos mancebos Indios en el artículo de la muerte.

Una cuaresma estando yo en Cholollan, que es un gran pueblo cerca de la ciudad de los Ángeles, eran tantos los que venian á confesarse, que yo no podia darles recado como yo quisiera, y díjeles: yo no tengo de confesar sino á los que trajeren sus pecados escritos y por figuras, que esto es cosa que ellos saben y entienden, porque esta era su escritura; y no lo dije á sordos, porque luego comenzaron tantos á traer sus pecados escritos, que tampoco me podia valer, y ellos con una paja apuntando, y yo con otra ayudándoles, se confesaban muy brevemente; y de esta manera hubo lugar de confesar á muchos, porque ellos lo traian tan bien señalado con caracteres y figuras, que poco mas era menester preguntarles de lo que ellos traian allí escrito ó figurado; y de esta manera se confesaban muchas mujeres de las Indias que son casadas con Españoles, mayormente en la ciudad de los Ángeles, que despues de México es la mejor de toda la Nueva España, como se dirá adelante en la tercera parte. Este mismo dia que esto escribo, que es viérnes de Ramos del presente año de 1537, falleció aquí en Tlaxcallan un mancebo natural de Cholollan llamado Benito, el cual estando sano y bueno se vino á confesar, y desde á dos dias adoleció en una casa lejos del monasterio; y dos dias antes que muriese, estando muy malo, vino á esta casa, que cuando yo le vi me espanté, de ver cómo habia podido llegar á ella, segun su gran flaqueza, y me dijo que se venia á reconciliar porque se queria morir; y despues de confesado, descansando un poco díjome: que habia sido llevado su espíritu al infierno, adonde de solo el espanto habia padecido mucho tormento; y cuando me lo contaba temblaba del miedo que le habia quedado, y díjome: que cuando se vió en aquel espantoso lugar, llamó á Dios demandándole miseri..rdia, y que luego fué llevado á un lugar muy alegre, adonde le dijo un ángel: "Benito, Dios quiere haber misericordia de tí; ve y confiésate, y aparéjate muy bien, porque Dios manda que vengas á este lugar á descansar."

Semejante cosa que esta aconteció á otro mancebo natural de Chiautempan, que es una legua de Tlaxcallan, llamado Juan de la Cruz, el cual tenia cargo de saber los niños que nacian en aquel pueblo, y el domingo recogerlos y llevarlos á bautizar; y como adoleciese de la enfermedad de que murió, fué su espíritu arrebatado y llevado por unos negros, los cuales le llevaron por un camino muy triste y de mucho trabajo, hasta un lugar de muchos tormentos; y queriendo los que le llevaban echarle en ellos, comenzó á grandes voces á decir: "Santa María, Santa María:" (que es su manera de llamar á Nuestra Señora:) "Señora, ¿porqué me echan aquí? ¿Yo no llevaba los niños á hacer cristianos, y los llevaba á la casa de Dios? ¿Pues en esto yo no serví á Dios y á vos, Señora mia? Pues Señora, valedme y sacadme de aquí, que de mis pecados yo me enmendaré." Y diciendo esto fué sacado de aquel temeroso[1] lugar, y vuelta su ánima al cuerpo; á esto dice la madre, que le tenia por muerto aquel tiempo que estuvo sin espíritu. Todas estas cosas, y otras de grande admiracion, dijo aquel mancebo llamado Juan, el cual murió de la misma enfermedad, aunque duró algunos dias doliente. Muchos de estos convertidos han visto y cuentan diversas revelaciones y visiones, las cuales, visto la sinceridad y simpleza con que las dicen, parece que es verdad; mas porque podria ser al contrario, yo no las escribo, ni las afirmo, ni las repruebo, y tambien porque de muchos no seria creído.

El Santísimo Sacramento se daba en esta tierra á muy pocos de los naturales, sobre lo cual hubo diversas opiniones y pareceres de

---

[1] Tenebroso.—K.

letrados, hasta que vino una bula del papa Paulo III, por la cual, vista la informacion que se le hizo, mandó que no se les negase, sino que fuesen administrados como los otros cristianos.

En Huexotzinco, en el año 1528, estando un mancebo llamado Diego, criado en la casa de Dios, hijo de Miguel, hermano del señor del lugar; estando aquel hijo suyo enfermo, despues de confesado demandó el Santísimo Sacramento muchas veces con mucha importunacion, y como disimulasen con él no se le queriendo dar, vinieron á él dos frailes en hábito de San Francisco y comulgáronle, y luego desaparecieron, y el Diego enfermo quedó muy consolado; y entrando luego su padre á darle de comer, respondió el hijo diciendo, que ya habia comido lo que él deseaba, y que no queria comer mas, que él estaba satisfecho. El padre maravillado preguntóle, ¿que quién le habia dado de comer? Respondió el hijo: "¿No viste aquellos dos frailes que de aqui salieron ahora? pues aquellos me dieron lo que yo deseaba y tantas veces habia pedido:" y luego desde á poco falleció.

Muchos de nuestros Españoles son tan escrupulosos que piensan que aciertan en no comulgar, diciendo que no son dignos, en lo cual gravemente yerran y se engañan, porque si por merecimientos habia de ser, ni los ángeles ni los santos bastarian: mas quiere Dios que baste que te tengas por indigno, confesándote y haciendo lo que es en tí; y el cura que lo tal niega al que lo pide, pecaria mortalmente.

CAPÍTULO VII.

De donde comenzó en la Nueva España el sacramento del matrimonio, y de la gran dificultad que hubo en que los Indios dejasen las muchas mujeres que tenian.*

El sacramento del matrimonio en esta tierra de Anáhuac, ó Nueva España, se comenzó en Tetzcoco. En el año de 1526, domingo 14 de Octubre, se desposó y casó pública y solemnemente Don Hernando hermano del señor de Tetzcoco con otros siete compañeros

* Véase lo que dejamos advertido en la pág. 73, acerca del epígrafe de este capítulo.

suyos, criados todos en la casa de Dios, y para esta fiesta llamaron de México, que son cinco leguas, á muchas personas honradas, para que les honrasen y festejasen sus bodas; entre los cuales vinieron Alonso de Ávila y Pedro Sanchez Farfán,[1] con sus mujeres, y trajeron otras personas honradas que ofrecieron á los novios á la manera de España, y les trajeron buenas joyas, y trajeron tambien mucho vino, que fué la joya con que mas todos se alegraron: y porque estas bodas habian de ser ejemplo de toda la Nueva España, veláronse muy solemnemente, con las bendiciones y arras y anillo, como lo manda la Santa Madre Iglesia. Acabada la misa, los padrinos con todos los señores y principales del pueblo, que Tetzcoco fué muy gran cosa en la Nueva España, llevaron sus ahijados al palacio ó casa del señor principal, yendo delante muchos cantando y bailando; y despues de comer hicieron muy gran netotiliztli ó baile. En aquel tiempo ayuntábanse á un baile de estos mil y dos mil Indios. Dichas las vísperas, y saliendo al patio adonde bailaban, estaba el tálamo bien aderezado, y allí delante de los novios ofrecieron al uso de Castilla los señores y principales y parientes del novio, ajuar de casa y atavíos para sus personas; y el marques del Valle mandó á un su criado que allí tenia, que ofreciese en su nombre, el cual ofreció muy largamente.

Pasaron tres ó cuatro años que no se velaban, sino los que se criaban en la casa de Dios, sino que todos se estaban con las mujeres que querian, y habia algunos que tenian hasta doscientas mujeres, y de allí abajo cada uno tenia las que queria; y para esto, los señores y principales robaban todas las mujeres, de manera que cuando un Indio comun se queria casar apenas hallaba mujer; y queriendo los religiosos españoles poner remedio en esto, no hallaban manera para lo hacer, porque como los señores tenian las mas mujeres, no las querian dejar, ni ellos se las podian quitar, ni bastaban ruegos, ni amenazas, ni sermones, ni otra cosa que con ellos se hiciese, para que dejadas todas se casasen con una sola en haz de la Iglesia; y res-

---

[1] Pedro Sanchez Paz.—N. No recuerdo persona de este nombre en aquel tiempo. De Pedro Sanchez Farfán consta que era vecino de México y mayordomo de su cabildo por los años de 1524 y 25. Fué uno de los principales conquistadores, y le mencionan repetidas veces Bernal Diaz y Torquemada. Este último copia en sustancia el pasaje de nuestro cronista á que se refiere esta nota, en su Monarquía Indiana, lib. 16, cap. 22.

pondian que tambien los Españoles tenian muchas mujeres, y si les deciamos que las tenian para su servicio, decian que ellos tambien las tenian para lo mismo; y así aunque estos Indios tenian muchas mujeres con quien segun su costumbre eran casados, tambien las tenian por manera de granjería, porque las hacian á todas tejer y hacer mantas y otros oficios de esta manera; hasta que ya ha placido á Nuestro Señor que de su voluntad de cinco ó seis años á esta parte comenzaron algunos á dejar la muchedumbre de mujeres que tenian y á contentarse con una sola, casándose con ella como lo manda la Iglesia; y con los mozos que de nuevo se casan son ya tantos, que hinchen las iglesias, porque hay dia de desposar cien pares, y dias de doscientos y de trescientos, y dias de quinientos; y como los sacerdotes son tan pocos reciben mucho trabajo, porque acontece un solo sacerdote tener muchos que confesar, y bautizar, y desposar, y velar, y predicar, y decir misa, y otras cosas que no puede dejar. En otras partes he visto que á una parte están unos examinando casamientos, otros enseñando los que se tienen de bautizar, otros que tienen cargo de los enfermos, otros de los niños que nacen, otros de diversas lenguas é intérpretes que declaran á los sacerdotes las necesidades con que los Indios vienen, otros que proveen para celebrar las fiestas de las parroquias y pueblos comarcanos, que por quitarles y desarraigarles las fiestas viejas celebran con solemnidad, así de oficios divinos y en la administracion de los sacramentos, como con bailes y regocijos; y todo es menester hasta desarraigarlos de las malas costumbres con que nacieron. Mas tornando al propósito, y para que se entienda el trabajo que los sacerdotes tienen, diré cómo se ocupó un sacerdote, que estando escribiendo esto, vinieron á llamar de un pueblo una legua de Tlaxcallan, que se dice Santa Ana de Chiautempan, para que confesase ciertos enfermos y tambien para bautizar.

Llegado el fraile halló mas de treinta enfermos para confesar, y doscientos pares para desposar, y muchos que bautizar, y un difunto que enterrar, y tambien tenia de predicar al pueblo que estaba ayuntado. Bautizó este fraile aquel dia entre chicos y grandes mil y quinientos, poniéndoles á todos óleo y crisma, y confesó en este mismo dia quince personas, aunque era una hora de noche y no habia acabado: esto no le aconteció á este solo sacerdote, sino á todos los que acá están, que se quieren dar á servir á Dios y á la conversion y salud de las ánimas de los Indios, y esto acontece muy ordinariamente.

En Tzompantzinco,[2] que es pueblo de harta gente, con una legua á la redonda que todo es bien poblado, un domingo ayuntáronse todos para oir la misa, y desposáronse, así antes de misa como despues por todo el dia, cuatrocientos cincuenta pares, y bautizáronse mas de setecientos niños y quinientos adultos. A la misa del domingo se velaron doscientos pares, y el lúnes adelante se desposaron ciento cincuenta pares, y los mas de estos se fueron á velar á Tecoac, tras los frailes; y estos todos lo hacen ya de su propia voluntad, sin parecer que reciben ningun trabajo ni pesadumbre: en Tecoac se bautizaron otros quinientos, y se desposaron doscientos cuarenta pares, y luego el mártes se bautizaron otros ciento, y se desposaron cien pares. La vuelta fué por otros pueblos á do se bautizaron muchos, y hubo dia que se desposaron mas de setecientos cincuenta pares; y en esta casa de Tlaxcallan y en otra, se desposaron en un dia mas de mil pares, y en los otros pueblos era de la misma manera, porque en este tiempo fué el fervor de casarse los Indios naturales con una sola mujer; y esta tomaban, aquella con quien estando en su gentilidad primero habian contraido matrimonio.

Para no errar ni quitar á ninguno su legítima mujer, y para no dar á nadie, en lugar de mujer, manceba, habia en cada parroquia quien conocia á todos los vecinos, y los que se querian desposar venian con todos sus parientes, y venian con todas sus mujeres, para que todas hablasen y alegasen en su favor, y el varon tomase la legítima mujer, y satisfaciese á las otras, y les diese con que se alimentasen y mantuviesen los hijos que les quedaban. Era cosa de ver verlos venir, porque muchos de ellos traian un hato de mujeres é hijos como de ovejas, y despedidos los primeros venian otros Indios que estaban muy instruidos en el matrimonio y en la plática[3] del árbol de la consanguinidad y afinidad; á estos llamaban los Españoles *licenciados*, porque lo tenian tan entendido como si hubiesen estudiado sobre ello muchos años. Estos platicaban con los frailes los impedimentos: las grandes dificultades, despues de examinadas y

---

2 Xupancinco. *K. y MS.*   3 Práctica.

entendidas, enviábanlas á los señores obispos y á sus provisores, para que lo determinasen; porque todo ha sido bien menester, segun las contradicciones que ha habido, que no han sido menores ni menos que las del bautismo.

De estos Indios se han visto muchos con propósito y obra, determinados de no conocer otra mujer sino la con quien legítimamente se han casado despues que se convirtieron, y tambien se han apartado del vicio de la embriaguez y hánse dado tanto á la virtud y al servicio de Dios, que en este año pasado de 1536 salieron de esta ciudad de Tlaxcallan dos mancebos Indios confesados y comulgados, y sin decir nada á nadie se metieron por la tierra adentro mas de cincuenta leguas, á convertir y enseñar otros Indios; y allá anduvieron padeciendo hartos trabajos é hicieron mucho fruto, porque dejaron enseñado todo lo que ellos sabian y puesta la gente en razon para recibir la palabra de Dios, y despues son vueltos, y hoy dia están en esta ciudad de Tlaxcallan.

Y de esta manera han hecho algunos otros en muchas provincias y pueblos remotos, adonde por sola la palabra de estos han destruido sus ídolos, y levantado cruces, y puesto imágenes, adonde rezan eso poco que les han enseñado.[4] Como yo vi en este mismo año que salí á visitar cerca de cincuenta leguas de aquí de Tlaxcallan hácia la costa del norte, por tan áspera tierra y tan grandes montañas, que en partes entramos mis compañeros y yo adonde para salir hubimos de subir sierra de tres leguas en alto; y la una legua iba por una esquina de una sierra, que á las veces subiamos por unos agujeros en que poniamos las puntas de los piés, y unos bejucos ó sogas en las manos; y estos no eran diez ó doce pasos, mas uno pasamos de esta manera, de tanta altura como una alta torre. Otros pasos muy ásperos subiamos por escaleras, y de estas habia nueve ó diez; y hubo una que tenia diez y nueve escalones, y las escaleras eran de un palo solo, hechas unas concavidades, cavado un poco en el palo, en que cabia la mitad del pié, y sogas en las manos. Subiamos temblando de mirar abajo, porque era tanta la altura que se desvanecia la cabeza; y aunque quisiéramos volver por otro camino, no podia-

---

4 Sigue aquí, en la edicion inglesa, el trozo cambiado de lugar de que se hizo mencion en la pág. 73. Lo que sigue falta en dicha edicion, hasta las palabras *; estos no eran diez ó doce pasos.*

mos porque despues que entramos en aquella tierra habia llovido mucho, y habian crecido los rios, que eran muchos y muy grandes; aunque por esta tierra tampoco faltaban, mas los Indios nos pasaban algunas veces en balsas, y otras atravesada una larga soga y á volapié la soga en la mano. Uno de estos rios es el que los Españoles llamaron el rio de Almería, el cual es un rio muy poderoso. En este tiempo está la yerba muy grande, y los caminos tan cerrados que apenas parecia una pequeña senda, y en estas las mas veces llega la yerba de la una parte á la otra á cerrar, y por debajo iban los piés sin poder ver el suelo; y habia muy crueles víboras; que aunque en toda esta Nueva España hay mas y mayores víboras que en Castilla, las de la tierra fria son menos ponzoñosas, y los Indios tienen muchos remedios contra ellas; pero por esta tierra que digo son tan ponzoñosas, que al que muerden no llega á veinte y cuatro horas: y como íbamos andando nos decian los Indios: aquí murió uno, y allí otro, y acullá otro, de mordeduras de víbora; y todos los de la compañía iban descalzos; aunque Dios por su misericordia nos pasó á todos sin lesion ni embarazo ninguno. Toda esta tierra que he dicho es habitable por todas partes, así en lo alto como en lo bajo, aunque en otro tiempo fué mucho mas poblada, que ahora está muy destruida.

En este mismo año vinieron los señores de Tepantitla al monasterio de Santa María de la Concepcion de Tehuacan, que son veinte y cinco leguas, movidos de su propia voluntad, y trajeron los ídolos de toda su tierra, los cuales fueron tantos, que causaron admiracion á los Españoles y naturales; y en ver de adonde venian y por donde pasaban.

CAPÍTULO VIII.

De muchas supersticiones y hechicerías que tenian los Indios, y de cuán aprovechados están en la fe.

No se contentaba el demonio con el servicio que esta gente le hacia adorándole en los ídolos, sino que tambien los tenia ciegos en mil maneras de hechicerías y ceremonias supersticiosas. Creian en mil agüeros y señales, y mayormente tenian gran agüero en el buho;

y si le oian graznar ó aullar sobre la casa que se asentaba, decian que muy presto habia de morir alguno de aquella casa; y casi lo mismo tenian de las lechuzas y mochuelos y otras aves nocturnas; tambien si oian graznar un animalejo que ellos llaman *cuzatli*, le tenian por señal de muerte de alguno. Tenian tambien agüero en encuentro de culebras y de alacranes, y de otras muchas sabandijas que se mueven sobre la tierra. Tenian tambien en que la mujer que paria dos de un vientre, lo cual en esta tierra acontece muchas veces, que el padre ó la madre de los tales habia de morir; y el remedio que el cruel demonio les daba, era que mataban uno de los gemelos, y con esto creian que no moriria el padre ni la madre, y muchas veces lo hacian. Cuando temblaba la tierra adonde habia alguna mujer preñada, cubrian de pronto las ollas ó quebrábanlas, porque no moviese; y decian que el temblar de la tierra era señal de que se habia presto de gastar y acabar el maiz de las trojes. En muchas partes de esta tierra tiembla muy á menudo la tierra, como es en Tecoatepec,[1] que en medio año que allí estuve tembló muchas veces, y mucho mas me dicen que tiembla en Cuauhtemallan. Si alguna persona enfermaba de calenturas recias, tomaban por remedio hacer un perrillo de masa de maiz, y poníanle sobre una penca de maguey, y luego de mañana sácanle á un camino, y dicen que el primero que pasa lleva el mal apegado en los zancajos, y con esto quedaba el paciente muy consolado.

Tenian tambien libros de los sueños y de lo que significaban, todo puesto por figuras y caracteres, y habia maestros que los interpretaban, y lo mismo tenian de los casamientos.

Cuando alguna persona perdia alguna cosa hacian ciertas hechicerías con unos granos de maiz, y miraban en un lebrillo ó vasija de agua, y allí decian que veian al que lo tenia, y la casa adonde estaba, y allí tambien decian que veian si el que estaba ausente era muerto ó vivo.

Para saber si los enfermos eran de vida tomaban un puñado de maiz de lo mas grueso que podian haber y echábanlo como quien echa unos dados, y si algun grano quedaba enhiesto, tenian por cierta la muerte del enfermo. Tenian otras muchas y endiabladas

---

1 Así el MS. Será probablemente *Tecoantepec*, hoy *Tehuantepec*.

hechicerías ó ilusiones con que el demonio los traia engañados, las cuales han ya dejado, en tanta manera, que á quien no lo viere no lo podrá creer la gran cristiandad y devocion que mora en todos estos naturales, que no parece sino que á cada uno le va la vida en procurar de ser mejores que su vecino ó conocido; y verdaderamente hay tanto que decir y tanto que contar de la buena cristiandad de estos Indios, que de solo ello se podria hacer un buen libro. Plegue á Nuestro Señor los conserve y dé gracia para que perseveren en su servicio, y en tan santas y buenas obras como han comenzado.

Han hecho los Indios muchos hospitales adonde curan los enfermos y pobres, y de su pobreza los proveen abundantemente, porque como los Indios son muchos, aunque dan poco, de muchos pocos se hace un mucho, y mas siendo continuo, de manera que los hospitales están bien proveidos; y como ellos saben servir tan bien que parece que para ello nacieron, no les falta nada, y de cuando en cuando van por toda la provincia á buscar los enfermos. Tienen sus médicos, de los naturales esperimentados, que saben aplicar muchas yerbas y medicinas, que para ellos basta; y hay algunos de ellos de tanta experiencia, que muchas enfermedades viejas y graves, que han padecido Españoles largos dias sin hallar remedio, estos Indios los han sanado.

En esta ciudad de Tlaxcallan hicieron en el año de 1537 un solemne hospital, con su confradía para servir y enterrar los pobres, y para celebrar las fiestas, el cual hospital se llama la Encarnacion, y para aquel dia estaba acabado y aderezado; é yendo á él con solemne procesion, por principio y estreno, metieron en el nuevo hospital ciento y cuarenta enfermos y pobres, y el dia siguiente de Pascua de Flores fué muy grande la ofrenda que el pueblo hizo, asi de maiz, frijoles, ají, como de ovejas, y puercos, y gallinas de la tierra, que son tan buenas que dan tres y cuatro gallinas de las de España por una de ellas; de estas ofrecieron ciento y cuarenta, y de las de Castilla infinitas; y ofrecieron mucha ropa, y cada dia ofrecen y hacen mucha limosna, tanto, que aunque no hay mas de siete meses que está poblado, vale lo que tiene en tierras y ganado cerca de mil pesos de oro, y crecerá mucho, porque como los Indios son recien venidos á la fe hacen muchas limosnas;[2] y entre ellas diré lo que he

[2] Aquí termina la parte de esta obra que incluyó Kingsborough en sus *Antiquities of Mexico*, Vol. IX. Todo lo que sigue, hasta la conclusion, permanecia inédito.

visto, que en el año pasado en sola esta provincia de Tlaxcallan ahorraron los Indios mas de veinte mil esclavos, y pusieron grandes penas que nadie hiciese esclavo, ni le comprase ni vendiese; porque la ley de Dios no lo permite.

Cada tercero dia despues de dicha la misa se dice la doctrina cristiana, y los domingos y fiestas, de manera que casi chicos y grandes saben no solo los mandamientos, sino todo lo que son obligados á creer y guardar; y como lo traen tan por costumbre, viene de aquí el confesarse á menudo, y aun hay muchos que no se acuestan con pecado mortal sin primero le manifestar á su confesor; y algunos hay que hacen votos de castidad, otros de religion, aunque á esto les van mucho á la mano, por ser aun muy nuevos y no les quieren dar el hábito; y esto por quererlos probar antes de tiempo, porque el año de 1527, dieron el hábito á tres ó cuatro mancebos y no pudieron prevalecer en él, y ahora son vivos y casados y viven como cristianos, y dicen que entonces no sintieron lo que hacian, que si ahora fuera que no volvieran atrás aunque supieran morir: y á este propósito contaré de uno que el año pasado hizo voto de ser fraile.

Un mancebo llamado Don Juan, señor principal y natural de un pueblo de la provincia de Michuacan, que en aquella lengua se llama Turecato, y en la de México Tepeoacan; este mancebo, leyendo en la vida de San Francisco que en su lengua estaba traducida, tomó tanta devocion que prometió de ser fraile, y porque su voto no se le imputase á liviandad, perseverando en su propósito vistióse de sayal grosero y dió libertad á muchos esclavos que tenia, y predicóles y enseñóles los mandamientos y lo que él mas sabia, y díjoles, que si él hubiera tenido conocimiento de Dios y de sí mismo, que antes les hubiera dado libertad, y que de allí adelante supiesen que eran libres, y que les rogaba que se amasen unos á otros y que fuesen buenos cristianos, y que si lo hacian así, que él los tendria por hermanos. Y hecho, repartió las joyas y muebles que tenia y renunció el señorío y demandó muchas veces el hábito en Michuacan, que son cuarenta leguas de aquella parte de México, y como allá no se lo quisiesen dar vínose á México, y allí le tornó á pedir, y como no se le quisiesen dar, fuése al obispo de México, el cual vista su habilidad y buena intencion, se le diera si pudiera, y le amaba mucho y trataba muy bien; y él perseverando con su capotillo de sayal, venida la cuaresma se tornó á su tierra, por oir los sermones en su lengua y confesarse; despues de pascua tornó al capítulo que se hizo en México, perseverando siempre en su demanda, y lo que se le otorgó fué, que con el mismo hábito que traia anduviese entre los frailes, y que si les pareciese tal su vida, que le diesen el hábito. Este mancebo, como era señor y muy conocido, ha sido gran ejemplo en toda la provincia de Michuacan, que es muy grande y muy poblada, adonde ha habido grandes minas de todos metales.

Algunos de estos naturales han visto al tiempo de alzar la hostia consagrada, unos un niño muy resplandeciente, otros á Nuestro Redentor crucificado, con gran resplandor, y esto muchas veces; y cuando lo ven no pueden estar sin caer sobre su faz, y quedan muy consolados: asimismo han visto sobre un fraile que les predicaba una corona muy hermosa, que una vez parece de oro y otra vez parece de fuego; otras personas han visto en la misa sobre el Santísimo Sacramento un globo ó llama de fuego.

Una persona que venia muy de mañana á la iglesia, hallando la puerta cerrada una mañana, levantó sus ojos al cielo y vió que el cielo se abria, y por aquella abertura le pareció que estaba dentro muy hermosa cosa; y esto vió dos dias. Todas estas cosas supe de personas dignas de fe, y los que las vieron de muy buen ejemplo y que frecuentan los sacramentos; no sé á qué lo atribuya, sino que Dios se manifiesta á estos simplecitos porque le buscan de corazon y con limpieza de sus ánimas, como él mismo se lo promete.

CAPÍTULO IX.

Del sentimiento que hicieron los Indios cuando les quitaron los frailes, y de la diligencia que tuvieron que se los diesen; y de la honra que hacen á la señal de la cruz.

En el capítulo que los frailes menores celebraron en México en el año de 1538, á 19 del mes de Mayo, que fué la Dominica cuarta despues de Pascua, se ordenó, por la falta que habia de frailes, que algunos monasterios cercanos de otros no fuesen conventos, sino que de otros fuesen proveídos y visitados; esto fué luego sabido por los Indios de otra manera, y era que les dijeron que del todo les dejaban sin frailes; y como se leyó la tabla del capítulo, que la estaban esperando los Indios que los señores tenian puestos como en postas, para saber á quién les daban por guardian ó predicador que los enseñe, y como para algunas casas no se nombraron frailes, sino que de otras se proveyesen, una de las cuales fué Xochimilco, que es un gran pueblo en la laguna dulce, cuatro leguas de México, y aunque se leyó la tabla un dia muy tarde, luego por la mañana otro dia lo sabian todos los de aquel lugar; y tenian en su monasterio tres frailes, y júntase casi todo el pueblo, y éntranse en el monasterio, en la iglesia, que no es pequeña, y quedaron muchos defuera en el patio que no cupieron, porque dicen que eran mas de diez mil ánimas, y pónense todos de rodillas delante del Santísimo Sacramento, y comienzan á clamar y rogar á Dios que no consintiese que quedasen desamparados, pues les habia hecho tanta merced de traerlos á su conocimiento; con otras muchas palabras muy lastimeras y de compasion, cada uno las mejores que su deseo y necesidad les dictaba, y esto era con grandes voces, y lo mismo hacian los del patio; y como los frailes vieron el grande ayuntamiento, y que todos lloraban y los tenian en medio, lloraban tambien sin saber porqué, porque aun no sabian lo que en el capítulo se habia ordenado, y por mucho que trabajaban en consolarles, era tanto el ruido, que ni los unos ni los otros no se podian entender. Duró esto todo el dia entero, que era un juéves, y siempre recreciendo mas gente; y andando la cosa de esta manera acordaron algunos de ir á México, y ni los que iban ni los que quedaban se acordaban de comer. Los que fueron á México llegaron á hora de misa, y entran en la iglesia de San Francisco con tanto ímpetu, que espantaron á los que en ella se hallaron, é hincándose de rodillas delante del Sacramento decian cada uno lo que mejor le parecia que convenia, y llamaban á Nuestra Señora para que les ayudase, otros á San Francisco y á otros santos, con tan vivas lágrimas, que dos ó tres veces que entré en la capilla y sabida la causa quedé fuera de mí espantado, é hiciéronme llorar en verlos tan tristes, y aunque yo y otros frailes los queriamos consolar, no nos querian oir, sino decíannos: "Padres nuestros, ¿porqué nos desamparais ahora, despues de bautizados y casados? Acordaos que muchas veces nos deciades, que por nosotros habiades venido de Castilla, y que Dios os había enviado. Pues si ahora nos dejais, ¿á quién irémos? que los demonios otra vez nos querrán engañar, como solian, y tornarnos á su idólatría." Nosotros no les podiamos responder por el mucho ruido que tenian, hasta que hecho un poco de silencio les dijimos la verdad de lo que pasaba, como en el capítulo se habia ordenado, consolándolos lo mejor que pudimos, y prometiéndoles de no les dejar hasta la muerte. Muchos Españoles que se hallaban presentes se maravillaron, y otros que oyeron lo que pasaba vinieron luego, y vieron lo que no creian, y volvian maravillados de ver la armonía que aquella pobre gente tenia á Dios, y con su Madre, y á los santos; porque muchos de los Españoles están incrédulos en esto de la conversion de los Indios, y otros como si morasen mil leguas de ellos no saben ni ven nada, por estar demasiadamente intentos,[1] y metidos en adquirir el oro que vinieron á buscar, para en teniéndolo volverse con ello á España: y para mostrar su concepto, es siempre su ordinario juramento, "así Dios me lleve á España;" pero los nobles y caballeros virtuosos y cristianos, muy edificados están de ver la buena conversion de estos Indios naturales. Estuvieron los Indios de la manera que está dicha, hasta que salimos de comer á dar gracias, y entonces el provincial consolándolos mucho, les dió dos frailes, para que fuesen con ellos; con los cuales fueron tan contentos y tan regocijados, como si les hubiesen dado á todo el mundo. Cholollan era una de las casas adonde tambien quitaban los guardianes; y aunque está de México casi veinte leguas, supiéronlo en breve tiempo y de la manera que los de Xochimilco, y lo primero que hicieron fué juntarse todos é irse al monasterio de San Francisco con las mismas lágrimas y alboroto que en la otra parte habian hecho, y no contentos con esto vanse para México, y no tres ó cuatro, sino ochocientos de ellos, y aun algunos decian que eran mas de mil, y llegan con grande ímpetu, y no con poca agua, porque llovia muy recio, á San Francisco de México, y comienzan á llorar y á decir, "que se compadeciesen de ellos y de todos los que quedaban en Cholollan, y que no les quitasen los frailes; y que si ellos por ser pecadores no lo merecian, que lo hiciesen por muchos niños inocentes que se perderian si no tuviesen quien les doc-

1 Lo mismo que *atentos, empeñados.*

trinase y enseñase la ley de Dios:" y con esto decian otras muchas y muy buenas palabras, que bastaron á alcanzar lo que demandaban.

Y porque la misericordia de Dios no dejase de alcanzar á todas partes, como siempre lo hizo, hace y hará, y mas donde hay mas necesidad, proveyó que andando la cosa de la manera que está dicha, vinieron de España veinte y cinco frailes, que bastaron para suplir la falta que en aquellas casas habia, y no solo esto, pues cuando el general de la órden de los menores no queria dar frailes, y todos los provinciales de la dicha órden estorbaban que no pasase aquí ningun fraile, y así casi cerrada la puerta de toda esperanza humana,[2]... Dios en la emperatriz Doña Isabel, que es en gloria, y mandó que viniesen de España mas de cien frailes, aunque de ellos no vinieron sino cuarenta, los cuales hicieron mucho fruto en la conversion de estos naturales ó Indios.

En México, en el año de 1528, la justicia sacó á un hombre del monasterio de San Francisco por fuerza, y por causa tan liviana, que aunque le prendieran en la plaza se librara, si le quisieran oir por su juicio por procurador y abogado; porque sus delitos eran ya viejos y estaba libre de ellos; mas como no le quisieron oir fué justiciado. Y antes de esto habia la justicia sacado del mismo monasterio otros tres ó cuatro, con mucha violencia, quebrantando el monasterio; y los delitos de estos no merecian muerte, y sin los oir fueron justiciados, sin casi darles lugar para que se confesasen, siendo contra derecho divino y humano: y ni por estas muertes ni por la ya dicha, la justicia nunca hizo penitencia ni satisfaccion ninguna á la Iglesia, ni á los difuntos, sino que los absolvieron *ad reincidentiam*,[3] ó no sé cómo: aunque Dios no ha dejado sin castigo á alguno de ellos, y yo lo he bien notado, y así hará á los demás si no se humillasen, porque un idiota los absolvió, sin que penitencia se haya visto por tan enorme pecado público, y por estas causas y otras de esta calidad, el prelado de los frailes sacó á los frailes del monasterio de San Francisco de México, y consumieron el Santísimo Sacramento, y descompusieron los altares, sin que por ello respondiesen ni lo sintiesen los Españoles vecinos que eran de México, no teniendo razon de lo hacer, porque los frailes franciscos fueron sus

---

2 Igual vacío en el MS.
3 Apenas pueden leerse en el original las primeras letras de esta palabra.

capellanes y predicadores en la conquista, y tres frailes de muy buena vida y de muy gran ejemplo murieron en Tetzcoco antes que se habitase México, y los que quedaron perseveraron siempre en su compañía. San Francisco fué la primera iglesia de toda esta tierra, y adonde primero se puso el Sacramento, y siempre han predicado á los Españoles y á sus Indios, y estos son los que descargan sus conciencias, porque con esta condicion les da el rey los Indios; y con todo esto estuvo San Francisco de México sin frailes y sin Sacramento mas de tres meses, que apenas hubo sentimiento en los cristianos viejos, y si lo tuvieron callaron por temor de la justicia; y los recien convertidos, porque no les quitasen este Sacramento y sus maestros que les enseñaban y doctrinaban, hicieron lo que está dicho.

Está tan ensalzada en esta tierra la señal de la cruz por todos los pueblos y caminos, que se dice que en ninguna parte de la cristiandad está mas ensalzada, ni adonde tantas ni tales ni tan altas cruces haya; en especial las de los patios de las iglesias son muy solemnes, las cuales cada domingo y cada fiesta adornan con muchas rosas y flores, y espadañas y ramos. En las iglesias y en los altares las tienen de oro, y de plata y de pluma, no macizas, sino de hoja de oro y pluma sobre palo. Otras muchas cruces se han hecho y hacen de piedras de turquesas, que en esta tierra hay muchas, aunque sacan pocas de tumba, sino llanas; estas, despues de hecha la talla de la cruz, ó labrada en palo, y puesto un fuerte betun ó engrudo, y labradas aquellas piedras, van con fuego sutilmente ablandando el engrudo y asentando las turquesas hasta cubrir toda la cruz, y entre estas turquesas asientan otras piedras de otras colores. Estas cruces son muy vistosas, y los lapidarios las tienen en mucho, y dicen que son de mucho valor. De una piedra blanca, y trasparente y clara hacen tambien cruces, con sus piés, muy bien labradas; de estas sirven de portapaces en los altares, porque las hacen de grandor de un palmo ó poco mayores. Casi en todos los retablos pintan en el medio la imágen del Crucifijo. Hasta ahora que no tenian oro batido, en los retablos, que no son pocos, ponian á las imágenes diademas de hoja de oro. Otros Crucfiijos hacen de bulto, así de palo como de otros materiales, y hacen de manera que aunque el Crucifijo sea tamaño como un hombre, le levantara un niño del suelo con una mano. Delante de esta señal de la cruz han acontecido algunos milagros, que dejo de decir por causa de brevedad; mas digo que los Indios la tienen en tanta veneracion, que muchos ayunan los viérnes y se abstienen aquel dia de tocar en sus mujeres, por devocion y reverencia de la cruz.

Los que con temor y por fuerza daban sus hijos para que los enseñasen y doctrinasen en la casa de Dios, ahora vienen rogando para que los reciban y les muestren la doctrina cristiana y cosas de la fe; y son ya tantos los que se enseñan, que hay algunos monasterios adonde se enseñan trescientos, y cuatrocientos, y seiscientos, y hasta mil de ellos, segun son los pueblos y provincias; y son tan dóciles y mansos, que mas ruido dan diez de España que mil Indios. Sin los que se enseñan aparte en las salas de las casas, que son hijos de personas principales, hay otros muchos de los hijos de gente comun y baja, que los enseñan en los patios, porque los tienen puestos en costumbre, de luego de mañana cada dia oir misa, y luego enseñarles un rato; y con esto vanse á servir y ayudar á sus padres, y de estos salen muchos que sirven las iglesias, y despues se casan y ayudan á la cristiandad por todas partes.

En estas partes es costumbre general que en naciendo un hijo ó hija le hacen una cuna pequeñita de palos delgados como jaula de pájaros, en que ponen los niños en naciendo, y en levantándose la madre, le lleva sobre sus hombros á la iglesia ó do quiera que va, y desde que llega á cinco ó seis meses, pónenlos desnuditos *inter scapulas,* y échanse una manta encima con que cubre su hijuelo, dejándole la cabeza defuera, y ata la manta á sus pechos la madre, y así anda con ellos por los caminos y tierras á do quiera que van, y allí se van durmiendo como en buena cama; y hay de ellos que así á cuestas, de los pueblos que se visitan de tarde en tarde, los llevan á bautizar; otros en naciendo ó pasados pocos dias, y muchas veces los traen en acabando de nacer; y el primer manjar que gustan es la sal que les ponen en el bautismo, y antes es lavado en el agua del Espíritu Santo que guste la leche de su madre ni de otra; porque en esta tierra es costumbre tener los niños un dia natural sin mamar, y despues pónenle la teta en la boca, y como está con apetito y gana de mamar, mama sin que haya menester quien le amamante, ni miel para paladearle; y le envuelven en pañales pequeños, bien ásperos y pobres, aunándole el trabajo al desterrado hijo de Eva que nace en este valle de lágrimas y viene á llorar.

CAPÍTULO X.

De algunos Españoles que han tratado mal á los Indios, y del fin que han habido; y pónese la conclusion de la segunda parte.

Háse visto por experiencia en muchos y muchas veces, los Españoles que con estos Indios han sido crueles, morir malas muertes y arrebatadas, tanto que se trae ya por refran: "el que con los Indios es cruel, Dios lo será con él:" y no quiero contar crueldades, aunque sé muchas, de ellas vistas y de ellas oidas; mas quiero decir algunos castigos que Dios ha dado á algunas personas que trataban mal á sus Indios. Un Español que era cruel con los Indios yendo por un camino con Indios cargados, y llegando en medio del dia por un monte, iba apaleando los Indios que iban cargados, llamándolos perros, y no cesando de apalearlos, y perros acá y perros acullá; á esta sazon sale un tigre y apaña al Español, y llévale atravesado en la boca y métese en el monte, y cómesele; y así el cruel animal libró á los mansos Indios de aquel que cruelmente los trataba.

Otro Español que venia del Perú, de aquella tierra adonde se ha bien ganado el oro, y traia muchos tlamemes,[1] que son Indios cargados, y habia de pasar un despoblado, y dijéronle, ". . . . . .,[2] que no durmais en tal parte que hay leones y tigres encarnizados;" y él pensando mas en su codicia y en hacer andar los Indios demasiadamente, y que con ellos se escudaria, fuéles forzado dormir en el campo, y él comenzó á llamar perros á los Indios y que todos le cercasen, y él echado en medio; á la media noche vino el leon ó el tigre, y entra en medio de todos y saca al Español y allí cerca le comió.

---

[1] El verdadero plural de *tlamema*, cargador, es *tlamamàques*, cargadores; pero con mas frecuencia se escribe como está arriba.

[2] Igual vacío en el MS.

Semejantemente aconteció á otro calpixque ó estanciero que llevaba ciento cincuenta Indios, y él tratándolos mal y apaleándolos, paró una noche á dormir en el campo, y llegó el tigre y sacóle de en medio de todos los Indios y se le comió, y yo estuve luego cerca del lugar adonde fué comido.

Tienen estos Indios en grandísima reverencia el Santo Nombre de Jesus contra las tentaciones del demonio; que han sido muy muchas veces las que los demonios han puesto las manos en ellos queriéndolos matar, y nombrando el Nombre de Jesus son dejados. A muchos se les ha parecido el demonio muy espantoso y diciéndoles con mucha furia: "¿porqué no me servís? ¿porqué no me llamais? ¿porqué no me honrais como solíades? ¿porqué me habeis dejado? ¿porqué te has bautizado?" &c.; y estos llamando y diciendo: "Jesus, Jesus, Jesus," son librados, y se han escapado de sus manos, y algunos han salido muy maltratados y heridos de sus manos, quedándoles bien que contar; y así el Nombre de Jesus es conhorte[3] y defensa contra todas las astucias de nuestro adversario el demonio; y ha Dios magnificado su benditísimo Nombre en los corazones de estas gentes, que lo muestran con señales defuera, porque cuando en el Evangelio se nombra á Jesus, hincan muchos Indios ambas las rodillas en tierra, y lo van tomando muy en costumbre, cumpliendo con lo que dice San Pablo.[4] Tambien derrama Dios la virtud de su Santísimo Nombre de Jesus tanto, que aun por las partes aun no conquistadas, y adonde nunca clérigo, ni fraile, ni Español ha entrado, está este Santísimo Nombre pintado y reverenciado. Está en esta tierra tan multiplicado, así escrito como pintado en las iglesias y templos, de oro y de plata, y de pluma y oro, de todas estas maneras muy gran número; y por las casas de los vecinos, y por otras muchas partes lo tienen entallado de palo con su feston; y cada domingo y fiesta lo enrosan y componen de mil maneras de rosas y flores.

Pues concluyendo con esta segunda parte digo: ¿que quién no se espantará viendo las nuevas maravillas y misericordias que Dios hace con esta gente? ¿Y porqué no se alegrarán los hombres de la tierra delante cuyos ojos Dios hace esta cosas, y mas los que con

---

3 Consuelo, auxilio.
4 Alude al v. 10, cap. II de la Epístola á los Filipenses.

buena intencion vinieron y conquistaron tan grandes provincias como son estas, para que Dios fuese en ellas conocido y adorado? Y aunque algunas veces tuviesen codicia de adquirir riquezas, de creer es que seria accesoria y remotamente. Pues á los hombres que Dios dotó de razon, y se vieron en tan grandes necesidades y peligros de muerte, tantos y tantas veces; ¿quién no creerá que formarian y reformarian sus conciencias é intenciones, y se ofrecerian á morir por la fe y por la ensalzar entre los infieles, y que esta fuese su singular y principal demanda? Y estos conquistadores y todos los cristianos amigos de Dios se deben mucho alegrar de ver una cristiandad tan cumplida en tan poco tiempo, é inclinada á toda virtud y bondad; por tanto ruego á todos los que esto leyeren, que alaben y glorifiquen á Dios con lo íntimo de sus entrañas; digan estas alabanzas que se siguen, que segun San Buenaventura en ellas se encierran y se hallan todas las maneras de alabar á Dios que hay en la sagrada Escritura. "Alabanzas y bendiciones, engrandecimientos y confesiones, gracias y glorificaciones, sobrensalzamientos, adoraciones y satisfacciones sean á vos, Altísimo Señor Dios nuestro, por las misericordias hechas con estos Indios nuevos convertidos á vuestra santa fe. Amen, Amen, Amen."

En esta Nueva España siempre habia muy continuas y grandes guerras, los de unas provincias con los de otras, adonde morian muchos, así en las peleas, como en los que prendian para sacrificar á sus demonios. Ahora por la bondad de Dios se han convertido y vuelto en tanta paz y quietud, y están todos en tanta justicia, que un Español ó un mozo puede ir cargado de barras de oro trescientas y cuatrocientas leguas, por montes y sierras, y despoblados y poblados, sin mas temor que iria por la rua de Benavente; y es verdad que en fin de este mes de Febrero del año de 1541, en un pueblo llamado Zapotitlan sucedió dejar un Indio en medio del mercado, en un sitio, mas de cien cargas de mercadería, y estarse de noche y de dia en el mercado sin faltar cosa ninguna. El dia del mercado, que es de cinco en cinco dias, pónese cada uno á par de su mercadería á vender, y entre estos cinco dias hay otro mercado pequeño, y por esto está siempre la mercadería en el tianquizco ó mercado, si no es tiempo de las aguas; aunque esta simplicidad no ha llegado á México ni á su comarca.

TRATADO TERCERO.

CAPÍTULO PRIMERO.

De cómo los Indios notaron el año que vinieron los Españoles, y tambien notaron el año que vinieron los frailes. Cuenta algunas maravillas que en la tierra acontecieron.

Mucho notaron estos naturales Indios, entre las cuentas de sus años, el año que vinieron y entraron en esta tierra los Españoles, como cosa muy notable y que al principio les puso muy grande espanto y admiracion, ver una gente venida por el agua (lo que ellos nunca habian visto ni oído que se pudiese hacer), de traje tan extraño del suyo, tan denodados y animosos, tan pocos entrar por todas las provincias de esta tierra con tanta autoridad y osadía, como si todos los naturales fueran sus vasallos: asimismo se admiraban y espantaban de ver los caballos, y lo que hacian los Españoles encima de ellos, y algunos pensaron que el hombre y el caballo fuese todo una persona, aunque esto fué al principio en los primeros pueblos; porque despues todos conocieron ser el hombre por sí y el caballo ser bestia, que esta gente mira y nota las cosas, y en viéndolos apear, llamaron á los caballos *castillan mazatl*, que quiere decir ciervo de Castilla; porque acá no habia otro animal á quien mejor los comparar. A los Españoles llamaron *teteuh*, que quiere decir dioses, y los

Españoles corrompiendo el vocablo decian *teules,* el cual nombre les duró mas de tres años, hasta que dimos á entender á los Indios que no habia mas de un solo Dios, y que á los Españoles, que los llamasen cristianos, de lo cual algunos Españoles necios se agraviaron y quejaron, é indignados contra nosotros decian que les quitábamos su nombre, y esto muy en forma, y no miraban los pobres de entendimiento que ellos usurpaban el nombre que á solo Dios pertenece: despues que fueron muchos los Indios bautizados, llamáronlos Españoles.

Asimismo los Indios notaron y señalaron para tener cuenta con el año que vinieron los doce frailes juntos. Y aunque en el principio entre los Españoles vinieron frailes de San Francisco, ó por venir de dos en dos, ó por el embarazo que con las guerras tenian, no hicieron caso de ellos; y este año digo, que le notaron y tienen por mas principal que otro, porque desde allí comienzan á contar, como año de la venida ó advenimiento de Dios, y así comunmente dicen: "el año que vino nuestro Señor; el año que vino la fe;" porque luego que los frailes llegaron á México dende en quince dias, tuvieron capítulo y se repartieron los doce frailes y otros cinco que estaban en México. Todos estos diez y siete fueron repartidos por las principales provincias de esta tierra, y luego comenzamos á deprender la lengua y á predicar con intérprete. Habia asimismo en México otros dos ó tres clérigos, y no muchos Españoles, porque en obra de un año salieron con Pedro de Alvarado para Cuauhtemallan un buen escuadron de gente de á pié y razonable de caballos. Fué luego á las Higueras otro con Cristóbal de Olid, y fué luego sobre él con otro Francisco de las Casas, y no pasaron muchos dias cuando el marques Hernando Cortés se partió con toda la mas lucida gente y la mayor parte de los caballeros que habia, que me parece que podrian quedar en México hasta cincuenta caballos y doscientos Españoles infantes, poco mas ó menos. Y á esta sazon estaban todos los señores naturales de la tierra hechos á una y concertados para se levantar y matar á todos los cristianos, y entonces aun vivian muchos de los señores viejos, porque cuando los Españoles vinieron estaban todos los señores y todas las provincias muy diferentes y andaban todos embarazados en guerras que tenian los unos con los otros; y á este tiempo que digo que esta gente salió de México, yo los vi á todos tan unidos y ligados unos con otros, y tan apercibidos de guerra, que tenian por muy cierto salir con la victoria, comenzando la cosa; y así fuera de hecho, sino que Dios maravillosamente los cegó y embarazó, y tambien fué mucha parte lo que los frailes hicieron, así por la oracion y predicacion, como por el trabajo que pusieron en pacificar las disensiones y bandos de los Españoles, que en esta sazon estaban muy encendidos, y tan trabados que vinieron á las armas sin haber quien los pusiese en paz, ni se metiese entre las espadas y lanzas sino los frailes, y á estos dió Dios gracia para ponerlos en paz. Estaban las pasiones tan trabadas como ahora dicen que estan los Españoles del Perú. (Dios les envie quien los ponga en paz, aunque dicen que ni quieren paz ni frailes.) Bien pudiera alargarme en esto de los bandos de México, porque me hallé presente á todo cuanto pasó; mas paréceme que seria meterme en escribir historia de hombres.

En este mismo tiempo se descubrieron unas muy ricas minas de plata, en las cuales se iban muchos de los Españoles, y donde habia pocos en México quedaban pocos:[1] y los que querian ir iban en mayor peligro de las vidas, pues ciegos con su codicia no lo entendian,[2] y por las reprensiones y predicaciones y consejos de los frailes, así en general como en particular, pusieron guardas y velaron la ciudad, y pusieron silencio á las minas, y mandaron recoger á los que estaban por las estancias; y desde á pocos dias lo remedió Dios cerrando aquellas minas con una gran montaña que les echó encima, de manera que nunca jamas parecieron. Por otra parte con los Indios, que ya conocian á los frailes y daban crédito á sus consejos, los detuvieron por muchas vias y maneras que serian largas de contar. El galardon que de esto recibieron fué decir: "Estos frailes nos destruyen, y quitan que no estemos ricos, y nos quitan que se hagan los Indios esclavos; estos hacen abajar los tributos, y defienden á los Indios y los favorecen contra nosotros; son unos tales y unos cuales:" y no miran los Españoles que si por los frailes no fuera ya no tuvieran de quien se servir, ni en casa ni en las estancias, que todos los hubieran ya acabado, como parece por experiencia en Santo Domingo y en las otras islas, adonde acabaron los Indios.

Cuanto á lo demas, esta gente de Indios naturales son tan enco-

---

[1] Así el original; pero evidentemente falta algo para completar el sentido.

[2] No conocian, no consideraban el peligro en que se ponian.

gidos y callados, que por esta causa no se saben los muchos y grandes milagros que Dios entre ellos hace, mas de que yo veo venir á doquiera que hay casa de nuestro padre San Francisco muchos enfermos de todos géneros de enfermedades, y muchos muy peligrosos, y verlos convalecidos y sanos volverse con grande alegría á sus casas y tierras, y sé que particularmente tienen gran devocion con el hábito y cordon de San Francisco, con el cual cordon se han librado muchas mujeres preñadas de partos muy peligrosos, y esto ha sido en muchos pueblos y muchas veces; y aquí en Tlaxcallan es muy comun, y no há muchos dias que se ha bien experimentado; por lo cual tiene el portero un cordon para darlo luego á los que le vienen á demandar, aunque yo bien creo que obra tanto la devocion que en el cordon tienen, como la virtud que en él hay, aunque tambien creo que la virtud no es poca, como se parecerá claro por lo que aquí diré.

En un pueblo que se dice Atlacuihuaya cerca de Chapultepec adonde nace el agua que va á México, que está una legua de México, adoleció un hijo de un hombre, por nombre llamado Domingo, de oficio tezozonqui, que quiere decir carpintero ó pedrero, el cual con su mujer é hijos son devotos de San Francisco y de sus frailes: cayó enfermo uno de sus hijos de edad de siete ú ocho años, el cual se llamaba Ascensio, que en esta tierra se acostumbra dar á cada uno el nombre del dia en que nacen, y los que se bautizan grandes del dia en que se bautizan, y á este niño llamáronle Ascensio por haber nacido el dia de la Ascension, el cual como enfermase, ocurrieron á nuestro monasterio invocando el nombre de San Francisco, y mientras mas la enfermedad del niño crecia, los padres con mas importunacion venian á demandar el ayuda y favor del santo; y como Dios tenia ordenado lo que habia de ser, permitió que el niño Ascensio muriese; el cual murió un dia por la mañana dos horas despues de salido el sol; y muerto, no por eso dejaban los padres con muchas lágrimas de llamar á San Francisco, en el cual tenian mucha confianza: y ya que pasó de medio dia amortajaron el niño, y antes que le amortajasen, vió mucha gente el niño estar muerto, y frio, y yerto, y la sepultura abierta, y ya que lo querian llevar á la iglesia, dicen hoy en dia sus padres, que siempre tuvieron esperanza que San Francisco se le habia de resucitar alcanzando de Dios la merced de la vida del niño. Y como á la hora que le querian llevar á enterrar, los padres tornasen á rogar y llamar á San Francisco, comenzóse á mover el niño, y de presto comenzaron á desatar y descoger la mortaja, y tornó á revivir el que era muerto; esto seria á hora de vísperas, de lo cual todos los que allí estaban, que eran muchos, quedaron muy espantados y consolados, é hiciéronlo saber á los frailes de San Francisco, y vino el que tenia cargo de los enseñar, que se llamaba Fray Pedro de Gante, y llegando con su compañero vió el niño vivo y sano, y certificado de sus padres y de todos los que presentes se hallaron, que eran dignos de fe, ayuntaron todo el pueblo, y delante de todos dió el padre del niño resucitado testimonio cómo era verdad que su hijo se habia muerto y resucitado: y este milagro se publicó y divulgó por todos aquellos pueblos de á la redonda, que fué causa que muchos se edificasen mas en la fe y comenzaron á creer los otros milagros y maravillas que de Nuestro Redentor y de sus santos se les predican. Este milagro como aquí lo escribo recibí del dicho Fray Pedro de Gante, el cual en México y su tierra fué maestro de los niños, y tuvo cargo de visitar y doctrinar aquellos pueblos mas de once años.

Es tanta la devocion que en esta tierra, así los Españoles como los Indios naturales, tienen con San Francisco, y ha hecho Dios en su nombre tantos milagros y tantas maravillas, y tan manifiestas, que verdaderamente se puede decir que Dios le tenia guardada la conversion de estos Indios, como dió á otros de sus apóstoles las de otras Indias y tierras apartadas; y por lo que aquí digo, y por lo que he visto, barrunto y aun creo, que una de las cosas y secretos que en el seráfico coloquio pasaron entre Jesucristo y San Francisco en el monte Averna, que mientras San Francisco vivió nunca lo dijo, fué esta riqueza que Dios aquí le tenia guardada, adonde se tiene de extender y ensanchar mucho su sacra religion; y digo, que San Francisco, padre de muchas gentes, vió y supo de este dia.

CAPÍTULO II.

De los frailes que han muerto en la conversion de los Indios de la Nueva España. Cuéntase tambien la vida de Fray Martin de Valencia, que es mucho de notar y tener en la memoria.

Perseverando y trabajando fielmente en la conversion de los Indios, son ya difuntos en esta Nueva España mas de treinta frailes menores, los cuales acabaron sus dias llenos en la obediencia de su profésion, ejercitados en la caridad de Dios y del prójimo, y en la confesion de nuestra santa fe, recibiendo los sacramentos, algunos de los cuales fueron adornados de muchas virtudes; mas el que entre todos dió mayor ejemplo de santidad y doctrina, así en la Vieja España como en la Nueva, fué el padre de santa memoria Fray Martin de Valencia, primer prelado y custodio en esta Nueva España: fué el primero que Dios envió á este Nuevo Mundo con autoridad apostólica.

Las cosas que aquí diré no querria que nadie las ponderase mas de lo que las leyes divinas y humanas permiten y la razon demanda, dejando por juez á Aquel que lo es de los vivos y de los muertos, en cuyo acatamiento todas las vidas de los mortales son muy claras y manifiestas, y dando la determinacion á su Santa Iglesia, á cuyos piés toda esta obra va sometida; porque los hombres pueden ser engañados en sus juicios y opiniones, y Dios siempre recto en la balanza de su juicio y los hombres no; por lo cual dice San Agustin, que muchos tiene la Iglesia en veneracion que están en el infierno, esto es, de aquellos que no están canonizados por la Iglesia Romana regida por el Espíritu Santo: y con esta protestacion comenzaré á escribir en breve, lo mas que á mí fuere posible, la vida del siervo de Dios Fray Martin de Valencia, aunque sé que un fraile devoto suyo la tiene mas largamente escrita.

COMIENZA LA VIDA DE FRAY MARTIN DE VALENCIA.

Este buen varon fué natural de la villa de Valencia, que dicen de Don Juan, que es entre la ciudad de Leon y la villa de Benavente, en la ribera del rio que se dice Esla; es en el obispado de Oviedo. De su juventud no hay relacion en esta Nueva España, más del argumento de la vida que en su mediana y última edad hizo. Recibió el hábito en la villa de Mayorga, lugar del conde de Benavente, que es convento de la provincia de Santiago y de las mas antiguas casas de España.

Tuvo por su maestro á Fray Juan de Argumanes que despues fué provincial de la provincia de Santiago; con la doctrina del cual, y con su grande estudio, fué alumbrado su entendimiento, para seguir la vida de nuestro Redentor Jesucristo. Adonde, como ya despues de profeso le entrasen á la villa de Valencia, que es muy cerca de Mayorga, viéndose distraido, por estar entre sus parientes y conocidos, rogó á su compañero que saliesen presto de aquel pueblo; y desnudándose el hábito púsole delante de los pechos, y echóse el cordon á la garganta como malhechor, y quedó en carnes con solo los paños menores, y así salió en medio del dia, viéndole sus deudos y amigos, por mitad del pueblo, llevándole el compañero tirándole por la cuerda. Despues que cantó misa fué siempre creciendo de virtud en virtud; porque ademas de lo que yo vi en él, porque le conocí por mas de veinte años, oí decir á muchos buenos religiosos, que en su tiempo no habian conocido religioso de tanta penitencia, ni que con tanto teson perseverase siempre en allegarse á la cruz de Jesucristo, tanto, que cuando iba por otros conventos ó provincias á los capítulos, parecia que á todos reprendia su aspereza, humildad y pobreza: y como fuese dado á la oracion procuró licencia de su provincial para ir á morar á unos oratorios de la misma provincia de Santiago, que están no muy lejos de Ciudad Rodrigo, que se llaman los Ángeles y el Hoyo, casas muy apartadas de conversacion y dispuestas para contemplar y orar. Alcanzada licencia para ir á morar á Santa María del Hoyo, queriendo, pues, el siervo de Dios recogerse y darse á Dios en el dicho lugar, el enemigo le procuró muchas maneras de tentaciones, permitiéndolo Dios para mas aprovechamiento de su ánima. Comenzó á tener en su espíritu muy gran sequedad y dureza, y tibieza en la oracion; aborrecia el yermo; los árboles le parecian demonios; no podia ver los frailes con amor y caridad; no tomaba sabor en ninguna cosa espiritual; cuando se ponia á orar hacíalo con gran pesadumbre; vivia muy atormentado. Vínole una terrible tentacion de blasfemia contra la fe, sin poderla alanzar de sí; parecíale que cuando celebraba y decia misa no consagraba, y como quien se hace grandísima fuerza y á regaña dientes comulgaba; tanto le fatigaba aquesta imaginacion, que no queria ya celebrar, ni podia comer. Con estas tentaciones habíase parado tan flaco, que no parecia sino tener los huesos y el cuero, y parecíale á él que estaba muy esforzado y bueno. Esta sutil tentacion le traia Satanas para derrocarle, de tal manera que cuando ya le sintiese del todo sin fuerzas naturales le dejase, y así desfalleciese, y no pudiese tornar en sí, y saliese de juicio; y para esto tambien le desvelaba, que es tambien mucha ocasion para enloquecer; pero como Nuestro Señor nunca desampara á los suyos, ni quiere que caigan, ni da á nadie mas de aquella tentacion que puede sufrir, dejóle llegar hasta donde pudo sufrir la tentacion sin detrimento de su ánima, y convirtióla en su provecho, permitiendo que una pobrecilla mujer le despertase y diese medicina para su tentacion; que no es pequeña materia para considerar la grandeza de Dios; que no escoge los sabios, sino los simples y humildes, para instrumentos de sus misericordias; y así lo hizo con esta simple mujer que digo.

Que como el varon de Dios fuese á pedir pan á un lugar que se dice Robleda, que son cuatro leguas del Hoyo, la hermana de los frailes del dicho lugar viéndole tan flaco y debilitado díjole: "¡Ay padre! ¿Y vos qué habeis? ¿Cómo andais que parece que queréis espirar de flaco; y cómo no mirais por vos, que parece que os queréis morir?" Así entraron en el corazon del siervo de Dios estas palabras como si se las dijera un ángel, y como quien despierta de un pesado sueño, así comenzó á abrir los ojos de su entendimiento; y á pensar cómo no comia casi nada, y dijo entre sí: "Verdaderamente esta es tentacion de Satanas; y encomendándose á Dios que le alumbrase y sacase de la ceguedad en que el demonio le ténia, dió la vuelta á su vida. Viéndose Satanas descubierto, apartóse de él y cesó la tentacion. Luego el varon de Dios comenzó á sentir gran flaqueza y desmayo, tanto, que apenas se podia tener en los piés; y de ahí adelante comenzó á comer, y quedó avisado para sentir los lazos y astucias del demonio. Despues que fué librado de aquellas tentaciones quedó con gran serenidad y paz en su espíritu; gozábase en el yermo, y los árboles, que antes aborrecia, con las aves que en ellos cantaban parecíanle un paraíso; y de allí le quedó que doquiera que estabe luego plantaba una arboleda, y cuando era prelado á todos rogaba que plantasen árboles, no solo de frutales, pero de los monteses, para que los frailes se fuesen allí á orar.

Asimismo le consoló Dios en la celebracion de las misas, las cuales decia con mucha devocion y aparejo, que despues de maitines ó no dormia nada ó muy poco, por mejor se aparejar; y casi siempre decia misa muy de mañana, y con muchas lágrimas muy cordiales que regaban y adornaban su rostro como perlas: celebraba casi todos los dias, y comunmente se confesaba cada tercero dia.

Otrosí: de allí adelante tuvo gran amor con los otros frailes, y cuando alguno venia de fuera, recibíale con tanta alegría y con tanto amor, que parecia que le queria meter en las entrañas; y gozábase de los bienes y virtudes ajenas como si fueran suyas propias; y así perseverando en aquesta caridad, trájole Dios á un amor entrañable del prójimo, tanto, que por el amor general de las ánimas vino á desear padecer martirio, y pasar entre los infieles á los convertir y predicar: aqueste deseo y santo celo alcanzó el siervo de Dios con mucho trabajo y ejercicios de penitencia, de ayunos, disciplinas, vigilias y muy continuas oraciones.

Pues perseverando el varon de Dios en sus santos deseos, quísole el Señor visitar y consolar en esta manera: que estando él una noche en maitines en tiempo de adviento, que en el coro se rezaba la cuarta matinada, luego que se comenzaron los maitines comenzó á sentir nueva manera de devocion y mucha consolacion en su ánima; y vínole á la memoria la conversion de los infieles; y meditando en esto, los salmos que iba diciendo en muchas partes hallaba entendimientos devotos á este propósito, en especial en aquel salmo que comienza: *Eripe me de inimicis meis:* y decia el siervo de Dios entre sí: "¡Oh! ¿Y cuándo será esto? ¿Cuándo se cumplirá esta profecía? ¿No seria yo digno de ver este convertimiento, pues ya estamos en la tarde y fin de nuestros dias, y en la última edad del mundo?"

Pues ocupado el varon de Dios todos los salmos en estos piadosos deseos, y lleno de caridad y amor del prójimo, por divina dispensacion, aunque no era hebdomadario ni cantor del coro, le encomendaron que dijese las lecciones, y se levantó y las comenzó á decir, y las mismas lecciones, que eran del profeta Isaías y hacian á su propósito, levantábanle mas y mas su espíritu, tanto, que estándolas leyendo al púlpito vió en espíritu muy gran muchedumbre de ánimas de infieles que se convertian y venian á la fe y bautismo. Fué tanto el gozo y alegría que su ánima sintió interiormente, que no se pudo sufrir ni contener sin salir fuera de sí, y alabando á Dios y bendiciéndole dijo en alta voz tres veces: "Loado sea Jesucristo, loado sea Jesucristo, loado sea Jesucristo;" y esto dijo con muy alta voz, porque no fué en su mano dejarlo de hacer así. Los frailes, viéndole que parecia estar fuera de sí, no sabiendo el misterio, pensaron que se tornaba loco, y tomándole le llevaron á una celda, y enclavando la ventana y cerrando la puerta por defuera tornaron á acabar los maitines. Estuvo el varon de Dios así atónito en la cárcel hasta que fué buen rato del dia, que tornó en sí, y como se halló encerrado y oscuro quiso abrir la ventana, porque no habia sentido que la habian enclavado, y como no la pudo abrir diz que se sonrió, de que conoció el temor que los frailes habian tenido, de que como loco no se echase por la ventana; y desde que se vió así encerrado tornó á pensar y contemplar la vision que habia visto y rogar á Dios que se la dejase ver con los ojos corporales, y desde entonces creció en él mas el deseo que tenia de ir entre los infieles, y predicarles y convertirlos á la fe de Jesucristo.

Esta vision quiso Nuestro Señor mostrar á su siervo cumplida en esta Nueva España, adonde como el primer año que á esta tierra vino visitase siete ú ocho pueblos cerca de México, y como se ayuntasen muchos á la doctrina, y viniesen muchos á la fe y al bautismo, viendo el siervo de Dios tanta muestra de cristiandad en aquellos, y creyendo (como de hecho fué así) que habia de ir creciendo, dijo á su compañero: "Ahora veo cumplido lo que el Señor me mostró en espíritu;" y declaróle la vision que en España habia visto, en el monasterio de Santa María del Hoyo en Extremadura.

Antes de esto, no sabiendo él cuándo ni cómo se habia de cumplir lo que Dios le habia mostrado, comenzó á desear pasar á tierra de infieles, y á demandarlo á Dios con muchas oraciones; y comenzó á mortificar la carne, y á sujetarla con muchos ayunos y disciplinas; que ademas de las veces que la comunidad se disciplinaba, SE DISCI- PLINABA él dos veces, porque así ejercitado mediante la gracia del Señor, se aparejase á recibir martirio; y como la regla de los frailes menores diga: "Si algun fraile por divina inspiracion fuere movido á desear ir entre los Moros ú otros infieles, pida licencia á su provincial para efectuar su deseo;" este siervo de Dios demandó esta licencia por tres veces; y una de estas veces habia de pasar un rio, el cual llevaba mucha agua é iba recio tanto, que tuvo que hacer en pasarse á sí solo, y fué menester que soltase unos libros que llevaba, entre los cuales iba una Biblia, y el rio se los llevó un buen trecho; y él encomendando al Señor sus libros y rogándole que se los guardase, y suplicando á Nuestra Señora que no perdiese sus libros, en los cuales él tenia cosas notadas para su espiritual consolacion, fuélos á tomar buen rato el rio abajo, sin haber padecido detrimento ninguno del agua. En todas estas tres veces no le fué concedida por su provincial la licencia que demandaba; mas él nunca dejó de suplicarlo á Dios con muy continuas oraciones, y asimismo para alcanzar y merecer esto ponia por intercesora á la Madre de Dios, á la cual tenia singular devocion, y así celebraba sus fiestas, festividades y octavas con toda la solemnidad que podia, y con tan grande alegría, que bien parecia salirle de lo íntimo de sus entrañas. En este tiempo estaba en la custodia de la Piedad el padre de santa memoria Fray Juan de Guadalupe, el cual con otros compañeros vivian en suma pobreza; pues allí trabajó Fray Martin de Valencia por pasarse en su compañía, para lo cual alcanzar no le faltaron hartos trabajos. Y habida la licencia con harta dificultad, moró con él algun tiempo; pero como aun aquella provincia, que entonces era custodia, tuviese muchas contradicciones y contradictores, así[1] de otras provincias, porque quizá les parecia que su extremada pobreza y

---

[1] Para aclarar el sentido es preciso dar á esta palabra la significacion de *sucedió que*.

vida muy áspera era intolerable, ó porque muchos buenos frailes procuraban pasarse á la compañía del dicho Fray Juan de Guadalupe, el cual tenia facultad del Papa para los recibir, procuraron contra ellos favores de los Reyes Católicos y del rey de Portugal para los echar de sus reinos; y creció tanto esta persecucion, que vino tiempo que tomadas las casas y monasterios, y algunas de ellas derribadas por tierra, y ellos perseguidos de todas partes, se fueron á meter en una isla que se hace entre dos rios, que ni bien es en Castilla ni bien en Portugal. Los rios se llaman Tajo y Guadiana, adonde pasando harto trabajo estuvieron algunos dias, hasta que pasada esta persecucion y favoreciendo Dios á los que celaban y querian guardar perfectamente su estado, tornaron á reedificar sus monasterios, y añadir otros, de los cuales se hizo la provincia de la Piedad en Portugal, y quedaron otras cuatro casas en Castilla.

En este tiempo los frailes de la provincia de Santiago rogaron á Fray Martin de Valencia que se tornase á su provincia, y que le darian una casa cual él quisiese, en la cual pusiese toda la perfeccion y estrechura que él quisiese; y él aceptándolo edificó una casa junto á Belvis adonde hizo un monasterio que se llama Santa María del Berrocal, adonde moró algunos años, dando tan buen ejemplo y doctrina, así en aquella villa de Belvis como en toda aquella comarca, que le tenian por un apóstol, y todos le amaban y obedecian como á padre. Morando en la casa, como siempre tuviese en su memoria la vision que habia visto, y en su ánima tuviese confianza de verla cumplida; en aquel tiempo crecia la fama de la sierva de Dios la beata del Barco de Ávila, á quien Dios comunicaba muchos secretos; determinó el siervo de Dios de ir á visitarla para tomar su parecer y consejo, sobre el cumplimiento de su deseo que era ir entre infieles. Ella oida su embajada y encomendándolo á Dios, respondióle: "Que no era la voluntad de Dios que por entonces procurase la ida, porque venida la hora Dios le llamaria, y que de ello fuese cierto." Pasado algun tiempo hízose la custodia de San Gabriel[2] de aquellas cuatro casas que dije que tenian los compañeros de Fray Juan de Guadalupe,

---

2 El MS. dice: «Pasado algun tiempo hízosele custodia de San Gabriel provincia de aquellas cuatro casas, &c.» No le hallamos sentido á la frase, y por lo mismo nos hemos atrevido á reformar el pasaje, guiándonos por lo que dice Torquemada (en el lib. 20, cap. 1, de la Monarquía Indiana), apoyado puntualmente en la autoridad de Motolinia.

y de otras siete que dió la provincia de Santiago, una de las cuales era la de Belvis que el mismo Fray Martin habia edificado: todas ellas caian debajo de los términos de la provincia de Santiago, y ayuntados los frailes de todas once casas año del Señor de 1516, vigilia de la Concepcion de Nuestra Señora, fué elegido por primer custodio Fray Miguel de Córdoba, varon de alta contemplacion. En este mismo capítulo rogó el conde de Feria que echasen al siervo de Dios Fray Martin de Valencia á San Onofre de la Lapa, que es un monasterio de los siete, y está á dos leguas de Zafra en tierra del conde: fué procurado por la fama de su santidad para consolacion del conde, y llevóle Dios para que pusiese paz y concordia entre las dos casas, que muy poco antes se habian ayuntado, á saber, la casa de Priego y la de Feria; y aunque el marques y la marquesa eran buenos casados, y muy católicos cristianos, los caballeros y criados de aquellas casas estaban muy discordes; entonces el marques envió por el padre Fray Martin, y estuvo con él en Montilla una cuaresma predicando y confesando, y tambien confesó al marques; y puso tanta concordia y paz entre las dos casas, que mas les pareció á todos ángel del Señor que no persona terrenal, y así todos atribuian á sus oraciones aquella concordia de las dos casas.

Tambien hizo mucho fruto en los vecinos de aquel pueblo, y fueron muy edificados y consolados por el grande ejemplo que en aquella cuaresma les dió, y lo mismo era en todas las partes en donde moraba, así dentro de casa á los frailes, como de fuera á la tierra y comarca, porque todos le tenian por espejo de doctrina y santidad.

Despues, en el año de 1518, vigilia de la Asuncion de Nuestra Señora, fué aquella custodia de San Gabriel hecha provincia, y elegido por primer provincial el padre Fray Martin de Valencia, el cual la gobernó con mucho ejemplo de humildad y penitencia, predicando y amonestando á sus frailes, más por ejemplos que por palabras; y aunque siempre iba aumentando en su penitencia, en aquel tiempo se esforzó mas, aunque siempre traia cilicio y muchos dias ayunaba, ademas de los ayunos de la Iglesia y de la regla, y traia ceniza para echarla en la cocina, y á las veces en el caldo; y en lo que comia, si estaba sabroso, le echaba un golpe de agua encima por salsa, acordándose de la hiel y vinagre que dieron á Jesucristo.

Veníanse muchos frailes y buenos religiosos á la provincia por su

TRATADO III, CAPITULO II.

buena fama, y el siervo de Dios recibíalos con entrañas de amor. Muchas veces cuando queria tener capítulo á los frailes y oir las culpas de los otros, primero se acusaba él á sí mismo delante de todos, no tanto por lo que á él tocaba cuanto por dar ejemplo de humildad, porque él se reputaba por indigno de que otro le dijese sus culpas, y luego allí delante de todos se disciplinaba, y levantándose besaba los piés á sus frailes: con tal ejemplo no habia súbdito que no se humillase hasta la tierra. Acabado esto comenzaba su oficio de prelado, y asentado en su lugar con autoridad pastoral, todos los súbditos decian sus culpas, segun es costumbre en las religiones, y el siervo de Dios reprendia caritativamente, y despues hablaba cordialmente, ya de la virtud de la pobreza, ya de la obediencia y humildad, ya de la oracion; y de esta, como él siempre la tenia de ejercicio, hablaba mas largo y mas comunmente.

Habiendo regido la provincia de San Gabriel, y estando siempre con su continuo deseo de pasar á los infieles, cuando mas descuidado estaba le llamó Dios de esta manera. Como fuese ministro general el reverendísimo Fray Francisco de los Ángeles, que despues fué cardenal de Santa Cruz, y viniendo visitando llegó á la provincia de San Gabriel, é hizo capítulo en el monasterio de Belvis en el año de 1523, dia de San Francisco, en el tiempo que habia dos años que esta tierra se habia ganado por Hernando Cortés y sus compañeros; pues estando en este capítulo, el general llamó á Fray Martin de Valencia, é hízole un muy buen razonamiento, diciéndole cómo esta tierra de la Nueva España era nuevamente descubierta y conquistada, adonde, segun las nuevas de la muchedumbre de las gentes y de su calidad, creia y esperaba que se haria muy gran fruto espiritual, habiendo tales obreros como él, y que él estaba determinado de pasar en persona al tiempo que le eligieron por general, el cual cargo le embarazó la pasada que él tanto deseaba; por tanto, que le rogaba que él pasase con doce compañeros, porque si lo hiciese, tenia él muy gran confianza en la bondad divina, que seria grande el fruto y convertimiento de gentes que de su venida esperaban.

El varon de Dios que tanto tiempo habia que estaba esperando que Dios habia de cumplir sus deseos, bien puede cada uno pensar qué gozo y alegría recibiria su ánima con tal nueva y por él tan deseada, y cuántas gracias debió de dar á Nuestro Señor; aceptó luego la venida como hijo de obediencia, y acordóse bien entonces de lo que la beata del Barco de Ávila le habia dicho: pues luego lo mas brevemente que á él fué posible escogió los doce compañeros, y tomada la bendicion de su mayor y ministro general, partieron del puerto de San Lúcar de Barrameda, dia de la conversion de San Pablo, que aquel año fué en mártes. Vinieron á la Gomera á 4 de Febrero, y allí dijeron misa en Santa María del Paso, y recibieron el Cuerpo de Nuestro Redentor muy devotamente, y luego se tornaron á embarcar. Llegaron á la isla de San Juan y desembarcaron en Puerto Rico en veinte y siete dias de navegacion, que fué tercero dia de Marzo, que en aquel dia demedió la cuaresma aquel año. Estuvieron allí en la isla de San Juan diez dias; partiéronse Dominica *in Passione*, y miércoles siguiente entraron en Santo Domingo. En la isla Española estuvieron seis semanas, y despues embarcáronse, y vinieron á la isla de Cuba, adonde desembarcaron postrero dia de Abril. En la Trinidad estuvieron solo tres dias. Tornados á embarcar vinieron á San Juan de Ulúa á 12 de Mayo, que aquel año fué vigilia de Pentecostes; y en Medellin estuvieron diez dias. Y de allí, dadas á Nuestro Señor muchas gracias por el buen viaje que les habia dado, vinieron á México, y luego se repartieron por las provincias mas principales. En todo este viaje el padre Fray Martin padeció mucho trabajo, porque como era persona de edad, y andaba á pié y descalzo, y el Señor que muchas veces le visitaba con enfermedades, fatigábase mucho; y por dar ejemplo, como buen caudillo, siempre iba delante, y no queria tomar para su necesidad mas que sus compañeros, ni aun tanto, por no dar materia de relajacion adonde venia á plantar de nuevo, y así trabajó mucho; porque demas de su disciplina y abstinencia ordinaria, que era mucha, y mucho el tiempo que se ocupaba en oracion, trabajó mucho en aprender la lengua; pero como era ya de edad de cincuenta años, y tambien por no dejar lo que Dios le habia comunicado, no pudo salir con la lengua, aunque tres ó cuatro veces trabajó de entrar en ella. Quedó con algunos vocablos comunes para enseñar á leer á los niños, que trabajó mucho en esto; y porque no podia predicar en la lengua de los Indios, holgábase mucho cuando otros predicaban, y poníase junto á ellos á orar mentalmente y á rogar á Dios que enviase su gracia al predicador y á los que le oian. Asimismo á la vejez aumentó la penitencia á ejemplo del santo abad Hilarion, que ordinariamente ayunaba cuatro dias en la semana con pan y legumbres; y en su tiempo muchos de sus súbditos, viendo que él con ser tan viejo les daba tal ejemplo, le imitaron. Añadió tambien hincarse de rodillas muchas veces en el dia, y estar cada vez un cuarto de hora, en el cual parecia recibir mucho trabajo, porque al cabo del ejercicio quedaba acezando y muy cansado: en esto pareció imitar á los gloriosos apóstoles Santiago el Menor y San Bartolomé, que de entrambos se lee haber tenido este ejercicio.

Desde Dominica *in Passione* hasta la Pascua de Resurreccion dábase tanto á contemplar en la Pasion del Hijo de Dios más que otro tiempo, que muy claramente se le parecia en lo exterior. Y una vez en este tiempo que digo, viéndole un fraile, buen religioso, muy flaco y debilitado, preguntándole dijo: "Padre, ¿estais mal dispuesto? Por cierto os veo muy flaco y debilitado. Si no es enfermedad, dígame Vuestra Reverencia la causa de su flaqueza." Respondió: "Creedme hermano, pues me compeleis á que os diga la verdad, que desde la Dominica *in Passione*, que el vulgo llama Domingo de Lázaro, hasta la Pascua, que estas dos semanas siente tanto mi espíritu, que no lo puedo sufrir sin que exteriormente el cuerpo lo sienta y lo muestre como veis." En la Pascua tornó á tomar fuerzas de nuevo. Estas cosas no las decia el varon de Dios á todos, sino á aquellos religiosos que eran mas sus familiares, y á quienes él sentia que convenia y cabia bien decirlas; porque era muy enemigo de manifestar á nadie sus secretos. Y que esto sea verdad, verse ha por lo que ahora contaré. Estando el siervo de Dios en España, en el monasterio de Belvis, predicando la Pasion, llegando al paso de cuando Nuestro Señor fué puesto y enclavado en la cruz, fué tanto el sentimiento que tuvo, que saliendo de sí fué arrobado, y se quedó yerto como un palo, hasta que le quitaron del púlpito. Otras dos veces le aconteció lo mismo, aunque la una, que fué morando en el monasterio de la Lapa, que tornó en sí mas aina y quiso acabar de predicar la Pasion, era ya la gente ida del monasterio.

Por mucho que huia del mundo y de los frailes, para mejor vacar á solo Dios, á tiempos no le valia esconderse, porque como colgaban de él tantos negocios, así de su oficio como de casos de conciencia que iban á comunicar con él, no le dejaban; y muchas veces los que le iban á buscar, hablándole le veian tan fuera de sí, que les respondia como quien despierta de algun pesado sueño. Otras veces, aunque hablaba y comunicaba con los frailes, parecia que no oia ni veia, porque tenia el sentido ocupado con Dios. Era tan enemigo de su cuerpo, que apenas le dejaba tomar lo necesario, así del sueño como de comer. En las enfermedades, con ser ya viejo, no queria mas cama de un colchon ó una tabla, ni beber un poco de vino, ni queria tomar otras medicinas. Aunque estuvo muchas veces enfermo, jamas le vimos curar con médico, ni curaba de otras medicinas sino de la que daba salud á su ánima.

Vivió el siervo de Dios Fray Martin de Valencia en esta Nueva España diez años, y cuando á ella vino habia cincuenta, que son por todos sesenta. De los diez que digo los seis fué provincial, y los cuatro fué guardian en Tlaxcallan; y él edificó aquel monasterio, y le llamó "La Madre de Dios;" y mientras en esta casa moró enseñaba á los niños desde el A B C hasta leer por latin, y poníalos á tiempos en oracion, y despues de maitines cantaba con ellos himnos; y tambien enseñaba á rezar en cruz levantados y abiertos los brazos siete Pater Noster y siete Aves Marías, lo cual él acostumbró siempre hacer. Enseñaba á todos los Indios chicos y grandes, así por ejemplo como por palabra, y por esta causa siempre tenia intérprete: y es de notar que tres intérpretes que tuvo todos vinieron á ser frailes, y salieron muy buenos religiosos.

El año postrero que dejó de tener oficio por su voluntad, escogió de ser morador en un pueblo que se dice Tlalmanalco, que es ocho leguas de México, y cerca de este monasterio está otro que se visita de este, en un pueblo que se dice Amaquemecan, que es casa muy quieta y aparejada para orar; porque está en la ladera de una terrecilla, y es un eremitorio devoto, y junto á esta casa está una cueva devota y muy al propósito del siervo de Dios, para á tiempos darse allí á la oracion; y á tiempos salíase fuera de la cueva en una arboleda, y entre aquellos árboles habia uno muy grande, debajo del cual se iba á orar por la mañana; y certifícanme que luego que allí se ponia á rezar, el árbol se henchia de aves, las cuales con su canto hacian dulce armonía, con lo cual sentia él mucha consolacion, y alababa y bendecia al Señor; y como él se partia de allí, las aves tambien se iban; y que despues de la muerte del siervo de Dios nunca mas se ayuntaron las aves de aquella manera. Lo uno y lo otro fué notado de muchos que allí tenian alguna conversacion con el siervo de Dios, así en verlas ayuntar é irse para él, como en el no parecer mas despues de su muerte. He sido informado de un religioso de buena vida, que en aquel eremitorio de Amaquemecan aparecieron al varon de Dios San Francisco y San Antonio, y dejándole muy consolado se partieron de su presencia.

Pues estando muy consolado en esta manera de vida, llegósele la muerte debida, que todos debemos, y estando bueno, el dia de San Gabriel dijo á su compañero: "Ya se acaba." El compañero respondió: "¿Qué, padre?" Y él callando, de ahí á un rato dijo: "La cabeza me duele;" y desde entonces fué en crecimiento su enfermedad. Fuése con su compañero al convento de San Luis de Tlalmanalco, y como su enfermedad creciese, habiendo recibido los sacramentos, por mandado y obediencia de su guardian le llevaban á curar á México, aunque muy contra su voluntad; y poniéndole en una silla le llevaron hasta el embarcadero, que son dos leguas de Tlalmanalco, para desde allí embarcarle y llevarle por agua hasta México. Iban con él tres frailes, y en llegando allí sintió serle cercana la muerte, y encomendando su ánima á Dios que la crió, espiró allí en aquel campo ó ribera.

Él mismo habia dicho muchos años antes, que no tenia de morir en casa ni en cama sino en el campo, y así pareció cumplirse. Estuvo enfermo no mas de cuatro dias. Falleció víspera del Domingo de Lázaro, sábado, dia de San Benito, que es á 21 de Marzo, año del Señor 1534. Volvieron su cuerpo á enterrar al monasterio de San Luis de Tlalmanalco.

Sabida la muerte de este buen varon por el provincial ó custodio, que estaba ocho leguas de allí, vino luego, y habiendo cuatro dias que estaba enterrado mandóle desenterrar, y púsole en un ataud, y dijo misa de San Gabriel por él, porque sabia que le era devoto; á la cual misa dijo una persona de crédito (segun la manera y al tiempo que lo dijo), que vió delante de su misma sepultura al siervo de Dios Fray Martin de Valencia levantado en pié, con su hábito y cuerda, las manos compuestas metidas en las mangas y los ojos bajos; y que de esta manera le vió desde que se comenzó la *Gloria* hasta que hubo consumido. No es maravilla que este buen varon haya tenido necesidad de algunos sufragios, porque varones de gran santidad leemos haber tenido necesidad y ser detenidos en purgatorio, y por eso no dejan de hacer milagros. Hanme dicho que resucitó un muerto á él encomendado, y que sanó una mujer enferma que con devocion le llamó; y que un fraile que era afligido de una recia tentacion fué por él librado: y otras muchas cosas, las cuales, porque de ellas no tengo bastante certidumbre, ni las creo ni las dejo de creer, mas de que como á amigo de Dios, y que piadosamente creo que Dios le tiene en su gloria, le llamo é invoco su ayuda é intercesion.

Los nombres de los frailes que de España vinieron con este santo varon, son: Fray Francisco de Soto, Fray Martin de la Coruña, Fray Antonio de Ciudad Rodrigo, Fray García de Cisneros, Fray Juan de Ribas, Fray Francisco Jimenez, Fray Juan Juarez, Fray Luis de Fuensalida, Fray Toribio Motolinia: estos diez[3] sacerdotes, y dos legos: Fray Juan de Palos, Fray Andrés de Córdoba: los sacerdotes todos tomaron el hábito en la provincia de Santiago. Otros vinieron despues que han trabajado y trabajan mucho en esta santa obra de la conversion de los Indios, cuyos nombres creo yo que tiene Dios escritos en el libro de la vida, mejor que no de otros que tambien han venido de España, que aunque parecen buenos religiosos no han perseverado: y los que solamente se dan á predicar á los Españoles, ya que algun tiempo se hallan consolados, mientras que sus predicaciones son regadas con el agua del loor humano, en faltando este cebillo hállanse mas secos que un palo, hasta que se vuelven á Castilla; y pienso que esto les viene por juicio de Dios, porque los que acá pasan no quiere que se contenten con solo predicar á los Españoles, que para esto mas aparejo tenian en España; pero quiere tambien que aprovechen á los Indios, como á mas necesitados y para quien fueron enviados y llamados. Y es verdad que Dios ha castigado por muchas vias á los que aborrecen ó desfavorecen á esta gente: hasta los frailes que de estos Indios sienten flacamente ó les tienen manera de aborrecimiento, los trae Dios desconsolados, y están en esta tierra como en tormentos, hasta que la tierra los alanza y echa de sí como á cuerpos muertos y sin provecho:

---

3 En este número de diez va incluso Fray Martin de Valencia. La mision se componia de doce religiosos y el prelado; pero al tiempo de partir se quedó en España Fray José de la Coruña, para arreglar ciertos negocios concernientes á la misma mision.

y á esta causa algunos de ellos han dicho en España cosas ajenas de la verdad, quizá pensando que era así, porque acá los tuvo Dios ciegos. Y tambien permite Dios que á los tales los Indios los tengan en poco, no los recibiendo en sus pueblos, y á veces van á otras partes á buscar los sacramentos: porque sienten que no les tienen el amor que seria razon. Y ha acontecido viniendo los tales frailes á los pueblos, huir los Indios de ellos, en especial en un pueblo que se llama Yeticlatlan, que yendo por allí un fraile de cierta órden que no les ha sido muy favorable en obra ni en palabra, y queriendo bautizar los niños de aquel pueblo, el Español á quien estaban encomendados puso mucha diligencia en ayuntar los niños y toda la otra gente, porque habia mucho tiempo que no habian ido por allí frailes á visitar, y deseaban la venida de algun sacerdote; y como por la mañana fuese el fraile con el Español de los aposentos á la iglesia, á do la gente estaba ayuntada, y los Indios mirasen no sé de qué ojo al fraile, en un instante se alborotan todos y dan á huir cada uno por su parte, diciendo: *Amo, Amo,* que quiere decir: "No, no; que no queremos que este nos bautice á nosotros, ni nuestros hijos." Y ni bastó el Español ni los frailes á poderlos hacer juntar, hasta que despues fueron los que ellos querian; de lo cual no quedó poco maravillado el Español que los tenia á cargo, y así lo contaba como cosa de admiracion. Y aunque este ejemplo haya sido particular, yo lo digo por todos en general los frailes de todas órdenes que acá pasan, y digo: que los que de ellos acá no trabajan fielmente, y los que se vuelven á Castilla, que les demandará Dios estrechísima cuenta de cómo emplearon el talento que se les encomendó. ¿Pues qué diré de los Españoles seglares que con estos han sido y son tiranos y crueles, que no miran mas de á sus intereses y codicia que los ciega, deseándolos tener por esclavos y de hacerse ricos con sus sudores y trabajo? Muchas veces oí decir que los Españoles crueles contra los Indios morian á las manos de los mismos Indios, ó que morian muertes muy desastradas, y de estos oí nombrar muchos; y despues que yo estoy en esta tierra lo he visto muchas veces por experiencia, y notado en personas que yo conocia y habia reprendido el tratamiento que los hacian.

CAPÍTULO III.

De que no se debe alabar ninguno en esta vida; y del mucho trabajo en que se vieron hasta quitar á los Indios las muchas mujeres que tenian; y cómo se ha gobernado esta tierra despues que en ella hay Audiencia.

Segun el consejo del Sabio no deben ser los hombres loados en esta caduca vida de absoluta alabanza, porque aun navegan en este grande y peligroso mar, y no saben si hallarán dia para tomar el puerto seguro; á aquel se debe con razon loar, que Dios tiene guiado de manera que está ya puesto en salvamento, y llegado ya al puerto de salvacion, porque al fin se canta la gloria. Y este es mi intento, de no loar á ningun vivo en particular, sino decir loores de la buena vida y ejemplo que los frailes menores en esta tierra han tenido; los cuales obedeciendo á Dios salieron de su tierra dejando á sus parientes y á sus padres, dejando las casas y monasterios en que moraban, que todos están apartados de los pueblos, y muchos en las montañas metidos, ocupados en la oracion y contemplacion, con grande abstinencia y mayor penitencia; y muchos de ellos vinieron con deseos de martirio y lo procuraron mucho tiempo antes, y habian demandado licencia para ir entre infieles, aunque hasta ahora Dios no ha querido que padezcan martirio de sangre. Mas trájolos á esta tierra de Canaan, para que le edificasen nuevo altar entre esta gentilidad é infieles y para que multiplicasen y ensanchasen su santo Nombre y fé, como parece en muchos capítulos de este libro, de los pueblos y provincias que convirtieron y bautizaron en el principio de la conversion cuando la multitud venia al bautismo, que eran tantos los que se venian á bautizar, que los sacerdotes bautizantes muchas veces les acontecia no poder levantar el jarro con que bautizaban por tener el brazo cansado, y aunque remudaban el jarro les cansaban ambos brazos, y de traer el jarro en las manos se les hacian callos y aun llagas. A un fraile aconteció que como hubiese poco que se hubiese rapado la corona y la barba, bautizando en un gran patio á muchos Indios, que aun entonces no habia iglesias, y el sol ardia tanto, que le quemó toda la cabeza y la cara, de tal manera, que mudó los cueros de la cabeza y del rostro. En aquel tiempo acontecia á un solo sacerdote bautizar en un dia cuatro, y cinco, y seis mil; y en Xochimilco bautizaron en un dia dos sacerdotes mas de quince mil; el uno ayudó á tiempos y á tiempos descansó; este bautizó poco mas de cinco mil, y el otro que mas tuvo la tela bautizó mas de diez mil por cuenta. Y porque eran muchos los que buscaban el bautismo, visitaban y bautizaban en un dia tres y cuatro pueblos, y hacian el oficio muchas veces al dia, y salian los Indios á recibirlos y á buscarlos por los caminos y dábanles muchas rosas y flores y algunas veces les daban cacao, que es una bebida que en esta tierra se usa mucho, en especial en tiempo de calor. Este acatamiento y recibimiento que hacen á los frailes vino de mandarlo el señor marques del Valle Don Hernando Cortés á los Indios; porque desde el principio les mandó que tuviesen mucha reverencia y acatamiento á los sacerdotes, como ellos solian tener á los ministros de sus ídolos. Y tambien hacian entonces recibimientos á los Españoles, lo cual ya todos no lo han querido consentir, y han mandado á los Indios que no lo hagan, y aun con todo esto en algunas partes no basta. Despues que los frailes vinieron á esta tierra dentro de medio año comenzaron á predicar, á las veces por intérprete y otras por escrito; pero despues que comenzaron á hablar la lengua predican muy á menudo los domingos y fiestas, y muchas veces entre semana, y en un dia iban y andaban muchas parroquias y pueblos; dia hay que predican dos y tres veces, y acabado de predicar siempre hay algunos que bautizar. Buscaron mil modos y maneras para traer á los Indios en conocimiento de un solo Dios verdadero; y para apartarlos del error de los ídolos diéronles muchas maneras de doctrina. Al principio para les dar sabor enseñáronles el Per signum Crucis, el Pater Noster, Ave María, Credo, Salve, todo cantado de un tono muy llano y gracioso. Sacáronles en su propia lengua de Anáhuac los mandamientos en metro y los artículos de la fe, y los sacramentos tambien cantados;

y aun hoy dia los cantan en muchas partes de la Nueva España. Asimismo les han predicado en muchas lenguas y sacado doctrinas y sermones. En algunos monasterios se ayuntan dos y tres lenguas diversas; y fraile hay que predica en tres lenguas todas diferentes, y así van discurriendo y enseñando por muchas partes, adonde nunca fué oida ni recibida la palabra de Dios. No tuvieron tampoco poco trabajo en quitar y desarraigar á estos naturales la multitud de las mujeres, la cual cosa era de mucha dificultad, porque se les hacia muy dura cosa dejar la antigua costumbre carnal, y cosa que tanto abraza la sensualidad; para lo cual no bastaban fuerzas ni industrias humanas, sino que el Padre de las misericordias les diese su divina gracia; porque no mirando á la honra y parentesco que mediante las mujeres con muchos contraian, y gran favor que alcanzaban, tenian con ellas mucha granjería y quien les tejia y hacia mucha ropa, y eran muy servidos, porque las mujeres principales llevaban consigo otras criadas. Despues de venidos al matrimonio tuvieron muy gran trabajos y muchos escrúpulos hasta darles la verdadera y legítima mujer.

Por los muy árduos y muy nuevos casos y en gran manera intrincados contraimientos que en estas partes se hallan, habian estos contraido con las hijas de los hombres ó del demonio de dó procedieron gigantes que son los enormes y grandes pecados: y no se contentaban con una mujer, porque un pecado llama y trae otro pecado, de que se hace la cadena de muchos eslabones de pecados con que el demonio los trae encadenados: mas ahora ya todos reciben el matrimonio y ley de Dios, aunque en algunas provincias aun no han dejado las mancebas y concubinas todas. El continuo y mayor trabajo que con estos Indios se pasó, fué en las confesiones, porque son tan continuas que todo el año es una cuaresma, á cualquiera hora del dia y en cualquier lugar, así en las iglesias como en los caminos; y sobre todo son continuos los enfermos; las cuales confesiones son de muy gran trabajo; porque como los agravian las enfermedades, y muchos de ellos nunca se confesaron, la caridad demanda ayudarlos y disponer como quien está *in artículo mortis* para que vayan en via de salvacion. Muchos de estos son sordos, otros llagados, que cierto los confesores en esta tierra no tienen de ser delicados ni asquerosos para sufrir esta carga; y muchos dias son tantos los enfermos, que los confesores están

TRATADO III, CAPITULO III.

como un Josué rogando á Dios que detenga el sol y alargue el dia para que se acaben de confesar los enfermos. Bien creo yo que los que en este trabajo se ejercitaren y perseveraren fielmente, que es género de martirio y delante de Dios muy acepto servicio; porque son estos como los ángeles que señalan con el *tau* á los gimientes y dolientes: ¿qué otra cosa es bautizar, desposar, confesar, sino señalar siervos de Dios para que no sean heridos del ángel percuciente, y los así señalados trabajen de los defender y guardar de los enemigos que no los consuman y acaben? Tiempo fué, y algunos años duró, que los que de oficio debieran defender y conservar los Indios, los trataban de tal manera que entraban buenas manadas de esclavos en México, hechos como Dios sabe. Y los tributos de los Indios no pequeños, y las obras que sobre todo esto les cargaban encima no pocas, y los materiales á su costa, iba la cosa de tal manera, que como quien se come una manzana se iban á tragar los Indios; pero el pastor de ellos, al cual principalmente pertenecian de oficio, que fué el primer obispo de México Don Fray Juan de Zumárraga, y aquellos de quien al presente hablo, que son escorias y heces del mundo, opusiéronse de tal manera para que no tragasen la manzana sin las mondaduras, y así les amargaron las cortezas; que no se tragaron ni acabaron los Indios; porque Dios, que tiene á muchos de estos Indios y muchos de sus hijos y nietos predestinados para su gloria, lo remedió, y el Emperador desde que fué informado proveyó de tales personas que desde entonces les va á los Indios de bien en mejor. Bien son dignos de perpetua memoria los que tan buen remedio pusieron en esta tierra; estos fueron, el obispo Don Sebastian Ramirez, presidente de la Audiencia Real, el cual tuvo singular amor á estos Indios y los defendió y conservó sabiamente, y rigió la tierra en mucha paz con los buenos coadjutores que tuvo, los cuales no menos gracias merecen, que fueron los oidores que con él fueron proveidos; de la cual Audiencia habia bien que decir, y de cómo remediaron esta tierra, que la hallaron con la candela en la mano, que si mucho se tardaran bien le pudieran hacer la sepultura, como á las otras islas; más es de esto lo que siento que lo que digo; yo creo que son dignos de gran corona delante del Rey del cielo y del de la tierra tambien. Y para todo buen aprovechamiento trajo Dios al Señor Don Antonio de Mendoza, visorey y gobernador, que ha echado el sello, y en su oficio ha procedido prudentemente y ha tenido y tiene grande amor á esta patria, conservándola en todo buen regimiento de cristiandad y policía. Los oidores fueron el licenciado Juan de Salmeron, el licenciado Alonso Maldonado, el licenciado Ceynos, el licenciado Quiroga.

CAPÍTULO IV.

De la humildad que los frailes de San Francisco tuvieron en convertir á los Indios, y de la paciencia que tuvieron en las adversidades.

Fué tanta la humildad y mansa conversacion que los frailes menores tuvieron en el tratamiento é inteligencia que con los Indios tenian, que como algunas veces en los pueblos de los Indios quisiesen entrar á poblar y hacer monasterios religiosos frailes de otras órdenes, iban los mismos Indios á rogar al que estaba en lugar de su majestad, que regia la tierra, que entonces era el señor obispo Don Sebastian Ramirez, diciéndole, que no les diesen otros frailes sino de los de San Francisco, porque los conocian y amaban, y eran de ellos amados; y como el señor presidente les preguntase la causa por qué querian mas á aquellos que á otros, respondian los Indios: "Porque estos andan pobres y descalzos como nosotros, comen de lo que nosotros, asiéntanse entre nosotros, conversan entre nosotros mansamente." Otras veces queriendo dejar algunos pueblos para que entrasen frailes de otras órdenes, venian los Indios llorando á decir: "que si se iban y los dejaban, que tambien ellos dejarian sus casas y se irian tras ellos;" y de hecho lo hacian y se iban tras los frailes; esto yo lo vi por mis ojos. Y por esta buena humildad que los frailes tenian á los Indios, todos los señores de la Audiencia Real les tuvieron mucho miramiento, aunque al principio venian de Castilla indignados contra ellos, y con propósito de los reprender y abatir, porque venian informados que los frailes con soberbia mandaban á los Indios y se enseñoreaban de ellos; pero despues que vieron lo contrario tomáronles mucha aficion, y conocieron haber sido pasion lo que en España de ellos se decia.

Algunos trataron y conversaron con personas que pudieran ser parte para les procurar obispados y no lo admitieron; otros fueron elegidos en obispos, y venidas las elecciones las renunciaron humildemente, diciendo que no se hallaban suficientes ni dignos para tan alta dignidad; aunque en esto hay diversos pareceres si acertaron ó no en renunciar; porque para esta nueva tierra y entre esta humilde generacion convenia mucho que fueran los obispos como en la primitiva Iglesia, pobres y humildes, que no buscaran rentas sino ánimas, ni fuera menester llevar tras sí mas de su pontifical, y que los Indios no vieran obispos regalados, vestidos de camisas delgadas y dormir en sábanas y colchones y vestirse de muelles vestiduras, porque los que tienen ánimas á su cargo han de imitar á Jesucristo en humildad y pobreza, y traer su cruz á cuestas y desear morir en ella; pero como renunciaron simplemente y por se allegar á la humildad, creo que delante de Dios no serán condenados.

Una de las buenas cosas que los frailes tienen en esta tierra es la humildad, porque muchos de los Españoles les humillan con injurias y murmuraciones, pues de parte de los Indios no tienen de qué tomar vanagloria, porque ellos les exceden en penitencia y en menosprecio. Y así cuando algun fraile de nuevo viene de Castilla, que allá era tenido por muy penitente, y que hacia raya á los otros, venido acá es como rio que entra en la mar, porque acá toda la comunidad vive estrechamente y guarda todo lo que se puede guardar; y si miran á los Indios, verlos han paupérrimamente vestidos y descalzos, las camas y moradas en extremo pobres; pues en la comida al mas estrecho penitente exceden, de manera que no hallarán de qué tener vanagloria ninguna; y si se rijen por razon muy menos tendrán soberbia; porque todas las cosas son de Dios, y el que afirma alguna cosa buena ser suya es blasfemia, porque es querer hacerse Dios; pues luego locura es gloriarse el hombre de las cosas ajenas, pues para esperar y recibir los bienes de gloria que por Jesucristo nos son prometidos y para sufrir los males y adversidades que á cada paso se ofrecen á los que piadosa y justamente quieren vivir, *patientia necessaria est*. Esta sufre y lleva la carga de todas las tribulaciones y sufre los golpes de los enemigos sin ser herida el ánima; así como contra los bravos tiros de la artillería ponen cosas muelles y blandas en que ejecuten su furia, bien así contra las tribulaciones y tentaciones del demonio y del mundo y de la carne se debe poner la paciencia; que con lo contrario nuestra ánima será presto turbada y rendida. De esta manera ponian los frailes la paciencia por escudo contra las injurias de los Españoles; y cuando ellos muy indignados decian, que los frailes destruian la tierra en favorecer á los Indios contra ellos, los frailes para mitigar su ira respondian con paciencia: "Si nosotros no defendiésemos los Indios, ya vosotros no tendríades quien os sirviese. Si nosotros los favorecemos, es para conservarlos, y para que tengais quien os sirvan; y en defenderlos y enseñarlos, á vosotros servimos y vuestras conciencias descargamos; porque cuando de ellos os encargásteis, fué con obligacion de enseñarlos; y no teneis otro cuidado, sino que os sirvan y os den cuanto tienen y pueden haber. Pues ya que tienen poco ó nada, si los acabásedes ¿quién os serviria?" Y así muchos de los Españoles, á lo menos los nobles y los virtuosos, decian y dicen muchas veces; que si no fuera por los frailes de San Francisco la Nueva España fuera como las Islas, que ni hay Indio á quien enseñar la ley de Dios ni quien sirva á los Españoles. Los Españoles tambien se quejaban y murmuraban diciendo mal de los frailes, porque mostraban querer mas á los Indios que no á ellos, y que los reprendian ásperamente; lo cual era causa que les faltasen muchos con sus limosnas, y les tuvieran una cierta manera de aborrecimiento. A esto respondian los frailes diciendo: "Que siempre habian tenido á los Españoles por domésticos de la fe; y que si alguno ó algunos de ellos alguna vez tenian alguna necesidad espiritual ó corporal, mas aina acudian á ellos que no á los Indios; mas como los Españoles en comparacion de los Indios son muy pocos, y saben bien buscar su remedio, así espiritual como corporal, mejor que los Indios, que no tienen otros sino aquellos que han aprendido la lengua; porque los principales y casi todos son de los frailes menores, hay razon que se vuelvan á remediar á los Indios que son tantos y tan necesitados de remedio; y aun con estos no pueden cumplir por ser tantos, y es mucha razon que se haga así, pues no costaron menos á Jesucristo las ánimas de estos Indios como las de los Españoles y Romanos, y la ley de Dios obliga á favorecer y á animar á estos que están con la leche de la fe en los labios, que no á los que la tienen ya tragada con la costumbre."

Por la defension de los Indios, y por les procurar algun tiempo en que pudiesen ser enseñados de la doctrina cristiana, y porque no los ocupasen en domingos ni fiestas, y por les procurar moderacion en sus tributos, los cuales eran tan grandes que muchos pueblos no los pudiendo cumplir vendian á mercaderes que solia haber entre ellos, los hijos de los pobres y las tierras, y como los tributos eran ordinarios, y no bastase para ellos vender lo que tenian, algunos pueblos casi del todo se despoblaron, y otros se iban despoblando, si no se pusiera remedio en moderar los tributos, lo cual fué causa que los Españoles se indignasen tanto contra los frailes, que estuvieron determinados de matar algunos de ellos, que les parecia que por su causa perdian el interes que sacaban de los pobres Indios. Y estando por esta causa para dejar los frailes del todo esta tierra y volverse á Castilla, Dios que socorre en las mayores tribulaciones y necesidades, no lo consintió; porque siendo la católica majestad del emperador Don Cárlos informado de la verdad, procuró una bula del papa Paulo III, para que de la vieja España viniesen á esta tierra ciento y cincuenta frailes.

CAPÍTULO V.

De cómo Fray Martin de Valencia procuró de pasar adelante en convertir nuevas gentes, y no lo pudo hacer, y otros frailes despues lo hicieron.

Despues que el padre Fray Martin de Valencia hubo predicado y enseñado con sus compañeros en México y en las provincias comarcanas ocho años, quiso pasar adelante y entrar en la tierra de mas adentro, haciendo su oficio de predicacion evangélica; y como en aquella sazon él fuese prelado, dejó en su lugar un comisario, y tomando consigo ocho compañeros, se fué á Tecoantepec, puerto de la Mar del Sur, que está de México mas de cien leguas, para embarcarse allí para ir adelante; porque siempre tuvo opinion que en aquel paraje de la Mar del Sur habia muchas gentes que estaban por descubrir; y para efectuar este viaje, Don Hernando Cortés, marques del Valle, le habia prometido de darle navíos, para que le pusiesen adonde tanto deseaba, para que allí predicasen el Evangelio y palabra de Dios, sin que precediese conquista de armas. Estuvo en el puerto de Tecoantepec esperando los navíos siete meses, para el cual tiempo habian quedado los maestros de darlos acabados, y para mejor cumplir su palabra, el marques en persona, desde Cuauhnahuac, que es un pueblo de su marquesado á do siempre reside, que está de México once leguas, fué á Tecoantepec á despachar y dar los navíos, y con toda la diligencia que él pudo poner no se acabaron; porque en esta tierra con mucha dificultad, y costa y tiempo, se echan los navíos al agua. Pues viendo el siervo de Dios que los navíos le faltaban dió la vuelta para México, dejando allí tres compañeros de los suyos para que acabados los navíos fuesen en ellos á descubrir.

En el tiempo que Fray Martin de Valencia, que fueron siete meses los que estuvo en Tecoantepec, siempre él y sus compañeros trabajaron en enseñar y doctrinar á la gente de la tierra, sacándoles la doctrina cristiana en su lengua que es de Zapotecas, y no solo á estos, pero en todas las lenguas y pueblos por donde iban, predicaban y bautizaban. Entonces pasaron por un pueblo que se dice Mictlan, que en esta lengua quiere decir *infierno*, adonde hallaron algunos edificios mas de ver que en parte ninguna de la Nueva España; entre los cuales habia un templo del demonio y aposento de sus ministros, muy de ver, en especial una sala como de artesones. La obra era de piedra, hecha con muchos lazos y labores: habia muchas portadas, cada una de tres piedras grandes, dos á los lados y una por encima, las cuales eran muy gruesas y muy anchas: habia en aquellos aposentos otra sala, que tenia unos pilares redondos, cada uno de una sola pieza, tan gruesos, que dos hombres abrazados con un pilar apenas se tocaban las puntas de los dedos; serian de cinco brazas de alto. Decia Fray Martin que se descubririan en aquella costa gentes mas hermosas y de mas habilidad que estas de la Nueva España, y que si Dios le diese vida que la gastaria con aquellas gentes como habia hecho con estotras; mas Dios no fué servido que por él fuese descubierto lo que tanto deseaba, aunque permitió que fuese descubierto por frailes menores: porque como uno de los compañeros del dicho Fray Martin de Valencia, llamado Fray Antonio de Ciudad Rodrigo, siendo provincial en el año de 1537, envió cinco frailes á la costa del Mar del Norte, y fueron predicando y enseñando por los pueblos de Coatzacoalco y Puitel[1] (aquí está poblado de Españoles, y el pueblo se llama Santa María de la Victoria; ya esto es en Tabasco), pasaron á Xicalanco, adonde en otro tiempo habia muy gran trato de mercaderes é iban hasta allí mercaderes mexicanos, y aun ahora van algunos. Y pasando la costa adelante allegaron los frailes á Champoton y á Campech; á este Campech llaman los Españoles Yucatan. En este camino y entre esta gente estuvieron dos años, y hallaban en los Indios habilidad y disposicion para todo bien, porque oian de grado la doctrina y palabra de Dios. Dos cosas notaron mucho los frailes en aquellos Indios, que fueron, ser gente de mucha verdad, y no tomar cosa ajena aunque estuviese caida muchos dias. Saliéronse los frailes de esta tierra por ciertas diferencias que hubo entre los Españoles y los Indios naturales. En el año de 1538 envió otros tres frailes en unos navíos del marques del Valle que fueron á descubrir por la Mar del Sur: de estos aunque se sonó y dijo que habian hallado tierra poblada y muy rica, no está muy averiguado, ni hasta ahora, que es en el principio del año de 1540, no ha venido nueva cierta. Este mismo año envió este mismo provincial Fray Antonio de Ciudad Rodrigo, dos frailes por la costa del Mar del Sur, la vuelta hácia el Norte por Xalisco y por la Nueva Galicia, con un capitan que iba á descubrir; y ya que pasaban la tierra que por aquella costa está descubierta y conocida y conquistada, hallaron dos caminos bien abiertos; el capitan escogió y se fué por el camino de la derecha, que declinaba la tierra adentro, el cual á muy pocas jornadas dió en unas sierras tan ásperas, que no las pudieron pasar; le fué forzado volverse por el mismo camino que habia ido. De los dos frailes adoleció el uno, y el otro con dos intérpretes tomó por el

---

[1] Ignoramos de qué pueblo se trate. Torquemada al citar este pasaje de nuestro autor (Lib. 19, cap. 17,) omite el nombre de este pueblo.

camino de la mano izquierda, que iba hácia la costa, y hallóle siempre abierto y seguido; y á pocas jornadas dió en tierra poblada de gente pobre, los cuales salieron á él llamándole mensajero del cielo, y como tal le tocaban todos y besaban el hábito: acompañábanle de jornada en jornada trescientas y cuatrocientas personas, y á veces muchas mas, de los cuales algunos en siendo hora de comer iban á caza, de la cual habia mucha, mayormente de liebres, conejos y venados, y ellos que se saben dar buena maña, en poco espacio tomaban cuanto querian; y dando primero al fraile, repartian entre sí lo que habia. De esta manera anduvo mas de trescientas leguas, y casi en todo este camino tuvo noticia de una tierra muy poblada de gente vestida, y que tienen casas de terrado, y de muchos sobrados. Estas gentes dicen estar pobladas á la ribera de un gran rio, á do hay muchos pueblos cercados, y á tiempos tienen guerras los señores de los pueblos contra los otros; y dicen que pasado aquel rio, hay otros pueblos mayores y mas ricos. Lo que hay en los pueblos que están en la primera ribera dicen que son vacas menores que las de España, y otros animales muy diferentes de los de Castilla; buena ropa, no solo de algodon mas tambien de lana, y que hay ovejas de que se saca aquella lana: estas ovejas no se sabe de qué manera sean. Esta gente usan de camisas y vestiduras con que se cubren sus cuerpos. Tienen zapatos enteros que cubren todo el pié, lo cual no se ha hallado en todo lo hasta ahora descubierto. Tambien traen de aquellos pueblos muchas turquesas, las cuales y todo lo demas que aquí digo habia entre aquella gente pobre adonde llegó el fraile; no que en sus tierras se criasen, sino que las traian de aquellos pueblos grandes adonde iban á tiempos á trabajar, y á ganar su vida como hacen en España los jornaleros.

En demanda de esta tierra habian salido ya muchas armadas, así por mar como por tierra, y de todos la escondió Dios, y quiso que un pobre fraile descalzo la descubriese; el cual cuando trajo la nueva, al tiempo que lo dijo, le prometieron que no la conquistarian á fuego y á sangre, como se ha conquistado casi todo lo que en esta tierra firme está descubierto, sino que se les predicaria el Evangelio: pero como esta nueva fué derramada, voló brevemente por todas partes, y como á cosa hallada muchos la quisieron ir á conquistar; por mas bien ó menos mal tomó la delantera el vicerey de esta

Nueva España Don Antonio de Mendoza, llevando santa intencion y muy buen deseo de servir á Dios en todo lo que en sí fuere, sin hacer agravio á los prójimos.

En el año de 1539 dos frailes entraron por la provincia de Michuacan á unas gentes que se llaman Chichimecas, que ya otras veces habian consentido entrar en sus tierras frailes menores, y los habian recibido de paz y con mucho amor, que de los Españoles siempre se han defendido y vedádoles la entrada, así por ser gente belicosa y que poco mas poseen de un arco con sus flechas, como porque los Españoles ven poco interes en ellos. Aquí descubrieron estos dos frailes que digo, cerca de treinta pueblos pequeños, que el mayor de ellos no tendria seiscientos vecinos. Estos recibieron de muy buena voluntad la doctrina cristiana, y trajeron sus hijos al bautismo; y por tener mas paz y mejor disposicion para recibir la fe, demandaron libertad por algunos años, y que despues darian un tributo moderado de lo que cogen y crian en sus tierras; y que de esta manera darian la obediencia al rey de Castilla: todo se le concedió el vicerey Don Antonio de Mendoza, y les dió diez años de libertad para que no pagasen ningun tributo. Despues de estos pueblos se siguen unos llanos, los mayores que hay en toda la Nueva España: son de tierra estéril, aunque poblada toda de gente muy pobre, y muy desnuda, que no cubren sino sus vergüenzas; y en tiempo de frio se cubren con cueros de venados, que en todos aquellos llanos hay mucho número de ellos, y de liebres y conejos, y culebras y víboras; y de esto comen asado, que cocido ninguna cosa comen, ni tienen choza, ni casa, ni hogar, mas de que se abrigan bajo de algunos árboles, y aun de estos no hay muchos sino tunales, que son unos árboles que tienen las hojas del grueso de dos dedos, unas mas y otras menos, tan largas como un pié de un hombre, y tan anchas como un palmo; de una hoja de estas se planta y van procediendo de una hoja en otra, y á los lados tambien van echando hojas, y haciéndose de ellas árbol. Las hojas del pié engordan mucho, y fortalécense tanto hasta que se hacen como pié ó tronco de árbol. Este vocablo tunal, y tuna por su fruta, es nombre de las Islas, porque en ellas hay muchos de estos árboles, aunque la fruta no es tanta ni tan buena como la de esta tierra. En esta Nueva España al árbol llaman nopal, y á la fruta nochtli. De este género de nochtli hay de muchas especies;

unas llaman montesinas, estas no las comen sino los pobres; otras hay amarillas y son buenas; otras llaman picadillas, que son entre amarillas y blancas, y tambien son buenas; pero las mejores de todas son las blancas, y á su tiempo hay muchas y duran mucho, y los Españoles son muy golosos de ellas, mayormente en verano y de camino con calor, porque refrescan mucho. Hay algunas tan buenas, que saben á peras, y otras á uvas. Otras hay muy coloradas y no son nada apreciadas, y si alguno las come es porque vienen primero que otras ningunas. Tiñen tanto, que hasta la orina del que las come tiñen, de manera que parece poco menos que sangre; tanto, que de los primeros conquistadores que vinieron con Hernando Cortés, llegando un dia adonde habia muchos de estos árboles, comieron mucho de aquella fruta sin saber lo que era, y como despues todos se viesen que orinaban sangre, tuvieron mucho temor pensando que habian comido alguna fruta ponzoñosa, y que todos habian de ser muertos; hasta que despues fueron desengañados por los Indios. En estas tunas, que son coloradas, nace la grana, que en esta lengua se llama nocheztli. Es cosa tenida en mucho precio porque es muy subido colorado; entre los Españoles se llama carmesí. Estos Indios que digo, por ser la tierra tan estéril que á tiempo carece de agua, beben del zumo de estas hojas de nopal. Hay tambien en aquellos llanos muchas turmas de tierra, las cuales no sé yo que en parte ninguna de esta Nueva España se hayan hallado sino allí.

CAPÍTULO VI.

De unos muy grandes montes que cercan toda esta tierra, y de su gran riqueza y fertilidad, y de muchas grandezas que tiene la ciudad de México.

No son de menos fruto y provecho las salidas y visitaciones que continuamente se hacen de los monasterios adonde residen los frailes que las ya dichas, porque ademas de los pueblos cercanos y que visitan á menudo, salen á otros pueblos y tierras que están apartadas cincuenta y cien leguas, de los cuales antes que acaben la visita, y vuelvan á sus casas, han andado ciento y cincuenta leguas y á veces doscientas; porque es cierto que adonde no llegan frailes no hay verdadera cristiandad; porque todos los Españoles pretenden su interes, no curan de enseñarlos y doctrinarlos, ni hay quien les diga lo que toca á la fe y creencia de Jesucristo, verdadero Dios y universal Señor, ni quien procure destruir sus supersticiones y ceremonias y hechicerías, muy anejas á la idolatría, y es muy necesario andar por todas partes. Y esta Nueva España está toda llena de sierras, tanto, que puesto uno en la mayor vega ó llano, mirando á todas partes hallará sierra ó sierras á seis y á siete leguas, salvo en aquellos llanos que dije en el capítulo pasado y en algunas partes de la costa de la mar. Especialmente va una cordillera de sierras sobre el Mar del Norte, esto es, encima del mar Océano, que es la mar que traen los que vienen de España. Estas sierras van muchas leguas de largo, que es todo lo descubierto, que son ya mas de cinco mil leguas, y todavía pasan adelante y van descubriendo mas tierra. Esta tierra se ensangosta tanto, que queda de mar á mar en solas quince leguas, porque desde el Nombre de Dios, que es un pueblo en la costa del Mar del Norte, hasta Panamá, que es otro pueblo en la costa del Mar del Sur, no hay mas de solas quince leguas; y estas sierras que digo, pasada esta angostura de tierra, hacen dos piernas; la una prosigue la misma costa del Mar del Norte, y la otra la vuelta de la tierra del Perú, en muy altas y fragosas sierras, mucho mas sin comparacion de los Alpes ni que los montes Pirineos; y pienso que en toda la redondez de la tierra no hay otras montañas tan altas ni tan ásperas, y puédense sin falta llamar estos montes los mayores y mas ricos del mundo, porque ya de esta cordillera de sierras, sin la que vuelve al Perú, están como digo, descubiertas mas de cinco mil leguas, y no las han llegado al cabo. Y lo que mas es de considerar, y que causa grandísima admiracion es, que tantos y tan grandes montes hayan estado encubiertos tanta multitud de años como há que pasó el gran diluvio general, estando en el mar Océano, adonde tantas naos navegan, y los recios temporales y grandes tormentas y tempestades han echado y derramado tantas naos muy fuera de la rota que llevaban, y muy lejos de su navegacion; y siendo tantas y en tantos años y tiempos, nunca con estas sierras toparon, ni estos montes parecieron. La causa de esto debemos dejar para el que es causa de todas las causas; creyendo que pues él ha sido servido de que no se manifestasen ni se descubriesen hasta nuestros tiempos, que esto ha sido lo mejor y que mas conviene á la fe y religion cristiana. Lo mas alto de esta Nueva España, y los mas altos montes, por estar en la mas alta tierra, parecen ser los que están alrededor de México. Está México toda cercada de montes, y tiene una muy hermosa corona de sierras á la redonda de sí, y ella está puesta en medio, lo cual le causa gran hermosura y ornato, y mucha seguridad y fortaleza; y tambien la viene de aquellas sierras mucho provecho, como se dirá adelante. Tiene muy hermosos montes, los cuales la cercan toda como un muro. En ella asiste la presencia divina en el Santísimo Sacramento, así en la iglesia catedral como en tres monasterios que en ella hay, de agustinos, dominicos y franciscos, y sin estas hay otras muchas iglesias.

En la iglesia mayor reside el obispo con sus dignidades, canónigos, curas y capellanes. Está muy servida y muy adornada de vasijas y ornamentos para el culto divino, como de instrumentos musicales. En los monasterios hay muchos muy devotos religiosos, de los cuales salen muchos predicadores, que no solo en lengua española mas en otras muchas lenguas de las que hay en las provincias de los Indios, los predican y convierten á la creencia verdadera de Jesucristo. Asimismo está en México representando la persona del Emperador y gran monarca Cárlos V, el vicerey y Audiencia Real que en México reside, rigiendo y gobernando la tierra y administrando justicia. Tiene esta ciudad su cabildo ó regimiento muy honrado, el cual la gobierna y ordena en toda buena policía. Hay en ella muy nobles caballeros y muy virtuosos casados, liberalísimos en hacer limosnas. Tienen muchas y muy buenas confradías, que honran y solemnizan las fiestas principales, y consuelan y recrean muchos pobres enfermos, y entierran honradamente los difuntos. Tiene esta ciudad un muy solemne hospital, que se llama de la Concepcion de Nuestra Señora, dotado de grandes indulgencias y perdones, las cuales ganó Don Hernando Cortés marques del Valle, que es su patron. Tiene tambien este hospital mucha renta y hacienda. Está esta ciudad tan llena de mercaderes y oficiales como lo está una de las mayores de España. Está esta ciudad de México ó Tenochtitlan muy bien trazada y mejor edificada de muy buenas, grandes y muy fuertes casas: es muy proveida y bastecida de todo lo necesario, así de lo que hay en la tierra como de cosas de España: andan ordinariamente cien harrias ó recuas desde el puerto que se llama la Vera-Cruz proveyendo esta ciudad, y muchas carretas que hacen lo mismo; y cada dia entran gran multitud de Indios, cargados de bastimentos y tributos, así por tierra como por agua, en acallis ó barcas, que en lengua de las Islas llaman *canoas*. Todo esto se gasta y consume en México, lo cual pone alguna admiracion, porque se ve claramente que se gasta mas en sola la ciudad de México, que en dos ni en tres ciudades de España de su tamaño. La causa de esto es que todas las casas están muy llenas de gentes, y tambien que como están todos holgados y sin necesidad, gastan largo.

Hay en ella muchos y muy hermosos caballos; porque los hace el maiz y el continuo verde que tienen, que lo comen todo el año, así de la caña del maiz, que es muy mejor que alcacer, y dura mucho tiempo este pienso, y despues entra un junquillo muy bueno, que siempre lo hay verde en el agua, de que la ciudad está cercada. Tiene muchos ganados de vacas, y yeguas, y ovejas, y cabras, y puercos. Entra en ella por una calzada un grueso caño de muy gentil agua, que se reparte por muchas calles: por esta misma calzada tiene una muy hermosa salida, de una parte y de otra llena de huertas que duran una legua. ¡O México, que tales montes te cercan y te coronan! ahora con razon volará tu fama, porque en tí resplandece la fe y Evangelio de Jesucristo. Tú que antes eras maestra de pecados, ahora eres enseñadora de verdad; y tú que antes estabas en tinieblas y oscuridad, ahora das resplandor de doctrina y cristiandad. Más te ensalza y engrandece la sujecion que tienes al invictísimo César Don Cárlos, que el tirano señorío con que otro tiempo á todos querias sujetar. Eras entonces una Babilonia, llena de confusiones y maldades; ahora eres otra Jerusalem, madre de provincias y reinos. Andabas é ibas á do querias, segun te guiaba la voluntad de un idiota gentil, que en tí ejecutaba leyes bárbaras; ahora muchos velan sobre tí, para que vivas segun leyes divinas y humanas. Otro tiempo con autoridad del príncipe de las tinieblas, anhelando amenazabas, prendias y sacrificabas, así hombres como mujeres, y su sangre ofrecias al demonio en cartas y papeles; ahora con oraciones y sacrificios buenos y justos adoras y confiesas al Señor de los señores. ¡O México!

si levantases los ojos á tus montes, de que estás cercada, verias que son en tu ayuda y defensa mas ángeles buenos, que demonios fueron contra tí en otro tiempo, para te hacer caer en pecados y yerros.

Ciertamente de la tierra y comarca de México, digo de las aguas vertientes de aquella corona de sierras que tiene á vista en rededor, no hay poco que decir sino muy mucho. Todos los derredores y laderas de las sierras están muy pobladas, en el cual término hay mas de cuarenta pueblos grandes y medianos, sin otros muchos pequeños á estos sujetos. Están en solo este circuito que digo nueve ó diez monasterios bien edificados y poblados de religiosos, y todos tienen bien en que entender en la conversion y aprovechamiento de los Indios. En los pueblos hay muchas iglesias, porque hay pueblo fuera de los que tienen monasterio, de mas de diez iglesias; y estas muy bien aderezadas, y en cada una su campana ó campanas muy buenas. Son todas las iglesias por defuera muy lucidas y almenadas, y la tierra que en sí es alegre y muy vistosa, por causa de la frescura de las montañas que están en lo alto, y el agua en lo bajo, de todas partes parece muy bien, y adornan mucho á la ciudad.

Parte de las laderas y lo alto de los montes son de las buenas montañas del mundo, porque hay cedros y muchos cipreses, y muy grandes; tanto, que muchas iglesias y casas son de madera de ciprés. Hay muy gran número de pinos, y en extremo grandes y derechos; y otros que tambien los Españoles llaman pinos ó hayas. Hay muchas y muy grandes encinas y madroños, y algunos robles. De estas montañas bajan arroyos y rios, y en las laderas y bajos salen muchas y muy grandes fuentes. Toda esta agua y mas la llovediza hace una gran laguna, y la ciudad de México está asentada parte dentro de ella, y parte á la orilla. A la parte de Occidente por medio del agua va una calzada que la divide; la una parte es de muy pestífera agua, y la otra parte es de agua dulce, y la dulce entra en la salada porque está mas alta: y aquella calzada tiene cuatro ó cinco ojos con sus puentes, por donde sale de la agua dulce á la salada mucha agua. Estuvo México al principio fundada mas baja que ahora está, y toda la mayor parte de la ciudad la cercaba agua dulce, y tenia dentro de sí muchas frescas arboledas de cedros, y cipreses, y sauces, y de otros árboles de flores: porque los Indios señores no procuran árboles de fruta, porque se la traen sus vasallos, sino árboles de floresta, de donde

TRATADO III, CAPITULO VI.

cojan rosas y adonde se crian aves, así para gozar del canto como para las tirar con cerbatana, de la cual son grandes tiradores. Como México estuviese así fundada dentro de la laguna, obra de dos leguas adelante, hácia la parte de Oriente, se abrió una gran boca, por la cual salió tanta agua, que en pocos dias que duró hizo crecer á toda la laguna, subió sobre los edificios bajos ó sobre el primer suelo mas de medio estado: entonces los mas de los vecinos se retrajeron hácia la parte de Poniente, que era tierra firme. Dicen los Indios que salian por aquella boca muchos peces, tan grandes y tan gruesos como el muslo de un hombre; lo cual les causaba grande admiracion, porque en el agua salada de la laguna no se crian peces, y en la dulce son tan pequeños, que los mayores son como un palmo de un hombre. Esta agua que así reventó debe ser de algun rio que anda por aquellos montes, porque ya ha salido otras dos veces por entre dos sierras nevadas que México tiene á vista delante de sí hácia la parte de Occidente y Mediodía: la una vez fué despues que los cristianos están en la tierra, y la otra pocos años antes. La primera vez fué tanta el agua, que los Indios señalan ser dos tantos que el rio grande de la ciudad de los Ángeles, el cual rio por las mas partes siempre se pasa por puente; y tambien salian aquellos grandes pescados como cuando se abrió por la laguna. Entonces el agua vertió á la otra parte de la sierra hácia Huexotzinco, y yo he estado cerca de donde salió esta agua que digo, y me he certificado de todos los Indios de aquella tierra. Entre estas dos sierras nevadas está el puente que al principio solian pasar yendo de la ciudad de los Ángeles para México, el cual ya no se sigue porque los Españoles han descubierto otros caminos mejores. A la una de estas sierras llaman los Indios sierra blanca, porque siempre tiene nieve; á la otra llaman sierra que echa humo: y aunque ambas son bien altas, la del humo me parece ser mas alta, y es redonda desde lo bajo, aunque el pié baja y se extiende mucho mas. La tierra que esta sierra tiene de todas partes es muy hermosa y muy templada, en especial la que tiene al Mediodía. Este volcan tiene arriba en lo alto de la sierra una gran boca, por la cual solia salir un grandísimo golpe de humo, el cual algunos dias salia tres y cuatro veces. Habia de México á lo alto de esta sierra ó boca doce leguas, y cuando aquel humo salia parecia ser tan claro, como si estuviera muy cerca, porque salia con grande ímpetu y muy espeso; y despues que subia en tanta altura y gordor como la torre de la iglesia mayor de Sevilla, aflojaba la furia, y declinaba á la parte que el viento le queria llevar. Este salir de humo cesó desde el año de 1528, no sin grande nota de los Españoles y de los Indios. Algunos querian decir que era boca del infierno.

CAPÍTULO VII.

De los nombres que México tuvo, y de quién dicen que fueron sus fundadores; y del estado y grandeza del señor de ella, llamado Moteuczoma.

México, segun la etimología de esta lengua, algunos la interpretan fuente ó manadero; y en la verdad que en ella á la redonda hay muchos manantiales, por lo cual la interpretacion no parece ir muy fuera de propósito; pero los naturales dicen, que aquel nombre de México trajeron aquellos sus primeros fundadores, los cuales dicen que se llamaban *Mexiti*, y aun despues de algun tiempo los moradores de ella se llamaron Mexitis; el cual nombre ellos tomaron de su principal dios ó ídolo, porque el sitio en que poblaron y á la poblacion que hicieron llamaron Tenochtitlan, por causa de un árbol que allí hallaron, que se llamaba nochtli, el cual salia de una piedra, á la cual piedra llamaban tetl, de manera que se diria, fruta que sale de piedra. Despues andando el tiempo y multiplicándose el pueblo y creciendo la vecindad, hízose esta ciudad dos barrios ó dos ciudades: al mas principal barrio llamaron México, y á los moradores de él llamaron Mexicanos; estos Mexicanos fueron en esta tierra como en otro tiempo los Romanos. En este barrio llamado México residia el gran señor de esta tierra, que se llamaba Moteuczoma, y nombrado con mejor crianza y mas cortesía y acatamiento le decian Moteuczomatzin, que quiere decir hombre que está enojado ó grave: aquí en esta parte, como mas principal, fundaron los Españoles su ciudad, y este solo barrio es muy grande, y tambien hay en él muchas casas de Indios, aunque fuera de la traza de los Españoles. Al otro barrio llaman Tlatilolco, que en su lengua quiere decir isleta, porque allí estaba un pedazo de tierra mas alto y mas seco que lo otro todo, que era manantiales y carrizales. Todo este barrio está poblado de Indios; son muchas las casas y muchos mas los moradores. En cada ciudad ó barrio de estos hay una muy gran plaza, adonde cada dia ordinariamente se hace un mercado grande, en el cual se junta infinita gente á comprar y vender: y en estos mercados que los Indios llaman tianquizco, se venden de cuantas cosas hay en la tierra, desde oro y plata hasta cañas y hornija.[1] Llaman los Indios á este barrio San Francisco de México, porque fué la primera iglesia de esta ciudad y de toda la Nueva España. Al otro barrio llaman Santiago de Tlatilolco; y aunque en este barrio hay muchas iglesias, la mas principal es Santiago, porque es una iglesia de tres naves; y á la misa que se dice á los Indios de mañana, siempre se hinche de ellos, y por de mañana que abran la puerta, ya los Indios están esperando; porque como no tienen mucho que ataviarse ni que se componer, en esclareciendo tiran para la iglesia.

Aquí en esta iglesia está el colegio de los Indios, con frailes que los enseñan y doctrinan en lo que tienen de hacer. En toda la tierra nombran los Indios primero el santo que tienen en su principal iglesia y despues el pueblo, y así nombran: Santa María de Tlaxcallan, San Miguel de Huexotzinco, San Antonio de Tetzcoco &c.

No piense nadie que me he alargado en contar el blason de México, porque en la verdad muy brevemente he tocado una pequeña parte de lo mucho que de ella se podria decir, porque creo que en toda nuestra Europa hay pocas ciudades que tengan tal asiento y tal comarca, con tantos pueblos á la redonda de sí, y tan bien asentados; y aun mas digo y me afirmo, que dudo si hay alguna tan buena y tan opulenta cosa como Tenochtitlan; y tan llena de gente, porque tiene esta gran ciudad Tenochtitlan de frente de sí, á la parte de Oriente, la laguna en medio, el pueblo de Tetzcoco, que habrá cuatro ó cinco leguas de traviesa, que[2] la laguna tiene de ancho, y de largo tiene ocho, esto es la salada, y casi otro tanto tendrá la laguna dul-

---

[1] Leña menuda con que se enciende el horno.
[2] Si se intercalasen aquí las palabras son las que, resultaria mas claro el sentido.

ce. Esta ciudad de Tetzcoco era la segunda cosa principal de la tierra, y asimismo el señor de ella era el segundo señor de la tierra: sujetaba debajo de sí quince provincias hasta la provincia de Tuzapan, que está á la costa del Mar del Norte, y así habia en Tetzcoco muy grandes edificios de templos del demonio, y muy gentiles casas y aposentos de señores; entre los cuales fué muy cosa de ver la casa del señor principal, así la vieja con su huerta cercada de mas de mil cedros muy grandes y muy hermosos, de los cuales hoy dia están los mas en pié, aunque la casa está asolada; otra casa tenia que se podia aposentar en ella un ejército, con muchos jardines, y un muy grande estanque, que por debajo de tierra solian entrar á él con barcas. Es tan grande la poblacion de Tetzcoco, que toma mas de una legua en ancho, y mas de seis en largo, en la cual hay muchas parroquias é innumerables moradores. A la parte de Oriente tiene México Tenochtitlan á una legua la ciudad ó pueblo de Tlacopan, adonde residia el tercero señor de la tierra, al cual estaban sujetas diez provincias: estos dos señores ya dichos se podrian bien llamar reyes, porque no les faltaba nada para lo ser. A la parte del Norte ó Septentrion, á cuatro leguas de Tenochtitlan, está el pueblo de Cuautitlan, adonde residia el cuarto señor de la tierra, el cual era señor de otros muchos pueblos. Entre este pueblo y México hay otros grandes pueblos, que por causa de brevedad y por ser nombres extraños no los nombro.

Tiene México á la parte de Mediodía, á dos leguas, el pueblo de Coyoacan; el señor de él era el quinto señor, y tenia muchos vasallos: es pueblo muy fresco. Aquí estuvieron los Españoles despues que ganaron á Tenochtitlan, hasta que tuvieron edificado en México, adonde pudiesen estar, porque de la conquista habia quedado todo lo mas y mejor de la ciudad destruido. Dos leguas mas adelante, tambien hácia el Mediodía, que son cuatro de México, está la gran poblacion de Xochimilco, y desde allí hácia donde sale el sol, están los pueblos que llaman de la laguna dulce, y Tlalmanalco con su provincia de Chalco, do hay infinidad de gente. De la otra parte de Tetzcoco, hácia el Norte, está lo muy poblado de Otompa y Tepepolco.

Estos pueblos ya dichos y otros muchos tiene Tenochtitlan á la redonda de sí dentro aquella corona de sierras, y otros muy muchos que están pasados los montes; porque por la parte mas ancha de lo poblado hácia México, á los de las aguas vertientes afuera, hay seis leguas, y á todas las partes á la redonda va muy poblada y hermosa tierra. Los de las provincias y principales pueblos eran como señores de salva ó de ditado, y sobre todos eran los mas principales los dos, el de Tetzcoco y el de Tlacopan; y estos con todos los otros todo lo mas del tiempo residian en México, y tenian corte á Moteuczoma, el cual servia como rey, y era muy tenido y en extremo obedecido. Celebraba sus fiestas con tanta solemnidad y triunfo, que los Españoles que á ellas se hallaron presentes estaban espantados, así de esto, como de ver la ciudad y los templos y los pueblos de á la redonda. El servicio que tenia, y el aparato con que se servia, y las suntuosas casas que tenia Moteuczoma, y las de los otros señores; la solicitud y multitud de los servidores, y la muchedumbre de la gente, que era como yerbas en el campo, visto esto estaban tan admirados, que unos á otros se decian: "¿Qué es aquesto que vemos? ¿Esta es ilusion ó encantamiento? ¡Tan grandes cosas y tan admirables han estado tanto tiempo encubiertas á los hombres que pensaban tener entera noticia del mundo!" Tenia Moteuczomatzin en esta ciudad, de todos los géneros de animales, así brutos y reptiles, como de aves de todas maneras, hasta aves de agua que se mantienen de pescado, y hasta pájaros de los que se ceban de moscas, y para todas tenia personas que les daban sus raciones, y les buscaban sus mantenimientos; porque tenia en ello tanta curiosidad, que si Moteuczoma veia ir por el aire volando una ave que le agradase, mandábala tomar, y aquella misma le traian: y un Español digno de crédito, estando delante de Moteuczoma, vió que le habia parecido bien un gavilan, que iba por el aire volando, ó fué para mostrar su grandeza delante de los Españoles, mandó que se lo trajesen, y fué tanta la diligencia y los que tras él salieron, que el mismo gavilan bravo le trajeron á las manos.

Asimismo tenia muchos jardines y verjeles y en ellos sus aposentos: tenia peñones cercados de agua, y en ellos mucha caza: tenia bosques y montañas cercados, y en ellos muy buenas casas y frescos aposentos, muy barridos y limpios, porque de gente de servicio tenia tanta como el mayor señor del mundo.

Estaban tan limpias y tan barridas las calles y calzadas de esta gran ciudad, que no habia cosa en que tropezar, y por do quiera que salia Moteuczoma, así en esta como por do habia de pasar, era tan barrido y el suelo tan asentado y liso, que aunque la planta del pié fuera tan delicada como la de la mano, no recibiera el pié detrimento niuguno en andar descalzo. ¿Pues qué diré de la limpieza de los templos del demonio, y de sus gradas y patios, y las casas de Moteuczoma y de los otros señores, que no solo estaban muy encaladas, sino muy bruñidas, y cada fiesta las renovaban y bruñian? Para entrar en su palacio, á que ellos llaman *tecpan*, todos se descalzaban, y los que entraban á negociar con él habian de llevar mantas groseras encima de sí; y si eran grandes señores ó en tiempo de frio, sobre las mantas buenas que llevaban vestidas, ponian una manta grosera y pobre; y para hablarle estaban muy humillados y sin levantar los ojos; y cuando él respondia era con tan baja voz y con tanta autoridad, que no parecia menear los labios, y esto era pocas veces, porque las mas respondia por sus privados y familiares, que siempre estaban á su lado para aquel efecto, que eran como secretarios; y esta costumbre no la habia solamente en Moteuczoma, sino en otros de los señores principales lo vi yo mismo usar al principio, y esta gravedad tenian mas los mayores señores. Lo que los señores hablaban y la palabra que mas ordinariamente decian al fin de las pláticas y negocios que se les comunicaban, eran decir con muy baja voz *tlaa*, que quiere decir "sí, ó bien, bien."

Cuando Moteuczoma salia fuera de su palacio, salian con él muchos señores y personas principales, y toda la gente que estaba en las calles por donde habia de pasar, se le humillaban y hacian profunda reverencia y grande acatamiento sin levantar los ojos á le mirar, sino que todos estaban hasta que él era pasado, tan inclinados como frailes en Gloria Patri.

Teníanle todos sus vasallos así grandes como pequeños gran temor y respeto, porque era cruel y severo en castigar. Cuando el marques del Valle entró en la tierra, hablando con un señor de una provincia le preguntó: "¿Si reconocia señorío ó vasallaje á Moteuczoma?" y el Indio le respondió: "¿Quién hay que no sea vasallo y esclavo de Moteuczomatzin? ¿Quién tan grande señor como Moteuczomatzin?" queriendo sentir que en toda la tierra no habia superior suyo ni aun igual.

Tenia Moteuczomatzin en su palacio enanos y corcobadillos, que de industria siendo niños los hacian jibosos, y los quebraban y descoyuntaban, porque de estos se servian los señores en esta tierra como ahora hace el Gran Turco de eunucos.

Tenia águilas roales, que las de esta Nueva España se pueden con verdad decir reales, porque son en extremo grandes; las jaulas en que estaban eran grandes y hechas de unos maderos rollizos tan gruesos como el muslo de un hombre. Cuando el águila se allegaba á la red adonde estaba metida, así se apartaban y huian de ella como si fuera un leon ú otra bestia fiera: tienen muy fuertes presas, la mano y los dedos tienen tan gruesa como un hombre, y lo mismo el brazo: tienen muy gran cuerpo y el pico muy fiero. De sola una comida come un gallo de papada, que es tan grande y mayor que un buen pavo español: y este gallo que digo tiene mas de pavo que de otra ave, porque hace la rueda como el pavo, aunque no tiene tantas ni tan hermosas plumas, y en la voz es tan feo como el pavo.

En esta tierra he tenido noticia de grifos, los cuales dicen que hay en unas sierras grandes, que están cuatro ó cinco leguas de un pueblo que se dice Tehuacan, que es hácia el Norte, y de allí bajaban á un valle llamado Ahuacatlan, que es un valle que se hace entre dos sierras de muchos árboles; los cuales bajaban y se llevaban en las uñas los hombres hasta las sierras adonde se los comian, y fué de tal manera, que el valle se vino á despoblar por el temor que de los grifos tenian. Dicen los Indios, que tenian las uñas como de hierro fortísimas. Tambien dicen que hay en estas sierras un animal que es como leon, el cual es lanudo, sino que la lana ó vello tira algo á pluma; son muy fieros, y tienen tan fuertes dientes, que los venados que toman comen hasta los huesos: llámase este animal ocotochtli. De estos animales he yo visto uno de ellos; de los grifos hay mas de ochenta años que no parecen ni hay memoria de ellos.

Tornemos al propósito de Tenochtitlan, y de sus fundadores y fundamento. Los fundadores fueron extranjeros, porque los que primero estaban en la tierra llámanse Chichimecas y Otomíes. Estos no tenian ídolos, ni casas de piedra ni de árboles, sino chozas pajizas; manteníanse de caza, no todas veces asada, sino cruda ó seca al sol; comian alguna poca de fruta que la tierra de suyo producia, y raices y yerba; en fin, vivian como brutos animales.

Fueron señores en esta tierra, como ahora son y han sido los Españoles, porque se enseñorearon de la tierra, no de la manera que los Españoles, sino muy poco á poco y en algunos años; y como los Españoles han traido tras sí muchas cosas de las de España, como son caballos, vacas, ganados, vestidos, trajes, aves, trigo, plantas, y muchos géneros de semillas, así de flores como de hortalizas, &c., bien así en su manera los Mexicanos trajeron muchas cosas que antes no las habia, y enriquecieron esta tierra con su industria y diligencia; desmontáronla y cultiváronla, que antes estaba hecha toda bravas montañas, y los que antes la habitaban vivian como salvajes. Trajeron estos Mexicanos los primeros ídolos, y los trajes de vestir y calzar, el maiz, y algunas aves; comenzaron los edificios, así de adobes como de piedra, y así hoy dia casi todos los canteros de la tierra son de Tenochtitlan ó de Tetzcoco, y estos salen á edificar y á labrar por sus jornales por toda la tierra, como en España vienen los Vizcainos y Montañeses. Hay entre todos los Indios muchos oficios, y de todos dicen que fueron inventores los Mexicanos.

CAPÍTULO VIII.

Del tiempo en que México se fundó, y de la gran riqueza que hay en sus montes y comarca, y de sus calidades, y de otras muchas cosas que hay en esta tierra.

Entraron á poblar en esta tierra los Mexicanos segun que por sus libros se halla, y por memorias que tienen en libros muy de ver, de figuras y de caractéres muy bien pintadas, las cuales tenian para memoria de sus antigüedades, así como linajes, guerras, vencimientos, y otras muchas cosas de esta calidad dignas de memoria.

Por los cuales libros se halla, que los Mexicanos vinieron á esta Nueva España, contando hasta este presente año de 1540, cuatrocientos cuarenta y ocho años: y há que se edificó Tenochtitlan doscientos y cuarenta años; y hasta hoy no se ha podido saber ni averiguar qué gente hayan sido estos Mexicanos, ni de adónde hayan traido orígen; lo que por más cierto se tuvo algun tiempo fué, que habian venido de un pueblo que se dice Teocolhuacan, que los Españoles nombran Culiacan: está este pueblo de México doscientas leguas; mas despues que este pueblo de Culiacan se descubrió y conquistó, hállase ser de muy diferente lengua de la que hablan los naturales de México; y demas de la lengua ser otra, tampoco en ella hubo memoria por dó se creyese ni aun sospechase haber salido los Mexicanos de Culiacan. La lengua de los Mexicanos es la de los Nahuales.

México en el tiempo de Moteuczoma, y cuando los Españoles vinieron á ella, estaba toda muy cercada de agua, y desde el año de 1524 siempre ha ido menguando. Entonces por solas tres calzadas podian entrar á México; por la una que es al Poniente salian á tierra firme á media legua, porque de esta parte está México cercana á la tierra; por las otras dos calzadas que son al Mediodía y al Norte, por la que está á Mediodía habian de ir una legua hasta salir á tierra firme; de la parte de Oriente está cercada toda de agua y no hay calzada ninguna. Estaba México muy fuerte y bien ordenada, porque tenia unas calles de agua anchas y otras calles de casas, una calle de casas y otra de agua; en la acera de las casas pasaba ó iba por medio un callejon ó calle angosta, á la cual salian las puertas de las casas. Por las calles de agua iban muchas puentes que atravesaban de una parte á otra. Ademas de esto tenia sus plazas y patios delante de los templos del demonio y de las casas del señor. Habia en México muchas acallis ó barcas para servicio de las casas, y otras muchas de tratantes que venian con bastimentos á la ciudad, y todos los pueblos de la redonda, que están llenos de barcas que nunca cesan de entrar y salir á la ciudad, las cuales eran innumerables. En las calzadas habia puentes que fácilmente se podian alzar; y para guardarse de la parte del agua eran las barcas que digo, que eran sin cuento, porque hervian por la agua y por las calles. Los moradores y gente era innumerable. Tenia por fortaleza los templos del demonio y las casas de Moteuczoma, señor principal, y las de los otros señores; porque todos los señores sujetos á México tenian casas en la ciudad, porque residian mucho en ella, que por gran señor que fuese holgaba de tener palacio á Moteuczoma; y si de esto algun señor tenia exencion era solo el de Tetzcoco. Para

Indios no era poca ni mala su mision, porque tenian muchas casas de varas con sus puntas de pedernal, y muchos arcos y flechas, y sus espadas de palo largas, de un palo muy fuerte, engeridas de pedernales agudísimos, que de una cuchillada cortaban á cercen el pescuezo de un caballo; y de estos mismos pedernales tenian unos como lanzones. Tenian tambien muchas hondas, que cuando comenzaban á disparar juntamente las hondas y las flechas y las varas, parecia lluvia muy espesa; y así estaba tan fuerte esta ciudad, que parecia no bastar poder humano para ganarla; porque ademas de su fuerza y municion que tenia, era cabeza y señora de toda la tierra, y el señor de ella Moteuczoma gloriábase en su silla y en la fortaleza de su ciudad, y en la muchedumbre de sus vasallos; y desde ella enviaba mensajeros por toda la tierra, los cuales eran muy obedecidos y servidos: otros de lejos, oida su potencia y fama, venian con presentes á darle la obediencia; mas contra los que se rebelaban ó no obedecian sus mandamientos y á sus capitanes, que por muchas partes enviaba, mostrábase muy severo vengador. Nunca se habia oido en esta tierra señor tan temido y obedecido como Moteuczoma, ni nadie así habia ennoblecido y fortalecido á México; tanto, que de muy confiado se engañó, porque nunca él ni ningun otro señor de los naturales podian ni pudieran creer que habia en el mundo tan bastante poder que pudiese tomar á México; y con esta confianza recibieron en México á los Españoles, y los dejaron entrar de paz, y estar en la ciudad, diciendo: "Cuando los quisiéremos echar de nuestra ciudad y de toda la tierra, será en nuestra mano, y cuando los quisiéremos matar los mataremos, que en nuestra voluntad y querer será." Pero Dios entregó la gran ciudad en las manos de los suyos, por los muy grandes pecados y abominables cosas que en ella se cometian; y tambien en esto es mucho de notar la industria y ardid inaudito que Don Hernando Cortés marques del Valle tuvo en hacer los bergantines para tomar á México, porque sin ellos fuera cosa imposible ganarla segun estaba fortalecida. Ciertamente esto que digo y la determinacion que tuvo, y el ánimo que mostró cuando echó los navíos en que habia venido, al través, y despues cuando le echaron de México y salió desbaratado, y esos pocos compañeros que le quedaron, no tor-

---

1 Antiguo, por *cuidado, prevencion.*

nar ni arrostrar á la costa por mucho que se lo requerian, y cómo se hubo sagaz y esforzadamente en toda la conquista de esta Nueva España, cosas son para lo poder poner en el paño de la fama, y para igualar y poner su persona al parangon con cualquiera de los capitanes y reyes y emperadores antiguos, porque hay tanto que decir de sus proezas y ánimo invencible, que de solo ello se podria hacer un gran libro.

Algunas veces tuve pensamiento de escribir y decir algo de las cosas que hay en esta Nueva España, naturales y criadas en ella, como de las que han venido de Castilla, cómo se han hecho en esta tierra, y veo que aun por falta de tiempo esto va remendado y no puedo salir bien con mi intencion en lo comenzado; porque muchas veces me corta el hilo la necesidad y caridad con que soy obligado á socorrer á mis prójimos, á quien soy compelido á consolar cada hora; mas ya que he comenzado, razon será de decir algo de estos montes, que dije ser grandes y ricos. De la grandeza ya está dicho; diremos de su riqueza, y de la que hay en ellos, y en los rios que de ellos salen, que hay mucho oro y plata, y todos los metales y piedras de muchas maneras, en especial turquesas, y otras que acá se dicen chalchihuitl; las finas de estas son esmeraldas. En la costa de estos montes está la Isla de las Perlas, aunque lejos de esta Nueva España, y es una de las grandes riquezas del mundo. Hay tambien alumbres y pastel, la simiente de la cual se trajo de Europa, y entre estos montes se hace en extremo muy buena, y se cogen mas veces y de mas paños que en ninguna parte de Europa. Hay tambien mucho brasil y muy bueno.

La tierra que alcanzan estas montañas, en especial lo que llaman Nueva España ó hasta el Golfo Dulce, cierto es preciosísima, y mas si la hubieran plantado de plantas que en ella se harian muy bien, como son viñas y olivares; porque estos montes hacen muchos valles y laderas y quebradas en que se harian extremadas viñas y olivares.

En esta tierra hay muchas zarzamoras; su fruta es mas grande que la de Castilla. Hay en muchas partes de estos montes parras bravas muy gruesas, sin saber quién las haya plantado, las cuales echan muy largos vástagos y cargan de muchos racimos y vienen á se hacer uvas que se comen verdes; y algunos Españoles hacen de ellas vinagre, y algunos han hecho vino, aunque ha sido muy poco.

Dase en esta tierra mucho algodon y muy bueno. Hay mucho cacao, que la tierra adonde se da el cacao tiene de ser muy buena; y porque este cacao es comida y bebida, y moneda de esta tierra, quiero decir qué cosa es, y cómo se cria. El cacao es una fruta de un árbol mediano, el cual luego como le plantan de su fruto, que son unas almendras casi como las de Castilla, sino que lo bien granado es mas grueso, en sembrándolo ponen par de él otro árbol que crece en alto, y le va haciendo sombra, y es como madre del cacao; da la fruta en unas mazorcas, con unas tajadas señaladas en ella como melones pequeños; tiene cada mazorca de estas comunmente treinta granos ó almendras de cacao, poco mas ó menos: cómese verde desde que se comienzan á cuajar las almendras, y es sabroso, y tambien lo comen seco, y esto pocos granos y pocas veces; mas lo que mas generalmente de él se usa es para moneda y corre por toda esta tierra: una carga tiene tres números, vale ó suma este número ocho mil, que los Indios llaman xiquipilli; una carga son veinte y cuatro mil almendras ó cacaos: adonde se coge vale la carga cinco ó seis pesos de oro, llevándolo la tierra adentro va creciendo el precio, y tambien sube y baja conforme al año, porque en buen año multiplica mucho; grandes frios es causa de haber poco, que es muy delicado. Es este cacao una bebida muy general, que molido y mezclado con maiz y otras semillas tambien molidas, se bebe en toda la tierra y en esto se gasta; en algunas partes le hacen bien hecho, es bueno y se tiene por muy sustancial bebida.

Hállanse en estos montes árboles de pimienta, la cual difiere de la de Malabar porque no requema tanto ni es tan fina; pero es pimienta natural mas doncel[2] que la otra. Tambien hay árboles de canela; la canela es mas blanca y mas gorda. Hay tambien muchas montañas de árboles de liquidámbar; son hermosos árboles, y muchos de ellos muy altos; tienen la hoja como hoja de hiedra; el licor que de ellos sacan llaman los Españoles liquidámbar, es suave en olor, y medicinable en virtud, y de precio entre los Indios; los Indios de la Nueva España mézclanlo con su misma corteza para lo cuajar, que no lo quieren líquido, y hacen unos panes envueltos en unas hojas grandes: úsanlo para olores, y tambien curan con ello algunas en-

2 Menos acre ó picante.

fermedades. Hay dos géneros de árboles de que sale y se hace el bálsamo, y de ambos géneros se hace mucha cantidad; del un género de estos árboles que se llama xiloxochitl hacen el bálsamo los Indios y lo hacian antes que los Españoles viniesen; este de los Indios es algo mas odorífero, y no torna tan prieto como el que hacen los Españoles; estos árboles se dan en las riberas de los rios que salen de estos montes hácia la Mar del Norte, y no á la otra banda, y lo mismo es de los árboles de donde sacan el liquidámbar, y del que los Españoles sacan el bálsamo; todos se dan á la parte del Norte, aunque los árboles del liquidámbar y del bálsamo de los Españoles tambien los hay en lo alto de los montes. Este bálsamo es precioso, y curan y sanan con él muchas enfermedades; hácese en pocas partes; yo creo que es la causa que aun no han conocido los árboles, en especial aquel xiloxochitl, que creo que es el mejor, porque está ya experimentado.

De género de palmas hay diez ó doce especies, las cuales yo he visto: algunas de ellas llevan dátiles; yo creo que si los curasen y adobasen serian buenos; los Indios como son pobres, los comen así verdes, sin curarse mucho de los curar, hallándolos buenos porque los comen con salsa de hambre. Hay cañafístolos bravos, que si los ingeriesen se harian buenos, porque acá se hacen bien los otros árboles de la cañafístola. Este árbol plantaron en la Isla Española los frailes menores primero que otra persona los plantase, y acá en la Nueva España los mismos frailes han plantado casi todos los árboles de fruta, y persuadieron á los Españoles para que plantasen ellos tambien; y enseñaron á muchos á ingerir, lo cual ha sido causa que hay hoy muchas y muy buenas huertas, y ha de haber muchas mas; porque los Españoles visto que la tierra produce ciento por uno de lo que en ella plantan, danse mucho á plantar é ingerir buenas frutas y árboles de estima. Tambien se han hecho palmas de los dátiles que han traido de España, y en muy breve tiempo han venido á dar fruto. Hállase en estas montañas ruiponce, y algunos dicen que hay ruibarbo, mas no está averiguado. Hay otras muchas raices y yerbas medicinales, con que los Indios se curan de diferentes enfermedades, y tienen experiencia de su virtud. Hay unos árboles medianos que echan unos erizos como los de las castañas, sino que no son tan grandes ni tan ásperos, y de dentro están llenos de grana colorada; son los granos tan grandes como los de la simiente del culantro. Esta grana mezclan los pintores con la otra que dije que es muy buena, que se llama nocheztli, de la cual tambien hay alguna en estos montes. Hay muchos morales y moreras; las moras que dan son muy menudas. Poco tiempo há que se dan á criar seda; dase muy bien, y en menos tiempo que en España. Hay mucho aparejo para criar mucha cantidad andando el tiempo; y aunque se comienza ahora, hay personas que sacan trescientas y cuatrocientas libras, y aun me dicen que hay persona que en este año de 1540 sacará mil libras de seda. De la que acá se ha sacado se ha teñido alguna, y sube en fineza; y metida en la colada no desdice por la fineza de las colores. Las mejores colores de esta tierra son colorado, azul y amarillo; el amarillo que es de peña es el mejor. Muchas colores hacen los Indios de flores, y cuando los pintores quieren mudar el pincel de una color en otra, limpian el pincel con la lengua, por ser las colores hechas de zumo de flores.

Hay en estas montañas mucha cera y miel, en especial en Campech; dicen que hay allí tanta miel y cera y tan buena como en Safi, que es en África. A este Campech llamaron los Españoles al principio cuando vinieron á esta tierra Yucatan, y de este nombre se llamó esta Nueva España Yucatan; mas tal nombre no se hallará en todas estas tierras, sino que los Españoles se engañaron cuando allí llegaron: porque hablando con aquellos Indios de aquella costa, á lo que los Españoles preguntaban los Indios respondian: "Tectetan, Tectetan," que quiere decir: "No te entiendo, No te entiendo:" los cristianos corrompieron el vocablo, y no entendiendo lo que los Indios decian, dijeron: "Yucatan se llama esta tierra;" y lo mismo fué en un cabo que allí hace la tierra, al cual tambien llamaron cabo de Cotoch; y Cotoch en aquella lengua quiere decir casa.

CAPÍTULO IX.

En el cual prosigue la materia de las cosas que hay en la Nueva España, y en los montes que están á la redonda de México.

Es tanta la abundancia y tan grande la riqueza y fertilidad de esta tierra llamada la Nueva España, que no se puede creer; mas lo más y mejor de ella, y lo que mas ventaja hace á todas las tierras y provincias, son aquellos montes y corona de sierras, que como está dicho están en la redonda de la ciudad de México, en los cuales se halla en abundancia todo lo que está dicho y mucho mas; y ademas de las muchas maneras de árboles y plantas y yerbas virtuosas que en ellos se hallan, tienen entre sí tres calidades ó diferencias de tierra; porque en el medio en las cumbres es fria, pero no tanto que se cubra de nieve, sino en unas sierras altas que se hacen cerca del camino que va de la Vera-Cruz para México, ó en algunas otras puntas de sierras, que se cuaja algun poco de nieve en años fuertes y tempestuosos y de mucho frio. En estos altos hay pinares muy grandes, y la madera es en extremo buena, y tan hermosa que cuando la labran parece de naranjo ó de box. De lo alto, bajando hácia la costa del Norte, va todo tierra templada, y mientras mas va y mas se acerca á la costa es mas caliente. Esta parte del Norte es muy fresca y muy fértil, y lo mas del año ó llueve ó mollina,[1] ó en lo alto de las sierras hay nieblas. Hay muchos géneros de árboles no conocidos hasta ahora por los Españoles, y como son de diversos géneros, y de hoja muy diferente los unos de los otros, hacen las mas hermosas y frescas montañas del mundo. Es muy propia tierra para ermitaños y contemplativos, y aun creo que los que vinieren antes de

---

1 *Mollina* es la lluvia menuda; pero el verbo *mollinar* es inventado por el autor.

mucho tiempo, han de ver que como esta tierra fué otra Egipto en idolatrías y pecados, y despues floreció en gran santidad, bien así estas montañas y tierra han de florecer, y en ella tiene de haber ermitaños y penitentes contemplativos, y aun de esto que digo comienza ya á haber harta muestra, como se dirá adelante en la cuarta parte de esta narracion ó historia, si Dios fuese servido de sacarla á luz; por tanto noten los que vinieren, y veremos cómo la cristiandad ha venido desde Asia, que es en Oriente, á parar en los fines de Europa, que es nuestra España, y de allí se viene á mas andar á esta tierra, que es en lo mas último de Occidente. ¿Pues por ventura estórbalo la mar? No por cierto, porque la mar no hace division ni apartamiento á la voluntad y querer del que la hizo. ¿Pues no llegará el querer y gracia de Dios hasta adonde llegan las naos? Sí; y muy mas adelante, pues en toda la redondez de la tierra ha de ser el nombre de Dios loado, y glorificado, y ensalzado; y como floreció en el principio la Iglesia en Oriente, que es el principio del mundo, bien así ahora en el fin de los siglos tiene de florecer en Occidente, que es fin del mundo. Pues tornando á nuestro propósito, digo: que hay en esta tierra sierras de yeso muy bueno, en especial en un pueblo que se dice Cozcatlan: en toda la tierra lo hay, pero es piedra blanca, de lo cual se ha hecho y sale bueno; mas estotro que digo es de lo de los espejos, y es mucho y muy bueno. Hay tambien fuentes de sal viva, que es cosa muy de ver los manantiales blancos que están siempre haciendo unas venas muy blancas, que sacada la agua y echada en unas eras pequeñas y encaladas y dándoles el sol, en breve se vuelven en sal.

Entre muchas frutas que hay en estos montes y en toda la Nueva España, es una que llaman ahuacatl; en el árbol parece y así está colgando como grandes brevas, aunque en el sabor tiran á piñones. De estos ahuacates hay cuatro ó cinco diferencias: los comunes y generales por toda esta tierra, y que todo el año los hay, son los ya dichos, que son como brevas, y de estos se ha hecho ya aceite, y sale muy bueno, así para comer como para arder; otros hay tan grandes como muy grandes peras, y son tan buenos, que creo que es la mejor fruta que hay en la Nueva España en sabor y virtud: otros hay mayores que son como calabazas pequeñas, y estos son de dos maneras, los unos tienen muy grande hueso y poca carne, los otros tienen mas carne y son buenos. Todos estos tres géneros de grandes se dan en tierra bien caliente. Otros hay muy pequeñitos, poco mas que aceitunas cordobesas, y de este nombre pusieron los Indios á las aceitunas cuando acá las vieron, que las llamaron ahuacates pequeños. Esta es tan buena fruta que se da á los enfermos; de estos se abstenian los Indios en sus ayunos por ser fruta de sustancia. Digo de todos estos géneros de ahuacates cómenlos los perros y los gatos mejor que gallinas; porque yo he visto que despues de un perro harto de gallina darle ahuacates, y comerlos de muy buena gana, como un hombre harto de carne que come una aceituna. El árbol es tan grande como grandes perales; la hoja ancha y muy verde, huele muy bien, es buena para agua de piernas, y mejor para agua de barbas. Otras muchas cosas se hallan aguas vertientes de estas montañas á la costa del Norte, y he notado y visto por experiencia, que las montañas y tierra que está hácia el Norte y gozan de este viento Aquilon, está mas fresca y mas fructífera. La tierra adentro hácia la parte del Sur y Poniente en estos mismos montes es tierra seca, y no llueve sino cuando es el tiempo de las aguas, y aun menos que en las otras partes de esta Nueva España, y así es muy grande la diferencia que hay de la una parte á la otra; porque puesto uno en la cumbre de los montes de la parte del Norte, como está dicho que lo mas del año llueve, ó mollina, ó niebla, tiene cubiertas las puntas de las sierras; y de la otra parte, á un tiro de ballesta, poco mas, está lo mas del tiempo seco; lo cual es muy de notar que en tan poco espacio haya dos tan grandes extremos.

En esta parte seca se hallan árboles diferentes de los de la otra parte, como es el guayacan, que es un árbol con que se curan los que tienen el mal de las bubas, que acá se llaman las infinitas; yo creo que este nombre han traido soldados y gente plática que de poco han venido de Castilla. Ahora de poco tiempo acá han hallado una yerba que llaman la zarzaparrilla; con la agua de esta se han curado muchos y sanado de la misma enfermedad; de esta zarzaparrilla hay mucha.

Y porque seria nunca acabar si hubiese de explicar y particularizar las cosas que hay en estos montes, digo: que en la costa que es tierra caliente conforme á las Islas, aquí se hallan todas las cosas que en la Española y en las otras Islas, y otras muchas que allá no hay, así de las naturales como de las traidas de Castilla; aunque es verdad que no se han acá criado tantos árboles de cañafístola ni tantas cañas de azúcar; pero podríase criar y mucho mas que allá, porque ademas de algunos ingenios que hay hechos, son los Indios tan amigos de cañas de azúcar para las comer en caña, que han plantado muchas y se dan muy bien, y los Indios mejor á ellas, y las venden en sus mercados todo el año como otra cualquiera fruta. En la tierra adentro, lo que ella en sí tenia, y con lo que se ha traido de España, y ella en sí es capaz de producir y criar, tiene aparejo para fructificar todo lo que hay en Asia, y en África, y en Europa; por lo cual se puede llamar otro Nuevo Mundo. Lo que esta tierra ruega á Dios es, que dé mucha vida á su rey y muchos hijos, para que le dé un infante que la señoree y ennoblezca, y prospere así en lo espiritual como en lo temporal, porque en esto le va la vida; porque una tierra tan grande y tan remota y apartada no se puede desde tan lejos bien gobernar, ni una cosa tan divisa de Castilla y tan apartada no puede perseverar sin padecer grande desolacion y muchos trabajos, é ir cada dia de caida, por no tener consigo á su principal cabeza y rey que la gobierne y mantenga en justicia y perpetua paz, y haga merced á los buenos y leales vasallos, castigando á los rebeldes y tiranos que quieren usurpar los bienes del patrimonio real.[2]

CAPÍTULO X.

De la abundancia de rios y aguas que hay en estos montes, en especial de dos muy notables fuentes; y de otras particularidades y calidades de estos montes; y de cómo los tigres y leones han muerto mucha gente.

La mayor necesidad que la tierra tiene y lo que la hace ser buena es tener abundancia de agua, de la cual hay mucha en estos montes, así de la que llueve del cielo, de la cual muy á menudo es regada, como de fuentes y manantiales, que de todo es abundantísima,

[2] Es notable hallar en un fraile cronista del siglo XVI las mismas ideas que trescientos años despues sirvieron de base al Plan de Iguala.

digo á la parte del Norte y Mediodía; que son tantos los arroyos y ríos que por todas partes corren de estos montes, que en la verdad me aconteció en espacio de dos leguas contar veinte y cinco ríos y arroyos, y esto no es en la tierra adonde mas agua habia, sino así acaso yendo de camino se me antojó de contar los ríos y arroyos que podia haber en dos leguas, para dar testimonio de la verdad, y hallé estos veinte y cinco ríos y arroyos que digo, y por otras muchas partes de estos montes se hallará esto que digo y mucho mas, porque es la tierra muy doblada.

Hay en toda esta Nueva España muy grandes y muy hermosas fuentes, y algunas de ellas tan grandes, que luego como nacen de una fuente se hace un rio, y esto he visto en muchas partes, entre las cuales dos me parecen ser dignas de memoria, y para dar gloria y alabar al Señor que las crió, porque todos los Españoles que las han visto les ha sido mucha materia de alabar y bendecir á Dios que tal crió, y todos dicen y confiesan no haber visto semejante cosa en todas las partidas que han andado. Ambas nacen al pié de estos montes y son de muy gentil y clara agua. La una llaman los Españoles la fuente de Ahuilizapan, porque nace en un pueblo que se llama de aquel nombre, que en nuestra lengua quiere decir agua blanca, y así lo es muy clara, y sale con mucho ímpetu. La otra fuente está en un pueblo que se llama Aticpac. Esta es una fuente redonda, tan grande, que una persona tendrá que hacer con un arco echar un bodoque de la una parte á la otra; es en el medio muy honda, y por las orillas tiene siete ú ocho estados de agua, y está en toda ella la agua tan clara, que en todas partes se ve el suelo, ó por mejor decir las piedras, porque nace de entre unas grandes piedras y peñas, y vese todo tan claro como si fuese á medio estado; luego desde la fuente sale tanta agua, que se hace un grande rio ancho y lleno de pescado, y en el mismo nacimiento hay muchos peces y buenos. Esta fuente que digo nace al pié de dos sierras, y tiene encima de sí un muy notable y hermosísimo peñon de muy graciosa arboleda, que ni pintado ni como dicen hecho de cera no podia ser mas lindo, ni mas entallado ni mejor proporcionado; es por debajo muy redondo, y va subiendo y ensangostándose igualmente por todas partes; tendrá de altura mas de cien estados, y así en el peñon como en la fuente, habia antiguamente grandes sacrificios, como en lugares notables. Es cierto cosa muy de mirar y de grande admiracion, ver algo desviado unos montes tan altos y tan grandes que parece cosa imposible que por allí pueda pasar rio, y allá en lo profundo da Dios á los rios sus canales y cursos, ya anchas, ya llanas, angostas, y apartadas; en partes corren con gran mansedumbre, y por otras partes corren con tanta furia, que ponen temor y espanto á los que los miran, de verlos ir por entre altas y grandes rocas de peña tajada, y ver entrar un grande rio por muy estrecha canal; otras veces hace caer los rios de tan grande altura, que apenas se vé lo profundo, ni hay quien se ose acercar á lo mirar, y si algun monte se le pone delante, con su furia lo mina y barrena, y hace paso por donde pueda colar y pasar su furia á la otra parte, dejando encima hecha puente firme y segura del mismo monte, por donde sin peligro se pueda pasar. En lo alto de estos montes y en lo bajo todo es tierra poblada, y tambien en las riberas de los rios, y por las laderas hay poblaciones vistosas de lejos, que adornan y hermosean en gran manera toda aquella comarca.

Cuando los frailes de sus monasterios iban á predicar y á bautizar por los pueblos que están en estos montes, que están desviados de los monasterios, luego como por la tierra se sabe, salen al camino los señores de los pueblos, ó envian á ellos sus mensajeros de treinta y cuarenta leguas, á rogarles que vayan á sus pueblos á bautizar á mucha gente que los están esperando, para que les enseñen la palabra de Dios; los unos pueblos están en lo alto de los montes, otros están en lo profundo de los valles, y por esto los frailes es menester que suban á las nubes, que por ser tan altos los montes están siempre llenos de nubes, y otras veces tienen de abajar á los abismos, y como la tierra es muy doblada y con la humedad por muchas partes llena de lodo y resbaladeros aparejados para caer, no pueden los pobres frailes hacer estos caminos sin padecer en ellos grandísimos trabajos y fatigas. Yo soy cierto que los que esta tierra anduvieren, que se les acuerde bien de lo que digo, y confiesen y digan ser todo esto verdad. Con todo esto los frailes los van á buscar, y á administrar los Sacramentos, y predicarles la palabra y Evangelio de Jesucristo; porque viendo la fe y necesidad con que lo demandan, ¿á qué trabajo no se pondrán por Dios y por las ánimas que él crió á su imágen y semejanza, y redimió con su preciosa sangre, por los cuales él mismo dice haber pasado dias de dolor y de mucho trabajo?

Los pueblos que están mas abajo á la costa, en sabiendo que los frailes andan visitando, luego van á los recibir y llevar en acallis ó barcas, en que vengan á sus pueblos, que la tierra hácia la costa en muchas partes se anda por los rios, por estar perdidos los caminos, por la falta de la gente, porque está muy despoblada segun lo que solia ser bien poblada y abundante de gente, que por una parte los grandes tributos y servicios, y casas que hacian á los Españoles lejos de sus pueblos, y esclavos que sacaron y los hicieron sin lo ser, y en otras partes guerras y entradas, han quedado pocos Indios; y por otra parte los tigres y leones han comido mucha gente, lo cual no solian hacer antes que los Españoles viniesen; la causa de esto se cree que es, que cuando la gente era mucha, los tigres y leones no osaban salir ni bajar de las montañas altas á lo bajo, y despues encarnizáronse en los Indios que morian por los caminos, ó fué por permision de Dios, porque cuando todos los otros pueblos de la tierra recibian la fe y el bautismo, entonces tambien fuera razon que ellos despertaran y buscaran al verdadero Dios, y no lo hicieron. Aconteciéles á estos como á los gentiles advenedizos que poblaron á Samaria, que porque no temieron á Dios ni le adoraron, mandó Dios á los leones que descendiesen de las montañas y los matasen y comiesen; de esta manera acá en este tiempo que digo los leones y tigres salian á los pueblos de las costas y mataron y comieron muchos Indios, y algunos Españoles á vueltas, tanto, que casi se despoblaron muchos pueblos, y á los Indios les fué forzado á desamparar la tierra, y los que quedaron en ella morar juntos, y hacer cercados y palenques, y aun con todo esto si de noche no se velaban no estaban seguros.

Otros pueblos vi yo mismo que los moradores de ellos cada noche se acogian á dormir en alto, que ellos tienen sus casillas de paja armadas sobre cuatro pilares de palo, y en aquella concavidad que cubre la paja, se hace un desvan ó barbacoa cerrado por todas partes, y cada noche se suben allí á dormir, y allí meten consigo sus gallinas y perrillos y gatos, y si algo se les olvida de encerrar, son tan ciertos los tigres y leones que comen todo cuanto abajo se olvida; pero están tan diestros los perros y gatos y aves, que venida la tarde todos se ponen en cobro, sin que sea menester tañer á queda, porque todos tienen cuidado de ponerse en cobro á tiempo so pena de la vida, y de ser comidos de los leones y tigres. Despues que se han bautizado y se confiesan y han hecho Iglesias ha cesado mucho la crueldad de aquellas animalias.

Los Españoles para defender y conservar á sus Indios buscaron buenos perros que trajeron de Castilla, con los cuales han muerto muchos tigres y leones. En un pueblo que se dice Chocaman se han muerto por cuenta ciento y diez tigres y leones, y en otro pueblo que se dice Amatlan, el Indio señor de este pueblo hubo dos perros de los de España, el uno de ellos era muy bueno, con los cuales ha muerto ciento y veinte leones y tigres; yo vi muchos de los pellejos. Cuando los matan es menester ayudar á los perros, porque en estas partes los tigres y leones en viéndose acosados, luego se encaraman por los árboles; y para echarlos abajo es menester flecharlos; porque muchas veces no alcanzan con una larga lanza adonde ellos se encaraman, porque suben por un árbol como un gato. Cuando algunos caminan en compañía por estas tierras y duermen en el campo, hacen á la redonda de sí muchos fuegos, porque los leones y tigres tienen mucho temor al fuego y huyen de él; por estas causas dichas lo mas del trato y camino de los Indios en aquella tierra es por acallis ó barcas por el agua. Acalli en esta lengua quiere decir casa hecha sobre agua; con estas navegan por los grandes rios, como son los de la costa, y para sus pesquerías y contrataciones; y con estas salen á la mar, y con las grandes de estas acallis navegan de una isla á otra, y se atreven á atravesar algun golfo pequeño. Estas acallis ó barcas cada una es de una sola pieza, de un árbol tan grande y tan grueso como lo demanda la longitud, y conforme al ancho que le pueden dar, que es de lo grueso del árbol de que se hacen, y para esto hay sus maestros como en Vizcaya los hay de navíos; y como los rios se van haciendo mayores cuanto mas se allegan á la costa, tanto son mayores estos acallis ó barcas. En todos los rios grandes de la costa, y muchas leguas la tierra adentro, hay tiburones y lagartos que son bestias marinas; algunos quieren decir que estos lagartos sean de los cocodrilos. Son algunos de tres brazas en largo, y aun me dicen que en algunas partes los hay mayores y son casi del grueso y cuerpo de un caballo; otros hay menores. Adonde estos ó los tiburones andan encarnizados nadie osa sacar la mano fuera de la barca, porque estas bestias son muy prestas en el agua, y cuanto alcanzan tanto cortan, y llévanse un hombre atravesado en la boca. Tambien estos han muerto muchos Indios y algunos pocos Españoles. Los lagartos salen fuera del agua, y están muy armados de su mismo cuero, el cual es tan duro, que no es mas dar en él con una lanza ó con una saeta que dar en una peña. Las noches que los Indios duermen en el agua en aquellos acallis, no se tienen de descuidar por temor de las bestias marinas; y por temor de los tigres y leones no osan salir á tierra. Tambien hacen los rios antes que entren en el mar muy grandes esteros y lagunas muy anchas, tanto, que de la una parte á la otra y á la redonda casi se pierde la tierra de vista: con temporal recio hacen estas lagunas grandes olas, como en la mar, con tanta furia, que si toma dentro algunos Indios que van á pescar en aquellos acallis, los pone temor y hace peligrar algunos; de manera que, como dice San Pablo, todo este mundo está lleno de barrancos, y peligros, y lazos, y asechanzas, de lo cual todo libra Dios á los que entienden y se ocupan en su servicio; como hace á los que entienden en la conversion de estos Indios, porque hasta hoy no se sabe que á ningun fraile hayan muerto bestias bravas, aunque algunos se han visto entre ellas, ni muerto ningun fraile en ninguna nao de las que han venido de España, ni se ha perdido nao en que viniesen frailes, porque Dios los guarda maravillosamente.

CAPÍTULO XI.

En el cual prosigue la materia, y nombra algunos grandes rios que bajan de los montes, y de su riqueza; trata algo del Perú.

Habiendo dicho algo de los montes, aunque sumariamente, justo será decir algo de los rios que de ellos salen, que son muchos y grandes, segun que parece por la carta del navegar, adonde claramente se ve su grandeza ser tanta, que de muchos de ellos se coge agua dulce dentro en la mar alta, y se navega y suben por ellos muchas leguas, y todas sus riberas solian ser muy pobladas de Indios, aunque ahora en muchas partes y provincias las conquistas y entradas que han hecho las armadas han despoblado mucho la tierra, y los Indios que han quedado, temerosos se han metido la tierra adentro. De estos rios que digo he visto algunos, pero de solo uno quiero aquí decir, que ni es de los mayores ni de los menores, y por este se podrá entender la grandeza que los otros deben tener, y qué tales deben ser.

Este rio de quien trato se llama en lengua de los Indios Papaloapan, y es buen nombre, porque él pápa y recoge en sí muchos rios. La tierra que este rio riega es de la buena y rica que hay en toda la Nueva España, y adonde los Españoles echaron el ojo como á tierra rica; y los que en ella tuvieron repartimiento llevaron y sacaron de ella grandes tributos, y tanto la chuparon, que la dejaron mas pobre que otra, y como estaba lejos de México no tuvo valedores. A este rio pusieron los Españoles por nombre el rio de Alvarado, porque cuando vinieron á conquistar esta tierra, el adelantado Pedro de Alvarado se adelantó con el navío que tenia, y entró por este rio arriba la tierra adentro. El principio de este rio y su nacimiento es de las montañas de Tzonquilica,[1] aunque la principal y mayor fuente que tiene es la que dije de Aticpac. En este rio de Papaloapan entran otros grandes rios, como son el rio de Quimichtepec y el de Huitzila, y el de Chinantla, y el de Quauhquepaltepec, y el de Tochtlan, y el de Teuhziyuca. En todos estos rios hay oro y no poco, pero el mas rico es el de Huitzila. Cada uno de estos rios, por ser grandes, se navegan con acallis, y hay en ellos mucho pescado y muy bueno. Despues que todos entran en la madre hácese un muy hermoso rio y de muy hermosa ribera llena de grandes arboledas. Cuando va de avenida arranca aquellos árboles, que cierto es cosa de ver su braveza, y lo que hinche; antes que éntre en la mar, revienta é hinche grandes esteros y hace grandes lagunas, y con todo esto cuando va mas bajo lleva dos estados y medio de altura, y hace tres canales, la una de peña, la otra de lama, y la otra de arena. Es tanto el pes-

---

1 En el original se hallan tan desfigurados los nombres de estos rios, que los hemos corregido casi á la ventura, sin haber podido hallarlos en los mapas modernos.

cado que este rio lleva, que todos aquellos esteros y lagunas están cuajados que parece hervir los peces por todas partes. Mucho habria que decir de este rio y de su riqueza, y para que algo se vea quiero contar de un solo estero, que dura siete ú ocho leguas, que se llama el Estanque de Dios.

Este estero ó laguna que digo parte términos entre dos pueblos; al uno llaman Quauhquepaltepec, y al otro Otlatitlan; ambos fueron bien ricos y gruesos, así de gente como de todo lo demas: va tan ancho este estero como un buen rio, y es bien hondo; y aunque lleva harta agua, como va por tierra muy llana, parece que no corre por ninguna parte; con el mucho pescado que en él hay suben por él tiburones, lagartos, bufeos: hay en este estero sábalos tan grandes como toninas, y así andan en manadas y saltando sobreaguadas como toninas: hay tambien de los sábalos de España y de aquel tamaño, y los unos y los otros son de escama y manera y nombre los unos como los otros; por este estero suben y se crian en él manatíes ó malatíes; asimismo se ceban en este estero muchas aves de muchas maneras: andan muchas garzas reales y otras tan grandes como ellas, sino que son mas pardas y oscuras, y no de tan gran cuello: andan otras aves como cigüeñas, y el pico es mayor, y es una cruel bisarma;[2] hay garzotas, DE muchas de las cuales se hacen hermosos penachos, por ser las plumas mucho mayores que las garzotas de España; hay de estas cosas sinnúmero, alcatraces, cuervos marinos; algunas de estas y otras aves somorgujándose debajo del agua sacaban muchos peces. Las otras menores aves que no saben pescar están esperando la pelea que los pescados grandes tienen á los menores, y los medianos á los pequeños, y en este tiempo como se desbarata el cardúmen del pescado, y van saltando los unos y los otros guareciéndose á la orilla, entonces se ceban las aves en los peces que saltan y en los que se van á la orilla del agua; y al mejor tiempo vienen de encima gavilanes y halcones á cebarse en aquellas aves que andan cebándose en los peces, y como son tantas tienen bien en que se cebar: lo uno y lo otro es tan de ver, que pone admiracion ver cómo los unos se ceban en los otros, y los otros en los otros, y cada uno tiene su matador. Pues mirando á la ribera y prados, hay muchos vena-

---

2 Dábase antiguamente este nombre á la alabarda, porque podia herir de dos modos.

dos y conejos y liebres en grande abundancia, mayormente venados, adonde vienen los tigres y leones á cebarse en ellos: ademas de esto, de una parte y de otra va muy gentil arboleda, que ademas de las aves ya dichas, hay unas como sierpes que los Indios llaman quaulitizpal,[3] que quiere decir sierpe de monte; á los lagartos grandes llaman sierpe de agua. En las Islas llaman á las primeras *iguanas*. Estas andan en tierra y entre tierra y agua, y parecen espantosas á quien no las conoce; son pintadas de muchas colores, y de largo de seis palmos, mas y menos. Otras hay en las montañas y arboledas que son mas pardas y menores; las unas y las otras comen en dia de pescado, y su carne y sabor es como de conejo: estas salen al sol, y se ponen encima de los árboles, en especial cuando hace dia claro.

En este estero y en el rio hay otros muchos géneros de aves, en especial unas aves muy hermosas, á que los Indios llaman teocacholli, que quiere decir dios cacholli. Estas así por su hermosura como por su preciosidad, los Indios las tenian por dioses: toda la pluma que estas aves tienen es muy buena y fina para las obras que los Indios labran de pluma y oro; son mayores que gallos de Castilla. Entre otras muchas especies de patos y ánades, hay tambien unos negros, y las alas un poco blancas, que ni son bien ánsares ni bien lavancos; estos tambien son de precio. De estos sacan las plumas de que tejen las mantas ricas de pluma; solia valer uno de estos en la tierra dentro un esclavo; ahora de los patos que han venido de Castilla y de los lavancos, los tienen los Indios para pelar y sacar pluma para tejer; la pluma de los de Castilla no es tan buena como la de los de esta tierra. En este rio y sus lagunas y esteros se toman manatíes, que creo que es el mas precioso pescado que hay en el mundo: algunos de estos tienen tanta carne como un buey, y en la boca se parecen mucho al buey; tiene algo mas escondida la boca, y la barba mas gruesa y mas carnuda que el buey; sale á pacer á la ribera, y sabe escoger buen pasto, porque de yerba se mantiene: no sale fuera del agua mas de medio cuerpo, y levántase sobre dos manos ó tocones[4] que tiene algo anchos, en los cuales señala cuatro uñas como de elefante, sino que son mucho menores, y así tiene los ojos y el cuero

---

3 Ignoramos cuál sea la verdadera ortografía de este nombre mexicano de la iguana, por no haberlo hallado en otra parte.

4 El muñon de la pierna ó brazo que queda despues de cortado el pié ó la mano del hombre.

como de elefante; lo demas de su manera y propiedades pone bien el libro de la Historia general de las Indias:[5] haylos en este estero, y aquí los arponan los Indios y los toman con redes.

De dos veces que yo navegué por este estero que digo, la una fué una tarde de un dia claro y sereno, y en verdad que yo iba la boca abierta mirando aquel Estanque de Dios, y veia cuán poca cosa son las cosas de los hombres y las obras y estanques de los grandes príncipes y señores de España, y cómo todo es cosa contrahecha adonde están los príncipes del mundo, que tanto trabajan por cazar las aves para volar las altanerías[6] desvaneciéndose tras ellas; y otros en atesorar plata y oro y hacer casas y jardines y estanques; en lo cual ponen su felicidad: pues miren y vengan aquí, que todo lo hallarán junto, hecho por la mano de Dios, sin afan ni trabajo, lo cual todo convida á dar gracias á quien hizo y crió las fuentes y arroyos, y todo lo demas en el mundo criado con tanta hermosura; y todo para servicio del hombre, y con todo ello mal contentos; pues que desde una tierra tan rica y tan lejos como es España, muchos han venido no contentos con lo que sus padres se contentaron (que por ventura fueron mejores y para mas que no ellos), á buscar el negro oro de esta tierra, que tan caro cuesta, y á enriquecerse y usurpar en tierra ajena lo de los pobres Indios, y tratarlos y servirse de ellos como de esclavos. Pues mirándolo y notándolo bien, todos cuantos rios hay en esta Nueva España, ¿qué han sido sino rios de Babilonia, adonde tantos llantos y tantas muertes ha habido, y adonde tantos cuerpos y ánimas han perecido? ¡O y cómo lloran esto las viudas y aun las casadas en España, por los ahogados en estos rios y muertos en esta tierra, y á los acá olvidados y abarraganados sin cuidado de volver á sus casas, ni adonde dejaron sus mujeres, dadas por la ley y mandamiento de Dios; otros dilatando su partida, no queriendo ir hasta que estén muy ricos; y los mas de estos permite Dios que vienen á morir en un hospital! Habia de haber para estos un fiscal que los apremiase con penas; porque mas les valdria ser buenos por mal,

---

5 Sin duda se refiere el autor al libro 13, cap. 10 de la Primera Parte de la Natural é General Historia de las Indias, por Gonzalo Fernandez de Oviedo y Valdés, impresa en Sevilla, 1535, y luego en Salamanca, 1547, fol., letra gótica. O tambien al cap. 85 del Sumario, impreso ya en Toledo en 1526; y que luego incluyó Barcia en el tom. I de sus Historiadores Primitivos de las Indias Occidentales, Madrid, 1749, tres tomos fol.

6 Altanería, caza que se hace con halcones y con aves de rapiña de alto vuelo.

que dejarlos perseverar en su pecado: no sé si les cabrá parte de la culpa á los prelados y confesores; porque si estos hiciesen lo que es en sí y los castigasen y reprendiesen, ellos volvieran á sus casas y á remediar á sus hijos. A los moradores de las Islas no les bastan los Indios que de ellas han acabado y despoblado, sino buscan mil modos y maneras para con sus armadas venir á hacer saltos á la tierra firme: dénle cuanta buena color quisieren delante de los hombres, que delante de Dios yo no sé qué tal será.

¡O qué rio de Babilonia se abrió en la tierra del Perú! ¡Y cómo el negro oro se vuelve en amargo lloro, por cuya codicia muchos vendieron sus patrimonios, con que se pudieran sustentar tan bien como sus antepasados! Y engañados en sus vanas fantasías, de adonde pensaban llevar con qué se gozar, vinieron á llorar, porque antes que llegaban al Perú, de diez apenas escapaba uno, y de ciento diez; y de aquellos que escapaban, llegados al Perú han muerto mil veces de hambre y otras tantas de sed, sin otros muchos innumerables trabajos, sin los que han muerto á espada, que no han sido la menor parte. Y porque de mil ha vuelto uno á España, y este lleno de bienes, por ventura mal adquiridos, y que segun San Agustin no llegarán al tercero heredero, y ellos y el oro todos van de una color, porque con el oro cobraron mil enfermedades, unos tullidos de bubas, otros con mal de ijada, bazo, y piedra, y riñones, y otras mil maneras y géneros de enfermedades, que los que por esta Nueva España aportan en la color los conocen, y luego dicen "este perulero es;" y por uno que con todos estos males (sin el mayor mal que es el de su alma) aporta á España rico, se mueven otros mil locos á buscar la muerte del cuerpo y del ánima; y pues no os contentastes con lo que en España teníades, para pasar y vivir como vuestros pasados, en pena de vuestro yerro es razon que padezcais fatigas y trabajos sin cuento. ¡O tierra del Perú, rio de Babilonia, montes de Gelboe, adonde tantos Españoles y tan noble gente ha perecido y muerto, la maldicion de David te comprendió, pues sobre muchas partes de tu tierra ni cae lluvia, ni llueve, ni rocía! ¡Nobles de España, llorad sobre estos malditos montes! pues los que en las guerras de Italia y África peleaban como leones contra sus enemigos, volaban como águilas siguiendo sus adversarios, en la tierra del Perú murieron no como valerosos ni como quien ellos eran, sino de hambre, y sed, y frio, padeciendo otros innumerables trabajos, unos en la mar, otros en los puertos, otros por los caminos, otros en los montes y despoblados! Oido he certificar que aunque la tierra del Perú ha sido de las postreras que se descubrieron, ha costado mas vidas de Españoles, que costaron las Islas y Tierra Firme y Nueva España. ¿Adónde ha habido en tierra de infieles de tan pocos años acá tantas batallas como ha habido de cristianos contra cristianos tan crueles como en el Perú, y adonde tantos murieron? Bien señalado quedó el campo de la sangre que allí se derramó, y lo que despues sucedió muestra el grande espanto de las crueles muertes. Porque como esta batalla se dió en unos campos rasos, adonde no hay árboles ni montes, fueron vistas muchas lumbres algunas noches, y muy temerosas y espantosas voces como de gente trabada en batalla, que decian: "¡Mueran, mueran, matarlos, matarlos, á ellos, á ellos, préndelo, llévale, no le deis vida!" &c.; y que esto sea verdad muchos Españoles que del Perú han venido á esta Nueva España lo han certificado, y tambien ha venido por testimonio, que quedó aquel lugar adonde fué la batalla tan temeroso, que aun de dia no osaban pasar por allí; y los que de necesidad han de pasar parece que van como espantados y que los cabellos se les respeluzan, sin poder ser otra cosa en su mano. Más bastante fué la avaricia de nuestros Españoles para destruir y despoblar esta tierra, que todos los sacrificios y guerras y homicidios que en ella hubo en tiempo de su infidelidad, con todos los que en todas partes se sacrificaban, que eran muchos; y porque algunos tuvieron fantasía y opinion diabólica que conquistando á fuego y á sangre servirian mejor los Indios, y que siempre estarian en aquella sujecion y temor, asolaban todos los pueblos donde llegaban: ¡cómo en la verdad fuera mejor haberlos ganado con amor, para que tuvieran de quien se servir! Y estando la tierra poblada estuviera rica, y todos ellos fueran ricos, y no tuvieran tanto de que dar estrecha cuenta al tiempo de la final residencia; pues el mismo Dios dice que por cada ánima de un prójimo darás la tuya y no otra prenda; porque Cristo como Señor Soberano, echa mano de lo bien parado y entrégase en lo mejor, así por el Indio que por el demasiado trabajo que le das muere en tu servicio ó por tu causa, y mas si por tu culpa el tal muere sin bautismo; pues mirad que sois sus guardas, y que se os dan en guarda y encomienda, y que teneis de dar cuenta de ellos y muy estrecha, porque la sangre y muerte de estos que en tan poco estimais clamará delante de Dios, así de la tierra del Perú como de las Islas y Tierra Firme; por eso, ande buena olla y mal testamento, que el que no hace lo que debe, su muerte come en la olla; por eso no cureis de saber de dónde viene la gallina sin pagarla, y porqué se traen los conejos y codornices y los otros muchos presentes y servicios, que queréis que vuestra boca sea medida, descuidados de saber el daño que hacen vuestros ganados en las heredades y sementeras ajenas, las joyas al tiempo del tributo demasiadas, y mandar que den mantas y alpargatas á los criados y criadas, y den vestir y calzar á los esclavos, y que traigan miel y cera, sal y loza, y esteras y todo cuanto se les antoja á las señoras; y al negro y á la negra demandar esto, es de remediar y sentir que se recibe con mala conciencia, porque todas estas cosas serán traidas y presentadas en el dia de la muerte, si acá primero no se restituyen, y no aguardar al tiempo del dar de la cuenta, cuando no se puede volver el pié atrás, ni hay lugar de enmienda. Ciertamente gran merced hace Dios á los que de esta parte de la muerte los retrae de los pecados y les da tiempo de penitencia y lumbre de conocimiento; á este fin se escriben semejantes cosas, para que despierte el que duerme.

Cuando los Españoles se embarcan para venir á esta tierra, á unos les dicen á otros se les antoja, que van á la isla de Ofir, de donde el rey Salomon llevó el oro muy fino, y que allí se hacen ricos cuantos en ella van; otros piensan que van á las islas de Tarsis ó al gran Cipango, á do por todas partes es tanto el oro, que lo cogen á haldadas; otros dicen que van en demanda de las Siete Ciudades, que son tan grandes y tan ricas, que todos han de ser señores de salva. ¡O locos y mas que locos! ¡Y si quisiese Dios y tuviese por bien que de cuantos han muerto por estas partes resucitase uno para que fuese á desengañar y testificar y dar voces por el mundo, para que no viniesen los hombres á tales lugares á buscar la muerte con sus manos! Y son como las suertes, que salen en lleno y con preseas veinte, y salen diez ó doce mil en blanco.

CAPÍTULO XII.

Que cuenta del buen ingenio y grande habilidad que tienen los Indios en aprender todo cuanto les enseñan; y todo lo que ven con los ojos lo hacen en breve tiempo.

El que enseña al hombre la ciencia, ese mismo proveyó y dió á estos Indios naturales grande ingenio y habilidad para aprender todas las ciencias, artes y oficios que les han enseñado, porque con todos han salido en tan breve tiempo, que en viendo los oficios que en Castilla están muchos años en los deprender, acá en solo mirarlos y verlos hacer, han quedado muchos maestros. Tienen el entendimiento vivo, recogido y sosegado, no orgulloso ni derramado como otras naciones.

Deprendieron á leer brevemente así en romance como en latin, y de tirado y letra de mano. Apenas hay carta en su lengua de muchas que unos á otros se escriben, que como los mensajeros son baratos, andan bien espesas; todos las saben leer, hasta los que há poco que se comenzaron á enseñar.

Escribir se enseñaron en breve tiempo, porque en pocos dias que escriben luego contrahacen la materia que les dan sus maestros, y si el maestro les muda otra forma de escribir, como es cosa muy comun que diversos hombres hacen diversas formas de letras, luego ellos tambien mudan la letra y la hacen de la forma que les da su maestro.

En el segundo año que les comenzamos á enseñar dieron á un muchacho de Tetzcoco por muestra una bula, y sacóla tan á lo natural, que la letra que hizo parecia el mismo molde, porque el primer renglon era de letra grande, y abajo sacó la firma ni mas ni menos, y un Jesus con una imágen de Nuestra Señora, todo tan al propio, que parecia no haber diferencia del molde á la otra letra; y por cosa notable y primera la llevó un Español á Castilla. Letras grandes y griegas, pautar y apuntar, así canto llano como canto de órgano, hacen muy liberalmente, y han hecho muchos libros de ello; y tambien han aprendido á encuadernar é iluminar, alguno de ellos muy bien, y han sacado imágen de planchas de bien perfectas figuras, tanto que se maravillan cuantos las ven, porque de la primera vez la hacen perfecta, de las cuales tengo yo bien primas muestras. El tercero año les impusimos en el canto, y algunos se reian y burlaban de ello, asi porque parecian desentonados, como porque parecian tener flacas voces; y en la verdad no las tienen tan recias ni tan suaves como los Españoles, y creo que lo causa andar descalzos y mal arropados los pechos, y ser las comidas tan pobres; pero como hay muchos en que escoger, siempre hay razonables capillas. Fué muy de ver el primero que les comenzó á enseñar el canto: era un fraile viejo y apenas sabia ninguna cosa de la lengua de los Indios, sino la nuestra castellana, y hablaba tan en forma y en seso con los muchachos como si fuera con cuerdos Españoles; los que lo oiamos no nos podiamos valer de risa, y los muchachos la boca abierta oyéndole muy atentos ver qué queria decir. Fué cosa de maravilla, que aunque al principio ninguna cosa entendian, ni el viejo tenia intérprete, en poco tiempo le entendieron y aprendieron el canto de tal manera, que ahora hay muchos de ellos tan diestros que rigen capillas; y como son de vivo ingenio y gran memoria, lo mas de lo que cantan saben de coro, tanto, que si estando cantando se revuelven las hojas ó se cae el libro, no por eso dejan de cantar, sin errar un punto; y si ponen el libro en una mesa tan bien cantan los que están al revés y á los lados como los que están delante. Un Indio de estos cantores, vecino de esta ciudad de Tlaxcallan, ha compuesto una misa entera, apuntada por puro ingenio, aprobada por buenos cantores de Castilla que la han visto. En lugar de órganos tienen música de flautas concertadas, que parecen propiamente órganos de palo, porque son muchas flautas. Esta música enseñaron á los Indios unos ministriles que vinieron de España; y como acá no hubiese quien á todos juntos los recibiese y diese de comer, rogámosles que se repartiesen por los pueblos de los Indios, y que los enseñasen pagándoselo, y así los enseñaron. Hacen tambien chirimías, aunque no las saben dar el tono que han de tener.

Un mancebo indio que tañia flauta enseñó á tañer á otros Indios en Tehuacan, y en un mes todos supieron oficiar una misa y víspe-

TRATADO III, CAPITULO XII.

ras, himnos, y Magníficat, y motetes; y en medio año estaban muy gentiles tañedores. Aquí en Tlaxcallan estaba un Español que tañia rabel, y un Indio hizo otro rabel y rogó al Español que le enseñase, el cual le dió solas tres lecciones, en las cuales deprendió todo lo que el Español sabia; y antes que pasasen diez dias tañia con el rabel entre las flautas, y diz cantaba sobre todas ellas. Ahora he sabido que en México hay maestro que tañe vihuela de arco, y tiene ya hechas todas cuatro voces: yo creo que antes del año sabrán tanto los Indios como su maestro, ó ellos podrán poco.

Hasta comenzarles á enseñar latin ó gramática hubo muchos pareceres, así entre los frailes como de otras personas, y cierto se les ha enseñado con harta dificultad, mas con haber salido muy bien con ello se da el trabajo por bien empleado, porque hay muchos de ellos buenos gramáticos, y que componen oraciones largas y bien autorizadas, y versos exámetros y pentámetros, y lo que en mas se debe tener es el recogimiento de los estudiantes, que es como de novicios frailes, y esto con poco trabajo de su maestro; porque estos estudiantes y colegiales tienen su colegio bien ordenado, adonde á solos ellos se enseña; porque despues que vieron que aprovechaban en el estudio, pasaron los del barrio de San Francisco de México al otro barrio que se llama Santiago de Tlatilolco, adonde ahora están con dos frailes que los enseñan, y con un bachiller indio que les lee gramática.

Una muy buena cosa aconteció á un clérigo recien venido de Castilla, que no podia creer que los Indios sabian la doctrina cristiana, ni Pater Noster, ni Credo bien dicho; y como otros Españoles le dijesen que sí, él todavía incrédulo; y á esta sazon habian salido los estudiantes del colegio, y el clérigo pensando que eran de los otros Indios, preguntó á uno si sabia el Pater Noster y dijo que sí, é hízosele decir, y despues hízole decir el Credo, y díjole bien; y el clérigo acusóle una palabra que el Indio bien decia, y como el Indio se afirmase en que decia bien, y el clérigo que no, tuvo el estudiante necesidad de probar cómo decia bien, y preguntóle hablando en latin: *Reverende Pater, cujus casus est?* Entonces como el clérigo no supiese gramática, quedó confuso y atajado.

CAPÍTULO XIII.

De los oficios mecánicos que los Indios han aprendido de los Españoles, y de los que ellos de antes sabian.

En los oficios mecánicos, así los que de antes los Indios tenian, como los que de nuevo han aprendido de los Españoles, se han perfeccionado mucho; porque han salido grandes pintores despues que vinieron las muestras é imágenes de Flandes y de Italia que los Españoles han traido, de las cuales han venido á esta tierra muy ricas piezas, porque adonde hay oro y plata todo viene, en especial los pintores de México, porque allí va á parar todo lo bueno que á esta tierra viene; y de antes no sabian pintar sino una flor ó un pájaro, ó una labor; y si pintaban un hombre ó un caballero, era muy mal entallado; ahora hacen buenas imágenes. Aprendieron tambien á batir oro, porque un batidor de oro que pasó á esta Nueva España, aunque quiso esconder su oficio de los Indios, no pudo, porque ellos miraban todas las particularidades del oficio y contaron los golpes que daba con el martillo, y cómo volvia y revolvia el molde, y antes que pasase un año sacaron oro batido.

Han salido tambien algunos que hacen guadamaciles buenos, hurtando el oficio al maestro sin él se lo querer mostrar, aunque tuvieron harto trabajo en dar la color dorado y plateado. Han sacado tambien algunas buenas campanas y de buen sonido; este fué uno de los oficios con que mejor han salido. Para ser buenos plateros no les falta otra cosa sino la herramienta, que no la tienen, pero una piedra sobre otra hacen una taza llana y un plato: mas para fundir una pieza y hacerla de vaciado, hacen ventaja á los plateros de España, porque funden un pájaro que se le anda la lengua y la cabeza y las alas; y vacian un mono ú otro monstruo que se le anda la cabeza, lengua, piés y manos; y en las manos pónenle unos trebejuelos que parece que bailan con ellos: y lo que mas es, que sacan una pieza la mitad de oro y la mitad de plata, y vacian un pece con todas sus escamas, la una de oro y la otra de plata.

Han deprendido á curtir corambres, á hacer fuelles de herreros, y son buenos zapateros, que hacen zapatos y servillas, borceguíes, y pantuflos, chapines de mujeres, y todo lo demas que se hace en España: este oficio comenzó en Michuacan, porque allí se curten los buenos cueros de venados. Hacen todo lo que es menester para una silla gineta, bastos y fuste, coraza y sobrecoraza: verdad es que el fuste no le acertaban á hacer, y como un sillero tuviese un fuste á la puerta, un Indio esperó á que el sillero entrase á comer, y hurtóle el fuste para sacar otro por él, y luego otro dia á la misma hora estando el sillero comiendo, tornóle á poner el fuste en su lugar; y desde á seis ó siete dias vino el Indio vendiendo fustes por las calles, y fué á casa del sillero y díjole si le queria comprar de aquellos fustes, de lo cual creo yo que pesó al sillero, porque en sabiendo un oficio los Indios, luego abajan los Españoles los precios, porque como no hay mas de un oficial de cada uno, venden como quieren, y para esto ha sido gran matador la habilidad y buen ingenio de los Indios.

Hay Indios herreros, y tejedores, y canteros, y carpinteros, y entalladores; y el oficio que mejor han tomado y con que mejor han salido ha sido sastres, porque hacen unas calzas, y un jubon, y sayo, y chupa, de la manera que se lo demandan, tan bien como en Castilla, y todas las otras ropas que no tienen número sus hechuras, porque nunca hacen sino mudar trajes y buscar invenciones nuevas. Tambien hacen guantes y calzas de aguja de seda, y bonetillos de seda, y tambien son bordadores razonables. Labran bandurrias, vihuelas y arpas, y en mil labores y lazos. Sillas de caderas han hecho tantas, que las casas de los Españoles están llenas. Hacen tambien flautas muy buenas. En México estaba un reconciliado, y como traia sambenito, viendo los Indios que era nuevo traje de ropa, pensó uno que los Españoles usaban aquella ropa por devocion en la cuaresma, y luego fuese á su casa é hizo sus sambenitos muy bien hechos y muy pintados; y sale por México á vender su ropa entre los Españoles, y decia en lengua de Indios "Tic cohuaznequi sambenito," que quiere decir: ¿quieres comprar sambenito? Fué la cosa tan reida por toda la tierra, que creo que llegó á España, y en México quedó como refran: "Ti que quis benito."

CAPÍTULO XIV.

De la muerte de tres niños, que fueron muertos por los Indios, porque les predicaban y destruian sus ídolos, y de cómo los niños mataron al que se decia ser dios del vino.

Al principio, cuando los frailes menores vinieron á buscar la salud de las ánimas de estos Indios, parecióles que convenia que los hijos de los señores y personas principales se recogiesen en los monasterios; y para esto dió mucho favor y ayuda el marques del Valle que á la sazon gobernaba, y para todo lo demas tocante á la doctrina cristiana; y como los Indios naturales le amaban y temian mucho, obedecian de buena gana su mandamiento en todo, hasta dar sus hijos, que al principio se les hizo tan cuesta arriba, que algunos señores escondian sus hijos, y en su lugar ataviaban y componian algun hijo de su criado ó vasallo, ó esclavillo, y enviábanle acompañado con otros que le sirviesen por mejor disimular, y por no dar al hijo propio. Otros daban algunos de sus hijos, y guardaban los mayores y los mas regalados. Esto fué al principio, hasta que vieron que eran bien tratados y doctrinados los que se criaban en la casa de Dios, que como conocieron el provecho, ellos mismos los venian despues á traer y á rogar con ellos, y luego se descubrió tambien el engaño de los niños escondidos; y porque viene á propósito contaré de la muerte que los niños dieron á un Indio que se hacia dios, y despues la muerte que un padre dió á su hijo, y las muertes de otros dos niños indios ya cristianos.

Como en el primer año que los frailes menores poblaron en la ciudad de Tlaxcallan recogiesen los hijos de los señores y personas principales para los enseñar en la doctrina de nuestra santa fe, los que servian en los templos del demonio no cesaban en el servicio de los ídolos, é inducir al pueblo para que no dejasen sus dioses, que eran mas verdaderos que no los que los frailes predicaban, y que así lo sustentarian; y por esta causa salió uno de los ministros del demonio (que por venir vestido de ciertas insignias de un ídolo ó demonio Ometochtli, y ser su ministro se llamaba ometoch cotoya, segun que aquí se pintará), salió al tianquizco ó mercado. Este demonio Ometochtli era uno de los principales dioses de los Indios, y era adorado por el dios del vino, y muy temido y acatado, porque todos se embeodaban, y de la beodez resultaban todos sus vicios y pecados; y estos ministros que así estaban vestidos de las vestiduras de este demonio, salian pocas veces fuera de los templos ó patios del demonio, y cuando salian teníanles tanto acatamiento y reverencia, que apenas osaba la gente alzar los ojos para mirarles: pues este ministro así vestido salió y andaba por el mercado comiendo é mascando unas piedras agudas de que acá usan en lugar de cuchillos, que son unas piedras tan negras como azabache, y con cierta arte las sacan delgadas y del largor de un jeme, con tan vivos filos como una navaja, sino que luego saltan y se mellan: este ministro para mostrarse feroz y que hacia lo que otros no podian hacer, andaba mascando aquellas navajas por el mercado; á esta sazon venian los niños que se enseñaban en el monasterio del rio de lavarse, y habian de atravesar por el tianquizco ó mercado; y como viesen tanta gente tras aquel demonio, preguntaron qué era aquello, y respondieron unos Indios diciendo: "Nuestro dios Ometochtli;" los niños dijeron: "No es dios sino diablo, que os miente y engaña." Estaba en medio del mercado una cruz, adonde los niños de camino iban á hacer oracion, y allí se detenian hasta que todos se ayuntaban, que como eran muchos iban derramados. Estando allí, vínose para ellos aquel mal demonio, ó que traia sus vestiduras, y comenzó de reñir á los niños y mostrarse muy bravo, diciéndoles: "Que presto se moririan todos, porque le tenian enojado, y habian dejado su casa é ídose á la de Santa María." A lo cual algunos de los grandecillos que tuvieron mas ánimo le respondieron: "Que él era el mentiroso, y que no le tenian ningun temor porque él no era Dios sino el diablo, y malo engañador." A todo esto el ministro del demonio no dejaba de afirmar que él era dios y que los habia de matar á todos, mostrando el semblante muy enojado, para les poner mas temor. Entonces dijo uno de los muchachos: "Veamos ahora quién morirá, nosotros ó este;" y abajóse por una piedra y dijo á los otros: "Echemos de aquí este diablo, que Dios nos ayudará;" y diciendo esto tiróle con la piedra, y luego acudieron todos los otros: y aunque al principio el demonio hacia rostro, como cargaron tantos muchachos comenzó á huir, y los niños con gran grita iban tras él tirándole piedras, é íbaseles por piés; mas permitiéndolo Dios y mereciéndolo sus pecados, estropezó y cayó, y no hubo caido cuando lo tenian muerto y cubierto de piedras, y ellos muy regocijados decian: "Matamos al diablo que nos queria matar. Ahora verán los macehuales (que es la gente comun) cómo este no era dios sino mentiroso, y Dios y Santa María son buenos." Acabada la lid y contienda, no parecia que habian muerto hombre sino al mismo demonio. Y como cuando la batalla rompida los que quedan en el campo quedan alegres con la victoria y los vencidos desmayados y tristes, así quedaron todos los que creian y servian á los ídolos, y la gente del mercado, quedaron todos espantados, y los niños muy ufanos diciendo: "Jesucristo, Santa María nos han favorecido á matar á este diablo." En esto ya habian venido muchos de aquellos ministros, muy bravos, y querian poner las manos en los muchachos, sino que no se atrevieron porque Dios no lo consintió ni les dió ánimo para ello; antes estaban como espantados en ver tan grande atrevimiento de muchachos. Vanse los niños muy regocijados para el monasterio y entran diciendo cómo habian muerto al diablo. Los frailes no los entendian bien, hasta que el intérprete les dijo cómo habian muerto á uno que traia vestidas las insignias del demonio. Espantados los frailes y queriéndolos castigar y amedrentar, preguntaron ¿quién lo habia hecho? A lo cual respondieron todos juntos: "Nosotros lo hicimos." Preguntóles otra vez su maestro: "¿Quién tiró la primera piedra?" Respondió uno y dijo: "Yo la eché." Y luego el maestro mandábale azotar diciéndole: "Que cómo habia hecho tal cosa, y habia muerto hombre?" El muchacho respondió: "Que no habian ellos muerto hombre sino demonio; y que si no lo creian que lo fuesen á ver." Entonces salieron los frailes y fueron al mercado, y no vieron sino un gran monton de piedras, y descubriendo y quitando de ellas, vieron cómo el muerto estaba vestido del pontifical del diablo, y tan feo como el mismo demonio. No fué la cosa de tan poca estima, que por solo este caso comenzaron muchos Indios á conocer los engaños y mentiras del demonio, y á dejar su falsa opinion, y venirse á reconciliar y confederar con Dios y á oir su palabra.

En esta ciudad de Tlaxcallan fué un niño encubierto por su padre, porque en esta ciudad hay cuatro cabezas ó señores principales, entre los cuales se reduce toda la provincia, que es harto grande, de la cual se dice que salian cien mil hombres de pelea. Ademas de aquellos cuatro señores principales, habia otros muchos que tenian y tienen muchos vasallos. Uno de los mas principales de estos, llamado por nombre Acxotecatl, tenia sesenta mujeres, y de las mas principales de ellas tenia cuatro hijos; los tres de estos envió al monasterio á los enseñar, y el mayor y mas amado de él y mas bonito, é hijo de la mas principal de sus mujeres, dejóle en su casa como escondido. Pasados algunos dias y que ya los niños que estaban en los monasterios descubrian algunos secretos, así de idolatrías como de los hijos que los señores tenian escondidos, aquellos tres hermanos dijeron á los frailes cómo su padre tenia escondido en casa á su hermano mayor, y sabido, demandáronle á su padre, y luego le trajo, y segun me dicen era muy bonito, y de edad de doce ó trece años. Pasados algunos dias y ya algo enseñado, pidió el bautismo y fuéle dado, y puesto por nombre Cristóbal. Este niño, ademas de ser de los mas principales y de su persona muy bonito y bien acondicionado y hábil, mostró principios de ser muy buen cristiano, porque de lo que él oía y aprendia enseñaba á los vasallos de su padre, y al mismo padre decia, que dejase los ídolos y los pecados en que estaba, en especial el de la embriaguez, porque todo era muy gran pecado, y que se tornase y conociese á Dios del cielo y á Jesucristo su Hijo, que él le perdonaria, y que esto era verdad, porque así lo enseñaban los padres que sirven á Dios. El padre era un Indio de los encarnizados en guerras y envejecido en maldades y pecados, segun despues pareció, y sus manos llenas de homicidios y muertes. Los dichos del hijo no le pudieron ablandar el corazon ya endurecido, y como el niño Cristóbal viese en casa de su padre las tinajas llenas del vino con que se embeodaban él y sus vasallos, y viese los ídolos, todos los quebraba y destruia, de lo cual los criados y vasallos se quejaron al padre, diciendo: "Tu hijo Cristóbal quebranta los ídolos tuyos y nuestros, y el vino que puede hallar todo lo vierte. A tí y á nosotros echa en vergüenza y en pobreza." Esta es manera de hablar de los Indios, y otras que aquí van, que no corren tanto con nuestro romance. Demas de estos criados y vasallos que esto decian, una de sus mujeres muy principal, que tenia un hijo del mismo Acxotecatl, le indignaba mucho é inducia para que matase aquel hijo Cristóbal, porque, aquel muerto, heredase otro suyo que se dice Bernardino, y así fué que ahora este Bernardino posee el señorío del padre. Esta mujer se llamaba Xochipapalotzin, que quiere decir Flor-de-mariposa. Esta tambien decia á su marido: "Tu hijo Cristóbal te echa en pobreza y en vergüenza." El muchacho no dejaba de amonestar á la madre y á los criados de casa que dejasen los ídolos y los pecados juntamente, quitándoselos y quebrantándoselos. En fin, aquella mujer tanto indignó y atrajo á su marido, y él que de natural era muy cruel, que determinó de matar á su hijo mayor Cristóbal, y para esto envió á llamar á todos sus hijos, diciendo que queria hacer una fiesta y holgarse con ellos; los cuales llegados á casa del padre, llevólos á unos aposentos dentro de casa, y tomó á aquel su hijo Cristóbal que tenia determinado de matar, y mandó á los otros hermanos que se saliesen fuera; pero el mayor de los tres, que se dice Luis (del cual yo fuí informado, porque este vió cómo pasó todo el caso), este como vió que le echaban de allí y que su hermano mayor lloraba mucho, subióse á una azotea, y desde allí por una ventana vió cómo el cruel padre tomó por los cabellos á aquel hijo Cristóbal y le echó en el suelo dándole muy crueles coces, de las cuales fué maravilla no morir (porque el padre era un valentazo hombre, y es así porque yo que esto escribo lo conocí), y como así no lo pudiese matar, tomó un palo grueso de encina y dióle con él muchos golpes por todo el cuerpo hasta quebrantarle y molerle los brazos, y piernas, y las manos con que se defendia la cabeza, tanto, que casi de todo el cuerpo corria sangre: á todo esto el niño llamaba continuamente á Dios diciendo en su lengua: "Señor Dios mio, haced merced de mí, y si tú quieres que yo muera, muera yo; y si tú quieres que viva, líbrame de este cruel de mi padre." Ya el padre cansado, y segun afirman, con todas las heridas el muchacho se levantaba y se iba á salir por la puerta afuera, sino que aquella cruel mujer que dije que se llamaba Flor-de-mariposa le detuvo la puerta, que ya el padre de cansado le dejara ir. En este sazon súpolo la madre del Cristóbal, que estaba en otro aposento algo apartado, y vino desalada, las entrañas abiertas de madre, y no paró hasta entrar adonde su hijo estaba caido llamando á Dios; y queriéndole tomar para como madre apiadarle, el cruel de su marido, ó por mejor decir el enemigo estorbándola, llorando y querellándose decia: "¿Por qué me matas á mi hijo? ¿Cómo has tenido manos para matar á tu propio hijo? Matárasme á mí primero, y no viera yo tan cruelmente atormentado un solo hijo que parí. Déjame llevar mi hijo, y si quieres mátame á mí, y deja al que es niño é hijo tuyo y mio." En esto aquel mal hombre tomó á su propia mujer por los cabellos y acoceóla hasta se cansar, y llamó quien se la quitase de allí, y vinieron ciertos Indios y llevaron á la triste madre, que mas sentia los tormentos del amado hijo que los propios suyos. Viendo, pues, el cruel padre que el niño estaba con buen sentido, aunque muy mal llagado y atormentado, mandóle echar en un gran fuego de muy encendidas brasas de leña de cortezas de encina secas, que es la lumbre que los señores tienen en esta tierra, que es leña que dura mucho y hace muy recia brasa; en aquel fuego le echó y le revolvió de espaldas y de pechos cruelmente, y el muchacho siempre llamando á Dios y á Santa María: y quitado de allí casi por muerto, algunos dicen que entonces el padre entró por una espada, otros que por un puñal, y que á puñaladas le acabó de matar; pero lo que yo con mas verdad he averiguado es, que el padre anduvo á buscar una espada que tenia y que no la halló. Quitado el niño del fuego, envolviéronle en unas mantas, y él con mucha paciencia encomendándose á Dios estuvo padeciendo toda una noche aquel dolor que el fuego y las heridas le causaban con mucho sufrimiento, llamando siempre á Dios y á Santa María. Por la mañana dijo el muchacho que le llamasen á su padre, el cual vino, y venido, el niño le dijo: "¡O padre! no pienses que estoy enojado, porque yo estoy muy alegre, y sábete que me has hecho mas honra que no vale tu señorío." Y dicho esto demandó de beber y diéronle un vaso de cacao, que es en esta tierra casi como en España el vino, no que embeoda, sino sustancial, y en bebiéndolo luego murió.

Muerto el mozo mandó el padre que le enterrasen en un rincon de una cámara, y puso mucho temor á todos los de su casa que á nadie dijesen la muerte del niño; en especial habló á los otros tres hijos que se criaban en el monasterio diciéndoles: "No digais nada, porque si el Capitan lo sabe, ahorcarme ha." Al marques del Valle al principio todos los Indios le llamaban el Capitan, y teníanle muy gran temor.

No contento con esto aquel homicida malvado, mas añadiendo maldad á maldad, tuvo temor de aquella su mujer y madre del muerto niño, que se llamaba Tlapaxilotzin, de la cual nunca he podido averiguar si fué bautizada ó no, porque hay cerca de doce años que aconteció hasta ahora que esto escribo, en el mes de Marzo del año de 39. Por este temor que descubriria la muerte de su hijo, la mandó llevar á una su estancia ó granjería, que se dice Quimichocan, no muy lejos de la venta de Tecoac, que está en el camino real que va de México al puerto de la Veracruz, y el hijo quedaba enterrado en un pueblo que se dice Atlihuetzia, cuatro leguas de allí y cerca dos leguas de Tlaxcallan: aquí á este pueblo me vine á informar y ví adonde murió el niño y adonde le enterraron, y en este mismo pueblo escribo ahora esto: llámase Atlihuetzia, que quiere decir adonde cae el agua, porque aquí se despeña un rio de unas peñas y cae de muy alto. A los que llevaron á la mujer mandó que la matasen y enterrasen muy secretamente: no he podido averiguar la muerte que le dieron.

La manera con que se descubrieron los homicidios de aquel Acxotecatl fué, que pasando un Español por su tierra, hizo un maltratamiento á unos vasallos de aquel Acxotecatl, y ellos viniéronsele á quejar, y él fué con ellos adonde quedaba el Español, y llegado tratóle malamente; y cuando de sus manos se escapó dejándole cierto oro y ropas que traia, pensó que le habia hecho Dios mucha merced, y no se deteniendo mucho en el camino llegó á México, y dió queja á la justicia del maltratamiento que aquel señor indio le habia hecho, y de lo que le habia tomado: y venido mandamiento, prendióle un alguacil español que aquí en Tlaxcallan residia; y como el Indio era de los mas principales señores de Tlaxcallan, despues de los cuatro señores, fué menester que viniese un pesquisidor con poder del que gobernaba en México, á lo cual vino Martin de Calahorra, vecino de México, conquistador, y persona de quien se pudiera bien fiar cualquiera cargo de justicia. Y este hecha su pesquisa y vuelto al Español su oro y ropa, cuando el Acxotecatl pensó que estaba libre, comenzáronse á descubrir ciertos indicios de la muerte del hijo y de la mujer, como parecerá por el proceso que el dicho Martin de Calahorra hizo en forma de derecho, aunque algunas cosas mas claramente las manifiestan ahora que entonces, y otras se podrian entonces mejor averiguar, por ser los delitos mas frescos, aunque yo he puesto harta diligencia por no ofender á la verdad en lo que dijere.

Sentenciado á muerte por estos dos delitos y por otros muchos que se le acumularon, el dicho Martin de Calahorra ayuntó los Españoles que pudo para con seguridad hacer justicia, porque tenia temor que aquel Acxotecatl era valiente hombre y muy emparentado, y aunque estaba sentenciado no parecia que tenia temor; y cuando le sacaron que le llevaban á ahorcar iba diciendo: "¿Esta es Tlaxcallan? ¿Y cómo vosotros, Tlaxcaltecas, consentís que yo muera, y no sois para quitarme de estos pocos Españoles?" Dios sabe si los Españoles llevaban temor; pero como la justicia venia de lo alto, no bastó su ánimo, ni los muchos parientes, ni la gran multitud del pueblo, sino que aquellos pocos Españoles le llevaron hasta dejarle en la horca. Luego que se supo adonde el padre le habia enterrado, fué de esta casa un fraile, que se llamaba Fray Andrés de Córdoba, con muchos Indios principales por el cuerpo de aquel niño, que ya habia mas de un año que estaba sepultado, y afírmanme algunos de los que fueron con Fray Andrés de Córdoba, que el cuerpo estaba seco, mas no corrompido.

Dos años despues de la muerte del niño Cristóbal vino aquí á Tlaxcallan un fraile domingo llamado Fray Bernardino Minaya, con otro compañero, los cuales iban encaminados á la provincia de Oaxyecac: á la sazon era aquí en Tlaxcallan guardian nuestro padre de gloriosa memoria Fray Martin de Valencia, al cual los padres dominicos rogaron que les diese algun muchacho de los enseñados, para que les ayudase en lo tocante á la doctrina cristiana. Preguntados los muchachos si habia alguno que por Dios quisiese ir á aquella obra, ofreciéronse dos muy bonitos é hijos de personas muy principales; al uno llamaban Antonio; este llevaba consigo un criado de su edad que decian Juan, al otro llamaban Diego; y al tiempo que se querian partir díjoles el padre Fray Martin de Valencia: "Hijos mios, mirad que habeis de ir fuera de vuestra tierra, y vais entre gente que no conoce aun á Dios, y que creo que os veréis en muchos trabajos: yo siento vuestros trabajos como de mis propios hijos, y aun tengo temor que os maten por esos caminos; por eso antes que os determineis miradlo bien." A esto ambos los niños conformes, guiados por el Espíritu Santo respondieron: "Padre, para eso nos has enseñado lo que toca á la verdadera fe; ¿pues cómo no habia de haber entre nosotros quien se ofreciese á tomar trabajo para servir á Dios? Nosotros estamos aparejados para ir con los padres, y para recibir de buena voluntad todo trabajo por Dios; y si él fuere servido de nuestras vidas, ¿por qué no las pondremos por él? ¿No mataron á San Pedro crucificándole, y degollaron á San Pablo, y San Bartolomé no fué desollado por Dios? ¿Pues por qué no moriremos nosotros por él, si él fuese servido?" Entonces, dándoles su bendicion, se fueron con aquellos dos frailes, y llegaron á Tepeyacac, que es casi diez leguas de Tlaxcallan. En aquel tiempo en Tepeyacac no habia monasterio como le hay ahora, mas de que se visitaba aquella provincia desde Huexotzinco, que está otras diez leguas del mismo Tepeyacac, é iba muy de tarde en tarde, por lo cual aquel pueblo y toda aquella provincia estaba muy llena de ídolos, aunque no públicos. Luego aquel padre Fray Bernardino Minaya envió á aquellos niños á que buscasen por todas las casas de los Indios los ídolos y se los trajesen, y en esto se ocuparon tres ó cuatro dias, en los cuales trajeron todos los que podian hallar. Y despues apartáronse mas de una legua del pueblo á buscar si habia mas ídolos en otros pueblos que estaban allí cerca: al uno llamaban Cuauhtinchan, y al otro porque en la lengua española no tiene buen nombre le llaman el pueblo de Orduña, porque está encomendado á un Francisco Orduña. De unas casas de este pueblo sacó aquel niño llamado Antonio unos ídolos, é iba con él el otro su paje llamado Juan: ya en esto algunos señores y principales se habian concertado de matar á estos niños, segun despues pareció; la causa era porque les quebraban los ídolos y les quitaban sus dioses. Vino aquel Antonio con los ídolos que traia recogidos del pueblo de Orduña, á buscar en el otro que se dice Cuautitlan si habia algunos; y entrando en una casa, no estaba en ella mas de un niño guardando la puerta, y quedó con él el otro su criadillo; y estando allí vinieron dos Indios principales con unos leños de encina, y en llegando, sin decir palabra, descargan sobre el muchacho llamado Juan, que habia quedado á la puerta, y al ruido salió luego el otro Antonio, y como vió la crueldad que aquellos sayones ejecutaban en su criado, no huyó, antes con grande ánimo les dijo: "¿Por qué me matais á mi compañero que no tiene él la culpa, sino yo, que soy el que os quito los ídolos, porque sé que son diablos y no dioses? Y si por ellos los habeis, tomadlos allá, y dejad á ese que no os tiene culpa." Y diciendo esto, echó en el suelo unos ídolos que en la falda traia. Y acabadas de decir estas palabras ya los Indios tenian muerto al niño Juan, y luego descargan en el otro Antonio, de manera que allí tambien le mataron. Y en anocheciendo tomaron los cuerpos, que dicen los que los conocieron que eran de la edad de Cristóbal, y lleváronlos al pueblo de Orduña, y echáronlos en una honda barranca, pensando que echados allí nunca de nadie se pudiera saber su maldad; pero como faltó el niño Antonio, luego pusieron mucha diligencia en buscarlo, y el fraile Bernardino Minaya encargólo mucho á un alguacil que residia allí en Tepeyacac, que se decia Álvaro de Sandoval, el cual con los padres dominicos pusieron grande diligencia; porque cuando en Tlaxcallan se los dieron, habíanles encargado mucho á aquel Antonio, porque era nieto del mayor señor de Tlaxcallan, que se llamó Xicotencatl, que fué el principal señor que recibió á los Españoles cuando entraron en esta tierra, y los favoreció y sustentó con su propia hacienda, porque este Xicotencatl y Maxiscatzin mandaban toda la provincia de Tlaxcallan, y este niño Antonio habia de heredar al abuelo, y así ahora en su lugar lo posee otro su hermano menor que se llama Don Luis Moscoso. Parecieron los muchachos muertos, porque luego hallaron el rastro por do habian ido y adonde habian desaparecido, y luego supieron quién los habia muerto; y presos los matadores, nunca confesaron por cuyo mandado los habian muerto; pero dijeron que ellos los habian muerto, y que bien conocian el mal que habian hecho y que merecian la muerte; y rogaron que los bautizasen antes que no los matasen. Luego fueron por los cuerpos de los niños, y traidos, los enterraron en una capilla adonde se decia la misa, porque entonces no habia iglesia. Sintieron mucho la muerte de estos niños aquellos padres dominicos, y mas por lo que habia de sentir el padre Fray Martin de Valencia, que tanto se los habia encargado cuando se los dió, y parecióles que seria bien enviarle los homicidas y matadores, y diéronlos á unos Indios para que los llevasen á Tlaxcallan. Como el señor de Coatlinchan lo supo y tambien los principales, temiendo que tambien á ellos les alcanzaria parte de la pena, dieron joyas y dádivas de oro á un Español que estaba en Coatlínchan, porque estorbase que los presos no fuesen á Tlaxcallan; y aquel Español comunicólo con otro que tenia cargo de Tlaxcallan, y partió con él el interés, el cual salió en el camino é impidieron la ida. Todas estas diligencias fueron en daño de los solicitadores, porque á los Españoles aquel alguacil fué por ellos, y entregados á Fray Bernardino Minaya, pusieron al uno de cabeza en el cepo, y al otro atado, los azotaron cruelmente y no gozaron del oro. A los matadores como se supo luego la cosa en México, envió la justicia por ellos y ahorcáronlos. Al señor de Coatlinchan como no se enmendase, mas añadiendo pecados á pecados, tambien murió ahorcado con otros principales. Cuando Fray Martin de Valencia supo la muerte de los niños que como á hijos habia criado, y que habian ido con su licencia, sintió mucho dolor y llorábalos como á hijos, aunque por otra parte se consolaba en ver que habia ya en esta tierra quien muriese confesando á Dios; pero cuando se acordaba de lo que le habian dicho al tiempo de su partida, que fué: "¿Pues no mataron á San Pedro y á San Pablo, y desollaron á San Bartolomé, pues que nos maten á nosotros no nos hace Dios muy grande merced?" no podia dejar de derramar muchas lágrimas.

CAPÍTULO XV.

De la ayuda que los niños hicieron para la conversion de los Indios, y de cómo se recogieron las niñas indias, y del tiempo que duró, y de dos cosas notables que acontecieron á dos Indias con dos mancebos.

Si estos niños no hubieran ayudado á la obra de la conversion, sino que solos los intérpretes lo hubieran de hacer todo, paréceme que fueran lo que escribió el obispo de Tlaxcallan al Emperador diciendo: "Nos los obispos sin los frailes intérpretes, somos como falcones en muda." Así lo fueran los frailes sin los niños, y casi de esta manera fué lo que las niñas indias hicieron, las cuales, á lo menos las hijas de los señores, se recogieron en muchas provincias de esta Nueva España, y se pusieron so la disciplina de mujeres devotas españolas, que para el efecto de tan santa obra envió la Emperatriz, con mandamientos y provisiones para que les hiciesen casas adonde las recogiesen y enseñasen. Esta buena obra y doctrina duró obra de diez años y no mas, porque como estas niñas no se enseñaban mas de para ser casadas, y que supiesen coser y labrar, que tejer todas lo saben, y hacer telas de mil labores; y en las telas, ora sea para mantas de hombres, ora sea para camisas de mujeres, que llaman huipillis, mucha de esta ropa va tejida de colores, porque aunque las llaman los Españoles camisas, son ropas que traen encima de toda la otra ropa, y por esto las hacen muy galanas y de muchas colores, de algodon teñido, ó de pelo de conejo, que es como sirgo ó seda de Castilla, de lo cual tambien hacen camas, mas vistosas que costosas, la cual aunque se lave no recibe detrimento, antes cada vez queda mas blanca, por ser teñida en lana. La seda que en estas partes se hace, aunque hasta ahora es muy poca, es tan fina que aunque la echen en colada fuerte no desdice. La labor que es de algodon no se sufre lavar, porque todo lo que toca mancha, porque el algodon es teñido en hilo. De lana merina de las ovejas hacen muy buenas obras, y los Indios hacen mucho por ella. De toda esta obra labraban aquellas niñas: despues como sus padres vinieron al bautismo no hubo necesidad de ser enseñadas, mas de cuanto supieron ser cristianas y vivir en la ley de matrimonio. En estos diez años que enseñaron, muchas que entraron ya algo mujercillas, se casaban y enseñaban á las otras. En el tiempo que estuvieron recogidas deprendieron la doctrina cristiana y el oficio de Nuestra Señora, el cual decian siempre á sus tiempos y horas, y aun algunas les duró esta buena costumbre despues de casadas, hasta que con el cuidado de los hijos y con la carga de la gobernacion de la casa y familia lo perdieron. Y fué cosa muy de ver en Huexotzinco un tiempo que habia copia de casadas nuevas y habia una devota ermita de Nuestra Señora, á la cual todas ó las mas iban luego de mañana á decir sus horas de Nuestra Señora muy entonadas y muy en órden, aunque ninguna de ellas no sabia el punto del canto. Muchas de estas niñas á las veces con sus maestras, otras veces acompañadas de algunas Indias viejas, que tambien hubo algunas devotas que servian de porteras y guardas de las otras, con estas salian á enseñar, así en los patios de las iglesias como en las casas de las señoras, y convertian á muchas á se bautizar y á ser devotas cristianas y limosneras, y siempre han ayudado mucho á la doctrina cristiana.

En México aconteció una cosa muy de notar á una India doncella, la cual era molestada y requerida de un mancebo soltero; y como se defendiese de él, el demonio dispertó á otro y puso en la voluntad que intentase la misma cosa; y como ella tan bien se defendiese del segundo como del primero, ayuntáronse ambos los mancebos y concertáronse de tomar de la doncella por fuerza lo que de grado no habian podido alcanzar: para lo cual la anduvieron aguardando algunos dias; y saliendo ella de la puerta de su casa á prima noche, tomáronla y lleváronla á una casa yerma adonde procuraron forzarla, y ella se defendió varonilmente, y llamando á Dios y á Santa María, ninguno de ellos pudo haber acceso á ella; y como cada uno por sí no pudiese, ayuntáronse ambos juntos, y como por ruegos no pudiesen acabar nada con ella, comenzáronla á maltratar y á dar de bofetadas y puñadas y á amenazarla cruelmente; á todo esto ella siempre perseverando en la defension de su honra. En esto estuvieron toda la noche, en la cual no pudieron acabar nada, porque Dios á quien la moza siempre llamaba con lágrimas y buen corazon, la libró de aquel peligro; y como ellos la tuviesen toda la noche, y nunca contra ella pudiesen prevalecer, quedó la doncella libre y entera; y luego á la mañana ella por guardarse con mas seguridad, fuése á la casa de las niñas y contó á la madre lo que le habia acontecido, y fué recibida en la compañía de las hijas de los señores, aunque era pobre, por el buen ejemplo que habia dado y porque Dios la tenia de su mano.

En otra parte aconteció que como una casada enviudase, siendo moza, requeríala y aquejábala un hombre casado, del cual no se podia defender; y un dia vióse él solo con la viuda, encendido en su torpe deseo, al cual ella dijo: "¿Cómo intentas y procuras de mí tal cosa? ¿Piensas que porque no tengo marido que me guarde, has de ofender conmigo á Dios? Ya que otra cosa no mirases, sino que ambos somos confrades de la hermandad de Nuestra Señora, y que en esto la ofenderiamos mucho, y con razon se enojaria de nosotros, y no seriamos dignos de nos llamar sus confrades ni tomar sus benditas candelas en las manos; por esto seria mucha razon que tú me dejases, y ya que tú por esto no me quieres dejar, sábete que yo estoy determinada de antes morir que cometer tal maldad." Fueron estas palabras de tanta fuerza é imprimiéronse de tal manera en el corazon del casado, y así le compungieron, que luego en aquel mismo instante respondió á la mujer diciéndola: "Tú has ganado mi ánima que estaba ciega y perdida. Tú has hecho como buena cristiana y sierva de Santa María. Yo te prometo de me apartar de este pecado, y de me confesar y hacer penitencia de él, quedándote en grande obligacion para todos los dias que yo viviere."

CAPÍTULO XVI.

De qué cosa es provincia, y del grandor y término de Tlaxcallan, y de las cosas notables que hay en ella.

Tlaxcallan es una provincia en la Nueva España, y el mismo nombre tiene toda la tierra, aunque en ella hay muchos pueblos. Esta provincia de Tlaxcallan es una de las principales de toda la Nueva España, de la cual como ya tengo dicho solian salir cien mil hombres de pelea. El señor y la gente de esta provincia anduvieron siempre con el marques del Valle y con los Españoles que con él vinieron en la primera conquista, hasta que toda la tierra tuvieron de paz y asosegada. En esta tierra al pueblo grande que tiene debajo de sí otros pueblos menores, está en costumbre de llamarle provincia; y muchas de estas provincias tienen poco término y no muchos vecinos. Tlaxcallan que es la mas entera provincia y de mas gente, y de las que mas términos tienen en esta tierra, en lo mas largo, que es viniendo de la Veracruz á México, tiene quince leguas de término, y de ancho tiene diez leguas. Nace en Tlaxcallan una fuente grande á la parte del Norte, cinco leguas de la principal ciudad; nace en un pueblo que se llama Atzompa, que en su lengua quiere decir cabeza, y así es, porque esta fuente es cabeza y principio del mayor rio de los que entran en la Mar del Sur, el cual entra en la mar por Zacatollan. Este rio nace encima de la venta de Atlancatepec, y viene rodando por cima de Tlaxcallan, y despues torna á dar vuelta y viene por un valle abajo, y pasa por medio de la ciudad de Tlaxcallan; y cuando á ella llega viene muy poderoso, y pasa regando mucha parte de la provincia. Sin este tiene otras muchas fuentes y arroyos, y grandes lagunas que todo el año tienen agua y peces pequeños. Tiene muy buenos pastos y muchos, adonde ya los Españoles y naturales apacientan mucho ganado.

Asimismo tiene grandes montes, en especial á la parte del Norte tiene una muy grande sierra, la cual comienza á dos leguas de la ciudad y tiene otras dos de subida hasta lo alto. Toda esta montaña es de pinos y encinas: en lo alto los mas de los años tiene nieve, la cual nieve en pocas partes de esta Nueva España se cuaja, por ser la tierra muy templada; esta sierra es redonda; tiene de cepa mas de quince leguas, y casi todo es término de Tlaxcallan. En esta sierra se arman los nublados, y de aquí salen la nubes cargadas que riegan á Tlaxcallan y á los pueblos comarcanos; y así tienen por cierta señal que tiene de llover, cuando sobre esta sierra ven nubes, las cuales nubes se comienzan comunmente á ayuntar desde las diez de la mañana hasta medio dia, y desde allí hasta hora de vísperas se comienzan á esparcir y á derramarse, las unas hácia Tlaxcallan, otras hácia la ciudad de los Ángeles, otras hácia Huexotzinco, lo cual es cosa muy cierta y muy de notar; y por esta causa antes de la venida de los Españoles tenian los Indios en esta sierra grande adoracion é idolatría, y venia toda la tierra de la comarca aquí á demandar aguas, y hacian muchos y muy endiablados sacrificios en reverencia de una diosa que llamaban Matlalcueye, que en su lengua quiere decir camisa azul, porque esta era su principal vestidura de aquella diosa, porque la tenian por diosa del agua; y porque el agua es azul vestíanla de vestidura azul. A esta diosa y al dios Tlaloc tenian por dioses y señores del agua. A Tlaloc tenian por abogado y por señor en Tetzcoco y en México y sus comarcas, y á la diosa en Tlaxcallan y su provincia (esto se entiende que el uno era honrado en la una parte y el otro en la otra); mas en toda la tierra á ambos juntos demandaban el agua cuando la habian menester.

Para destruir y quitar esta idolatría y abominaciones de sacrificios que en esta tierra se hacian, el buen siervo de Dios Fray Martin de Valencia subió allá arriba á lo alto y quemó todos los ídolos, y levantó y puso la señal de la cruz, é hizo una ermita á la cual llamó San Bartolomé, y puso en ella á quien la guardase, y para que nadie mas allí invocase al demonio trabajó mucho dando á entender á los Indios cómo solo Dios verdadero es el que da el agua y que á él se tiene de pedir.

La tierra de Tlaxcallan es fértil; cógese en ella mucho maiz, y frijoles, y ají: la gente de ella es bien dispuesta, y la que en toda la tierra mas ejercitada era en las cosas de la guerra: es la gente mucha y muy pobre, porque de solo el maiz que cogen se han de mantener y vestir, y pagar los tributos.

Está situada Tlaxcallan en buena comarca, porque á la parte de Occidente tiene á México á veinte leguas, al Mediodía tiene la ciudad de los Ángeles á cinco leguas, y al puerto de la Veracruz á cuarenta leguas.

Está Tlaxcallan partida en cuatro cabezas ó señoríos. El señor mas antiguo y que primero la fundó, edificó en un cerrejon alto, que se llama Tepeticpac, que quiere decir encima de sierra, porque desde lo bajo por adonde pasa el rio y ahora está la ciudad edificada, á lo alto del cerrejon que digo, hay una legua de subida. La causa de edificar en lugares altos era las muchas guerras que tenian unos á otros; por lo cual para estar mas fuertes y seguros buscaban lugares altos y descubiertos, adonde pudiesen dormir con menos cuidado, pues no tienen muros ni puertas en sus casas, aunque en algunos pueblos habia albarradas y reparos, porque las guerras eran muy ciertas cada año. Este primer señor que digo tiene su gente y señorío á la parte del Norte. Despues que se fué multiplicando la gente, el segundo señor edificó mas bajo en un recuesto ó ladera mas cerca del rio, la cual poblacion se llama Ocotelolco, que quiere decir pinar en tierra seca. Aquí estaba el principal capitan de toda Tlaxcallan, hombre valeroso y esforzado que se llamó Maxiscatzin, el cual recibió á los Españoles y les mostró mucho amor, y les favoreció en toda la conquista que hicieron en toda esta Nueva España.

Aquí en este barrio era la mayor frecuencia de Tlaxcallan, y adonde concurría mucha gente por causa de un gran mercado que allí se hacia. Tenia este señor grandes casas y de muchos aposentos; y en una sala de esta casa tuvieron los frailes de San Francisco su iglesia tres años, y despues de pasados á su monasterio tomó allí la posesion el primer obispo de Tlaxcallan, que se llamaba Don Julian Garcés, para iglesia catedral, y llamóla Santa María de la Concepcion. Este señor tiene su gente y señorío hácia la ciudad de los Ángeles, que es á Mediodía.

El tercero señor edificó mas bajo el rio arriba; llámase el lugar Tizatlan, que quiere decir lugar adonde hay yeso ó minero de yeso; y así hay mucho y muy bueno. Aquí estaba aquel gran señor anciano, que de muy viejo era ya ciego; llamábase Xicotencatl. Este dió muchos presentes y bastimentos al gran capitan Hernando Cortés; y aunque era tan viejo y ciego, se hizo llevar hasta lejos á recibirle al dicho capitan; y despues le proveyó de mucha gente para la guerra y conquista de México, porque es el señor de mas gente y vasallos que otro ninguno. Tiene su señorío al Oriente.

El cuarto señor de Tlaxcallan edificó el rio abajo, en una ladera que se llama Quiahuiztlan. Este tambien tiene gran señorío hácia la parte de Poniente, y ayudó tambien con mucha gente para la conquista de México; y siempre estos Tlaxcaltecas han sido fieles amigos y compañeros de los Españoles en todo lo que han podido; y así los conquistadores dicen que Tlaxcallan es digna de que su majestad la haga muchas mercedes, y que si no fuera por Tlaxcallan, que todos murieran cuando los Mexicanos echaron de México á los cristianos, si no los recibieran los Tlaxcaltecas.

Hay en Tlaxcallan un monasterio de frailes menores razonable; la iglesia es grande y buena. Los monasterios que hay en la Nueva España para los frailes que en ella moran bastan, aunque á los Españoles se les hacen pequeños, y cada dia se van haciendo las casas menores y mas pobres: la causa es, porque al principio edificaban segun la provincia ó pueblo era, grande ó pequeño, esperando que vendrian frailes de Castilla, y tambien los que acá se criarian, así Españoles como naturales; pero como han visto que vienen pocos frailes, y que las provincias y pueblos que los buscan son muchos, y que les es forzado repartirse por todos, una casa de siete ú ocho celdas se les hace grandes, porque fuera de los pueblos de Españoles, en las otras casas no hay mas de cuatro ó cinco frailes. Tornando á Tlaxcallan, hay en ella un buen hospital y mas de cincuenta iglesias pequeñas y medianas, todas bien adornadas.

Desde el año de 1537 hasta este de 40 se ha ennoblecido mucho la ciudad, porque para edificar son ricos de gente y tienen muy grandes canteras de muy buena piedra. Ha de ser esta ciudad muy populosa y de buenos edificios; porque se han comenzado á edificar en lo llano par del rio, y lleva muy buena traza; y como en Tlaxcallan hay otros muchos señores despues de los cuatro principales, y que todos tienen vasallos, edifican por muchas calles, lo cual ha de ser causa que en breve tiempo ha de ser una gran ciudad. En la ciudad y dos y tres leguas á la redonda casi todos son Nahuales, y hablan la principal lengua de la Nueva España que es de nahuatl. Los otros Indios desde cuatro leguas hasta siete, que esto tiene de poblado, y aun no por todas partes, son Otomíes, que es la segunda lengua principal de esta tierra. Solo un barrio ó parroquia hay de Pinomes.

CAPÍTULO XVII.

De cómo y por quién se fundó la ciudad de los Ángeles, y de sus calidades.

La ciudad de los Ángeles que es en esta Nueva España en la provincia de Tlaxcallan, fué edificada por parecer y mandamiento de los señores presidente y oidores de la Audiencia Real que en ella reside, siendo presidente el señor obispo Don Sebastian Ramirez de Fuenleal, y oidores el licenciado Juan de Salmeron, y licenciado Alonso Maldonado, el licenciado Ceinos, y el licenciado Quiroga. Edificóse este pueblo á instancia de los frailes menores, los cuales suplicaron á estos señores, que hiciesen un pueblo de Españoles, y que fuesen gente que se diesen á labrar los campos y á cultivar la tierra al modo y manera de España, porque la tierra habia muy grande disposicion y aparejo; y no que todos estuviesen esperando repartimiento de Indios: y que se comenzarian pueblos en los cuales se recogerian muchos cristianos que al presente andaban ociosos y vagabundos; y que tambien los Indios tomarian ejemplo y aprenderian á labrar y cultivar al modo de España; y que teniendo los Españoles heredades y en qué se ocupar, perderian la voluntad y gana que tenian de se volver á sus tierras, y cobrarian amor con la tierra en que se viesen con haciendas y granjerías; y que juntamente con esto haciendo este principio, sucederian otros muchos bienes; y en fin, tanto lo trabajaron y procuraron, que la ciudad se comenzó á edificar en el año de 1530, en las octavas de Pascua de Flores, á diez y seis dias del mes de Abril, dia de Santo Toribio, obispo de Astorga, que edificó la iglesia de San Salvador de Oviedo, en la cual puso muchas relíquias que él mismo trajo de Jerusalem. Este dia vinieron los que habian de ser nuevos habitadores, y por mandado de la Audiencia Real fueron ayuntados aquel dia muchos Indios de las provincias y pueblos comarcanos, que todos vinieron de buena gana para dar ayuda á los cristianos, lo cual fué cosa muy de ver, porque los de un pueblo venian todos juntos por su camino con toda su gente, cargados de los materiales que era menester, para luego hacer sus casas de paja. Vinieron de Tlaxcallan sobre siete ú ocho mil Indios, y pocos menos de Huexotzinco, y Calpa, y Tepeyacac, y Chololllan. Traian algunas latas y ataduras y cordeles, y mucha paja de casas, y el monte que no está muy lejos para cortar madera, entraban los Indios cantando con sus banderas y tañiendo campanillas y atabales, y otros con danzas de muchachos y con muchos bailes. Luego este dia, dicha misa, que fué la primera que allí se dijo, ya traian hecha y sacada la traza del pueblo, por un cantero que allí se halló; y luego sin mucho tardar los Indios limpiaron el sitio, y echados los cordeles repartieron luego al presente hasta cuarenta suelos á cuarenta pobladores, y porque me hallé presente digo que no fueron mas á mi parecer los que comenzaron á poblar la ciudad.

Luego aquel dia comenzaron los Indios á levantar casas para todos los moradores con quien se habian señalado los suelos, y diéronse tanta prisa que las acabaron en aquella misma semana; y no eran tan pobres casas que no tenian bastantes aposentos. Era esto al principio de las aguas, y llovió mucho aquel año; y como el pueblo aun no estaba sentado ni pisado, ni dadas las corrientes que convenian, andaba el agua por todas las casas, de manera que habia muchos que burlaban del sitio y de la poblacion, la cual está asentada encima de un arenal seco, y á poco mas de un palmo tiene un barro fuerte y luego está la tosca. Ahora ya despues que por sus calles dieron corrientes y pasada al agua, corre de manera que aunque llueva grandes turbiones y golpes de agua, todo pasa, y desde á dos horas queda toda la ciudad tan limpia como una Génova. Despues estuvo esta ciudad tan desfavorecida, que estuvo para despoblarse, y ahora ha vuelto en sí y es la mejor ciudad que hay en toda la Nueva España despues de México; porque informado su majestad de sus cualidades, le ha dado privilegios reales.

El asiento de la ciudad es muy bueno y la comarca la mejor de toda la Nueva España, porque tiene á la parte del Norte á cinco leguas á la ciudad de Tlaxcallan; tiene al Poniente á Huexotzinco, á otras cinco leguas; al Oriente tiene á Tepeyacac, á cinco leguas; á Mediodía es tierra caliente, están Itzocan y Cuauhquechollan á siete leguas; tiene á dos leguas á Chololan, Totomiahuacan; Calpa está á cinco leguas: todos estos son pueblos grandes. Tiene el puerto de la Veracruz al Oriente á cuarenta leguas; México á veinte leguas. Va el camino del puerto á México por medio de esta ciudad; y cuando las recuas van cargadas á México, como es el paso por aquí, los vecinos se proveen y compran todo lo que han menester en mejor precio que los de México; y cuando las recuas son de vuelta cargan de harina, y tocino, y bizcocho, para matalotaje de las naes: por lo cual esta ciudad se espera que irá aumentándose y ennobleciéndose.

Tiene esta ciudad una de las buenas montañas que tiene ciudad en el mundo; porque comienza á una legua del pueblo, y va por partes cinco y seis leguas de muy grandes pinares y encinares, y entra esta montaña por una parte á tres leguas aquella sierra de San Bartolomé que es de Tlaxcallan. Todas estas montañas son de muy gentiles pastos, porque en esta tierra aunque los pinares sean arenosos, están siempre llenos de muy buena yerba, lo cual no se sabe que haya en otra parte en toda Europa. Ademas de esta montaña tiene otras muchas dehesas y pastos, adonde los vecinos traen mucho ganado ovejuno y vacuno. Hay mucha abundancia de aguas, así de rios como de fuentes. Junto á las casas va un arroyo en el cual están ya hechas tres paradas de molinos, de á cada dos ruedas: llevan agua de pié que anda por toda la ciudad. A media legua pasa un gran rio, que siempre se pasa por puentes: este rio se hace de dos brazos, el uno viene de Tlaxcallan, y el otro desciende de las sierras de Huexotzinco. Dejo de decir de otras aguas de fuentes y arroyos que hay en los términos de esta ciudad, por decir de muchas fuentes que están junto ó cuasi dentro de la ciudad, y estas son de dos calidades. Las mas cercanas á las casas son de agua algo gruesa y salobre, y por esto no se tienen en tanto como las otras fuentes, que están de la otra parte del arroyo de los molinos, adonde ahora está el monasterio de San Francisco. Estas son muy excelentes fuentes, y de muy delgada y sana agua: son ocho ó nueve fuentes; algunas de ellas tienen dos y tres brazadas de agua. Una de estas fuentes nace en la puerta del monasterio de San Francisco; de estas bebe toda la ciudad, por ser el agua tan buena y tan delgada. La causa de ser mala el agua que nace junto á la ciudad es, porque va por mineros de piedra de sal, y estotras todas van y pasan por vena y mineros de muy hermosa piedra, y de muy hermosos sillares como luego se dirá.

Tiene esta ciudad muy ricas pedreras ó canteras, y tan cerca, que á menos de un tiro de ballesta se saca cuanta piedra quisiese, así para labrar como para hacer cal; y es tan buena de quebrar por ser blanda, que aunque los mas de los vecinos la sacan con barras de hierro y almadana, los pobres la sacan con palancas de palo, y dando una piedra con otra quiebran toda la que han menester. Están estas pedreras debajo de tierra á la rodilla y á medio estado, y por estar debajo de tierra es blanda, porque puesta al sol y al aire se endurece y hace muy fuerte; y en algunas partes que hay alguna de esta piedra fuera de la tierra, es tan dura, que no curan de ella por ser tan trabajosa de quebrar, y lo que está debajo de la tierra, aunque sea de la misma pieza es tan blanda como he dicho.

Esta piedra que los Españoles sacan es extremada de buena para hacer paredes, porque la sacan del tamaño que quieren, y es algo delgada y ancha para trabar la obra, y es llena de ojos para recibir la mezcla; y como esta tierra es seca y cálida hácese con argamasa muy recia, y sácase mas de esta piedra en un año, que se saca en España en cinco. La que sale piedra menuda y todo el ripio de la que se labra guardan para hacer cal, la cual sale muy buena, y se hace mucha de ella, porque tienen los hornos junto adonde sacan la piedra, y los montes muy cerca, y el agua que no falta; y lo que es mas de notar es, que tiene esta ciudad una pedrera de piedra blanca de buen grano, y mientras mas van descopetando á estado y medio y á dos estados, es muy mejor. De esta labran pilares y portadas y ventanas, muy buenas y galanas. Esta cantera está de la otra parte del arroyo, en un cerro, á un tiro de ballesta del monasterio de San Francisco, y á dos tiros de ballesta de la ciudad. En el mismo cerro hay otro venero de piedra mas recia, de la cual los Indios sacan piedras para moler su centli ó maiz; yo creo que tambien se sacarán buenas piedras para de molino. Despues de esto escrito se descubrió un venero de piedra colorada de muy lindo grano y muy hermosa: está una legua de la ciudad. Sácanse ya tambien junto á la ciudad muy buenas ruedas de molino; las paradas de molino que tiene son cuatro, de cada dos ruedas cada uno. Hay en esta ciudad muy buena tierra para hacer adobes, ladrillo y teja; aunque teja se ha hecho poca, porque todas las casas que se hacen las hacen con terrados. Tiene muy buena tierra para tapias, y cercados de tapia; y aunque en esta ciudad no ha habido muchos repartimientos de Indios, por el gran aparejo que en ella hay están repartidos mas de doscientos suelos bien cumplidos y grandes, y ya están muchas casas hechas, y calles muy largas y derechas, y de muy hermosas delanteras de casas; y hay disposicion y suelo para hacer una muy buena y gran ciudad; y segun sus calidades, y trato, y contratacion, yo creo que tiene de ser antes de mucho tiempo muy populosa y estimada.

CAPÍTULO XVIII.

De la diferencia que hay de las heladas de esta tierra á las de España, y de la fertilidad de un valle que llaman el **Valle de Dios**; y de los morales y seda que en él se cria, y de otras cosas notables.

El invierno que hace en esta Nueva España y las heladas y frios, ni duran tanto ni es tan bravo como en España, sino tan templado, que ni dejar la capa da mucha pena, ni traerla en verano tampoco da pesadumbre. Pero por ser las heladas destempladas y fuera de tiempo, quémanse algunas plantas y algunas hortalizas de las de Castilla, como son árboles de agro, parras, higueras, granados, melones, pepinos, berengenas, &c.; y esto no se quema por grandes frios y heladas, que no son muy recias, sino porque vienen fuera de tiempo; porque por Navidad ó por los Reyes vienen diez ó doce dias tan templados como de verano; y como la tierra es fértil, aunque no han mucho dormido los árboles, ni pasado mucho tiempo despues que dejaron la hoja, con aquellos dias que hace caliente vuelven luego á brotar; y como luego vienen otros dos ó tres dias de heladas, aunque no son muy recias, por hallar los árboles tiernos llévales todo aquello que han brotado; y por la bondad y fertilidad de la tierra acontece muchos años tornar los árboles á brotar y á echar dos y tres veces hasta el mes de Abril, y quemarse otras tantas veces. Los que esto ignoran y no lo entienden, espántanse de que en Castilla adonde son las heladas tan recias, no se hielen las plantas de la manera que acá se hielan (esto que aquí digo no va fuera de propósito de contar historias y propiedades de esta tierra, ni me aparto de loar y encarecer la tierra y comarca de esta ciudad de los Ángeles); por lo cual digo, que en esta Nueva España cualquier pueblo para ser perfecto, ha de tener alguna tierra caliente, adonde tenga sus viñas, y huertas, y heredades, como lo tiene esta de que hablamos.

A cuatro leguas de esta ciudad está un vago que se llama el Val de Cristo, adonde los vecinos tienen sus heredades, y huertas, y viñas con muchos árboles, los cuales se hacen en extremo bien de toda manera de fruta, mayormente de granados; y en las tierras cogen mucho pan todo lo mas del año, que en tierra fria no se da mas de una vez como en España; mas aquí donde digo, como es tierra caliente y no le hace mal la helada, y como este valle tiene mucha agua de pié, siembran y cogen cuando quieren, y muchas veces acontece estar un trigo acabado de sembrar, y otro que brota, y otro estar en berza, y otro espigando, y otro para segar; y lo que mas ricas hace estas heredades son los morales que tienen puestos y ponen cada dia, porque hay muy grande aparejo para criar seda.

Es tan buena esta vega adonde está este valle que dicen el Val de Cristo, que en toda la Nueva España no hay otra mejor; porque personas que se les entiende y saben conocer las tierras, dicen que es mejor esta vega que la Vega de Granada en España, ni que la de Orihuela; por lo cual será bien decir algo en suma de tan buena cosa como esta vega es.

Esta es una vega que llaman los Españoles el Valle de Atlixco; mas entre los Indios tiene muchos nombres, por ser muy gran pedazo de tierra. Atlixco quiere decir en su lengua, ojo ó nacimiento de agua. Es este lugar propiamente dos leguas encima del sitio de los Españoles ó de Val de Cristo, adonde nace una muy grande y hermosa fuente, de tanta abundancia de agua, que luego se hace de ella un gran rio, que va regando muy gran parte de esta vega, que es muy ancha, y muy larga, y de muy fértil tierra: tiene otros rios y muchas fuentes y arroyos. Junto á esta grande fuente está un pueblo que tiene el mismo nombre de la fuente, que es Atlixco. Otros llaman á esta vega Cuauhquechollan la Vieja, porque en la verdad los de Cuauhquechollan la plantaron y habitaron primero; esto es adonde ahora se llama Acapetlahuacan, que para quien no sabe el nombre es adonde se hace el mercado ó tianquizco de los Indios; esto aquí es de lo mejor de toda esta vega. Como los de Cuauhquechollan se hubiesen aquí algo multiplicado, cerca del año 140,[1] ensoberbeci-

[1] No pareciendo probable que el guarismo 140 sea el del año á que el P. *Motolinía* refiere la guerra de *Cuauhquechollan*, puede presumirse muy fundadamente, que en él haya un error por descuido del copiante, que omitió alguna de sus cifras. Cuál fuera esta

dos se determinaron y fueron á dar guerra á los de Calpa, que está arriba cuatro leguas al pié del volcan, y tomándolos desapercibidos mataron muchos de ellos; y los que quedaron retrajéronse y fuéronse á Huexotzinco, y aliáronse y confederáronse con ellos, y todos juntos fueron sobre los de Acapetlahuacan, y mataron muchos mas, y echáronlos del sitio que tenian tomado; y los que quedaron se retrajeron dos ó tres leguas, el rio grande abajo, adonde ahora se llama Coatepec.

Pasados algunos años, los de Cuauhquechollan ó Acapetlahuacan, arrepentidos de lo que habian hecho, y conociendo la ventaja que habia del lugar que habian dejado al que entonces tenian, ayuntáronse, y con muchos presentes, conociéndose por culpados en lo pasado, rogaron á los de Huexotzinco y Calpa que los perdonasen, y los dejasen tornar á poblar la tierra que habian dejado; lo cual les fué con-

no es fácil de acertar, y la incertidumbre que deja su falta, es la que puede dar la cuantía del guarismo que se supla, combinada con su valor de posicion, segun se le coloque en las unidades, decenas, &c.—Esto hace vagar la fecha entre los años 1040, 1140, 1240 y 1340, sin que las tradiciones históricas permitan aproximarla ni aun al 1400. Las tres primeras no son improbables, puesto que la poblacion de *Cuauhquechollan* y de *Huexotzinco* sube hasta la época de la fundacion de la monarquía chichimeca. Algunos la hacen anterior; pero ninguna de las historias que poseemos menciona el suceso que se investiga, con expresion de su fecha. El P. Torquemada, único que lo recuerda, no determina época.

Los historiadores indígenas fueron los únicos que se ocuparon de la historia particular de las poblaciones; mas habiéndose perdido la casi totalidad de sus Memorias, con ellas perecieron tambien sus noticias. De las muy pocas que se han salvado, solo unas escritas en mexicano y formadas de otras varias, no poco discordantes, conmemoran dos guerras entre *Cuauhquechollan* y *Huexotzinco*, ambas en un año del símbolo *Acatl;* la primera en el señalado con el número 1, y la segunda en el del número 2; que suponiéndolos pertenecientes á un mismo *Ciclo Mexicano*, como parece indicarlo su notacion cronológica, puede corresponder, el uno á nuestro año comun de 1311, y el otro al de 1339.—Esto puede tambien concordarse exactamente con la época del P. *Motolinía*, bajo el supuesto de que el error de su guarismo 1..40 consistiera en la omision de un 3 en la columna centenar.

A esta conjetura solamente puede objetarse que el Cronista Mexicano dice que en ese año *Ome Acatl* «se destruyeron otra vez (oc- «ceppa) los de *Cuauhquechollan*,» contando quizá como anterior la de *Ce Acatl*, ó 1311; mientras que, segun la relacion del P. *Motolinía*, la destruccion que se verificó «cerca del año 1..40,» fué la primera. A esa dificultad podria contestarse, que la primacia era respecto de otra guerra posterior entre ambas ciudades, pues vemos en Torquemada (Monarq. Ind., lib. 2, cap. 63.) que sus rivalidades y combates duraban todavía en los tiempos del rey de México *Ahuitzotl*, es decir hácia el año de 1491.

Si el período de dos siglos que próximamente habia transcurrido entre la segunda guerra de *Cuauhquechollan* mencionada por el P. *Motolinía* y la época en que este historiador escribia; si ese período, digo, pareciere pequeño para que el suceso pueda llamarse *antiguo*, entonces será necesario retirarlo á otra de las épocas anteriores, hasta llegar al año 1040; mas será sin contar con el auxilio de las tradiciones históricas; salvo lo que se adelante con el hallazgo de antiguos monumentos.

(Nota del Sr. D. J. F. Ramirez.)

cedido, porque todos los unos y los otros eran parientes, y descendian de una generacion. Vueltos estos á su primer asiento tornaron á hacer sus casas y estuvieron algunos años en paz y sosegados, hasta que ya olvidados de lo que habia sucedido á sus padres, volvieron á la locura primera y tornaron á mover guerra á los de Calpa; los cuales vista la maldad de sus vecinos, tornáronse á juntar con los de Huexotzinco y fueron á pelear con ellos, y matando muchos los compelieron á huir y á dejar la tierra que ellos les habian dado, y echáronlos adonde ahora están, y edificaron á Cuauhquechollan; y porque estos fueron los primeros pobladores de esta vega, llamáronla Cuauhquechollan la Vieja. Y desde aquella vez los de Huexotzinco y de Calpa repartieron entre sí lo mejor de esta vega, y desde entonces la poseen. A esto llaman los Españoles Tochimilco, entiéndese toda aquella provincia, la cabeza de la cual se llama Acapetlayocan; esta es la cosa mas antigua de este valle. Está á siete leguas de la ciudad de los Ángeles, entre Cuauhquechollan y Calpa, y es muy buena tierra y poblada de mucha gente. Dejadas las cosas que los Indios en esta vega cogen, que son muchas, y entre ellos son de mucho provecho, como son frutas y maiz, que se coge dos veces en el año, dánse tambien frijoles, ají, y ajos, algodon &c. Es valle adonde se plantan muchos morales, y ahora se hace una heredad para el rey, que tiene ciento y diez mil morales, de los cuales están ya traspuestos mas de la mitad, y crecen tanto, que en un año se hacen acá mayores que en España en cinco. En la ciudad de los Ángeles hay algunos vecinos de los Españoles, que tienen cinco y seis mil piés de morales, por lo cual se criará aquí tanta cantidad de seda que será una de las ricas cosas del mundo, y este será el principal lugar del trato de la seda; porque ya hay muchas heredades de ella, y con la que por otras muchas partes de la Nueva España se cria y se planta, desde aquí á pocos años se criará mas seda en esta Nueva España que en toda la cristiandad; porque se cria el gusano tan recio, que ni se muere porque le echen por ahí, ni porque le dejen de dar de comer dos ni tres dias, ni porque haga los mayores truenos del mundo (que es lo que mas daño les hace), ningun perjuicio sienten como en otras partes, que si truena al tiempo que el gusano hila, se queda muerto colgado del hilo. En esta tierra antes que la simiente viniese de España yo ví gusanos de seda naturales y su capullo, mas eran pequeños y ellos mismos se criaban por los árboles sin que nadie hiciese caso de ellos, por no ser entre los Indios conocida su virtud y propiedad; y lo que mas es de notar de la seda es, que se criará dos veces en el año, porque yo he visto los gusanos de la segunda cria en este año de 1540, en principio de Junio ya grandecillos, y que habian dormido dos ó tres veces. La razon porque se criará la seda dos veces es, porque los morales comienzan á echar hoja desde principio de Febrero, y están en crecida y con hoja tierna hasta Agosto; de manera que cogida la primera semilla, la tornan á avivar, y les queda muy buen tiempo y mucho, porque como las aguas comienzan acá por Abril, están los árboles en crecida mucho mas tiempo que en Europa ni en África.

Hácense en este valle melones, cohombros, y pepinos, y todas las hortalizas que se hacen en tierra fria, porque este valle no tiene otra cosa de tierra caliente, sino es el no le hacer mal la helada; en lo demas es tierra muy templada, especialmente el lugar adonde los Españoles han hecho su asiento; y así hace las mañanas tan frescas como dentro en México, y aun tiene este valle una propiedad bien notada de muchos y es, que siempre á la hora de medio dia viene un aire fresco como embate de mar, y así le llaman los Españoles que aquí residen, el cual es tan suave y gracioso que da á todos muy gran descanso. Finalmente se puede decir de este valle, que le pusieron el nombre como le convenia al llamarle Val de Cristo, segun su gran fertilidad y abundancia, y sanidad y templanza de aires.

Antiguamente estaba muy gran parte de esta vega hecha eriales, á causa de las guerras, porque por todas partes tiene este valle grandes pueblos, y todos andaban siempre envueltos en guerra unos contra otros antes que los Españoles viniesen, y aquí eran los campos adonde se venian á dar las batallas, y adonde peleaban; y era costumbre general en todos los pueblos y provincias, que en fin de los términos de cada parte dejaban un gran pedazo yermo y hecho campo, sin labrarlo, para las guerras; y si por acaso alguna vez se sembraba, que eran muy raras veces, los que lo sembraban nunca lo gozaban, porque los contrarios sus enemigos se lo talaban y destruian. Ahora ya todo se va ocupando de los Españoles con ganados, y de los naturales con labranzas, y de nuevo se amojonan los términos; y algunos que no están bien claros determínanlos por pleito, lo cual es causa que entre los Indios haya siempre muchos pleitos, por estar los términos confusos.

Volviendo pues al intento y propósito digo: que en aquella ribera que va junto á las casas y ciudad, hay buenas huertas, así de hortaliza como de árboles de pepita, como son perales, manzanos y membrillos; y de árboles de cuesco, como son duraznos, melocotones y ciruelos: á estos no les perjudica ni quema la helada; y paréceme que debia ser como esta la tierra que sembró Isaac en Palestina, de la cual dice el Génesis que cogió ciento por uno; porque yo me acuerdo que cuando San Francisco de los Ángeles se edificó, habia un vecino sembrado aquella tierra que estaba señalada para el monasterio, de trigo, y estaba bueno; y preguntado qué tanto habia sembrado y cogido, dijo: que habia sembrado una fanega y habia cogido ciento; y esto no fué por ser aquel el primer año que aquella tierra se sembraba, porque antes que la ciudad allí se edificase sembraban la ribera de aquel arroyo para el Español que tenia el pueblo de Cholollan en encomienda, y habia ya mas de quince años que cada uno se sembraba; y así es costumbre en esta Nueva España que las tierras se siembren cada año, y no las estercolando producen el fruto muy bien. En otra parte de esta Nueva España he sido certificado que de una fanega se cogieron mas de ciento y cincuenta fanegas de trigo castellano; verdad es que esto que así acude se siembra á mano como el maiz, porque hacen la tierra á camellones, y con la mano escarban y ponen dos ó tres granos, y de palmo á palmo hacen otro tanto, y despues sale una mata llena de cañas y espigas. Maiz se ha sembrado en término de esta ciudad que ha dado una fanega trescientas. Ahora hay tantos ganados que en toda parte vale de balde. Labran la tierra con yuntas de bueyes al modo de España. Tambien usan carretas como en España, de las cuales hay muchas en esta ciudad, y es cosa muy de ver las que cada dia entran cargadas; unas de trigo, otras de maiz, otras de leña para quemar cal, otras con vigas y otras maderas. Las que vienen del puerto traen mercaderías, y á la vuelta llevan bastimentos y provisiones para los navíos.

Lo principal de esta ciudad y que hace ventaja á otras mas antiguas que ella es la iglesia principal, porque cierto es muy solemne, y mas fuerte y mayor que todas cuantas hasta hoy hay edificadas en toda la Nueva España: es de tres naves, y los pilares de muy buena piedra negra y de buen grano, con sus tres puertas, en las cuales hay tres portadas muy bien labradas, y de mucha obra: reside en ella el obispo, con sus dignidades, canónigos, curas y racioneros, con todo lo conveniente al culto divino; porque aunque en Tlaxcallan se tomó primero la posesion, está ya mandado por su majestad que sea aquí la catedral, y como en tal residen aquí los ministros. Tiene tambien esta ciudad dos monasterios, uno de San Francisco y otro de Santo Domingo. Hácese tambien un muy buen hospital. Hay muy buenas casas y de buen parecer por defuera y de buenos aposentos. Está poblada de gente muy honrada, y personas virtuosas y que hacen grandes ayudas á los que nuevamente vienen de Castilla, porque luego que desembarcan, que es desde Mayo hasta Septiembre, adolecen muchos y mueren algunos, y en esto se ocupan muchos de los vecinos de esta ciudad, en hacerles regalos, y caricias, y caridad. Tiene esta ciudad mucho aparejo para poderse cercar, y para ser la mayor fuerza de la Nueva España, y para hacerse en ella una muy buena fortaleza, aunque por ahora la iglesia basta segun es fuerte. Y hecho esto, que se puede hacer con poca costa y en breve tiempo, dormirian seguros los Españoles de la Nueva España, quitados de los temores y sobresaltos que ya por muchas veces han tenido; y seria gran seguridad para toda la Nueva España, porque la fortaleza de los Españoles está en los caballos y tierra firme, lo cual todo tiene esta ciudad: los caballos, que se crian en aquel valle y vega que está dicho, y la tierra firme el asiento que la ciudad tiene. Asimismo está en comarca y en el medio para ser señora y sujetar á todas partes, porque hasta el puerto no hay mas de cinco dias de camino; y para guardar la ciudad bastan la mitad de los vecinos que tiene, y los demas para correr el campo y hacer entradas á todas partes en tiempo de necesidad. Y hasta que en esta Nueva España haya una casa fuerte, y que ponga algun temor, no se tiene la tierra por muy segura, por la gran multitud que hay de gente de los naturales; pues se sabe que para cada Español hay quince mil Indios y mas. Y pues que esta ciudad tiene tantas y tan buenas partes, y tantas buenas cualidades, y con haber tenido hartas contradicciones en el tiempo de su fundacion, y haber sido desfavorecida, ha venido á subir y á ser tan estimada, que casi quiere dar en barba á la ciudad de México, será justo que de su majestad el Emperador y Rey Don Cárlos su señor y monarca del mundo, sea favorecida y mirada no mas de como ella misma lo merece, sin añadir ninguna cosa falsamente; y con esto se podrá decir de ella que seria ciudad perfecta y acabada, alegría y defension de toda la tierra. Es muy sana, porque las aguas son muy buenas y los aires muy templados; tiene muy gentiles y graciosas salidas; tiene mucha caza y muy hermosas vistas; porque de una parte tiene las sierras de Huexotzinco, que la una es el volcan y la otra la sierra nevada; á otra parte y no muy lejos la sierra de Tlaxcallan y otras montañas en derredor; á otras partes tiene campos llanos y rasos. En conclusion, que en asiento y en vista, y en todo lo que pertenece á una ciudad para ser perfecta, no le falta nada.

CAPÍTULO XIX.

Del árbol ó cardo llamado maguey, y de muchas cosas que de él se hacen, así de comer como de beber, calzar y vestir, y de sus propiedades.

Metl es un árbol ó cardo que en lengua de las Islas se llama maguey, del cual se hacen y salen tantas cosas, que es como lo que dicen que hacen del hierro: es verdad que la primera vez que yo le ví sin saber ninguna de sus propiedades dije: gran virtud sale de este cardo. Él es un árbol ó cardo á manera de una yerba que se llama zábila, sino que es mucho mayor. Tiene sus ramas ó pencas verdes, tan largas como vara y media de medir: van seguidas como una teja, del medio gruesa, y adelgazando los lados del nacimiento: es gorda y tendrá casi un palmo de grueso: va acanalada, y adelgázase tanto á la punta, que la tiene tan delgada como una pua ó como un punzon: de estas pencas tiene cada maguey treinta ó cuarenta, pocas mas ó menos, segun su tamaño, porque en unas tierras se hacen mejores y mayores que en otras. Despues que el metl ó maguey está hecho y tiene su cepa crecida, córtanle el cogollo con cinco ó seis puas, que allí las tiene tiernas. La cepa que hace encima de la tierra, de donde proceden aquellas pencas, será del tamaño de un buen cántaro, y allí dentro de aquella cepa le van cavando y haciendo una concavidad tan grande como una buena olla; y hasta gastarle del todo y hacerle aquella concavidad tardarán dos meses, mas ó menos segun el grueso del maguey; y cada dia de estos van cogiendo un licor en aquella olla, en la cual se recoge lo que destila. Este licor luego como de allí se coge es como agua miel: cocido y hervido al fuego, hácese un vino dulcete, limpio, lo cual beben los Españoles y dicen que es muy bueno y de mucha sustancia y saludable. Cocido este licor en tinaja como se cuece el vino, y echándole unas raices que los Indios llaman ocpatli, que quiere decir medicina ó adobo de vino, hácese un vino tan fuerte, que á los que beben en cantidad embeoda reciamente. De este vino usaban los Indios en su gentilidad para embeodarse reciamente, y para se hacer mas crueles y bestiales. Tiene este vino mal olor, y peor el aliento de los que beben mucho de él; y en la verdad bebido templadamente es saludable y de mucha fuerza. Todas las medicinas que se han de beber se dan á los enfermos con este vino; puesto en su taza ó copa echan sobre él la medicina que aplican para la cura y salud del enfermo. De este mismo licor hacen buen arrope y miel, aunque la miel no es de tan buen sabor como la de las abejas; pero para guisar de comer dicen que está mejor y es muy sana. Tambien sacan de este licor unos panes pequeños de azúcar, pero ni es tan blanco ni es tan dulce como el nuestro. Asimismo hacen de este licor vinagre bueno; unos lo aciertan ó saben hacer mejor que otros. Sácase de aquellas pencas hilo para coser. Tambien hacen cordeles y sogas, maromas y cinchas, y jáquimas, y todo lo demas que se hace del cáñamo. Sacan tambien de él vestido y calzado; porque el calzado de los Indios es muy al propio del que traian los Apóstoles, porque son propiamente sandalias. Hacen tambien alpargatas como las de Andalucía, y hacen mantas y capas; todo de este metl ó maguey.

Las puas en que se rematan las hojas sirven de punzones, porque son agudas y muy recias, tanto, que sirven algunas veces de clavos, porque entran por una pared y por un madero razonablemente; aunque su propio oficio es servir de tachuelas cortándolas pequeñas. En cosa que se haya de volver á roblar no valen nada, porque luego saltan; y pueden las hacer que una pua pequeña al sacar la saquen con su hebra, y servirá de hilo y aguja.

Las pencas tambien por sí aprovechan para muchas cosas. Cortan estas pencas, porque son largas, y en un pedazo ponen las Indias el maiz que muelen, y cae allí; que como lo muelen con agua, y el mismo maiz ha de estar bien mojo, ha menester cosa limpia en que caiga; y en otro pedazo de la penca lo echan despues de hecho masa. De estas pencas hechas pedazos se sirven mucho los maestros que llaman amantecatl, que labran de pluma y oro; y encima de estas pencas hacen un papel de algodon engrudado, tan delgado como una muy delgada toca; y sobre aquel papel y encima de la penca labran todos sus dibujos; y es de los principales instrumentos de su oficio. Los pintores y otros oficiales se aprovechan mucho de estas hojas. Hasta los que hacen casas toman un pedazo y en él llevan el barro. Sirven tambien de canales y son buenas para ello.

Si á este metl ó maguey no le cortan para coger vino, sino que le dejan espigar, como de hecho muchos espigan, echa un pimpollo tan grueso como la pierna de un hombre, y crece dos y tres brazas, y echada su flor y simiente sécase. Y adonde hay falta de madera sirve para hacer casas, porque de él salen buenas latas, y las pencas de los verdes suplen por tejas. Cuando ha echado su árbol se seca todo hasta la raiz, y lo mismo hace despues que le han cogido el vino.

Las pencas secas aprovechan para hacer lumbre, y en las mas partes es esta la leña de los pobres: hace muy buen fuego y la ceniza es muy buena para hacer lejía.

Es muy saludable para una cuchillada ó para una llaga fresca, tomada un penca y echada en las brasas, y sacar el zumo así caliente es muy bueno.

Para la mordedura de la víbora han de tomar de estos magueyes chiquitos, del tamaño de un palmo y la raiz que es tierna y blanca, y sacar el zumo, y mezclado con zumo de ajenjos de los de esta tierra, y lavar la mordedura, luego sana; esto yo lo he visto experimentar y ser verdadera medicina; esto se entiende siendo fresca la mordedura.

Hay otro género de estos cardos ó árboles de la misma manera, sino que el color es algo mas blanquecino, aunque es tan poca la diferencia, que pocos miran en ello, y las hojas ó pencas son un poco mas delgadas: de este que digo sale mejor el vino que dije que bebian algunos Españoles, y yo lo he bebido. El vinagre de este tambien es mejor. Este cuecen en tierra, las pencas por sí y la cabeza por sí, y sale de tan buen sabor como un diacitron no bien adobado ó no muy bien hecho. Lo de las pencas está tan lleno de hilos que no se sufre tragarlo, sino mascar y chupar aquel zumo, que es dulce; mas si las cabezas están cocidas de buen maestro, tiene tan buenas tajadas que muchos Españoles lo quieren tanto como buen diacitron; y lo que es de tener en mas es, que toda la tierra está llena de estos metles, salvo la tierra caliente: la que es templada tiene mas de estos postreros. Estas eran las viñas de los Indios; y así tienen ahora todas las linderas y valladeras llenas de ellos.

Hácese del metl buen papel: el pliego es tan grande como dos pliegos del nuestro, y de esto se hace mucho en Tlaxcallan, que corre por gran parte de la Nueva España. Otros árboles hay de que se hace en tierra caliente, y de estos se solia gastar gran cantidad: el árbol y el papel se llama amatl, y de este nombre llaman á las cartas y á los libros y al papel amate, aunque el libro su nombre se tiene. En este metl ó maguey hácia la raiz se crian unos gusanos blanquecinos, tan gruesos como un cañon de una avutarda y tan largos como medio dedo, los cuales tostados y con sal son muy buenos de comer; yo los he comido muchas veces en dias de ayuno á falta de peces. Con el vino de este metl se hacen muy buenas cernadas para los caballos, y es mas fuerte y mas cálido y mas apropiado para esto que no el vino que los Españoles hacen de uvas. En las pencas ú hojas de este maguey hallan los caminantes agua, porque como tiene muchas pencas y cada una como he dicho tiene vara y media de largo, y cuando llueve algunas de ellas retienen en sí el agua, lo cual como ya los caminantes lo sepan y tengan experiencia de ello, vánlo á buscar, y muchas veces les es mucha consolacion.

CAPÍTULO XX.

De cómo se han acabado los ídolos, y las fiestas que los Indios solian hacer, y la vanidad y trabajo que los Españoles han puesto en buscar ídolos.

Este capítulo, que es el postrero, se ha de poner en la segunda parte de este libro, adonde se trata esta materia.

Las fiestas que los Indios hacian, segun que en la primera parte está dicho, con sus ceremonias y solemnidades, desde el principio que los Españoles anduvieron de guerra, todo cesó, porque los Indios tuvieron tanto que entender en sus duelos, que no se acordaban de sus dioses ni aun de sí mismos, porque tuvieron tantos trabajos, que por acudir á remediarlos cesó todo lo principal.

En cada pueblo tenian un ídolo ó demonio al cual principalmente como su abogado tenian y llamaban, y á este honraban y ataviaban de muchas joyas y ropas, y todo lo bueno que podian haber le ofrecian, cada pueblo como era y mas en las cabezas de provincias. Estos principales ídolos que digo, luego como la gran ciudad de México fué tomada de los Españoles con sus joyas y riqueza, escondieron los Indios en el mas secreto lugar que pudieron mucha parte del oro que estaba con los ídolos, y en los templos, y dieron en tributo á los Españoles á quien fueron encomendados: porque no pudieron menos de hacer, porque al principio los tributos fueron tan excesivos, que no bastaba cuanto los Indios podian arañar ni buscar, ni lo que los señores y principales tenian, sino que compelidos con iniquidad, tambien dieron el oro que tenian en los templos de los demonios; y aun esto acabado, dieron tributo de esclavos, y muchas veces no los teniendo, para cumplir daban libres por esclavos.

Estos principales ídolos con las insignias y ornamentos ó vestidos de los demonios, escondieron los Indios, unos so tierra, otros en cuevas y otros en los montes. Despues cuando se fueron los Indios convirtiendo y bautizando, descubrieron muchos, y traíanlos á los patios de las iglesias para allí los quemar públicamente. Otros se podrecieron debajo de tierra, porque despues que los Indios recibieron la fe, habian vergüenza de sacar los que habian escondido, y querian antes dejarlos podrecer, que no que nadie supiese que ellos los habian escondido; y cuando los importunaban para que dijesen de los principales ídolos y de sus vestiduras, sacábanlo todo podrido, de lo cual yo soy buen testigo porque lo ví muchas veces. La disculpa que daban era buena, porque decian: "Cuando lo escondimos no conociamos á Dios, y pensábamos que los Españoles se habian de volver luego á sus tierras; y ya que veniamos en conocimiento, dejábamoslo podrir, porque teniamos temor y vergüenza de sacarlo." En otros pueblos estos principales ídolos con sus atavíos estuvieron en poder de los señores ó de los principales ministros de los demonios, y estos los tuvieron tan secreto que apenas sabian de ellos sino dos ó tres personas que los guardaban, y de estos tambien trajeron á los monasterios para quemarlos grandísima cantidad. Otros muchos pueblos remotos y apartados de México, cuando los frailes iban predicando, en la predicacion y antes que bautizasen les decian, que lo primero que habian de hacer era, que habian de traer todos los ídolos que tenian, y todas las insignias del demonio para quemar; y de esta manera tambien dieron y trajeron mucha cantidad que se quemaron públicamente en muchas partes; porque adonde ha llegado la doctrina y palabra de Dios no ha quedado cosa que se sepa ni de que se deba hacer cuenta; porque si desde aquí á cien años cavasen en los patios de los templos de los ídolos antiguos, siempre hallarian ídolos, porque eran tantos los que hacian; porque acontecia que cuando un niño nacia hacian un ídolo, y al año otro mayor, y á los cuatro años hacian otro, y como iba creciendo así iban haciendo ídolos, y de estos están los cimientos y las paredes llenos, y en los patios hay muchos de ellos. En el año de 39 y en el año de 40 algunos Españoles, de ellos con autoridad y otros sin ella, por mostrar que tenian celo de la fe y pensando que hacian algo, comenzaron á revolver y á desenterrar los muertos, y apremiar á los Indios porque les diesen ídolos; y en algunas partes llegó á tanto la cosa, que los Indios buscaban los ídolos que estaban podridos y olvidados debajo de tierra, y aun algunos Indios fueron tan atormentados, que en realidad de verdad hicieron ídolos de nuevo, y los dieron porque los dejasen de maltratar.

Mezclábase con el buen celo que mostraban en buscar ídolos una codicia no pequeña, y era que decian los Españoles, en tal pueblo ó en tal parroquia habia ídolos de oro y de chalchihuitl, que es una piedra de mucho precio, y fantaseábaseles que habia ídolo de oro que pesaria un quintal ó diez ó quince arrobas; y en la verdad ellos acudieron tarde, porque todo el oro y piedras preciosas se gastaron y pusieron en cobro, y lo hubieron en su poder los Españoles que primero tuvieron los Indios y pueblos en su encomienda. Tambien pensaban hallar ídolo de piedra que valiese tanto como una ciudad; y cierto aunque yo he visto muchos ídolos que fueron adorados y muy tenidos entre los Indios, y muy acatados como dioses principales, y algunos de chalchihuitl, el que mas me parece que podria valer, no pienso que darian en España por él diez pesos de oro: para esto alteraban y revolvian y escandalizaban los pueblos con sus celos en la verdad indiscretos; porque ya que en algun pueblo hay algun ídolo, ó está podrido ó tan olvidado ó tan secreto, que en pueblo de diez mil ánimas no lo saben cinco, y tiénenlos en lo que ellos son, que es tenerlos ó por piedras ó por maderos. Los que andan escandalizando á estos Indios que van por su camino derecho, parecen á Laban, el cual salió al camino á Jacob á buscarle el hato y á revolverle la casa por sus ídolos, porque de esto que aquí digo yo tengo harta experiencia, y veo el engaño en que andan y las maneras que traen para desasosegar y desfavorecer á estos pobres Indios, que tienen los ídolos tan olvidados como si hubiera cien años que hubieran pasado.

CARTA

DE

FRAY TORIBIO DE MOTOLINIA

AL

EMPERADOR CÁRLOS V.

ENERO 2 DE 1555.

CARTA

DE

FRAY TORIBIO DE MOTOLINIA.

S. C. C. M.—Gracia i misericordia é paz à Deo patre nostro et Dño. Jesu-Xpo.

Tres cosas principalmente me mueven á escrivir esta á V. M., i creo serán parte para quitar parte de los escrúpulos quel de las Casas, Obispo que fué de Chiapa, pone á V. M. i á los de vuestros Consejos, i mas con las cosas que agora escrive i hace imprimir: la primera será hacer saber á V. M. cómo el principal señorío desta nueva España quando los Españoles en ella entraron, no havia muchos años questava en México ó en los Mexicanos, i cómo los mismos Mexicanos lo havian ganado ó osurpado por guerra; por que los primeros i propios moradores desta nueva España era una gente que se llamava Chichimecas i Otomíes, i estos vivian como salvajes, que no tenian casas sino chozas i cuevas en que moravan: estos ni senbravan ni cultivaban la tierra, mas su comida i mantenimiento eran yervas i raices, i la fruta que allavan por los campos, i la caza que con sus arcos i flechas cazavan seca al sol la comian; i tampoco tenian ídolos ni sacrificios, mas de tener por dios al Sol, i inbocar otras criaturas: despues destos vinieron otros indios de lejos tierra que se llamaron de Culhua, estos truxeron maiz i otras semillas i aves domésticas; estos comenzaron á edificar casas i cultivar la tierra, i á la desmontar; i como estos se fuesen multiplicando i fuese gente de mas havilidad i de mas capacidad que los primeros abitadores, poco á poco se fueron enseñoreando en esta tierra que su propio nombre es Anávac: despues de pasados muchos años vinieron los Indios llamados Mexicanos, i este nombre lo tomaron ó les pusieron por un ídolo ó principal dios que consigo truxeron, que se llamava Mexitle, i por otro nombre se llama Texcatlicupa; i este fué el ídolo ó demonio que mas generalmente se adoró por toda esta tierra, delante el qual fueron sacrificados mui muchos hombres: estos Mexicanos se enseñorearon en esta nueva España por guerras; pero el señorío principal de esta tierra primero estuvo por los de Culhua en un pueblo llamado Culhuacan questá dos leguas de México; i despues tambien por guerras estuvo el señorío en un señor i pueblo que se llama Ascapulco (Azcapotzalco), una legua de México, segund que mas largamente yo le escriví al Conde de Venavente en una relacion de los ritus i antiguallas desta tierra.

Sepa V. M. que quando el Marques del Valle entró en esta tierra, Dios nuestro Señor era mui ofendido i los hombres padescian mui cruelissimas muertes, i el demonio nuestro adversario era mui servido con las mayores idolatrías i homecidios mas crueles que jamas fueron; porque el antecesor de Motecçuma señor de México, llamado Abiçoçi (Ahuizotl), ofresció á los Indios (sic) en un solo templo i en un sacrificio que duró tres ó quatro dias ochenta mill i quatrocientos hombres, los quales traian á sacrificar por quatro calles en quatro ileras hasta llegar delante de los ídolos al sacrificadero: i quando los Cristianos entraron en esta nueva España, por todos los pueblos i provincias della havia muchos sacrificios de hombres muertos mas que nunca, que matavan i sacrificavan delante de los ídolos, i cada dia i cada ora ofrescian á los demonios sangre humana por todas partes i pueblos de toda esta tierra, sin otros muchos sacrificios i servicios que á los demonios siempre i públicamente hacian, no solamente en los templos de los demonios, que casi toda la tierra estava llena dellos, mas por todos los caminos i en todas las casas i toda la gente bacava al servicio de los demonios i de los ídolos; pues impedir i quitar estas i otras muchas abominaciones i pecados i ofensas que á Dios i al próximo públicamente eran hechas, i plantar nuestra santa fee cathólica, levantar por todas partes la cruz de Jesu-Cristo i la confision de su santo nombre, i haver Dios plantado una tan grande conbersion de gentes donde tantas almas se han salbado i cada dia se salban, i edificar tantas Iglesias i Monesterios, que de solos Frayles menores hay mas de cinquenta Monesterios habitados de Frayles, sin los Monesterios de Guatemala é Yucatan, i toda esta tierra puesta en paz i en justicia, que si V. M. viese cómo por toda esta nueva España se celebran las Pasquas i festividades, i quán devotamente se celebran los oficios de la Semana Santa i todos los Domingos i fiestas, daria mill veces alabanzas i gracias á Dios. No tiene razon el de las Casas de decir lo que dice i escrive i emprime, i adelante, por que será menester, yo diré sus celos i sus obras hasta donde allegan i en qué paran, si acá ayudó á los Indios ó los fatigó: i á V. M. omilmente soplico por amor de Dios, que agora que el Señor ha descubierto tan cerca de aquí la tierra de la Florida, que desde el rio de Pánuco, ques desta governacion de México, hasta el rio grande de la Florida donde se paseó el capitan Soto mas de cinco años, no hay mas de ochenta leguas, que en estos nuestros tiempos i especialmente en esta tierra es como ocho leguas, i los pueblos á V. M. subjetos pasan de aquella parte del rio de Pánuco, i antes del rio de la Florida hay tambien muchos pueblos, de manera que aun la distancia es mucho menos: por amor de Dios V. M. se compadezca de aquellas ánimas, i se compadezca i duela de las ofensas que allí se hacen á Dios, é impida los sacrificios é idolatrías que allí se hacen á los demonios, i mande con la mas brevedad i por el mejor medio que segund hombre i unjido de Dios i Capitan de su Santa Iglesia, dar órden de manera que aquellos Indios infieles se les pedrique el santo ebangelio; i no por la manera quel de las Casas ordenó, que no se ganó mas que de echar en costa á V. M. de dos ó tres mill pesos de aparejar i proveer un navío, en el qual fueron unos Padres Dominicos á predicar á los Indios de la Florida con la instruccion que les dió, i en saltando en tierra sin llegar á pueblo, en el puerto luego mataron la mitad dellos, i los otros bolvieron huyendo á se meter en el navío, i acá tenian qué contar cómo se havian escapado: i no tiene V. M. mucho que gastar ni mucho que embiar de allá de España, mas de mandarlo, i confio en nuestro Señor que mui en breve se siga una grande ganancia Espiritual i temporal, i acá en esta nueva España hay mucho caudal para lo que se requiere, porque hay Religiosos ya esperimentados, que mandándoselo la obidencia irán i se pornan á todo riesgo para ayudar á la salvacion de aquellas ánimas: asimismo hay mucha gente Despañoles i ganados i cavallos, i todos los que acá aportaron que escaparon de la compañía de Soto, que no son pocos, desean bolver allá por la bondad de la tierra: i esta salida de gente conviene mucho para esta tierra, porque se le dé una puerta para la mucha gente que hay ociosa, cuyo oficio es pensar y hacer mal. Y esta es la segunda cosa que yo pobre de parte de Dios á V. M. suplico.

La tercera cosa es rogar por amor de Dios á V. M. que mande ver i mirar á los Letrados, así de vuestros Consejos como á los de las Vnibersidades, si los conquistadores encomenderos i mercaderes desta nueva España están en estado de rescibir el sacramento de la penitencia i los otros Sacramentos, sin hacer instrumento público por escritura i dar caucion juratoria, por que afirma el de las Casas que sin estas i otras diligencias no pueden ser absueltos, i á los confesores pone tantos escrúpulos, que no falta sino ponellos en el infierno, i así es menester esto se consulte con el sumo Pontífice, por que qué nos aprobecharia á algunos que hemos babtizado mas de cada trecientas mill ánimas i desposado i velado otras tantas i confesado otra grandísima multitud, si por haver confesado diez ó doce conquistadores, ellos i nos nos hemos de ir al infierno: dice el de las Casas que todo lo que acá tienen los Españoles, todo es mal ganado, aunque lo hayan havido por granjerías; i acá hay muchos labradores i oficiales i otros muchos que por su industria i sudor tienen de comer. Y para que mejor se entienda cómo lo dice ó inprime, sepa V. M. que puede haver cinco ó seis años que por mandado de V. M. i de vuestro Consejo de Indias me fué mandado que recojiese ciertos confisionarios quel de las Casas dejava acá en esta nueva España escriptos de mano entre los Frayles menores, i los dí á Don Antonio de Mendoza vuestro Visorrey, i él los quemó por que en ellos se contenian dichos i sentencias falsas i escandalosas: agora en los postreros navíos que aportaron á esta nueva España han venido los ya dichos confisionarios impresos, que no pequeño alboroto i escándalo han puesto en toda esta tierra, porque á los conquistadores i encomenderos i á los mercaderes los llama muchas veces, tiranos robadores, violentadores, raptores, predones; dice que siempre é cada dia están tiranizando los Indios: asi mismo dice que todos los tributos de Indios son i han sido mal llevados, injusta i tiránicamente; si así fuese buena estava la conciencia de V. M. pues tiene i lleva V. M. la mitad ó mas de todas las provincias i pueblos mas principales de toda esta nueva España, i los encomenderos i conquistadores no tienen mas de lo que V. M. les manda dar, i que los Indios que tuvieren sean tasados moderadamente, i que sean mui bien tratados i mirados, como por la bondad de Dios el dia de hoy lo son casi todos, i que les sea administrada dotrina i justicia, así se hace: i con todo esto el de las Casas dice lo ya dicho i mas, de manera que la principal injuria ó injurias hace á V. M. i condena á los Letrados de vuestros Consejos llamándolos muchas veces injustos i tiranos: i tanbien injuria i condena á todos los Letrados que hay i ha havido en toda esta nueva España, así Eclesiásticos como siculares, i á los Presidentes y Abdiencias de V. M.; porque ciertamente el Marques del Valle, i Don Sebastian Ramirez, Obispo, i Don Antonio de Mendoza, i Don Luis de Velasco que agora govierna con los Oydores, han regido i governado i goviernan mui bien ambas repúblicas de Españoles é Indios: por cierto para con unos poquillos cánones quel de las Casas oyó, él se atreve á mucho, i mui grande parece su desórden i poca su humilidad; i piensa que todos yerran i quel solo acierta, porque tanbien dice estas palabras que se siguen á la letra: todos los conquistadores han sido robadores, raptores i los mas calificados en mal i crueldad que nunca jamas fueron, como es á todo el mundo ya manifiesto: todos los conquistadores dice, sin sacar ninguno; ya V. M. sabe las instrucciones i mandamientos que lleban i han llevado los que van á nuevas conquistas, i cómo las trabajan de guardar, i son de tan buena vida i conciencia como el de las Casas, i de mas reto i santo celo. Yo me maravillo cómo V. M. i los de vuestros Consejos han podido sufrir tanto tiempo á un hombre tan pesado, inquieto é importuno, i bullicioso i pleitista en ábito de religion, tan desasosegado, tan mal criado i tan injuriador i perjudicial, i tan sin reposo: yo ha que conozco al de las Casas quince años, primero que á esta tierra viniese, i él iva á la tierra del Perú, i no pudiendo allá pasar estuvo en Nicaragua i no sosegó allí mucho tiempo; i de allí vino á Guatemalta, i menos paró allí, i despues estuvo en la nascion de Guaxaca, i tan poco reposo tuvo allí como en las otras partes; i despues que aportó á México estuvo en el Monesterio de Santo Domingo, i en él luego se hartó, i tornó á vaguear i andar en sus bullicios i desasosiegos, i siempre escriviendo procesos i vidas agenas, buscando los males i delitos que por toda esta tierra habian cometido los Españoles, para agraviar i encarecer los males i pecados que han acontecido: i en esto parece que tomava el oficio de nuestro adversario, aunquel pensava ser mas celoso y mas justo que los otros Cristianos i mas que los Religiosos, i él acá apenas tuvo cosa de religion: una vez estava él hablando con unos Frayles i decíales, que era poco lo que hacia que no havia resistido ni derramado su sangre; como quiera que el menor dellos era mas siervo de Dios, i le servian mas, i velaban mas las ánimas i la religion i virtudes que no él, con muchos quilates, por que todos sus negocios han sido con algunos desasosegados para que le digan cosas que escriva conformes á su apasionado espíritu contra los Españoles, mostrándose que ama mucho á los Indios i quel solo los quiere defender i favorescer mas que nadie; en lo qual acá mui poco tiempo se ocupó si no fué cargándolos i fatigándolos: vino el de las Casas siendo Frayle simple i aportó á la Cibdad de Tlascala é traia tras de sí cargados 27 ó 37 Indios que acá llaman Tamemes, i en aquel tiempo estavan ciertos Obispos i Perlados exsaminando una bula del Papa Paulo que habla de los matrimonios i baptismo, i en este tiempo pusiéronnos silencio que no baptizásemos á los Indios adultos, i havia venido un Indio de tres ó quatro jornadas á se baptizar, i habia demandado el babtizmo muchas veces, i estava bien aparejado, catetizado i enseñado: entonces yo con otros Frayles rogamos mucho al de las Casas que babtizase aquel Indio por que venia de lexos, i despues de muchos ruegos demandó muchas condiciones de aparejos para el babtizmo, como si él solo supiera mas que todos, i ciertamente aquel Indio estava bien aparejado: i ya que dixo que lo babtizaria, vistióse una sobrepelliz con su estola; i fuimos con él tres ó quatro Religiosos á la puerta de la Iglesia do el Indio estava de rodillas, i no sé qué achaque se tomó que no quiso bautizar al Indio, i dejónos i fuése: yo entonces dixe al de las Casas: cómo, Padre, todos vuestros celos i amor que decís que teneis á los Indios se acaba en traerlos cargados, i andar escriviendo vidas de Españoles i fatigando los Indios, que solo vuestra caridad traeis cargados mas Indios que treinta Frayles; i pues un Indio no bautizais ni dotrinais, bien seria que pagásedes á quantos traeis cargados i fatigados: entonces como está dicho traia 27 ó 37 cargados, que no me recuerdo bien el número, i todo lo mas que traia en aquellos Indios eran procesos i escripturas contra Españoles, i bujerías de nada, i cuando fué allá á España, que bolvió Obispo, llebava ciento i veinte Indios cargados sin pagarles nada, i agora procura allá con V. M. i con los del Consejo de Indias, que acá ningun Español pueda traer Indios cargados pagándolos mui bien, como agora por todas partes se pagan, i los que agora demandan no son sino tres ó quatro para llevar la cama i comida, porque por los caminos no se halla: despues desto acá siempre anduvo desasosegado, procurando negocios de personas principales, i lo que allá negoció fué venir Obispo de Chiapa, i como no cumplió lo que acá prometió negociar, el Padre Fray Domingo de Betanzos, que lo tenia bien conocido, le escrivió una carta bien larga, i fué mui pública, en la cual le declaraba su vida i sus desasosiegos i bullicios, i los perjuicios i daños que con sus informaciones i celos indiscretos havia cabsado por do quiera que andava; especialmente cómo en la tierra del Perú havia sido cabsa de muchos escándalos i muertes, i agora no cesa allá do está de hacer lo mismo, mostrándose que lo hace con celo que tiene á los Indios; i por una carta que de acá alguno le escrive, i no todas veces verdadera, muéstrala á V. M. ó á los de su Consejo, i por una cosa particular que le escriven procura una cédula general, i así turba i destruye acá la governacion i la república, i en esto paran sus celos: quando vino Obispo i llegó á Chiapa, cabeza de su Obispado, los de aquella cibdad le rescibieron, por envialle V. M., con mucho amor i con toda humilldad, i con palio le metieron en su Iglesia, i le prestaron dineros para pagar debdas que de España traia, i dende á mui pocos dias descomúlgalos i póneles 15 ó 16 leyes, i las condiciones del confisonario, i déjalos i vase adelante; á esto le escrivia el de Betanzos, que las ovejas havia vuelto cabrones, i de buen carretero hechó el carro delante i los vueyes detrás: entonces fué al reyno que llaman de la Verapaz, del qual allá ha dicho ques grandísima cosa i de gente infinita; esta tierra es cerca de Guatemalla, é yo he andado visitando i enseñando por allí, i llegué mui cerca, porquestava dos jornadas della, i no es de diez partes la una de la que allá han dicho i sinificado. Monesterio hay acá en lo de México que dotrina i besita diez tanta gente que la que hay en el reyno de la Verapaz, i desto es buen testigo el Obispo de Guatemalla: yo ví la gente ques de pocos quilates i menos que otra: despues el de las Casas tornó á sus desasosiegos, i vino á México, i pidió licencia al Visorrey para bolver allá á España, i aunque no se la dió no dejó de ir allá sin ella, dejando acá mui desamparadas i mui sin remedio las ovejas i ánimas á él encomendadas, así Españoles como Indios; fuera razon, si con él bastase razon, de hacerle luego dar la vuelta para que siquiera perseverara con sus ovejas dos ó tres años; pues como mas santo i mas sabio es este que todos quantos Obispos hay i han havido, i así los Españoles dice que son incorrejibles, trabajara con los Indios i no lo dejara todo perdido i desamparado: havrá quatro años que pasaron por Chiapa i su tierra dos Religiosos, i vieron cómo por mandado del de las Casas, aun en el articulo de la muerte no absolvian á los Españoles que pedian la confision, ni havia quien bautizase los niños hijos de los Indios que por los pueblos buscavan el bautizmo, i estos Frayles que digo bautizaron mui muchos. Dice en aquel su confisionario que los encomenderos son obligados á enseñar á los Indios que le son encargados, i así es la verdad; mas decir adelante que nunca ni por entresueño lo han hecho, en esto no tiene razon, porque muchos Españoles por sí i por sus criados los han enseñado segun su posibilidad, i otros muchos á do no alcanzan Frayles han puesto Clérigos en sus pueblos, i casi todos los encomenderos han procurado Frayles, ansí para los llebar á sus pueblos como para que los vayan á enseñar i á les administrar los santos sacramentos: tiempo hovo que algunos Españoles ni quisieran ver Clérigo ni Frayle por sus pueblos, mas dias ha que muchos Españoles procuraran Frayles, i sus Indios han hecho Monesterios, i los tienen en sus pueblos, i los encomenderos proveen á los Frayles de mantenimiento, i vestuario, i ornamentos, i no es maravilla quel de las Casas no lo sepa, por quel no procuró de saber sino lo malo i no lo bueno, ni tuvo sosiego en esta nueva España, ni deprendió lengua de Indios, ni se humilló ni aplicó á les enseñar: su oficio fué escrivir procesos i pecados que por todas partes han hecho los Españoles, i esto es lo que mucho encarece, i ciertamente solo este oficio no lo llebará al cielo, i lo que así escrive no es todo cierto ni mui averiguado; i se mira i notan bien los pecados i delitos atroces que en sola la cibdad de Sevilla han acontecido, i los que la justicia ha castigado de treinta años á esta parte, so hallarian mas delitos i maldades i mas feas que quantas han acontecido en toda esta nueva España despues que se conquistó, que son treinta i tres años: una de las cosas ques de haver compasion en toda esta tierra es de la cibdad de Chiapa i su subgeto, que despues quel de las Casas allí entró por Obispo quedó destruida en lo temporal i en lo espiritual, que todo lo enconó, i plega á Dios no se diga dél que dejó las ánimas en las manos de los lobos i huyó; quia mercenarius est et non pastor, et non pertinet ad eum de ovibus. Cuando algun Obispo renuncia el Obispado, para dejar una Iglesia que por esposa recibió, tan grande obligacion i mayor es el vínculo que á ella tiene que otra profesion de mas baxo estado, i así se da con gran solenidad; i para dejar i desampararla, grandísima cabsa ha de haver, i donde no la hay, la tal renunciacion mas se llama apostasía, i apostatar del alto i mui perfecto estado Obispal, que no otra cosa; i si fuera por cabsa de mui grandes enfermedades, ó para meterse en un Monesterio mui estrecho para nunca ver hombre ni negocios mundanos, aun entonces no sabemos si delante de Dios está mui seguro el tal Obispo; mas para hacerse procurador en Córte, i para procurar como agora procura que los Indios le demanden por Proptetor; quando la carta en que aquesto demandava se vió en una Congregacion de Frayles menores, todos se rieron della, i no tuvieron qué responder ni qué hablar en tal desvarío, i no mostrará él allá carta de capítulo ó congregacion de Frayles menores, i tambien procura que de acá le enbien dineros i negocios. Estas cosas ¿á quién parecerán bien? Yo creo que V. M. las aborrecerá, porque clara tentacion de nuestro adversario para desasosiego suyo i de los otros. V. M. le devia mandar encerrar en un Monesterio porque no sea cabsa de mayores males, que si no yo tengo temor que ha de ir á Roma i será cabsa de turbacion en la corte Romana: á los Estancieros, Calpixques i Mineros, llámalos verdugos, desalmados, inhumanos i crueles, i dado caso que algunos haya havido codiciosos i mal mirados, ciertamente hay otros muchos buenos Cristianos i piadosos é limosneros, i muchos dellos casados viven bien: no se dirá del de las Casas lo de San Lorenzo, que como diese la mitad de su sepultura al cuerpo de San Estevan, llamáronle el Español cortes. Dice en aquel confisionario, que ningun Español en esta tierra ha tenido buena fee cerca de las guerras, ni los Mercaderes en llebarles á vender mercaderías, i en esto juzga los corazones: asimismo dice que ninguno tuvo buena fee en el comprar i vender esclavos, i no tubo razon, pues muchos años se vendieron por las plazas con el yerro de V. M., i algunos años estuvieron muchos Cristianos bona fide i en inorancia invencible: más dice, que siempre ó oy dia están tiranizando los Indios. Tanbien esto va contra V. M., i si bien me acuerdo los años pasados, despues que V. M. embió á Don Antonio de Mendoza, se ayuntaron los Señores i principales de esta tierra i de su voluntad solenemente dieron de nuevo la obidiencia á V. M. por verse en nuestra Santa fee libres de guerras i de sacrificios, i en paz i en justicia: tambien dice que todo quanto los Españoles tienen, cosa ninguna hay que no fuese robada, i en esto injuria á V. M. i á todos los que acá pasaron, así á los que truxeron haciendas como á otros muchos que las han comprado i adquirido justamente, i el de las Casas los desonrra por escripto i por carta impresa: pues cómo así se ha de infamar por un atrevido una nacion Española con su príncipe, que mañana lo leerán los Indios i las otras naciones? Dice mas, que por estos muchos tiempos i años nunca havrá justa conquista ni guerra contra Indios; de las cosas questán por venir contengibles, de Dios es la providencia i él es el sabidor dellas, y aquel á quien su Divina Majestad las quisiere revelar, i el de las Casas en lo que dice quiere ser adevino ó profeta, i será no verdadero profeta, porque dice el Señor será predicado este Evangelio en todo el uniberso antes de la consumacion del mundo: pues á V. M. conviene de oficio darse priesa que se predique el Santo Evangelio por todas estas tierras, i los que no quisieren oir de grado el Santo Evangelio de Jesu-Cristo, sea por fuerza; que aquí tiene lugar aquel proberbio, mas vale bueno por fuerza que malo por grado: i segund la palabra del Señor, por el tesoro hallado en el campo se deven dar i vender todas las cosas, i comprar luego aquel campo, i pues sin dar mucho prescio puede V. M. haver i comprar este tesoro de preciosas margaritas, que costaron el mui rico prescio de la Sangre de Jesu-Cristo, porque si esto V. M. no procura, ¿quién hay en la tierra que pueda i deva ganar el precioso tesoro de ánimas que hay derramadas por estos campos i tierras? ¿Cómo se determina el de las Casas á decir que todos los tributos son i han sido mal llevados, i vemos que preguntando al Señor si se daria el tributo á César ó no, respondió que sí, i él dice que son mal llevados? Si miramos cómo vino el señorío é imperio Romano, hallamos que primero los Bavilónicos en tiempo de Nabuc-donosor Magno tomaron por guerra el señorío á los Asirios, que según San Gerónimo duró aquel reyno mas de mill é trecientos años, i este reyno de Nabuc-donosor fué la cabecera de oro de la estatua quel mismo vió, según la interpretacion de Daniel cap. 2.º; i Nabuc-donosor fué el primero Monarca i cabeza de imperio. Despues los Persas i Medos destruyeron á los Babilónicos en tiempo de Ciro i Darío, y este señorío fueron los pechos i brazos de la misma estatua: fueron dos brazos, conviene á saber, Ciro i Darío, i Persas i Medos; despues los Griegos destruyeron á los Persas en tiempo de Alexandre Magno, i este señorío fué el vientre i muslos de metal, i fué de tanto sonido este metal que se oyó por todo el mundo, salvo en esta tierra, i salió la fama i temor del grande Alexandre questa escripto: siluit terra in conspectu eius; i como conquistase á Asia, los de Europa i África le enbiaron Embajadores, i le fueron á esperar con dones á Bavilonia, i allí le dieron la ovidiencia: despues los Romanos subgetaron á los Griegos, i estos fueron las piernas i piés de yerro, que todos los metales consume i gasta: despues la piedra cortada del monte sin manos, cortó i disminuyó la estatua é idolatría, i este fué el reyno de Xpo. Durante el señorío de los Emperadores Romanos, dijo el Señor que se diese el trivuto á César; yo no me meto en determinar si fueron estas guerras mas ó menos lícitas que aquellas, ó quál es mas lícito trivuto, este ó aquel; esto determínenlo los Consejos de V. M. Mas es de notar lo que el Profeta Daniel dice en el mismo capítulo, que Dios muda los tiempos i edades, i pasa los reynos de un señorío en otro, i esto por los pecados, segun paresce en el reyno de los Cananeos, que los pasó Dios en los hijos de Isrrael, con grandísimos castigos, i el reyno de Judea, por el pecado i muerte del Hijo de Dios, lo pasó á los Romanos, i los imperios aquí dichos: lo que yo á V. M. suplico es el quinto reyno de Jesu-Cristo significado en la piedra cortada del monte sin manos, que ha de henchir i ocupar toda la tierra, del cual reino V. M. es el caudillo i Capitan, que mande V. M. poner toda la diligencia que sea posible para queste reyno se cumpla i ensanche, i se predique á estos infieles, ó á los mas cercanos, especialmente á los de la Florida, questán aquí á la puerta: quisiera yo ver al de las Casas quince ó veinte años perseverar en confesar cada dia diez ó doce Indios enfermos llagados, i otros tantos sanos viejos que nunca se confesaron, i entender en otras cosas muchas espirituales tocantes á los Indios; i lo bueno es que allá á V. M. i á los demas sus Consejos para mostrarse mui celoso dice: Fulano no es amigo de Indios, es amigo de Españoles, no le deis crédito: plega á Dios que acierte él á ser amigo de Dios i de su propia ánima; lo que allá cela es de daños que hacen á los Indios, ó de tierras que los Españoles demandan acá en esta nueva España, ó de estancias questán en perjuicio i de daños á los Indios: ya no es el tiempo que solia por quel que hace daño de dos pesos paga cuatro, i el que hace daño de cinco paga ocho; quanto al dar de las tierras podria V. M. dar de las sobradas baldíos i tierras heriales para los Españoles avecindados que se quieren aplicar á labrar la tierra, i otros acá nascidos que algo han de tener, i esto de lo que está sin perjuicio: i como de diez años á esta parte entre los Indios ha habido mucha mortandad i pestilencias grandes, falta mui mucha gente, que donde menos gente falta de tres partes faltan las dos, i en otros lugares de cinco partes faltan las quatro, i en otros de ocho partes faltan las siete, i á esta causa sobran por todas partes muchas tierras, demas de los baldíos i tierras de guerra que no sembravan; i haviendo de dar, si V. M. mandare, de los baldíos i tierras de guerra, questos eran unos campos que dejaban entre Provincia ó Provincia, i entre Señor i Señor, adonde salian á darse guerra, que antes que entrase la fee eran mui continuas, porque casi todos los que sacrificaban á los ídolos eran los que prendian en las guerras, i por eso en mas tenian prender uno que matar cinco; estas tierras que digo no las labravan; en estas hay lugar, si los Indios no tuviesen ya algunas ocupadas i cultivadas, paresciendo ser lícito, i podríalas V. M. dar con menos perjuicio i sin perjuicio alguno. Quanto á las estancias de los ganados, ya casi por todas partes se han sacado los ganados que hacian daño, especialmente los ganados mayores, no por falta de grandes campos, mas porque los traian sin guarda, i como no los recogen de noche á que duerman en corrales, corrian mucha tierra i hacian daño, i para el agostadero les han puesto i señalado tiempo en que han de entrar i salir, con sus penas, que acá por la vondad de Dios hay quien lo remedie, ques la justicia, i quien lo cele tan bien como el de las Casas: para ganados menores hay muchas tierras i campos por todas partes, i aun mui cerca de la gran Cibdad de Tenuxtitlan México hay muchas estancias sin perjuicio; i en el Valle de Toluca, que comienza á seis ó siete leguas de México, hay muchas estancias de ganado mayor i menor; así mismo cerca de la Cibdad de los Ángeles, i en la Cibdad de Taxcala, i en los pueblos de Tepeyaca ó Itemachalco; i en todos estos pueblos i en sus términos hay mui grandes campos i dehesas donde se pueden apacentar mui muchos ganados sin perjuicio, especialmente ganados menores, que en nuestra España los traen muchas veces cerca de los panes, i el que hace daño págalo: acá hay muchos valdíos i mui grandes campos donde podrian por todas partes andar muchos mas ganados de los que hay, y quien otra cosa dice, es ó porque no lo sabe ó por que no lo ha visto; sola la provincia de Taxcala tiene de ancho diez leguas, i á partes once, i de largo quince, i á partes diez i seis leguas, i boja mas de quarenta, i poco menos tiene la de Tecamachalco, i otros muchos pueblos tienen muchos valdíos, porque de cinco partes de término, no ocupan los Indios la una. I pues los ganados son tan provechosos i nescesarios, i usan dellos anvas repúblicas de Españoles i Indios, así de Bueyes i bacas i de caballos, como de todos los otros ganados, por qué no les darán lo que sobra i que se apacienten sin perjuicio, pues es bien para todos, i pues que ya muchos Indios usan de cavallos, no seria malo que V. M. mandase que no se diese licencia para tener cavallos sino á los principales señores, porque si se hacen los Indios á los cavallos, muchos se van haciendo jinetes y querránse igualar por tiempo á los Españoles, i esta ventaja de los cavallos i tiros de artillería es mui necesaria en esta tierra, porque da fuerza i ventaja á pocos contra muchos; i sepa V. M. que toda esta nueva España está desierta i desamparada sin fuerza ni fortaleza alguna, i nuestro adversario enemigo de todo bien, que siempre desea i procura discordias i guerras, i de entre los piés levanta peligros, i aunque no fuese mas de por que estamos en tierra agena i los negros son tantos que algunas veces han estado concertados de se levantar i matar á los Españoles, i para esto la cibdad de los Ángeles está en mejor medio i comedio que ningun otro pueblo de la nueva España para se hacer en ella una fortaleza, i podríase hacer á menos costa por los muchos i buenos materiales que tiene, i seria seguridad para toda la tierra: á los pueblos que V. M. mas obligacion tiene en toda esta Nueva España son Tezcuco i Tlacuba i México; la razon es que cada Señorío destos era un reyno i cada Señor destos tenia diez provincias i muchos pueblos á sí subjetos, i demas desto entre estos Señoríos se repartian trivutos de ciento i sesenta provincias i pueblos, i cada Señor destos era un no pequeño Rey, i estos Señores luego que los cristianos llegaron i les fué requerido rescibiesen la fee, dieron la ovidiencia á V. M., i Tezcuco i Tlacuba ayudaron á los Españoles en la conquista de México; los otros Señores de la tierra tienen i poseen sus señoríos i tributan á V. M., porques su Rey i Señor i por que les administra V. M. dotrina y sacramentos i justicia, i les tiene en paz, que mas les da V. M. que dellos recive, aunquel de las Casas no lo quiere considerar. Los Señores de Tezcuco i Tlacuba i México, aun de las estancias subjetas á sus cabeceras les quitaron y repartieron algunas, i estos se contentarán con que V. M. mande dar un pueblo pequeño ó mediano que sirva al Señor de Tezcuco, i otro á su pueblo ó república, i otro tanto al Señor i pueblo de Tlacuba, i esto quanto á las cosas temporales, i cuanto á las espirituales, estas ánimas reclaman por ministros; i porque de España han salido i salen cada dia muchos Religiosos para estas tierras, si V. M. mandase, en Flandes y en Italia hai muchos Frayles siervos de Dios mui dotos i muy deseosos de pasar á estas partes i de emplear en la conbersion de infieles, i destas nasciones que digo han estado en esta tierra é hoy dia hay algunos siervos de Dios que han dado mui buen exemplo i han mucho trabajado con estos naturales; demas desto la Iglesia mayor de México, ques la Metropolitana, está mui pobre, vieja, arremendada, que solamente se hizo de prestado veinte é nueve años ha; razon es que V. M. mande que se comience á edificar i la favorezca, pues de todas las Iglesias de la Nueva España es cabecera, madre y Señora, i así esta Iglesia como las otras Cathedrales las mande V. M. dar sendos pueblos como antes tenian, que no habia repartimientos tan bien empleados en toda la nueva España, i destos pueblos tienen mucha nescesidad, para reparar, trastejar, varrer y adornar las Iglesias i las casas de los Obispos, que todos están pobres i adebdados; pues acá han tenido i tienen repartimientos zapateros i herreros, mucha mas nescesidad tienen las Iglesias, pues no tienen rentas, i lo que tienen es mui poco: todo esto digo con deseo de servir i informar á V. M. de lo que desta tierra siento i he visto por espacio de treinta años que ha que pasamos acá por mandado de V. M., cuando truximos los breves y bullas de Leon i Adriano que V. M. procuró, i havian de pasar acá i traer las dichas bulas el Cardenal de Santa Cruz Fr. Francisco de Quiñones i el padre Fray Juan Clapion, que Dios tiene, i de doce que al principio de la conversion de esta gente venimos, ya no hay mas de dos vivos; i reciva V. M. esta carta con la intincion que la escrivo i no valga mas de quanto fuere conforme á razon, justicia i verdad; i quedo como mínimo capellan rogando á Dios su santa gracia siempre more en la vendita ánima de V. M. para que siempre haga á su santa voluntad. Amen.

Despues de lo arriba dicho ví i leí un tratado quel de las Casas compuso sobre la materia de los esclavos hechos en esta nueva España i en las Islas, i otro sobre el parecer que dió sobre que si habria repartimiento de Indios: el primero dice haver compuesto por Comision del Consejo de las Indias, i el segundo por mandado de V. M., que no hay hombre humano de qualquier nascion, ley ó condicion que sea que los lea, que no cobre aborrecimiento i odio mortal i tenga á todos los moradores desta nueva España por la mas cruel i mas abominable i mas infiel i detestable gente de quantas nasciones hay debajo del cielo, i en esto paran las escripturas que se escriven sin caridad i que proceden de ánimo ageno de toda piedad i humanidad: yo ya no sé los tiempos que allá corren en la vieja España porque ha mas de treinta años que della salí, mas muchas veces é oido á Religiosos siervos de Dios i á Españoles buenos cristianos temerosos de Dios que bienen de España, que hallan acá mas cristiandad, mas fee, mas frecuentacion de los Santos Sacramentos i mas caridad i limosna á todo género de pobres, que no en la vieja España: i Dios perdone al de las Casas que tan gravísimamente deshonra i disfama, i tan terriblemente injuria i afrenta una i muchas Comunidades, i una nacion Española, i á su Príncipe i Consejos con todos los que en nombre de V. M. administran justicia en estos Reynos, i si el de las Casas quiere confesar verdad, á él quiero por testigo quántas y quán largas limosnas alló acá i con quánta humilldad soportaron su recia condicion, i cómo muchas personas de calidad confiaron dél muchos é importantes negocios, i ofreciéndose guardar fidelidad diéronle mucho interese, i apenas en cosa alguna guardó lo que prometió, de lo cual entre otros muchos se quejaba el siervo de Dios Fray Domingo de Betanços en la carta ya dicha: bastar debiera al de las Casas haber dado su voto y decir lo que sentia cerca del encomendar los Indios á los Españoles, i que le quedara por escripto, i que no lo imprimiera con tantas injurias, deshonrras i vituperios: sabido está qué pecado comete el que deshonrra i disfama á uno, i mas el que disfama á muchos, i mucho mas el que disfama á una república i nascion; si el de las Casas llamase á los Españoles y moradores desta nueva España de tiranos, i ladrones, i robadores, i omecidas, i crueles salteadores, ó cien veces pasaria; pero llamárselo cien veces ciento, más de la poca caridad i menos piedad que en sus palabras i escripturas tiene, i demas de las injurias i agravios i afrentas que á todos hace, por hablar en aquella escriptura con V. M., fuera mucha razon que se templara i hablara con alguna color de humildad; i qué pueden aprovechar i edificar las palabras dichas sin piedad i sin humanidad; por cierto poco; yo no sé por qué razon por lo que uno hizo quiera el de las Casas condenar á ciento, i lo que cometieron diez, por qué lo quiere atribuir á mill, i disfama á cuantos acá han estado i están. ¿Dónde se halló condenar á muchos buenos por algunos pocos malos? Si el Señor hallara diez buenos en tiempo de Abraham i de Lot, perdonara á mui muchos; como por que en Sevilla i en Córdoba se hallan algunos ladrones i homeciados i erejes, los de aquellas Cibdades son todos ladrones, i tiranos i malos; pues no ha tenido México Tenochtitlan menos ovidencia i lealtad á su Rey con las otras Cibdades i villas de la nueva España, i es mucho mas de agradecer quanto mas lexos está de su Rey; si las cosas quel de las Casas ó Casaus escrive fueran verdaderas, por cierto V. M. habia de tener mucha queja de quantos acá ha inviado, i ellos serian dinos de gran pena, así los Obispos como Perlados mayores i mas obligados á se oponer á morir por sus ovejas, i clamar á Dios i á V. M. por remedio para conservar su grey, i así vemos que los Obispos desta nueva España, los buenos perseveran en los trabajos de sus cargos i oficios que apenas reposan de dia ni de noche, i tambien ternia V. M. queja de los Oydores i de los Presidentes que ha proveido en las Abdiencias por todas partes con largos salarios, i en sola esta nueva España está Abdiencia en México, i en la nueva Galicia, i en Guatemalla; pues todos estos duermen i echan sobre sus conciencias tantos pecados agenos como el de las Casas dice: no está V. M. tan descuidado ni tan dormido como lo significa el de las Casas, ni deja V. M. de punir ni castigar á los que no le guarden fidelidad; cosa es de notar la punicion que V. M. mandó hacer i castigo que dió á una Abdiencia que apenas habia comenzado á hacer su oficio quando los Oidores fueron allá presos, i el Presidente i Gobernador de la nueva España estuvo acá mas de un año preso en la cárcel pública, i allá fué á se acavar de pagar de sus culpas; i tambien ha V. M. de estar indiñado contra los Cavildos desta nueva España, así de las Iglesias como de las Cibdades, pues todos son proveidos por V. M. para descargo i regimiento de vuestros vasallos i repúblicas, si no hiciesen lo que deben, i la misma queja debria V. M. tener de los Religiosos de todas las órdenes que acá V. M. inbia, no con poca costa ni travajo de los sacar de las províncias Despaña, i acá les manda hacer los Monesterios, i que les den cálices y campana, i algunos han recibido preciosos ornamentos; con razon podria V. M. decir, pues cómo todos son canes mudos, que sin ladrar ni dar voces consientan que la tierra se destruya; no por cierto, mas antes casi todos cada uno en su oficio hacen lo que deben: quando yo supe lo que escribia el de las Casas tenia quexa de los del Consejo por que consentian que tal cosa se imprimiese: despues bien mirado vi que la impresion era hecha en Sevilla al tiempo que los navíos se querian partir, como cosa de hurto i mal hecho, i creo ha sido cosa permitida por Dios, i para que se sepan i respondan á las cosas del de las Casas, aunque será con otra templanza i caridad, i mas de lo que sus escripturas merecen, porquel se convierta á Dios i satisfaga á tantos como ha dañado i falsamente infamado, i para que en esta vida pueda hacer penitencia, i tambien para que V. M. sea informado de la verdad i conozca el servicio quel capitan D. Hernando Cortés y sus compañeros le han fecho, i la mui leal fidelidad que siempre esta nueva España ha tenido á V. M., por cierto dina de remuneracion; i sepa V. M. por cierto, que los Indios desta nueva España están bien tratados, i tienen menos pecho i tributo que los Labradores de la vieja España, cada uno en su manera; digo casi todos los Indios, porque algunos pocos pueblos hay que su tasacion se hizo antes de la gran pestilencia, que no están modeficados sus tributos; estas tasaciones ha de mandar V. M. que se tornen á hacer de nuevo, i el dia de oy los Indios saben y entienden mui bien su tasacion, i no darán un tomin de mas en ninguna manera, ni el encomendero les osará pedir un cacao mas de lo que tienen en su tasacion, ni tampoco el confesor los absolverá si no lo restituyese, i la justicia le castigaria cuando lo supiese, i no hay aquel descuido ni tiranías que el de las Casas tantas veces dice, porque, gloria sea á Dios, acá á havido en lo espiritual mucho cuidado i celo en los predicadores, i vigilancia en los confesores, i en los que administran justicia obidiencia para executar lo que V. M. manda cerca del buen tratamiento i defension destos naturales; i en realidad de verdad pasa así esto que digo: de diez años á esta parte falta mucha gente destos naturales, i esto no lo han cabsado malos tratamientos, por que ha muchos años que los Indios son bien tratados, mirados y defendidos, mas hálo cabsado mui grandes enfermedades i pestilencias que en esta nueva España ha havido, i cada dia se van mucho apocando estos naturales; qual sea la cabsa Dios es el sabidor por que sus juicios son muchos, y á nosotros escondidos: si la cabsan los grandes pecados é idolatrías que en esta tierra havia, no lo sé; empero veo que la tierra de promision que poseían aquellas siete generaciones idólatras, por mandado de Dios fueron destruidas por Josué, i despues se pobló de hijos de Isrrael, en tanta manera, que quando David contó el pueblo lo halló en los diez tribus de solos varones fuertes de guerra ochocientos mill; i del tribu de Judá i Venjamin quinientos mill, y despues en el tiempo del Rey Asá de los dos tribus en la batalla que dió Zara al Rey de los Etiopes se hallaron quinientos y ochenta mill hombres de guerra, i fué tan pobladísima aquella tierra quen sola la Cibdad de Jerusalem se lee que habia mas de ciento i cincuenta mill vecinos, i agora en todos aquellos reinos no hay tantos vecinos como solia haber en Jerusalem, ni como la mitad: la cabsa de aquella destruicion i la de esta tierra é islas, Dios la sabe, que quantos mas medios i remedios V. M. i los Reyes Católicos de santa memoria humanamente han sido posible proveer, los han proveido, i no basta, ni ha bastado consejo ni poderío humano para lo remediar; gran cosa es que se hayan salvado muchas ánimas i cada dia se salvan, i se han impedido i estorvado muchos males é idolatrias, i omecidios, i grandes ofensas de Dios: lo que al presente mucho conviene es, que V. M. mande dar asiento á esta tierra, que así como agora está padece mucho detrimento, i para esto asaz informaciones tiene V. M. i mui bien entendido lo que mas conviene, i en los Consejos de V. M. hay muchas informaciones para con brevedad poner el asiento que Dios i V. M. sean servidos; i esto conviene mucho á ambas repúblicas de Españoles i de los Indios, por que así como en España para la conservacion de paz i justicia hay guarniciones, i en Italia un exército, i en las fronteras siempre hay gente de armas, no menos conbiene en esta tierra. Decia D. Antonio de Mendoza, Visorrey desta tierra: si á esta tierra no se le da asiento no puede mucho durar; durará diez ó doce años, i con mucho detrimento, i si mucha priesa se le diere, no durará tanto.

Toda esta tierra está carísima i falta de bastimentos, lo cual solia mui mucho avundar i muy varato todo, i ya que la gente estaba pobre tenian que comer: agora los Españoles pobres i debdados, mucha gente ociosa i deseosa que hoviese en los naturales la menor ocasion del mundo para los robar, por que dicen que los Indios están ricos i los Españoles pobres i muriendo de hambre; los Españoles que algo tienen procuran de hacer su pella y bolverse á Castilla; los navíos que de acá parten van cargados de oro é plata, así de V. M. como de Mercaderes i hombres ricos, i quedan los pobres en necesidad: ya V. M. podrá ver en qué puede parar una tierra que tiene su rey é gobernacion dos mill leguas de sí; é ya el asiento desta tierra mas conviene á los Indios que á los Españoles; dexo de decir las razones por no ser mas prolixo, i para dar asiento á esta tierra sé que V. M. tiene buena voluntad i ciencia i espiriencia para el cómo, i no faltan oraciones para que Dios dé su gracia; tengo confianza que se á de acertar i que ha de ser Dios servido con lo que V. M. determinare, i esta tierra remediada.

En el tratado que imprimió el de las Casas ó Casaus, entre otras cosas principalmente yerra en tres, esto es, en el hacer de los esclavos, en el número i en el tratamiento; quanto al hacer de los esclavos en esta nueva España, pone allí trece maneras de hacellos, que una ninguna es así como él escrive; bien parece que supo poco de los ritos i costumbres de los Indios desta nueva España: en aquel libro que dió, en la 4.ª parte, en el capítulo 22 i 23, se hallarán once maneras de hacer esclavos, i aquellas son las que dimos al Obispo de México: tres ó quatro Frayles emos escrito de las antiguallas i costumbres questos naturales tuvieron, ó yo tengo lo que los otros escrivieron, i por que á mi me costó mas trabajo i mas tiempo no es maravilla que lo tenga mejor recopilado i entendido que otro: así mismo dice de Indios esclavos que se hacian en las guerras, i gasta no poco papel en ello, i en esto tanbien paresce que sabe poco de lo que pasava en las guerras destos naturales, por que ningun esclavo se hacian en ellas, ni rescataban ninguno de los que en las guerras prendian, mas todos los guardavan para sacrificar, porquesta era la gente que generalmente se sacrificava por toda esta tierra; mui poquitos eran los otros que sacrificavan, sino los tomados en guerra, por lo qual las guerras eran mui continuas, por que para cumplir con sus crueles Dioses, i para solenizar sus fiestas, i honrrar sus templos andaban por muchas partes haciendo guerra i salteando hombres para sacrificar á los demonios i ofrecerles corazones i sangre humana; por la cual cabsa padecian muchos inocentes; i no paresce ser pequeña cabsa de hacer guerra á los que ansí oprimen i matan los inocentes, i estos con gemidos i clamores demandaban á Dios i á los hombres ser socorridos, pues padescian muerte tan injustamente, i esto es una de las cabsas, como V. M. sabe, por la qual se puede hacer guerra; i tenian esta costumbre, que si algun señor ó principal de los presos en guerra se soltava, los mismos de su pueblo lo sacrificavan, i si era hombre baxo que se llamaba Macebal, su Señor le daba mantas; i esto i lo demas que pasava en las guerras paresce en el mismo libro, en la quarta parte capítulo 14, 15, 16.

Quanto al número de los esclavos, en una parte pone que se havrán fecho tres cuentos desclavos i en otra dice quatro cuentos; las provincias i parte quel de las Casas dice haberse hecho los dichos esclavos son estas: México, Quaçacualco, Pánuco, Xalisco, Chiapa, Quautimala, Honduras, Yucatan, Nicaragua, la costa de San Miguel, Venezuela; no fuera malo que tanbien dixera siquiera por humildad de la costa de Parique i Cubaua, ya que fué allá i cómo le fue allá; casi todas las partes que pone son en esta nueva España; yo tenia sumadas las provincias i partes que dice haberse hecho esclavos, i antes mas que menos, que por no ser prolijo dejo de particularizar, i por todos no allegan á doscientos mill: i comunicado este número con otros que tienen espiriencia i son mas antiguos en la tierra, me certifican que no son ciento i cinquenta mill, ni pasan de cien mill; yo digo que fuesen doscientos mill; quanto al número de tres qüentos escede i pone de mas dos qüentos i ochocientos mill, i quanto al número de quatro qüentos, pone de mas tres qüentos i ochocientos mill: i así son muchos de sus encarecimientos, en los quales á V. M. pone en grande escrúpulo i agravia malamente i deshonra á sus próximos por carta impresa; i este número de esclavos cosa es que se puede saber por los libros de V. M., por los quintos que ha rescivido; i quanto al tratamiento, yo de la nueva España hablo, en la qual ya casi todos están hechos libres: segun lo que tengo entendido, en todo el mundo podrá haber mill esclavos por libertar, i estos cada dia se van livertando, i antes de un año apenas queda esclavo Indio en la tierra; por que para los libertar V. M. hizo lo que debia, i aun mas, pues mandó que los que poseian esclavos provasen cómo aquellos eran verdaderos esclavos, lo qual era casi inposible, i de derecho incumbia lo contrario, i convino lo que V. M. mandó, por que los menos eran bien hechos: dice que en todas las Indias nunca hovo cabsa justa para hacer uno ni ningun esclavo; tal sabe: él dice quel que no ha salido de México ni de sus alrededores, que no es maravilla que sepa poco desto: el de las Casas estuvo en esta tierra obra de siete años, i fué como dicen que llevó cinco de calle; Frayle á havido en esta nueva España que fué de México hasta Nicaragua, que son quatrocientas leguas, que no se le quedaron en todo el camino dos pueblos que no predicase, i dijese misa, i enseñase, y babtizase niños ú adultos, pocos ó muchos, i los Frayles acá han visto i sabido un poco mas quel de las Casas cerca del buen tratamiento de los esclavos, así la justicia de su oficio como los frayles predicadores i confesores, que desde el principio hovo frayles menores, i despues vinieron los de las otras órdenes; estos siempre tuvieron especial cuidado que los Indios, especialmente los esclavos, fuesen bien tratados i enseñados en toda dotrina i cristiandad, i Dios ques el principal obrador de todo bien; luego los Españoles comenzaron á enseñar i á llevar á las Iglesias á sus esclavos á babtizar, i á que se enseñasen, i á los casar, i á los questo no hacian no los absolvian, i muchos años ha que los esclavos i criados Despañoles están casados in facie ecclesiæ; ó yo he visto mui muchos, así en lo de México, Guaxaca i Guatemalla como en otras partes, casados con sus hijos, é sus casas, é su peculio, buenos cristianos i bien casados, i no es razon quel de las Casas diga quel servicio de los Cristianos pesa mas que cien torres, i que los españoles estiman en menos los Indios que las vestias, i aun quel estiercol de las plazas; parésceme ques gran cargo de conciencia atreverse á decir tal cosa á V. M.; i hablando con grandísima temeridad dice: quel servicio que los Españoles por fuerza toman á los Indios, que en ser incomportable i durísimo ecede á todos los tiranos del mundo, sobrepuja é iguala al de los demonios; aun de los vivientes sin Dios é sin ley no se debria decir tal cosa; Dios me libre de quien tal osa decir; el yerro que se llama de rescate de V. M. vino á aquesta nueva España el año 1524, mediado Mayo; luego que fué llegado á México el Capitan D. Hernando Cortés que á la sazon gobernaba, ayuntó en San Francisco con Frayles los letrados que habia en la Cibdad, é yo me allé presente é ví que le pesó al Gobernador por el yerro que venia i lo contradijo, i desque mas no pudo limitó mucho la licencia que traia para herrar esclavos, i los que se hicieron fuera de las limitaciones fué en su absencia, porque se partió para las Higuerras: i algunos que murmuraron del Marques del Valle, que Dios tiene, i quieren ennegrecer i escurecer sus obras, yo creo que delante de Dios no son sus obras tan acetas como lo fueron las del Marques; aunque como hombre fuese pecador, tenia fee i obras de buen cristiano, i mui gran deseo de enplear la vida i hacienda por anpliar i abmentar la fee de Jesu-Cristo, i morir por la conbersion destos gentiles, i en esto hablava con mucho espíritu, como aquel á quien Dios havia dado este don i deseo, i le habia puesto por singular Capitan desta tierra de Ocidente; confesávase con muchas lágrimas i comulgava devotamente, i ponia á su ánima i hacienda en manos del confesor para que mandase i dispusiese della todo lo que convenia á su conciencia, i así buscó en España mui grandes confesores Letrados con los quales ordenó su ánima, é hizo grandes restituciones i largas limosnas, i Dios le visitó con grandes afliciones, trabajos i enfermedades para purgar sus culpas i alinpiar su ánima, i creo ques hijo de salvacion, i que tiene mayor corona que otros que lo menosprecian: desde que entró en esta nueva España trabajó mucho de dar á entender á los Indios el conocimiento de un Dios verdadero i de les hacer predicar el Santo evangelio, i les decia cómo era mensajero de V. M. en la conquista de México, i mientras en esta tierra anduvo cada dia trabajaba de oir misa, ayunava los ayunos de la iglesia i otros dias por devocion; deparóle Dios en esta tierra dos intérpretes, un Español que se llamava Aguilar i una India que se llamó Doña Marina; con estos predicaba á los Indios i les dava á entender quién era Dios i quién eran sus Ídolos, i así destruia los Ídolos i quanta idolatría podia: trabajó de decir verdad i de ser hombre de su palabra, lo cual aprovechó mucho con los Indios; traia por vandera un cruz colorada en campo negro, en medio de unos fuegos azules i blancos, i la letra decia: amigos, sigamos la cruz de Cristo, que si en nos huviere fee, en esta señal venceremos. Do quiera que llegaba luego levantava la cruz; cosa fué maravillosa del esfuerzo, i ánimo, i prudencia que Dios le dió en todas las cosas que en esta tierra aprendió, i mui de notar es la osadía i fuerzas que Dios le dió para destruir i derribar los Ídolos prencipales de México, que eran unas estatuas de mas de quince piés en alto, i armado de mucho peso de armas tomó una varra de hierro, i se lebantava tan alto hasta llegar á dar en los ojos i en la cabeza de los Ídolos; i estando para derrivallos envióle á decir el gran Señor de México Motecuzuma que no se atreviese á tocar á sus Dioses, por que á él i á todos los Cristianos mataria luego: entonces el capitan se bolvió á sus compañeros con mucho espíritu, i medio llorando les dixo: hermanos, de cuanto hacemos por nuestras vidas i intereses, agora muramos aquí por la honrra de Dios, i por que los Demonios no sean adorados; i respondió á los mensajeros, que deseaba poner la vida i que no cesaria de lo comenzado, i que aquellos no eran Dioses sino piedras i figuras del Demonio, i que viniesen luego; i no siendo con el Gobernador sino 130 cristianos i los Indios eran sin número, así los atemorizó Dios i el ánimo que vieron en su Capitan, que no se osaron menear: destruidos los Ídolos puso allí la imágen de nuestra Señora; en aquel tiempo faltava el agua y secávanse los maizales, i trayendo los Indios muchas cañas de maiz que se secavan dijeron al Capitan, que si no llovia que todos perecerian de hambre; entonces el marques les dió confianza diciendo: que ellos rogarian á Dios i á Santa María para que les diese agua, i á sus compañeros rogó que todos se aparejasen, i aquella noche se confesasen á Dios i le demandasen su misericordia i gracia: i otro dia salieron en procesion, i en la misa se comulgó el Capitán, i como estuviese el cielo sereno, súpito vino tanta agua, que antes que allegasen á los aposentos, que no estaban mui lexos, ya iban todos hechos agua; esto fué grande edificacion i predicacion á los Indios, por que desde allí adelante llovió bien, i fué mui buen año: siempre quel Capitan tenia lugar, despues de haber dado á los Indios noticia de Dios, les decia que lo tuviesen por amigo, como á mensajero de un gran Rey i en cuyo nombre venia, i que de su parte les prometia serian amados i bien tratados, por que era grande amigo del Dios que les predicava: ¿quién así amó i defendió los Indios en este mundo nuevo como Cortés? amonestava i rogava mucho á sus compañeros que no tocasen á los Indios ni á sus cosas, i estando toda la tierra llena de maizales, apenas havia Español que osase cojer una mazorca; i por que un Español llamado Juan Polanco cerca del puerto entró en casa de un Indio i tomó cierta ropa, le mandó dar cien azotes, i á otro llamado Mora por que tomó una gallina á Indios de paz le mandó ahorcar, i si Pedro de Albarado no le cortase la soga allí quedara i acavara su vida: dos negros suyos, que no tenian cosa de mas valor, por que tomaron á unos Indios dos mantas i una gallina los mandó ahorcar; otro español por que desgajó un árbol de fruta i los Indios se le quejaron, le mandó afrentar: no queria que nadie tocase á los Indios ni los cargase, sopena de cada quarenta pesos: i el dia que yo desembarqué viniendo del puerto para Medellin cerca de donde agora está la Vera-Cruz, como viniésemos por un arenal i en tierra caliente, i el sol que ardia, havia hasta el pueblo tres leguas, rogué á un Español que consigo llevaba dos Indios, que el uno me llevase el manto, i no lo osó hacer afirmando que le llevarian quarenta pesos de pena, i así me traxe el manto acuestas todo el camino: donde no podia escusar guerra, rogaba Cortés á sus compañeros que se defendiesen quanto buenamente pudiesen sin ofender, y que cuando mas no pudiesen decia que era mejor herir que matar, i que mas temor ponia ir un Indio herido que quedar dos muertos en el canpo; siempre tuvo el Marques en esta tierra émulos é contrarios que trabajaron escurecer los servicios que á Dios i á V. M. hizo, i allá no faltaron, que si por estos no fuera, bien sé que V. M. siempre le tuvo especial aficion i amor, i á sus compañeros; por este Capitan nos abrió Dios la puerta para predicar su Santo evangelio, i este puso á los Indios que tuviesen reverencia á los santos Sacramentos, i á los Ministros de la Iglesia en acatamiento; por esto me he alargado, ya ques difunto, para defender en algo su vida: la gracia del Espíritu Santo more siempre en el ánima de V. M. Amen. De Taxcala, 2 de Enero de 1555 años: humilde siervo i mínimo capellan de V. M.—Motolinia, Fr. Toribio.

(Simancas. Indias. J o. Cartas de N.° España, de Frayles: de 550-70.—Visto: Muñoz.— Real Academia de la Historia. Col. de Muñoz. Indias. 1554-55. T. 87. f° 213-32.)

VARIOS

DOCUMENTOS

DEL SIGLO XVI.

ITINERARIO DE LA ARMADA
DEL REY CATÓLICO
Á LA ISLA DE YUCATAN, EN LA INDIA,
EL AÑO 1518,
EN LA QUE FUÉ POR COMANDANTE Y CAPITAN GENERAL
JUAN DE GRIJALVA.

ESCRITO PARA SU ALTEZA POR EL CAPELLAN MAYOR DE LA DICHA ARMADA.

Sábado, primer dia del mes de Mayo[1] del dicho año (1518), el dicho capitan de la armada salió de la isla Fernandina (Cuba), de donde emprendió la marcha para seguir su viaje; y el lúnes siguiente, que se contaron tres[2] dias de este mes de Mayo, vimos tierra, y llegando cerca de ella vimos en una punta una casa blanca y algunas otras cubiertas de paja, y una lagunilla que el mar formaba adentro

---

[1] Ternaux dice *mars*, equivocando la palabra *mazo* del original con *marzo*, debiendo entenderse *maggio*, por ser muy frecuente en el dialecto veneciano la sustitucion de la *z* á la *g*, de que hay muchos ejemplos en este mismo escrito. Las demas fechas que en él se citan confirma esta interpretacion; Oviedo, en su «Historia Natural y General de las Indias,» (Madrid, 1851,) lib. 17, cap. 8, pone tambien la partida de la flota el 1º de Mayo.

[2] «Le lundi suivant, c'est-à-dire le 4 de mars.»—*Ternaux*.

ITINERARIO
DE LARMATA DEL RE CATHOLICO IN INDIA VERSO LA ISOLA DE IUCHATHAN DEL ANNO M. D. XVIII.
ALLA QUAL FU PRESIDENTE & CAPITAN GENERALE IOAN DE GRISALVA: EL QUAL E FACTO
PER EL CAPELLANO MAGGIOR DE DICTA ARMATA A SUA ALTEZZA.

Sabbato il primo giorno del mese de Mazo de questo sopradito anno parti il dicto capitaneo de larmata de Isola Fernandina dove se prese el suo camino per seguir el suo viaggio: el luni sequente che fu tre giorni de questo mese de Mazo vedessimo terra, et giongendo cerca della vedessemo I una ponta una casa biancha et alchune altre coperte de paglia et uno laghetto che nasceva de lacqua corrente del mare fra terra, et per esser el giorno de Sancta

de la tierra; y por ser el dia de la Santa Cruz, *llamamos así á aquella tierra;*[3] y vimos que por aquella parte estaba toda llena de bancos de arena y escollos, por lo cual nos arrimamos á la otra costa de donde vimos la dicha casa mas claramente. Era una torrecilla que parecia ser del largo de una casa[4] de ocho palmos y de la altura de un hombre, y allí surgió la armada casi á seis millas de tierra. Llegaron luego dos barcas que llaman *canoas*, y en cada una venian tres Indios que las gobernaban, los cuales se acercaron á los navíos á tiro de bombarda, y no quisieron aproximarse mas, ni pudimos hablarles, ni saber cosa alguna de ellos, salvo que por señas nos dieron á entender que al dia siguiente por la mañana vendria á los navíos el cacique, que quiere decir en su lengua el señor del lugar;[5] y al dia siguiente por la mañana nos hicimos á la vela para reconocer un cabo que se divisaba, y dijo el piloto que era la isla de Yucatan. Entre esta punta y la punta de Cozumel donde estábamos, descubrimos un golfo en el que entramos, y llegamos cerca de la ribera de la dicha isla de Cozumel, la que costeamos. Desde la dicha primera torre vimos otras catorce de la misma forma antedicha; y antes que dejásemos la primera volvieron las dichas dos canoas de Indios, en las que venia un señor del lugar, nombrado el cacique, el cual entró

[3] Las palabras subrayadas se hallan en la traduccion de Ternaux; pero faltan en los dos MSS.; y en verdad que son bien necesarias para formar sentido.

[4] «Paraissait avoir une canne de longueur c'est-à-dire huit palmes,» dice Ternaux. Ambos MSS. dicen claramente *casa*.

[5] Los señores de Yucatan se nombraban, segun Oviedo, *calachuní*.

Croce, et vedessimo che per quella parte era tutta piena de scani et scogli per la qual cosa noi andassimo per laltra costa donde vedessemo la predicta casa piu chiaramente, et era una torre piccola che parve esser de longheza de una casa de VIII palmi et altezza de statura de uno homine et li sorgiete larmata quasi sei miglia da terra, donde veneno doi barchete quale appellano canoe, et chada una haveão tre indiani che le navigava alli quali gionsero uno trar de bóbarda lontano da le navi, et non volsi piu approximarsi, nelli possemo parlare ne sapere cosa alcuna de loro, excepto che ne deteno signali che laltro di sequente la matia ne vencria alle nave el caciquo che vol dir in la sua lingua il signor del loco et laltro giorno da matina ne facessemo a la vela per veder una pòta q'l apparea, et disse il piloto che era lisola de Iuchathan: Itra questa pòta et la pòta de Coçumel dove eravamo trovamo uno golfo per el qual itrassemo et giògemo circa alla terra di dicta isola de Coçumel, et andamo la costigiàdo per la qual da dicta pria torre vedessemo altre XIIII torre de la medema forma sopradicta, et inante che partissemo de la torse tornarno le dicte doi barchete de indiani i le quale era un siguor del luoco dicto el cacique. El qual itro a la nave

que estaban dentro de la torre, diciendo en alta voz un canto casi de un tenor; y á lo que pudimos entender creímos que llamaba á aquellos sus ídolos. Dieron al capitan y á otros de los nuestros unas cañas largas de un palmo, que quemándolas despedian muy suave olor. Luego al punto se puso en órden la torre y se dijo misa; acabada esta mandó el capitan que inmediatamente se publicasen ciertos capítulos que convenian al servicio de su alteza, y en seguida llegó aquel mismo Indio, que parecia ser sacerdote de los demas; venian en su compañia otros ocho Indios, los quales traian gallinas, miel y ciertas raices con que hacen pan, las que llaman *maiz*: el capitan les dijo que no queria sino oro, que en su lengua llaman *taquin*, é hízoles entender que les daria en cambio mercancías de las que consigo traia para tal fin. Estos Indios llevaron al capitan, junto con otros diez ó doce, y les dieron de comer en un cenáculo todo cercado de piedra y cubierto de paja, y delante de este lugar estaba un pozo donde bebió toda la gente; y á las nueve de la mañana, que son cerca de las quince en Italia,[9] ya no parecia Indio alguno en todo aquel lugar, y de este modo nos dejaron solos: entramos en aquel mismo pueblo cuyas casas eran todas de piedra, y entre otras habia cinco con sus torres encima muy gentilmente labradas, *excepto tres torres*.[10] Las

[9] Esta es, por supuesto, añadidura del traductor italiano. El modo de contar las horas en Italia difiere del comun en cuanto á que en algunas partes comienzan á contar despues de puesto el sol, esto es, á las siete de la noche, y por consiguiente á las nueve de la mañana son las *quince*.

[10] El pasaje está ininteligible: las palabras de *cursiva* faltan en la traduccion de Ternaux.

---

la torre, et dicea ad alta voce uno canto quasi di uno tenore, et secondo quello potessemo cōprēdere credemo che lui chiamava quelli suoi idoli, et dettere al capitaneo et altre persone delle nostre alchune canne de doi palmi longhe luna, et brusandole facevano molti suavi odori, et incontinente se pose in ordine in questa torre, et se dice la Messa, et finito de dir la Messa incontinente comando el capitaneo che se publicasseno certi capituli che convenivano al servitio de sua altezza: et subito venne quello Indiano medemo che se presume essere sacerdote degli altri et haveva in sua compagnia altri octo Indiani li quali portarno galline mieli et certe radice de le quale fanno el pane le quale chiamano maiz, et lo capitaneo li disse che non voleano si non oro: quelli dicono in sua lengua taquin: et li dimostro volere dare el contracambio de mezze che portavano per darli: et questi Indiani guidarno el capitaneo insieme con altri X o dodeci et li di dettero da mangiare in uno cenaculo murato de piedra acerca acerca, et coperto de paglia et denāze de questo luocho stava uno pozzo donde bevete tutta la gente et alle nove ore de giorno, che sono circa quindece a la Italiana gia non appareva piu Indiano alchuno in tutto quel luocho et cosi ne lassarno soli et intrammo per quello medemo luoco dove erano tutte case de pietra, et fra le altre

bases sobre que están edificadas cogen mucho terreno y son macizas y rematan en pequeño espacio: estos parecen ser edificios viejos, aunque tambien los hay nuevos.

Esta aldea ó pueblo tenia las calles empedradas en forma cóncava, que de ambos lados van alzadas y en medio hacen una concavidad, y en aquella parte de en medio la calle va toda empedrada de piedras grandes. A todo lo largo tenian los vecinos de aquel lugar muchas casas, hecho el cimiento de piedra y lodo hasta la mitad de las paredes, y luego cubiertas de paja. Esta gente del dicho lugar, en los edificios y en las casas, parece ser gente de grande ingenio: y si no fuera porque parecia haber allí algunos edificios nuevos, se pudiera presumir que eran edificios hechos por Españoles. Esta isla me parece muy buena, y diez millas antes que á ella llegásemos se percibian olores tan suaves, que era cosa maravillosa. Fuera de esto se encuentran en esta isla muchos mantenimientos, es decir, muchas colmenas,[11] mucha cera y miel: las colmenas son como las de España, salvo que son mas pequeñas: no hay otra cosa en esta isla segun que dicen.[12] Entramos diez hombres tres ó cuatro millas la tierra adentro, y vimos pueblos y estancias separadas unas de otras,

[11] La palabra *alochari* no se halla en diccionario alguno: he traducido *colmenas*, tanto porque así lo pide evidentemente el sentido, como porque se confirma con los pasajes de Oviedo, lib. 17, cap. 9, al fin, y de Bernal Diaz, cap. 8. Hasta el dia es conocida la *cera de Campeche*. Ternaux, dejando la palabra *alochari* en el texto, dice en nota, que Oviedo la traduce por *liebre*, y no es así.

[12] El sentido de la expresion es equívoco, y parece indicar suma abundancia de colmenas.

---

gli ne erano cinque con le sue torre incima fate molto gentilmente excepto tre torre gli piedi sopra li quali sono edifichate tengono gran campo et son massici et le cime de sopra sono picchoie, et questi parano esser edefici vecchi: ben che gli ne sono alchuni de novi.

Questo vilagio overo populo teniva le strade saligiate de piedra inconcavo che da le bande via stava alzata et in mezzo declinava inconcavata et quella parte de mezzo de la strada era saligiata tutta d' pietre grande per el longo haveano anchora li habitanti de quel locho molte case facte de gli fondamenti de pietre et de terra fin al mezo de li muri et poi coperti de paglia. Queste gente de dicto locho in li edificii et in le case parano essere gente de gran ingegno: et si non fusse per che pareva che li fussero alchuni edificii novi se haveria presumesto che fussero stati edifici facti per Spagnoli: questa isola me pare molto bona, et avanti che li agiungessemo a dieci miglia olevano alchuni odori tanti suavi che era cosa maravigliosa. Oltra questo sia a trovar in essa molte cose da mangiare zoe molti alochari molta cera: et miele. Sono li aluchari cosi come quelli de Spagna salvo che sono piccoli: non tiene questa isola altra cosa secondo che dicono. Entrammo fra terra diece homini fina tre o quatro miglia, et trovamo casali stantie deseparate una da laltra, molto politamente apparade

en la nao capitana, y hablando por intérprete, dijo: que holgaria que el capitan fuese á su pueblo donde seria muy obsequiado. Los nuestros le demandaron nuevas de los cristianos que Francisco Fernandez, capitan de la otra primera armada, habia dejado en la isla de Yucatan, y él les respondió: que uno vivia y el otro habia muerto; y habiéndole dado el capitan algunas camisas españolas y otras cosas, se volvieron los dichos Indios á su pueblo.

Nosotros nos hicimos á la vela y seguimos la costa para encontrar al dicho cristiano, que fué dejado aquí con un compañero para informarse de la naturaleza y condicion de la isla; y así andábamos apartados de la costa solo un tiro de piedra, por tener la mar mucho fondo en aquella orilla. La tierra parecia muy deleitosa; contamos desde la dicha punta catorce torres de la forma ya dicha; y casi al ponerse el sol vimos una torre blanca que parecia ser muy grande, á la cual nos llegamos, y vimos cerca de ella muchos Indios de ambos sexos que nos estaban mirando, y permanecieron allí hasta que la armada se detuvo á un tiro de ballesta de la dicha torre, la que nos pareció ser muy grande; y se oia entre los Indios un grandísimo estrépito de tambores, causado de la mucha gente que habita la dicha isla.

Jueves, á 6 dias del dicho mes de Mayo, el dicho capitan mandó que se armasen y apercibiesen cien hombres, los que entraron en las chalupas y saltaron en tierra llevando consigo un clérigo: cre-

---

capitanea et parlo per Iterprete et disse che ii capitaneo andasse I suo vilaggio over loco che li faria molto honore: et gli nostri dimandarno delli christiani che Francesco Fernandes capitan de laltra prima armata havea lassato ne lisola de Iuchathan: et lui le respose che uno di loro era vivo et laltro morto: et havendoli donato el capitaneo camise spagnole et altre cose, li diti Indiani se ritornorno a casa sua.

Et noi facemo vela et partissemo per la costa per ritrovar dicto xpiano qual era stato lassato ivi con suo cōpagno per informarsi d̄ la natura et condition della isola. Cosi andavamo lontan della terra uno tirar di pietra per haver I quella costa el mare molto fondo. Questa terra pareva molto piacevole, cōtammo dalla dicta pōta quatordesse torre d̄ la forma sopradetta, et quasi tramontando el sole vedessemo una torre bianca che parea esser molto grande alla quale giōgessemo et vedessemo appresso d̄ la molti Indiani homini et donne che ne stavano guardando, et stetteno ivi fin ch' larmata si fermo uno trar de balestra lontan dalla dicta torre, la quale ne aparse esser molto grande; et sonava tra li Indiani grandissimo strepito de taburi: el qual era causato da la molta gente che habita in dicta isola.

Giobia a sei giornl del dicto mese de Magio el dicto capitaneo comando che se armasse et apparecchiasse C homini li quali posti in le barche saltorno in terra, et uno prete insieme

yeron estos que saldrian en su contra muchos Indios, y así apercibidos y en buena órden llegaron á la torre, donde no encontraron gente alguna, ni vieron á nadie por aquellos alrededores. El capitan subió á la dicha torre juntamente con el alférez, que llevaba la bandera en la mano, la cual puso en el lugar que convenia al servicio del rey católico; allí tomó posesion en nombre de su alteza y pidiólo por testimonio; y en fe y señal de la dicha posesion, quedó fijado un escrito del dicho capitan en uno de los frentes de la dicha torre; la cual tenia diez y ocho escalones de alto, con la base maciza, y en derredor tenia ciento ochenta piés.[6] Encima de ella habia una torrecilla de la altura de dos hombres, uno sobre otro, y dentro tenia ciertas figuras, y huesos, y cenís,[7] que son los ídolos que ellos adoraban,[8] y segun su manera se presume que son idólatras. Estando el capitan con muchos de los nuestros encima de la dicha torre, entró un Indio acompañado de otros tres, los cuales quedaron guardando la puerta, y puso dentro un tiesto con algunos perfumes muy olorosos, que parecian estoraque. Este Indio era hombre anciano; traia cortados los dedos de los piés, é incensaba mucho á aquellos ídolos

[6] Oviedo describe este edificio del modo siguiente: «Era un edeficio de piedra, alto é bien labrado. En el circuyto tenia diez é ocho gradas, é subidas aquestas, avia una escalera de piedra que subia hasta arriba, é todo lo demas de la torre paresçia maciço. En lo alto, por de dentro, se andaba alrededor por lo hueco de la torre á manera de caracol, é por de fuera en lo alto tenia un andén, por donde podian estar muchas gentes. Esta torre era esquinada, y en cada parte tenia una puerta, por donde podian entrar dentro, y dentro avia muchos ydolos." (Lib. 17, cap. 9.)

[7] Debe leerse *cemís*, que era el nombre de los ídolos de aquellos Indios.

[8] Este pasaje está oscuro: Ternaux traduce: «Il y avait en dedans des figures, des ossements, des *cenises* d'idoles qu'ils adoraient.»

---

con loro, li quali credete haver assai Indiani al incontro: et cosi apparechiati et posti in ordenanza giõgeno alla torre dove non apparse in essa gente alcuna, ne per tutto el territorio vedessemo persona alchuna: et li el capitaneo monto su la dicta torre insieme col bandirale cõ la bandera in mano la quale pose in loco che conveniva al servitio del Re catolico: et ivi fu preso la possessione in nome de sua alteza, et ne prese testimonio; et fu attacada per fede et testimonianza de la dicta possessione una patente del dicto capitaneo in una de le fazzade de la dicta torre la quale e de XVIIi gradi de altura et tutta massiza al pede et tenia a torno a torno CLXXX piedi, et incima de essa era una torre piccola la quale era de statura de homini doi uno sopra laltro: et dentro teniva certe figure et ossi et de cenise de idoli che sono quelli ch' adoravano loro, et secondo le sue maniere se presume che sono idolatri: stando el capitaneo con molti degli nostri incima de dicta torre intro uno Indiano accompagnato de altri tre quali guardavano alla porta et pose dentro una testola con alcuni profumi molto odoriferi che parevano storazze: et questo Indiano era huomo vecchio et portava li diti de li pedi tagliati, et dava molti profumi a quelli idoli che erano dentro in

muy lindamente aderezadas. Hay aquí unos árboles llamados jarales,[13] de que se alimentan las abejas; hay tambien liebres, conejos, y dicen los Indios que hay puercos, ciervos y otros muchos animales monteses; así en esta isla de Cozumel, que ahora se llama de Santa Cruz, como en la isla de Yucatan, adonde pasamos al dia siguiente.

Viérnes á 7 de Mayo comenzó á descubrirse la isla de Yucatan.—Este dia nos partimos de esta isla llamada Santa Cruz, y pasamos á la isla de Yucatan atravesando quince millas de golfo. Llegando á la costa vimos tres pueblos grandes que estaban separados cerca de dos millas uno de otro, y se veian en ellos muchas casas de piedra y torres muy grandes, y muchas casas de paja. Quisiéramos entrar en estos lugares si el capitan nos lo hubiese permitido; mas habiéndonoslo negado, corrimos el dia y la noche por esta costa, y al dia siguiente, cerca de ponerse el sol, vimos muy lejos un pueblo ó aldea tan grande, que la ciudad de Sevilla no podria parecer mayor ni mejor; y se veia en él una torre muy grande. Por la costa andaban muchos Indios con dos banderas que alzaban y bajaban, haciéndonos señal de que nos acercásemos; pero el capitan no quiso. Este dia llegamos hasta una playa que estaba junto á una torre, la mas alta que habiamos visto, y se divisaba un pueblo muy grande; por la tierra habia muchos rios. Descubrimos una entrada ancha rodeada de made-

[13] Oviedo, ubi supra.

---

sono ivi arbori che si dimandano sarales d' li qual se pascono le ape et livi sono anche lepore conigli et dicono li Indiani che li sono porci et cervi et molti altri animali de monte et a questa isola de Coçumel che ahora se adimanda Santa Croce: et pare la isola de Iucathan a la qual passamo il di sequente.

Venere a sette de Maxo comenzo a trovarsi la isola de Iuchathan.—In questo giorno partissemo de questa isola chiamata Sancta Croce; et traversamo a la isola de Iuchathan che ho XV miglia de golfo: et giongendo alla costa de lei vedessemo tre vilagi grandi che stavano circa doi miglia discosto uno da laltro et peva in essi molte case d' pietra et torre molto grande, et molti casali de paglia. In questi lochi noi volevemo intrare sel capitan avesse voluto, ma negando celo scorremo el di et la nocte per questa costa, et laltro giorno circa del tramontar del sole vedessemo molto da longo uno populo overo vilagio si grande che la citta de Siviglia non potea parer magior ne miglior et apparse una torre molto grande in lui: et per la costa erano molti Indiani et portavano due bandiere le qual alzavano et bassavano dandoli segnal che andessemo da loro: el capitan non li volse andare: et in questo giorno giongemmo fin ad una spiaza che stava giunto ad una torre la piu alta che havemo visto et apparevano uno populo overo vilagio molto grande et molti fiumi erano per la terra: et apparse una bocca de una caravana circundata de legniame facta per piscatori dove dismou-

ros, hecha por pescadores, donde bajó á tierra el capitan;[14] y en toda esta tierra no encontramos por donde seguir costeando ni pasar adelante; por lo cual hicimos vela y tornamos á salir por donde habiamos entrado.

Dominica siguiente.—Este dia tornamos por esta costa hasta reconocer otra vez á la isla de Santa Cruz, en la cual volvimos á desembarcar en el mismo lugar ó pueblo en que antes habiamos estado; porque nos faltaba agua.

Desembarcados que fuimos no encontramos gente ninguna, y tomamos agua de un pozo, porque no la hallamos de rio; aquí nos proveimos de *managi*,[15] que son frutos de árboles de la grandeza y sabor de melones, y asimismo de ages, que son raices como zanahorias al comer; y de *ungias*, que son animales que en Italia se llaman *schirati*.[16] Permanecimos allí hasta el mártes, é hicimos vela y tornamos á la isla de Yucatan por la banda del Norte; y anduvimos por la costa, donde encontramos una muy hermosa torre en una punta, la que se dice ser habitada por mujeres que viven sin hombres; creese que serán de raza de Amazonas. Se veian cerca otras torres al parecer con pueblos: mas el capitan no nos dejó saltar en tierra. En esta costa se veia gente y muchas humaredas una tras otra:[17]

[14] El pasaje está ininteligible, segun puede verse en el texto.

[15] *Mameyes* segun Oviedo, lib 17, cap. 10.

[16] La palabra no es italiana, y como no hay descripcion del animal no se puede saber cual es. Acaso se trate de las *hutias*, muy comunes en las Islas.

[17] Ternaux traduce: «et beaucoup de femmes s'approcher les unes des autres.»

---

to in terra il capitaneo et per tutta questa terra non trovamo per dove scorrere questa costa ne passar inanti, et per questo facemo vela et tornamo ad uscire per dove eravamo intracti.

Dominica sequente.—In questo giorno tornamo per questa costa fina che recognossemo una altra volta lisola de Sancta Croce la qual tornamo a desimbarcare in nel medemo loco over vilagio in nel qual inanti gieravamo stati per che ne mancava lacqua.

Et disimbarcati che fussemo non trovammo gente alchuna et prendessemo acqua d' uno pozo per che non vedessemo fiumare et qui ne provedessemo de molti managi che sono fructi de arbori che sono della grandezza et sapore de meloni et similmente de ages che sono radice come pastenaghe al mangiare: et de ungias che sono animali che se dicono in Italia schirati: stessemo li fino al marti et de li facessemo vela et tornamo a la isola de Iuchathan per la banda de tramontana et andessemo per la costa dove trovamo una torre molto bella in una ponta la qual se diceva esser habitada da donne che viveno senza homini: se crede che siano de la stirpe de le amazone: et parevano altre torre cerca che parevano haver vilaggi: el capitaneo non ne lasso saltar in terra: in questa costa pareva gente et molti fumi uno avanti laltro et andamo per elle cercando del cacique Lazaro overo signore qual era

y anduvimos por ella buscando al cacique ó señor Lázaro, el cual era un cacique que hizo mucha honra á Francisco Fernandez,[15] capitan de la otra armada, que fué el primero que descubrió esta isla y entró en el pueblo. Dentro del dicho pueblo y asiento de este cacique está un rio que se dice *rio de Lagartos*: como estábamos muy necesitados de agua, el capitan nos mandó que bajásemos á tierra para ver si habia en ella agua, y no se halló; pero se reconoció la tierra. Nos pareció que estábamos cerca del dicho cacique, y anduvimos por la costa y llegamos á él; y surgimos á cosa de dos millas de una torre que estaba en el mar, á una milla del lugar que habita el dicho cacique. El capitan mandó que se armasen cien hombres, con cinco tiros y ciertos arcabuces para saltar en tierra.

Otro dia de mañana, y aun toda la noche, sonaban en tierra muchos tambores, y se oian grandes gritos, como de gente que vela y hace guardia, pues estaban bien apercibidos. Antes del alba saltamos nosotros en tierra y nos arrimamos á la torre, donde se puso la artillería, y toda la gente quedó al pié; y los espías de los Indios estaban cerca mirándonos. Las barcas de los navíos volvieron por el resto de la gente que habia quedado en la nave, que fueron otros cien hombres, y aclarando el dia vino un escuadron de Indios; nuestro capitan mandó á la gente que callase, y al intérprete que les dijese: que no queriamos guerra, sino solamente tomar agua y leña, y que al

[15] Francisco Hernandez de Córdoba, que al año anterior recorrió aquellas costas.

---

un cacique che fece molto honore a Francesco Fernandez capitan de laltra armata che fu el primo che descoprite questa insola et che intro nel vilaggio: et intra el dicto vilaggio et loco de questo cacique e un fiume che se dice fiume de Lagartos et essendo noi in molta necessita de acqua el capitaneo ne comando che saltassemo in terra in questa costa per veder se gliera acqua et non se trovo salvo che se cognoscette la terra: et ne apparse che stavami cerca del dicto cacique et andassemo per la costa et giongemo a lui et surgessemo cercha doi miglia appresso una torre che stava posta sul mare lontano dal loco dove habita el dicto cacique un miglio. El capitaneo comando che se armassemo C hōi. et V pezi de bombarda et certi schiopetti per saltar in terra: laltro giorno da matina et anche tutta la nocte sonavano in terra molti taburi et se facevano grandi gridi che gente che vegliavano et facevano guardia stavano ben apparechiati et noi altri avanti de lalba saltamo in terra: et se ponessemo giontamente alla torre in la quale se poseno lartegliaria et tutta la gente al pie della: et le spie de Indiani ne stavano a cercha mirandone et le barche de le nave ritornorno a levar el resto della gente che era rimasta in la nave che furono altri cento homini: et facendose claro el giorno venne una squadra de Indiani: e lo capitaneo nostro comando alla gente che tacesse: e a lo turcimano che lo dicesse non volevano guerra ma solamente pigliar

punto nos marchariamos : y luego fueron y vinieron ciertos mensajeros, y creimos que el intérprete nos engañaba, porque era natural de esta isla y pueblo; pues como viese que le haciamos guardia y no se podia ir, lloraba, y de esto tomamos mala sospecha; por último hubimos de seguir en ordenanza la vuelta de otra torre que estaba mas adelante. Los Indios nos dijeron que no prosiguiéramos, sino que retrocediésemos á tomar agua de una peña que habia quedado atrás, la cual era poca y no se podia coger, y seguimos nuestro camino la vuelta del pueblo deteniéndonos los Indios cuanto podian, y así hubimos de llegar á un pozo donde Francisco Fernandez, capitan de la otra armada, tomó agua el primer viaje. Los Indios llevaron al capitan una gallina cocida y muchas crudas, y el capitan les preguntó si tenian oro para cambiar por otras mercaderías, y ellos trajeron una máscara de madera dorada y otras dos piezas como patenas de oro de poco valor, y nos dijeron que nos fuéramos, que no querian que tomáramos agua. En esto al oscurecer vinieron los Indios á regalarse con nosotros, trayendo maiz, que es la raiz de que hacen el pan, y asimismo algunos panecillos de la dicha raiz; mas todavía rogaban que nos fuésemos, y toda aquella noche hicieron muy bien su vela y tuvieron buena guarda. Otro dia de mañana salieron y se hicieron en tres escuadrones, y traian muchas flechas y arcos; y los dichos Indios iban vestidos de colores : nosotros

---

acqua et legne et che incontinente volevamo partire et incontinente andorono et ritornorono certi messagieri et credemo chel turcimano ne inganasse per che era naturale de questa isola et vilaggio: per che come el viste che noi facevamo la guardia et che non se poteva andar piangeva et d' questo prendemo mal suspecto: in fine havessemo andare inanci in nostra ordenanza alla volta d' una altra torre che stava piu inanci: et li Indiani ne disseno che non passassemo et che ritornassemo a prender acqua de uno sasso che era rimasto a drieto: la quale era pocha et non se poteva pigliar: et noi seguitamo el nostro camino alla volta del vilaggio: et li Indiani ne detenivano quanto potevano: et cosi havessemo de gionger ad uno pozo dove Francesco Fernandez capitaneo de laltra armada prese acqua il primo viaggio: et li Indiani portorno al capitaneo una gallina alessada et molte cruda, et el capitaneo li dimando se havevano oro per cambio de altre merce et essi ne portorno una maschera de legno adorata et doi altre pece come patene doro d' poco valore et ne dissero che se partessemo che non volevano che prendessemo acqua. In questo di sul tardi veneno diti Indiani a far buona ciera con noi altri et ne portarno maiz ch' e quella radice de la qual fanno el pane et similmente alchuni pani piccoli de la dicta radice: imperho tutta via solicitavano si che partissemo et tutta quella nocte feceno la veglia molto ben et tenero la sua guarda: et laltro giorno da matina uscirno et se feceno in tre squadroni et portavano molte freze et molti archi et erano dicti Indiani vestiti d' colore et nui altri stavamo aparechiati et

estábamos apercibidos.[19] Vinieron un hermano y un hijo del cacique á decirnos que nos marchásemos, y el intérprete les respondió: que á otro dia nos iríamos y que no queriamos guerra, y así nos quedamos. En esto ya tarde volvieron los Indios á vista de nuestro ejército, y toda la gente estaba desesperada porque el capitan no los dejaba pelear con los Indios. Los cuales aquella noche estuvieron asimismo con buena guarda; y á otro dia de mañana se apercibieron y puestos en ordenanza volvieron á decirnos que nos fuésemos; y al punto pusieron en medio del campo un tiesto con cierto sahumerio, diciéndonos que nos fuéramos antes que aquel sahumerio se consumiese, que de no hacerlo así nos darian guerra. Y acabado el sahumerio nos empezaron á tirar muchas flechas, y el capitan mandó disparar la artillería, con que murieron tres Indios, y nuestra gente empezó á perseguirlos hasta que huyeron al pueblo; quemamos tres casas de paja y los ballesteros mataron algunos Indios. Ocurrió aquí un grave accidente; que algunos de los nuestros siguieron el estandarte y otros al capitan; y por estar entre muchos hirieron cuarenta cristianos y mataron uno; y cierto que segun su determinacion, si no fuera por los tiros de artillería nos hubieran dado bien en que entender, y así nos retiramos á nuestro real donde se curaron los heridos, y no volvió á parecer Indio alguno. Pero ya tarde vino uno trayendo una máscara de oro, y dijo que los Indios querian paz, y to-

[19] Para pelear.

---

vene uno fratello et uno figliolo del cacique et ne disse che ne partessimo et lo torciman li respose che laltro giorno nui ptissemo et che non volevano guerra et cosi stessemo: in questo di sul tardi ritornorono li Indiani a veder el nostro exercito et tutta la nostra gente stavano desperada per che el capitaneo non li lassava combattere con li Indiani li quali quella nocte similmente feceno la guarda molto ben: et laltro giorno da mattina se apparechiorno et posti in ordenanza ne tornorno a dirne che ne partissemo et incontinente essi posseno in mezzo al capo una testola con alchuni pfui et ne disserono che ne partissemo inanti che finisse quel perfumo altramente ne daria guerra, et finendo el perfumo ne scomenzorno forte a tirarne de le frixe, et lo capitaneo comando che se scharicasse lartegliaria quale amazarno tre Indiani et la gente nostra comenzorno a perseguitarli fina che fugiteno nel vilaggio et brusamo tre casali de paglia et li balestrieri amazorno certi Indiani et qui intravenne uno grande inconveniente che alchuni delli nostri seguitorno la bandera et altri el capitaneo et p esser tra molti feriteno quaranta christiani et ne amazorno uno: et la verita e che secondo la sua deliberatione se non fusse stato li tiri de lartegliarie ne haveriano dato molto da fare et cosi ne retirassemo al nostro allogiamento et se medicorono li feriti, et non se viste piu Indiano alchuno, ma quando fu sul tardi ne venne uno che porto una altra maschera doro e disse che li Indiani volevano pace et tutti nui altri pregassemo el capitaneo

dos nosotros rogamos al capitan que nos dejase vengar la muerte del cristiano, mas no quiso, antes nos hizo embarcar aquella noche; y ya que estuvimos embarcados no vimos mas Indios, salvo uno solo; el cual vino á nosotros antes de la batalla, y era esclavo de aquel cacique ó señor, segun que nos dijo; este nos dió señas de un paraje donde dijo que habia muchas islas, en las cuales habia carabelas y hombres como nosotros, sino que tenian las orejas grandes, y que tenian espadas y rodelas, y que habia allí otras muchas provincias: y dijo al capitan que queria venir con nosotros, y él no quiso traerlo, de lo cual fuimos todos descontentos. La tierra que corrimos hasta el 29 de Mayo que salimos del pueblo del cacique Lázaro, era muy baja y no nos contentó nada, porque era mejor la isla de Cozumel, llamada de Santa Cruz. De aquí reconocimos hasta Champoton donde Francisco Fernandez, capitan de la otra armada, habia dejado la gente que le mataron, que es lugar distante treinta y seis millas, poco mas ó menos, de este otro cacique; y por esta tierra vimos muchas sierras y muchas barcas de Indios, que dicen *canoas*, con que pensaban darnos guerra. Y como se llegasen á un navío les tiraron dos tiros de artillería, los cuales les pusieron tanto temor, que huyeron. Desde las naves vimos las casas de piedra, y en la orilla del mar una torre blanca en la que el capitan no nos dejó desembarcar.

El dia último de Mayo encontramos por fin un puerto muy bue-

---

che ne lassasse vendicare la morte del xpiano il qual non volse ancine fece imbarcare quella nocte et dapoi che fusseno imbarcati non vedessemo piu Indiani salvo che uno solo: el quale vene a noi altri inanci el conflito el qual era schiavo de quel cacique over signore secondo chel ne disse et ne fece signal de un circuito dove disse che li erano molte isole ne le qual erano caravelle et homini de la sorte nostra excepto che teniva lorechie grande et che teniano spate et rodelle et che li erano molte altre provincie et disse al capitaneo che voleva venire con noi altri et lui non volse portare de la qual cosa restamo tutti discontenti et tutta la terra che noi schorressimo fino a XXIX di mazo che uscissemo del cacique Lazaro era stata molto bassa et non ne contentava niente per che megliore teniva lisola de Coçumel deta de Sancta Croce, et de qui scorremo fin a Champonton dove Francesco Fernandez capitan de laltra armata havea lassato la gente che li amazorno che e loco lotano trenta sei miglia vel circa da questo altro cacique et per questo paese vedemo molti monti et molte barche de Indiani quale dicono canoas con che stavano in pensamento de farne guerra: et dapuoi che gionsero ad uno navilio li tirarno doi tiri de lartegliaria li quali li possereno in tanta pagura che fugitero et vedessemo fin da le nave le case de pietra et una torre biancha su la ripa del mare in la qual torre il capitaneo non ne lasso desmontare.

Lultimo giorno d magio finalmente se incontramo con uno porto molto bono al qual po-

no, que llamamos *Puerto Deseado*, porque hasta entonces no habiamos hallado ninguno; aquí asentamos y salió toda la gente á tierra, é hicimos una enramada y algunos pozos de donde se sacaba muy buena agua; y aquí aderezamos una nave y la carenamos, y estuvimos en este puerto doce dias, porque es muy deleitoso y tiene mucho pescado; y el pescado de este puerto es todo de una suerte; se llama jurel[20] y es muy buen pescado. En esta tierra encontramos conejos, liebres y ciervos, y por este puerto pasa un brazo de mar por el que navegan los Indios con sus barcos, que llaman canoas; de esta isla pasan á rescatar á tierra firme de la India,[21] segun dijeron tres Indios que tomó el general de Diego Velazquez, quienes afirmaron las cosas arriba dichas. Y los pilotos declararon, que aquí se apartaba la isla de Yucatan de la isla rica llamada *Valor*,[22] que nosotros descubrimos. Aquí tomamos agua y leña, y siguiendo nuestro viaje fuimos á descubrir otra tierra que se llama Mulua y á acabar de reconocer aquella. Comenzamos á 8 dias del mes de Junio; y yendo la armada por la costa unas seis millas apartada de tierra, vimos una corriente de agua muy grande que salia de un rio principal, el que arrojaba agua dulce cosa de seis millas mar adentro. Y con es-

[20] *Zurello* no se halla en los diccionarios; por la semejanza del nombre puede creerse que sea el *jurel*, especie de gobio. (Ternaux.)

[21] El pasaje está oscuro, y aunque los dos MSS. dicen *passamo*, parece que debería leerse *passano*, para poder dar sentido. Consta por otra parte que los habitantes de Yucatan se apartaban mucho de sus costas, pues Colon en su cuarto viaje encontró una canoa de estos Indios cerca del cabo de Honduras. (W. Irving, Life of Columbus, book XV, ch. 2.)

[22] Ignoro de cuál isla se trata.

---

nessemo nome porto Desiderato per che fina qui non havevamo trovato porto alcuno et qui se affermamo et salto tutta la gente in terra et facemo una fraschata et alchune buse in terra dove se cavava molto buona acqua et qui acconciamo una nave et li dessemo carena et stessemo in questo porto dodese zorni perche e molto piacevole et tiene molto pesce et tutto el pesce de questo porto e tutto duna sorte et se chiama zurello et e pesce molto buono: in questa terra trovamo coniglì: lepore et cervi et per questo porto passa uno brazo de mare per lo qual vengono lo mare de li Indiani che domandano chanoas: da questa isola passamo a rescatar a terra ferma de lindia secondo che dissero tre Iudiani li quali se prendero p el loco tonente Diego Velasquez: li quali affermarno le sopradicte cose et li piloti dechiarorno ch' ivi se ptiva la isola de Iuchathan con la isola riccha chiamata Ualor la quale noi altri descoprimo et qui prendemo acqua e legna, et seguimo el nostro viaggio et andamo a descoprir una altra terra che se dice Mulua e finir de cognoscer quella et comenzamo a otto giorni del mese de Jugno andando larmata p la costa lontano da terra sei miglia vel circa vedessimo una corrente daque molto grande che uschiva de uno fiume principale el qual buttava acqua dolce sei miglia vel circa in mare et con questa corrente non potessemo mon-

ta corriente no pudimos entrar por el dicho rio, al que pusimos por nombre el *Rio de Grijalva*. Nos iban siguiendo mas de dos mil Indios y nos hacian señales de guerra. En este puerto, luego que llegamos, se echó al agua un perro, y como lo vieron los Indios creyeron que hacian gran hazaña, y dieron tras él y lo siguieron hasta que lo mataron. Tambien á nosotros nos tiraron muchas flechas, por lo que asestamos un tiro de artillería y matamos un Indio. A otro dia pasaron de la otra banda hácia nosotros mas de cien canoas ó barcas, en las que podria haber tres mil Indios, quienes mandaron una de las dichas canoas á saber qué queriamos; el intérprete les respondió que buscábamos oro, y que si lo tenian y lo querian dar, que les dariamos buen rescate por ello. Los nuestros dieron á los Indios de la dicha canoa ciertos vasos y otros útiles de las naves para contentarles, por ser hombres bien dispuestos. Un Indio de los que se tomaron en la canoa del Puerto Deseado fué conocido de algunos de los que ahora vinieron, y trajeron cierto oro y lo dieron al capitan. Otro dia de mañana vino el cacique ó señor en una canoa, y dijo al capitan que entrase en la embarcacion; hízolo así y dijo el cacique á uno de aquellos Indios que consigo traia, que vistiese al capitan: el Indio le vistió un coselete y unos brazaletes de oro, borceguíes hasta media pierna con adornos de oro, y en la cabeza le puso una corona de oro, salvo que la dicha corona era de hojas de oro muy suti-

---

tare p el dicto fiume al quale ponessimo nome el fiume de Grigelva, et qui seguitorono piu de doi miglia Indiani et ne faceano molti signali de guerra in questo porto incontinente che giongemo se buto uno cane allaque et li Indiani como lo visteron cresseno che facesseno gran fato et andorono drieto a lui: et lo seguitorono fin che lamazzorono et tirano de molte freze ad noi altri onde ch' amolamo un tiro de artigliaria e amazamo uno Indiano: et laltro giorno sequente passorno da laltra banda verso nuoi altri piu de 100 canoe over barche in le quale podeano essere tre millia Indiani li quali mandorno una de le dicte canoe che sapesse quello che cercavamo: et lo torciman le rispose che cercavano oro; et che se lo teniano et se lo volesseno dar che li daressemo bon contracambio per esso et li nostri dete a li Indiani de dicta canoa certi vasi et altri mobili de nave per contentarli maxime p che essi erano homini ben disposti et uno Indio de quelli che preseno in la canoa nel Porto Desiderato fu conosciuto da alchuni che veneno allhora et portarno certo oro el qual detteno al cap. e laltro giorno da mattina vene el cacique over signor I una canoa et disse al ca. che se intrasseno nel batello: ge intro et disse el cacique ad uno de quelli Indiani che menava seco che vestisse el capi. el qual lo vestite de uno corsaletto doro: et alchuni brazali doro escarpe fina a meza gamba alte et arnese doro et incima d' la testa li pose una corona de oro excepto che la dicta corona era d' foglie doro molto sutile e a loro comando el cap. che vestisseno medemamente el cacique al qual li vestiron uno de veludo verde et calze de rosa-

les. El capitan mandó á los suyos que asimismo vistiesen al cacique, y le vistieron un jubon [23] de terciopelo verde, calzas rosadas, un sayo, unos alpargates [24] y una gorra de terciopelo. Luego el cacique pidió que le diesen el Indio que traia el capitan, y este no quiso; entonces el cacique le dijo, que lo guardase hasta el otro dia, que se lo pesaria de oro; mas no quiso aguardar. Este rio viene de unas sierras muy altas, y esta tierra parece ser la mejor que el sol alumbra; y si se ha de poblar mas, es preciso que se haga un pueblo muy principal: [25] llámase esta provincia Potonchan. La gente es muy lucida, que tiene muchos arcos y flechas, y usa espadas y rodelas: aquí trajeron al capitan ciertos calderos de oro pequeños, manillas y brazaletes de oro. Todos querian entrar en la tierra del dicho cacique, porque creian sacar de él mas de mil pesos de oro, pero el capitan no quiso. De aquí se partió la armada y fuimos costeando hasta encontrar un rio con dos bocas, del que salia agua dulce, y se le nombró de San Bernabé, porque llegamos á aquel lugar el dia de San Bernabé. Esta tierra es muy alta por lo interior, y presúmese que en este rio haya mucho oro; y corriendo por esta costa vimos muchas humaredas [26] una tras otra, colocadas á manera de señales, y mas adelante se pa-

[23] En ambos MSS. falta el nombre de la pieza que le vistieron; pero por Gviedo (lib. 17, cap. 13,) se sabe que fué un jubon.

[24] Oviedo, ubi supra.

[25] Ternaux traduce: «S'il y a des habitations, elles doivent être réunies en villages, ou en villes très-importantes.»

[26] *Femene* hay en ambos textos, y Ternaux leyendo *femine* tradujo *femmes*. Fácil es tal corrupcion en el texto; pero he preferido suponer otra mayor leyendo *fumate*, porque para señales parece mas propio servirse de humos, que de mujeres. Véase la p. 288, donde tambien se habla de señales por humo.

---

to et un saio et alcune meze scarpe et una beretta de veludo. Da poi el cacique demando che li desse quel Indiano che portava el capitaneo et lo cap. non volse, ma il cacique li disse che lo guardasseno a laltro giorno che lui lo pesaria a oro et non volse aspectar: questo fiume viene da alchune montagne molto alte et questa terra par la meglior che scalda el sol et questa terra si se ha di habitar piu fa bisogno che sia un vilaggio overo loco molto principal et chiamasse questa provincia Protonta: dove e la gente molto lucida che tene molti archi et molte frezze: et che usa spada et rodelle, et qui portarou el capitan certe chaldere doro piccole et maniglie et brazzaleti doro: desideravano tutti intrare in la terra del dicto cacique: perche credeva chavare de lui piu de mille pesi doro imperho el capitan non volse et de qui se parti larmata et andamo perseguendo per la costa de longo et trovo uno fiume con doi bocche dove usciva acqua dolce et se li pose nome S. Bernaba perche giongemo in quel loco il giorno de S. Bernaba et questa terra e molto alta per de dentro e presumese che in questi fiumi li sia molto oro et scorrendo per questa costa vedessemo molte femene una inanci a laltra le quale stavano per la costa a maniera d signali et avanti apareva uno vil-

recia un pueblo, en el cual dijo un bergantin que andaba registrando la costa, que habia visto muchos Indios que se descubrian desde la mar, y que andaban siguiendo la nave, y traian arcos, flechas y rodelas relucientes de oro, y las mujeres brazaletes, campanillas y collares de oro. Esta tierra junto al mar es baja, y de dentro alta y montuosa; y así anduvimos todo el dia costeando para descubrir algun cabo y no pudimos hallarlo.

Y llegados cerca de los montes, nos encontramos en el principio ó cabo de una isleta que estaba en medio de aquellos montes, distante de ellos unas tres millas; surgimos y saltamos todos en tierra en esta isleta, que llamamos *Isla de los Sacrificios*: es isla pequeña y tendrá unas seis [27] millas de bojeo; hallamos algunos edificios de cal y arena, muy grandes, y un trozo de edificio asimismo de aquella materia, conforme á la fábrica de un arco antiguo que está en Mérida, y otros edificios con cimientos de la altura de dos hombres, de diez piés de ancho y muy largos; y otro edificio de hechura de torre, redondo, de quince pasos de ancho, y encima un mármol como los de Castilla, sobre el cual estaba un animal á manera de leon, hecho asimismo de mármol, y tenia un agujero en la cabeza en que ponian los perfumes; y el dicho leon tenia la lengua fuera de la boca, y cerca de él estaba un vaso de piedra con sangre, que tendria ocho dias,

---

[27] Los dos MSS. dicen *sei*; pero Ternaux traduce *dix*.

---

lagio nel quale disse un bergantin che andava costizando la costa che hebe vista de molti Indiani che stavano alla vista del mare et che andavano seguitando drieto a la nave et portavano archi freze et rodelle che reluceano de oro et era li donne con brazzaleti doro et campanelle et colari doro: questa terra verso il mare era bassa, et de dentro molto alta et fra li monti cosi andavano costizando per trovare capo tutto el giorno ma non potessemo trovarlo.

Et gionti appresso li monti giongemo nel principio o vero capo de una isoletta che stava in mezo de quelli monti circa tre miglia lontano da loro et sorgiesse et saltassemo tutti in terra in questa isoletta alla qual ponessemo nome la isola de Sacrificii et e isola piccola et tene de circuito circa sei miglia: trovamo alchuni edificii de calcina et sabia molto grandi et uno pezo de edificio simelmente de quella materia conforme a li edificii de uno arco anticho che sta in Merida et altri edificii con fondamento de alteza de statura de doi homini et de largeza de diece piedi et molto longi et un altro edificio de factura de torre retondo de XV pasi de largho et in cima un marmore come quelli de Castiglia, sopra el quale era uno animale in forma de lione che era facto similmente de marmoro et havea un buso in la testa in lo qual metevano li perfumi et dicto leone tenea la lingua fuora de boccha et appresso a lui era un vaso de pietra nel qual era certo sangue che parea esser d octo giorni et qui sta-

y aquí estaban dos postes de altura de un hombre, y entre ellos habia algunas ropas labradas de seda[28] á la morisca, de las que llaman almaizares; y al otro lado estaba un ídolo con una pluma en la cabeza, con el rostro vuelto á la piedra arriba dicha, y detrás de este ídolo habia un monton de piedras grandes; y entre estos postes, cerca del ídolo, estaban muertos dos Indios de poca edad envueltos en una manta pintada; y tras de las ropas estaban otros dos Indios muertos, que parecia haber tres dias que lo fueron, y los otros dos de antes llevaban al parecer veinte dias de muertos. Cerca de estos Indios muertos y del ídolo habia muchas cabezas y huesos de muerto, y habia tambien muchos haces de pino, y algunas piedras anchas sobre las que mataban á los dichos Indios. Y habia allí tambien un árbol de higuera y otro que llaman *zuara*, que da fruto. Visto todo por el capitan y la gente, quiso ser informado si esto se hacia por sacrificio, y mandó á las naves por un Indio que era de esta provincia, el que viniendo para donde estaba el capitan, cayó de repente desmayado en el camino, pensando que lo traian á quitarle la vida. Llegado á la dicha torre le preguntó el capitan, porqué se hacia tal cosa en esa torre, y el Indio le respondió que se hacia por modo de sacrificio; y segun lo que se entendió degollaban á estos en aquella piedra ancha y echaban la sangre en la pila, y les sacaban el cora-

---

[28] *Seta* dicen ambos MSS.: deberá leerse *seda*, lo que es bien extraño, pues no consta que los Indios la conociesen. Sin embargo, en el «Conquistador anónimo,» § 7, se halla tambien *seta*, por hilo de pelo de conejo ó liebre. Los almaizares moriscos eran de seda, á manera de toca para cubrir la cabeza.

---

vano doi pali de altura de un homo e fra elli stavano alchuni panni lavorati de seda a la morescha quelli se adimandano almaizares et da laltra banda era uno idolo con una penna in la testa et la faza sua era volta verso la pietra sopradicta et dedreto da questo idolo stavano uno muchio de pietre grande et fra questi pali appresso lo idolo stavano doi Indiani morti de pocha eta involti in una coperta de pincta et dedreto da li panni stavano altri doi Indiani morti che parevano che gia tre giorni fusseno morti et li altri doi d prima poteva essere XX giorni che erano morti et a cercha de questi Indiani morti et idolo erano molte teste et ossi de morti et erano ivi molti fassi de pino et alchune pietre larghe sopra le quale amazavano dicti Indiani et ivi anchora vi era uno arboro fico et uno altro che adimandano zuara che fa fructo et el capitaneo visto el tutto et p la gente volse esser informato se questo se facea p sacrificio et mando alle nave per uno Indiano qual era di questa provincia et subito venendo al capitaneo esso casco tramortito p el camino pensando che lo menavano a far morire et giougendo a la dicta torre li dimando el capitaneo p che se faceva tal cosa in dicta torre, et lo Indiano li respose che se facea p modo de sacrificio: et p quanto se intese quelli Indiani decolavano li altri in quella pietra larga et poneano el sangue in la pilla et gli cavavano el

zon por el pecho, y lo quemaban y ofrecian á aquel ídolo; les cortaban los molledos de los brazos y de las piernas y se los comian; y esto hacian con sus enemigos con quienes tenian guerra. Mientras el capitan hablaba, desenterró un cristiano dos jarros de alabastro, dignos de ser presentados al Emperador, llenos de piedras de muchas suertes. Aquí hallamos muchas frutas, todas comibles, y á otro dia por la mañana vimos muchas banderas y gente en la tierra firme, y el general mandó al capitan Francisco de Montejo en una barca con un Indio de aquella provincia, á saber lo que querian: y en llegando le dieron los Indios muchas mantas de colores, de muchas maneras y muy hermosas, y Francisco de Montejo les preguntó si tenian oro, que les daria rescate; ellos le respondieron que lo traerian á la tarde, y con esto se volvió á las naves. Luego á la tarde vino una canoa con tres Indios que traian mantas como las otras, y dijeron que á otro dia traerian mas oro, y así se fueron. Otro dia por la mañana aparecieron en la playa con algunas banderas blancas, y comenzaron á llamar al capitan, el cual saltó en tierra con cierta gente, y los Indios le trajeron muchos ramos verdes para sentarse, y así todos incluso el capitan se sentaron; diéronle al punto unos cañutos con ciertos perfumes, semejantes al estoraque y al benjuí, y en seguida le dieron de comer mucho maiz molido, que son aquellas raices de que hacen el pan, y tortas y pasteles de gallina muy bien

---

core per la via del pecto e li brusavano e li offerivano a quello idolo et che li cavavano li golpe de le braze et gambe et che limangiavano et che questo faceano a li soi inimici con le quali tenevano guerra: et in questo tempo che parlava el capitaneo uno christiano trovo de sotto terra doi boccali de alabastro che se poteano appresentar a lo Imperator piene de pietre de molte sorte et qui trovamo molte frutte che sono tutte da mangiar et laltro giorno da mattina vedessemo molte bandere et gente in la terra ferma et lo capitaneo mando la Francesco da Montegio capitaneo in una barcha con uno Indiano de quella provincia per saper quello che voleano et iungendo li Indiani li deteno molte copte de pinte de molte sorte et molto belle, et Francesco Montegio li dimando se tenivano oro che li daressemo contracambio et loro resposeno che lo portariano sul tardi et così Francesco se ritorno a la nave et dapoi sul tardi venne una canoa con tre Indiani che portorno alchune coperte ut supra et disseno che laltro giorno porteriano molto oro et cosi se parteno: et laltro giorno da mattina compareteno in la spiaza con alcune bandere bianche et scomenzorno a chiamare el capitaneo el qual salto in terra con certa gente et li Indiani li portarono molti rami verdi in li quali se assentassemo et così tutti et il capitaneo se assentorno: et incontinenti li deteno alcuni peze di canna con certi perfumi che sono simigliate de storaze et belzul el incontanente li deteno anchora da mangiare molto maiz masenado: che sono de quelle radice che fano

hechos; y por ser viérnes no se comieron: luego trajeron muchas mantas de algodon muy bien pintadas de diversos colores. Aquí estuvimos diez dias, y los Indios todas las mañanas antes del alba estaban en la playa haciendo enramadas para que nos pusiésemos á la sombra; y si no íbamos pronto se enojaban con nosotros, porque nos tenian muy buena voluntad, y nos abrazaban y hacian muchas fiestas; y á uno de ellos, llamado Ovando, le hicimos cacique dándole autoridad sobre los demas, y él nos mostraba tanto amor que era cosa maravillosa. El capitan les dijo que no queríamos sino oro, y ellos le respondieron que lo traerian; al dia siguiente trajeron oro fundido en barras, y el capitan les dijo que trajesen mas de aquello; y á otro dia vinieron con una máscara de oro muy hermosa, y una figura pequeña de hombre con una mascarilla de oro, y una corona de cuentas de oro, con otras joyas y piedras de diversos colores: Los nuestros les pidieron oro de fundicion, y ellos se lo enseñaron y les dijeron que salia del pié de aquella sierra, porque se hallaba en los rios que nacian de ella; y que un Indio solia partir de aquí y llegar allá á medio dia, y hasta la noche tenia tiempo de llenar un cañuto del grueso de un dedo; y que para cogerlo se metian al fondo del agua y sacaban las manos llenas de arena, para buscar luego en ella los granos, los que se guardaban en la boca; por donde se cree que en esta tierra hay mucho oro. Estos Indios lo fundian en una cazuela,

---

el pane et torte et pastelli d' galline molto ben fati: et perche era venere non se mangiorono et incontinante portorono molte copte de panno de bambaso molto ben pintade de diversi colori et qui stessemo X giorni et li Indiani ogni mattina inanci el giorno stavano su la spiaza facendo fraschate dove noi havessemo a star al ombra et si non andamo presto si corociavano con nui perche ne vedevano molto voluntieri et ne abbrazavano et facevano molte feste et noi facessemo uno de loro cacique che se chiamava Ovando et com se nominassemo sopra li altri et lui ne mostrava tanto amore che era cosa maravigliosa et el capitaneo li disse che non volevano se non oro et loro responseno che lo portariano laltro giorno portorono oro fondido in verghe et lo capitaneo li disse che portasseno molto d' quello: et laltro giorno portorono una maschera de oro molto bella et uno homo piccolo de oro con una mascherola de oro et una corona de pater nostri doro et altre gioie et pietre de diversi colori, et portorono da mangiare et li nostri li dimandorono oro da fondere et loro gelo insignorono et li disseron che li cavava alli piedi de quella montagna per che se cognoscevano in li flumi che nascevano da quella et che uno Indiano solea ptir de li et glonger la a mezo giorno et che fino a la nocte impiva uno canolo grosso come el dedo et per trovarlo se butavano nel fondo de lacqua et cavava le mano piene de sabia et ivi circava li grani le qual se ponevano in bocca dove se crede che in quel loco sia molto oro questi Indiani fondevano loro in

donde quiera que lo hallaban, y para fundirlo les servian de fuelles unos cañutos de caña, con los que encendian el fuego; y así lo vimos hacer en nuestra presencia. El dicho cacique trajo de regalo á nuestro capitan un muchacho como de veinte y dos años, y él no quiso recibirlo.

Esta es una gente que tiene mucho respeto á su señor, porque delante de nosotros cuando no nos aparejaban presto las sombras les daba de palos el cacique. Nuestro capitan los defendia, y nos prohibia que cambiáramos nuestras mercaderías por sus mantas; y por esto los Indios venian ocultamente á nosotros sin temor ninguno, y uno de ellos se acercaba sin recelo á diez cristianos, trayéndonos oro y excelentes mantas, y nosotros tomábamos estas y dábamos el oro al capitan. Habia aquí un rio muy principal donde teniamos asentado el real; y los nuestros viendo la calidad de la tierra tenian pensamiento de poblarla por fuerza, lo cual pesó al capitan. Y él fué quien de todos mas perdió, porque le faltó ventura para enseñorearse de tal tierra, donde tiénese por cierto que dentro de seis meses no hubiera habido quien hallase menos de dos mil castellanos; y el rey tuviera mas de los dos mil: cada castellano vale un ducado y un cuarto: y así partimos del dicho lugar muy descontentos por la negativa del capitan. Al tiempo de partirnos, los Índios nos abrazaban y lloraban por nosotros; y trajeron al capitan una India tan bien

---

una cazola in ogni loco dove gli a ascha et per fonderli fano li māteai over folli de fistole de canavere et accendono con loro el foco: et cosi noi vedessemo fare in ñtra presentia: el dicto cacique porto al nostro capitaneo p presente un garzon de eta de circa XXII anni et lui non volse prenderlo.

Questa e una gente che tene molta reverentia al suo signore p che in psentia di noi altri quando non appechiavano il loco cosi presto dove havevamo a star alōbra: el suo cacique li dava delle bastonate et lo nostro capitaneo li deffendea et phibiva a noi altri che uon baratassemo le nostre merce con le mante over copte loro e p questi li Indiani venivano ascosamente fra noi senza timore alcuno et veniva liberalmente uno de essi fra X xpiani et ne portava oro et d̄ pfecte copte et noi le prendevemo et remettevemo loro al capitaneo: ivi era uno fiume molto principal dove tenivamo el nostro alogiamento et la gente ñra vedendo la qualita della terra stava de opinione de populare quel paese p forza: de la qual cosa increbbe al capitaneo: et lui fu quello che pdete piu de tutti p che li manco ventura p signoregiar in tal terra per che se crede fra sei mesi non se haveria trovato alcuno che se havesse ritrovata la valuta de māco de doi miglia castigliani et lo Re haveria hauto piu de doi milia castigliani: et ogni castigliano vale uno ducato et un quarto: et cosi ptissemo del dicto loco molto desperati p el descontento del capitaneo al tempo che noi partissemo li diti Indiani

vestida, que de brocado no podria estar mas rica. Creemos que esta tierra es la mas rica y mas abundante del mundo en piedras de gran valor, de las que se trajeron muchas muestras, en especial una que se trajo para Diego Velazquez, la cual se presume, segun su labor, que vale mas de dos mil castellanos. De esta gente no sé qué decir mas, porque aun quitando mucho de lo que se vió, apenas puede creerse. [29]

De aquí dimos á la vela para ver si al fin de aquella sierra se acababa la isla: la corriente del agua era muy fuerte. Para allá nos dirijimos y navegamos hácia un lugar asentado bajo la dicha sierra, al que llamamos Almería por causa de la otra [30] que está llena de mucho ramaje. De este lugar salieron cuatro canoas ó barcas que se allegaron al bergantin que traiamos, y le dijeron que prosiguiese su viaje porque ellos se alegraban de su venida; y con tanto empeño lo rogaban á los del bergantin, que hasta parecia que lloraban; mas por causa de la nao capitana y de las otras naves que venian mas atrás, nada se hizo ni llegamos á ellos. Mas adelante encontramos otra gente mas fiera; y como vieron los navíos salieron doce canoas de Indios de un gran pueblo, que visto desde el mar no parecia menos que Sevilla, así en las casas de piedra como en sus torres y en su grandeza. Estos Indios salieron contra nosotros con muchas flechas

[29] El pasaje está igual en los MSS., y es muy oscuro.
[30] La de España, sin duda.

---

ne abrazavano et piangevano p noi altri et portaron el capitaneo una Indiana tanto ben vestita che de brocato non potria esser piu ricca et credemo che questa terra e la piu ricca et piu prospera che sia nel mondo de pietre de molto valore de le quale ne portorono molte peci specialmente una che se porto per Diego Velazquez la qual se psume secondo che stata lavorata che val piu de II milia castigliani: de sta gente non so che dir altro per che quello se visto ne tanto gran cosa che apena se puo credere.

De qui facemo vela per veder se ia capo de quelli monti se finiva la isola. el correnta delle aque era molto grande. verso la partissemo, et navigassemo ad uno loco populato sotto de li monti pfatti al qual ponessemo nome Almerie per causa de laltra che e piena de molte frasche et de rame de arbori d questo loco usitero IIII canoe over barchete de Indiani le qual se accostorono al bergantino che menavamo con noi et ge dissero che andassero al suo viaggio p che loro se allegravano della sua venuta et con tanto afo dimandavano quelli del dicto bergantino che pareva che piangesseno et p causa de la nave capitanea et delli altri navilii che andavano piu alargo non se feceno cosa alchuna nandassemo a loro et piu avanti trovassemo altra gente piu superba la qual incontinente como videno li navilii usciteno XII canoe de Indiani de un grosso villagio che al parere et vista del mare non parea meno che Seviglia si ne lo case de pietra come in le torre: et grandeza sua et essi Indiani veneteno

y arcos, y derechamente vinieron á atacarnos, con intencion de hacernos prisioneros, por creerse bastantes para ello; mas como llegaron y vieron que los navios eran tan grandes, se alejaron y comenzaron á tirarnos flechas; visto lo cual mandó el capitan que se descargasen la artillería y ballestas, con que murieron cuatro Indios y se echó á fondo una canoa, por lo que no atreviéndose á mas, huyeron los dichos Indios. Nosotros queriamos entrar en su pueblo, y nuestro capitan no quiso.

Este dia ya tarde vimos un milagro bien grande, y fué que apareció una estrella encima de la nao despues de puesto el sol, y partió despidiendo continuamente rayos de luz, hasta que se puso sobre aquel pueblo grande, y dejó un rastro en el aire que duró tres horas largas; y vimos ademas otras señales bien claras, por donde entendimos que Dios queria para su servicio que poblásemos en aquella tierra; y llegando así al dicho pueblo, despues de visto el referido milagro, la corriente del agua era tan grande, que los pilotos no osaban ir adelante, y determinaron de volver atrás, y dimos vuelta: y siendo la corriente así tan grande y el tiempo no muy bueno, el piloto mayor puso la proa al mar: despues que hubimos virado pensamos pasar delante del pueblo de San Juan, que es donde estaba el cacique antes dicho que se llama Ovando, y se nos rompió una entena de una nave; por lo que no dejamos de voltejear por el mar,

---

contra noi con molte freze et molti archi et dritamente ne veneno ad asaltar et ne volesno prendere credendo esser bastanti de far ne captivi et dapoi che gionsero et videro che li navilii erano tanto grandi se partirono da noi et ne incominzorono a tirarne delle freze: et visto questo el capitan comando che se descargase le artegliarie et balestre le quale amazorono IIII Indiani et sfondrorno una canoa et p̄ questo non se atrigando piu fugitteno tutti li dicti Indiani et noi altri volevamo intrare nel suo vilaggio et el nostro capitaneo non volse.

In questo giorno sul tardi vedessemo miracolo ben grande el qual fu che apparve una stella incima la nave dapoi el tramontar del sole et partisse sempre buttando razi fino che se pose sopra quel vilagio over populo grande et lasso uno razo ne laiere che duro piu de tre hore grande et anchora vedessimo altri signal ben chiari dove comprendessemo che dio volea per suo servitio populassemo la dicta terra et cosi giungendo al sopradicto vilagio dapoi visto el p̄ciato miracolo la corrente dellaque era tanto grande che li piloti non osavano andare piu avanti et determinamo d' tornar in drieto et dessemo volta et essendo cosi grande la corrente et el tempo non molto bono el piloto magior dete la sponda della nave al mare et dapnoi che havessemo dato la volta pensassemo passar denanci al populo over il vilagio de S. Ioan che e dove stava el cacique sopradicto che se dice Ovando et rompessemo una antena de una nave et per questo non lassassemo de voltigiar p̄ el mare et venisse apprender

hasta que arribamos á tomar agua. En quince dias no anduvimos sino cosa de ciento veinte millas desde que venimos á reconocer la tierra donde estaba el rio de Grijalva; y reconocimos otro puerto que se llama San Antonio, al cual nosotros pusimos nombre, porque entramos en él por falta de agua para la despensa; y aquí estuvimos aderezando la entena rota y tomando el agua necesaria, en lo que gastamos ocho dias. En este puerto encontramos un pueblo que se veía de lejos, y el capitan no nos dejó ir á él: tanto mas que una noche garraron ocho [31] navíos y vinieron á chocar contra los otros y se rompieron ciertos aparejos de los dichos navíos. Queriamos sin embargo permanecer allí; pero el capitan no quiso, y saliendo de aquel puerto, la nao capitana dió en un bajo y se le rompió una tabla; y como viéramos que se anegaba, pusimos en tierra una barcada de treinta hombres; y puestos que fueron en tierra vimos unos diez Indios de la otra parte, y traian treinta y tres hachuelas, y llamaron á los cristianos que se acercasen, haciéndoles señas de paz con la mano, y segun su costumbre se sangraban la lengua y escupian en el suelo en señal de paz. Dos de nuestros cristianos fueron á ellos; pidiéronles las dichas hachuelas, que eran de cobre, y ellos las dieron de buen grado. Como estaba rota la dicha nave capitana fué necesario desembarcar todo lo que tenia dentro, y asimismo toda la gente; y así en el dicho puerto de San Antonio hicimos nuestras casas

[31] Así dicen ambos MSS., aunque parece error, pues no venian tantos en la armada.

---

acqua in XV giorni non andassemo piu de C et XX miglia vel cirça de qui venissemo a recognoscere la terra dove era el fiume de Grialva, et cognoscessemo un altro porto che se chiama Sancto Antonio al qual nui altri li ponessemo nome p che se intrassemo p mancamento de acqua per la conserva et qui stessemo aconciando la antena rota sopradicta et pdendo acqua per el bisogno stessemo VIII giorni et in questo porto trovamo un vilagio che la se vedeva da longe et lo capi. non li lasso andar specialmente che una nocte se desparorono VIII navalii et venendo urtorono sopra li altri et si rupeno certi instrumenti over ordeni de esse nave tutta via volevamo restar li ma el capi. non volse, et partendone da quel porto la nave capitanea ando rastilando per larena et rompette una tavola et dapoi che vedessimo che se anegavemo metessemo una barchada de XXX hòi in terra et posti che furono in terra visteno circa X Indiani da laltra parte et portono 33 cete et chiamorono li xpiani che andassemo da loro facendoli col deto segno de pace et faceva secondo el costue loro sanguinarse la lengua et sputavano in terra in segno de pace et doi de li àtri xpiani andorono da loro dimandoli le dicte cete le qual erano de ramo et elli gli detteno volontiera et cascado rota la sopradicta nave capitana fu necesario desimbarcare tutto quello che li era dentro et similmente tutta la gente et cosi in dicto porto de Sancto Antonio facessemo le nostre case

de paja, que nos fueron de mucho provecho por el mal tiempo; pues determinamos quedarnos en el dicho puerto para adobar la nave, que fueron quince dias, [32] en los cuales los esclavos que traiamos de la isla de Cuba andaban en tierra, y hallaron muchas frutas de diversas suertes, todas comibles: y los Indios de aquellos lugares traian mantas de algodon y gallinas, y dos veces trajeron oro; pero no osaban venir con seguridad por temor de los cristianos, y nuestros esclavos dichos no tenian temor de ir y venir por aquellos pueblos y la tierra adentro. Aquí cerca de un rio vimos que una canoa ó barca de Indios habia pasado de la otra banda, y traian un muchacho y le sacaban el corazon y lo degollaban ante el ídolo; y pasando de la otra banda el batel de la nao capitana, vieron una sepultura en la arena, y cavando hallaron un muchacho y una muchacha que parecian muertos de poco tiempo; tenian los dichos muertos al cuello unas cadenillas que podian pesar unos cien castellanos, con sus pinjantes; [33] y los dichos muertos estaban envueltos en ciertas mantas de algodon. Cuatro de nuestros esclavos salieron del real y fueron al dicho pueblo de los Indios, quienes les recibieron muy bien, les dieron de comer gallinas, los aposentaron y les enseñaron ciertas cargas de mantas [34] y mucho oro, y les dijeron por señas que habian aparejado

---

[32] Oscuro el texto.
[33] No entiendo el *peri piccoli* del texto. Ternaux cree que debe leerse *pere piccole*, peras pequeñas; mas esta leccion no aclara el sentido, pues no se comprende cómo las cadenillas (*cadenelle* por *catenelle*) podian tener figura de pera. La tendrian los adornos ó pendientes que de ellas colgaban, llamados antiguamente *pinjantes*. Esta interpretacion se apoya tambien con el dicho de Oviedo, lib. 17, cap. 10, circa finem.
[34] «Des sacs de maiz.» — *Ternaux.*

---

di paglia le qual ne giovorono molto p el mal tempo che determinassemo de star in dito porto p adobarla che fu de XV giorni in li quali li schiavi ñtri che portavemo de la insula de Cuba andavano fra terra et trovavano molti frutti de diverse sorte tutte da manzare et li Indiani de quelli lochi portavano mante over copte de bombaso et gallo et doi fiate portarono oro: ma non osavano venir seguramente per timor de li xpiani et li ñtri schiavi sopradecti non tenivano paura de andare et venire per quelli vilagii et dentro la terra et qui appresso un fiume trovamo che una canoa over barcheta de li Indiani haveano passati de laltra banda et havean portato uno puto et li cavavano el core et lo decolavano dinanci a uno idolo et passando el batel de la nave capitanea da laltra banda viste uno tumulo ne larena over sabia et cavando trovorono un puto et una puta che pareano morti di poco tempo tenivano li diti morti al collo alchune cadenelle che potevano pesar circa cento castigliani fate come peri piccoli et diti morti erano involuti in certi manti over coperte de panno de bombaso et IIII ñtri schiavi se partirono del oro logiamento et andorno dentro dito vilagio de li Indiani li quali receveteno molto ben in nel suo vilagio li detteno a manzar galline et

las dichas cosas para traerlas á otro dia al capitan. Ya que vieron que era tarde y que era hora de volver, les dijeron que se volviesen á las naves, dando á cada uno dos pares de gallinas: y si hubiésemos tenido un capitan como debiera ser, sacáramos de aquí mas de dos mil castellanos; y por él no pudimos trocar nuestras mercaderías, ni poblar la tierra, ni hacer letra con él. Aderezada la nave, dejamos este puerto y salimos al mar; rompióse el árbol mayor de una nave, y fué menester remediarlo. Nuestro capitan dijo que no tuviésemos cuidado,[35] y aunque estábamos flacos por la mala navegacion y poca comida, nos dijo que queria llevarnos á Champoton, que es adonde los Indios mataron los cristianos que trajo Francisco Fernandez, capitan, como hemos dicho, de la otra armada; y así nosotros con buen ánimo comenzamos á aparejar las armas y poner á punto la artillería. Estábamos á mas de cuatro millas del pueblo de Champoton, y así desembarcamos cien hombres en los bateles, y fuimos á una torre bien alta que estaba en tierra á un tiro de ballesta del mar, donde nos quedamos á esperar el dia. Habia muchos Indios en la dicha torre, y luego que nos vieron venir dieron un grito y se embarcaron en sus canoas y comenzaron á rodear los bateles; los nuestros les tiraron algunos tiros de artillería, y ellos se fueron á tierra y desampararon la torre, y nosotros la ocupamos. Acercáronse las barcas

[35] El pasaje está ininteligible. Ternaux lo traduce: «Notre commandant qui ne prenait aucun souci de nous, quoique nous fussions malades,» etc. Todo cabe en tal oscuridad.

---

li detteno alogiamento et li insignorono certe balle de mante et molto oro et ge dissero per signale che haveano parechiato le sopradicte cose p portarle laltro giorno al capi. et poi che visteno chera tardi et chera hora de ritornarsi li disseno che ritornassero a le nave dandoli a cada uno de loro doi para d galline et si havessemo havuto sufficient cap. cavavemo de qui piu de doi miglia castigliani et p questo non potessemo ne pmutar merce ntre ne popula‘·‘ la terra ne far cosa bona con lui da poi conciata la nave ptimo da questo porto et ne metessemo al mare et se rompete uno arbore mazor de una nave et fu mestier remediarli et el nro capi. che non tenessimo cura ben che stavamo fiachi p la mala giornata et p haver manzato poco ne disse che ne volea metere in Campoton che e dove li Indiani amazorono li xpiani che ivi haven porto Franc. Fernandez cap. sopradicto de laltra armata et cosi nui altri con bono ato commenzassemo appechiar le nre arme et metter in ponto le artelarie: stavamo lontani dal popolo de Camponton piu de IIII miglia et cosi saltamo C hoi nelli batelli et andassemo ad una torre ben alta che stava lontana dal mare un tirar de balestra da terra et li stessemo aspettar el zorno: stavano molti Indiani in ditta torre et dapoi che ne visteno andare detteno un crido et se imbarcaron in le sue canoe et incomenzorono a circundar li batelli et li ntri li tirarno colpi de arteliaria et essi se partirno verso terra et sparechiorno la torre et noi la prendessemo et ivi se avistorno le barche con la gente chera resta

con la gente que habia quedado en los navíos, la cual toda saltó en tierra, y el capitan comenzó á tomar el parecer de la gente, y todos con buen ánimo querian entrar á vengar la muerte de los cristianos dichos y quemar el pueblo; mas despues se acordó no entrar y nos embarcamos dirigiéndonos al otro pueblo de Lázaro donde salimos á tierra y tomamos agua, leña y mucho maiz, que es la raiz ya dicha con que hacen el pan, del cual hubimos bastante para toda la travesía. Atravesamos por esta isla é hicimos rumbo á este puerto de San Cristobal, y encontramos otro navío que el Señor Diego Velazquez habia enviado contra nosotros, creyendo que habiamos poblado algun lugar, y apartóse del camino, que no nos halló; y tenia otros siete navíos, que hacia doce dias que nos andaba buscando; y como supo nuestra venida y que no habiamos poblado hubo pena de ello, y mandó á toda la gente que no pasase de esta provincia, proveyéndola de todo lo necesario para la vida; y que al punto, siendo Dios servido, queria que fuésemos tras los otros.[36]

Despues del viaje referido escribe el capitan de la armada al Rey Católico, que ha descubierto otra isla llamada Ulúa, en la que han hallado gentes que andan vestidas de ropas de algodon; que tienen harta policía, habitan en casas de piedra, y tienen sus leyes y ordenanzas, y lugares públicos diputados á la administracion de justicia.

[36] Pasaje oscuro, al que Ternaux da muy distinta interpretacion. «Et défendit à qui que ce fût de quitter la province; il se fit delivrer tous les vivres dont il avait besoin, et Dieu voulut que nous retournassions derrière les autres.»

---

nelli navilii la qual salto tutta in terra el cap. cominzo a prender el paror de la gente le ql tutte con bon aio volea intrare a vendicar la morte delli xpiani sopraditi et brusare el vilagio: ma poi se acordassemo de non reintrare et ne inbarcassemo partendo verso laltro vilagio de Lazaro e li saltamo in terra et prendemo aqua et legna et molto maiz: che e la sopradita radice che fanno el pane del quale ne havessemo abastanza p tutto il camino et traversamo per questa isola et inviassemo a questo porto dove se chiama S. Xpoforo et trovamo un altro naviglio chel signor Diego Velazquez ne havea mandato contra noi altri credendo che havessemo populato qual che loco et partisse del camino che non ne trovo e tenia altri sette navilii che gia XII giorni giva cerchando noi altri et coe sepe la venuta nra e che non havevamo hintato la terra hebe dispiacer et comando a tutta la gente che non passase de questa provincia pvedendoli del vivere de tutto quel gli facea bisogno et che incontinente piacendo a Dio vole che ritornemo dietro alli altri.

Dapoi il sopradito viagio scrive il capitaneo d larmata al Re Catholico che ha scoperto un altra Isola dita Uloa in la qual hanno trovato gente che vanno vestiti de panni de bambaso che son assai civili e hitano in case murate et hâno leze et constitutiōe tra essi e loohi publici deputati a la administratione de iustitia: adorano una croce de marmoro bianoha et grā-

Adoran una cruz de mármol, blanca y grande, que encima tiene una corona de oro; y dicen que en ella murió uno que es mas lúcido y resplandeciente que el sol. Es gente muy ingeniosa, y se advierte su ingenio en algunos vasos de oro y en muy primas mantas de algodon con figuras tejidas, de pájaros y animales de varias suertes; cuyas cosas dieron los habitantes de la dicha isla al capitan, quien luego mandó buena parte de ellas al Rey Católico; y todos comunmente las han tenido por obras de mucho ingenio. Y es de saberse que todos los Indios de la dicha isla están circuncidados; por donde se sospecha que cerca se encuentren Moros y Judíos, pues afirmaban los dichos Indios que allí cerca habia gentes que usaban naves, vestidos y armas como los Españoles; que una canoa iba en diez dias adonde están, y que puede ser viaje de unas trescientas millas.

Aquí acaba el Itinerario de la isla de Yucatan; la cual fué descubierta por Juan de Grijalva, capitan de la armada del rey de España: escribiólo su capellan.

Sacóse con todo cuidado esta copia del original impreso al fin del «Itinerario de Ludovico de Varthema, boloñés, en Siria, en la Arabia Desierta y Feliz, en Persia, en la India y en Etiopía.» (Venecia, 1522, en 8.°) Al Itinerario precede este título: *Qui comincia lo itinerario de lisola et Iuchathan novamente ritrovata per il signor Joan de Grisalve capitan generale del armata del re de Spania, &c., per il suo*

---

de che incima tiene una corona doro et dicon loro che sopra vi he morto uno che e piu lucido et resplendente chel sole sono gente molte ingeniose et si comprende el suo ingegno in alcuni vasi doro et in cime copte d bambaso ne le qual sono inteste molte figure de ucelli et atali de diverse sorte le qual cose li hitanti d dita isola hanno donato al capitaneo el qual dapoi ne ha mandato al Re Catholico bona parte de esse et da tutti communamente sono state iudicate opere ingeniosissime et e da saper che tutti li Indiani delle sopradicte isole sono circuncisi donde che se dubita che ivi appresso se atrovano mori et iudei in pcio che affirmavano li sopraditi Indiani che ivi appresso erano gente che usavano nave vestimente et arme come li spagnoli et che dove habitano una canoa li andava in dieci giorni et che po essere viaggio de CCC miglia vel circa.

¶ Qui finisse lo Itinerario de lisola de Iuchathan la qual e ritrovata per il signor Ioan de Grisalve capitan de larmata del Re de Spagna: et facta per il suo capellan.

capellano composta (sic). No recuerdo haber visto en otra parte esta relación, ni impresa ni manuscrita. En caso de no hallarse el original, esta traduccion, por mala que sea, puede servir. El ejemplar de que he hablado perteneció á Don Hernando Colon; está anotado de su puño, y existe en la biblioteca de la Santa Iglesia de Sevilla, est. V., tab. 115, n.º 21. (Nota, al parecer de Muñoz, al fin de la traduccion francesa de Ternaux-Compans: *Voyages, Relations et Mémoires Originaux pour servir à l'histoire de la Découverte de l'Amérique;* t. X, pág. 46.)

VIDA
DE HERNAN CORTÉS.

FRAGMENTO ANÓNIMO.

Creemos haber tratado ya bastante de quiénes son los Antictones,[1] y los que propiamente se nombran Indios; tambien de la causa de llamarse *Indias* este Nuevo Mundo, de que pensamos escribir; asimismo de quién fué su primer descubridor, y cómo aconteció el descubrimiento. Dejamos indicado ademas en otro lugar lo que del Nuevo Mundo pensaron ó escribieron Demócrito, Herodoto, Platon, Séneca y otros muchos. Vengamos ahora, pues, á las hazañas que ejecutó en las Indias vuestro padre, á cuya direccion y hacienda se

[1] *Antichthones*: palabra compuesta de las dos griegas ἀντί *opuesto*, y χθών *tierra*. Los antiguos, entre ellos Pomponio Mela (lib. I, cap. 1), distinguian los *Antictones* de los *Antípodas* (ἀντί, y πούς, ποδός *pié*); pero los escritores de la edad media solian confundirlos, siendo así que los primeros son propiamente los *Antecos*, habitantes de un mismo meridiano, pero en latitudes opuestas. Como se ha perdido lo que precedia á este fragmento, ignoramos de qué habia tratado antes el autor. Puede ser que dejara establecida la dife-

---

DE REBUS GESTIS FERDINANDI CORTESII.

(INCERTO AUCTORE.)

Qui sint Antichthones, qui propriè dicantur Indi, cur etiam Indiæ Novus hic Orbis, de quo scribere instituimus, appellentur, quis, quove casu mortalium primus Indias, ut vocant, invenerit, abunde a nobis dictum esse arbitror. Præterea, quid Democritus, Herodotus, Plato, Seneca et multi alii de Novo terrarum Orbe vel senserint vel scripserint, suo loco indicavimus. Nunc ad res in Indiis a patre tuo fortissimè gestas veniamus; cujus ductu et impensis, ut latiùs paulò post explicabitur, alter hic terrarum Orbis potissimùm est et

debió principalmente, segun mas á la larga se explicará adelante, el que este otro mundo se descubriese y ganase; y no solo quedara bajo el yugo de los monarcas españoles, sino tambien, lo que es mucho mas ilustre y glorioso, que viniera al conocimiento del verdadero Dios.

Nació HERNAN CORTÉS en Medellin, de Extremadura, el año de 1485, siendo sus padres Martin Cortés de Monroy y Catalina Pizarro Altamirano: ambos en cuanto al linaje nobles, ó *Hidalgos*, que llaman los Españoles, como quien dice *Itálicos*, esto es, que gozan del derecho itálico.² Las familias de Cortés, Monroy, Pizarro y Altamirano son ilustres, antiguas y honradas. Mas si se atiende á los bienes de fortuna, lo pasaban á la verdad muy medianamente, aunque siempre llevaron arregladísima vida, pues Catalina no fué inferior á ninguna mujer de su tiempo en honradez, modestia y amor conyugal. Martin, aunque fué capitan de cincuenta caballos ligeros en la guerra que gobernando los reyes Don Fernando y Doña Isabel sostuvo Alonso de Cárdenas, maestre de Santiago, contra Alonso Mon-

---

rencia entre los *Antichthones* (ó *Antípodas*) y los Indios, malamente confundidos por algunos escritores de los tiempos inmediatos al descubrimiento, como Pedro Mártir de Anglería, quien dice (Opus Epistolarum, [Amstelodami, 1670,] Ep. 133): «Meministis Colonum Ligurem instituisse in castris apud Reges, de percurrendo per OCCIDUOS ANTIPODES...;» y ciertamente que Colon no fué á los Antípodas de Europa, como ya lo notó Humboldt. (Examen critique de l'Histoire de la Géographie du Nouveau Continent, etc., [Paris, 1836,] t. I, pág. 147, not.)

² Mucho difieren los escritores acerca de la etimología de la palabra *Hidalgo*. Covarrúbias, en su Tesoro de la Lengua Castellana, v. *Fidalgo*, apunta varias, entre ellas la del texto, sin decidirse por ninguna. Lo mas probable parece ser que se deriva de *hijo de algo;* bien sea que el *algo* se tome por hacienda, ó por nobleza de los antepasados. El *jus italicum*, segun el autor citado, era «un género de exencion y nobleza que se concedia á provincias ó ciudades para que fuesen tenidos por ciudadanos romanos en ciertos particulares.»

---

inventus et debellatus; quique non modo in regum Hispanorum ditionem venit, verùm etiam, quod multo est praeclarius atque gloriosius, in cognitionem veri Dei.

FERDINANDUS CORTESIUS, Martini Cortesii Monroii et Catharinae Pizarrae Altamiranae filius, Metellini ortus est anno quinto et octogesimo supra millesimum ac quadringentesimum humanae salutis. Parentes, si genus spectes, nobiles: *Idalgos* quasi *Itálicos*, hoc est, jure Italico donatos, Hispani vocant. Cortesiorum, Monroiorum, Pizarrorum et Altamiranorum familiae clarae, antiquae atque honoratae. Si fortunam vitamque inspexeris, mediocrem quidem vitam egerunt; vixerunt tamen innocentissime. Catharina namque probitate, pudicitiâ et in conjugem amore, nulli aetatis suae feminae cessit. Martinus verò, tametsi in eo bello, quod auspiciis Ferdinandi regis et Elisabethae Alphonsus Cardenas, equitum Divi Jacobi magister, contra Alphonsum Monroium, Alcantarae, ut vocant, clavigerum, et Beatricem Pacicam Metellini comitem gessit, levis armaturae equitum quinquaginta dux

roy, clavero [3] de Alcántara, y Beatriz Pacheco [4] condesa de Medellin, se distinguió no obstante toda su vida por su piedad y religion. El niño recibió de sus padres, en su misma casa, una educacion noble y cristiana. Fué su nodriza María de Esteban, vecina de Oliva. Enviado á Salamanca á los catorce años de edad para que estudiase, pasó dos aprendiendo gramática, hospedado en casa de su tia paterna Inés de Paz, casada con Francisco Nuñez Valera. Tanto por aborrecimiento al estudio, como por aspirar á cosas mas altas (pues para ellas habia nacido), salió de allí y se volvió á su casa. Lleváronlo muy á mal sus padres aquel paso, pues por ser hijo único cifraban en él todas sus esperanzas, y deseaban que se dedicase al estudio de la jurisprudencia; profesion que siempre y en todas partes es tenida en tan alto honor y estima. Era el mozo de fácil ingenio, de elevacion de ánimo superior á sus años, é inclinado por naturaleza al ejercicio de las armas. Vivia, pues, sin sosiego en el hogar paterno, revolviendo en su ánimo á qué pais iria. Fijóse por último en la resolucion de pasar á Indias, á cuya conquista y poblacion acudian entonces en tropel los Españoles incitados del cebo del mucho oro y plata que sin cesar se nos traia. Por el tiempo en que Cortés dejó los estudios y se volvió á Medellin, estaba en Cáceres Nicolás de Ovan-

[3] Era nombre de dignidad en la dicha órden, así como en otras, y se daba al que tenia á su cargo las llaves (la custodia y defensa) del principal castillo ó convento.

[4] Pulgar, que refiere esta guerra, llama á la condesa *Doña María*. Crónica de los Reyes Católicos, P. II, cap. 83.

---

fuerit; pietate tamen et religione toto vitæ tempore clarus. Puer sanctè ac liberaliter educatus atque institutus domi est a parentibus. [Maria Stephana ex oppido Oliva nutrix.] Quartodecimo ætatis suæ anno Salmanticam studiorum gratiâ missus, biennium in contubernio amitæ Agnetis Pazæ, quæ Francisco Nonio Valeræ nupta erat, mansit. Grammaticæque studuit. Inde, cùm studii tædio, tum rerum majorum exspectatione (ad maxima enim natus erat) abscessit, patriumque solum revisit. Id ægre atque impatienter parentes tulerunt, quippe quod spem omnem in eum qui unicus erat filius, collocaverant, cuperentque illum Juris scientiæ, quæ ubique gentium in magno honore atque pretio semper habita est, operam navare. Erat in puero mira ingenii docilitas, animi præter ætatem altitudo, et armorum tractandorum innata cupido. Ergo cùm domi apud parentes esset, ætatenique inquietus agitaret, fluctuabat animo, quonam terrarum sese conferret. Stat tamdem animo sententia in Indias navigare, ad quas eâ tempestate inhabitandas, belloque subigendas, Hispani, auri et argenti cupidine illecti, quod multum crebròque ad nos convehebatur, frequentissimi confluebant. Erat Gereæ, nunc *Cáceres* dicimus, per id tempus quo ab studiis Cortesius Metellinum redierat, Nicolaus Ovandus, Laris commendatarius, militiæ ut dicitur Alcantaræ, qui postea major ejusdem equestris ordinis commendatarius est factus. Is, jussu et impensis

do, comendador de Lares en la órden de Alcántara, que luego fué comendador mayor de la misma órden. Por mandato y á costa de los reyes Católicos aprestaba una armada de treinta naves, la mayor parte carabelas, para ir á la Española con el empleo de presidente y gobernador, no solo de ella sino tambien de todas las islas adyacentes. Con este capitan debia marchar Cortés lo mismo que otros muchos nobles españoles; pero en el intermedio, andando una vez por tejados ajenos (pues tenia amores con una jóven), cayó de una pared ruinosa. Poco faltó para que así medio enterrado como estaba le atravesara un vecino con su espada, si no fuera porque saliendo una vieja de su casa, en cuya puerta vino á chocar con estrépito el broquel que Cortés llevaba, detuvo á su yerno, que tambien habia acudido al mismo ruido, rogándole que no hiriese á aquel hombre hasta saber quién fuese. De suerte que á aquella vieja debió Cortés su salvacion en este primer lance.

De este accidente le resultó una larga enfermedad, á que luego vinieron á agregarse unas cuartanas, que le fatigaron mucho y por largo tiempo. A causa de esta indisposicion no pudo ir con Ovando; y á los diez y nueve años de edad, es decir en el de 1504, mismo en que falleció la reina Doña Isabel, pasó á Sevilla (la antigua Hispalis) donde por entonces iba á darse á la vela para la isla Española una nave mercante de que era capitan Alonso Quintero, de Palos. En ella, despues de pedir á Dios feliz viaje, se embarcó la noche an-

---

Ferdinandi et Isabellæ regum, classem triginta navium, cujus magna pars carabelis constabat, paraverat, in Hispanam insulam trajecturus, ut ibi non tantùm illius, verùm omnium quoque circumjacentium insularum gubernator præsesque esset. Hunc Cortesius, ut plerique nobiles Hispani, ducem secuturus erat. Sed interim dum per aliena tecta incedit (tenebatur enim puellæ cujusdam consuetudine) e caduco pariete cadit. Parum abfuit quin ille, ita ut erat obrutus, telo fuerit a quodam confossus, ni anus quædam domunculam egressa, ostiolum cujus parva pelta ferrea quam ipse gestabat, magno cum strepitu impegerat, generum, qui et ipse eodem strepitu domo fuerat excitus, detinuisset, precata ne hominem feriret, priusquam quis is esset nosset. Beneficio itaque hujus aniculæ tunc primùm est Cortesius servatus.

Longam eo casu traxit valetudinem. Accessit ad id malum non multò post quartana febris, quæ illum diu multùmque anxit. His malis implicitus, Ovandum sequi non potuit. Undevigesimo ætatis anno, qui salutis millesimus quingentesimus quartus fuit, quo et Isabella regina moritur, Seviliam (Hispalis olim fuit) pergit, quo tempore oneraria quædam navis, cujus erat magister Alphonsus Quinterus Palensis, in procinctu ad navigandum in Hispanam insulam erat. Eam navim, faustum precatus cursum, eâ nocte ascendit quæ diem quo e portu solvit, præcessit. Prosperà est navigatione usus Gomeram usque, quæ una

terior al dia en que salió del puerto. Logró próspera navegacion hasta la Gomera, una de las islas Canarias. Quintero aprovechó el silencio de la noche para salir del puerto sin que le sintiesen otras cuatro naves que estaban allí cargadas de las mismas mercancías, con el fin de vender mas caras las suyas, si lograba arribar antes á la Española, adonde todas se dirigian. Pero llegando á vista de la isla del Hierro, la fuerza de los vientos quebró el árbol de la embarcacion, por la parte donde la gavia se fija al mastelero, ó á lo menos no mucho mas abajo, trayéndose consigo con grande estruendo la entena, velas y demas aparejos. Todo aquello hubiera sin duda matado á muchos, pasajeros ó marineros, que poco antes dormian ó paseaban en el cobertizo de la nave, si á la sazon no se hallaran todos en la popa comiendo de las viandas y confituras que Cortés habia hecho embarcar para su propia despensa. Roto así el mástil, viéronse obligados los navegantes á volver al mismo punto de donde poco antes habian salido. Remediado allí el daño como se pudo, salió la nave con las otras cuatro que estaban todavía en el puerto; pues estas no quisieron dar vela hasta que se compusiese el mástil de la en que iba Cortés. Luego que vió Quintero bien engolfadas las naves, intentó de nuevo adelantarse, y desplegó todas las velas de su velocísima embarcacion, puesta como antes en la celeridad toda esperanza de lucro. Persona, sin embargo, de todo crédito y autoridad me refirió que Quintero habia obrado por otra causa muy distin-

---

Fortunatarum insularum est. Quinterus de nocte, ne ab aliis quatuor navibus quæ in eodem portu eisdem mercibus onustæ erant, præsentiretur, silentio inde abscedit, ut cariùs suæ quàm illarum merces venderentur, si celeriùs ad Hispanam, quo iter suum omnes intenderant, adpellere contigisset. Ceterùm cùm in conspectum insulæ quam vocant Ferri pervenisset, navis arbor, qua parte carchesium malo figitur, aut certe non multo inferiùs, vi ingruentium ventorum frangitur, secumque maximo cum fragore antenam, vela, ceteraque impedimenta deorsum trahit. Quæ quidem multos dubio procul vel ex vectoribus, vel ex navitis, qui paulò ante in stego aut jacebant aut deambulabant, confecissent, ni omnes in puppim ivissent ad edenda conditanea ac bellaria quædam, quæ Cortesius in navim sibi pro penu importari fecerat. Malo itaque fracto, coacti sunt navitæ cursum eò flectere unde paulo ante solverant. Refecto ibi utcumque malo, navis cum aliis quatuor quæ in portu adhuc erant, solvunt: illæ namque solvere noluerant antequàm arbor navis qua Cortesius vehebatur, reficeretur. Quinterus, cùm multum essent in altum naves progressæ, omnibus velocissimæ navi datis velis, iterum progredi tentat, omni spe lucri, uti priùs, in celeritate posita. Quidam tamen magnæ auctoritatis atque fidei aliam mihi causam, multùm ab eâ quam modò dixi diversam, Quinterio fuisse retulit. Videlicet ne Franciscus

ta de la que acabo de señalar; es á saber, que no pudiendo sufrir que Francisco Niño, de Huelva, piloto de la nave, hubiese sido preferido á su padre para aquel cargo, queria impedirle seguir su camino recto, con cuyo fin Quintero y su padre sedujeron ó sobornaron á los que manejaban el timon mientras el piloto dormia, para que unas veces á diestra y otras á siniestra apartasen la nave de su derrota. Preferian estos perversos que la embarcacion fuese á dar entre escollos, ó en manos de Caribes ó de Antropófagos, ó se perdiese de cualquiera otra manera, mas bien que el que llegase salva á la Española, con Niño por piloto. Tan profundo era el odio que abrigaban contra este hombre, que no pensaron en la suerte propia ni ajena. Por donde vino á acontecer que extraviando camino lo mas del tiempo, ni el engañado ni los que le engañaron pudieron ya saber ni dar razon de los lugares por donde andaban. Admirados estaban los marineros; admirado y atónito el piloto; todos tristes y afligidos, sin hallar medio alguno para entender la navegacion hecha ni por hacer. Porque no atinaban cuál estrella deberian seguir, puesto que ignoraban bajo qué region del cielo se veian, ni qué rumbo habian de tomar para alcanzar al cabo alguna tierra, aunque fuese de Antropófagos. Comenzaban ya á faltarles los víveres y les afligia la sed, pues en veinte dias no bebieron otra agua que la llovediza que podian recoger en los lienzos y velas. Ni acababan aquí los males; que tenian la muerte en las fauces. Descubierto por

---

Nignus Huelvensis, navis gubernator, quem ipse molestissimè ferebat patri suo in gubernandà navi esse praelatum, rectà iter quo tendebant, agere posset, Quinterus paterque, seductis vel pecuniis corruptis qui clavum dum nauclerus dormitabat regebant, dextrorsùm modò, modò sinistrorsùm, alio navim quàm quo ibat, ducere. Malebant pessimi illi mortales navim in scopulos, in Caribes, in Antropophagos incidere, aut quovis alio modo perditum iri, quàm reducem in Hispanam adpellere, Nigno nauclero. Adeò hominis odium altè illis insederat, ut neque sui neque aliorum rationem haberent ullam. Quo accidit ut dum plurimum temporis errant, nec qui falsus est, nec qui illum fefellerant, scire cognoscereve possent ubi locorum aut terrarum agerent. Mirari nautæ, mirari stupereque nauclerus, tristes mœstique cuncti esse. Quippe quod neque navigationis actæ, neque deinceps navigandi ullo modo iniri poterat ratio. Namque parùm constabat, quam stellarum sequi deberent, cùm, sub qua cœli plagà essent, nescirent, aut quà, quóve cursum intenderent, ut terram tamdem aliquam vel Antropophagorum attingere daretur. Commeatus penurià laborare inceperant. Siti adeò premebantur, ut aquam non nisi pluviatilem, quam linteis ac velis congregare poterant, per viginti dies biberent. Nec is finis malorum. Mors penè in faucibus erat. Cognità demum fraude atque proditione, Quinterus paterque, omnium

fin el engaño y traicion, Quintero y su padre, el mayor par de perversos que hubo jamas en la tierra, confesaban su culpa, pedian perdon y á todos suplicaban. El piloto Niño, al contrario, amenazaba, prorumpia en imprecaciones y maldecia á los autores de la maldad. Los demas acusaban á la fortuna, se lamentaban, confesaban sus pecados, se perdonaban mutuamente, implorando tristes y rendidos el auxilio del Todopoderoso. En tan grave riesgo de muerte se hallaban aquellos desdichados y ya la noche se acercaba, cuando vieron una paloma revoloteando suavemente en el tope del mástil (era Viérnes Santo), sin espantarse de los gemidos de los navegantes. Por mucho tiempo les pareció, no que volaba en derredor del mástil, sino que estaba fija; asentóse al fin, y les trajo señal cierta de salvacion. Grande ánimo cobraron los poco antes medrosos y desesperados; y pareciéndoles aquello un prodigio, lloraban todos de alegría, alzaban las manos al cielo, y daban gracias al clementísimo Dios, Señor de todas las cosas. Quién decia que la tierra ciertamente no estaba lejos; quién que era el Espiritu Santo, que bajo la forma de aquella ave se habia dignado venir para consuelo de los tristes y afligidos. Seguian con su nave el vuelo de la paloma; pero esta desapareció al dia siguiente de su venida. Increible fué la tristeza, miedo y dolor que sintieron cuantos iban en el navío; la esperanza, única compañera del hombre, era el solo sosten de sus miserables vidas. Al cuarto dia, Cristóbal Zorzo, vigía

---

quos terra aluit umquam scelestissimi, fateri culpam, precari veniam, prehensare omnes. Contra verò Nignus nauclerus minitari, mala imprecari, diris agere qui eum dolum fecerant. Cuncti præterea fortunam incusare, lamentari, peccata fateri, omnia omnibus condonare, Dei O. M. auxilium supplices mœstique implorare. In hoc vitæ discrimine erant miseri illi mortales, jamque nox appetebat, cùm supra arboris summitatem placidè volantem columbam vident [die crucis Domini] navigantium gemitibus haud territam. Diu circa navim pendenti magis quàm volanti similis apparuit: sedit monstravitque haud dubium felicitatis auspicium. Ingens porrò alacritas aut fiducia paulò ante deterritos deque salute desperantes cepit, et quod digna res admiratione visa est, collacrimare præ gaudio omnes, in cœlum manus tendere, gratias clementissimo Deo rerum omnium domino agere: clamare alius, haud quidem terram longe abesse; alius, Sanctum esse Spiritum, qui in illius alitis specie, ut mœstos et afflictos solaretur, venire erat dignatus. Quò columba volabat, eò navis ducebatur. Ceterùm altero die quàm eò venerat, columba disparuit. Quantum mœroris metùsque et luctùs qui in nave erant contraxerint, incredibile est memoratu. Ceterùm spe tantùm quæ sola comitatur mortales, vitam trahebant mœstissimi. Quarto deinde die Cristophorus Zorzus, navis proreta, albicantem terram videt, clamitatque se terram

de la embarcacion, descubrió una tierra blanquecina y comenzó á gritar *tierra!* A sus voces, como si despertasen de un profundo sueño, y cobrado nuevo ánimo, volaron todos á la proa donde Zorzo estaba, para ver por sus propios ojos lo que tanto habian ansiado. Vista, pues, y reconocida la tierra, comenzaron á derramar lágrimas de alegría, saltaban de gozo, y se abrazaban mutuamente. El piloto Francisco Niño afirmaba que la costa que todos veian, era la de las Higueras, y el promontorio de Samaná. «Si no es ella, cortadme la cabeza, decia, y echad á cocer mi cuerpo en esa caldera que está al fuego.» Quintero y su padre, obstinadísimos en aquel punto, sostenian porfiadamente no ser verdad. Sin embargo, al cuarto dia de haberse presentado Samaná á vista de los navegantes, entraron en el tan deseado puerto, donde estaban ya las cuatro naves antes mencionadas; en ellas eran considerados y llorados como perdidos Cortés y cuantos iban en la embarcacion de Quintero. Mientras echaban anclas y aseguraban el navío con las amarras, Medina, secretario de Ovando y amigo de Cortés, luego que supo el arribo de la nave de Quintero, saltó en un esquife para ir al encuentro del amigo cuya feliz llegada le llenaba de placer. Saludáronse ambos, diéronse las manos y se abrazaron. Luego Medina, pasadas las mútuas felicitaciones, entre las cosas que refirió de las leyes de indígenas y conquistadores, añadió lo que á su juicio parecia mas importante para Cortés, á saber, que en llegando á la ciudad de Santo Domin-

---

conspexisse. Ad ejus acclamationem cuncti, velut ex altissimo somno experrecti, omni animi languore pulso, ad proram ubi Zorzus erat, advolant, propriis oculis inspecturi quod tantopere expetiverant. Visâ itaque atque terrâ agnitâ, oculis lacrimæ præ lætitia manare cœperunt; gestire omnes, alter alterum amplecti. Franciscus Nignus nauclerus affirmabat eam terrarum oram, quæ ab omnibus conspiciebatur, Higueram, et Samanæ esse promontorium. «Id ni ita est, inquit, caput mihi abscindite, et corpus, ut coquatur, in istum cacabum qui in foco est, injicite.» Quinterus tamen et pater pertinaciter, ut eâ in re animo erant obstinatissimo, verum illud non esse contendebant. Ceterùm die quarto quàm Samana se navigantibus videndam obtulit, optatissimum intrant portum, quem jampridem quatuor illæ naves, quarum supra mentio facta est, tenuerant, quæque pro perditis ac deploratis Cortesium et ceteros qui in Quinteri navi erant, habuerant. Interim dum jaciuntur anchoræ, rudentibusque navis obfirmatur, Medina, Ovandi secretarius, Cortesiique amicus, ut primùm accepit Quinteri navem portum ingressam, cymbam intrat, amicoque, quem salvum advenisse gaudebat, obviam ire pergit. Salutant sese ambo, dextram dextræ jungunt, mutuò sese amplectuntur. Ceterùm Medina, post mutuam gratulationem, inter ea quæ de insulanorum debellatorumque legibus retulit, illud addit quod Cortesio

go, situada á la embocadura del rio Ozamá donde estaba tambien el puerto, luego que saliera de la lancha, fuera á asentarse por vecino, pues de no hacerlo, no tendria derecho á los privilegios de tal, ni á las mercedes de conquistador; cuando, por otra parte, si entraba en el número de los vecinos, obtendria fácilmente un campo y un solar en la ciudad donde pudiera labrar su casa, con certeza de ser pronto señor de algunos Indios: por lo demas, pasados cinco años, durante los cuales debia permanecer precisamente en la isla, dando fiadores de no salir de ella sin licencia del gobernador, quedaba Cortés dueño de su voluntad, y libre para vender y cambiar á su gusto cuanto tuviera, é irse donde creyera conveniente. A lo que respondió Cortés: «Ni en esta isla, ni en ninguna otra de este Nuevo Mundo, quiero ni pienso estar tanto tiempo; por lo mismo no me quedaré aquí con semejantes condiciones:» cuya respuesta tuvo á mal Medina. Cortés, sin aguardar la llegada del gobernador, se dispuso para ir, con los criados que habia traido de España, á sacar oro, abundantísimo en aquella isla. Cuando llegó la nave de Quintero estaba ausente Nicolás de Ovando; mas luego que volvió, hizo llamar á Cortés, y despues de haberse informado de las noticias de España, le asentó por vecino. Al tiempo de la llegada de Cortés á la Española vivian los Indios pacíficamente; pero poco despues los de Baoruco, Aniguayagua, Higuey y otros, se alzaron contra los Españoles. Ovando les declaró guerra, porque

---

maximè conducere, ut ipse putabat, videbatur: ut cùm primùm ad Sancti Dominici civitatem ad Ozamæ fluminis os sitam, ubi et portus erat, e scapha descendisset, civis conscriberetur: namque alioqui neque civis jure, neque debellatoris munere frui licebat. Ceterùm si in civium ordinem esset relatus, agrorum partem, et in oppido solum, ubi domum facere posset, facilè obtenturus, et brevi aliquot Indorum dominus erat futurus. Præterea Cortesium, transactis quinque annis, quibus vellet nollet in insulà, datis etiam vadibus ab eà non discedendi sine præsidis commeatu, manendum erat, sui juris fore. Vendere commutareque omnia arbitratu suo posse, et quoquò vellet migrare. Ad quæ Cortesius: «Ego, inquit, nec in hac insulà, nec in quavis aliá hujus Novi Orbis esse volo aut spero tantum temporis. Quapropter hic loci haud equidem conditione ista manebo.» Molestè tulit id responsum Medina. Cortesius, ne exspectato quidem præsidis adventu, cum his famulis quos ex Hispaniá secum adduxerat, ad effodiendum aurum, cujus ea insula feracissima est, ire parat. Aberat Nicolaus Ovandus tunc temporis cùm Quinteri navis eò adpulit. Sed ut primùm domum redit, Cortesium accersire jubet: eum, ut est de rebus patriis certior factus, civem dixit. Sub id tempus quo ad Hispanam Cortesius venit, pacatè ætatem agebant indigenæ. Sed haud multò post Baorucani, Aniguiaguani, Higuey et alii populi ab

negaban la obediencia, y no habian de hacer ya lo que se les mandaba; reunió soldados, formó un ejército, marchó contra los enemigos, peleó con ellos y los sujetó. Cortés, sin conocimiento ni práctica de la guerra hasta entonces, ejecutó en esta campaña muchos y muy notables hechos de armas, dando ya anuncios de su futuro esfuerzo: lo cual bastó para que desde entonces lo apreciase el gefe, y tuviera un lugar distinguido entre los soldados. Segun era uso, los Indios con sus tierras fueron repartidos á los Españoles. Diéronle los suyos á Cortés, señalándole un campo que pudiera sembrar y cultivar: esta fué la primera recompensa de su valor. Arregladas á su gusto las cosas de la provincia, despachó Ovando el ejército á cuarteles de invierno, y él tambien volvió triunfante á la ciudad.

Alonso de Ojeda y Diego de Nicuesa, no habiendo por entonces guerra en la isla, resolvieron ir á buscarla fuera; y tomando por pretesto el rescatar oro, acordaron pasar á Cuba, donde hasta entonces no se habia hecho entrada. Comunicado el proyecto con los amigos, aprestaron tres naves, muy bien provistas de víveres y armas, y escogieron los compañeros de expedicion. Cortés era uno de los señalados para la empresa; pero estaba enfermo de un tumor en el muslo derecho, que se extendia hasta la pantorrilla, y mantenia la pierna inflamada é inmóbil. Como la enfermedad le duró muchos meses no pudo ir á aquella expedicion; pero disfrutaba de tanto crédito por su notorio esfuerzo, que Ojeda y Nicuesa, provistos ya

---

Hispanis desciverunt. Ovandus bellum hostibus, quia imperium detrectaverant, facturique imperata non essent, indicit: delectum habet militum, exercitum comparat, in hostes movet, pugnat denique, atque hostes debellat. Cortesius, rudis antea et ignarus belli, multa in eá pugná et præclara rei militaris facinora fecit, specimenque futuræ virtutis dedit. Quo factum est ut jam inde duci carus, et inter milites clarus fuerit. Partiti de more Indi cum eorum agro inter Hispanos sunt. Cortesio Indi dati sunt, attributus ager qui coli serique possit. Id fuit Cortesio primum virtutis præmium. Ovandus, hoste debellato, rebusque in provinciá ex voto compositis, exercitum in hiberna dimittit: ipse ovanti similis in civitatem revertitur.

Alphonsus Ojeda et Didacus Nicuesa cùm domi eá tempestate bellum deesset, foris quærere decernunt; in Cubamque, quæ nondum fuerat bello tentata, ire statuunt, auri redimendi prætentá causá. Hi itaque consilio cum amicis communicato, naves tres parant, commeatibus complent et armis, socios sibi ad eam expeditionem deligunt. Erat Cortesius illorum comes iturus, ni apostemate quodam ejus femur dextrum ad suram usque eo maxime tempore distentum tetanicumque fuisset. Et quia plures menses is morbus tenuit, ad

de cuanto era necesario para la campaña, le aguardaron anclados tres meses, retardando todo ese tiempo el dia de la partida.

Dada órden de cesar en el gobierno de la isla á Nicolás de Ovando, que administró la provincia con tanto acierto como integridad, envió el rey por sucesor suyo á Don Diego Colon, hijo de Don Cristóbal y heredero de los derechos de su difunto padre. Apenas llegó Don Diego á la Española, como todo allí estuviese pacífico, y él no olvidase el nombre y la gloria de su padre, pensó entrar de guerra en Cuba, tanto para sujetar por armas, si por razones no era posible, una isla de las primeras que su padre descubrió, como para evitar que los Españoles se enervasen con el descanso y la ociosidad. Así pues, preparó para aquella expedicion armas, naves, víveres y gente, nombrando por capitan á Diego Velazquez, de Cuellar. Era Diego, para darle aquí á conocer de una vez, soldado veterano, práctico en cosas de guerra, pues sirvió diez y siete años en la Española, hombre honrado, conocido por su riqueza, linaje y crédito; ambicioso de gloria, y algo mas de dinero. Nombrado, pues, Velazquez por gefe, tomó grande empeño en llevar consigo á Hernan Cortés, buen soldado y su amigo, cuya actividad, talento y valor eran públicos desde la guerra del Baoruco. De modo que Velazquez rogó é importunó á Cortés para que le acompañase, prometiéndole mares y montes, como él le prometiese su ayuda en aquella guerra; y por-

---

id belli ire non potuit. Ceterùm tantæ dignationis Cortesius ob præclaram virtutem est habitus, ut Ojeda et Nicuesa, omnibus quæ bello usui forent paratis, tres ipsum menses in anchoris exspectaverint, diesque profectionis sit dilatus.

Nicolao Ovando, qui optimè ac sanctissimè provinciam administrarat, ab insulâ discedere jusso, Didacus Columbus, Cristophori filius, in demortui patris locum suffectus, succesor est a Rege datus. Is cùm primùm in Hispanam venit, et omnia pacata essent, paterni nominis et gloriæ haud immemor, animum ad Cubam insulam bello petendam adjecit, tum ut eam insulam, quam pater omnium ferè primam repererat, ipse armis, si verbis fieri non posset, domaret, cùm ne Hispani otio ac desidiâ torpescerent. Arma igitur ad id bellum, naves, commeatum, militem comparat; ducem ejus expeditionis Didacum Velazquium Cuellarensem creat. Erat Didacus, ut hoc in loco de eo semel tantùm dicamus, veteranus miles, rei militaris gnarus, quippe qui septem et decem annos in Hispanâ militiam exercitus fuerat, homo probus, opibus, genere et famâ clarus, honoris cupidus, pecuniæ aliquanto cupidior. Velazquius igitur dux designatus, pro magno habuit negotio Ferdinandum Cortesium, strenuum militem et sibi amicum, cujus a bello Baorucano diligentia, solertia et virtus nota erat, secum ducere. Ergo Velazquius diu multùmque Cortesium rogat, ut secum eat: maria ac montes pollicetur, si operam ad id bellum pollicetur. Et

que él era poco á propósito para ella por su obesidad, hizo á Cortés consultor y ejecutor de todos sus acuerdos. Cortés, tanto por su amistad con Velazquez en los siete años que habia pasado en la isla, como por falta de otras guerras, á que él tambien era aficionadísimo, se dejó fácilmente persuadir; fuera de que no creyó oportuno perder tal ocasion de adelantar, esperando que lo futuro seria mejor que lo presente. Armóse esta expedicion el año del Señor de 1511. Dista de Cádiz la isla Española por via recta (para decir algo de su situacion y costumbres de sus naturales, antes que de ella salga Cortés), cinco mil millas, ó mil doscientas cincuenta leguas, como dicen los Españoles: cada legua tiene cuatro millas. La isla corre á lo largo seiscientos mil pasos, y la mitad á lo ancho. Hácia el medio es por donde mas se extiende, y mide de bojeo casi mil y quinientas millas. Tiene al Oriente la isla de Boriquen, llamada por los nuestros San Juan: al Poniente Cuba y Jamaica. Por la parte del Norte están las islas nombradas de los Caribes: la parte que mira al Sur queda bañada por el mar Veneciano, llamado así de Venezuela, que es el continente donde está el lago de Maracaibo, de admirable grandeza. Los indígenas llaman á esta isla Haytí: Cristóbal Colon, de cuyo linaje, vida y hechos largamente hemos hablado en otra parte, le dió el nombre de Española: hoy se le llama comunmente Santo Domingo, á causa de la ciudad del mismo nom-

---

quoniam ipse minus aptus bello ob corporis habitudinem erat, socium et ministrum consiliorum omnium adsumit. Cortesius, tum ob amicitiam qua Velazquio illud septenium quo in insula egerat, obstrictus erat, tum etiam quod bellum, cujus ipse esset cupidissimus, deerat, facile exorari est passus. Ad hæc captandarum quoque majorum rerum occasionem illam non esse prætermittendam censuit, præsentibus futura meliora sperans. Fuit is annus quo expeditio hæc fieri contigit, undecimus post Christum natum millesimusque ac quingentesimus. Distat Hispana insula, rectà a Gadibus navigatione (ut de ejus situ ac gentis moribus, antequam Cortesius ab eâ digrediatur, aliquid dicamus) milliaria quinque mille, mille ducentas quinquaginta leucas, ut Hispani dicunt. Harum singulæ quaternis constant milliaribus. Ejus longitudo passuum sexcenta millia. Latitudo duplo minor. Maximè circa sui medium patet. Ambitus mille ferè quingenta milliaria. Ab ortu Boriquenam insulam, quam nostri Sancti Joannis appellant, habet. Ab occasu Cubam et Jamaicam. Quà boream spectat, insulæ sunt cognomento Canibalum. Quà austro obversa est, mari Veneto alluitur; a Venetiola, quæ continens est in qua Macaibus lacus visendæ magnitudinis, appellari placuit. Eam insulam Haity vocant indigenæ. Cristophorus Columbus, de cujus origine, vitâ et gestis abunde alibi diximus, Hispanam nuncupavit. Nunc Sancti Dominici vulgo dicitur, ab urbe ejusdem nominis, totius insulæ metropoli. Cujus,

bre, capital de toda la isla, de la cual era obispo cuando esto escribiamos, Alonso de Fuenmayor, varon doctísimo é irreprensible. Esta isla es el centro y emporio mas célebre de todas las vecinas. Cuenta por principales rios el Ozamá, Neiva, Nizao, Yuna, Macorix, Cotuy y Cibao; los dos últimos famosísimos por el oro que llevan. El color de la gente es cetrino, y la benignidad del clima tanta, que les permite andar casi desnudos, cubiertos solamente con una manta de algodon sin teñir, [5] que anudan sobre el hombro y baja hasta media pierna. Llevan en los piés *culponcas* ó sandalias de lino: la cabeza descubierta: dejan crecer el cabello y se arrancan la barba. Las mujeres, si son casadas, cubren lo preciso; si vírgenes, van del todo desnudas. Son frecuentes los desórdenes entre hombres y mujeres; muy dados á liviandad y aun á sodomía. La gente comun solo toma una mujer; el rey, los señores y los ricos, cuantas pueden mantener, con tal que una sea superior á las demas. Nunca se casan con madre, hija ó hermana; antes tienen por cierto que quien con ellas se junta, acaba al fin en muerte desastrada. Consideran tambien como gravísimo delito el llegar á la mujer durante el embarazo y la lactancia. Los pueblos tienen bastante vecindario: las casas son

---

[5] El original parece indicar que esta ropa de los Indios era de seda (*serica chlamyde*). Mas como entre ellos era desconocida tal materia, segun ya lo notamos á la pág. 297, y es cosa averiguada que vestian de algodon, la traduccion asi lo expresa.—Aunque el adjetivo *sericus* se aplica en general á lo que es de seda, denota propiamente lo que pertenece á los *Seres*, ó Chinos; y así *sericum* en Amiano (XXIII, 6,) significa la tela finísima que aquellos fabricaban con una especie de algodon que recogian de las hojas de los árboles. Véase igualmente á Plinio, Hist. Nat., VI, 20.

---

cùm hæc commentaremur, erat episcopus Alphonsus Fuenmayor, vir doctissimus atque integerrimus. In eâ omnium finitimarum insularum conventus: emporium celeberrimum. Fluvii in eâ insulâ maximi, Ozama, Neiva, Nizaus, Yuna, Macorix, Cotuyus, Zibaus. quorum duo postremi auro nobilissimi. Gentis color subfuscus. Aeris tanta temperies, ut nudi ferè agitent, sericâ tantùm induti chlamyde nativi coloris, ad media crura demissâ, nodoque humeris collectâ. Culponcas [aliter, lineas soleas] pedibus inducunt: nullum capiti tegumentum: comam promittunt: barbam deglabrant. Feminæ, si nuptæ, ab umbilico crus usque pudenda obtegunt: si virgines, nihil obtegunt. Facilis cum feminis virorum congressus. Libidini supra quàm dici possit deditissimi: pædicones, cinædi. Unicam tantùm uxorem vulgo ducere: rex, dynasta, dives, quotquot alere potest, modò una ceteris dignitate præstet. Matrem, filiam aut sororem numquam ducere. Persuasum habuit natio illa, qui cum filiâ, matre aut sorore congrederetur, infelicissimæ mortis exitum subiturum. Cum conjuge, si uterum gestet vel lactet, cubare piaculum maximum. Urbes frequentes: domicilia ex pluteis cratibusque, in pyri aut testudinis speciem. Lecti pensiles.

de maderos y zarzos en forma cónica ó abovedada. Usan hamacas para dormir: guisan sus alimentos y celebran convites. El agua es su bebida; pero se embriagan con frecuencia, no con vino, que no tienen, sino lo que es mas extraño, con humo. Tienen sus bailes y cantares, á lo que llaman *areitos*, donde refieren á una los hechos de sus dioses y varones ilustres. No tienen otros monumentos históricos sino los areitos, ni hay cosa que mas estimen. Estos pasan tradicionalmente de padres á hijos, por via de enseñanza y ejemplo, contentándose solo con la palabra, á falta de letras. Daban á sus dioses gran reverencia y culto: tenian al demonio (que los Indios llaman Zemí) por el mayor de los dioses y como á tal le adoraban: solo de él esperaban cuanto bueno y malo habia de sucederles, teniendo en todas partes pintada su descomunal y horrenda efigie. Sus sacerdotes eran llamados Bohitios, ó tambien Zemíes, por el nombre del mismo demonio, y á ellos pertenecia toda la ciencia y poder de la medicina y la adivinacion. En la guerra usaban de picas, espadas, dardos, hondas, petos de algodon, flecha y arco, que manejan con gran destreza. A los prisioneros los matan y comen. Teniendo tanta abundancia de todos metales, no conocen el uso del oro ni la plata. Para partir cualquiera cosa se sirven de pedernales. En vez de trigo, se mantienen de maiz, cazabe y batatas *(camotes)*, como tambien de una excelente especie de ají. Aquella tierra, de tan dichosa fertilidad por otra parte, carecia de caballos, asnos, toros y carneros. Oro tienen mucho; pero no saben aprovecharlo. Hay pepitas de este metal en rios, arro-

---

Obsonia condiunt, convivia celebrant. Aqua potus: inebriari tamen crebro, non quidem vino quo carent, sed quod magis mireris, fumo. Choreas ducunt, cantilenam accinunt, *areitum* ipsi dicunt, deorum virorumque illustrium facta complexim. Nulla alia rerum monumenta quàm quæ in areito: quo nihil illis antiquius. Id liberis ad vitæ institutionem parentes per manus tradere, ut voce tantùm, quando litterarum nullus esset usus, referrent. Maxima circa deos religio et cultus; dæmonem (*Zemi* appellant indigenæ) deorum maximum et credere et colere: ab eo uno omnia prospera aut adversa sperare. Illius immane atque horrendum simulacrum ubique locorum depingi. Ejus sacerdotes *Buhiti* dicuntur, atque ab ipso etiam dæmone *Zemii*. Penes hos omnis augurandi atque medendi scientia et auctoritas. In bello hastâ, ense, veruto, fundâ, gossipino thorace, sagittâ et arcu, quo potissimùm valent, utuntur. Quos bello capiunt vivos, mactant et comedunt. Argenti aurive usus in omnifariâ metallorum copiâ, nullus. Pyritâ (idem est silex) ad quamcumque rem scindendam utuntur. Cereris loco, maizo, cazabo et batavis vesci; vesci et axi probatissimâ specie. Equis, asinis, bove et ove tellus ea, ubertate alioqui beatissima, carebat. Auro gens abundantissima, sed quo frui nesciret. Flumina, rivuli, lacus, ramenta auri habent.

yos y lagos; y acontece haber entre las piedras ó terrones, granos de oro de increible magnitud, que valen tres mil castellanos. Los trueques causaban risa, fuera por desprecio que hacian del oro, ó por ansia de adquirir los artículos comunes de comercio. Navegan en pequeñas embarcaciones de un solo tronco, llamadas por los Indios *canoas*. Entierran á los muertos en el suelo: con los reyes, ó caciques, y con los nobles, entierran cuantas cosas apreció el difunto en vida, y una ó dos de sus mujeres, de las que él mas queria: estas eran tenidas comunmente por muy dichosas y honradas. Entre las leyes que dicen tenia aquella gente, una merece mencionarse en primer lugar; y era que al ladron, aunque lo fuese por primera vez y el hurto muy despreciable, lo empalaban. Por lo demás, con el trato de Españoles todo ha venido á mejor, salvo que de tantos miles de hombres como poblaban la isla, apenas queda vivo uno que otro.

Velazquez, pues, á los pocos dias de partido de la Española llegó á Cuba, la que, parte por el trato y persuasion, parte por guerra, dejó sujeta en mucho menos tiempo del que esperaba. No entra en nuestro propósito referir los encuentros que hubo, el tiempo, la diligencia y los manejos que costó á Velazquez la conquista de Cuba: bastará decir lo que toque á Hernan Cortés. Luego que este vino á Cuba con Velazquez, á nada atendió tanto como á granjearse por todos los medios posibles la voluntad del comandante. En la guerra se condujo con tal bizarría, que en breve tiempo vino á ser el mas

---

Inter saxa, inter glebas, aureas pilas temere jacentes incredibili magnitudine reperiri, trium millia aureorum valore. Ridicula rerum permutatio: tum auri contemptu, cùm desiderio earum rerum quæ commercio parantur. Navigabant parvis navigiis uniligneis: *canoas* Indi, Latini lintrum dicunt. Solo corpora sepeliri. Cum regibus, quos *caciques* vocant, cum dynastis omnia quæ fuerant vivis cara, et ex uxoribus singulæ binæve quæ omnium maxime a viris essent dilectæ, sepeliebantur. Dari id vulgo felicitati et honori. Ex legibus quibus ea gens usa dicitur, illa in primis memorabilis, quod fur vel primo vel minimo quoque furto, vivus palo figebatur. Ceterùm Hispanorum commercio omnia in melius mutari contigit, præterquam quod ex tot mortalium millibus qui insulam incolebant, vix unus aut alter superstes.

Velazquius, igitur, paucis diebus quàm est ab Hispaná profectus, Cubam venit; quam multo breviori temporis intervallo quàm speraverat, in ditionem redegit, cùm commercio et suasione, tum bello. Quot præliis, quanto temporis spatio, qua industriâ, quibusve artibus sit tandem Cuba a Velazquio debellata, haud est nostri instituti dicere. Sat erit quæ ad Ferdinandum Cortesium attinent, commemorare. Itaque Cortesius postquam in Cubam cum Velazquio venit, nihil antiquius ducere quàm modis omnibus gratissimum esse duci.

experto de todos. Parecia multiplicarse en maniobras, marchas y vigilias: jamas lastimó el crédito ajeno, como suele hacerlo la ambicion desordenada; mas nunca permitió tampoco que otro se le adelantase en el consejo ó la ejecucion: antes él se adelantaba á muchos; por cuyos medios fué muy pronto querido de los soldados, y estimadísimo del gefe. Conocido, pues, por Velazquez y hecho público el mérito de Cortés, aquel le juzgó capaz de arreglar cuantos negocios pudieran ofrecerse, y por lo mismo le dió participio en todos sus planes y secretos, segun antes le tenia prometido, concediéndole el primer lugar entre todos sus amigos. Cuantas cosas difíciles y arduas ocurrian, las despachaba por medio de Cortés, á quien estimaba mas y mas cada dia. Grande odiosidad se le suscitó por el favor y gracia del gefe. Habia por entonces en el ejército muchos nobles españoles, y muchos aventureros; turbulentos, validos de Velazquez más que honrados. Estos se empeñaban todo lo posible en infundir á Velazquez sospechas y odio contra Cortés; pero en especial dos Antonios Velazquez, y un Baltasar Bermudez, grandes amigos del gobernador, eran los mas contrarios y enemigos de Cortés, por envidia de su favor y autoridad. Llevando á mal que Cortés fuese preferido á ellos en la direccion de los negocios, á la primera ocasion que hallaron de atacar al enemigo, fueron á Velazquez denunciándole un supuesto crímen, y acusando á Cortés de querer mudanzas en el gobierno, de manejar los negocios con intencion torcida, y ejecutar sus

---

In bello adeò se strenuè gerere, ut sollertissimus omnium paucis tempestatibus factus sit. In operibus, in agmine, ad vigilias quoque multus esse. Interim præterea nullius famam, quod ambitio prava solet, lædere. Tantummodò neminem aut manu aut consilio priorem pati, plerosque antevenire quoque. Quibus artibus brevi est factus militibus carus, duci verò carissimus. Velazquius ergo, cognità notàque Cortesii virtute, idoneum illum esse judicat per quem negotia omnia transigi possint. Participem consiliorum secretorumque omnium, quod antea promisserat, facit. In amicis primo loco habet. Res omnes arduas difficilesque per Cortesium, quem in dies magis magisque amplectebatur, agit. Ex eo ducis favore et gratià, magna Cortesio invidia est orta. Fuere eà tempestate in exercitu nostro multi Hispani nobiles, novique homines, factiosi, magis apud ducem clari quàm honesti. Hi Cortesium, quàm maximè poterant, invisum suspectumque Velazquio reddere conabantur: præcipuè tamen duo Antonii Velazquii et Balthasar Bermudus, duci in primis carissimi, Cortesio autem, ob dignationis et auctoritatis æmulationem, adversi infestique. Hi ægre ferentes Cortesium sibi in rerum administratione antehabitum esse, ut primùm premendi inimici tempus sunt nacti, ad Velazquium deferunt, falsum crimen objectant, res novare Cortesium velle criminantur, negotia malignè agere, mandata fide non bonà exsequi. Ami-

mandatos de mala fe. Amigos sin duda fieles, pero en demasía oficiosos, todo lo descompusieron, pues encubriendo su malevolencia con capa de amistad y respeto, trataron de cebar su odio en el inocente que habia hecho tan grandes servicios á su general. Velazquez, hombre por otra parte excelente, oyó primero los cargos, y al fin comenzó á darles crédito, pues prestaba atento oido á las acusaciones de envidiosos y calumniadores. Acontece á menudo que una vez creida la mentira, viene á ocupar el lugar de la verdad; y á reyes, capitanes y poderosos suelen infundir mas recelo los buenos que los malos, pues el mérito ajeno siempre les causa sobresalto. Así anda el mundo. Velazquez, pues, llevado de ira y odio al mismo tiempo, dió mas crédito á las palabras de los contrarios que á los hechos de Cortés; le censuró públicamente, le apartó de si, mandó luego prenderle, y una vez preso le entregó al alcaide de la fortaleza para que le custodiase. Hacíalo así por temor de que si se levantaba en el ejército un nuevo tumulto, los soldados proclamarian general á Cortés; pues bien sabia que en el aposento de este habian tenido reuniones nocturnas muchos de los principales Españoles para conspirar contra él. Quejábanse aquellos de que Velazquez, sin consideracion á los valientes y nobles, repartia no solo los despojos que el valor habia quitado á los enemigos, sino tambien los terrenos é Indios, dividiéndolo todo entre él, sus amigos y clientes. Fácilmente calmó Cortés con su influjo aquella agitacion; y reprendiendo con palabras suaves á los autores de la conjuracion, alcanzó con sus razones que

---

ci sane fideles, sed moleste seduli omnia turbant, dum odio suo amicitiæ et pietatis speciem præferentes, innoxium ac bene de duce meritum opprimere laborant. Velazquius, vir alioqui optimus, audire primùm ea; postremò, quod invidorum obtrectatorumque criminationibus ejus aures adapertæ sunt, credere cœpit. Sæpe quod falso semel creditur, veri vicem obtinet; regibus, ducibus atque potentioribus, quibus aliena virtus semper est formidolosa, boni quàm mali suspectiores sunt. Ita se mores habent. Velazquius itaque, irâ simul et odio stimulatus, inimicorum verba ante Cortesii facta ponit, propalam carpit, abs se submovet, submotum capi jubet, captum victumque arcis custodi asservandum tradit. Valde namque timebat ne si quis novus in exercitu motus oriretur, Cortesius ab hispanis militibus dux consalutaretur. Compertum habebat Hispanorum primores noctu in Cortesii casam, ut in se conspirarent, frequentes coivisse. Querebantur illi quod Velazquius non prædam solùm quam ex hoste viri fortes tulissent, sed agrum quoque et Indos ipsos sibi suisque tantùm amicis et clientibus daret, nullâ virorum fortium aut nobilium ratione habitâ. Eum motum Cortesius facile auctoritate suâ pressit. Conjurationis auctores le-

ellos se arrepintieran de su conato y no rehusasen cumplir con su deber. Así libró de todo daño á Velazquez.

Una vez enviado á la fortaleza, como queda dicho, espiaba Cortés cualquier ocasion de evadirse. Temia la cólera del gobernador, no porque le acusase la conciencia, sino por las acriminaciones de algunos malévolos. Poníale grima la mala traza y asquerosidad de la cárcel, y le incomodaban mucho las prisiones. Pues padeciendo en su ánimo esta inquietud y afliccion, trató por la noche de romper la cadena de hierro y cordeles que le sujetaban. Logró al cabo, aunque con dificultad, romper los cordeles, por medio de un palo pequeño que para el caso habia prevenido, y de la cadena se deshizo fácilmente. Pero al limar el cerrojo, hizo ruido. Rotas, pues, sus prisiones, echó mano á una estaca que estaba junto á la pared, y á pasos acelerados se fué para el lecho donde dormia el alcaide, con objeto de romperle la cabeza con la estaca, si antes de que él llegara daba voces, ó se empeñaba en seguir gritando. Pero Cristóbal de Lagos (que así se llamaba el alcaide), ó no oyó venir á Cortés, ó si le oyó tuvo por bien hacerse sordo, puesto que ni se atrevió á chistar. Cortés tomó la espada y rodela, que estaba colgada á la cabecera del alcaide, y ceñida la una, y embrazada la otra, forzó una ventanilla y se descolgó por ella. Dirigióse inmediatamente á la cárcel donde estaban presos los amigos y compañeros que eran tenidos por partidarios

---

niter verbis increpitos eó rationibus adduxit, ut et eos cœpti pœniteret, et in officio esse non detrectarent. Sicque Velazquium ab injuriâ prohibuit.

Cortesius igitur, ut supra dictum est, in arce adservari jussus, in omnem evadendi occasionem erat intentus. Timere ducis iram, non quidem facti conscientiâ, sed malevolentissimorum quorundam hominum odio. Pedorem situmque carceris exhorrescere, vincula molestissimè ferre. Ergo cùm his animi curis ac sollicitudinibus angeretur, ferream catenam et nervum, quibus erat adstrictus, noctu abrumpere tentat. Nervum, tametsi difficulter, fusticulo tamen quem ad id ipsum paraverat, obrumpit: catenam facilè exuit. At ferreum pestillum cùm serrâ effringeretur, perstrepuit. Ruptis itaque vinculis, sudem qui præter parietem erat, arripit; ad lectum ubi arcis custos jacebat, citato gradu tendit, ne* si antequàm eó ipse veniret, clamaret, vel si clamare pergeret, sude caput tunderet. Sed Christophorus Lagus (id nomen arcis præsidi fuit) vel venientem Cortesium non sensit, vel si sensit, bellè dissimulavit; nam ne mutire quidem est ausus. Ejus Cortesius gladium peltamque, quæ ad lecti caput pendebat, capit. Hanc brachio, illum cinctui adaptat, rectàque ad effringendam fenestellam quamdam it: eâ effractâ pendulum deorsùm se mittit. Ceterum primùm omnium ad carcerem, ubi amici et commilitones qui ejus partes sequi

* «Ne is» puso el autor: luego enmendó «Ne si.» Sin duda quiso escribir «Ut si.» (Nota de Muñoz.)

suyos. Despues de saludarles, alentándoles con la esperanza de verse pronto libres, pero previniéndoles que no saliesen sin órden del gobernador, se acogió á una iglesia de la ciudad. El alcaide Cristóbal, luego que supo la fuga de Cortés, juntó á los soldados puestos en guarda de la fortaleza, precisamente para quitar toda ocasion y tiempo á tal fuga, les acusó de descuido y connivencia, y llenó todo de gritos, amenazas y alboroto. Al fin marchó á dar parte á Velazquez de lo sucedido, con no pequeño temor de verse acusado de descuido, ó de traicion, que era peor y mas grave; pues era imposible que estando Cortés aherrojado en el mismo aposento en que él dormia, no le sintiera romper la cadena y la ventana. Mas si hemos de decir verdad, Cristóbal de Lagos fingió no sentir nada, por miedo, no por amistad, como algunos le han imputado falsamente. Despertado Velazquez con aquella noticia, y alterado mas de lo regular y debido, dió órden de buscar á Cortés. Cuando supo que estaba en la iglesia, quiso sacarle de ella, primero por tratos y despues por fuerza; mas aprovechándole poco, porque Cortés defendia con resolucion su persona y asilo, puso guardia á la iglesia. Discurria entretanto Velazquez qué medio hallaria de castigarle. Grandísima incomodidad é impaciencia le causaba, así el que se hubiera escapado de la cárcel, como que se atreviera á salir de sagrado y pasearse á vista suya delante de la iglesia, porque juzgaba ser hecho todo esto con ánimo de ofenderle y despreciarle, segun aseguraban Bermudez, los Antonios y demas émulos. Creciendo cada dia su irritacion, y descon-

---

dicebantur, vincti erant, tendit. Quibus consalutatis, et in spem brevi e carcere liberandi erectis, jussisque ne sine ducis jussu e loco abirent, in oppidi templum confugit. Christophorus verò arcis custos, cùm primùm Cortesium abiisse novit, milites qui arci præsidio, ne Cortesio elabendi locus tempusve daretur, locati erant, compellat; negligentiæ eos ac proditionis taxat, omnia tumultu, vociferatione atque minis complet atque interturbat. Ad Velazquium denique it nunciaturus quæ acta erant. Valdè enim sibi timebat, ne negligentiæ, vel, quod pejus graviusque erat, proditionis accusaretur: quando fieri non poterat quin ipse Cortesium, qui in eodem cubiculo erat compeditus in quo et ipse cubabat, catenam fenestramque effringentem non senserit. Cristophorus Lagus, si verum fateri volumus, metu, non amicitiâ, ut falsò quidam putant, se nihil sentire finxit. Velazquius, eo nuncio expergefactus, præter æquum et bonum commotus, Cortesium conquiri jubet. Ceterùm ubi comperit eum in ecclesiâ esse, conatus est verbis primùm, deinde vi e loco sacro illum abstrahere. Verùm cùm id parùm procederet, quod Cortesius se atque sacras ædeis fortissimè tutaretur, præsidio templum munit. Experiri intereà Velazquius quonam pacto de Cortesio pœnas sumat. Molestissimè atque impatientissimè ferebat, tum carcerem Cor-

fiando ya de prender á Cortés sin engaño, le preparó una emboscada. Por un postigo á espaldas del templo, introdujo en él á los soldados, previniéndoles que cuando Cortés, descuidado y sin sospechar tal cosa, paseáse por delante de la puerta, salieran de repente, le prendiesen, y una vez preso le guardasen con gran cuidado. Ejecutóse esto mas pronto de lo que se pensó y esperaba, porque paseándose indefenso le acometió un alguacil llamado Juan Escudero, y antes que Cortés pudiera desasirse de él, le abrazó y le mantuvo estrechamente sujeto. Conociendo Cortés que toda esperanza de fuga consistia en la fuerza, comenzó á luchar con el alguacil, intentando soltarse de sus brazos antes que los soldados acudiesen, y con cuanto vigor y destreza podia le iba llevando para la iglesia. Pero cuando ya llegaba al quicio de la puerta, dió con los soldados que venian en auxilio del alguacil, quienes le estorbaron la entrada á la iglesia, y le llevaron á presencia del gobernador con las manos atadas á la espalda. Encendido Velazquez mas de lo regular en ira y odio, mandó llevarle á una embarcacion y tenerle allí encadenado: puso ademas guardia en la nave, para evitar otra fuga. Hizo conducir igualmente al navío á otros muchos Españoles, que le eran odiosos por la misma causa: así andan las cosas de los hombres. Acrecentáronse con esto los cuidados de Cortés, quien revolviendo

---

tesium effugisse, tum e sacro loco exire, et coram se ad templi fores inambulare. Namque existimabat (quod et Bermudus, Antoniique et ceteri invidi affirmabant) id in sui contumeliam et contemptum fieri. Ceterùm cùm in dies magis animus accenderetur, quod Cortesium capi posse sine dolo diffideret, insidias illi parat, et quàm occultius potest, per posticum a Cortesio aversum, templum milite occupat, jubetque ut dum Cortesius ante templi januam incederet, incautum illum, nihilque tale suspicantem repentè invaderent, caperent, captum diligentissime custodirent. Id cogitatione ipsâ atque exspectatione celeriùs fit. Nam deambulantem et inermem officialis præfecti [Joannes Scuderus], quem nos alguacirum dicimus, aggreditur; et antequàm sese Cortesius expedire posset, prehendit, prehensum arctissimè tenet. Cortesius autem non ignarus spem omnem elabendi in viribus sitam esse, luctari cœpit cum illo, conatusque est de manibus, antequàm adessent milites, delabi. Hominem itaque vi, arte ac technis, quantus erat, in templum agit. Tamen cùm ad januæ limen ventum est, offendit milites qui auxilium laturi officiali venerant, a quibus est et templum ingredi prohibitus, et ad ducem, religatis post terga manibus, ductus. Velazquius majore quàm decebat irâ simul et odio exasperatus, in navim eum tradi, victumque asservari jubet; milites præsidio in nave, ne inde effugere posse, locat. Plerique etiam Hispani, quos ob eamdem causam invisos habebat, ad navem sunt rapti. Ita pleraque mortalium habentur. Accedunt Cortesio jam inde majoris sollicitudinis curæ. Multa animo volvere, experiri cuncta, nervum subinde catenasque intueri ac pertentare. Tentan-

mil ideas en su ánimo, trazaba todo género de proyectos, miraba y reconocia á cada momento la cadena y el cordel. Determinóse por último á tentar la suerte, jugándolo todo á un golpe de dados, como dicen, ya que se veia en el estrecho punto de que pendian su vida y su fortuna. Corrian igual peligro otros muchos Españoles, cuyo empeño é indignacion incomodaban infinito á Velazquez. Cortés de noche se quitaba de los piés la cadena con el mayor silencio, para no ser oido de un amigo que dormia preso en el mismo buque. Mas llegándolo este á entender, comenzó á llorar quejándose de su mala suerte, fuese por temor ó por pena. Cortés le rogaba por todos los santos y santas del cielo, que con nadie se diese por entendido de aquello, y le consolaba con esperanzas de verse pronto en libertad. A poco tiempo fué trasladado aquel compañero á otra parte. Nada pudo acontecer mas deseado ni mas oportuno para Cortés, quien la noche misma del dia en que se vió solo, cambió vestidos con su criado, y para poder trepar á la cubierta desbarató la bomba. Una vez arriba, y antes de salir, asomó la cabeza, registró todo con la vista, nada dejó sin exámen, y se acercó al fogon para engañar á los marineros y á sus guardas. Estos aunque le vieron, no pudieron conocerle por ir vestido con la ropa del criado. Viendo Cortés que todo le salia á medida del deseo, fingió hacer otra cosa, y se dejó caer en el esquife: soltó en seguida la cuerda con que estaba atado á la nave, tomó el remo y se fué para otra embarcacion que estaba en el mismo

---

de tandem fortunæ, omnemque, ut dicitur, jaciendi aleam consilium capit, quando eó ventum esset ubi magnum fortunæ vitæque discrimen subeundum erat. Multi quoque Hispani, quorum studium atque indignatio Velazquo erat molestissima, in eodem periculo versabantur. Cortesius igitur catenis de nocte adeo silenter pedes eximebat, ut ne ab accubante amico qui in eamdem navem missus fuerat, audiretur. Quod cùm ille intellexit, illacrimari cœpit vicem suam questus; vel quod timeret, vel quod doleret. Rogare hominem Cortesius per divos divasque omnes, ne quis ejus rei conscius esset: solari preterea, spemque brevi illinc abeundi ostendere. Nec multò post, qui cum Cortesio erat, alió abducitur. Nihil optatius, nihilque oportunius contingere potuit Cortesio, qui nocte ipsá ejus diei quo solus mansit, vestem cum famulo commutat, organum pneumaticum quo ad superius navis tectum scanderet, demolitur; ascendit, ac priusquàm exeat, caput eximit, oculis omnia lustrat, cunctos intentus intuetur, ad focum accedit, ut nautas et eos quibus se observandi cura fuerat demandata, falleret. Illi tametsi Cortesium sunt intuiti, quod famuli vestes erat indutus, non tamen cognoverunt. Ergo Cortesius, cùm ex sententia omnia caderent, velut aliud agens, per navis latus se ad scapham infert; funem, quo erat navi ligata, dissolvit, remum manu capit, ad alteram navim quæ in eodem portu erat, scapham adpli-

puerto. Llegado que hubo, desató tambien la cuerda que sujetaba el esquife de aquella nave, para que le llevasen lejos las olas, y en caso de ser descubierta su fuga, no tuvieran modo de alcanzarle. A fuerza de remo llegó por último á la embocadura del rio Macaguanigua que pasa por la villa de Barucoa; mas al ir á tomar tierra, la corriente del rio y el reflujo del mar le rechazaron. No por eso perdió ánimo Cortés, antes empujando con mas vigor la lancha hácia el rio, logró alcanzar tierra. Apenas habia escapado de este peligro, cuando se halló amenazado de otro no menos temible, y que debia sobre todo evitar. Habia por allí un destacamento de soldados y marineros, de modo que por no caer en manos de los centinelas, hubo de apartarse algo del camino real. Descansó un rato hasta recobrar ánimo y fuerzas, y al fin tomando ciertas veredas para burlar mejor la vigilancia de los centinelas, llegó á casa de Juan Juarez, allegado suyo, donde se proveyó de espada, broquel y coraza. Fué de ahí á ver á los amigos que estaban encarcelados por su causa, y despues de haberles saludado, infundiéndoles ánimo y buenas esperanzas, se acogió por fin á la iglesia, que aseguró cuanto pudo. Apenas habia amanecido cuando acudió tambien á refugiarse en el templo el patron de la nave de donde acababa de escaparse Cortés. No quiso este admitirle en la sacristía, lugar muy fuerte y seguro que él ocupaba, tanto por falta de confianza en el hombre, como porque no viniesen á faltar los víveres si el asedio se prolongaba demasiado.

---

cat: ad eam ut pervenit, funem etiam, quo ad navim sua scapha revinciebatur, solvit, ut a maris fluctibus agitata longiùs subtraheretur; ne, si conspectus esset, capi in fuga posset. Eremigans denique ad os Macaguaniguæ fluvii, qui Barucoam urbem interfluit, applicat. Ceterùm jam portum ingressurum, undæ refluxusque maris simul et fluminis retrò propelluut. Nec ob id animum Cortesius despondit, verùm multò enixius scapham flumen versùs impellit, terramque capit. Vix hoc periculum evaserat, cùm alterum non minus formidandum, a quo maximè cavendum erat, Cortesio imminet. Excubabant in statione milites et nautæ. Ipse itaque, ne ab excubiis caperetur, paululùm a viâ publicâ divertit: tantisper conquiescit quo animum viresque recipit. Deinde per diverticula quædam, quo facilius excubitores falleret, ad Joannis Xuaris clientis sui domum venit. Ibi ensem, peltam et thoracem capit. Inde digressus, ad amicos qui in carcere ipsius causâ vincti tenebantur, contendit. Quibus consalutatis et in meliorem spem confirmatis, bonoque animo esse jussis, in ædeis sacras se tandem contulit: eas quantùm potuit, munit. Vix dies illucescerat cùm magister navis quam Cortesius effugerat, in templum confugit. Cortesius eum in sacrarium, locum tutissimum ac munitissimum quem ipse occupaverat, non recipit, tum quod se homini credere noluit, cùm ne si diuturnior obsidio contingeret, commeatus deficerent.

Informado Velazquez de que Cortés se hallaba en la iglesia, conoció que no era ya tiempo de llevar adelante su enemistad, y reunió en su casa una junta para tratar de que se enviasen á Cortés personas que procurasen restablecer la paz y amistad. Consultado el punto, tuvo por conveniente enviar dos mensajeros, y los envió á pesar de los émulos de Cortés. Los encargados de aquel paso dieron su embajada en estos términos: comenzaron por recordar la pasada amistad, afirmando estar ya aplacado Velazquez, quien le ofrecia, no solo ser su amigo como antes, sino serlo mas todavía; y concluyeron prometiéndole que no se le impondria ningun castigo si queria reconciliarse con Velazquez. A todo respondió Cortés, que le eran muy gratas las expresiones de los enviados, y mucho mas las del gobernador, cuya autoridad habia siempre tenido y estimado en tanto: quejábase, sin embargo, de que Velazquez, grande amigo suyo en otro tiempo, le hubiese dado tal pago, porque habia atentado á su vida, por engaño y por fuerza. De mucho tiempo atrás habia puesto el mayor empeño en merecer la aprobacion del gobernador y de todos los hombres honrados; pues por sus merecimientos, no por intrigas, habia procurado siempre ganar el afecto de Velazquez; y por lo mismo que se habia portado bien y con valor, estaba menos dispuesto á tolerar una ofensa. Ni tampoco necesitaba de la amistad de un superior cuyo afecto le era dudoso; pero que si Velazquez deseaba una reconciliacion, estaba dispuesto á aceptarla, con tal que en lo sucesivo no volviera á servirse de él

---

Velazquius, ubi certior est factus Cortesium in templo esse, ratus ulteriùs exercendi inimicitias tempus non esse, de mittendis qui cum Cortesio de pace deque amicitiâ reconciliandâ agerent, domum concionem convocat, consilium adhibet, duos mittendos esse censuit, mittit vel reclamantibus ipsius Cortesii invidis. Qui missi sunt, Cortesio mandata exponunt hæc: Veterem in primis amicitiam commemorant; affirmant mitigatum esse Didacum; eumdem illi amicitiæ gradum patere apud ducem, vel multo etiam ampliorem; impunitatem pollicentur, tantùm ipse in gratiam redire velit. Ad ea Cortesius ita respondit: Gratissimam sibi esse eorum orationem, verùm gratiorem multò ducis fuisse, cujus sibi neque majus quicquam, neque cariùs auctoritate unquam fuisset: queri tamen, eam sibi a duce Velazquio, carissimo et amicissimo quondam, relatam gratiam: Didacum dolis ac vi vitæ suæ insidiatum esse: se eo multo tempore ita enisum, ut ab ipso duce et ab optimo quoque probaretur: virtute enim, non malitiâ, Didaco summo viro semper placuisse: ceterùm quo plura bene atque strenue ipse fecisset, eò animum suum minus injuriam tolerare; duci enim amico opus non esse de cujus benevolentia dubitet: ceterùm quia ultrò Velazquius gratiam secum inire vellet, eam ipsum libentissime amplecti, eâ tamen condi-

para nada; porque habiendo dado el gobernador mas crédito á unos perversos calumniadores que á su mejor y mas fiel amigo, ya no debia contar con los servicios de este. Con tal respuesta despidió Cortés á los que trajeron el empeño de componer aquellas amistades. Parecia que por escusarse odios estaba mas dispuesto á reconocer á Velazquez como superior que como amigo. Pero entretanto, para quitar á sus contrarios la ocasion de apoderarse de su persona, no quiso dar un paso fuera de la iglesia.

Impuesto Velazquez por sus enviados, de la resolucion de Cortés, dispuso rodear de soldados la iglesia, para que no pudiera escaparse por alguna salida oculta. Mandó en seguida pregonar jornada á la provincia de Xaragua, llamada despues Trinidad, que se habia rebelado, y hechos los preparativos necesarios para la expedicion, marchó contra el enemigo. El mismo dia de la salida de Velazquez llamó Cortés á Juan Juarez, y le confió sus proyectos; mandóle que tomase lanza, ballesta y demas cosas necesarias para viaje y pelea; que fuese á un lugar que le señaló y allí aguardara para hacer lo que le ordenase. Al cerrar la noche, antes que viniera la guardia de la iglesia, se salió de callada, llegó al lugar convenido, tomó las armas, mandó á Juan que le siguiese de cerca, le dió sus instrucciones, y le impuso de lo que debia ejecutar. Habiendo caminado hasta muy entrada la noche, llegó por último á los reales de Velazquez, sentados en una gran-

---

tione, ne in posterum suâ operâ in quoquam utatur: ducem enim, quoniam malevolentissimis quibusdam obtrectatoribus, quàm amico optimo atque fidissimo fides sit habita, ex se nihil ampliùs exspectare debere. Cum his eos qui secum de sarciendâ amicitiâ egerant, dimissit Cortesius. Ipse ad declinandam invidiam, libentius imperium quàm amicitiam accepturus videbatur. Verum interim e sacris ædibus, ne occasio sui capiundi adversariis daretur ulla, pedem non extulit.

Velazquius ab internuntiis pacis certior de Cortesii voluntate factus, milites cingere undique templum imperat, ne occulto aditu elabi posset. Ipse Xaraguam, quæ postea Trinitatis est dicta, quoniam rebellaverat, profectionem edixit militibus. Paratis itaque quæ itineri usui erant, in hostem movet. Eo ipso die quo ad id bellum est Velazquius profectus, vocat Cortesius Joannem Xuarem, cui quid sibi in animo sit, aperit. Jubet hastam, scorpionem, ceteraque quæ itineri et prælio opus erant, capiat: ad præscriptum locum eat, ibique jussa facturus exspectet. Ipse noctis crepusculo, antequàm præsidium ad templum custodiendum locaretur, tacitus inde digreditur, ad condictum locum pergit, arma capit, Joannem ponè sequi jubet, mandatis instruit, et quid opus sit facto, edocet. Ceterùm cùm ad multam noctem iter egisset, pervenit tandem ad Velazquii castra, quæ in propriâ villâ metatus erat: excubias, quia in pacato ageret, non locaverat. Quo factum est ut ducis domum liberè

ja propia de este, quien por hallarse en tierra de paz no tenia puestos centinelas, causa de que Cortés pudiera llegar sin tropiezo hasta los aposentos del general. Una vez allí, atisbó y registró todo con gran cuidado; y no descubriendo á nadie fuera, se acercó á la puerta de la casa y vió á Velazquez hojeando un cuaderno de cuentas. «Hola, señores, gritó Cortés (pues habia algunos con Velazquez ademas de los criados); Cortés está á la puerta, y saluda al Señor Velazquez, su excelente y bizarro capitan.» A la voz y saludo de Cortés quedó atónito el general por la novedad del caso. Admiróle tanta seguridad, y se alegró de la venida de su amigo: rogóle con empeño que entrase sin temor, porque siempre le habia considerado como amigo y hermano muy querido. Ordenó á los criados y pajes que al punto preparasen cena, y dispusiesen mesa y cama. Entonces dijo Cortés: «Mandad que nadie se me acerque, porque á quien tal haga, le pasaré con este chuzo: si teneis de mí alguna queja, decídmela claramente: por lo que á mí toca, como nada he temido mas en mi vida que la nota de traidor, preciso me es vindicarme, y que no quede de mí sospecha. Por lo demas, os suplico me recibais en vuestra gracia con la misma buena fe que yo á ella vuelvo.» «Ahora creo, contestó Velazquez, que no cuidais menos de mi nombre y fama, que de vuestra lealtad.» Dicho esto, tendió la mano á Cortés, quien entró á la casa cuando hubo dado y recibido seguro; y pasados los mútuos saludos y cumplimientos, comenzaron de nuevo las explicaciones.

---

petere potuerit. Ad quam ubi est perventum, lustrat, circumspicit omnia, et quoniam foris aderat nemo, accedit ad domûs fores, intuetur Velazquium rationum libellos lectitantem. Inde: «Heus, inquit, vos» (erant enim et alii cum ipso Velazquio præter domesticos); «Cortesius adest pro foribus, salvere jubet Velazquium, ducem optimum et fortissimum.» Ad eam Cortesii vocem salutemque dux rei novitate attonitus, stupuit. Mirari hominis fiduciam, lætari de amici adventu; rogare obtestarique ingredi ne timeret, quando sibi amici loco et fratris carissimi semper fuerit. Famulis ad hæc et pueris imperat, cœnam citi parent, mensam sternant et lectum. Ad quæ Cortesius: «Fac, inquit, nemo huc accedat; alioqui tragulà trajiciam: tu verò si quid de me quereris, coram expostula. Nam quoad me attinet, qui nihil unquam timui magis quàm famam perfidiæ, satius est purgatum esse quàm suspectum. Proinde eâdem, precor, fide redi in gratiam mecum, qua ipse tecum revertor.» Velazquius «nunc credo, ait, te non minus pro meâ dignitate et gloriâ, quàm pro tua fide esse sollicitum.» Hæc locutus, dextram Cortesio offert. Cortesius, acceptâ priùs datâque fide, domum ingreditur. Post mutuam salutem et congratulationem consedent, ac denuò expostulant. Cortesius objecta diluit criminá, culpà in obtrectatores rejectà. Cete-

Cortés negó los delitos que se le habian imputado, cargando la culpa á sus calumniadores; y en fin, por ahorrar palabras, asentada paz y concordia, en concepto de ambos perpetua, cenó Cortés y se acostó con Velazquez en la misma cama. Al otro dia de la fuga de Cortés, el correo Diego Orellana, que venia á avisarla, quedó no poco sorprendido al ver acostados juntos á Cortés y Velazquez. Mas no pudiendo este, á pesar de las paces hechas, alcanzar de Cortés que le prometiese su ayuda en aquella campaña, le despachó por entonces á su casa muy honrado, mientras él seguia contra el enemigo. No fué obstáculo, sin embargo, la negativa de Cortés para que dejara de ir á juntarse con su gefe luego que hubo dispuesto todo lo que necesitaba para aquella expedicion. Su vuelta al ejército fué tanto mas agradable al general, cuanto menos la esperaba. En aquella guerra, como en las pasadas, todo lo hizo por dictámen de Cortés, y todo le salió como deseaba. Rotos y sujetos los enemigos, regresó en triunfo Velazquez con su ejército victorioso; y desde entonces disfrutó Cortés de mayor honra y estimacion que antes.

Quiero contar ahora el peligrosísimo naufragio, digno de referirse y lamentarse, que padeció el que despues llegó á ser tan gran capitan. Búrlense cuanto quieran los que piensan que las cosas humanas dependen del acaso; yo para mí tengo que de toda eternidad está señalado á cada uno por decreto inmudable el camino que debe correr. Cuando faltaban guerras, solia Cortés i á visitar con

---

rùm, ut paucis multa comprehendam, firmatà in perpetuam, ut arbitrabantur, pace ac concordià, cœnat cubatque Cortesius cum Velazquio eodem in lecto. Qui postero die fugæ Cortesii nuncius [Didacus Orellana] venerat, Velazquium et Cortesium juxtà accubantes intuitus miratur. Didacus, rebus ita compositis, a Ferdinando impetrare non potuit, ut ad id bellum operam polliceretur. Ceterùm pro tempore laudatum domum dimittit, ipse ad hostes ire pergit. Cortesius, tametsi duci operam non est pollicitus ad id belli, comparatis tamen omnibus quæ necessaria sibi ad eam expeditionem erant, subsequitur. Ejus ad exercitum adventus eò gratior duci fuit, quò minus exspectabatur. Omnia in eo bello, ut in retroactis bellis, ex Cortesii consilio dux fecit. Cuncta ex animi sententià ceciderunt. Victis debellatisque hostibus, victorem exercitum domum Velazquius ovanti similis reduxit. Cortesius majore quàm antea honore atque æstimatione deinceps est habitus.

Referre libet hujus viri, qui tantus postea dux fuit, naufragium maximum, relatu atque miseratione dignissimum. Eludant qui velint, quibusque humanarum negotia rerum forte ac temere volvi agique sit persuasum. Equidem crediderim æternà constitutione suum quæque destinatum ordinem immutabili lege percurrere. Solitus erat Cortesius, cùm a bellis vacaret, aut Indos qui fodiendo auro operam navabant, aut colonos qui rem ejus

frecuencia, unas veces á sus Indios ocupados en sacar oro, y otras á los trabajadores que labraban sus campos. Pues navegando cierta ocasion de las bocas de Bani á Barucoa, soplaba un vientecillo terral blando y suave, pero que arreció mas de lo acostumbrado durante la travesía. No se curó de él Cortés al principio; mas luego que hubo caminado un poco, como el viento arreciase mas y mas á cada instante, púsole gran temor, y vino á perder la esperanza de arribar salvo al puerto que llaman Escondido, porque la fuerza de los vientos le habia llevado mucho mas allá; y si queria mudar rumbo volviendo á otra parte la canoa, era seguro que esta habia de volcarse y hundirse en el mar. Así fué que cerrando ya la noche, y empeñado en ir mas allá del punto de su destino, dió en una marejada donde arrebatada la canoa por las olas, y derrotando de costado, no obedecia al remo. Habíase ya quitado la ropa para echarse al agua; pero dudaba entre el peligro de nadar y el de seguir navegando. Trabajaban con doblado vigor los remos, luchando cuanto en fuerza humana cabe para contrarestar al empuje de las olas. Parecia que cada una iba á anegar la canoa, echándola á lo profundo. Volcóse al fin; pero siendo Cortés hombre de grande ánimo y serenidad en el peligro, se asió de ella, como un recurso si el viento y las olas no le dejaban llegar á tierra nadando. Y no se equivocó, porque mientras mas se esforzaba por alcanzarla, con mas vio-

---

rusticam exercebant, frequenter invisere. Cùm semel itaque ab ore Bani Barucoam navigasset, aura cùm solverat, lenis facilisque e terra spirabat. Sed dum navigat, ventus solito vehementius cooriri flareque cœpit. Nihili ventum principio Cortesius facere: cùm verò paululùm processisset, quod ventus magis magisque in horas flaret, valdè metuere: postremò posse tuto capi portum Absconditum (sic vocant), quem ingruente procellâ fuerat prætervectus, desperare. Quippe quod si canoæ proram aliò quàm quò rectà tendebat, ducere vertereque vellet, linter dubio procul erat invertendus, fluctibusque immergendus. Ob id itaque, nocte jam appetente, ire ultra quò cœperat, conatus, in fluctuantes æstus incidit, quibus intorta, obliqua, et remorum impatiens agebatur canoa. Jam vestem detraxerat corpori, projecturus semet in mare; sed apparebat anceps periculum, tam nataturi quàm navigare perseverantis. Ergo ingenti certamine concitat remos, quantaque vis humana esse poterat, admota est, ut fluctus qui se invehebant, everberarentur. Mergi singulis quibusque undis credetes canoam, et in imum usque descendere: quibus tandem inversa est canoa. Cortesius, ut erat in periculis imperterrito atque præsentissimo animo, inversam canoam manibus prehendit, ut nataturo adjumento esset, si per ventum fluctusque terram minus commode attingere liceret. Nec eum sua fefellit opinio. Nam quò magis ad terram accedere conabatur, eò violentius, ne accedere posset, ab urgentibus undis impellebatur. Maxi-

lencia se lo impedian y le rechazaban las encrespadas olas. Fuéle allí de gran provecho la canoa. En toda la playa no habia lugar de seguro acceso sino Macaguanigua, distante aún. Aquella costa está en su mayor parte ceñida de rocas y peñas tajadas, sin dejar mas que entradas estrechas y arenosas entre los escollos. Quiso la fortuna que por ser lugar abrigado, hubiesen encendido allí lumbre unos Indios, quienes oian muy bien las voces de Cortés y de sus compañeros de peligro; pero no podian verlos por la oscuridad de la noche. Sospechando lo que era, atizaron y revolvieron la lumbrada, para que brillase mas, y los náufragos tuviesen en su luz un punto fijo adonde encaminarse. Mucho valió por cierto á Cortés aquel fuego; pero mucho mas los Indios, que le socorrieron á tiempo, cuando estaba ya rendido y casi ahogado, despues de haber resistido tres horas el embate de las aguas.

Velazquez, adelantado de Cuba, por consejo y con ayuda de Cortés fundó siete poblaciones cuya cabecera fué Baracoa, á la que llamó Santiago en honra del apóstol, y está situada orillas del rio Macaguanigua, con puerto capaz y seguro. Estableció cajas reales, casa de fundicion y hospital, trazando ademas otros muchos edificios principales. Cortés fué el primer Español que halló en Cuba minas de oro, de las que despues ha salido tanto que pa-

---

mum illi juvamentum canoa fuit. Nullus toto littore locus erat ad quem adplicare tutò posset, præter Macaguanigam quæ longè aberat. Rupibus et crepidinibus preruptissimis mare eâ maximè parte cingitur. Parvæ tantùm sabulosæque angustiæ in medio scopulorum. Ibi forte fortuna pauci indigenæ, quòd apricus esset locus, ignem incenderant. Hi audire quidem vociferationem Cortesii et illorum qui in eodem vitæ periculo versabantur; videre tamen vociferantes in caliginosæ noctis tenebris haud poterant. Ceterùm id quod erat suspicati, ignem ut melius adluceat, vellicant irritantque, ut qui naufragium fecerant, ad ejus splendorem, tamquam ad certum scopum allucinantes * iter intenderent. Equidem plurimùm ignis ille Cortesium juvit; sed plus multò Indi, qui naufrago, fesso jam ac penè submerso, quippe qui tres horas fluctibus fuerat jactatus, opportunè suppetias tulerunt.

Cortesii potissimùm operâ et consilio Velazquius Cubæ insulæ progubernator septem deduxit colonias, quarum caput Barucoa, quam Sancti Jacobi in ejus divi honorem appellare placuit. Ad ostium fluminis Macaguaniguæ sita est: portum magnum ac tutum habet. Ærarii domum, et eam quam conflatorii vocant, ædificavit. Xenodochium (hospitale dicitur), fecit. Multa alia præterea insignia ædificia molitus est. Cortesius, Hispanorum primus omnium, aurifodinas in Cubâ invenit: e quibus tantùm auri effosum est, ut prope fidem

* No es fácil penetrar aquí el sentido de esta palabra. Sospechamos que hay errata en el manuscrito que nos sirve de original. Si pudiésemos atribuirnos el poder que bien ó mal usaban los críticos de otro tiempo, nos atreveríamos á corregir el texto, leyendo «hac luce nantes», ó algo semejante, en vez de «allucinantes.»

rece cosa increible; fué tambien el primero que tuvo hato, habiendo hecho traer de la Española [6] toda clase de ganados. De suerte que Cortés, casado ya (pues referir por puntos toda su historia seria largo y fastidioso), gozaba felizmente de su hacienda, que no era poca, aunque bien adquirida. No será fuera de propósito decir algo de Cuba y de sus habitantes, ya que tanto hablamos de Españoles. A la isla que los Indios llaman Cuba, los nuestros dan por nombre Fernandina, en honra del rey D. Fernando. Corre de Oriente á Occidente; tiene al Norte las islas Lucayas y las Guanajas, [7] muchas en número y casi juntas. Dícese que son doscientas. Al Sur está Jamaica. De largo tiene unas trescientas leguas, ó mil doscientas millas: de anchura cincuenta leguas. Dicen ser su figura semejante á una hoja de sauce. El color de la gente, su traje, costumbres, religion, ritos y leyes, todo es lo mismo que en la Española. La lengua es tan parecida, que aunque hay algunas diferencias, se entienden unos á otros fácilmente. Son muy mentirosos; toman muchas mujeres, unos cinco, otros diez y otros mas, segun su riqueza; pero nadie tantas como los reyes. De donde resulta, que distraido el ánimo con tal multitud, á ninguna tienen por compañera, y á todas las desprecian por igual. Por motivos leves deja el marido á la mu-

[6] Así un MS.—El otro dice: *de España*.
[7] Por un error de geografía, el autor ha juntado islas que realmente están muy separadas. Las Lucayas quedan al Norte de Cuba; las Guanajas al Sur, cerca de la costa de Honduras. La situacion que aquí se da, es pues exacta aplicada á las Lucayas, que efectivamente se encuentran *ad boream*, hablándose de Cuba; pero respecto de las Guanajas es notoriamente errada.

---

excedat. Pecuariam primus quoque habuit, in insulamque induxit, omni pecorum genere ex Hispanâ petito. Ceterùm, Cortesius ductâ uxore (nam omnia ejus viri acta in historiam redigere, longum atque ingratum etiam esset), re familiari amplâ quidem, sed virtute partâ, beatè fruebatur. Non ab re erit, pauca de Cubâ deque ejus incolis dicere, cùm multa de Hispanis hominibus loquamur. Quam Indi Cubam vocant, nostri, in gratiam et honorem regis Ferdinandi, Fernandinam dixere. Extenditur insula inter ortum et occasum: hinc ad boream Lucayorum Guanaxorumque insulæ sunt, multæ numero, parvâ intercapedine divisæ; ducentæ esse perhibentur. Inde ad meridiem Jamaica. Longitudo ejus tercentum leucæ, aut mille ducenta milliaria: latitudo quincuaginta leucæ. Folio salicis perquàm similis esse dicitur. Gentis color, indumentum, mores, religio, ritus et leges, eædem sunt quæ Hispanæ Indorum, de quibus alibi diximus. Lingua ferè eadem, etsi non nihil dissimilis, facilè ab utrisque tamen intelligitur. Homines ut plurimùm mendaces. Quamplurimas uxores quisque ducere: alii quinas, denas alii, alii pro opibus plures habent: sed eò ampliùs reges: ita animus multitudine distrahitur, pro sociâ nullam habet, viles pariter omnes sunt. Levibus de causis viri cum uxoribus divortium faciunt; sed levioribus cum

jer; pero menos necesita la mujer para dejar al marido.... La tierra es abundante en oro, cobre y rubia. De los indígenas quedan pocos ó ninguno, consumidos todos por pestes ó guerras; bien que en gran parte fueron trasportados á la tierra firme de México á poco de haber ganado Cortés esa ciudad.

A los siete años de la llegada de Velazquez y los Españoles á Cuba, es decir, el de 1517, estando la isla ya pacificada, Francisco Fernandez de Córdoba, Lope Ochoa de Salcedo,[*] Cristóbal Morante, antiguos vecinos de la isla, y otros muchos Españoles notables por su nombre y riqueza, ajustada compañía entre todos y nombrado por comandante de la expedicion Francisco Fernandez de Córdoba, aprestaron cuatro naves, las cargaron de víveres y armas, y allegaron gente, disponiéndose á partir en el dia convenido, con direccion á las Lucayas y Guanajas. Era su objeto cautivar por fuerza ó por engaño á aquellos insulares, gente bárbara é indómita, y traerlos á Cuba como esclavos. Yacen dichas islas entre el Sur de Cuba y el Norte del cabo de Honduras.[9] A ellas, pues, pensaron ir los arriba dichos á invadir y robar; no á Yucatan, como con poca verdad

[*] *Caicedo* le llaman Pedro Mártir, Oviedo y Gomara.

[9] Vuelve á caer el autor en la equivocacion que antes se notó; pero al reves de lo que hizo en el lugar precedente, da aquí una posicion que es exacta en cuanto á las Guanajas que quedan al Sur de Cuba, y errada en cuanto á las Lucayas, que yacen al Norte. — Al hablar de esta expedicion, tanto Gomara como Bernal Diaz (que se halló en ella), dicen fué dirigida á las Guanajas, y no hacen mencion alguna de las Lucayas.

---

viris feminæ. Qua nocte uxorem quis ducit, omnes cum eâ congrediuntur, ipsa a coitu brachio extento: «Euge, clamat, viri, fortis sum.» Tellus auri abundans, et æris atque rubiæ. Insulani nulli aut pauci nunc: cuncti aut bellis aut peste absumpti: magna verò pars in continentem ad Mexicum abiit, cùm primùm est ea urbs a Cortesio bello victa.

Septimo anno post Didaci et Hispanorum in Cubam adventum, qui Christi nati millesimus fuit et quingentesimus decimus septimus, cùm pacatissima insula esset, Franciscus Fernandus Cordubensis, Lupus Ochoa Salcedus, Christophorus Morantes, antiqui insulæ cives, et alii multi Hispani, nomine et pecuniis haud obscuri, fœdere inter se icto, duceque expeditionis creato Francisco Fernando Corduba, naves quatuor comparant, armis et commeatu onerant, milite complent, proficisci in insulas quas Lucayorum et Guanaxorum dicunt, die omnibus placito parant, ut insulanos, gentem barbaram atque indomitam, bello aut dolo captos, pro servis ad Cubam agerent. Guanaxorum Lucayorumque insulæ, de quibus paulò superius diximus, jacent inter Cubam, ad austrum, et promontorium quod Fondurarum vocant, ad septentrionem. In has igitur insulas ad grassandum et prædandum, ut ita dicam, ire hi de quibus suprà dictum est, constituerant; non in Iucatanam, ut parùm fide integrâ Gonzalus Fernandus Oviedus scribit. Iucatanam, quia magnâ

escribe Gonzalo Fernandez de Oviedo.[10] A causa de estar Yucatan rodeado de agua casi por todas partes y parecer una isla, Pedro Mártir dice que lo es; pero se equivoca como en otras muchas cosas. Al tiempo de partir Córdoba con sus compañeros, el adelantado Diego Velazquez les dió una barca de las que servian para llevar provisiones á los Indios de las minas, bajo condicion que le diesen parte de los Guanajos que cautivasen. Partidas las naves y distantes ya del puerto, sobrevino un viento muy fuerte y contrario, de manera, que en vez de arribar á las Guanajas, que era adonde iban, fueron á parar á la punta de Mujeres. Diéronle entonces este nombre, porque en un adoratorio hallaron muchas figuras de mujeres ó diosas, colocadas en hileras; el edificio era de piedra. No se habia encontrado ni visto hasta entonces en aquellas tierras ningun edificio tal, sino solo de madera ó paja. Partiendo de allí Córdoba con la proa á Poniente, navegó hasta el cabo Cotoche. Llamóse así porque los Indios, como ignoraban la lengua española, respondian *cotoche, cotoche*, á cuanto los nuestros les preguntaban. *Cotoche* significa *casa*, y querian decir que no estaban lejos las *casas* y el poblado. Puestos en tierra sus soldados acometió Córdoba á los naturales que se le presentaron con armas; pero el ataque fué para él desgraciado, pues perdió veinte y seis Españoles: los Indios muertos fueron casi innumerables.

[10] Historia Natural y General de las Indias, (Madrid, 1851,) lib 17, cap. 3.

---

ex parte fluctibus cingitur, et speciem insulæ præbet, insulam esse Petrus Martyr scribit, sed falsò, ut pleraque alia. Cordubæ itaque et sociis, cùm in procinctu ad navigandum essent, Didacus Velazquius progubernator cymbam qua Indis e minis aurum fodientibus penu portari consuerat, dat, conditione pactà ut certa Guanaxorum pars, si capi contingeret, sibi daretur. Digressas itaque naves, plurimùmque progressas, ventus vehementissimus flans aliò quàm quo ire animo destinaverant, egit: sicque non ad Guanaxos, quos petebant, appulerunt, sed ad Mulierum promontoriun. Sic eò tunc primùm Hispanis appulsis appellare libuit, quod feminarum dearumve plurima simulacra in sacello quodam fuerint reperta. Erat sacellum illud, in quo per ordinem, velut in classes, simulacra illa posita erant, lapideum. Nullum aliud ad id tempus marmoreum ædificium fuerat in illis terris inventum aut visum: lignea tantùm vel stramentitia omnia. Corduba inde digressus, oramque occasum versùs legens, ad promontorium usque Cotochæ adnavigat. Cotocha eo dicta est, quod Indi, hispani sermonis ignari, ad omnia quæ ab nostris rogabantur, *Cotoche, Cotoche*, respondebant. *Domum* Cotoche sonat: indicabant enim domus et oppidum haud longè abesse. Corduba itaque cùm militem in terram exposuisset, cum Cotochensibus qui in agmine armati erant, congreditur: congressus infeliciter pugnat: occisi sunt in eo prælio sex et viginti Hispani: Indi propè innumeri. Corduba, tum propter

VIDA

Ya fuese por aquella desgracia, ó por haber perdido la esperanza de poblar y rescatar oro, se reembarcó disgustado, y siguió navegando hasta llegar á una ciudad que se veia no lejos de la costa, llamada por los naturales Campeche, donde mandó á sus compañeros que bajasen á tierra. Acercábanse los Indios al mar atraidos de curiosidad; les admiraba aquella nueva especie de hombres, y no menos la grandeza de los navíos, quedando atónitos con tan extraño espectáculo. Al principio acogieron los Campechanos á los nuestros muy de buenas, engolosinados por las bujerías de rescate; pero no les dejaron acercarse mas al pueblo. Los Españoles entretanto hicieron aguada en un pozo, por ser la tierra escasa de aguas, tanto que en toda aquella comarca no hay fuente ni rio alguno, excepto dos medianos arroyos. A otro dia de haber llegado los Españoles, los de la ciudad enviaron un embajador á intimarles que de no irse, los exterminarian; y como no obedeciesen, los Indios comenzaron á atacarlos. Aceptaron los nuestros la batalla con denuedo; mas pelearon con poca fortuna, y este nuevo contratiempo les obligó á reembarcarse. No navegaron mucho para llegar á Mochocoboco (que en otra lengua se llama Champoton), donde se determinaron á saltar otra vez en tierra armados. Ya los vecinos les aguardaban de guerra por las noticias que los Campechanos les habian enviado relativas á los Españoles; y confiados en su muchedumbre querian probar la suerte de las armas. Acometen con intrepidez y algazara, derrotan á los

---

occisos socios, cum quod nulla manendi aurique redimendi esset spes, navim malè affectus ascendit, ultrà navigare pergit, in oppidum non longè a littore conspectum, quod indigenæ Campechum dicunt, e scaphis socios jubet ad terram descendere. Properare ad mare mortales illi videndi cupidi, mirari novum genus hominum, mirari navium molem, rei novitate attoniti. Magnà primùm lætitià sunt nostri a Campechiis excepti, rerum commercio pellectis. Ceterùm ad oppidum propriùs accedere sunt prohibiti. Aquari interim Hispani ex puteo. Regio aquarum inops. Nullus fons fluviusve, præter duos modicos rivulos, toto illius provinciæ tractu est. Altero quàm eò Hispani venerant die, oppidani ad eos caduceatorem præmittunt qui denunciaret, ni abirent, ultima ipsos esse passuros. Hispanos a suis finibus excedere jussos, quod non paruerunt, bello Indi petunt. Hispani impigre prælium ineunt pugnantque, sed parùm prospere. Re itaque infeliciter gestà, naves repetunt. Nec diu navigaverant, cùm Mochocobocum perveniunt: id oppidum diversà linguà Champotum appellatur. Terram iterum nostri armati petere decernunt. Oppidani a Campechiis de Hispanis certiores facti, ad bellum erant intenti: Martis experiri eventum, multitudine freti, se velle ajunt: pugnam intrepidi alacresque capessunt, Hispanos fundunt fugantque. Cecidere ex nostris eo prælio viginti: Corduba viginti est ictus vulneribus; verùm

Españoles y les ponen en fuga. Veinte quedaron allí, y Córdoba recibió veinte heridas; pero alarmado más que por ellas por la gravedad del peligro, se entró en los navíos con los que escaparon. Casi ninguno iba ileso; pero tampoco los Indios lograron sin sangre la victoria. Córdoba, Salcedo, Morante y los demas que quedaron vivos, perdida la esperanza, y sin haber siquiera reconocido la tierra, regresaron tristes y apesarados. De cuanto vieron, hicieron y les aconteció dieron cuenta al adelantado Velazquez, quien impuesto de todo, concibió grandes esperanzas, aprestó tres navíos pequeños, juntó soldados y dió el mando de la armada á Juan de Grijalva, amigo y pariente suyo, á quien comunicó sus instrucciones. Cargó las naves de bastimento y mercaderías para el rescate de oro, pues sabia por Córdoba que le habia con abundancia en aquella tierra, y que le usaban mucho los Indios con quienes tan desgraciadamente habian peleado los Españoles. Mandó ademas á Grijalva que explorase todas las entradas de la costa de Yucatan, y que una vez desembarcado se internase cuanto fuera posible, averiguando con toda diligencia las cosas de la provincia, para lo cual le serviria de intérprete un Indio Julian, cautivado por Córdoba en Cozumel. Recibidas las instrucciones, puestos á bordo ciento treinta Españoles, y hechos los acostumbrados actos religiosos, salió Grijalva del cabo de San Antonio el 1º de Mayo de 1518, llevando por piloto á Anton Alaminos que navegó antes con Córdoba. Al segundo dia arribó á la isla de

---

majore periculo quàm vulneribus affectus, cum his qui evaserant, naves conscendit. Ceterùm vix quisquam nisi saucius ad naves revertitur. Indis haud incruenta victoria obtigit. Corduba, Salcedus, Morantes, ceterique omnes qui vivi remanserant, spe frustrati, nullàque earum terrarum ratione initâ, domum tristes mœstique repetunt: cuncta quæ viderant, fecerant, quæque acciderant, Didacum progubernatorem edocent. Velazquius, re ut acta fuerat cognitâ, in spem maximam adductus, tria parva navigia parat, milites deligit, Joannem Grijalvam, necessarium consanguineumque suum, ducem creat, mandatis instruit, commeatu mercibusque ad aurum redimendum onerat. Intellexerat enim a Corduba, eam terram auro abundare, Indosque illos, quibuscum malè Hispani pugnaverant, auri plurimum gestare. Jubet præterea Grijalvæ sinus omnes illius tractus Iucatanæ legere, et cùm sit in terram expositus, ad mediterranea loca quam maximé possit, penetrare, deque rebus omnibus provinciæ diligenter per Julianum, Cozumellum interpretem qui a Corduba captus fuerat, exquirere sciscitarique. Grijalva acceptis mandatis, centum triginta Hispanis in naves impositis, Antonio Alamino, qui cum Corduba navigarat, in nauclerum assumpto, reque sacrâ priùs de more factâ, e Sancti Antonii promontorio solvit, primo die Maii anni millesimi quingentessimi decimi octavi humanæ salutis. Secundo post die Cozumellam in-

Cozumel, de que luego hablarémos largamente, y dejándola llegó á Cotoche el 14 del mismo mes. Pretenden algunos que Grijalva arribó á Champoton y no á Cotoche. Al dia siguiente de su llegada echó á tierra los soldados, y como empezara á sentirse ya falta de agua, adelantó algunos en busca de ella, y él les siguió con el resto de la gente. Trabajo le costó hacer aguada, porque se lo estorbaban los de Champoton, quienes le enviaron mensajeros intimándole que saliera lo mas presto de la tierra, si no queria probar el poder de los Champotones, que eran muy numerosos. Grijalva despachó tambien mensajeros á los Indios con el intérprete Julian para que les apartasen de su obstinada resolucion de pelear, convenciéndolos con razones, ó aterrándolos con amenazas; puesto que por crecido que fuese su número, era una temeridad y el colmo de la demencia pelear hombres inermes y desnudos contra otros armados; y ademas los Españoles ni les habian hecho mal, ni pensaban hacérselo. De modo que si querian deponer las armas, les recibiria por amigos; pero de lo contrario, serian tratados como enemigos. La respuesta de los Indios fué con flechas, que no con palabras. Entonces se embistieron ambas tropas, trabando reñida pelea, en que Grijalva perdió dos dientes, con algun daño de la lengua, y Juan de Guetaria murió peleando como bueno. Quedaron ademas heridos muchos Españoles. Conociendo Grijalva que habia obrado con imprudencia, embarcó la gente y todo lo demas, y se hizo á la vela hácia Ponien-

---

sulam, de qua posteà latiùs loquemur, venit. Quartodecimo ejus mensis die inde profectus, Cotocham appulit. Sunt qui malunt Grijalvam Champotum appulisse, quàm Cotocham. Altero die quàm eò appulerat, exponit Grijalva in terram milites; et quia aquæ penuria sentiri cœperat, aquatum cohortem præmittit, ipse cum reliquà manu subsequitur. Ægrè aquari potuit, Champotonis id fieri prohibentibus. Indi ad Grijalvam mittunt qui suo nomine juberent a finibus quàm ociùs exire, ni Champotonorum vires, qui multitudine abundarent, experiri malit. Grijalva caduceatores cum Juliano interprete ad Indos legat, qui eos a pugnandi obstinato animo, vel persuasionibus avertant, vel minis deterreant; tum quod inermes ac nudos, sint quantum velint innumeri, cùm armatis congredi temerarium atque extremæ dementiæ sit; tum etiam quod Hispani nihil mali aut fecissent, aut vellent facere. Ceterùm si arma velint ponere, in amicitiam esse recipiendos: sin nolint, pro hostibus futuros. Ad hæc illi sagittis respondent, non verbis. Tum acies utrimque concurrunt. Acre prælium committitur, quo Grijalva duos dentes, linguâ leviter saucius, amittit. Joannes Guetaria fortiter dimicans occumbit. Vulnerati sunt prætereà Hispanorum plerique. Grijalva conscientiâ rei malè gestæ affectus, viris rebusque omnibus in naves impositis, vela occasum versùs facit, ad Tabascum flumen, quod ex suo nomine Grijalvam

te. Pocos dias despues arribó al rio de Tabasco, al que dió su nombre y se llamó *de Grijalva*. Allí tuvo consejo en su nave con los principales Españoles y pilotos; y por voto de todos envió para informar á su tio Velazquez del descalabro padecido y de la navegacion hecha, á Pedro de Alvarado, durante cuya ausencia se proponia continuar el descubrimiento. Cuéntase que cuando Velazquez recibió la infausta nueva dijo: « No debia yo esperar otra cosa de ese necio; justamente pago la pena de mi imprudencia, ya que le envié. » Cuando Alvarado llegó, habia ya despachado Velazquez á Cristóbal de Olid con una carabela en busca de Grijalva, para saber cómo andaban las cosas. Pero viéndose en el preciso caso de acometer de nuevo la obra, ya que la fortuna habia desvanecido sus primeras esperanzas, y reflexionando que tantas desgracias habian provenido de la temeridad, negligencia é ignorancia de los capitanes Córdoba y Grijalva, mandó llamar á Hernan Cortés, vuelto habia poco á su casa, pues se hallaba ausente cuando Alvarado trajo la nueva de la derrota. Trató con él acerca del modo de seguir aquella guerra, y de aprestar otra armada, mezclando en la conversacion muchas protestas de amistad. Díjole que no habia en toda la isla persona á quien con mas gusto encomendara aquella empresa, pues confiaba en su probado valor; y que como él quisiese, no habria tampoco quien mejor pudiera y debiera poner mano en tal expedicion, así por su hacienda como por su pericia militar. Podia ademas ir con el pre-

---

dixit, paucis post diebus applicat. Ibi concionem, consiliumque primorum Hispanorum et nauclerorum in navem cogit: Petrum Alvaradum omnium sententiâ nuncium cladis acceptæ, navigationisque actæ, ad Velazquium patruum mittit; ipse, interim dum ille redeat, plura loca investigaturus. Velazquius, hoc tristi nuncio accepto, dixisse fertur: «Haud quidem aliud me sperare a fatuo illo oportebat: meritò pœnas luo imprudentiæ meæ, qui illum miserim.» Jam tunc Didacus, cùm Alvaradus venit, Christophorum Olitum cum parvo navigio ad Grijalvam miserat, ut in quo statu res esset, cognosceret. Ceterùm Velazquium quem omnia experiri cogebat necessitas, quippe cujus primas spes fortuna destituere videbatur, animadvertens eas tantas clades temeritate, negligentiâve aut inscitiâ Grijalvæ ac Cordubæ ducum accidisse, Ferdinandum Cortesium, qui nuper domum redierat, convenit: aberat enim Cortesius cùm Alvaradus nuncium de adversâ pugnâ tulerat. Consilium de ratione belli, deque parandâ classe cum eo communicat. Multa interim de amicitiâ commemorans; neminem, inquit, in tota insulâ esse cui libentius eam provinciam, virtuti pristinæ haud diffisus, committeret: neque item esse qui melius possit debeatque, modò velit, ad eam expeditionem operam polliceri, tum propter facultatem, tum propter rei militaris peritiam: atque etiam quod Grijalvæ prætentâ causâ auxilii ferendi

testo de llevar á Grijalva el socorro que Alvarado pedia. Y finalmente, que seria muestra de poco discurso y ánimo, dejar ir de entre las manos tal ocasion de ejecutar grandes hechos, y la esperanza de dar cima á las mas gloriosas hazañas.

Gustoso aprovechó Cortés como venida de lo alto tan favorable coyuntura, sin desconocer por eso la fuerza del enemigo con quien iba á combatir. Y como siempre habia deseado guerra nueva, ejército numeroso y mando absoluto en que pudiera brillar su valor, meditando ya cosas mas altas, y lleno de esperanzas, dió á Velazquez gracias muy expresivas; aunque correspondientes á la dignidad de ambos, por su buena disposicion hácia él. Aceptó el cargo de general, y ofreció su cooperacion para el apresto de la armada. Pero á fin de que el negocio se hiciera mas llanamente, rogó á Velazquez que por ser cosa importantísima para lo venidero, escribiese á los Padres Alfonso de Santo Domingo, Luis de Figueroa y Bernardino de Manzanedo, monjes gerónimos, gobernadores entonces de la Española, sin cuya licencia él no osaria emprender nada; el objeto era que informados ellos de la nueva jornada, diesen poderes á Cortés, así para llevar socorros á Grijalva como tambien para rescatar oro. Velazquez escribió á los frailes, cuya contestacion no tardó en venir: en ella no solo daban permiso á Cortés y Velazquez para enviar armada, sino aun mandaban que cuanto antes marchase Cortés, pues era

---

quod Alvaradus postulabat, ire licebat. Quapropter si occasionem tantarum rerum gerendarum, et spem maximarum futurarumque rerum e manibus elabi pateretur, minimi esse judicii atque animi.

Cortesius tantarum rerum occasionem, velut divinitus oblatam, libens arripuit, haud tamen ignarus quàm cum strenuo hoste res esset futura. Ceterùm quoniam sibi semper novum bellum, multum exercitum, magnumque imperium exoptaverat, ubi virtus enitescere posset, altiora jam meditans, et spei plenus, gratias maximas, sed utroque dignissimas, Velazquio pro optimo atque gratissimo in se animo agit. Ducis munus recipit, operam in apparandà classe pollicetur. Ceterùm ut commodiùs id negotium agatur, Velazquium rogat, quod in rem erat maximè futurum, scribat ad Alphonsum a Sancto Dominico, Ludovicum Figueroam et Bernardinum Manzanedum, fratres Hieronymianos qui in Hispanà tunc insulà progubernatores erant, quorum injussu nihil ipse movere auderet, ut illi de novà expeditione certiores facti, potestatem Cortesio facerent eundi ad Iucatanam; tam ut Grijalvæ suppetias ferat, quàm ut aurum redimere possit. Scribit Velazquius ad fratres, a quibus non multò post litteras accipit, quibus Velazquio et Cortesio classis expediendæ non dabatur solùm facultas, sed jubebatur quoque ut quàm celerrimè Cortesius ipse, qui dux declaratus erat, proficiscatur. His litteris Cortesius confirmatus, potestate-

el capitan nombrado. Confirmado este en su empleo por la dicha carta, y autorizado para mover guerra, comenzó á alistar naves y hacer gente. En tales aprestos no solo gastó su hacienda, sino que contrajo deudas considerables. Tenia ya prontas cinco carabelas, y fletó otras dos, que hizo aderezar y cargar de muchas mercaderías y ropas para el rescate; armas, artillería, anclas, cables, velas y demas pertrechos para las naves. Aunque al principio habia estado contento Velazquez, vino luego á arrepentirse de haber nombrado general á Cortés, pensando que el mérito de este acabaria por dañar á su gloria, por no decir á su codicia. Asustábale la propension de Cortés al mando, la confianza que mostraba en sí propio, y su largueza en el apresto de la armada: temia por lo mismo que una vez ido Cortés, ningun fruto habia de resultarle á él, ni en honra ni en provecho. Así pues, cavilaba dia y noche buscando medio de apartar á Cortés de la empresa, y al efecto empezó á tratar de persuadirlo por bajo de cuerda valiéndose del tesorero[11] real Amador de Lares, y sin darse él por entendido. Mas nada se ocultó á la perspicacia de Cortés, quien muy bien comprendió adónde iba á parar el tesorero, ó mas bien Velazquez por su mano. De manera que mientras mas procuraba Velazquez apartar á Cortés del armamento, mayores esfuerzos hacia este; pues aunque tenia ya gastados de su hacienda seis mil pesos de oro, tomó en préstamo otros seis mil ducados á

[11] Era *contador*, segun Herrera.

---

que belli gerendi factà, classem parare, Hispanorum militum delectum habere cœpit, in qua compar là non solum proprias opes, verùm etiam multum alieni æris contraxit. Comparaverat jam Cortesius quinque caravelas, duasque alias conduxerat, quas multis ad permutationem mercibus et vestibus, armis, bellicisque tormentis (bombardas vocant), anchoris, rudentibus, velisque et rebus omnibus quæ ipsis navibus opus erant, ornarat atque onerarat; cùm Velazquium, tametsi principio lætus fuerat, pœnituit quod Cortesium ducem declarasset, existimans illius virtutem gloriæ suæ, ne dicam cupiditati, obstare posse. Deterrebat eum Cortesii natura imperii avida, fiducia sui ingens, et nimius sumptus in classe paranda. Timere itaque Velazquius ne si Cortesius cum eà classe iret, nihil ad se vel honoris vel lucri rediturum. Ob quæ multa diu noctuque animo suo volvere, ut Cortesium ab incœpto avertat. Ceterùm cum eo clam per regium quæstorem [Amatorem Larem] agere, quasi id ipse nesciat, cœpit. Neque id Cortesium latuit, quippe qui quò quæstor, vel potiùs per quæstorem Velazquius tenderet, optimè, ut erat animo perspicaci, intellexit. Ergo quò magis Velazquius a classe paranda Cortesium deterrere conatur, eò majora ille est moliri aggressus. Namque Cortesius, tametsi jam sex millia nu-

Andrés de Duero, Pedro de Jerez, Antonio de Santa Clara y otros varios. Todo lo empleó en aumentar la armada y mantener la tropa, sin contar lo que le habia prestado Velazquez, así en dinero como en mercancías. Más podia en él la esperanza que el dispendio. Considerando que nada hay que descuidar cuando la gloria va por medio, arengó á los soldados, sedientos de oro y fama, y por lo mismo contrarios de Velazquez, y mal vistos de él. Les animó infundiéndoles grandes esperanzas; quejóse de que el adelantado en quien esperaba encontrar su principal apoyo, le suscitaba dificultades; mostróles las pruebas que tenia de su mala voluntad y de que envidiaba su gloria; y se dió por muy sentido de que Velazquez, por malignidad y envidia, quisiera arrebatarle la honra de tan grande empresa. Llenos entonces de esperanzas los soldados, ofrecieron su cooperacion á Cortés. Introducida ya entre ambos mútua sospecha, Cortés empezó á usar una cota debajo del vestido, se rodeaba de gente armada cuya fidelidad ganó con promesas; y lleno de indignacion y recelo daba calor á los aprestos, mostrando no tener el ánimo en otra cosa sino en el pronto despacho de la armada. Pero, por Dios, ¿en qué pensaba Velazquez? ¿Acaso en malquistarse con Cortés y tantos otros Españoles? Ademas, hacer tentativas inútiles, y á fuerza de fatigas concitarse odios, es el colmo de la demencia. Viendo aprestar la nueva armada, se despertaba en Velazquez el pe-

---

morum aureorum ex propriis bonis impenderat, altera tamen sex auri ducatorum millia mutuatur ab Andreâ Duero, Petro Xerezio, Antonio Sanctâ Clarâ, et a plerisque aliis, quæ omnia et in paranda majori classe, et in alendo milites insumpserat, præter id quod initio ab ipso Velazquio mutuatus fuerat, vel in pecuniâ vel in mercimonio. Spes enim sumptus vincebat. Cortesius nihil parvum in quo magnæ gloriæ laus esset, ducens, Hispanos milites pecuniæ et gloriæ avidos, quos invisos ob eamdem causam adversosque Velazquio esse noverat, alloquitur ac in tantæ rei spem erigit atque hortatur. Queritur præterea de progubernatore conatibus suis adversante, quem vel præcipuum adjutorem speraverat: animi a se alienati et invidentis gloriæ suæ ostendit indicia. Ad hæc adimi sibi malignitate et invidiâ Velazquii tantæ rei gloriam queribundus dolet. Hispani milites in spem maximam et ipsi erecti, operam Cortesio suam pollicentur. Cortesius suspectus jam Didaco, atque eum suspiciens, loricâ ab eo tempore sub veste munitus, stipatusque armatis militibus, quos spe sibi fidos amicos fecerat, incedere, irâque et metu moliri, parare, atque ea modò in animo habere, quibus classis brevi confici posset. Sed, per Deum immortalem, quò Velazquii consilium pertinuit? an ut Cortesium et plerosque Hispanos infensos invisosque sibi faceret? Frustra igitur niti, neque aliud nisi odium se fatigando quærere, extremæ dementiæ est. Velazquio secretas cogitationes intra se versanti, ex com-

sar de la que habia perdido, y miraba como enemigo á quien disponia una flota mas numerosa y mejor provista que la que él proyectaba. Admirábale de dónde habia podido enaltecerse tanto Cortés, que sus esperanzas excedieran á sus fuerzas, y su ánimo fuese superior á su fortuna. Negaba que aquel debiera emprender semejante expedicion, porque era de temerse mas daño que provecho. Añadia que importaba averiguar los designios de Cortés; que el mandar soldados era grave cargo, peligrosa aquella navegacion, y dudoso el éxito de la guerra. Todo esto divulgaba Velazquez. Pero le inquietaba al mismo tiempo el temor de que se originase alguna sedicion ó guerra intestina; porque estando los Españoles divididos en dos bandos, uno seguia á Cortés, quien era ademas temible por su poder y valor; los Españoles le eran apasionadísimos, y de muchos se habia apoderado el deseo de acompañarle, contando cada uno con regresar breve á su casa cargado de laureles y despojos. Rodeado, pues, Velazquez de tantas dificultades, y convencido de que no lograria apartarle de su intento, ni por fuerza, porque estaba armado, ni con persuasion ó engaño, porque era muy precavido, vino á fijarse en negarle los víveres. Mandó al efecto que nadie vendiera ni regalara nada á Cortés; pero el resultado fué en verdad muy distinto de lo que se proponia, porque siendo Cortés hombre activo é ingenioso, dispuso que de noche, con el mayor silencio y brevedad posibles, cuidasen los suyos de traerle á las naves cuanto maiz, cazabe y

---

paratione novæ classis desiderium excitabatur amissæ. Pro hoste erat Cortesius, quod paratiorem paraverat classem, quàm animo ipse conceperat. Mirari Velazquius tanti animi spiritus unde Cortesius haurire potuisset, qui majora quàm caperet, speraret, quique animum supra fortunam gereret. Negare id expeditionis a Cortesio omnino esse suscipiendum, cùm major damni metus, quàm emolumenti spes ostenderetur. Intuere oportere quid Cortesius petat. Prægrave esse, ajebat, imperium in milites, navigationem periculosam, belli eventum dubium. Hæc propalam Velazquius. Ceterùm quoniam Cortesii factio (erant enim Hispani in duas partes divisi), potentiaque et virtus formidolosa erat, et Hispanorum studia in eum accensa, (tanta enim libido cum Cortesio eundi plerosque invaserat, ut sese quisque prædâ locupletem fore, victoremque domum brevi rediturum speraret) ne qua seditio aut bellum oriretur, anxius erat Didacus Velazquius. His itaque difficultatibus circumventus, ubi videt neque vi, quod armatus esset, neque dolis aut persuasionibus, quod maximè caveret, hominem ab incepto flecti posse, statuit commeatus illi prohibere. Ergo edixit ne quid quisquam Cortesio vendat aut donet. At verò ea res longè aliter ac ratus erat, evenit. Nam Cortesius, ut erat impiger acrique ingenio, dat operam ut noctu amici quàm ociùs occultiùsque possint, quidquid carnium, maizi atque cazabi haberent,

carne tuviesen; él entretanto tomó todos los bueyes, carneros y cerdos del mercado, quitándolos al obligado de la carnicería, Hernando Alfonso, á pesar de su oposicion y protestas. Mas para que no pagase de sus bienes la multa que le imponia su compromiso con la ciudad, le dejó en prenda una cadena de oro que llevaba al cuello. Detuviérase todavía Cortés por la falta de bastimento, si no le diera prisa el temor de que se le obligara á quedarse. Recelaba ademas que si Grijalva volvia á Cuba antes que él se apartase de Velazquez, le estorbaria este la ida; y sintiendo así la inquietud consiguiente á la gravedad del caso, resolvió partir, por no perder su trabajo y hacienda. Al salir Cortés del puerto de Santiago llevaba seis naves, pues aunque tenia siete, dejó allí la otra para aderezarla y proveerla. Llevó hasta trescientos hombres, entre soldados y voluntarios, juntamente con mucha ropa y mercancías de rescate. A un tal Diego,[12] Español, compró una tienda entera de buhonería. En disponer todo esto empleó cerca de quince mil pesos de oro, sin que Velazquez gastara un maravedí.

Ya que hablamos del gasto, la ocasion pide que aclaremos con brevedad, si Velazquez puso ó no algo de su hacienda para el apresto de la armada, pues veo que muchos están creidos de que él compró ó fletó todas las naves á su costa, y las entregó á Cortés con la licencia para la jornada. Todos saben que por ignorancia, cuando

[12] *Sanz* es el apellido que le da Gomara, quien dice que la venta se ajustó en setecientos pesos de oro (Crónica de Nueva España, cap. 7.)

---

ad naves importandum curent. Ipse intereà loci boves, arietes suesque omnes qui macello erant, ab lanione [Ferdinando Alphonso], vel invito atque reclamante, capit. Ceterùm illi, ne mulctam subiret qui communitati erat auctoratus, torquem aureum oppignorat quem collo ipse gestabat. Commeatùs inopia paululùm quidem exspectare, sed timor etiam ne manere juberetur, festinare cogebat. Ad hæc verebatur quoque ne si in Cubam Grijalva, antequàm ipse a Velazquio discederet, veniret, coactus esset manere. Itaque haud secus quàm par erat commotus, profectionem, ne operam et opes perderet, maturat. Habuit Cortesius cùm e Sancti Jacobi urbe et portu solvit, naves sex; aliâ, nam septem habuit, in portu, ut sarciretur reficereturque, relictà; gregarios voluntariosque milites tercentos; vestium atque mercium ad rerum permutationem, plurimum. [Mercium tabernam emit a Didaco quodam Hispano.] In his omnibus comparandis, circiter quindecim mille aureos nummos impenderat. Velazquius ne unum quidem obolum expendit.

Res postulare videtur, quando sumptûs mentio incidit, paucis exponere, utrùm Velazquius aliquid e suo in classem hanc comparandam insumpserit. Nam, ut video, multis persuasum est ipsum Velazquium naves classis omnes aut comparasse aut conduxisse pro-

no por malicia, propagó esta especie Gonzalo Fernandez de Oviedo en el libro de la Historia Natural de las Indias, que escribió en castellano. Refiere [13] que Córdoba, Grijalva, Pánfilo de Narvaez y Cortés recibieron de Velazquez las naves de que fueron capitanes. De Grijalva y Narvaez bien dijo; mas no de Córdoba ni Cortés. Así lo asegura Pedro Mártir,[14] diciendo que Córdoba, Salcedo y Morante alistaron tres naves á su costa, y cuando habla de las diez carabelas de Cortés, solo dice que la armada se hizo con licencia del gobernador. Viven todavía muchos Españoles honrados, que presenciaron el apresto de la armada en cuestion, y que cuando fué acusado Cortés en el Real Consejo de Indias, afirmaron con juramento que Velazquez no gastó nada de su hacienda en la flota de Cortés; antes á varios de la expedicion vendió muchas cosas muy caras, les prestó á logro, y les llevó mucho mas de lo justo por el flete de dos barquichuelos suyos. El precio de todo lo exigió despues en México á los deudores, por medio de su apoderado Juan Diez, á

[1] No es fácil verificar las citas de este documento, porque en todas ellas, como advertirá el lector, solo aparece el nombre del autor citado, y no el lugar de sus obras á que se hace referencia. Registrando la Historia de Oviedo, hallo que de Córdoba y sus compañeros dice (lib. 17, cap. 8), «que armaron á sus proprias despensas»; y al tratar luego de la expedicion de Grijalva, asienta (cap. 19) «que fué á costa de Diego Velazquez.» De la de Narvaez da á entender lo mismo, aunque no lo expresa; y en cuanto á Cortés, niega absolutamente que fuera á su propia costa, pues habia visto, dice, «escripturas é testimonios que dicen otra cosa.» —Téngase presente que la numeracion de capítulos en las antiguas ediciones de Oviedo (Sevilla, 1535, y Salamanca, 1547), no corresponde á la que llevan en la hermosa edicion completa que acaba de publicar en Madrid la Real Academia de la Historia. A esta edicion me refiero.

[14] De Orbe Novo, (Compluti, 1530,) Dec. IV, cap. 1, 6.

---

priis pecuniis, Cortesioque cum navigandi facultate dedisse. Id ignorantiâ, ne dicam malitiâ, Gonzali Fernandi Oviedi, qui Naturalis Indicæ Historiæ librum hispanicè scripsit, factum esse nemo nescit. Is ait Cordubam, Grijalvam, Pamphilum atque Cortesium naves quarum illi duces fuerunt, a Velazquio accepisse. Grijalva et Pamphilus acceperunt quidem: Corduba et Cortesius non accepere. Quod et Petrus Martyr affirmat. Scribit enim Cordubam, Salcedum et Morantem propriis impensis tria paravisse navia; cùm autem de decem Cortesii caravelis loquitur, gubernatore annuente classem esse tantùm paratam dicit. Sunt preterea multi Hispani viri boni qui et nunc vivunt, et qui cùm ea classis de qua agimus, apparabatur, aderant. Hi in hujus causæ defensione, cujus apud Consilium Regium Indicum Cortesius est accusatus, testes jurati asserunt Velazquium nihil omnino ex propriâ facultate in Cortesii classem impendisse: ceterùm Velazquium ipsum multa multis et æquo cariùs vendidisse, et vel cum fœnore mutuasse; et duo navigiola quæ habuit, multò quàm æquius erat, conduxisse. Quarum omnium rerum posteà procurator ipsius [Joannes Diezius] prætia ab obæratis Mexici recepit: miserat enim eum Velazquius ad

quien envió en la expedicion con tal objeto. Mas como en su lugar dirémos, pereció él con todo el dinero, cuando Cortés fué echado de México. Lo que á este prestó Velazquez fueron ropas, mercaderías y muchas cosas para cambios y rescate de oro.

Pues para que no permanezcan en igual error los que interpretan malignamente los esclarecidos hechos de Cortés, cuya grandeza aun no puede graduarse, pero cuya verdad está fuera de duda, dirémos que Oviedo escribe[15] haber visto y leido en la ciudad de Santiago el convenio que Velazquez y Cortés celebraron ante Alonso Escalante escribano público; mas debe entenderse que aquel concierto se refería al mandato é instrucciones, no á los caudales y gastos. Porque Velazquez solo dió poderes á Cortés para llevar socorro á Grijalva, y permutar oro por mercaderías; mas no para poblar ni hacer guerra en Yucatan. Juan de Saucedo, testigo en la defensa de Cortés, que fué á Yucatan con Grijalva, y trajo á Velazquez la noticia del regreso de este á Cuba, afirma con juramento haber dicho el gobernador que habia enviado á Cortés solo para auxiliar y recoger á Grijalva. Este mismo testigo fué despachado por Velazquez á los monjes gerónimos de la Española para conseguir que Cortés pudiese hacer guerra en Yucatan y poblar en la tierra firme; lo que sin dificultad obtuvo con pretesto de los gastos hechos en la armada. De esto hay

---

[15] Historia Natural y General de las Indias, lib. 17, cap. 19.

---

id ipsum cum expeditione; sed, ut suo loco dicemus, ille cum omni pecuniâ, cùm Cortesius fuit e Mexico expulsus, periit. Quæ verò Cortesius est ab eo mutuatus, fuere vestes mercesque, et res ad rerum permutationem, et auri redemptionem plurimæ.

Et ne in pari errore sint qui malignè res a Cortesio præclarissimè gestas interpretantur, quæ nobis pro magnitudine parùm compertæ, pro veritate verò sat quidem sunt; scribit Oviedus, se vidisse legisseque in Sancti Jacobi urbe conventionem quam Velazquius et Cortesius coram Alphonso Scalante tabellione contraxerunt. Id ità accipiendum est ut intelligatur, conventionem illam de jussione ac mandatis, non de pecuniis et expensis intelligi debere. Nam Velazquius potestatem tantùm Cortesio permisit auxilium Grijalvæ ferendi et auri cum merce permutandi; non colonias deducendi, aut belli in Iucatanâ gerendi. Joannes Saucedus, testis in defensione Cortesii accusationis, qui cum Grijalvâ in iucatanam ivit, quique ad Velazquium nuncius de illius in Cubam reditu venit, jurat gubernatorem Velazquium dixisse, Cortesium missum esse solùm ad Grijalvam auxiliandum reducendumque. Hic ipse a Velazquio est ad fratres Hieronymianos in Hispanam missus, ad obtinendum ut Cortesius bellum gereret, et colonias in continenti deduceret. Quod facilè a fratribus, sumptûs in classem facti prætextu, obtinuit. De re hac plures sunt testes. Cor-

muchos testigos. Córdoba, Salcedo y Morante denunciaron ante la Audiencia de Cuba á Velazquez por haber dicho falsamente á los monjes, que las naves que ellos habian armado á su costa, lo habian sido á expensas de él, obteniendo de ese modo el permiso de pasar á tierra firme, en virtud del cual despachó á Grijalva. De igual modo se condujo Velazquez en lo que informó de la armada de Cortés. De suerte que Oviedo, el mas diligente historiador de cuantos han escrito de cosas de Indias, me parece haberse expresado con poca libertad, aunque era por lo demas hombre honrado. No puedo dejar de creer que al escribir de Cortés cosas falsas, mas bien lo hizo engañado por Velazquez, gobernador entonces de Cuba y por lo mismo poderoso, que llevado de odio ó amistad.

Declaremos ahora, lo que pone en duda Pedro Mártir. Refiere que Velazquez por medio de su apoderado citó en juicio á Cortés llamándole reo de lesa majestad, y que el Consejo de Indias no llegó á dar sobre esto sentencia alguna. Mas ya que Pedro Mártir dice: «corren aquí muchas especies de infidelidad de Cortés, que algun dia se aclararán, y al presente omito;»[16] por Dios quisiera me dijesen ¿qué infidencia pudo haber donde no se debia fidelidad? Lo que hizo Cortés en Yucatan, no fué á nombre de Velazquez, ni por su órden, pues antes trató de estorbarle la ida, ni á su costa, ni siquiera bajo sus auspicios; sino por consejo propio, á sus propias expensas, y bajo

[16] De Orbe Novo, Dec. IV, cap. 7.

duba, Salcedus et Morantes detulerunt ad judices qui tunc in Cubá regias vices gerebant, Velazquium, quod falsò fratribus retulisset naves quas ipsi propriis impensis compararunt, sumptu suo esse paratas; ob idque facultatem in continentem eundi illi datam esse, cujus auctoritate Grijalvam misisset. Eo modo in classis Cortesii relatione fecit Velazquius. Oviedus itaque, qui diligentissimè omnium qui rerum Indicarum meminere, historiam est persecutus, parùm libero ore locutus mihi esse videtur; vir alioqui bonus. Nec adduci possum ut non credam illum in Cortesii relatione a Velazquio, tunc insulæ Cubæ gubernatore, et ob id imperioso, falsum deceptumque esse, potius quàm invidiâ aut amicitiâ ad falsò de Cortesii rebus scribendum adductum fuisse.

Ea verò quæ in dubium Petrus Martyr vocat, declaremus. Ait ille Velazquium Cubæ gubernatorem per procuratorem læsæ majestatis reum appellasse Cortesium, ac in jus vocasse; Senatum verò Indicum de hac re nihil statuisse. Sed quoniam Martyr sic scribit: «Hic multa contra Cortesium feruntur de infidiâ, quæ aliquando apertius intelligentur: missa nunc fiant:» per Deum mihi velim respondeas, quæ infidia fuit, ubi nulla debebatur fides? Cortesius non Velazquii nomine, non jussu (nam profectionem impedire conatus est), non sumptu, non denique auspiciis res in Iucataná gessit; sed suo ductu, suisque

los auspicios del Emperador. ¿Quién fué nunca tan fiel á su rey como Cortés á Cárlos V? ¿Quién llevó mas lejos sus estandartes, ni ensanchó mas sus dominios? Pero digamos al cabo cómo vino á ser absuelto Cortés en aquel juicio. Juan de Fonseca, obispo de Burgos y primer presidente del Consejo de Indias, protegia con empeño la causa de Velazquez, cuando se acusaba á Cortés de traicion, intriga y crímen de majestad. A pedimento de Francisco Nuñez de Paz, hombre activísimo, procurador y pariente de Cortés, se inhibió al obispo de conocer en los negocios de este en el Consejo, por sospecha de parcialidad. Dió márgen á la sospecha el verle tan inclinado á favor de Velazquez, á quien habia prometido una sobrina en matrimonio. Apesarado el obispo de no poder tomar conocimiento de aquella causa, y desconfiando del éxito, se retiró del Consejo, y poco despues falleció.

Hallábase el Emperador en Valladolid el año de 1522, y como Manuel de Rojas y Cristóbal de Tapia, procuradores de Velazquez, esforzasen cada dia mas sus acusaciones y cargos contra Cortés, nombró seis jueces que sentenciasen aquel pleito, pendiente tan de antiguo en el Consejo, y fueron Mr. de Laxao,[17] camarero mayor; de la Roche, Flamenco; Fernando de Vega, comendador mayor de Castilla; Vargas, tesorero general de Castilla; el doctor Lorenzo Galindez de

---

[17] Así le llaman Herrera y Sandoval; pero Gomara escribe *Nasao*. Será acaso *La Chau*, caballero flamenco, de que habla Robertson en su Historia de Cárlos V, lib. I.

---

impensis, et Caroli auspiciis. Quis unquam regi tam fidus fuit, quàm Carolo Cortesius? quis longius latiusque illius arma movit, et imperium propagavit? Ceterùm, quo modo Cortesius in jus vocatus sit absolutus, accipite jam tandem. Joannes Fonseca, episcopus Burgensis, qui primus Indici Consilii præfectus fuit, maximè Velazquii partes tuebatur eo tempore quo Cortesius insidiæ, ambitûs et majestatis læsæ accusabatur. Is Francisco Nonio Pazo, viro diligentissimo, necessario, Cortesiique procuratore postulante, in suspicionem adductus, Consilio Indico est amotus, ne Cortesii causæ interesset. Causa suspicionis fuit favor ipsius in Velazquium propensissimus, cui neptim in uxorem spoponderat. Episcopus cùm causæ interesse non posset, negotio diffisus Curiam mœstissimus egreditur, brevique postea moritur.

Anno salutis vigesimo secundo supra millesimum ac quingentesimum, Carolus Imperator cùm Pintiæ esset, Emmanuele Roja et Christophoro Tapia Velazquii procuratoribus magis magisque in dies Cortesium criminantibus ac in jus vocantibus, sexviros creat qui causam et litem Cortesii et Velazquii, diu in Consilio Indico agitatam, decidant. Hi fuere Laxaus, regius procubicularius; Roiya, homo Flamencus; Ferdinandus Vega, Castellæ commendatarius major; Vargas, quæstor Castellæ maximus; Laurentius Galindez Cara-

Carbajal, y Mercurino de Gatinara, Italiano, gran canciller del Emperador, que fué nombrado presidente. Todos absolvieron á Cortés, no tanto por admiracion de sus hazañas, cuanto por justo derecho; y como iban tan prósperamente los negocios de aquella tierra, le prorogaron el gobierno por muchos años. Francisco de las Casas, pariente cercano de Catalina Pizarro, fué quien hizo saber á Cortés en Nueva España la sentencia del Consejo; y ella, segun Oviedo dice, fué causa de que Diego Velazquez muriese á poco de haber sido pregonada en Cuba. Con lo referido se prueba claramente, si no me engaño, que Cortés alistó la armada á su costa. Es verdad que el primer pensamiento y la autorizacion vinieron de Velazquez; mas el trabajo, el empeño y el gasto fueron de Cortés.

Volviendo, pues, al punto en que dejamos nuestra narracion, dirémos que salido Cortés del puerto de Santiago, fué á Macaca, ciudad y puerto de la isla de Cuba. Al tiempo de partir adelantó á Pedro Gonzalez de Trujillo á Jamaica con una carabela, á fin de que trajese bastimento para la escuadra. Compró este en Jamaica mil y quinientos tocinos, y dos mil cargas de cazabe, mantenimiento de los indígenas. Las cargas eran de hombre, y los Indios llaman *tamenes* á los que las llevan á cuestas. Compró tambien aves, y otras muchas provisiones de esta especie. Mientras tanto, compró Cortés en Macaca mil cargas de maiz de las ya dichas, y algunos cerdos al tesorero real Tamayo; y como se decia que Grijalva habia vuelto á la

---

vajalis, doctor; et Mercurinus Gatinara, Italus, magnus Imperatoris chancellarius, quem ceteris Carolus præfecit. Ili omnes, non tam virtutis admiratione quàm jure, causâ Cortesium absolverunt, imperiumque in plures annos, rebus in provinciâ prosperè decedentibus, prorogarunt. Id Consilii consultum in Hispaniam Novam ad Cortesium pertulit Franciscus Casas, Catharinæ Pizarræ pernecessarius. Quod, ut Oviedus ait, in causâ fuit ut non multò post quàm est in Cubâ præconio declaratum, Didacus Velazquius moreretur. Iis itaque rebus dissertè, ni falli volumus, declaratur Cortesium propriis pecuniis classem expedivisse. Consilium initio quidem et auctoritas parandæ classis Velazquii fuit; opera verò, diligentia et sumptus Cortesii.

Ex Sancti Jacobi portu, ut eò unde digressi sumus redeamus, solvens, Macacam Cortesius venit. Macaca et portus et oppidum in Cubâ insulâ. Sed cùm solveret, Petrum Gonzalium Truxillum in Jamaicam insulam præmissit cum caravelâ unâ ad commeatuum inde supplementum in naves convehendum. Ille emit in Jamaicâ suillæ salitæ mille quingentos petasones, cazabi, quo insulani victitant, duo millia bajulorum onera: *tamenes* Indi vocant humeris onera portantes. Emit præterea aves, et id genus commeatûs alia multa. Macacæ interim Cortesius mille tamenum onera maizi, et nonnullos sues a Tamayo proquæstore

isla, fuéle forzoso apresurar la partida, no sucediese que Velazquez, tan empeñado en detenerle, ó los frailes, le revocasen la comision, puesto que era vuelto Grijalva, á quien iba á llevar socorro. Enviadas por delante las naves al cabo de San Antonio, con órden de que allí le aguardasen, navegó Cortés con dos carabelas hácia el puerto de la Trinidad. Luego que hubo llegado compró á Alonso Guillen un navío y quinientas cargas de maiz: en esto arribó Francisco de Salcedo con la carabela que Cortés dejó aderezando en el puerto de Santiago, y trajo nueve caballos con un refuerzo de ochenta voluntarios. Por entonces dieron noticia á Cortés de que iba para unas minas un navío bien cargado de bastimento. Mandó luego á Diego de Ordaz que fuese á buscarle, lo apresase, y en seguida lo trajese al cabo de San Antonio. Ordaz fué, lo tomó y trajo. Luego que el capitan Juan Nuñez Sedeño y los mercaderes bajaron á tierra, recibieron órden de presentarse á Cortés, en cuyas manos pusieron el registro de las mercancías y provisiones que llevaban, señalando su valor. Eran dos mil cargas de *tamene*,[18] mil y quinientos tocinos secos, y muchas gallinas del tamaño de pavos. Todo lo pagó Cortés por su justo precio, y aun compró el navío á Sedeño, quien se avino á seguirle en aquella guerra, y hoy vive en México. Del puerto de la Trinidad pasó Cortés á la Habana, mandando que la tropa fuese por

---

[18] No expresa el original de qué eran las cargas. Gomara habla de «cuatro mil arrobas de *pan*», nombre que él suele dar al maiz y al cazabe.

---

regio mercatur. Et quoniam ferebatur in insulam Grijalvam appulisse, maturare coactus est discessum, ne vel a Velazquio qui tantopere ipsum detinere curaverat, vel a fratribus revocaretur; quando Grijalva, cui suppetias latum ibat, redierat. Cortesius, præmissis ad Sancti Antonii promontorium navibus, jussisque ibi opperiri, cum duabus caravelis ad Trinitatis portum adnavigat. Quò cùm pervenit, comparat ab Alphonso Guilleno navigium unum, et maizi onera quingenta. Illuc interim venit Franciscus Salcedus cum caravelà quam Cortesius in portu Sancti Jacobi, ut reficeretur, reliquerat. Is novem equos, octoginta voluntarios milites in supplementum adduxit. Adfertur sub id tempus Cortesio navem unam multo penu onustam in quasdam minas navigare. Eò ire Didaco Ordæ jubet, ut eam aggrediatur, aggressam capiat, captam ad promontorium Sancti Antonii ducat. It Ordas, capit, adducitque ad promontorium. Joannes Nonius Sedegnus, navis magister, et mercatores, cùm in terram exponerentur, jussi sunt ad Cortesium ire. Eunt: mercium penuque regestum indicant, prætium poscunt. Erant enim tamenum duo millia onerum, duratæ suillæ mille quingenti petasunculi, gallinæ (quæ pavos magnitudine æquant) multæ. Omnia Cortesius valore justo solvit, atque navim etiam ipsam a Sedegno comparat, cui ad id bellum cum Cortesio ire placuit: is nunc Mexici ætatem agit. Ex Trinitatis portu, milite terrà

tierra. Está situada dicha ciudad en la embocadura del rio Onicaginal, y entonces tenia buen vecindario; hoy se halla casi despoblada. Al llegar Cortés encontró dispuesto cuanto era necesario para la partida, menos los víveres, que nadie osaba vender ni dar, por la prohibicion del adelantado Velazquez. Estaban á la sazon en la Habana un Rodrigo de Quesada, colector de diezmos del obispo, y otro á quien llamaban receptor de bulas; á estos compró Cortés cuanta carne, maiz y cazabe habian recogido de los vecinos en pago de diezmos y bulas, pues no podian esperar otra ocasion de venta, por no sacarse allí ningun oro. Ya iba á salir Cortés de la Habana, cuando llegaron en un navío Pedro de Alvarado, Cristóbal de Olid, Francisco de Montejo, Alonso de Ávila y otros muchos de los que fueron con Grijalva. Vino entre ellos un Garnica, á quien Velazquez habia dado cartas para Cortés y otros varios, en que rogaba al primero aguardase un poco mientras iba á conferenciar con él sobre cosas de la mayor entidad. Y á Diego de Ordaz, gran partidario suyo, le instigaba para que se apoderase de Cortés por cualquier medio, aun usando de la fuerza. Ordaz, gefe del bando de Velazquez, dispuso un banquete en la nave de su cargo, que era quizá la mayor y la que juzgó mas propia para una celada, y convidó á Cortés. Mas este, pretestando indisposicion de estómago, despidió á los que habian venido para acompañarle al navío, y dejó burlado á Ordaz. Armóse

---

iter facere jusso, Havanam Cortesius venit. Ea ad os Onicaxinalis fluvii sita est: incolebatur tunc temporis, nunc maximá ex parte infrequens est. Cùm eó appulit, omnia quæ ad profectionem opus erant, parata esse comperit, præter commeatus, quos nemo propter Velazquii progubernatoris edictum vendere dareve audebat. Erant eó tempore Havanæ quidam Rodericus Quesada, vectigalium episcopi exactor, et alter quem bullarum proquæstorem vocabant. Ab his Cortesius emit quidquid carnium maizique et cazabi ab oppidanis pro bullarum vectigaliumque solutione receperant. Id illi nequaquam aliter vendere potuissent, quod aurum ibi loci non foditur. Solvere ex Havaná Cortesius parabat, cùm eó appulerunt in nave uná Petrus Alvaradus, Christophorus Olitus, Franciscus Montejus, Alphonsus Avila et multi alii qui cum Grijalvá iverant. Venit eó etiam..... Garnica, cui ad Cortesium et plerosque alios litteras Velazquius dedit: quibus et Cortesium rogabat, paululùm exspectaret, dum eo ipse de rebus maximis consulturus adplicuisset. Et Didacum Ordam, suarum partium fautorem precipuum, sollicitabat ut Cortesium quovis modo, vel vi intentatá, caperet. Ordas Velazquii partium princeps in nave omnium feré maximá, cujus ipse erat dux, quamque dolo et insidiis aptam erat ratus, Cortesio lautum convivium parat, invitatque. Cortesius veró, stomachi cruditatem causatus ac nauseabundus, his qui ut ipsum in navem comitarentur venerant missis, eludit Ordam, atque arma indutus si-

luego, dió la señal de partir, y entró en su navío para hacerse á la vela. Tenia Cortés cuando salió de la Habana, once embarcaciones, hechas, compradas ó fletadas á su costa, y otras dos mas de trasporte, que por entonces arribaron y quisieron hacer con él aquella expedicion. Llevó veinte y cuatro caballos, y quinientos treinta infantes: víveres pocos; de maiz y cazabe cinco mil cargas de Indio, dos mil tocinos, y nada de dinero. Tal fué el armamento con que Cortés movió guerra á un Nuevo Mundo: tan escasas las fuerzas con que ganó para Cárlos aquel grande imperio, y abrió, el primero, á la española gente, el reino de Nueva España donde está la nobilísima ciudad de México. Y á no ser porque esto nos apartaria mucho de nuestro propósito, encareceriamos ahora la inmensa gloria de los Españoles, que despues de haber mostrado su valor con Franceses, Italianos y Turcos, llevaron sus armas á remotas tierras, de que no alcanzaron noticia los Romanos.

El original de esta obra hallé en el Archivo de Simancas, Sala de Indias, legajo intitulado: *Relaciones y papeles tocante á entradas y poblaciones*. Está escrito en once hojas folio, de buena letra, con algunas correcciones y notas al márgen, al parecer de mano del autor. Precede la siguiente advertencia: *Envíómele de Osma Francisco Beltran, año de 1572, en Septiembre*. Y de otra letra: *Céspedes*, nombre que se halla al frente de muchos papeles, que sin duda estuvieron en poder de ese docto cosmógrafo. Es parte de una obra *De Orbe Novo*, segun consta del mismo principio. Pág. 10 (320) dice haber escrito copiosamente de Cristóbal Colon. Pág. 35 (349-350) se refiere á la continuacion de este escrito.

---

g num solvendi dat, et navem ascendit vela facturus. Habuit Cortesius cùm Havaná solvit, naves undecim proprio sumptu vel factas, vel emptas, vel conductas: duas præterea alias onerarias, quæ sub id tempus eò venerant, quæque sub eo militare stipendium facere voluerant Habuit equos viginti quatuor, milites triginta et quingentos: cibaria modica; maizi et cazabi quinque millia onera tamenum, duo millia petasonum; stipendium nullum. Tantus fuit armorum apparatus quo alterum terrarum orbem bellis Cortesius concutit: ex tam parvis opibus tantum imperium Carolo facit, aperitque omnium primus Hispanæ genti Hispaniam Novam, in qua est nobilissima urbs Mexicum. Et ni ea res longiùs nos ab instituto traheret, ingentem Hispanorum gloriam explicaremus, qui cùm Gallis, Italis, Turcis quantum virtute bellicâ Hispani valeant, ostenderint, arma in longissimas terras, nullique Romanorum cognitas, promoverunt.

En la misma página y en la 59 (554) expresa escribirlo viviendo aun muchos de los que estuvieron con Hernan Cortés en su expedicion primera. Podria ser de Calvet de Estrella, cronista de Indias, que ofreció la Historia de ellas en cumplimiento de su oficio, segun Don Nicolás Antonio. El estilo no lo desmerece: conviene el tiempo, y tambien parece indicarlo el método de escribir la Historia del Nuevo Mundo dando las vidas de algunos hombres que se distinguieron en aquellas partes. Tenemos de él veinte libros *De rebus gestis Vaccæ Castri*, MSS., que se conservan en el Colegio del Sacro Monte de Granada. Y podrian ser compañeras de esa obra las *De origine, vitâ et gestis Christophori Columbi* (pág. 10), y la presente á que he dado título: *De rebus gestis Ferd. Cortesii*, y de que sin duda es este el primer libro completo. Lo he copiado y cotejado con mucho cuidado, conservando hasta los que juzgo errores del escribiente, ó equivocaciones del autor en ciertas palabras, las cuales he notado con esta señal.+ Solo en la pág. 2, (344) he mudado *quatuordecimo* en *quartodecimo*, y en otro lugar *octuaginta* en *octoginta*. Las noticias que en el original van en el márgen enfrente de lo escrito, he colocado al pié, añadiendo llamadas en sus lugares.

Simancas, á 6 de Enero de 1782.—Juan Baut. Muñoz.*

* Las páginas del MS. citadas en la nota precedente, corresponden en esta edicion á las que les siguen entre paréntesis. Los errores que fueron marcados con la señal +, han desaparecido al revisar el texto para la impresion; y las *noticias* van incorporadas en el texto, del cual se distinguen por ir entre corchetes [].

CARTA
DEL LICENCIADO ALONSO ZUAZO

AL PADRE

FRAY LUIS DE FIGUEROA, PRIOR DE LA MEJORADA.

Despues de la dicha nueva vino una carta al dicho padre prior de la Mejorada, la cual le envió el licenciado Zuazo desde la isla Cuba, donde al presente reside por gobernador, que fué escripta y enviada de la dicha isla Cuba á 14 de Noviembre del año 1521 años, y la recibió el dicho padre prior en la Mejorada en principio de Abril del año de 522; la cual carta relata grandes nuevas maravillosas de aquellas partes, y son muy ciertas, porque el que las escribe es tal persona: y para lo de las nuevas dice así:

Ya V. P. sabe cómo fuimos principio y principal fundamento para que en este Nuevo Mundo de Yucatan[1] se descubriese, y las largas instrucciones que á Francisco de Peñalosa, que haya gloria, se dieron, como á veedor que era de la armada que á la sazon envió Diego Velazquez, y la carta que en aquel tiempo yo escribí al dicho adelantado Diego Velazquez, en la cual le relaté grandes secretos de la tierra é cibdades que en ella se habian de descubrir, é la calidad de los moradores della, que ha salido todo verdadero como si yo fuera profeta. Háme mostrado despues el dicho adelantado la carta como fuera de sí, diciendo ¿que de dónde pude yo saber lo en ella contenido? Y como persona que entonces supe sin ver lo que despues sucedió, bien podrá Vuestra Merced creer que la gana y voluntad que yo tenia de armar era justísima, aunque fuisteis la principal parte para estorbarla, y por mejor, porque yo ansí lo tomo, como señor y padre mio que con justísimo celo os movistes, y por mi bien, y

---

[1] Dióse al principio este nombre de Yucatan á todo lo descubierto por Grijalva; y aun se extendió á las tierras conquistadas por Cortés, mientras no se tuvo de ellas noticia bien clara. Así lo dice expresamente el Padre Motolinia. Véase la pág. 192.

así lo afirmo é confieso, porque en cosas tan grandes siempre hay controversias que impiden los fructos de los trabajos, como acá ha sucedido con Hernando Cortés.

Venerable Padre: porque no hay razon que á los nuevos inventores, ó que con su autoridad dan ocasion á grandes hazañas, se les quite la gloria que merecen, cuando esta no se puede pagar con precio, baste que los que esta leyeren sepan el fruto que se hizo &c., en este Nuevo Mundo que en el tiempo de nuestra gobernacion se ha hallado y descubierto.

Y digo, que pasada toda esta isla Cuba, mas al Poniente se halla otra á que llaman Cozumel: é de ahí al Norte hay otra tierra que se llama Yucatan; y costeando la dicha tierra siempre al Poniente, se nos descubren tierras maravillosas, y nunca vistas ni traidas á la memoria de los pasados, á las cuales llaman las provincias de Cempoal, Caluacan, México, Taxcaltecle (Tlaxcallan), Chelurla (Cholollan), Tenecatan (Tenochtitlan?), donde hay ciudades en grande admiracion de á diez mill, treinta mill, cincuenta mill, sesenta é ochenta mill vecinos; todas están labradas de piedra, é cal, é tierra maravillosamente de muy grandes é ricos edificios, excepto que no se halla alguno con bóveda: la gente muy diestra, especialmente en las cosas de la guerra. Hay grandes señores, á que llaman en su lengua *Tectes*, especialmente uno á que llaman Monteuzuma, que es señor de toda la provincia de México, y él reside en una cibdad della á que llaman Tenestutan (Tenochtitlan), fundada sobre el agua en una laguna salada que boja al derredor mas de treinta leguas, por la cual laguna dende tierra entran por encima del agua ciertas puentes de á dos y tres leguas, é á cuatro; por la una de ellas viene un caño de agua dulce muy hermosa hasta entrar en la dicha cibdad, como entra el agua en Sevilla por los caños de Carmona: esta cibdad me dicen que es de grandeza mayor que Sevilla mucho: están al derredor della todos los dias del mundo por la dicha laguna sesenta y setenta mill canoas de las grandes, en que vienen provisiones á la cibdad, en la cual está un lugar destinado á que llaman *tianquiz*: todos los dias del mundo se hace un mercado en que entran, dende poco antes que se pone el sol hasta la media noche, ochenta mill personas que venden y compran todas las cosas necesarias á la vida humana, ansí al comer é beber como al vestir é calzar; oro y plata, piedras de valor, con otros plumajes ó argenterías maravillosas, y con tanto primor fabricadas, que excede todo ingenio humano para comprenderlas y alcanzarlas. Yo vi tres cabezas de animales fieros, con sus cuerpos hechos de pluma, que se viste un hombre tomando cualquiera de las dichas cabezas sobre la suya: é viéndole venir al hombre á gatas, como fiero animal, no hay nadie que á los primeros movimientos no haga grandes semblantes de miedo; porque la dicha cabeza é cuero con su cola é brazos, está tan propiamente compuesto, que ni Circe ni la Pitonisa pudieron volver en sus tiempos tan aparentemente los dichos hombres en bestias, como la sotileza de los dichos Indios obra en cosas semejantes. Vi ciertos follajes, pájaros, mariposas, abejones sobre unas varas[2] temblantes, negras é tan delgadas, que apenas se veian, é de tal manera que realmente se hacian vivas á los que las miraban un poquito de lejos: todo lo demas que estaba cerca de las dichas mariposas, pájaros é abejones correspondia naturalmente á boscajes de yerbas, ramos é flores de diversas colores é formas. Vi muchas mantas de á dos haces, labradas de plumas de papos de aves, tan suaves, que trayendo la mano por encima á pelo y á pospelo, no era mas que una marta cebellina muy bien adobada: hice pesar una dellas, no pesó mas de seis onzas. Dicen que en el tiempo del invierno una abasta para encima de la camisa, sin otro cobertor, ni mas ropa encima de la cama. Vi muchas rodelas labradas de oro y de cueros de tigres, é otras de plumas; con otra diversidad de ropas tejidas é pintadas de tantas labores, que á quererlas expresar aquí seria dar causa de nunca acabar.

En el dicho mercado se venden por su órden muchas y diversas ropas de vestir, é para la cama, y tapicería para entoldar las casas; gallinas é gallos, á que nosotros llamamos pavos; estos vivos, muertos, asados, cocidos, hechos en cazuela é en otros guisados diversos. Véndense águilas, halcones, anadones bravos é mansos, con otra infinita diversidad de aves á que no puedo poner nombre. Véndense huevos asados, crudos, en tortilla, é diversidad de guisados que se suelen guisar, con otras cazuelas y pasteles, que en el mal cocinado de Medina, ni en otros lugares de Flamencos dicen que no hay ni se pueden hallar tales trujamanes.

Véndense ansimesmo muchas frutas, manzanas, ciruelas blan-

---

[2] El original dice claramente *vigas*. Puede que la verdadera leccion sea *viras*.

cas, andrinas³ negras, é ciruelas coloradas, uvas muy buenas, aunque dicen que son salvajes; con otro grand género y especies de frutas, cuyos nombres no escribo, pues por ello V. R. no caerá en la calidad de la fruta, como en cosa semejante para comprendello hay necesidad de tres sentidos, vista, y olor, y sabor.

Véndese ansimesmo miel de abejas, miel de cañas de maiz, que es tan bueno como lo de abejas; miel de maguey, que son unas matas como de lirios, que tienen al cabo de las hojas una espina recia. Destas matas quitan el cogollo, y de allí sale un brebaje ques tan bueno, segun dicen, como vino; é cuecen las hojas é de allí sacan otra manera de miel, que cocida en cierta forma se vuelve en azúcar, aunque negro; de lo que queda de las dichas hojas se aprovechan como de lino muy delgado, ó de holanda, de que hacen lienzos muy primos para vestir, é bien delgados.

Hay una moneda entre ellos con que venden y compran, que se llama cacahuate; es fruta de ciertos árboles muy preciados, de que hacen otro brebaje para grandes señores, que dicen ser cosa muy suavísima.

Hay en el dicho mercado fieles que discurren por él de noche é de dia, que son para que lo que se comprare é vendiere en el dicho mercado no haya engaño.

Hay casa de justicia, en la cual se asientan cuatro jueces á juzgar; y acaesce que por una espiga de maiz ó poco mas que hurte uno, le mandan matar con una porra con que le dan tras la cabeza. Hay ganapanes en el dicho mercado, que se alquilan como en Medina del Campo. Véndese ansimesmo madera labrada y por labrar, ladrillo, adobes, cal. Véndese oro y plata, y otras muchas joyas.

Dicen que tenia aquel Monteuzuma casas y palacios y salas en que se perdian los hombres, sin saber salir dellas, y cajas y arcas tan grandes, que tenian llenas de ropa, hechas de madera con sus tapaderas que se abren y cierran con unos colgadizos, é que serian los cuerpos de las cajas é arcas como casas de á setenta y ochenta piés de largo, con anchura proporcionada. Tenia este Monteuzuma una cámara llena de joyas de oro labradas á las mill maravillas, que no habia nadie que pudiese apodar⁴ el valor de pesos de oro, ni de marcos, ni de otra cantidad con que se pueda numerar.

³ Ciruelas silvestres.   ⁴ Calcular.

Hay ansimismo mucha plata de que los Indios han hecho grandes vajillas al modo nuestro; puesto que yo vi algunas piezas y no me parecieron tan primamente labradas como las nuestras. Tenia Monteuzuma por grandeza una casa en que tenia mucha diversidad de sierpes é animalías bravas, en que habia tigres, osos, leones, puercos monteses, víboras, culebras, sapos, ranas é otra mucha diversidad de serpientes y de aves, hasta gusanos; é cada cosa de estas en su lugar, é jaulas como era menester, y personas diputadas para les dar de comer y todo lo necesario, que tenian cuidado dello. Tenia otras personas mostruosas, como enanos, corcobados, con un brazo, é otros que les faltaba la una pierna, é otras naciones mostruosas que nacen ocasionadas.

Cuando salia á festejar llevaba cuatro hombres, decian que eran sus justicias, con varas, é no tocaba con las manos en ellas, salvo sobre un paño revuelto sobre cada una de las dichas varas; dicen que en veneracion de la dicha justicia: al tiempo que salia juntábanse muchos principales con él, muy bien vestidos, y echaba él los brazos sobre los hombros de alguno dellos, y ansí salia en medio de gran multitud de hombres.

Tenia templos y casas muy altas, muy pintadas y doradas, donde tenia sus ídolos; y los mas preciados y en que mas veneracion tienen las gentes, son hechos de harinas de ciertas simientes mezclados con sangre de hombres é de muchachos; y de aquella masa y mezcla, que es de harina de maiz é simientes de bredos é otras gomas odoríferas, hacen aquellos bultos grandes dedicados al sol, é para que en sus guerras, pesquerías y monterías é maizales los favorezcan.

Todos los dias del mundo sacrifican persona humana viva, y tienen casa diputada en que tienen mucho número de muchachos é hombres habidos en la guerra, para el tal ejercicio y sacrificio. Toman al que han de sacrificar, por la mañana, y traenle por la cibdad con muchas trompetas y atabales, é el tal que ha de ser sacrificado bien vestido é con muchos plumajes, hasta que llegan al lugar destinado para el tal sacrificio, y allí le hacen asentar en un banco con respaldar, é le hacen tener la cabeza de manera que pueda tener el pecho alto; y con ciertas navajas de pedernal destinadas para el tal ejercicio, le dan por el pecho una cuchillada tajante, que luego le sale el pulmon, é allí tienen ciertas espinas é punzones con que le punzan el corazon, para que salga la sangre derecha hácia el sol, y luego incontinenti se lo sacan palpitando é bullendo é le presentan al sol; y con la sangre que dan al ídolo por la cara y pescuezo: lleva el sacerdote del tal sacrificado las manos y los piés para comer, porque dicen ser lo mejor y mas preciado de todo el cuerpo humano: lo demas dan á sus amigos, ó llévanlo á la plaza á venderlo.

Hay templo destos á quien llaman *cues* que tienen cierta torre toda ciega de tres maneras de confaccion ó mezcla: primera, tierra escogida; segunda, polvos de goma odoríferos; tercera, oro molido ó por hundir.[5] Háse hecho la experiencia tomando una batea de aquella tierra, y lavando una bateada della salieron cinco castellanos de oro. Creen que si ansí responde lo demas, hay en el dicho torrejon mas de un millon.

Tienen hazas de maiz como en campos de trigo y cebada; pueden ir siete, ocho, diez leguas, que por espacio de lo que la vista se pudiere extender todo es maizales: haylas pequeñas y mayores y de sazon para coger, de manera que todo el año lo cogen.

Dicen que hácia el Hueste ó Poniente, cuarta al Sudueste, hay unas sierras altas, de las quales diz que vienen gigantes de maravillosa estatura; llevan al Emperador Nuestro Señor un hueso desde la rodilla hasta el vértebro de la cadera en que hay cinco palmos y medio grandes, y lo que podrian corresponder las otras partes, hállase que llegaria con longura de una lanza gineta pequeña. Afírmase por ciertas conjeturas, que detrás de las dichas sierras está una grand casa á manera de monasterio de mujeres, donde está una dama principal que llaman los castellanos Señora de la plata: dicen cosas acerca desto que yo no las óso escribir á V. R. porque son cosas increibles: baste que diz que tiene esta señora tanta plata, que diz que todos los pilares de su casa son hechos della, cuadrados, ochavados, torcidos, é todos macizos de plata.

En el nacimiento de estas gentes se guardan ciertas ceremonias, y son, que al tiempo del parto de la madre de cualquiera criatura se llegan algunas mujeres como parteras, y otras como testigos para ver si el parto es supuesto ó natural; y al tiempo del nacer no permiten que la criatura llegue á la tierra con la vid; é antes que se la

---

[5] Fundir.

corten le hacen ciertas señales en el corpezuelo; lávanlo tres veces, é acabada la tercera le llevan acompañado, segun el cuyo hijo es, al templo donde le reciben los sacerdotes con ciertas ofrendas é oraciones; vuélvenle el niño á casa, y están en ella hasta dos, tres, cinco años ó á albedrío de cada uno, porque en esto no hay regla cierta; é pasado el dicho tiempo circuncídanle á manera de Moro ó Judío.

Los casamientos de estos se hacen cada uno con la suya, segund nosotros, excepto los grandes señores, que tienen muchas mujeres; y concertado el desposorio, los parientes del desposado van á casa de la desposada, é por el contrario los de la desposada á casa del desposado, é dura esta visitacion un mes; dos, tres veces cada dia; y en este tiempo se envian de una parte á la otra muchas joyas, ropa y otras preseas de por (PONER) casa, hasta la semana postrera del dicho mes, que todo lo que entonces se envian son cosas de comer. En todo este tiempo nunca se han visto ni hablado los desposados, hasta que la traen á la señora muy atapada, é se la entregan al desposado, é celebran despues las bodas á manera de Moros.

En la muerte de esta gente se guarda esta costumbre. Luego que el defunto ha espirado llaman ciertas mujeres y hombres que están salariados de público para hacer lo siguiente. Toman el cuerpo desnudo sobre las rodillas un hombre ó mujer, y tiénelo abrazado por las espaldas, y allí lléganse otras personas diputadas para lavar al finado, y lávanlo muy bien; y llega un hombre con un huso ó palo á manera de crenchas de mujeres, y mételo entre los cabellos del defunto con ciertas ceremonias, con las cuales divide los dichos cabellos en unas partes y otras; y así lavado el defunto con ciertos endines [6] en sus cabellos, vístenlo todo de blanco, muy bien vestido, y con el rostro de fuera, y asiéntanlo sobre una silla poniendo sobre su cabeza y sobre todo su cuerpo grandes penachos y plumajes de diversas colores y formas; y está ansí por espacio de una hora ó dos; y pasado este tiempo vienen otras mujeres é hombres á la manera de los de arriba y desnudan al defunto todas las ropas blancas y plumajes que tenia, y tórnanlo á lavar segunda vez como de primero, y vístenlo de vestiduras coloradas con otros penachos que acuden á la misma color, y pónenle en su silla como de primero por otro tan-

---

[6] No conozco esta palabra, que parece significar aquí *ungüentos* ó *perfumes*.

to espacio de las dos horas, y allí hacen cierto planto ó lamentacion, mayor ó menor como es la calidad del defunto. Tornan tercera vez otras mujeres á desnudarle todo lo colorado, y lávanle como de primero, y vístenle todo de negro con plumajes ó penachos negros, y llevan todas estas tres maneras de vestiduras al templo con el defunto á enterrar; y estas vestiduras no vuelven á uso humano, salvo que quedan á los sacerdotes para servicio del templo.

Llegado el defunto al templo, quémanle con mucha suavidad hasta que quedan los huesos y cenizas muy menudas: estos cogen y métenlos en un hoyo é entiérranlos, y ponen encima del dicho hoyo ciertos bultos hechos de diversas maneras, é veletas y banderas, que quedan allí tanto cuanto es la voluntad de sus parientes dél, ó [7] que dura una tumba en España sobre la sepultura del defunto.

Tienen tanta obediencia y acatamiento á sus Tecles, que no hay nadie por principal que sea que venga á le hablar derechamente ni le ose mirar al rostro; é luego que el tal vasallo entra por la puerta de la sala adonde está el Tecle, va al rincon mas apartado de la puerta y junto á la pared muy corcobado, é llega por las espaldas del señor hasta ponerse á su lado; y allí hincadas las rodillas y los ojos en tierra dice su embajada, é dicha, luego se aparta y pone en cluquillas esperando si el Tecle le habla alguna palabra. Veces hay que habla alguna, é otras no ninguna, salvo algund semblante de despedille, y tórnase á salir con aquel mesmo acatamiento con que entró.

Hay entre ellos algunos caballeros de los que arman en el castillo de Triana con sus santbenitos en que diz que traen pintadas ciertas cruces por el delito de la herejía, é á los que hallan pertinaces quémanles gentilmente: cosa en verdad fué esta de que yo mas admiracion ove que de todas las pasadas.

Estas gentes tienen la *tria peccatela* que decia el Italiano: no creen en Dios; son casi todos sodomitas: comen carne humana: sacrifican todos los dias del mundo gentes vivas, como arriba digo. Hay entre ellos muchos pobres á que llaman *motolineas*: tienen tal órden que si el tal motolinea es huérfano de padre y madre, y mozo, pónenlo luego con señor, de cuyo poder no ha de salir, so pena de muerte, hasta que sea hombre y lo casen.

[7] El original «cuanto es voluntad de sus parientes de lo que dura una tumba.» La correccion es de D. J. B. Muñoz, y parece que debe adoptarse.

Hay muchas cibdades y villas muy hermosas, sobre agua ó fuera de agua. Cempoal que terná once ó doce mil vecinos, donde hay mercado todos los dias del mundo, en que entran treinta mil ánimas: dura este mercado desde que amanece hasta media noche. Hay otra cibdad que diz que se llama Temizquitan: adelante hay otra cibdad en un valle que se dice Zacata de diez mill vecinos.

Está otra cibdad y provincia que se llama Tazcaltecle de mas de veinte mill vecinos. Está la cibdad de México ó Teneztutan, que será de sesenta mill vecinos. Está otra cibdad que se llama Tezcuco de ciento é veinte mill vecinos; é otras muchas cibdades y villas y lugares, que por su prolijidad dejo.

Destos señores destas cibdades y villas y lugares, hay unos mas principales y otros menos principales que pagan unos á otros tributos: é este tributo é rentas se paga á dia adiado,[8] ansí en oro como en plata, como en ropas y animales salvajes, aves extrañas y cosas otras muchas de comer, vestir é calzar, hasta que en señal de sujecion y reconocimiento de señorío hay algunas gentes que traen de tributo un cabello del señor de ellos, é otro un piojo. E entran en sus cabildos é ayuntamiento, y hacen sus consultas, mayormente en cosas de guerra; y luego que se ha acordado lo que se ha de hacer por los mayores, se hace saber por las provincias, y á la mesma hora destinada están todos á punto de guerra apercibidos.

Están todas estas cibdades, con otras muchas que dejo de decir, dende 21 hasta 28 grados. Hay sierras nevadas y muy grandes nortes é muy frios, en manera que dende Octubre hasta mediado Marzo á causa de los dichos nortes é frialdades dellos es muy peligrosa la navegacion. Han de ser avisados los pilotos cuando los tales nortes escomienzan á correr, y hacerse luego á la mar, porque no hay cable ni ancla que baste para que pueda sufrir la fortaleza del viento. Y esto baste para la primera parte.

Cuanto á la segunda parte ha de presuponer V. R. una órden y religion santísima de sacerdotes clérigos y frailes que hay entre ellos á quienes tienen en mucha veneracion. Estos dende que nacen hasta que mueren nunca peinan sus cabellos, ni navaja ni tijera sube sobre su cabeza, como se lee del bienaventurado Santiago el Menor, á quien llaman hermano del Señor. Tienen mas; que jamas llegan

[8] Prefijado.

á mujer ni tienen acceso á ella *direte* ni *indirete*, pues por su limpieza y su muy mayor honestidad, antes que lleguen al altar ó á hacer sacrificio, se entregan á los mas repugnantes excesos; y para esto nunca están ciegos. Hállanse sin ninguna vergüenza diez, doce, quince juntos en este pecado abominable, y luego incontinente y tras él, para que del ayuno ó abstinencia pasada sean mas aceptos al sol, matan un hombre ó muchacho en la forma y manera que arriba digo, y sácanle el corazon, y preséntanle al sol para que les sea favorable en todas sus necesidades.

Grand confianza en verdad debemos tener los pecadores en la misericordia de Dios, pues por tantos siglos ha dilatado el castigo de tan abominables ofensas. Él sea loado y bendito por siempre jamás, cuyos juicios son investigables, y nadie los puede alcanzar.

Muy Reverendo Señor: pocas veces se halla diciendo mucho acertar en todo: supla V. P. con oficio de caridad los defectos deste vuestro servidor, suplicándoos que á todos esos mis señores religiosos de esa insigne casa de la Mejorada, á quien con entrañable amor deseo servir y conocer, dé V. M.rd mis encomiendas; y baste que V. R. sea el padre, para que yo sea hermano de obediencia de todos, en cuyas oraciones devotísimas me encomiendo, y ansi le pido á V. R. por caridad, pues sin Dios y ayuda de tan excelentes varones no se puede hacer nada que bueno sea; conque ansí mesmo cuando V. R. escribiere á mi padre el prior de San Juan de Ortega, le envíe mis encomiendas.

Desta cibdad de Santiago de esta isla de Cuba á 14 de Noviembre, DXXI (1521) años.—A obediencia y mandado de Vuestra Paternidad.—LICENCIADO ZUAZO.

Despues desta se pusieron de molde la segunda, é tercera, *é cuarta** cartas que Hernando Cortés envió al Emperador, destas dichas tierras y ciudades nuevamente descubiertas; las cuales cartas mas largamente hablan de las nuevas desta dicha carta que envió el licenciado Zuazo, y de cómo y con qué trabajos las sojuzgaron. *(Añadido de letra posterior lo que sigue.)* Y tambien hay otra quinta carta, que no se imprimió segun creo, y oye despues la sexta carta que no se imprimió. (Copia de otra coetánea que está en la Coleccion Diplomática de la Real Academia, al año 1516, doc. 2.—*Contuli.*—Muñoz.)

* Las voces *é cuarta*, son añadidas. (Nota de Muñoz.)

EL CONQUISTADOR ANÓNIMO.

RELACION DE ALGUNAS COSAS DE LA NUEVA ESPAÑA, Y DE LA GRAN CIUDAD DE TEMESTITÁN MÉXICO;

ESCRITA POR UN COMPAÑERO DE HERNAN CORTÉS.

Esta tierra de la Nueva España es semejante á España, y los montes, valles y llanos son casi de la misma manera, excepto que las sierras son mas terribles y ásperas; tanto, que no se pueden subir sino con infinito trabajo, y hay sierra, á lo que se sabe, que se extiende mas de doscientas leguas. Hay en esta provincia de la Nueva España grandes rios y manantiales de agua dulce muy buena; extensos bosques en los montes y llanos, de muy altos pinos, cedros, robles y cipreses, encinos y mucha diversidad de árboles de monte. En lo interior de la provincia hay lomas muy amenas, y cerca de la costa, hay montes que corren de mar á mar. La distancia de un

RELATIONE

DI ALCUNE COSE DELLA NUOVA SPAGNA, & DELLA GRAN CITTA DI TEMESTITAN MESSICO; FATTA PER UNO GENTIL'HOMO DEL SIGNOR FERNANDO CORTESE.

Il paese della nuova Spagna è à guisa di Spagna, & quasi della medesima maniera son le montagne, le valli & le campagne, eccetto che le montagne son piu terribili & aspre da non potervisi ascender se non con infiniti travagli, & vi è montagne, per quel che si sa, che durano meglio di dugento leghe. Sono in questa provincia della nuova Spagna gran fiumi & fonti di acque dolci & molto belli, gran boschi ne monti, & pianure di altissimi pini, cedri, rovere, & cipressi, elci, & molte diverse sorte di alberi di montagne. I colli son molto ameni nel mezzo della provincia, & vicino alla costa del mare son monti spiccati da l'un Mare all'altro. La distantia che è dall'un mare all'altro, per il piu corto è di cento

mar á otro es, por la parte menor, de ciento cincuenta leguas, en otra ciento sesenta, en otra doscientas, en otra pasa de trescientas, y por otra parte tiene cerca de quinientas; ya mas arriba es la distancia tan grande, que no se sabe el número de leguas, porque no la han visto los Españoles, ni la acabarán de ver de aquí á cien años; y cada dia se descubren tierras nuevas.

En esta provincia hállanse minas de oro, plata, cobre, estaño, acero, y hierro. Hay muchas especies de frutos semejantes en la apariencia á los de España, aunque al gustarlos no tienen aquella perfeccion, ni en el sabor ni en el color. Bien es verdad que hay muchos excelentes, y tan buenos como pueden ser los de España; pero esto no es lo general. Los campos son muy agradables, muy llenos de yerba hermosísima que crece hasta media pierna. La tierra es muy fértil y abundante, produce cualquiera cosa que en ella se siembra, y en muchos lugares da dos ó tres cosechas al año.

II.—De los animales.

Hay muchos animales de diversas especies, como son tigres, leones y lobos, y asimismo adives,[1] que son entre zorro y perro, y otros entre leon y lobo. Los tigres son del mismo tamaño, ó acaso algo mayores que los leones, salvo que son mas robustos, fuertes y feroces: tienen todo el cuerpo lleno de pintas blancas, y ninguno de estos animales hace daño á los Españoles, siendo así que á los naturales

[1] El *coyotl* ó *coyote*.

---

cinquanta leghe, & per un'altra cento sessanta, & dall'altra dugento, & da un'altra passan trecento, & da un'altra banda presso cinquecento, & piu sopra, è distantia cosi grande, & tanta che non se ne sa il numero delle leghe, perche non si è veduto da Spagnuoli, & ci è da veder anchora di qua à cento anni, & ogni dì si vede cosa nuova.

Sono in questa provincia mine d'oro, & di argento, di rame, & di stagno, di acciaio, & di ferro. Vi sono molte sorte di frutti, che paion assimiglianti a quei di Spagna, avenga che nel gusto non sieno in quella perfettione ne nel sapore, ne nel colore. Anchora che ce ne sien molti bonissimi & cosi buoni come son quei di Spagna ma non generalmente. Le campagne son dilettevoli, molto piene di bellissime herbe alte fino à mezza gamba. Il paese è molto fertile & abbondante, & produce qualunche cosa che ci vien seminata, et in molti luoghi rende il frutto due ò tre volte l'anno.

De gli Animali.— Vi son molti animali di diverse maniere come sono tigri, leoni & lupi, & similmente Adibes, che son tra volpi & cani, & altri che son fra leoni, & lupi. I tigri son della grandezza, ò forse qualche poco maggiori, che i leoni, eccetto che son piu grossi, & forti, & piu feroci, hanno tutto'l corpo pieno di macchie bianche, & niuno di questi

no les hacen muchas fiestas, antes se los comen. Tambien hay ciervos y zorros salvajes, gamos, liebres y conejos. Los puercos tienen el ombligo en el espinazo, y hay otros muchos y diversos animales, en especial uno, poco mayor que un gato, que tiene una bolsa en el vientre, en la cual esconde á sus hijuelos cuando quiere huir con ellos, para que no se los quiten, y allí los lleva sin que se vea ni conozca que lleva cosa alguna; y cuando va de huida trepa con ellos por los árboles.[2] Esta provincia de Nueva España está por la mayor parte muy poblada: hay en ella grandes ciudades y pueblos, tanto en los llanos como en las montañas; las casas son de cal y canto, y de tierra y adobe, todas con sus azoteas. Esto es entre los que viven en la tierra adentro; pero los que habitan cerca del mar tienen casi todas sus casas y paredes de adobes, tierra y tablas, con los techos de paja. Solian tener los naturales de esta tierra bellísimas mezquitas,[3] con grandes torres y habitaciones, en las cuales daban culto á sus ídolos y les hacian sacrificios. Muchas de aquellas ciudades están mejor ordenadas que las de acá, con muy hermosas calles y plazas, donde hacen sus mercados.

III.— De los soldados.

La gente de esta tierra es bien dispuesta; antes alta que baja. Todos son de color trigueño, como pardos, de buenas facciones y

---

[2] El *tlacuatzin* ó *tlacuache*.
[3] Acostumbrados los conquistadores al trato con los Árabes de su pais, dieron algunos el nombre de *mezquitas* á los templos de los Indios, aunque comunmente les llamaban *cues*.

---

animali fa male à Spagnuoli, ancor che alle genti del paese non faccino carrezze, anzi se gli mangiano, vi sono anche cervi, & volpe salvatiche, daini, lepri, & conigli. I porci hanno l'ombelico sopra il fil della schiena, & vi sono molti altri & diversi animali, & specialmente ve ne è uno che è poco maggior che il gatto, che ha una borsa nel ventre, dove asconde i figliuoli quando vuol fuggir con essi, per che non gli sien tolti, & quivi gli portano senza che si conosca ne si veda se vi porta cosa alcuna, & con essi monta fuggendo sopra gli alberi. La provincia di questa nuova Spagna è molto ben popolata per la maggior parte, vi sono di gran città & terre, cosi nella pianura come nelle montagne, & le case sono fatte di calcina & pietre, & di terra & quadrelli crudi, & tutte con le sue terrazze, quei popoli però che vivon nel mezzo del paese: ma quei che habitano vicini al mare hanno quasi tutti le case & pareti di quadrelli crudi & terra, & di tavole, col tetto di paglia. Solevano havere i naturali del paese bellissimi meschite con gran torri & habitationi, nelle quali honoravano & sacrificavano i loro Idoli, & molte di quelle città son meglio ordinate che quelle di qua, con molto belle strade, & piazze dove fanno i lor mercati.

La sorte de i soldati loro.—La gente di questa provincia è ben disposta, piu tosto grande

gesto; son por la mayor parte muy diestros, robustos é infatigables, y al mismo tiempo la gente mas parca que se conoce. Son muy belicosos, y con la mayor resolucion se exponen á la muerte. Solia haber entre ellos grandes guerras y diferencias, y todos los presos en guerra se los comian ó los hacian esclavos. Cuando ponian sitio á un pueblo y se rendia sin resistencia, los habitantes quedaban solamente por vasallos de los vencedores; pero si habia que usar de fuerza, eran reducidos á esclavitud. Guardan cierto órden en sus guerras, pues tienen sus capitanes generales, y ademas otros capitanes particulares de cuatrocientos y de doscientos hombres. Cada compañía tiene su alférez, quien lleva la bandera en su asta, de tal manera atada en la espalda, que no le molesta nada para pelear, ni para hacer todo cuanto quiera; y la lleva tan bien ligada al cuerpo, que si no le hacen pedazos no se la pueden desatar ni quitar de modo alguno. Acostumbran por lo regular gratificar y pagar muy bien á los que sirven con valor en la guerra, señalándose y dándose á conocer con alguna hazaña, pues aunque sea entre ellos el mas vil esclavo, lo hacen capitan y señor y le dan vasallos, y lo estiman de manera, que por donde quiera que va lo sirven y lo tienen en tanto respeto y reverencia como si fuese el señor mismo. A este que asi se ha distinguido le hacen una señal en el cabello, para que sea conocido por su hazaña, y todo el mundo lo advierta á primera vista, porque no

---

che picciola, son tutti di colore berrettino come pardi, di buone fazzioni & gesti, sono per la maggior parte molto destri, gagliardi & sopportatori delle fatiche, & è gente che si mantiene con manco cibo de ogni altra. E gente molto bellicosa, & che molto determinatamente hanno ardimento di morire. Solevano haver gran guerre & gran differentie fra loro, & tutti quei che si pigliavano nella guerra, ò erano mangiati da loro, ò erano tenuti per schiavi. Se i nemici andavano à porre assedio à qualche villaggio, se gli assediati se gli rendevono senza far resistentia ò guerra, restavano solamente vassalli de i vincitori, ma se erano presi per forza, restavano per schiavi tutti. Hanno i loro ordini nella guerra, che hanno i loro Capitani generali, & hanno i particolari capitani di quattrocento, & dugento huomini, ha ogni compagnia il suo Alfiere con la sua insegna inhastata, & in tal modo ligata sopra le spalle, che non gli da alcun disturbo di poter combattere ne fare cioche vuole, & la porta cosi ligata bene al corpo, che se non fanno del suo corpo pezzi, non se gli puo sligare, ne torgliela mai. Hanno per costume di gratificare & pagar molto bene coloro che servono ben su la guerra, & che si faccino cognoscere segnalatamente con qualche opera virtuosa, che anchora che sia il piu disgratiato schiavo fra loro, lo fanno Capitano, & Signore, & gli danno vassalli & lo stimano, in modo che per tutto dove lui va lo servono, & l'hanno in tanto rispetto e reverentia come al proprio Signore, & nella persona propria di questo tale segnalato gli fanno un segno ne i capegli, accioche sia conosciuto per quell'opera

acostumbran traer cubierta la cabeza. Cada vez que hace alguna otra accion notable, le ponen otra señal parecida en testimonio de su valor, y los señores le hacen siempre otras mercedes.

IV.—De sus armas ofensivas y defensivas.

Las armas defensivas que usan en la guerra son ciertos sayetes á guisa de jubones de algodon acolchado, de dedo y medio de grueso, y á veces de dos dedos, que son muy fuertes, y sobre ellos se ponen otros jubones y calzas todo de una pieza, que se atacan por detrás. Son de una tela gruesa, y tanto los jubones como las calzas los cubren por encima de plumas de diversos colores, que hacen muy buena vista: unas compañias de soldados las usan blancas y encarnadas, otras azules y amarillas, y otras de diversas maneras. Los señores llevan encima ciertos sayetes como jacos, que entre nosotros se usan de malla, pero ellos los hacen de oro ó plata sobredorada. Estos vestidos de pluma son de fuerza proporcionada á sus armas, de manera que no les entran saetas ni dardos, sino que rechazan sin herir, y aun con las espadas es dificil atravesarlos. Para guardar la cabeza llevan unas como cabezas de serpientes, tigres, leones ó lobos, con sus quijadas; y la cabeza del hombre queda dentro de la del animal, como si este lo devorase: son de madera cubiertas por encima de plumas, y de adornos de oro y piedras preciosas, que es cosa maravillosa de ver; usan rodelas de diversas maneras, hechas de buenas

---

virtuosa che ha fatto, & ciascuno lo veda apertamente, perche essi non usano di portare berrette, & ogni volta che fa qualche buona opra nuova, gli fanno addosso in testimonio di virtu qualche altro simile segnale, & da i Signori se gli concede sempre altre gratie.

L'arme offensive che portano & diffensive.— Le arme diffensive che portano in guerra, sono certi saietti à guisa di giubboni di cottone imbotito cosi grosso come un ditto & mezzo, & tali come duoi dita, che vengono à esser molto forti, & sopra di essi portano altri giubboni, & calze che sono tutti insieme, che si allacciano dalla parte di dietro, & sono di una tela grossa, & il giubonne & le calze sono coperte di sopra, di piume di diversi colori, che sono molto galanti. Et una compagnia di soldati le portano bianche & rosse, & altri azzurre & gialle, & altre di diverse maniere. I signori portano di sopra certi saietti como giacchi, che fra noi si usano di maglia, ma sono d'oro ò d'argento indorato, & quel vestito che portano di piuma è forte al proposito delle sue armi, accio che non riceva saette ne dardi, anzi ritornano à dietro senza farvi colpo, ne ahco le spade non possono molto bene prenderne, portano in testa per difesa una cosa come teste di serpenti, ò di tigri, ò di leoni, ò di lupi, che ha le mascelle, & è la testa dell'huomo messa nella testa di questo animale come se lo volesse divorare: sono di legno, & sopra vi è la penna, & di piastra d'oro & di pietre pre-

cañas macizas (otates) que se dan en aquella tierra, entretejidas con algodon grueso doble, y encima ponen plumas y planchas redondas de oro, con lo que quedan tan fuertes, que no se pasan si no es con una buena ballesta. Hay sin embargo algunas que las pasan; pero la saeta no hace ya daño. Y porque acá en España se han visto algunas de estas rodelas, digo, que no son de las que llevan á la guerra, sino de las que usan en sus fiestas y bailes que acostumbran hacer. Sus armas ofensivas son arco y flechas, y dardos, que tiran con una ballesta hecha de otro palo; los hierros que tienen en la punta son de piedra cortante, ó de un hueso de pescado muy recio y agudo. Algunos dardos tienen tres puntas con las que hacen tres heridas, porque en un palo encajan tres puntas de jara con sus hierros de la manera dicha, y así dan tres heridas en una lanzada. Tienen tambien espadas que son de esta manera: hacen una espada de madera á modo de montante, con la empuñadura no tan larga, pero de unos tres dedos de ancho, y en el filo le dejan ciertas canales en las que encajan unas navajas de piedra viva, que cortan como una navaja de Tolosa. Yo vi un dia que combatiendo un Indio con un caballero, dió el Indio al caballo de su contrario tal cuchillada en el pecho, que se lo abrió hasta las entrañas, y cayó muerto al punto. Y el mismo dia vi á otro Indio dar tambien á otro caballo una cuchillada en el cuello, con que lo tendió muerto á sus

---

ciose coperte, che è cosa maravigliosa da vedere. Portano rotelle di diverse maniere fatte di buone canne massiccie, che sono in quel paese tessute con cotone grosso doppio, & sopra vi sonno penne, & piastre rotonde di oro, & sono cosi forte, che se non è una buona balestra non la passa, però ve ne sono di tali che la passano, ma la saetta non gli fa male, & perche qua in Spagna sono state vedute alcune di queste rotelle, dico, che non sono di quelle: quelle che portano su la guerra, ma sono di quelle che essi portano nelle loro feste & balli solazzevoli che usano di fare. Le arme offensive che portano sono archi, & frezze, & dardi che essi tirano con un mangano fatto di un'altro bastone: i ferri che hanno in punta sono ò di pietra viva, ò d'un osso di pesce, che è molto forte & acuto. Alcuni dardi hanno tre ferri con che fanno tre ferite, perche in una mazza inseriscono tre punte di bacchette con loro ferri della sorte sopradetta, & cosi di un colpo tirano tre botte in una lanciata. Hanne le spade che sono di questa maniera: fanno una spada di legno come à duoi mani, anchora che non sia si lunga la impugnatura, ma larga tre dita, & nel taglio di essa lasciano certe incavature nelle quali inseriscono un rasoio di pietra viva, che taglia come un rasoio di Tolosa. Io vidi che combattendosi un dì, diede uno Indiano una cortellata à un cavallo sopra il qual era un cavalliero con chi combatteva, nel petto, che glielo aperse fin alle interiora, & cadde incontanente morto, & il medesimo giorno vidi che un'altro Indiano diede

piés. Usan hondas con las cuales alcanzan muy lejos; y comunmente llevan todas estas armas. Es una de las cosas mas bellas del mundo verlos en la guerra por sus escuadrones, porque van con maravilloso órden y muy galanes, y parecen tan bien, que no hay mas que ver. Hállanse entre ellos hombres de grande ánimo, y que arrostran la muerte con la mayor resolucion. Yo vi á uno de estos defenderse valerosamente de dos caballos ligeros, y á otro de tres y cuatro; y viendo los Españoles que no lo podian matar, perdió uno de ellos la paciencia y le arrojó su lanza; pero el Indio antes que le alcanzara la cogió en el aire, y con ella peleó todavía mas de una hora, hasta que llegaron dos peones que lo hirieron de dos ó tres flechazos, con lo que habiendo cerrado el Indio con el uno, el otro lo abrazó por detrás y le dió de puñaladas. Mientras pelean cantan y bailan, y á vueltas dan los mas horribles alaridos y silbos del mundo, especialmente si notan que van alcanzando ventaja; y es cierto que á quien no los ha visto pelear otras veces ponen gran temor con sus gritos y valentías. En la guerra es la gente mas cruel que darse puede, porque no perdonan á hermano, pariente, ni amigo, ni dejan con vida á ninguno que prenden, pues aunque sean mujeres y hermosas, las matan todas y se las comen. Cuando no pueden llevarse el botin y los despojos del enemigo, lo queman todo. Solo á los señores no era permitido matarlos, sino que se los llevaban presos

---

un'altra cortellata à un'altro cavallo su il collo che se lo gettò morto à i piedi. Portano frombe con le quali tirano molto lungi : & molti, ò la maggior parte di essi portano tutte queste sorti di armi con che combattono, & è una delle belle cose del mondo vederli à la guerra in compagnia, per che vanno maravigliosamente in ordine & galanti, & compariscono cosi bene quanto si possa vedere. Sono fra loro di valentissimi huomini & che osano morir ostinatissimamente. Et io ho veduto un di essi diffendersi valentemente da duoi cavalli leggieri, & un altro da tre, & quattro, ne potendolo essi uccidere, da disperatione un di loro gli lanciò la lancia, & egli prima che gli arrivasse addosso la raccolse in aere, & con essa combattete piu d'un'hora con esso loro, fin che quivi giunsero duoi pedoni che lo feriron di due, ò tre saette, onde egli mossosi contra un di loro, uno di quelli pedoni l'abbracciò di dietro & gli diede delle pugnalate. Nel tempo che combattono cantano & ballano & tal volta danno i piu fieri gridi & fischi del mondo, & specialmente se conoscano d'haverne il meglio, et è cosa certa che a quei che non gli hanno veduti combattere altre volte mettono gran terrore con le loro grida, & bravura. Et è gente la piu crudele che si truovi in guerra, perche non perdonano, ne à fratello, ne à parente, ne à amico, ne gli pigliano à vita anchora che fussino donne & belle, che tutte le occidono & se le mangiano, & quando non posson portarsene la preda & le spoglie de nemici, l'abbruciano, solo i Signori non è licito

bien guardados, y luego disponian una fiesta, para la cual en medio de las plazas de las ciudades habia ciertos macizos redondos de cal y canto, tan altos como altura y media de hombre. Se subia á ellos por gradas, y encima quedaba una plazoleta redonda como un tejo, y en medio de esta plazoleta estaba asentada una piedra, tambien redonda, con un agujero en el centro. Aquí subia el señor prisionero, y lo ataban por la garganta del pié con una cuerda larga y delgada, le daban espada y rodela, y luego el mismo que lo habia hecho prisionero venia á pelear con él. Si tornaba de nuevo á vencerlo, era tenido por hombre valerosísimo, y le daban un distintivo por tan gran muestra de valor, con otras mercedes que su señor le hacia; pero si el señor preso vencia á este y á otros seis, de manera que fuesen siete los vencidos, lo dejaban en libertad, y estaban obligados á restituirle todo cuanto le habian quitado en la guerra. Pues sucedió que peleando una vez los de un señorío llamado Huecicingo (Huexotzinco), con los de otra ciudad llamada Tula, el señor de esta se metió tanto entre los enemigos, que no pudo volver á reunirse con sus compañeros, y aunque hizo maravillosos hechos de armas, cargaron tanto sobre él los contrarios, que lo prendieron y lleváronle á la ciudad. Allí dispusieron su fiesta segun costumbre, subiéndolo á la piedra, y vinieron á pelear con él siete guerreros muy esforzados, á todos los cuales mató, uno tras otro, estando él atado

---

di uccidere, ma gli portavano presi sotto buona custodia, & dopo ordinate certe feste, in mezzo di tutte le piazze delle città erano certi circuiti murati con calcina, & pietre masiccie tanto alti, quanto una statura & mezza d'huomo che ascendevano in essi per gradi, & di sopra era una piazza come un giuoco di tegola rotondo, & nel mezzo di questa piazza era una pietra rotonda ficata con un buso in mezzo : & quivi montava il Signor prigione & lo legavano lungo, con una sottil corda al collo del piedi, & li davano una spada & una rotella, & cosi veniva a combatter con esso lui colui che l'havea preso, & se questo tale che l'havea preso, di nuovo tornava a vincerlo, era tenuto per valentissimo huomo, & gli davano un certo segno per la valente prova c'havea fatta, & il Signore li facea gratia, & se il Signore preso vincea lui, & sei altri in modo che fussero in numero di sette, lo liberavano & erano obligati di restituirgli tutto quel che gli havessero tolto nella guerra. Et avenne che combattendo un giorno quelli di una Signoria chiamata Huecicingo, con quei d'un'altra città chiamata Tula, il Signore di Tula si posse tanto fra gli nemici che si perse da suoi, & ancora che facesse cose maravigliose in arme, caricarono nondimeno tanto i nemici sopra di lui che lo presero & lo condussero alla città loro, & fecero essi secondo il costume le loro feste, ponendolo nel circuito, contra il quale vennero sette valenti huomini a combattere, i quali tutti uccise ad uno ad uno essendo egli legato secondo l'usanza. Veduto questo da

segun era usanza. Viendo esto aquellos de Huecicingo pensaron que si soltaban á un hombre tan valiente y esforzado, no pararia hasta acabar con ellos; por lo que resolvieron matarlo y así lo hicieron, cuyo hecho les acarreó nota de infames en toda aquella tierra, quedando por traidores y desleales, pues habian quebrantado contra aquel señor la ley y costumbre general, no guardándola con él como se guardaba con todos los demas señores.[4]

V.—Vestidos de los hombres.

Los vestidos de esta gente son unas mantas de algodon como sábanas, aunque no tan grandes, labradas de lindos dibujos y con sus franjas ú orlas: cada uno tiene dos ó tres de estas mantas, y se las ponen anudando las puntas sobre el pecho. En invierno se cubren con una especie de zamarros hechos de una pluma muy fina que parece carmesí,[5] ó como nuestros sombreros de pelo, y los tienen encarnados, negros, blancos, pardos y amarillos. Cubren sus vergüenzas, así por delante como por detrás, con unas toallas muy vistosas, que son como pañuelos grandes de los que se usan en la cabeza para caminar, de varios colores y adornados de diferentes maneras, con sus borlas que al ponérselas viene á caer la una de-

---

[4] Pomar, en su *Relacion de la Ciudad de Tetzcoco*, MS., refiere con alguna variacion las ceremonias de este sacrificio extraordinario, que los Españoles llamaron *gladiatorio;* y aunque reduce á cuatro el número de los que combatian contra el prisionero, dice, «que no se halla que ninguno fuese tan valeroso que escapase de alguno de los cuatro.»

[5] Tela de seda ó paño teñido de color de púrpura muy subido. (Dicc.)

---

quei di Huccicingo, fecero pensiero che se essi lo havessero sciolto, essendo egli cosi valente huomo & di gran cuore, non sarebbe mai restato fin tanto che non gli avesse destrutti, onde si risolvettero di ucciderlo, & cosi fecero, del qual atto rimase à loro una infamia grande per tutto quel paese di traditori, et disleali per haver rotta la legge, & il costume contra quel Signore & per non haver osservato con esso lui tutto quel che si soleva osservare con tutti quelli che erano Signori.

La maniera del vestire de gli huomini. I vestimenti loro son certi manti di bambagia come lenzuola, ma non cosi grandi, lavorati di gentili lavori di diverse maniere, & con le lor franze & orletti, & di questi ciascun n'ha duoi ó tre & se gli liga per davanti al petto. Al tempo dell'inverno si cuoprono con certi pellizzoni fatti di una piuma molto minuta, che pare che sia cremesino, come i nostri capelli pelosi, de quali n'hanno rossi, negri, & bianchi, berretini & gialli. Cuoprono le loro parti vergognose cosi di dietro come dinanzi, di certi sciugattoi molto galanti, che son come gran fazzuoli che si legano il capo per viaggio, di diversi colori et orlati di varie foggie, & di colori similmente diversi, con i suoi

lante y la otra atrás. Usan zapatos solo con la suela y sin pala, y con los talones muy adornados; de entre los dedos salen unas correas anchas que se aseguran en la garganta del pié con unos botones. En la cabeza no llevan cosa alguna sino cuando van á la guerra, ó en sus fiestas y bailes: usan los cabellos largos y atados de varios modos.

VI.—Vestidos de las mujeres.

Las mujeres gastan unas camisas de algodon sin mangas, como sobrepellices; largas y anchas, llenas de labores muy lindas, con sus franjas ú orlas, que parecen muy bien. Se ponen dos, tres ó cuatro camisas de estas, todas distintas, y una mas largas que otras para que asomen por debajo como zagalejos. Usan ademas de la cintura abajo otra suerte de traje de puro algodon, que les baja hasta los tobillos, asimismo muy lucido y bien labrado. No usan nada en la cabeza, ni aun en las tierras frias, sino que dejan crecer sus cabellos, que son muy hermosos, aunque por lo general negros ó tirando á castaño; de modo que con este vestido y los cabellos largos y sueltos que les cubren la espalda, parecen muy bien. En las tierras calientes cercanas al mar usan unos como velos de redecilla de color leonado.

VII.—Del hilo de labrar.

El hilo con que labran es que toman el pelo del vientre de las liebres y conejos, y lo tiñen en greña del color que quieren, cuyos

---

fiocchi, che nel cingersegli, viene l'un capo davanti, & l'altro di dietro: portano scarpe che non hanno tomara, ma solamente le suola, & i calcagni molto galanti, & di dentro da le dita de i piedi vengono al collo del piede certe correggie larghe che con certi bottoni si ligano quivi, non portano in testa cosa veruna eccetto che nella guerra, ò nelle loro feste & danze, & portano i capegli lunghi ligati in diverse foggie.

Del vestire delle donne.—Le donne portano certe lor camicie di bambagia senza maniche, che assomigliano à quelle che in Spagna chiamano sopra pelize, sono lunghe & larghe, lavorate di bellissimi, & molto gentili lavori sparsi per esse, con le loro frangie, ò orletti ben lavorati che compariscono benissimo: et di queste portano due, tre & quattro di diverse maniere, & una é piu lunga dell'altre, perche si vedano come sottane: portano poi dalla cintura à basso una altra sorte di vestire di bambagia pura, che gli arriba al collo del piede, similmente galante & molto ben lavorate. Non portano sopra la testa cosa alcuna, specialmente in terra fredda, se non che portano i capegli lunghi, & gli hanno belli, anchora che negri et castagnini, onde con queste loro veste & i capegli lunghi sparsi che gli cuoprono le spalle, fanno bellissimo vedere. Ne i paesi caldi che sono vicini al mare, portano le donne una foggia di veio fatto à reticello di colore leonato.

La Seta con che lavorano.—La seta con che lavorano, é che pigliano i peli della pancia

tintes dan con tanta perfeccion, que no hay mas que pedir. Despues lo hilan, y con este hilo hacen tan lindas labores, casi como con nuestra seda. Aunque se lave nunca pierde el color, y las telas hechas con él duran largo tiempo.

VIII.— Las comidas que tienen y usan.

El grano con que hacen el pan es á modo de garbanzo, y lo hay blanco, encarnado, negro y bermejo. Sembrado produce una caña alta como media pica, que echa dos ó tres mazorcas, donde está el grano como en el panizo. Para hacer el pan toman una olla grande en que caben cuatro ó cinco cántaros de agua, y le ponen fuego debajo hasta que el agua hierve. Entonces retiran el fuego, echan dentro el grano que ellos llaman Tayul,[6] y encima añaden un poco de cal para que suelte el hollejo que lo cubre. A otro dia, ó bien á las tres ó cuatro horas cuando ya se ha enfriado, lo lavan muy bien en el rio ó en las casas con muchas aguas, de manera que viene á quedar muy limpio de toda la cal, y luego lo machacan en unas piedras hechas á propósito. Conforme lo van machacando le echan agua y se va haciendo una pasta, y así moliéndolo y amasándolo á un tiempo, hacen el pan. Lo ponen á cocer en unas como cazuelas grandes, poco mayores que una criba, y segun se cuece el pan lo

6 *Tlaolli* ó *Tlaoyalli*, es decir, el *maiz*.

---

del lepre & conigli, & gli tengono in lana di quel colore che vogliono, & glielo danno in tanta perfettione che non si puo dimandare meglio, dopo lo filano & con esso lavorano, & fanno si gentili lavori quasi come con la nostra seta, & ancora che si lavi, mai perde il suo colore, et il lavoro che si fa con essi dura gran tempo.

I cibi che hanno, & usano. Il grano di che fanno il pane è un grano à guisa di cece, alcuni bianchi & altri rossi, & altri negri & vermigli, lo seminano, & fa una canna alta come una mezza lancia, & buta duoi, o tre panocchie dove è quel grano à guisa di panico. Il modo con che fanno il pane è che mettono una pignatta grande sopra il fuoco che tiene quattro ò cinque cantara d'acqua, & gli accendano sotto il fuoco fin che bolla l'acqua, & all'hora gli lievano il fuoco & dentro vi gettano il grano che da loro si chiama Tayul, & sopra esso gettano poi un poco di calcina perche gli lievi la scorza che lo copre, et l'altro giorno, o vero di li a tre ò quattro hore che si è rafredato, lo lavano molto bene al flume ò in casa con molte acque, onde resta molto netto della calcina, & dopo lo macinano con certe pietre fatte à posta, & secondo che lo vengano macinando, gli vengono gettando l'acqua, & si va faccendo pasta, & cosi in un punto macinandolo, & impastandolo fanno il panne, & cuochonlo in certe cose come teghie grandi, poco maggiori che un crivello, & cosi faccendo il pane, subito lo mangiano, per esser meglio caldo che freddo. Hanno ancho al-

van comiendo, porque es mucho mejor caliente que frio. Tienen tambien otro modo de prepararlo, y es que hacen unos bollos de aquella masa, los envuelven en hojas, y poniéndolos en una olla grande con alguna agua, los cubren muy bien, de suerte que con el calor y con tenerlos tapados se cuecen. Tambien los guisan en sartenes, con otras cosas que acostumbran comer. Crian muchas gallinas grandes á modo de pavos, muy sabrosas: hay crecido número de codornices, de cuatro ó cinco especies, y algunas de ellas son como perdices. Tambien tienen ánades y patos de muchas clases, así domésticos como silvestres, de cuyas plumas hacen sus vestidos para las guerras y fiestas: usan estas plumas para muchas cosas, porque son de diversos colores, y todos los años las quitan á estas aves. Hay tambien papagayos grandes y pequeños, que los tienen en las casas, y de sus plumas asimismo se aprovechan. Matan para comer un crecido número de ciervos, corzos, liebres y conejos, de que hay gran cantidad en muchas partes. Cultivan diversidad de plantas y hortalizas, á que son muy aficionados, y las comen tanto crudas como en varios guisos. Tienen una como pimienta para condimentar, que llaman Chile, y no comen cosa alguna sin ella. Es gente que con muy poco mantenimiento vive, y la que menos come de cuantas hay en el mundo. Solo los señores se alimentan con gran variedad de viandas, salsas y menestras, tortas y pasteles de todos los animales que tienen, frutas, verduras y pescados, que hay en abundancia. Les dis-

---

tri modi da farlo, che fanno certi pani buffetti della massa & gli involtano in certe foglie di herbe, & dopo li mettono in una gran pignatta con poca acqua, & la cuoprono molto bene, & quivi col caldo & col tenerli stufati li cuocono, & anche in padelle con diverse cose che mangiano. Hanno molte galline grandi à guisa di pavoni molto saporite, & hanno molte coturnici di quattro, ò cinque sorti, & sono alcune di esse come pernici, hanno molte Oche & anatri di molte sorte, cosi domestiche, come salvatiche della piuma delle quali fanno i loro vestimenti per la guerra & festa, & di queste penne si prevagliono molto, per piu cose, perche hanno diversi colori, & ogni anno la levano à questi loro uccelli. Hanno pappagalli grandi & piccioli che gli tengono in casa, & si prevagliano similmente della loro penna. Occidono per loro mangiare molti Cervi, cavrioli, lepri, & conigli, che in molte parte ce ne sono molti. Hanno varie sorti di herbe di horto, & da mangiar di diverse maniere, di che essi sono molto amici, che le mangiano tal hor verdi, & tal hora in varie minestre. Hanno una sorte di pepe da condire che si chiama Chil, che niuna cosa mangiano senza esso. Sono genti che con manco cibo si sostentano, & che meno mangiano di quante altre sono al mondo. I Signori mangiano molto sontuosamente, molte sorte di vivande, sapori, & minestre, focaccie, & pasticci di tutti gli animali che hanno, frutti verdure, & pesci che hanno in

ponen todas estas cosas, y se las sirven en platos y escudillas sobre unas esteras de palma muy lindamente labradas, que hay en todos los aposentos, así como sillas para sentarse hechas de diversas maneras, pero tan bajas que no levantan del suelo un palmo. Traen la comida á los señores, juntamente con una toalla de algodon para que se limpien las manos y la boca: los sirven dos ó tres maestresalas, y los señores comen de lo que mas les agrada, haciendo luego que el sobrante se reparta á los otros señores vasallos suyos que están allí para hacerles corte.

IX.—Las bebidas que usan.

Hacen diversas clases de vino; pero la bebida mas principal y excelente que usan es una que llaman Cachanatle (Chocolate). Hácese de ciertas semillas que produce un árbol, cuyo fruto es á manera de cohombro, y dentro tiene unos granos gruesos, casi como cuescos de dátil. El árbol que produce este fruto es el mas delicado de todos, y no nace sino en tierras fuertes y cálidas; antes de sembrarlo plantan otros dos árboles muy copados, y así que estos están ya como de la altura de dos hombres, siembran entre los dos este que produce el dicho fruto, para que aquellos otros, por ser este tan delicado, lo guarden y defiendan del viento y del sol, y lo tengan á cubierto. Estos árboles son tenidos en grande estima, porque los tales granos son la principal moneda que corre en la tierra, y vale

---

buona quantità. Si portano à i Signori tutte queste sorte di cibi, & gliele portano inanzi ne i piatti, & scodelle, & sopra certe store di palma molto gentilmente lavorate, & in tutti gli alloggiamenti ve ne sono, & vi sono ancho delle sedie di diverse sorti fatte, ove seghono, tanto basse che non sono piu alte di un palmo. Questi cibi gli mettono ancho inanzi à Signori, & una tovaglia di bambagia con che si nettano le mani & la bocca, & sono serviti da duoi, ò tre scaichi & maestri di sala, & mangiano di quel che piu loro piace, & dopo fanno che il restante sia dato ad altri Signori suoi vassalli che stanno quivi à fargli corte.

Le bevande che usano.— Fanno il vino di diverse sorti che bevono, però la principale, & piu nobile che usano, è una bevanda che si chiama Cachanatle, & son certi semi fatti del frutto di un'albero, il qual frutto è à guisa di cocomero, & dentro ha certi grani grossi che sono quasi della sorte dell'ossa de i dattili. L'albero che fa questo frutto, è il piu delicato di tutti gli altri alberi, non nasce se non in terra calda & grossa, & prima che si semini, seminansi duoi altri alberi che hanno gran foglia, & come questi sono all'altezza di due stature di huomini, in mezzo à tutti duoi seminano questo altro che produce questo frutto, acciochè quei duoi altri alberi, per esser questo delicato, lo guardino, & diffendino dal vento & dal Sole, & lo tengano coperto. Sono questi alberi in grande stimatione perche quei grani sono tenuti per la principal moneta che corra in quel paese, & val ciascuno come un

cada uno como un medio marchetto[7] de los nuestros. Esta moneda, aunque muy incómoda, es la mas comun despues del oro y la plata, y la que mas se usa de cuantas hay en aquella tierra.

X —Cómo se hace el Cacao.

Estas semillas, que llaman almendras ó Cacao, se machacan y reducen á polvo, y tambien se muelen otros granos pequeños que ellos tienen, y ponen aquel polvo en ciertas vasijas con un pico. Luego le echan agua y lo revuelven con una cuchara; y despues de haberlo batido muy bien, lo pasan de una vasija á otra, de manera que haga espuma, la que se recoge en otro vaso á propósito. Cuando quieren beberla, la baten con unas cucharitas de oro, de plata ó de madera, y la beben; pero al beberla se ha de abrir bien la boca, pues por ser espuma es necesario darle lugar á que se vaya deshaciendo, y entrando poco á poco. Esta bebida es el mas sano y mas sustancioso alimento de cuantos se conocen en el mundo, pues el que bebe una taza de ella, aunque haga una jornada, puede pasarse todo el dia sin tomar otra cosa; y siendo frio por su naturaleza, es mejor en tiempo caliente que frio.

XI.—Otra clase de vino que tienen.

Hay ciertos árboles, ó mas bien entre árboles y cardos, que tienen las hojas gruesas como la pierna de un hombre por la rodilla, y del

---

[7] «Moneda pequeña de cobre con la efigie de San Marcos, que vale cosa de dos centavos de franco» (como tres centavos de nuestro real mexicano).—NOTA DE TERNAUX.

---

mezzo marchetto fra noi, & è moneta la piu comune: ma molto incomoda dopo l'oro & l'argento, & che piu si costuma di quante sono in quel paese.

Come si faccia il Cacao.—Questi semi che chiamano mandorle, ó Cacao si macinano, & si fanno polvere & macinansi altre semenze picciole che hanno, et gettano quella polvere in certi bacini che hanno con una punta, poi vi gettano l'acqua & la mescolano con un cucchiaro, & dopo l'averlo molto ben mescolato lo mutano da un bacino all'altro, in modo che leva una spuma, la quale racogliono in un vaso fatto à posta, & quando lo vogliano bevere, lo rivoltano con certi cucchiari piccoli d'oro ó d'argento, ó di legno, & lo bevono, & nel bever si ha da aprir ben la bocca, perche essendo spuma, e necessario di darli luogo che la si venga disfacendo & mandando giu à poco à poco. E questa bevanda la piu sana cosa & della maggior sustanza di quanti cibi si mangiano, & bevanda che si beva al mondo, perche colui che beve una tazza di questo liquore, potra quantunche cammini, passarsene tutto il di senza mangiare altro, & è meglio al tempo del caldo che del freddo, per esser di sua natura fredda.

Un'altra sorte di vino che hanno.—Vi sono certi alberi, ó vero fra alberi & cardi, che

largo de un brazo, poco mas o menos, segun su edad. Echa en medio un tronco que llega á tener de alto dos ó tres veces la estatura de un hombre próximamente, y el grueso de un muchacho de seis ó siete años. En cierta estacion en que llega á su madurez, le hacen un barreno en el pié, por donde destila un licor que guardan en unas cortezas de árbol á propósito. De allí á uno ó dos dias lo beben con tanto exceso, que no paran hasta caer como muertos de puro ebrios, y tienen á grande honra beber mucho y embriagarse. Es tan útil este árbol, que de él sacan vino, vinagre, miel y arrope; hacen vestidos para hombres y mujeres, zapatos, cuerdas, vigas para las casas y tejas para cubrirlas, agujas para coser y dar puntos á las heridas, y otras cosas. Recogen asimismo las hojas de este árbol ó cardo, que llaman maguey y equivale por allá á nuestras viñas; pónenlas á cocer en hornos subterráneos, y despues de remojarlas machácanlas con un ingenio de madera que sirve para el caso, quitándoles las cortezas ó raices que suelen tener; y beben de este vino hasta embriagarse. Hacen otra bebida del grano que comen, la cual se llama Chicha, y es de diversas clases, blanca y encarnada.

XII.—Del órden del gobierno.

Tenian estas gentes un gran señor que era como emperador, y ademas tenian y tienen otros como reyes, duques, y condes, gober-

---

hanno le foglie grosse come il ginocchio, è lunghe quanto un braccio, poco piu ò meno secondo il tempo che hanno, & gettano nel mezzo un tronco che si fa cosi alto come sono duoi, ò tre altezze di huomo, poco piu ò manco, & cosi grosso come un fanciullo di sei, ò sette anni, & in certo tempo del anno che è maturo & ha la sua stagione, con una trivella forano questo albero da basso donde stilla un'humore che lo mettono in conserva in certe scorze d'alberi che hanno: & di lì à un dì, ò duoi lo beono cosi smisuratamente che fin che cadano in terra briachi senza sentimento non lassano di bere, & si reputano honore grande beverne assai & imbriacarsi. Et è di tanta utilità questo albero che di esso fanno vino, & aceto, mele & sapa, fanno veste per vestirsi huomini & donne, ne fanno scarpe, ne fanno corde, legnami per case, et tegoli per coprirle, & aghi per cuscire & serrare le ferite, & altre cose. Et similmente cogliono le foglie di questo albero, ò cardo che si tengono là, come qua le vigne, & chiamanlo magueis, & mettono à cuocer queste foglie in forni bassi da terra, & dipoi struchono con certo loro artificio di legno, dette foglie arrostite levandoli via le scorze, ò radici che sogliono havere: & di questa bevanda bevono tanto che si imbriacano. Hanno un'altra sorte di vino di grano che mangiano, che si chiama Chicha di diverse sorti, rosso & bianco.

Il modo di fare i commandamenti.—Havevano queste genti un gran Signore che era come l'Imperatore, & haveano poi, & hanno altri come Re & Duchi & Conti, governatori, caval-

nadores, caballeros, escuderos y hombres de armas. Los señores ponen en sus provincias gobernadores, administradores y otros oficiales. Son estos señores tan temidos y obedecidos, que solo falta adorarlos como á dioses. Habia tanta justicia entre estas gentes, que por el menor delito que cualquiera hiciese, era muerto ó reducido á esclavitud. El hurto ó asesinato era castigado severamente; y sobre todo el entrar en las heredades ajenas á robar los frutos ó granos que ellos tienen, puesto que el que entraba en un campo y robaba tres ó cuatro mazorcas ó espigas de aquel grano, quedaba por esclavo del dueño del campo robado. Y si alguno hacia traicion ó cometia cualquier otro delito contra la persona del emperador ó rey, era condenado á muerte con todos sus parientes, hasta la cuarta generacion.

XIII.—De su religion, culto y templos.

Tenian muy grandes y hermosos edificios para sus ídolos, donde les rezaban, ofrecian sacrificios y daban culto. Habia sacerdotes destinados al servicio de los templos, como nuestros obispos, canónigos y demas dignidades, los cuales servian en ellos, y allí vivian y residian ordinariamente, porque en estos templos habia buenas y grandes habitaciones donde se criaban todos los hijos de los señores sirviendo á sus ídolos, hasta que llegaban á edad de casarse. Mientras permanecian en el templo no se apartaban de allí, ni se cortaban el

---

lieri, scudieri, & huomini di guerra. I Signori mettono i loro governatori, et rettori nelle loro terre, & altri officiali. Sono i Signori tanto temuti, & obediti che non gli manca altro che esser adorati come Dii. Era cosi gran giustitia fra loro, che per il minor delitto che uno avesse fatto, era morto, ò era fatto schiavo. Qualunche furto o assassinamento che si fosse fatto si castigava molto severamente & massimamente quando altri entravano nelle possessioni altrui per rubbare frutti, ò il grano che essi hanno, che per entrar in un campo, & rubbare tre ò quattro mazzocche ò spighe di quel loro grano, lo facevano schiavo del patrone di quel campo rubbato. Et se qualche uno faceva tradimento, ò commetteva delitto alcuno contra la persona dello Imperatore, ò Re, era ucciso insieme con tutti i suoi parenti fin alla quarta generatione.

La Fede & l'adoratione, che facevano & i loro tempi.—Havevano grandissimi & bellissimi casamenti de i loro Idoli, dove gli facevano oratione, sacrificavano & honoravano, et vi erano persone religiose deputate al servigio di esse, come Vescovi & Canonici, et altre dignita: i quali servivano il tempio & in esso vivevano & residevano la maggior parte del tempo, perche in essi loro tempii erano di buoni & grandi alloggiamenti dove poteano stare, & dove si allevavano tutti i figliuoli de i Signori, servendo i loro Idoli, fin che erano in età di pigliar moglie, & in tutto il tempo che vi stavano, giamai si partivano di li, ne si tagliavano i capegli, ma levandoli via all'hora li tagliavano che si maritavano. Queste me-

cabello, si no era despues de salidos, y ya ai tiempo de casarse. Estas mezquitas ó templos tenian sus rentas señaladas para mantener y proveer de lo necesario á los sacerdotes que en ellos servian. Los ídolos que adoraban eran unas figuras del tamaño de un hombre y aun mas, hechas de una pasta de todas las semillas que conocen y comen, amasadas con sangre de corazones humanos: de esta materia eran, pues, sus ídolos. Los tenian sentados en unas sillas como cátedras, con rodela en una mano y espada en la otra; y los lugares donde los tenian eran unas torres de esta manera.[8]

XIV.—Cómo son estas torres.

Fabrican una torre cuadrada de ciento cincuenta pasos ó poco mas de largo, y ciento quince ó ciento veinte de ancho. Empieza este edificio todo macizo, y en llegando á una altura como de dos hombres, dejan por tres lados una calle de cosa de dos pasos, y por uno de los lados largos van haciendo escalones hasta volver á levantar como otros dos cuerpos de hombre; y va la fábrica toda maciza de cal y canto. Aquí por los tres lados dejan la calle de los dos pasos, y por el otro van poniendo los escalones; y de esta manera suben tanto, que los escalones llegan á ser ciento veinte ó ciento treinta. Queda arriba una plazoleta razonable, y en el medio empiezan otras dos torres que llegan á la altura de diez ó doce cuerpos, con sus ven-

[8] Véase la lámina.

---

schite ò tempii hanno le sue entrate ordinate per riparare, & provedere di quel che haveano di bisogno quei relligiosi che gli servivano. Gli Idoli che adoravano erano certe statue della grandezza di un huomo, & maggiori, fatto di una massa di tutte le semenze che essi hanno, & che mangiano, & le impastavano con sangue di cuori di huomini, & di questa materia erano i loro Iddii. Gli teneano posti à sedere in certe seddie come cattedre, con la rotella in un braccio, & nell'altro la spada: & i luoghi dove gli teneano, erano certe Torri di questa maniera.

La sorte di queste Torri.—Fanno uno edificio di una Torre in quadro di cento & cinquanta passi, ò poco piu di lunghezza, & cento quindeci, ò cento & venti di larghezza, & comincia questo edificio tutto massiccio, & dopo che è tanto alto come due stature di un huomo, per le tre parti all'intorno lasciano una strada di larghezza di duo passi, & dalla parte del lungo cominciano à montare scalini, & dopo tornano à sallire con altre due stature di huomo in alto, & la materia è tutta massiccia fatta di calcina & pietre, & quivi poi per tre parte lasciano la strada di duo passi, & per l'altra salliscono li scalini, & salliscono tanto in questo modo che vanno in alto cento venti & cento trenta gradi, & di sopra resta una piazzetta ragionevole, et in mezzo di essa cominciano altre due torri di dentro che vanno in alto

Pag. 384.

Litog de Decaen

tanas por arriba. En estas torres altas están los ídolos muy en órden y bien aderezados, y tambien toda la estancia muy adornada. Donde tenian su dios principal á nadie era permitido entrar, sino al sumo pontífice; y este dios tenia distintos nombres segun la provincia; porque el de la gran ciudad de México se llamaba Horchilobos (Huitzilopochtli), y en otra ciudad que se llama Chuennila (Cholula), Quecadquaal (Quetzalcoatl), y así en las demas. Siempre que celebraban las fiestas de sus ídolos, sacrificaban muchos hombres y mujeres, muchachos y muchachas; y cuando padecian alguna necesidad, como falta ó exceso de lluvias, ó se veian apretados de sus enemigos, ó sufrian cualquiera otra calamidad, entonces hacian estos sacrificios del modo siguiente.

XV.—De los sacrificios.

Toman al que ha de ser sacrificado, y primero lo llevan por calles y plazas, muy bien adornado y con gran fiesta y alegría. Cada uno le cuenta sus necesidades, diciéndole que pues va adonde está su dios, se las diga para que las remedie; y le dan algo de comer ú otras cosas. De esta manera recoge muchos regalos, como suele suceder con los que llevan por los pueblos las cabezas de lobo, y todo va á poder de los sacrificadores. Llévanlo al templo, donde bailan y hacen una gran fiesta, y él tambien se regocija y baila con los demas. En

---

dieci, ò dodeci stature di huomo, & nella cima vi sono le sue finestre. In queste torri alte, tengono i loro Idoli molto ben ordinati, & apparati, & è anco ben concia & ordinata tutta la stanza, & dove haveano il lor Dio principale (che secondo le provincie così era il nome di esso) per che il Dio principal della gran città di Messico si chiamava Horchilovos, & in un'altra città che si chiama Chuennila, Quecadquaal, & in altre di diversi nomi, & in quella stanza dove stava questo Idolo principale, non era concesso à niuno entrarvi, eccetto al sommo pontefice che hanno. Et tutte le volte che facevano festa à i loro Idoli, sacrificavano molti huomini donne, & fanciulli, & fanciulle, & quando havevano qualche necessità come della pioggia, ò che cessi di piovere, quando piove troppo, ò che siano assediati da i lor nemici, ò per altre necessità gli fanno i sacrificii in questo modo.

Il modo di Sacrificare.—Pigliano quello che hanno da sacrificare, & prima lo conducono per le strade, & per le piazze molto bene adornato & con gran festa & allegrezza, & ciascuno gli racconta i suoi bisogni, dicendogli che poi che ha da andare dove stà il suo Dio, che gli dica quel bisogno che ha, accioche vi rimedii, & gli da qualche cosa da mangiare, ò altra robba: & in questo modo raccoglie molte cose, come sogliano avere coloro che portano in volta le teste di lupo, il che tutto viene à i sacrificatori, & lo portano al tempio dove fanno una gran festa & balli, nella quale egli anchora festeggia & balla con esso loro. Dopo

49

seguida el sacrificador lo desnuda y lo lleva luego á las escaleras de la torre donde está un ídolo de piedra; allí lo acuesta de espaldas, atándole una mano á cada lado, y lo mismo hace con los piés. En esto comienzan todos de nuevo á cantar y bailar alrededor, y le dicen la principal embajada que ha de llevar á su dios. Viene luego el sacrificador, que no es menor oficio entre ellos, y con una navaja de piedra, que corta como si fuera de hierro, pero tan grande como un gran cuchillo, y en menos que tardaria uno en persignarse, le clava la navaja en el pecho, se lo abre, y le saca el corazon caliente y palpitante. Al punto lo toma el sumo pontífice, y con la sangre unta la boca del ídolo principal; y sin detenerse toma de aquella sangre y la arroja hácia el sol, ó hácia alguna estrella, si es de noche; despues untan la boca á los otros ídolos de piedra y de madera, y la cornisa de la puerta de la capilla donde está el ídolo principal. En seguida queman el corazon, conservando sus cenizas por gran reliquia, y asimismo queman el cuerpo del sacrificado, y estas cenizas las conservan en otro vaso distinto del que tiene las del corazon. Otras veces los sacrifican lentamente,[9] y asan el corazon, guardando los huesos de las piernas ó de los brazos envueltos en muchos papeles como una gran reliquia. Así en cada provincia tienen los habitantes su uso particular, y sus ceremonias de idolatría y sacri-

---

* Ignoro el significado de la expresion adverbial *per punti & hore*. Ternaux traduce: *sans préliminaire*: pudiera interpretarse tambien *á horas fijas*.

---

colui che l'ha da uccidere lo spoglia & lo conduce all'ato alle scalle della Torre dove è un Idolo di pietra, & lo appoggia sopra le spalle ligandoli una mano, et dall'altra parte l'altra, et poi un piedi legato ad una parte & l'altro dall'altra, & quivi di nuovo tutti ricominciano à ballare & cantare à torno à lui, & gli dicono la principale ambasciata che ha da fare à quello Iddio loro, & viene il sacrificatore che non è il minor ufficio fra loro, & con un rasoio di pietra che taglia come se fosse di ferro, però assai grande come un gran coltello, & in tanto quanto uno si farebbe segno di croce, gli da con esso nel petto, & glielo apre & gli cava il cuore così caldo & bollente, il quale piglia incontanente il sommo pontefice, & con il sangue di esso unge la bocca del loro Idolo principale, & subito getta di quel sangue verso il Sole, ò alcuna Stella (se ò di notte,) & dopo unghano la bocca à gli altri Idoli di pietra & di legno che essi hanno, & la cornice della porta della capella dove sta l'Idolo principale: di poi abbrucciano il cuore, riserbando la polvere di esso per gran reliquia, & similmente abbruciano il corpo del sacrificato, & la polvere di esso conservano in un altro vaso separato da quel del cuore. Altre volte gli sacrificano per punti & hore, & arrostiscono il cuore & l'ossa delle gambe, ò braccia, involti in molte carte, le conservano per una gran reliquia: & così in ciascuna provincia hanno gli habitatori il loro particolar modo, & cirimonie de

ficio; porque segun los lugares adoran el sol, la luna, las estrellas, las serpientes, los leones ú otras fieras semejantes. De todo tienen figuras y estatuas en sus mezquitas; y en otras provincias, particularmente en la de Pánuco, adoran objetos indecentes, que tienen en sus mezquitas, y asimismo en las plazas, juntamente con figuras obscenas de bulto. En esta provincia de Pánuco los hombres son grandes sodomitas, cobardes, y tan borrachos, que son casi increibles los medios de que se valen para satisfacer este vicio. Es cosa notoria que aquellas gentes veian al diablo en esas figuras que hacian y tenian por ídolos, y que el demonio entraba en estos, y les hablaba mandándoles que les sacrificaran y dieran corazones humanos, porque no comian otra cosa. De aquí venia su empeño en sacrificarles hombres, y en ofrecerles corazones y sangre. Tambien les mandaba otras muchas cosas, que ellos hacian puntualmente conforme les decia. Son estas gentes las mas devotas y observantes de su religion de cuantas Dios ha criado, tanto que ellos mismos se ofrecian voluntariamente á ser sacrificados, creyendo con esto salvar sus ánimas: se sacaban tambien sangre de la lengua, de las orejas, de las piernas y de los brazos, para ofrecerla en sacrificio á sus ídolos. Tienen en las afueras y por los caminos muchos adoratorios donde

---

Idolatria & sacrificio: perche in altri luoghi adorano il Sole, in altri la Luna, & in altri le Stelle, in altri i Serpi, & in altri i Leoni ò altri simili feroci animali, delle quali cose tengono le imagine & statue nelle loro meschite, & in altre provincie & particolarmente in quella di Panuco adorano il membro che portano gli huomini fra le gambe, & lo tengono nella meschita, & posto similmente sopra la piazza insieme con le imagini di rilievo di tutti i modi di piaceri che possono essere fra l'huomo & la donna, & gl'hanno di ritratto con le gambe alzate in diversi modi. In questa Provincia di Panuco sono gran sodomiti gli huomini è gran poltroni & briachi, in tanto che stanchi di non poter bere piu vino per bocca, si colcano & alzando le gambe se lo fanno metter con una cannella per le parti di sotto fin tanto che il corpo ne puo tenere. E cosa molto notoria che quelle genti vedeano il diavolo in quelle figure che essi facevano, & que tengono i loro idoli, & che il demonio si metteva dentro à quelli Idoli & di li parlava con esso loro, & gli comandava che sacrificassero, & à loro dessero i cuori degli huomini percio che essi non mangiavano altra cosa, et per questo effetto erano tanto solliciti à sacrificar huomini, & gli davano i cuori & il sangue di essi, & gli commandava anchora molte altre cose che essi facevano puntualmente come glele diceva. Sono queste le piu devote genti & piu osservatrici della religion loro di quante nationi habbia create Iddio: in tanto che essi istessi si offerivano volontariamente à dover esser sacrificati, pensandosi di salvare con questo modo l'anime loro, et si cavavano essi istessi il sangue dalle lingue, & dall'orecchie, et dalle cosce, et dalle braccia per sacrificarlo & offerirlo à gli Idoli loro. Hanno di fuora & per cammini molti heremitorii, dove i vian-

los caminantes van á derramar su sangre y ofrecerla á los ídolos: hay tambien de estos adoratorios en montañas altísimas, que eran lugares muy venerados, donde hacian estas ofrendas de sangre.

XVI.—De las ciudades que hay en esta tierra, y descripcion de algunas de ellas.

Hay grandes ciudades, en especial la de Tascala (Tlaxcala), que en unas cosas se parece á Granada y en otras á Segovia, aunque está mas poblada que cualquiera de ellas. Es señoría (república) gobernada por varios señores, aunque en cierta manera reconocen á uno solo por principal, el cual tenia y tiene un capitan general para la guerra. Es buena tierra de llano y monte; la provincia es muy poblada y se coge en ella mucho grano. A seis leguas largas hay en un llano otra ciudad muy hernosa que se parece á Valladolid, en la cual conté ciento noventa torres, entre mezquitas y casas de señores. Es asimismo señoría gobernada por veinte y siete principales; todos reverenciaban y respetaban á un viejo, que pasaba de ciento veinte años y lo traian en litera. La comarca es bellísima y muy abundante de árboles frutales, principalmente cerezos y manzanos, y produce mucho pan. A seis leguas de allí hay otra ciudad llamada Huexocingo que está en la bajada de un monte, y se parece á Burgos. Tambien es señoría gobernada por cónsules; tiene muy hermosa comarca, llanos fertilísimos y lomas amenas y productivas.

---

danti vanno à sparger il lor sangue & offerirlo à gli Idoli, & ne hanno ancora su le montagne altissimi di questi heremitorii, che erano luoghi di gran devotione sacrificandosi il sangue, & offerendosi à i loro Iddii.

Delle città che vi sono, & della maniera di alcune di esse.—Vi sono di gran città, & specialmente quella di Tascala, che in alcune cose si assimiglia à Granata, & in altro à Segovia: anchora che sia più popolosa di alcuna di esse: è signoria & governata da alcuni Signori, anchora che in certo modo si habbia rispetto à uno che è il maggior Signore, che tiene & teneva un Capitano generale per la guerra, ha bel paese di pianure & montagne, & è provincia popolosa & vi si raccoglie molto pane. A sei leghe lunge da questa è un'altra città piana et molto bella che si assimiglia à Vagliadolid, nella quale io vi contai cento & novanta torri, fra Meschite & case di Signori, che similmente è signoria & governata da venti sette huomini honorati, fra quali tutti havevano in riverenza & rispetto un vecchio, che passaba cento venti anni, che era portato in lettiga: ha paese & sito bellisimo & di molti arbori fruttifera & specialmente di Cerase & pomi, & produce molto pane. A sei altre leghe lontano vi è un'altra città chiamata Huezucingo che sta in una costa di un monte che si assimiglia à Burgos: similmente signoria che è governata da Consoli, & ha paese bellisimo & fertili pianure, & colli ameni & buoni.

XVII.—La laguna de México.

La ciudad de Temistitan México está rodeada de montes por todos lados, excepto entre Norte y Oriente. Por la parte del Sur tiene montañas muy ásperas, y entre ellas el volcan Popocatepetl, redondo como un monton de trigo, y de cuatro leguas ó poco mas de altura. En lo mas alto hay una boca de un cuarto de legua de circuito, por la cual dos veces al dia y á ocasiones en la noche, salia con ímpetu una grandísima humareda, que sin desvanecerse, por fuerte que fuera el viento, subia hasta la primera region de las nubes, y allí se mezclaba con ellas y se desvanecia, dejando de verse entera. Se halla este monte á once leguas de México, y cerca de esta ciudad hay otras montañas altísimas y casi tanto como esta otra, las que por unas partes quedan á diez leguas de México y por otras á siete ú ocho. Todas estas montañas están cubiertas de nieve la mayor parte del año, y al pié de ellas, de uno y otro lado, hay hermosísimas villas y pueblos. Los otros montes que hay no son muy altos, sino entre monte y llano; y ambos lados de estas sierras se ven cubiertos de espesos bosques de pinos, encinas y robles. Al pié de las sierras comienza un lago de agua dulce, el cual se extiende tanto que boja mas de treinta leguas: la mitad de él, hácia las dichas sierras, es agua dulce muy buena; y conforme nace, con el caudal que lleva

---

Il lago di Messico.—Da tutte le bande è circondata da montagne la città di Temistitan Messico, eccetto dalla banda fra tramontana & levante. Da alcun lato ha montagne asprissime, che è quel del mezzo di, che è il monte di vulcano & Pocatepeque, & è simile à un monte di grano rotondo, & ha quatro leghe di altezza o poco piu: nello alto di essa è un vulcano che tiene in circuito un quarto di legha, per la bocha del quale, due volte il di, & qualche volta la notte usciva di esso la maggior furia di fumo del mondo, & andava per l'aere cosi intiero anchora che facesse gran vento, fino alla prima regione delle nuvole, & ivi si mescolava con esse & si dissolveva, ne piu si vedeva intero. E questo monte undici leghe lontano da Messico. Vicino à questa sono altre montagne altissime, & quasi dell'altezza di questa altra, che da alcuna parte sono diece leghe lontana da Messico & da l'altra sette, ò otto. Tutte queste montagne sono coperte di neve la maggior parte de l'anno, & al pie di esse da una parte & l'altra sono di bellissime ville & vilaggi habitati, l'altre montagne che vi sono non sono molte alte, ma tra monti et pianure, & in tutte queste montagne da una parte & dall'altra sono bellissimi boschi pieni di molti pini, elci, & Roveri, et al pie di queste montagne nasce un lago di acqua dolce che si fa cosi grande, che tiene trenta leghe di circuito o piu: la metà di esso verso la banda di quelle montagne dove nasce, è acqua dolce & molto buona: et come nasce con la furia che mena va correndo verso settentrione: & dopo

va corriendo para el Norte; y de ahí adelante toda la otra mitad es de agua salada. En la dulce hay muchos cañaverales y muy lindas poblaciones, tales como Cuetavaca, que hoy se llama Venezuela (Tlahuac), lugar grande y bueno; otro pueblo mayor que se dice Mezquique (Mixquic), y otro nombrado Caloacan (Culuacan), del tamaño de los otros, ó poco menos. Tambien está otro llamado Suchimilco, que es el mayor de todos ellos, y queda ya algo fuera del agua y mas arrimado que los demas á la orilla de la laguna. Hay todavía otro pueblo nombrado Huichilubusaco (Churubusco), y otro llamado Mexicalcingo, que está en medio del agua dulce y la salada. Todas estas poblaciones están en el agua dulce, como llevo dicho, y la mayor parte de ellas en el medio. El lago dulce es largo y angosto: el salado casi redondo. En esta parte de agua dulce hay ciertos peces pequeños; pero los de la parte salada son aun mas pequeños.

XVIII.—De la gran ciudad de Temistitán México.

La gran ciudad de Temistitán México está edificada en la parte salada del lago, no enteramente en medio, sino como á un cuarto de legua de la orilla, por la parte mas cercana. Puede tener esta ciudad de Temistitán mas de dos leguas y media, ó acaso tres, de circunferencia, poco mas ó menos. La mayor parte de los que la

---

tutta l'altra metà è acqua salsa, è dove è l'acqua dolce, vi sono molti canneti di cannevere & molto bei luoghi habitati, come è, Cuetavaca che hora si chiama Veneziuola, che è un luogo grande & buono. Vi è un'altro luogo maggior che si dice Mezquique, & un'altro chiamato Caloacan come gli altri di grandezza o poco meno. Ve ne è un'altro detto Suchimilco che è maggiore che niun di tutti gli altri, & questo è alquanto fuor dell'acqua & piu vicino all'orlo del lago che niuno. Vi è un'altro vilaggio che si dice Huichilubusaco: & un'altra chiamata Messicalcingo, che è in mezzo dell'acqua dolce & la salsa. Tutti questi luoghi habitati sono nell'acqua dolce come ho detto, & la maggior parte di essi nel mezzo. Il lago dolce è stretto & lungo, & il salso è quasi rotondo. Sono in questa parte d'acqua dolce certi pesci piccioli, & nell'altra salsa sono piu piccioli.

Della gran città di Temistitan Messico. Questa gran città di Temistitan Missico è edificata dentro di questa parte del lago che ha l'acqua salata, non cosi nel mezzo, pero alla riva dell'acqua circa un quarto di legha lunge da terra ferma per il piu vicino: puo haver questa citta di Temistitan piu di duo leghe & mezzo & presso à tre, poco piu o meno de circuito. La maggior parte di coloro che l'hanno veduta giudica che vi sieno meglio di sessanta mila habitatori, et piu tosto piu che meno: entrano in essa per tre strade alte di pietra & di terra, ciascuna larga trenta passi ò piu: una di queste strade vien per l'acqua piu di

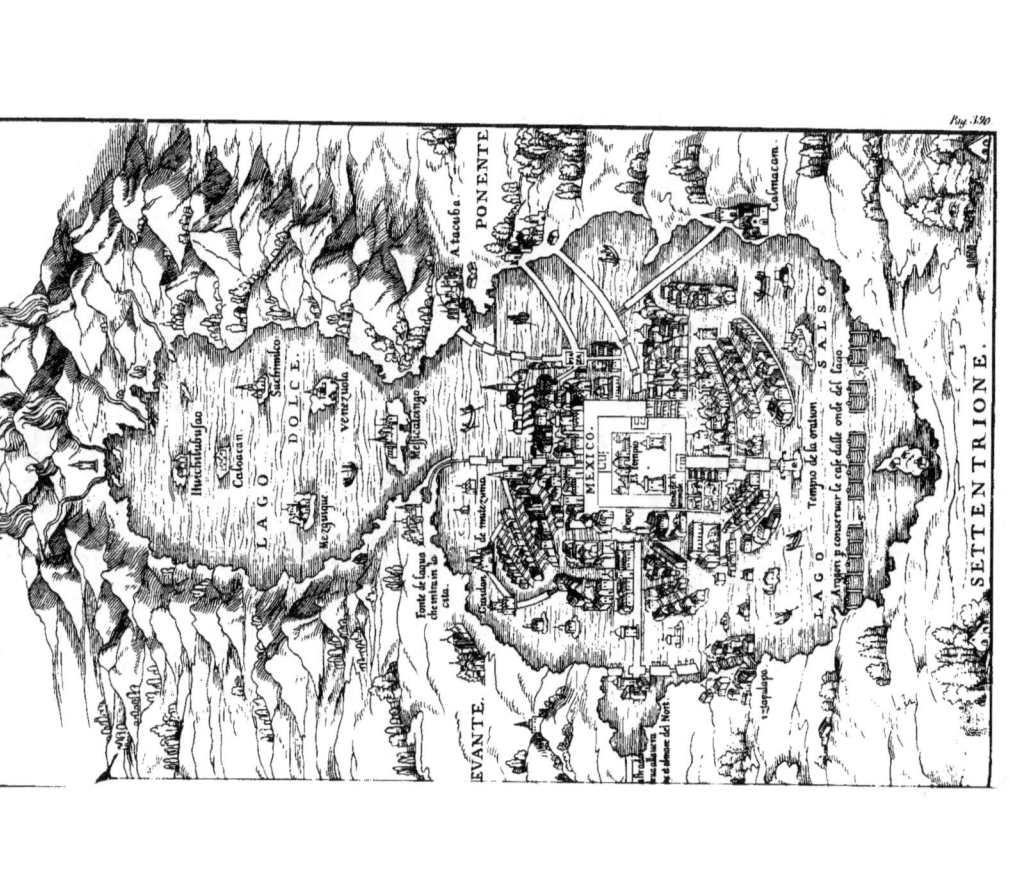

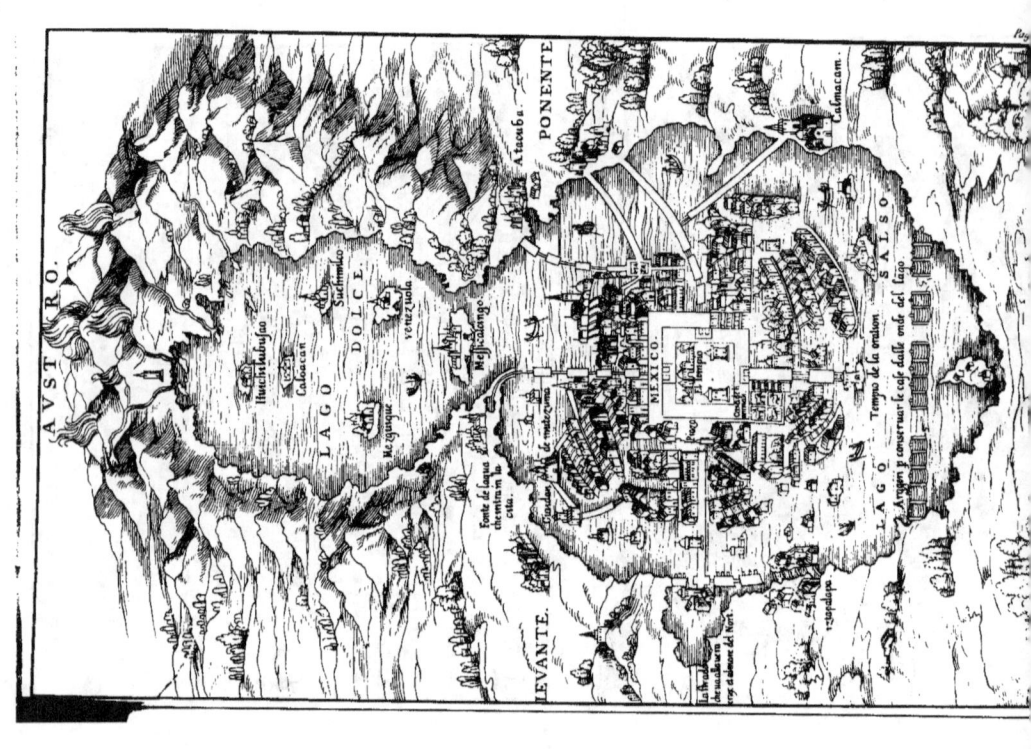

han visto juzgan que tiene sesenta mil habitantes, antes mas que menos.[10] Se entra á ella por tres calzadas altas, de piedra y tierra, siendo el ancho de cada una de treinta pasos ó mas: una de ellas corre por mas de dos leguas de agua hasta llegar á la ciudad, y la otra por legua y media. Estas dos calzadas atraviesan el lago y entran á lo poblado, en cuyo centro vienen á reunirse, de modo que en realidad son una sola. La otra corre como un cuarto de legua, de la tierra firme á la ciudad, y por ella viene de tres cuartos de legua de distancia, un caño ó arroyo de agua dulce y muy buena. El golpe de agua es mas grueso que el cuerpo de un hombre, y llega hasta el centro de la poblacion: de ella beben todos los vecinos. Nace al pié de un cerro, donde forma una fuente grande, de la cual la trajeron á la ciudad.

XIX.—De las calles.

La gran ciudad de Temistitán México, tenia y tiene muchas calles hermosas y anchas; bien que entre ellas hay dos ó tres principales. Todas las demas eran la mitad de tierra dura como enladrillado y la otra mitad de agua, de manera que salen por la parte de tierra y por la parte de agua en sus barquetas y canoas, que son de

[10] El Sr. Prescott en su *Conquista de México* (lib. IV, cap 1, not. 13), advierte acerca de este pasaje, que estando conformes los principales escritores antiguos, como Zuazo, Pedro Mártir, Gomara y Herrera, en dar á la ciudad de México, al tiempo de la llegada de los Españoles, *sesenta mil vecinos* ó familias, es muy probable que el original castellano del *Conquistador Anónimo* dijese tambien *vecinos*, y el traductor italiano se equivocara interpretando *habitatori*, debiendo haber escrito *fuochi*. Supuesto tal error, este documento confirmaria el cálculo comun de trescientos mil habitantes.

---

due leghe fino alla città, un'altra una legha & mezza. Queste due strade attraversano il lago, & entrano per mezzo de la città, & nel mezzo si vengono à congiongere insieme, in modo che si potrebbe dire che sono tutte una. L'altra strada vien dalla terra ferma qualche un quarto di legha alla città, & per questa strada vien per spatio di tre quarti di legha una seriola ò ruscello d'acqua alla città da terra ferma, che è dolce & molto buona & piu grossa che il corpo d'un huomo & arriva fin dentro la terra: della qual bevono tutte le genti, & nasce al pie di un sasso & colle, & quivi si fa uno fonte grande, & di li è poi stata tirata alla città.

Le strade che vi sono.—Haveva & ha la gran città di Temistitan Messico assai & belle strade & larghe, ancora che ce ne sieno due ó tre principale: tutte l'altre erano la meta di terra come mattonata: & l'altra metà d'acqua, & se nescano per la parte di terra & per la parte dell'acqua nelle lor barchette & Canoe che sono di un legno concavo, anchora che ce

un madero socavado, aunque hay algunas tan grandes que caben dentro cómodamente hasta cinco personas. Los habitantes salen á pasear, unos por agua en estas barcas y otros por tierra, y van en conversacion. Hay ademas otras calles principales todas de agua, que no sirven mas que para transitar en barcas y canoas, segun es usanza como queda dicho, pues sin estas embarcaciones no podrian entrar á sus casas ni salir de ellas. Y de esta manera son todos los demas pueblos que hemos dicho estar en este lago en la parte de agua dulce.

XX.—Las plazas y mercados.

Hay en la ciudad de Temistitán México muy grandes y hermosas plazas, donde se venden todas las cosas que aquellos naturales usan, y especialmente la plaza mayor que ellos llaman el Tutelula (Tlatelolco), que puede ser tan grande como tres veces la plaza de Salamanca. Todo alrededor tiene portales, y en ella se reunen todos los dias veinte ó veinticinco mil personas á comprar y vender; pero el dia de mercado, que es cada cinco dias, se juntan cuarenta ó cincuenta mil. Hay mucho órden, tanto en estar cada mercancía en su lugar aparte, como en el vender; porque de un lado de la plaza están los que venden el oro, y en otro, junto á estos, los que venden piedras de diversas clases montadas en oro figurando varios pájaros y animales. En otro lado se venden cuentas y espejos; en otro plu-

---

ne sieno di cosi grande che agitamente vi stanno dentro cinque persone per ciascuna, & se ne vanno à solazzo le genti: altri per acqua, in queste lor barche, & altri per terra ragionando insieme. Vi sono molte altre strade pur maestre che tutte sono di acqua, nè servano ad altro che à ricever barche & Canoe secondo l'usanza loro, che si è detto, per che senza esse non possono entrar ne uscir dalle lor case. Et di questa maniera sono tutte l'altre terre che habbiamo detto, poste in queste lago nella parte dell'acqua dolce.

Le piazze & i mercati.—Sono nella città di Temestitan Messico grandissime & bellissime piazze, dove si vendono tutte le cose che usano fra loro, & specialmente la piazza maggiore che essi chiamano el Tutclula, che puo esser cosi grande come sarebbe tre volte la piazza di Salamanca, & sono all'intorno di essa tutti portici: in questa piazza sono comunalmente ogni di à comprare & vendere venti ò venticinque mila persone; & il giorno del mercato, che si fa di cinque in cinque giorni, vi sono da quaranta ò cinquanta mila persone. Ha il suo ordine, cosi in essere ogni mercantia separata al luogo suo, come nel vendere: perche da una banda della piazza sono coloro che vendono l'oro: & dall'altra vicini à questa sono quei che vendono pietre di diverse sorti legate in oro in forma di varii ucelli & animali. Dall'altra parte si vendono e paternostri &gli spechi: dall'altra, penne & pennacchi di ogni

mas y penachos de todos colores para adornar las ropas que usan en la guerra y en sus fiestas : mas adelante labran piedras para navajas y espadas, que es cosa maravillosa de ver y de que por acá no se tiene idea ; y con ellas hacen espadas y rodelas. Por una parte venden mantas y vestidos de varias clases para hombres ; y por otra vestidos de mujer. En otro lugar se vende el calzado, en otro cueros curtidos de ciervos y otros animales, y aderezos para la cabeza hechos de cabello, que usan todas las Indias.¹¹ Aquí se vende el algodon, allá el grano con que se alimentan ; mas adelante pan de diversas suertes; en seguida pasteles, luego gallinas, pollos y huevos. Cerca de allí liebres, conejos, ciervos, codornices, gansos y patos. Luego se llega á un lugar donde se vende vino de diversas clases, y á otro en que se encuentra toda suerte de verduras. En esta calle se expende la pimienta ; en aquella las raices y yerbas medicinales, que son infinitas las que estos naturales conocen ; en otra diversas frutas; en la de mas allá madera para las casas, y allí junto la cal,

¹¹ Sospecho aquí alguna corrupcion en el texto, porque la frase *concieri di testa fatti di capelli che usano tutte l'indiane,* es ininteligible, para mí á lo menos. *Conciero* es palabra de tan poco uso en italiano, que los diccionarios solo la comprueban con una autoridad (Cartas del Tasso), y le dan el significado de *rassettatura, conciatura,* esto es, compostura, *aderezo,* como decian los antiguos. Con alguna violencia, pudiera extenderse á significar *tocado ó adorno para la cabeza;* pero queda aun por explicar lo que sigue, es decir, que este adorno fuera hecho de cabellos *(capelli).* Ternaux traduce (p. 96): *des corbeilles faites avec des cheveux dont toutes les Indiennes font usage;* lo cual no sé de dónde pudo sacarlo, á no ser que varíe la leccion del texto en la edicion de 1606 que él tuvo á la vista, pues yo he traducido de la de 1556.—En todos nuestros escritores se hace larga relacion del famoso mercado de México, y de las cosas que en él se vendian; pero no encuentro entre ellas nada que pueda corresponder á estos tocados de las Indias. Consta que el uso general entre ellas era llevar descubierta la cabeza.

---

colore da lavorare et cuscir in veste, per portar alla guerra & nelle lor feste. Dall'altra parte, cavano le pietre da rasoi et di spade, che è cosa di maraviglia à vederle : che di qua da noi non si puo intendere : & ne fanno le spade & rotelle. Dall'una banda vendono i panni & vestimenti de gli huomini di varie sorte : & dall'altra i vestimenti delle donne : & dall'altra si vendono le scarpe : & dall'altra parte i cuori acconci di Cervi & altri animali, concieri di testa fatti di capelli che usano tutte l'indiane : & dall'altra il bambace : dove si vende il grano che essi usano : & dove il pane de diverse sorti, et dove si vendono pasticci : et dove le galline & polli & le uova, et quivi vicino, lepri, conigli, Cervi, cotornici, oche & annatre. In un'altra parte poi si vende il vino di varie sorti, et nell'altra l'herbe de lorto di diverse sorti : il pepe in quella strada : in un'altra le radici & lherbe da medicine che fra loro vene sono infinite : & in altra i frutti varii : in altra legname per le case : & quivi vicino la calcina & appresso le pietre : & finalmente ogni cosa sta da sua parte per ordine.

y en seguida la piedra; en suma, cada cosa está aparte y por su órden. Ademas de esta plaza grande hay otras, y mercados en que se venden comestibles, en diversas partes de la ciudad.

XXI.—De los templos y mezquitas que tenian

Solia haber en esta gran ciudad muy grandes mezquitas ó templos en que honraban y ofrecian sacrificios humanos á sus ídolos; pero la mezquita mayor era cosa maravillosa de ver, pues era tan grande como una ciudad. Estaba rodeada de una cerca alta de cal y canto, y tenia cuatro puertas principales: encima de cada una de ellas habia unos aposentos, como fortaleza, llenos todos de diversas clases de armas de las que usan en sus guerras. Su señor principal Montezuma las tenia aquí guardadas para lo que diré; y tenia ademas una guarnicion de diez mil hombres de guerra, todos escogidos por valientes, quienes guardaban y acompañaban su persona. Cuando habia algun motin ó rebelion en la ciudad ó en los alrededores, salian estos, ó una parte de ellos por delante; y si acaso se necesitaba mas gente, pronto se juntaba en la ciudad y su término. Antes de partir iban todos á la mezquita mayor, y en ella se armaban con estas armas que estaban encima de las puertas; luego ofrecian un sacrificio á sus ídolos, y recibida su bendicion, se partian para la guerra. Habia en el recinto del templo mayor grandes aposentos y

---

Et oltra questa gran piazza ve ne sono dell'altre & mercati in che si vendono cose da mangiare in diverse parti della città.

De i tempii, & Meschite che havevano.—Solevano essere in questa gran città molte gran Meschite ò tempii ne quali honoravano & sacrificavano le genti à suoi Idoli, pero la maggiore Meschita era cosa maravigliosa da vedere per cioche era cosi grande quanto una città: era circondata da una alta muraglia fatta di calce & di pietra, & havea quattro porte principali, & sopra ogni porta era uno edificio di casa come fortezza, i quali tutti erano pieni di diverse sorti d'armi, di quelle che essi portavano alla guerra, che il Signor maggior loro Montezuma, quivi le teneva in conserva per questo effetto, & di piu vi havea una guarnigione di dieci mila huomini di guerra, tutti eletti per huomini valenti, & questi accompagnavano & guardavano la sua persona, & quando si facea qualche rumore ò ribellione nella città ò nel paese circumvicino, andavano questi, ò parte di essi per capitani: & un'altra maggior quantità, se era bisogno si facea presto nella città & fuora à i confini, & prima che si partissero andavano tutti alla Meschita maggiore & quivi si armavano di queste armi, che erano sopra queste porte, & faceano subito sacrificio à i loro Idoli, & pigliando la lor beneditione si partivano per andare alla guerra. Erano in quel circuito del tempio maggiore, grandi alloggiamenti & sale di diverse maniere: che vi erano sale, dove potevano star

salas de diversas maneras, y en algunas podian caber sin estorbo mil personas. Dentro de este recinto se contaban mas de veinte torres, que eran de la manera que dejo referida, aunque entre las demas habia una mayor, mas larga, ancha y alta, por ser el aposento del ídolo principal, á quién todos tenian mayor devocion. En lo alto de la torre tenian sus dioses, y los miraban con gran veneracion: en los demas aposentos y salas se alojaban y vivian los sacerdotes que servian en el templo, y en otras estancias los sacrificadores. En las mezquitas de otras ciudades cantan de noche como si rezasen maitines, y lo mismo hacen á muchas horas del dia, dividiéndose en dos coros, unos á un lado y otros al otro, y van por su órden, entonando unos los himnos y respondiendo los otros, como si rezasen vísperas ó completas. Dentro de esta mezquita tenian fuentes y lavaderos para el servicio de ella.

XXII.—De las habitaciones.

Habia y hay todavía en esta ciudad muy hermosas y muy buenas casas de señores, tan grandes y con tantas estancias, aposentos y jardines, arriba y abajo, que era cosa maravillosa de ver. Yo entré mas de cuatro veces en una casa del señor principal, sin mas fin que el de verla, y siempre andaba yo tanto que me cansaba, de modo que nunca llegué á verla toda. Era costumbre que á la entrada de todas las casas de los señores hubiese grandísimas salas y es-

---

senza darsi fastidio l'un l'altro, mille persone. Vi erano dentro à questo circuito piu di venti torri, che erano della sorte che ho gia narrato: posto che fra l'altre ce ne fusse una maggior & piu lunga & larga & piu alta, per che era lo alloggiamento dello Iddio principale & maggior, nel quale haveano lor tutti maggior devotione. Et nell'alto della torre haveano i loro Iddii, & tenevangli in gran veneratione: & in tutti gli altri alloggiamenti & sale stantiavano & vivevano i loro relligiosi che servivano al tempio, & i sacrificatori in altre stanze. Nelle altre Meschite di altre terre cantano di notte come se dicessero i Mattutini, & in molte hore del giorno per ordine intonando una parte di essi da una banda, & una parte dall'altra, che dicono gli inni, & rispondono gli altri come se dicessero vespro ò completa, & havevano dentro questa Meschita fontane & luoghi da lavarsi per servitio di essa.

De i Casamenti.—Erano, & sono anchora in questa città molte belle & buone case de i Signori, cosi grande & con tante stanze, appartamenti & giardini alti & bassi, che era cosa maravigliosa da vedere, & io entrai piu di quattro volte in una casa del gran Signor non per altro effetto che per vederla, & ogni volta vi camminavo tanto che mi stancavo, & mai la fini di vedere tutta. Havevano per costume che in tutte le case di i Signori all'intorno di una gran corte fossero prima grandissime sale & stantie, però vi era una sala cosi grande

tancias alrededor de un gran patio: pero allí habia una sala tan grande, que cabian en ella con toda comodidad mas de tres mil personas. Y era tanta su extension, que en el piso de arriba habia un terrado donde treinta hombres á caballo pudieran correr cañas como en una plaza.

Esta gran ciudad de Temistitán es algo mas larga que ancha, y en el medio de ella, donde estaban la mezquita mayor y las casas del señor, se edificó el barrio y fortaleza de los Españoles, tan bien ordenado y de tan hermosas plazas y calles como cualquiera otra ciudad del mundo. Las calles son anchas y extensas, formadas con hermosas y magníficas casas de mezcla y ladrillo, todas de la misma altura, salvo algunas que tienen torres; y por esta igualdad parecen mucho mejor que las demas. Se cuentan en este barrio ó ciudadela de los Españoles mas de cuatrocientas casas principales, que ninguna ciudad de España las tiene por tan gran trecho mejores ni mas grandes; y todas son casas fuertes, por ser labradas de cal y canto. Hay dos grandes plazas, y la principal tiene muy lindos portales todo alrededor; se ha hecho una iglesia mayor en la plaza grande, y es muy buena. Hay convento de San Francisco, que es edificio bastante hermoso, y otro de Santo Domingo, una de las mas grandes, sólidas y buenas fábricas que pueda haber en España. En estos monasterios viven frailes de ajustada vida, grandes

---

che vi poteano star dentro senza dar l'un fastidio all'altro piu di tre mila persone. Et era si grande che nel corridore dell'alto di essa cassa, vi era una si gran piazza che vi havrebbono potuto giocar al giuoco delle canne, come in altra gran piazza, trenta huomini à cauallo.

Questa gran città di Temistitan e alquanto piu lunga che larga, & nel cuore & mezzo di essa dove era la meschita maggior & le case del Signor si riedificò la contrada & castello de gli Spagnuoli, cosi ben ordinato & di si belle piazze & strade, quanto di altre città che siano al mondo, che sono le strade larghe & spatiose, & all'intorno di essa vi sono edificii di belle & sontuose case di calcina & mattoni tutte uguale, che l'una non è piu alta dell'altra, eccetto alcune che hanno le Torri, & per questa ugualità compariscono assai meglio che l'altre della città. Sono in questa contrada ò castel di Spagnuoli piu di quattrocento case principale, che in niuna città in Spagna per si gran tratto l'ha migliore ne piu grande, & tutte sono case forti, per esser tutte di calcina e pietra murate. Vi sono due gran piazze, una grande, à torno alla quale sono molti belli porticali: si è fatta una chiesa maggior, nella piazza grande, & è molto buona. Vi è un monasterio di San Francesco che è assai bello edificio. Vi è un'altro Monasterio di San Domenico, che è uno de i grandi & forti edificii & buoni che sia in Spagna. Et in questi monasterii sono frati di bonissima vita & gran litterati

letrados y predicadores: hay un buen hospital y otras ermitas. Las casas de los Indios quedan alrededor de este castillo, cuartel ó ciudadela de los Españoles, de modo que están cercados por todas partes. En el barrio de los Indios hay mas de treinta iglesias donde los naturales vecinos de la ciudad oyen misa y son instruidos en las cosas de nuestra santa fe. La gente de esta ciudad y su comarca es muy hábil para cualquiera cosa, y la de mas ingenio é industria que existe en el mundo. Hay entre ellos maestros de toda suerte de oficios, y para hacer cualquiera cosa no necesitan mas que verla hacer una vez á otro. No hay gente entre todas las del mundo, que menos estime las mujeres, pues no les comunicarian nunca lo que hacen, aunque conocieran que de ello les habia de resultar ventaja. Tienen muchas mujeres como los Moros; pero una es la principal y la ama; y los hijos que tienen de esta heredan lo que ellos poseen.

XXIII.—De los matrimonios.

Toman muchas mujeres, y tantas cuantas pueden mantener, como los Moros, aunque como se ha dicho, una es la principal y señora; los hijos de esta heredan, y los de las otras no, antes son tenidos por bastardos. En las bodas con esta mujer principal hacen algunas ceremonias que no acostumbran en las de las otras.

& predicatori. Vi è un buono hospitale & altri heremitorii. Le habitationi de gli Indiani sono à torno à questo castello & contrada ò citadella di questi Spagnuoli, in modo che stanno circondati da tutti i lati: & in esso sono meglio di trenta chiese, dove i cittadini della città nativi odano messa, & sono instrutti nelle cose della nostra fede. La gente di questa città, & del suo territorio, è molto habile per tutte le cose & i piu ingegnosi & industriosi di quanti sono al mondo. Sono fra essi maestri in ciascuna sorte di essercitio: & per fare una cosa non hanno bisogno d'altro che di vederla una volta fare ad altri, & è gente che stima meno le donne di quante nationi sono al mondo, perche non gli comunicherebbe mai i fatti loro, anchora che conoscesse che il farlo gli potesse metter conto. Hanno molte mogli, come i Mori, però una è la principale & patrona, & i figliuoli che hanno di questa hereditano quel che hanno.

De i Matrimonii.—Tengono molte moglie, & tante quante ne possono mantenere come i mori, però come si è detto, una è la principale & patrona & i figliuoli di questa hereditano, & quei dell'altre no, che non possono anzi son tenuti per bastardi. Nelle nozze di questa patrona principale fanno alcune cirimonie, il che non si osserva nelle nozze dell'altre. Hanno un costume gli huomini di pisciare, stando acosciati come le nostre donne, & le donne stanno in piedi.

XXIV.—De los entierros.

Hacian en la tierra un hoyo revestido de pared de cal y canto, y en él ponian al muerto sentado en una silla. Al lado colocaban su espada y rodela, enterrando tambien ciertas preseas de oro: yo ayudé á sacar de una sepultura cosa de tres mil castellanos. Ponian allí mismo comida y bebida para algunos dias; y si era mujer le dejaban al lado la rueca, el huso, y los demas instrumentos de labor, diciendo que allá adonde iba, habia de ocuparse en alguna cosa; y que aquella comida era para que se sustentara por el camino. Muchas veces quemaban los muertos y enterraban sus cenizas.

Todos los de esta provincia de la Nueva España, y aun los de otras provincias vecinas comen carne humana, y la tienen en mas estima que cualquier otro alimento, tanto que muchas veces van á la guerra y ponen sus vidas en peligro, solo por matar á alguno y comérselo. Son comunmente sodomitas, como dejo dicho, y beben sin medida.

Del Seppellire.—Facevano una fossa murata di calcina & pietra sotto la terra, & quivi poneano il morto assiso sopra una sedia & gli poneano appresso la sua spada & rotella, & con esso mettevano certe gioie di oro, & io aiutai à cavar di una sepoltura tre mila Castigliani poco piu ò meno. Gli mettevano quivi cose da mangiare & da bere per certi giorni. Et se era femina gli mettevano appresso la roccha & il fuso, & tutti i suoi instrumenti da lavorare, dicendo che la dove andava haveva da attendere à fare qual che cosa, & che quel che gli ponevano da mangiare, era por sostentarsi nel cammino, molti altri poi abbruciavano, & seppellivano la polvere.

Tutti quei di questa provincia della nuova Spagna, & anchora quei dell'altre Provincie della sua circonvicinanza mangiano carne humana, et la stimano piu che tutte l'altre imbandigioni del mondo, tanto che molte volte vanno à la guerra, & pongono in sbaraglio le vite loro per uccidere qualch'uno & mangiarselo, sono come si è detto, per la maggior parte sodomiti, & beono smisuratamente.

CARTA

QUE DIEGO VELAZQUEZ ESCRIBIÓ AL LICENCIADO FIGUEROA,

PARA QUE HICIESE RELACION Á SUS MAJESTADES

DE LO QUE LE HABIA FECHO FERNANDO CORTÉS.

Muy noble señor.—En 26 dias de Octubre pasado que llegó al puerto de esta ciudad de Santiago un navío que venia del puerto desa ciudad de Santo Domingo, recibí dos cartas de V. Merced, que Manuel de Rojas y Francisco de Santa Cruz me dieron, que en su recomendacion venian, con las cuales y con cada una dellas, yo recibí tanta merced como fuera y es razon, así por ser de V. Merced, como por saber de su disposicion y salud, que Dios Nuestro Señor siempre le prospere; y asimismo por ser V. Merced servido de me enviar en ellas á mandar alguna cosa que su servicio fuese; porque muchas veces las manos de V. Merced beso, y le suplico que ofreciéndose caso en que mi persona en su servicio se pueda ocupar, me lo mande, porque será muy cierto que con todas mis fuerzas y posibilidad será todo puesto en ejecucion y ejercicio, conforme á sus letras y mandado; y así se fará con el dicho Manuel de Rojas y Francisco de Santa Cruz todo lo que V. Merced manda, y de manera que claramente ellos conozcan que por respeto de la letra é mandado de V. Merced les resulta todo favor y acrecentamiento de provecho. Y porque en la dicha letra de V. Merced no se contiene otra cosa á que responder, faré relacion á V. Merced de lo que en estas partes se ha ofrecido acerca de la postrera armada, é tierras nuevamente descubiertas. Los dias pasados envié, ansí para que V. Merced tenga entera relacion de todo, como para suplicarle que sea servido de me mandar facer merced de facer dello relacion al Emperador é Rey nuestro señor, representándole mis claros y leales servicios, informando á S. M. y á los del su muy alto Consejo tan grande maldad y feo caso como se ha cometido, en muy grandes deservicios de Dios Nuestro Señor y de su Cesárea Majestad; y como V. Merced terná relacion, envié habrá siete ú ocho meses á tierras é islas nuevamente por mí é en nombre é servicio de SS. AA. descubiertas, una armada que fué la única que fué, que despues que se descubrieron para ellas armé, en la cual despues de enviarla muy copiosa y proveida de todo lo necesario, envié en ella seiscientos hombres, entre los cuales nombré por capitan y principal caudillo della y dellos, á un Hernando Cortés, ansí por parecerme cuerdo y haberle tenido en esta isla mucho tiempo por muy mi criado y amigo, y como á tal le habia fecho siempre mucha honra, y honrádole con mi persona y mucho de mi hacienda, como por este cargo le habia dado, y encargado en esta isla otros de mucha honra; é por esto, é por la experiencia que era razon que él tuviese de haberme visto á mí tratar las gentes, Españoles é naturales destas partes, y por la mucha confianza que de él facia, me pareció que con él pudiera en aquellas partes adelantar é mejor servir á SS. AA. que con otro, puesto que con los dichos seiscientos hombres que con él envié, habia muchos dellos unos y otros caballeros de mucha mas calidad que él; y en pago de escogerle y honrarle entre todos, y le confiar la mi persona y toda mi honra, é estando al cabo de siete meses con estas congojas, esperando la nueva dél y de todo lo que en tal viaje se le habia ofrecido, para facer dello entera y verdadera relacion á SS. AA., y proveyéndolo con otros tres navíos, de todos mantenimientos¹ y de lo demas necesario, llegáronme nuevas desta isla abajo de San Cristóbal de la Habana y de punta (sic), donde se tomó la derrota para las dichas tierras, de cómo en 23 dias de Agosto pasado habia llegado á un Puerto Escondido de la dicha Habana una carabela que venia de las dichas tierras, la que yo habia nombrado por capitana en la dicha armada, y que venia dentro en ella un Anton de Alaminos, piloto mayor, que desde el principio que² á se descubrir aquellas tierras, le he traido siempre muy salariado é pagado aventajadamente á su voluntad; y que de

---

¹ El original dice, merecimientos.　　² Falta aquí alguna cosa.

gente de la tierra que se pudieron conocer, venian un Francisco de Montejo y otro Alonso Hernandez Puerto Carrero; y que llegados al dicho puerto habian tomado un Español que estaba en una estanza del dicho Montejo, cerca del dicho pueblo, y lo juramentaron que no los descubriese; y que tomaron de la dicha estanza todo el pan, cazabe y puercos, y todos los otros mantenimientos que pudieron, y cuarenta botas de agua, y hurtaron ciertos Indios de los desta isla; y metiendo todo en el dicho navío, mostraron al Español mucha parte del oro y riquezas que en la dicha carabela llevaban; y con juramento que dél se ha tomado dice, que vió tanto, que cree que iba lastrada dello, ademas de piezas señaladas de trescientos mil castellanos arriba; y que de entre las otras cosas que de aquellas partes le dijeron, fué una y la principal, que en lugar de seguirse dicho Cortés para la pacificacion de las gentes della conformándose con mi instruccion, tuvo tanta fuerza con la cobdicia, como muchas veces es raiz de los males, que como se vió forzado mi poder y mano, y en las dichas otras tierras, y con tan copioso ejército, é vió la manera dellas, que por robarlas alborotó y mató mucha cantidad de los Indios dellas en un rio grande, donde por ello peleó con ellos, de que sobre todo en mucho grado me ha pesado, porque yo pensaba traer todas las gentes de aquellas partes en el conocimiento de nuestra santa fe, y ponerlas debajo la real corona con el menos mal y detrimento dellas que posible fuese, conformándome con la instruccion y voluntad de S. M.: é demas de esto decia el dicho Español, que salido que se hubo atrás, se hicieron con el navío á la vela los dichos que con él venian, ó sin dar parte al justicia ni á otra ninguna persona, tomar la derrota y seguir su viaje fasta las islas de los Lucayos, por parte y navegacion no sabida ni usada, por muy escondido ó peligroso viaje, así por ir por entre islas, como por nunca se haber por allí navegado para los reinos de España; por donde se cree ó tiene por cierto lo que se puede colegir, segun de los indicios y la manera y calidad de las personas que en los dichos navíos van, que se van á reinos é tierras ó pais extraño.

Yo fice facer comprobacion de todo, así del oro que parece que llevaban, como de todo lo demas que me pareció que convenia, é la envié al Emperador y Rey nuestro señor con Gonzalo de Guzman, como tesorero que es de SS. AA. en aquellas partes, que partió desta isla á 5 dias de Octubre pasado, y para que como tesorero siga en demanda del dicho navío y de lo que en él llevan, por donde, puesto que no se vayan á otros reinos é tierras extrañas, por no atreverse á poder salir con su instancia, y no puedan facer otra cosa sino se presentar ante su Real Alteza con el oro, podrian facer en ello mucha fraude y engaño, segun la mucha cantidad que llevan; y suplico á S. M. sea servido de mandar ver en su muy alto Consejo tan gran maldad y caso, y castigar la turbacion que estos malos y los demas que en ello han sido han puesto en su real servicio. Ahora á V. Merced muchas veces suplico, puesto que mis servicios aun no lo hayan merecido, que por lo merecer el deseo que es de su servicio tengo, que V. Merced me faga merced de que en el primer navío que desta isla para España partiere, V. Merced faga relacion á S. M. de todo, y al señor obispo de Burgos, é á los demas de su muy alto Consejo que convenga, favoreciendo mis claros y leales servicios, y afeándoles la maldad y exceso é hurto tan grande como estos han cometido, para que sean muy castigados; porque demas de aventurarse tanta cantidad de oro, han puesto tan grande alboroto en esta isla é entre los vecinos é moradores é tratantes della, considerando el atrevimiento que estos tuvieron, que las rentas é intereses que en esta isla S. A. tiene serán el año presente harto menoscabados; y si las justicias é gobernadores que en estas partes S. M. tiene é pone no fuesen muy castigados, seria bastante para que lo tal pusiese atrevimiento á que todo lo destas partes se pusiese en condicion, segun los nuestros Españoles son deseosos de revueltas é novedades, y para dar atrevimiento á que muchos malos hiciesen lo mismo. Yo quisiera mucho ir á las dichas islas y tierras nuevamente descubiertas, por dar órden como en ellas no se hagan mas daños é deservicios de SS. AA. de los que se han ofrecido, é las gentes naturales de aquellas partes padecian desaguisadamente, y á ponerlas é dejarlas en tal estado, que Dios Nuestro Señor y SS. AA. fuesen muy servidos; pero considerando como esta isla está muy inficionada desta dolencia de las viruelas, é que con mi ausencia podrian los Indios della padecer, é asimismo considerando á que los hombres son obligados á cumplir mas que con su sola voluntad, he acordado de para todo ello enviar á ellas á Pánfilo de Narvaez, con todos los navíos que se han podido haber, é con los mas mantenimientos que en ellos se han podido meter, y con mi informacion de todo lo que se ha de facer; é para que con mas diligencia todo se ponga en efecto, me parto hoy dia de la fecha desta, del puerto desta ciudad á la villa de la Trinidad é á San Cristóbal de la Habana é Guaniguanigo, desde donde con toda brevedad pienso despacharle, y despachado volverme por la tierra adentro viendo y visitando todas las villas é pueblos desta isla, é los caciques é Indios della, é saber cómo son tratados é curados desta enfermedad. A Dios Nuestro Señor por su infinita clemencia plega de lo guiar é encaminar como mas á su servicio fuere, y al de su Cesárea Majestad conviene. Nuestro Señor la muy noble persona de V. Merced por largos tiempos guarde, con acrecentamientos é todo lo demas que por V. Merced se desea. De la ciudad de Santiago del Puerto desta isla Fernandina, diez é siete de Noviembre de mil é quinientos é diez é nueve.—Besa las manos de V. Merced.—DIEGO VELAZQUEZ.

Estaba escrito á las espaldas de la dicha carta lo siguiente: «Al muy noble Señor, el Señor Licenciado Rodrigo de Figueroa, juez de residencia por SS. AA., reformador de los Indios destas partes: De Diego Velazquez.»

Contull.—LEMBKE. *Id.*—H. W.

EL PROCESO Y PESQUISA

HECHO

POR LA REAL AUDIENCIA DE LA ESPAÑOLA

É TIERRA NUEVAMENTE DESCUBIERTA.

VA PARA EL CONSEJO DE SU MAJESTAD.

En la ciudad de Santo Domingo desta isla Española, sábado veinte y cuatro dias del mes de Diciembre, año del nacimiento de Nuestro Señor Jesucristo de mil é quinientos é diez y nueve años; ante el muy noble Señor Licenciado Rodrigo de Figueroa, Juez de Residencia é Justicia Mayor é Juez de la Audiencia, Juzgado de las Apelaciones que reside en esta dicha ciudad é isla Española, é de las otras islas é Tierra Firme del Mar Océano, por el Emperador Don Cárlos é la Reina Doña Juana su madre, nuestros señores, é en presencia de mí, Pedro de Ledesma, escribano de SS. AA. é de la dicha Audiencia é Juzgado, presentó el Licenciado Juan Carrillo, promotor fiscal en esta dicha ciudad, un escrito, su tenor del cual es este que se sigue:

Muy poderosos Señores.—El Licenciado Juan Carrillo, promotor fiscal é público de V. A. en estas partes, digo: que á mi noticia es venido, é así es público é notorio, que Diego Velazquez, teniente é capitan en la isla Fernandina, é adelantado é gobernador de Yucatan é de las islas por él nuevamente descubiertas por V. M., envió á Hernando Cortés, vecino de la dicha isla Fernandina, con ciertos navíos é seiscientos hombres de guerra, por capitan para conquistar é poblar las dichas islas nuevamente descubiertas; y el dicho capitan Hernando Cortés fué con los dichos navíos é gente, é descubrió ciertas tierras é islas, é sin expreso mandado é licencia de V. M. hizo guerra á los Indios de dichas tierras, é mató muchos dellos, é les entró é tomó la tierra, é se alzó con la dicha gente é armada contra la obediencia del dicho Diego Velazquez, é juntando consigo la dicha gente por fuerza, por se haber mas asiento contra el dicho Velazquez, tomó otra mucha gente de otra armada que habia fecho Francisco de Garay, teniente é alcalde por V. A. de la isla de Jamaica, y envió los navíos de la dicha armada que habia fecho el dicho Francisco de Garay, sin gente, que apenas habia quien los pudiera llevar; y el dicho capitan Hernando Cortés hizo é cometió otros muchos delitos é escándalos é alborotos, por lo que el dicho Diego Velazquez ha fecho juntar mucha gente de guerra é muchos navíos, é ha ido ó enviado un gran ejército é gente de guerra contra el dicho capitan Hernando Cortés á le facer guerra é combatir é conquistar; é si la dicha gente oviese de pelear los unos contra los otros, seyendo como todos son vasallos é súbditos de V. R. M., se recreciera mucho daño, é viendo los Indios las guerras entre los cristianos, se alzáran con la tierra; é demas desto, ansí el dicho capitan Hernando Cortés por haber cometido lo sobredicho, como el dicho Diego Velazquez en haber juntado gente é navíos de guerra, y enviado contra el dicho Hernando Cortés, é mas en hacer guerra sin expreso mandado é licencia de V. M., han cometido muchos é graves delitos, é han caido é incurrido en muy grandes é graves penas, é perdimiento de bienes é capitales, en las cuales á V. R. M. pido y suplico les mande condenar é condene, mandándolas ejecutar en sus personas é bienes; é porque la dicha guerra é alboroto no venga á efecto, é causen los escándalos é muertes de hombres, ante todas cosas pido y suplico á V. R. M. mande al juez é oidor desta Real Audiencia, que luego vaya en persona, é si no pudiere por estar muy ocupado en su real servicio, envie persona ó personas sabias é diligentes é de autoridad, con poder ó poderes de V. M. é del juez desta Real Audiencia, para conocer de los dichos delitos, alborotos é escándalos é guerras é ayuntamientos de gentes é alborotos é muertes de hombres; é para castigar á los culpados é facer cesar las dichas guerras é ayuntamientos de gentes é alborotos, é para todo lo á ello anexo é dependiente le mande dar poder cumplido, porque así cumple al servicio de V. R. M., y el dicho su juez es obligado á proveer en ello, por manera que cesen dichos alborotos é guerras é muertes de hombres. Digo que á V. M. é al juez é oidor desta Real Audiencia pertenece proveer en lo sobredicho, por ser los delitos por los dichos Diego Velazquez é Hernando Cortés é los favorecedores dellos cometidos, en ofensa de V. R. M. é casos de corte, cuyo conocimiento pertenece al juez oidor desta su Real Audiencia, é porque en lo proveer é remediar V. M. recibirá mucho servicio, é sus vasallos mucho provecho; é así pido é suplico, que brevemente habida informacion, lo mande proveer é remediar é castigar.

E para esta informacion de lo sobredicho, digo que fago presentacion de los capítulos de las cartas que ha escrito el dicho Diego Velazquez al juez oidor desta su Real Audiencia, é al dicho Miguel de Pasamonte, é á Pedro de Izázaga, contador mayor de cuentas por V. M. en esta isla; é pido que sean sacados los dichos capítulos por fe de escribano é puestos en el proceso; é asimismo pido manden recibir juramento de Gonzalo de Montoro que vino agora de la dicha isla Fernandina, é de otras personas que de la dicha isla han venido é lo saben; é habida la dicha informacion mande facer en el dicho caso justicia, mandando prender é tener presos á los culpados, y servir y secuestrar sus bienes, y proveer en tal manera que vaya persona ó personas con poderes de V. M. é del dicho su juez oidor, que faga cesar la dicha guerra é muertes é alborotos, é ponga paz entrellos, é faga todo lo mas que necesario sea é convenga de se hacer para los poner en paz é dejar pacífica la dicha tierra: para lo cual en todo el real oficio de V. A. imploro é pido en el dicho caso, é hacer cumplimiento de justicia.—EL LICENCIADO CARRILLO.

E ansí presentado, el dicho Señor Licenciado mandó que el dicho promotor fiscal dé informacion de lo que dice, é lo verá é fará lo que sea justicia.

E despues desto, en tres dias del mes de Enero de quinientos é veinte años, ante el dicho Señor Licenciado pareció el dicho Licenciado Juan Carrillo, é presentó por testigos en razon de lo susodicho á Pedro de Ortega, é Alonso de Morales, é Gonzalo de Montoro, de los cuales é de cada uno dellos recibió juramento en forma debida de derecho.

E luego en este dicho dia, en cuatro de Enero del dicho año, ante el dicho Señor Licenciado pareció el dicho Licenciado Juan Carrillo, promotor fiscal susodicho; é para en prueba de lo contenido en la dicha su denunciacion, hizo presentacion de tres cartas mesivas, las dos dellas que presentó que el dicho Diego Velazquez envió al dicho Señor Licenciado Rodrigo de Figueroa, é la otra al Licenciado Ayllon; é asimismo otra que parece que envió Francisco de Santa Cruz al dicho Señor Licenciado Rodrigo de Figueroa, las cuales están delante de lo que los testigos presentados por el dicho fiscal depusieron.

E despues desto, en el dicho dia del dicho mes del dicho año, ante el dicho Señor Licenciado, é en presencia de mí el dicho escribano, pareció el dicho Licenciado Juan Carrillo é presentó por testigo en razon de lo susodicho á Martin Alonso, el cual juró en forma debida de derecho.

E lo que los otros testigos dijeron é depusieron es lo siguiente. El dicho Pedro de Ortega, minero, testigo presentado en la dicha razon, habiendo jurado é sido preguntado por el tenor de la dicha denunciacion, dijo: que lo que sabe de cierto es que puede haber cincuenta dias poco mas ó menos, que estando este testigo en Cuba oyó decir á muchas personas que Hernando Cortés se habia alzado con Yucatan; é dende á ciertos dias vido que Diego Velazquez tomó ciertos navíos, que no se le acuerda á este testigo qué tantos eran, salvo que oyó decir que serian diez é seis, sin los que habia enviado de antes; é que este testigo vido salir del puerto de Santiago seis navíos; é el dicho Diego Velazquez hizo cierta gente, que seria cuatrocientos hombres poco mas ó menos, é se embarcaron con la dicha gente, é se hicieron á la vela; é que este testigo oyó decir á muchas personas en la dicha isla, que el dicho Diego Velazquez iba con la dicha gente contra el dicho Hernando Cortés, á le tomar la tierra por fuerza, é otros decian que iba á la Trinidad á depositar la dicha gente y enviar contra el dicho Cortés á Pánfilo de Narvaez por capitan; é que estando este testigo en la dicha isla á la sazon, oyó decir que el dicho Diego Velazquez envió con una carabela á uno . . . . . de Guzman á los reinos de Castilla, é le mandó que no tocase en esta isla; é que esto es lo que sabe para el juramento que hizo: no lo firmó porque dijo que no sabia escribir; é que á su parecer deste testigo si los susodichos se juntaran con el dicho Cortés, é hubieran de pelear se seguirá muchísimo daño en aquellas partes.

El dicho Alonso Morales Martinez, testigo presentado en la dicha razon, habiendo jurado é siendo preguntado por el tenor de la dicha denunciacion, dijo: que lo que sabe de cierto es que puede haber dos meses, poco mas ó menos tiempo, que estando este testigo en la isla de Cuba oyó decir que habia enviado Hernando Cortés estando en Yucatan, una carabela á los reinos de Castilla cargada de oro, é que se habia alzado con la tierra; é que como se supo esta nueva, dende á ciertos dias vido este testigo que Diego Velazquez hizo juntar mucha gente, é tomó ciertos navíos, é oyó decir este testigo que con los que tenia en la Trinidad é en otras partes serian diez é seis, grandes é pequeños; é se embarcó en el puerto de Santiago con la dicha gente; é decian muchas personas en la dicha isla, que el dicho Diego Velazquez iba con la dicha gente en persecucion del dicho Hernando Cortés á le tomar la tierra; é otros decian que él no habia de pasar de la Trinidad, é que habia de enviar con la dicha gente é armada contra el dicho Cortés, á Pánfilo de Narvaez por capitan, é que la dicha gente iba apercibida como gente de guerra, é que á su parecer deste testigo cree que si se juntan con el dicho Cortés, segun se decia que estaba pertrechado, se seguiria mucho daño, é muertes de hombres, é otros alborotos é inconvenientes; y que esto es lo que sabe, por el juramento que fizo: é no lo firmó porque dijo que no sabia escribir.

Este dicho dia se recibió juramento de Gonzalo de Montoro, vecino en esta isla, el cual habiendo jurado, fué preguntado por el tenor é forma de la denunciacion é pedimento fecho por el dicho promotor fiscal, el cual dijo que lo que este testigo sabe es que este testigo viniendo de Tierra Firme llegó á la isla Fernandina en un dia del mes de Octubre pasado, donde dice que estuvo mes y medio poco mas ó menos, en la ciudad del puerto de Santiago, donde se halló que estaba el adelantado Diego Velazquez; é al tiempo que estuvo este testigo en la dicha isla, halló que habian venido nuevas y se decia públicamente entre todos los de la dicha isla, cómo habia pasado una carabela que enviaba Hernando Cortés, capitan que el dicho Diego Velazquez habia enviado por capitan á las partes de Yucatan, que pasaba para Castilla, la cual habia tocado en una estancia de un Montejo, que es en la dicha isla de Cuba, á tomar bastimentos; la cual decian que llevaba mucha cantidad de oro á España; é que de esta nueva vió este testigo que el dicho Diego Velazquez estaba muy alterado, é ayuntaba gentes, é se proveia de navíos, bastimentos é tiros de pólvora é otras armas para ir contra el dicho Hernando Cortés; é que vió este testigo estando en el dicho puerto de Santiago de la dicha isla, como dicho Diego Velazquez tomó todos los navíos que en el dicho puerto habia, que serian fasta seis ó siete navíos los que á la sazon estaban; é aun EN la carabela en que este testigo vino de Tierra Firme vió este dicho testigo como el dicho Diego Velazquez metió mucha gente, é muchos bastimentos, é tiros de pólvora, é armas; é se partió de dicho puerto en un dia de Juéves del mes de Noviembre pasado, é era público é notorio en el dicho puerto de Santiago, que él iba en persona contra el dicho Hernando Cortés á le castigar é tomar la tierra, que decian que se habia alzado, é que unos decian que él iba en persona á lo susodicho, é otros que se habia DE QUEDAR en el pueblo de la Trinidad, é de allí habia DE enviar con los dichos navíos á Pánfilo de Narvaez por capitan; é que este testigo oyó decir en la dicha isla públicamente á muchas personas de cuyos nombres no se acuerda, que si sabiéndolo en la isla Española y de allí no se remediase lo susodicho, se esperaba entre los dichos Diego Velazquez y Hernando Cortés que habrá muchos rompimientos, muertes de hombres é muchos escándalos, que Dios Nuestro Señor é SS. AA. sean deservidos, ó la dicha isla recibirá mucho daño: é que estando en este estado, este testigo se partió de la isla Fernandina para esta isla Española: é que esto es lo que sabe, é no sabe mas, por el juramento que fizo, é firmólo de su nombre.—GONZALO DE MONTORO.

En ocho de Enero de mil é quinientos é veinte años, Martin Alonso de Castilla juró en forma de decir verdad de lo que supiese é le fuese preguntado en esta causa de que era presentado por testigo; é lo que de este negocio sabe es, que este testigo estaba en la isla de Cuba en el mes de Noviembre pasado, é estando allí vió é oyó decir este testigo como habia venido una carabela á la dicha isla, á la parte del puerto de la Habana, en la cual dicha carabela decian que enviaba Hernando Cortés (á quien Diego Velazquez habia enviado por capitan á Yucatan) á España al Rey nuestro señor cierto oro, é que iba en ella por capitan un Portocarrero, uno que dicen Bautista, é por piloto Alaminos; é que como la dicha nueva llegó á la dicha isla de Cuba, este testigo vió como el dicho Diego Velazquez luego apercibió toda la gente de la dicha isla, así caballeros como escuderos, á pié y á caballo, é tomó todos los navíos que en el dicho puerto de Santiago habia, dellos cargados con sus mercaderías como habian llegado al dicho puerto, que podrian ser fasta trece navíos, en los cuales este testigo vió como se embarcó toda la gente, que podrian ser hasta trescientos hombres poco mas ó menos, é se hicieron á la vela, é que decian IBAN á la Trinidad y á la Habana á tomar bastimento é mas gente, si se hallasen; é de allí oyó decir este testigo que el dicho Diego Velazquez con toda la dicha gente se partia adonde el dicho Hernando Cortés estaba, para le tomar la tierra con que decian que estaba alzado; preguntado si de lo susodicho sabia este testigo que la dicha isla quedaba despoblada é recibia daño, dijo que sí, porque vió este testigo que la dicha isla quedaba casi SIN gente ninguna, é que á su parecer deste testigo, de hacer lo que el dicho Diego Velazquez   Dios nuestro Señor é SS. AA. serán deservidos, é la dicha isla é vecinos della quedaban destruidos, porque no se podria coger en la dicha isla oro como habia   la dicha gente que de la dicha isla salian, é de los muchos Indios que el dicho Diego Velazquez é los que con él iban llevaban; é que á su parecer deste testigo si lo susodicho no se remediase, se podria seguir mucho daño, así por lo que dicho es, como por no quedar gobernador en la dicha isla de Cuba; é que esto es lo que sabe por el juramento que hizo, é no sabe mas del dicho caso que salga del juramento que hizo, é firmólo de su nombre.

«Las palabras omitidas en la copia faltan tambien en el original.»—LEMBKE. *Contuli.*—H. W.

PROBANZA

HECHA EN LA VILLA SEGURA DE LA FRONTERA[*]

POR

JUAN OCHOA DE LEJALDE, Á NOMBRE DE HERNAN CORTÉS.

En la Villa Segura de la Frontera desta Nueva España del Mar Océano, cuatro dias del mes de Octubre, año del nacimiento de Nuestro Salvador Jesucristo de mil é quinientos é veinte años, ante el muy virtuoso Señor Pedro de Ircio, alcalde ordinario de la dicha villa por el Emperador é Rey Don Cárlos é la Reina Doña Juana nuestros señores, é por presencia de mí, Alonso DE VILLANUEVA, escribano público de la dicha villa é del Consejo, é de los testigos...... pareció Juan Ochoa de Lejalde, estante en dicha villa........ hizo por...... el dicho escribano un escrito de pedimento...... con...... é interrogatorio, é un poder que pareció...... otorgado...... el Señor Hernando Cortés, capitan general é justicia mayor en estas partes por SS. AA., ante Hernando de Alanis, escribano de SS. AA., su tenor del cual dicho pedimento é poder, uno en pos de otro, de verbo ad verbum, es este que se sigue:

Muy virtuoso Señor Pedro de Ircio, alcalde ordinario en esta Villa Segura de la Frontera desta Nueva España por el Emperador é Rey Don Cárlos é la Reina Doña Juana, nuestros señores: Yo Juan Ochoa de Lejalde, en nombre del magnífico Señor Hernando Cortés, capitan general é justicia mayor desta dicha Nueva España por SS. AA., cuyo poder tengo, de que fago presentacion, ante V. Merced parezco é digo: que por cuanto á noticia del dicho señor capitan es venido que Diego Velazquez, alcalde é capitan é repartidor de los

[*] Hoy Tepeaca.

caciques é Indios de la isla Fernandina por SS. AA., ha hecho relacion á SS. MM., que todos los gastos é dispensas que se hicieron en el armada que el dicho señor capitan general Hernando Cortés trujo cuando á esta tierra vino, las habia el dicho Diego Velazquez hecho, é asimismo las que mas se hacian en la conquista é pacificacion desta tierra; é porque la verdad es en contrario, porque el dicho señor capitan Hernando Cortés las ha hecho, como presentará é averiguará en su tiempo é lugar; é porque las escrituras é cartas de pago que dello tenia se le perdieron en la salida de la ciudad de Temistitan, á cabsa de la guerra que los Indios dieron, é porque dello quieren hacer relacion á SS. MM. y conste la verdad acerca dello, quiero presentar ciertos testigos; por tanto, á V. Merced pido que los testigos que presentare sobre lo susodicho, los mande recibir, é con juramento que para ello será recibido, les mande tomar é declarar sus dichos secreta é apartadamente, é lo que dijeren é depusieren me lo mande dar en limpio, cerrado é sellado en pública forma en manera que faga fé, para lo presentar . . . . é converná, para lo cual imploro su noble oficio. . . . . . . de justicia, é las preguntas por donde han de ser . . . . . . y desaminados los dichos testigos son las siguientes.

1. Primeramente, si conocen al dicho señor capitan general Hernando Cortés y al dicho Diego Velazquez.

2. Item: si saben ó vieron ó oyeron decir, que puede haber dos años, poco mas ó menos, que el dicho señor capitan Hernando Cortés partió de la ciudad de Santiago, que es en la isla Fernandina, para venir á estas partes de la Nueva España, con cierta armada de navíos y gente.

3. Item: si saben &c., que todo el dicho tiempo que la dicha armada é gente estuvo en el puerto de la dicha ciudad de Santiago, estuvo á su costa y les dió de comer siempre, así á la gente de la mar como de la tierra, desde que la dicha armada se comenzó, fasta que del dicho puerto salió con ella.

4. Item: si saben &c., que para atraer la gente, que viniese con él en la dicha armada, puso en poder de Juan Derves é de Antonio de Santa Clara, mercaderes que á la sazon residian en la dicha ciudad, mil é doscientos é tantos pesos de oro, los cuales los susodichos repartieron é dieron por cédulas del dicho señor capitan general

Hernando Cortés á los compañeros que con él pasaron, para que comprasen lo que ovieren menester para el dicho viaje.

5. Item: si saben &c., que todo el dicho tiempo, nunca el dicho Diego Velazquez sirviera de gobernador de la dicha isla Fernandina,[1] dió bastimento ninguno, así para los navíos é gente de ellos, como para la gente de tierra; y que el dicho señor capitan Hernando Cortés tomó treinta puercos, que no habia mas en la carnicería de la dicha ciudad, é veinte é cinco puercos que él tenia en su estancia; y de la de Juan Bautista, maestre de la nao capitana, é de otra estancia de SS. AA., hizo pan que se comió en la dicha armada fasta llegar al puerto de Macaca.

6. Item: si saben &c., que el dicho señor capitan general Hernando Cortés pagó á Diego de Mollinedo, mercader que residia en la dicha ciudad, mil é tantos pesos de oro, de vino é de vinagre y aceite y resgate y herramientas é ropa para el dicho viaje; é que todo se metió en los dichos navíos, é se gastó en el dicho viaje las cosas de bastimentos, é la ropa se dió en la villa de la Trinidad á las personas que la ovieron menester, é armas é otras cosas.

7. Item: si saben &c., que de todo no ha habido paga ninguna, ni lo ha pedido á las personas que lo recibieron.

8. Item: si saben &c., que demas de lo susodicho pagó á Juan Derves, é Antonio de Santa Clara, é á Juan de Benito, é á Gardilla, é á Ramos, mercaderes, otros mil pesos de oro, con algunos que les quedó á deber, lo cual todo fué de cosas é bastimentos para la dicha armada.

9. Item: si saben &c., que el dicho señor capitan general Hernando Cortés tuvo necesidad de dineros para gastar en la dicha armada demas de los que tenia, é le prestó Pedro de Xerez, almojarife, quinientos é cincuenta pesos de oro, é pidió al dicho Diego Velazquez que le prestase algunos, é que le prestó dos mil pesos de oro fundido, con condicion que le dejase tres mil pesos de oro por fundir en prendas, é que gelos dejó, é que se pagó de ellos en la fundicion.

10. Item: si saben &c., que en el puerto de Macaca hubo el dicho señor capitan general Hernando Cortés cien cargas de pan de Rodrigo de Tamayo para los dichos navíos, é una ancla.

[1] Así el MS.; pero no hace sentido.

11. Item: si saben &c., que en la villa de la Trinidad, que es en la dicha isla Fernandina, estuvo un mes y mas, ó que toda la gente estaba á su costa del dicho señor capitan Hernando Cortés, é les dió de comer todo aquel tiempo, é compró el pan á medio peso la carga, de las estancias de SS. AA., é lo quedó á pagar por él Baltasar de Mendoza, vecino de la dicha villa, del cual compró ciento é cincuenta puercos para que comiese la gente, é se comieron, así allí como por la mar.

12. Item: si saben &c., que en la dicha villa de la Trinidad, el dicho señor capitan general Hernando Cortés compró un navío nuevo de Alonso Guillen, vecino de la dicha villa.

13. Item: si saben &c., que el dicho señor capitan general Hernando Cortés pagó á Cristóbal Sanchez, herrero en la dicha villa, cien pesos de oro de una fragua é de cierta obra que fizo para unos paveses, y de anzuelos é harpones que hizo para el dicho viaje.

14. Item: si saben &c., que en la dicha villa el dicho señor capitan general Hernando Cortés pagó setenta pesos de oro á Villanueva, por una yegua que trajo en la dicha armada.

15. Item: si saben &c., que asimismo el dicho señor capitan Hernando Cortés pagó á Juan Nuñez Sedeño, vecino de San Cristóbal de la Habana, é á ciertos marineros é personas que traian un navío del dicho Señor Juan Nuñez Sedeño cargado de pan, y que habia mil cargas, á medio peso la carga, que son quinientos pesos: é si saben que asimismo le compró el navío en que traia el dicho pan, é lo trujo en la dicha armada, cargado de gente é bastimento é yeguas.

16. Item: si saben &c., que porque en la dicha villa de la Trinidad no falló el dicho señor capitan general Hernando Cortés á comprar tantos bastimentos como para su viaje eran necesarios, se fué á un puerto de la villa de San Cristóbal de la Habana, adonde y fasta salir de la dicha isla, tardó desde el dia que salió del puerto de Santiago, que fué á 23 de Octubre, fasta 23 de Febrero, que fueron cuatro meses; é que siempre cuatrocientos hombres de tierra, sin los marineros, estuvieron á su costa, é que todos comian en su posada; é á los que allí no querian venir á comer, les daban su racion de pan y carne.

17. Item: si saben &c., que en la dicha villa de San Cristóbal de la Habana compró asimismo el dicho señor capitan general Hernando Cortés de Francisco de Montejo, ciento y cincuenta puercos á un peso y dos *reales*,[2] los cuales se comieron en la dicha armada.

18. Item: si saben &c., que en la dicha villa el dicho señor capitan general Hernando Cortés asimismo compró de Pedro Castellar ó Villaroel, su compañero, doscientos puercos al dicho precio, los cuales se gastaron en la dicha armada.

19. Item: si saben &c., que en la dicha villa el dicho señor capitan general Hernando Cortés asimismo compró sesenta puercos de Pedro de Orellana, ó seiscientas cargas de pan, que fué é se gastó en la dicha armada.

20. Item: si saben &c., que en la dicha villa asimismo el dicho señor capitan general Hernando Cortés compró de Pero Barba quinientas cargas de pan, é las pagó por él Diego de Ordaz, las cuales vinieron y se gastaron en la dicha armada.

21. Item: si saben &c., que en la dicha villa asimismo el dicho señor capitan general Hernando Cortés compró de Francisco de Montejo é de Juan de Rojas, quinientas cargas de pan para la dicha armada, las cuales vinieron y se gastaron.

22. Item: si saben &c., que en la dicha villa asimismo el dicho señor capitan general Hernando Cortés compró de Cristóbal de Quesada, factor del señor obispo de la dicha isla Fernandina, todo el pan é puercos de los diezmos que allí se debian.

23. Item: si saben &c., que en la dicha villa asimismo el dicho señor capitan general Hernando Cortés compró de un receptor de la Santa Cruzada mucho pan y puercos, en que le pagaron los vecinos de aquella villa las bulas que debian, pues allí no habia dineros.

24. Item: si saben &c., que ciento y tantos hombres que estaban esperando al dicho señor capitan general Hernando Cortés en Guaniguanico, en una estancia del dicho Diego Velazquez, siempre que allí estuvieron comieron de pan que el dicho señor capitan general compró, é no de la estancia de dicho Diego Velazquez; é si algunos della comieron, fué de los . . . . de los Indios; ó que el dicho Diego Velazquez no tenia . . . . [3] de comer.

25. Item: si saben &c., que asimismo el dicho señor capitan ge-

---

[2] Esta palabra está dudosa en el MS.
[3] En este lugar y en la línea precedente se han omitido dos palabras que no pueden leerse en el MS., y parecen ser iguales.

neral Hernando Cortés pagó á Pero Gonzalo, maestre, diez y ocho pesos de oro por renta de cada mes de los que con él trujo una carabela suya en la dicha armada, é por su persona por maestre y piloto; é que fueron los meses que con el dicho señor capitan general Hernando Cortés anduvo, diez ó once meses; é despues le compró la dicha carabela, é se la pagó, é se perdió en el dicho viaje.

26. Item: si saben &c., que Alonso Dávila compró un navío de Hernando Martinez, que es uno que vino en la dicha armada, el cual el dicho señor capitan general pagó.

27. Item: si saben &c., que trujo el dicho señor capitan general Hernando Cortés en la dicha armada un bergantin suyo, el cual tenia, é se perdió en la dicha armada.

28. Item: si saben &c., que cuando salió del puerto de la ciudad de Santiago el dicho señor capitan general Hernando Cortés, dejó en el dicho puerto una carabela latina suya grande, muy bien marinada é aderezada, y otro navío que asimismo tenia en el puerto del Rey, que es en la dicha isla en la parte del Norte; é tambien dejó en él maestre y marineros é buen recabdo para que luego viniesen tras dél con bastimentos; los cuales partieron de la dicha isla cargados de bastimentos é gente é bestias en su busca; y al venir se perdió en la costa de la dicha isla, y el otro llegó á esta tierra, é despues de descargado se perdió.

29. Item: si saben &c., que pagó el dicho señor capitan general Hernando Cortés de sueldo de los marineros de la dicha armada, seiscientos pesos de oro.

30. Item: si saben &c., que al piloto mayor que el dicho señor capitan general Hernando Cortés trajo, dió doscientos pesos de oro, y al maestre de la nao capitana ciento.

31. Item: si saben &c., que despues de llegada el armada á esta tierra, le sobró de pan que el dicho señor capitan traia, casi dos mil cargas, é los alcaldes é regidores de la dicha villa de la Vera Cruz las compraban para repartir por los vecinos, é le daban dos pesos de oro por la carga, y no las quiso vender, antes se lo dió gracioso, sin les llevar precio alguno.

32. Item: si saben &c., que todos los bastimentos que el dicho señor general Hernando Cortés metió en la dicha armada, se gastaron en ella, sin vender cosa alguna dello. E si saben que todo lo que

el dicho Diego Velazquez metió, se vendió á los compañeros, y á precios muy excesivos, que se hizo dello casi diez mil pesos de oro.

33. Item: si saben &c., que al tiempo que se daban las partes del oro de los compañeros, cobró dello Pedro Hernando, escribano, para el dicho Diego Velazquez, casi siete mil pesos de oro. E si saben que si se acabaran de dar todas las partes se cobrara todo.

34. Item: si saben &c., que el dicho señor capitan general Hernando Cortés compró de un Hernando Lopez doscientos pesos de oro de vino, ó de vinagre, é de aceite, y conserva, y ferraje que traian en los dichos navíos para la villa de la Trinidad.

35. Item: si saben &c., que de una estancia que el dicho Diego Velazquez tenia en la Habana, compró el dicho señor capitan general Hernando Cortés doscientas cargas de pan para la dicha armada, é las pagó á un estanciero suyo, que se dice . . . . *(ilegible)*.

36. Item: si saben &c., que despues que el dicho señor capitan general Hernando Cortés vino á esta tierra, todo el hilado é almacen, é algunas de las ballestas que se han gastado en la guerra, ha sido del dicho señor capitan general é á su costa, é que lo ha comprado y pagado.

37. Item: si saben &c., que todo el herraje que han gastado los caballos que en esta tierra han servido, ha sido suyo, del dicho señor capitan general Hernando Cortés, é á su costa.

38. Item: si saben &c., que á todos los dolientes é heridos que en compañía del dicho señor capitan Hernando Cortés ha habido, siempre en su casa se les ha dado las medicinas é ungüentos é cosa de dieta que han habido menester, y atendido, sin por ello les llevar cosa alguna.

39. Item: si saben &c., que de caballos que el dicho señor capitan general Hernando Cortés ha comprado para servir en la dicha conquista, que son diez é ocho, que le han costado á cuatrocientos cincuenta ó á quinientos pesos, ha pagado, é que debe mas de ocho mil pesos de oro dellos.

40. Item: si saben &c., que el dicho señor capitan general Hernando Cortés debe á mercaderes, de cédulas que ha dado á los compañeros que han servido é sirven, para cosas que han habido menester, porque á ellos no se lo querian fiar los dichos mercaderes, otros cuatro mil pesos y mas.

41. Item: si saben &c., que despues que el dicho señor capitan general Hernando Cortés vino á estas partes, ha dado por diversas veces á los naturales dellas muchas joyas é ropas, é cosas de rescate, é ropas de la tierra, é otras cosas que ha comprado de los compañeros, que podrian valer mas de tres mil pesos de oro.

42. Item: si saben &c., que todo lo susodicho es público é notorio en todas estas partes.

Sepan cuantos esta carta vieren, como yo Hernando Cortés, capitan general é justicia mayor de la Nueva España del Mar Océano, por el Emperador y Rey Don Cárlos, y la Reina Doña Juana, nuestros señores, otorgo.... *(sigue un poder ordinario).*

E así presentado el dicho escrito de pedimento, é poder, é leido por mí el dicho escribano en la manera que dicho es, el dicho Señor Alcalde mandó al dicho Juan Ochoa de Lejalde traiga antél los testigos que quisiere é viere que convienen para en prueba de lo susodicho; é que él estaba pronto de recibir dellos juramento en forma de derecho, é sus dichos, é de le mandar dar traslado dello, estratado en limpio en pública forma, para guarda de su derecho, y en todo saber administraria justicia: testigos que fueron presentes, Cristóbal Martinez, Alonso Caballero é Martin de Espinosa, estantes en esta dicha villa.

E luego el dicho Juan Ochoa presentó por testigos para prueba de su instruccion á Alonso Dávila, alcalde mayor, y á Bernardino Vazquez de Tapia, factor, é á Rodrigo Alvarez Chico, veedor, oficial de SS. AA., é á Cristóbal Corral, é á Francisco Orozco, é á Cristóbal Martin, regidor desta dicha Villa Segura, é á Pedro Sanchez, é á Jorge de Alvarado, é á Alonso Hernandez Caballero, estantes en la dicha villa al presente; de los cuales é de cada uno dellos, el dicho Señor Alcalde recibió juramento en forma de derecho, é poniendo las manos en la señal de la cruz de la vara de la justicia, é prometieron de decir verdad de lo que en este caso supieren.

E despues de lo susodicho, en Viérnes, cinco dias del mes de Octubre del dicho año, ante el dicho Señor Alcalde, é por presencia de mí el dicho escribano, pareció el dicho Juan Ochoa de Lejalde en el dicho nombre, é presentó por testigos á Diego de Ordaz, regidor de la villa de la Vera Cruz, é á Francisco de Solís, regidor desta dicha

Villa Segura, é á Pedro de Alvarado, alcalde ordinario de la villa de la Vera Cruz, é al Padre Fray   , los cuales juraron en forma de decir verdad en este caso de lo que supieren.

E despues de lo susodicho en siete dias del mes de Octubre del dicho año, antel dicho Señor Alcalde, é por presencia de mí el dicho escribano, pareció el dicho Juan Ochoa en el dicho nombre, é presentó por testigos á Alonso de Grado, contador de SS. AA., é á Gonzalo Mejía, estantes en el presente en la dicha villa, los cuales juraron en forma de decir verdad de lo que en este caso supieren.

E despues de lo susodicho, en diez y ocho dias de los dichos mes é año, el dicho Juan Ochoa presentó por testigos en la dicha razon, á Baltasar Bermudez é á Hernando Lopez, los cuales juraron en forma de derecho.

Testigos: Alonso Caballero, maestre, estante en esta Villa Segura de la Frontera; Pedro Sanchez Farfán, estante en esta Villa Segura de la Frontera; Cristóbal Corral, regidor desta Villa Segura de la Frontera; el dicho Francisco de Solís, regidor desta Villa Segura de la Frontera; Jorge de Alvarado, estante en esta Villa Segura de la Frontera; Diego de Ordaz, regidor de la Villa Rica de la Vera Cruz; Bernardino Vazquez de Tápia, factor de SS. AA.; Pedro de Alvarado, alcalde de la Villa Rica de la Vera Cruz; Fray Bartolomé, de la órden de Nuestra Señora de la Merced, estante en esta Villa Segura de la Frontera; Gonzalo Mejía, estante en esta Villa Segura de la Frontera; Rodrigo Alvarez Chico, veedor de SS. AA.; Alonso Dávila, alcalde mayor desta Nueva España; Hernan Lopez de Ávila, tenedor de los bienes de los difuntos; Francisco Orozco, regidor desta Villa Segura de la Frontera; Baltasar Bermudez, estante en esta Villa Segura de la Frontera; Alonso de Grado, contador de SS. AA.: todos conformes con el interrogatorio.

E despues de lo susodicho, en veinte dias del dicho mes de Octubre del dicho año, el dicho Señor Alcalde Pedro de Ircio, de pedimento del dicho Juan Ochoa de Lejalde, dijo: que mandaba é mandó á mí el dicho escribano, que de la dicha probanza sacase é escribiese, ó ficiese sacar é escribir un traslado, ó dos ó mas, cuales é cuantos el dicho Juan Ochoa quisiese, para guarda del derecho del dicho señor capitan general; é sacados en limpio, é signados é firmados de mi signo é firma en pública forma, se los dí y entregué, en manera que hagan fé: testigos, Juan de Rivera, escribano de SS. AA., é Juan Lopez, é Juan Nuñez, estantes en esta dicha villa. —PEDRO DE IRCIO, alcalde.

E yo el dicho escribano, de mandamiento del dicho Señor Alcalde, é de pedimento del dicho Juan Ochoa en el dicho nombre, los saqué: que es fecho é pasó en la dicha Villa Segura de la Frontera, dia é mes é año susodicho: en fe de lo cual lo firmé.— En fe é testimonio de verdad fice aqueste mi signo atal.—ALONSO DE VILLANUEVA, escribano público.

Contuli.—LEMBKE. *Id.*—H. W.

PROBANZA

FECHA EN LA NUEVA ESPAÑA DEL MAR OCÉANO

Á PEDIMENTO DE

JUAN OCHOA DE LEJALDE, EN NOMBRE DE HERNANDO CORTÉS,

CAPITAN GENERAL É JUSTICIA MAYOR DE LA DICHA N. ESPAÑA POR SS. MM.

SOBRE

LAS DILIGENCIAS QUE EL DICHO CAPITAN HIZO PARA QUE NO SE PERDIESE EL ORO É JOYAS DE SS. MM. QUE ESTABAN EN LA CIUDAD DE TEMISTITÁN.

PRIMERA PREGUNTA.

Primeramente: si conocen al dicho señor capitan Hernando Cortés; y dicen los testigos que lo conocen.

SEGUNDA PREGUNTA.

Item: si saben, creen, vieron, oyeron decir que al tiempo que el dicho Pánfilo de Narvaez llegó al puerto é bahía de San Juan, que dicen de Chalchicueca, que es en la costa de la dicha villa de la Vera Cruz, el dicho señor capitan, en la tierra que hasta entonces habia en nombre de SS. AA. ganado é pacificado, habia habido de los Indios naturales de ella cierta suma de oro, é joyas, é plumajes, é rodelas de diversas maneras, de lo que á S. A. perteneció é cupo de quinto treinta é dos mil pesos de oro fundido, y en patenas y collares é otras joyas de oro, é rodelas é plumajes, que podrian valer hasta la cantidad de cien mil ducados de oro, poco mas ó menos; é digan lo que acerca desto saben.—Rodrigo Alvarez, veedor de la Villa Rica de Vera Cruz: Cristóbal Dolid, regidor de la villa de la Vera Cruz: Bernardino Vazquez de Tápia, factor de SS. AA.: Gonzalo de Alvarado, regidor de la Villa Rica de Vera Cruz: Cristóbal

Corral, estante en esta provincia de Tepeaca, que es desta Nueva España: Fray Bartolomé de Olmedo, estante en esta provincia de Tepeaca: Gerónimo de Aguilar, lengua é intérprete de los Indios desta Nueva España: Juan Rodriguez de Villafuerte, regidor de la Villa Rica de la Vera Cruz: Diego de Ordaz, regidor de la Villa Rica de la Vera Cruz: Alonso Dávila, alcalde mayor desta Nueva España: Juan Diaz, clérigo: todos conformes, porque lo vieron y se hallaron presentes.

TERCERA PREGUNTA.

Item: si saben &c., que el dicho oro fundido é joyas que á SS. AA. perteneció, estando en la ciudad de Temistitán, el dicho señor capitan é oficiales de SS. AA. lo dieron é entregaron á Alonso de Escobar para que lo tuviese hasta tanto que hubiese navíos é disposicion para lo poder enviar á SS. AA., é dello se le hizo cargo en los libros de SS. AA.—Dicen los testigos que la saben como en ella se contiene, porque se hallaron presentes á todo lo contenido en esta pregunta.

CUARTA PREGUNTA.

Item: si saben &c., que estando en la dicha ciudad el dicho señor capitan supo como el dicho Pánfilo de Narvaez habia llegado á dicho puerto de San Juan con ciertos navíos é gente de armada, é que á su cabsa del dicho Narvaez conoció é vió que los dichos Indios andaban levantados é alborotados, por les haber dicho é hecho entender que él venia á lo prender é á soltar á Montezuma su señor, á quien él tenia preso, de cuya prision se seguia estar pacífica toda la tierra; é fué necesario salir de la dicha ciudad con ciertos Españoles é dejar como dejó en ella todo el dicho oro é joyas de SS. AA., é suyo é de algunos Españoles, en cuya guarda dejó ciento é cincuenta Españoles; é irse donde el dicho Narvaez estaba.—Todos conformes, porque lo vieron y se hallaron presentes.

PREGUNTA CINCO.

Item: si saben &c., que despues que el dicho señor capitan volvió á la dicha ciudad de Temistitán dende á ciertos dias, entró pacíficamente; é luego en otro dia entraron los dichos Indios, cercaron al dicho señor capitan é á los Españoles que con él estaban, en la casa é fortaleza donde estaban aposentados, é les dieron combate é muy recia guerra seis dias enteros.—Dicen que la saben, porque lo vieron y se hallaron presentes.

PREGUNTA SEIS.

Item: si saben &c., que todos los mas de los dichos Españoles, é asimismo los dichos oficiales é alcaldes é regidores, viendo la necesidad extrema en que los dichos Indios los ponian, é como los ofendian, é ellos no podian ofender á los dichos Indios á cabsa de la disposicion de la dicha ciudad, é ser fundada sobre agua, é las casas della tener todas azoteas, requirieron é importunaron al dicho señor capitan, que se saliese de la dicha ciudad, porque los mas de los dichos Españoles é caballos estaban heridos é no podian pelear, é los que quedaban estaban fatigados del trabajo del pelear é de la hambre que padecian: é si saben que el dicho señor capitan dilataba de cada dia la dicha salida, porque creia que en ella se habia de perder mucho oro é joyas, así de SS. AA. como suyo, é se habia de ver en mucho peligro, á cabsa de ser la salida muy peligrosa, por las muchas puentes que habian de pasar, que los dichos Indios tenian quitadas, é por la ofensa que les podian hacer á la salida, en las muchas canoas que tenian en el agua.—Todos conformes, porque lo vieron é se hallaron presentes á los muchos requirimientos que le hicieron los alcaldes, regidores é oficiales para que saliese de la ciudad.

PREGUNTA SIETE.

Item: si saben &c., que el dicho señor capitan, viendo como los dichos Españoles, alcaldes é regidores é oficiales lo requerian é importunaban con mucha instancia que se saliese de la dicha ciudad, é como los dichos Indios perseveraban en la dicha guerra muy reciamente, é que los dichos Españoles estaban los mas heridos, é asimismo los caballos, é los otros fatigados é trabajados, con acuerdo é parecer de los dichos alcaldes é regidores é oficiales é otras personas, acordó de salir de la dicha ciudad, é teniéndolo así acordado hizo sacar el oro é joyas de SS. AA., é lo dió é entregó á los dichos oficiales, alcaldes é regidores, é les dijo á la sazon que así se lo entregó, que todos viesen el mejor modo ó manera que habia para lo poder salvar, que él allí estaba para por su parte hacer lo que fuese posible ó poner su persona á cualquier trance é riesgo que sobre lo salvar le viniese.—Todos conformes, porque lo vieron y se hallaron presentes.

PREGUNTA OCHO.

Item: si saben &c., que los dichos alcaldes é regidores é oficiales acordaron que el dicho oro se sacase en una bestia, é dijeron al dicho señor capitan, que así era el mejor medio; el cual les dió para ello una muy buena yegua, é cuatro ó cinco Españoles de mucha confianza, á quien se entregó la dicha yegua cargada con el dicho oro; é ciertas joyas é rodelas é plumajes de diversas maneras que sobraron, no se pudieron sacar, puesto que el dicho señor capitan rogó é requirió á todos los dichos Españoles, que procurasen de sacar todo lo mas que pudiesen de las dichas joyas de SS. AA. para las salvar, é que de lo suyo no se sacasen.—Todos conformes, porque lo vieron y se hallaron presentes.

PREGUNTA NUEVE.

Item: si saben &c., que el dicho señor capitan viendo que se quedaban perdidas muchas joyas é plumajes é rodelas, é otras piezas de diversas maneras que los Españoles no podian sacar; porque S. A. no lo perdiese, demas que lo que dió é entregó á los dichos oficiales é alcaldes é regidores, dió é entregó á un cacique de la provincia de Guaxocingo é á ciertos Indios suyos, mucha cantidad de las dichas joyas, para que lo salvasen é sacasen; é asimismo dió ó entregó á otros ciertos Indios otra parte en cantidad de las dichas joyas, para lo sacar é salvar.—Todos conformes, porque lo vieron y se hallaron presentes.

PREGUNTA DIEZ.

Item: si saben &c., que saliendo el dicho señor capitan general con los dichos Españoles é Indios, con todo el dicho oro é joyas, á la salida en los puentes de la dicha ciudad sobrevino tanta gente en número de los dichos Indios, así por las calzadas é calles é puentes, como por el agua en canoas, resistiendo la salida á los dichos Españoles, en tal manera que allí mataron mas de doscientos cristianos; é de ochenta caballos é yeguas mataron los cincuenta é seis; é asimismo mataron mas de dos mil Indios de los dichos Españoles, que salian cargados, é se perdió todo el dicho oro é joyas de SS. AA., é mataron la yegua que lo traia, é asimismo á los Españoles que venian en su guarda; é el dicho señor capitan é Españoles que con él quedaron, se salvaron con mucho trabajo é peligro.—Todos conformes.

PREGUNTA ONCE.

Item: si saben &c., que si el dicho señor capitan no habia enviado oro ni joyas algunas á SS. AA. de lo que así les habia pertenecido, fué por no tener navíos ni manera para lo poder enviar.—Dicen los testigos que el dicho señor capitan habia mandado hacer un navío para enviarlo á Castilla con el dicho oro y joyas, pues no habia en la dicha tierra un navío, hasta que Pánfilo de Narvaez llegó con la armada.

PREGUNTA DOCE.

Item: si saben &c., que el dicho señor capitan puso todas las diligencias que le fueron posibles para poder salvar el dicho oro é joyas de SS. AA., en tal manera, que por su parte no quedó cosa alguna por facer para lo salvar: y como dicho es, no queria salir de la dicha ciudad hasta que muchas veces fué requerido que saliese, por salvar las vidas de los dichos Españoles é suya.—Todos conformes, porque lo vieron y se hallaron presentes.

PREGUNTA TRECE.

Item: si saben &c., que demas del oro é joyas que se perdió de SS. AA., se perdieron obra de sesenta mil pesos de oro de los dichos Españoles, que no se les habia dado por no estar presentes en la dicha ciudad, porque andaban por la tierra en servicio de SS. AA. en lo que convenia á la pacificacion é poblacion; é asimismo se perdió mucho oro é joyas del dicho señor capitan.—Dicen los testigos, que los dichos sesenta mil pesos de oro de la comunidad estaban por repartirse; mas no se habian repartido por estar en servicio de SS. AA. muchos Españoles; los cuales se perdieron con todo lo demas.

PREGUNTA CATORCE.

Item: si saben &c., que demas de lo susodicho se perdieron otros catorce mil castellanos que Juan Velazquez de Leon habia habido de ciertos principales, los cuales se dieron é entregaron á Francisco de Molina que los llevara á la dicha ciudad, el cual mataron en el camino los dichos Indios, é se perdió el dicho oro; de lo cual pertenecia á SS. AA. el quinto del dicho oro; é asimismo se perdieron otros siete mil pesos de oro fundido del dicho señor capitan, é toda la plata que traia para su servicio, é muchas ropas de su vestir é otras cosas, é muchos bastimentos; todo lo cual el dicho Francisco de Molina llevaba con cinco de caballo é cuarenta é cinco peones, los cuales todos mataron los Indios con el dicho Francisco de Molina: é mataron asimismo doscientos Indios de los naturales de la provincia de Tlaxcala que iban cargados con todo lo susodicho.

Contuli.—LEMBKE. *Id.*—H. W.

CARTA

DEL EJÉRCITO DE CORTÉS AL EMPERADOR.

Muy alto y muy poderoso Príncipe, y muy católico y muy grande Emperador, Rey y Señor.—Los vasallos de V. R. M. que de yuso firmamos nuestros nombres, que en su real servicio estamos conquistando é pacificando estas partes de la Nueva España, besamos las imperiales manos de V. M., é con el acatamiento que debemos le facemos saber é decimos, que algunos de nosotros pasamos en su real servicio á estas partes de esta dicha Nueva España con Hernando Cortés, su capitan general é justicia mayor en ellas; é desque á estas partes llegamos de asiento, á V. M. enviamos la relacion de las riquezas é cosas de esta tierra, y que fuese servido de nos facer merced de confirmar los dichos oficios en el dicho Hernando Cortés, segun que todo muy largamente por nuestra relacion é suplicacion se contenia; é nosotros viendo ser cumplidero á su real servicio, poblamos é hezimos una villa nombrada la Vera Cruz, é de ahí adelante acabamos DE poblar é pacificar mas tierras de que se tenia noticia; para que V. M., vista nuestra relacion é suplicacion que sobre ello le suplicamos, mandase proveer lo que á su real servicio mas cumpliese; é así es que despues de la dicha relacion, el dicho Hernando Cortés, como su capitan general é justicia mayor, con ánimo é voluntad de le facer mas mayores é mas señalados servicios, desde entonces acá ha procurado de conquistar é pacificar muchas ciudades é tierras que ha conquistado é pacificado; especialmente conquistó é pacificó é puso debajo del dominio é señorío de V. R. M. una grande é maravillosa é muy rica ciudad, que se dice Temistitán, que está cercada de agua de una laguna ó ojo de mar, é muy fuerte, con otras muchas ciudades é lugares á ella sujetos, poniendo, como ha puesto, su persona é de los que con él iban, á mucho riesgo é peligro; é estando en la dicha ciudad entendiendo en lo que á su real servicio convenia, é dando órden para ir ó enviar á otras muchas tierras, de que tenia noticia por un señor de la dicha ciudad é de las otras á ella sujetas é de otras muchas, que tenia preso por seguridad de la tierra é para saber los secretos de ella, el cual se decia Moteuzuma, para descubrir muchas riquezas de diversas maneras, especialmente las minas de la plata, de que tenia él fundada muy grande muestra, supo é vino á su noticia, cómo á un puerto que dicen San Juan, de esta tierra, habian llegado ciertos navíos é gente; y de á ciertos dias fué informado que era Pánfilo de Narvaez que venia de guerra por Diego Velazquez, alcalde é capitan é repartidor de la isla Fernandina, contra él é contra nosotros, deshonrando é disfamando nuestras personas, diciendo é publicando que éramos traidores, porque habiamos enviado la relacion de las cosas de esta tierra á partes de V. M. é no al dicho Diego Velazquez, como el dicho Narvaez hacia; é intentó de facer, como saltó en tierra en el dicho puerto, muchos desaguisados é cosas no lícitas ni cumplideras á su real servicio, ni á la buena poblacion ni pacificacion de estas partes; antes siendo sabedor de cierta ciencia que el dicho Hernando Cortés é todos los que en estas partes con él estábamos en su real servicio, que teniamos fecha é poblada la villa de la Vera Cruz, que el dicho Hernando Cortés tenia por V. A. los dichos cargos é oficios de capitan general é justicia mayor en estas partes, é que estaba en el uso y ejercicio de ellos, no lo pudiendo ni debiendo facer, ni teniendo para ello derecho ni título alguno, é si lo tenia sin nos lo mostrar ni requerir con él como en tal caso se requiere, intentó de facer una villa en el dicho puerto, nombrando é faciendo alcaldes é regidores á las personas que con él venian, nombrándose é intitulándose de teniente, é gobernador, é capitan general en estas partes por el dicho Diego Velazquez, en mucho perjuicio de su jurisdiccion real, é alborotando é escandalizando los Indios naturales de estas partes, diciéndoles, como les decia é facia entender á todos los que lo iban á ver, que él era el capitan é justicia mayor, é no el dicho Hernando Cortés; é no contento con lo susodicho, dijo é publicó á muchos Indios señores de tierras que venian á verlo de las dichas ciudades, que venia á prender al dicho capitan general Hernando Cortés é á muchos de nosotros que con él estábamos, é á soltar el dicho Moteuzuma; é que en prendiendo é soltando al dicho Moteuzuma se habia de ir desta tierra, que no queria oro ninguno; habiéndose con los dichos Indios en tal manera, les dió á entender lo que dicho es, é les dijo otras cosas, por manera que los dichos Indios, viendo que todos los Españoles estábamos deficientes, segun lo que el dicho Narvaez les dijo, así los Indios de la ciudad de Temistitán como todos los otros á ellos sujetos, é de otras provincias que estaban puestas de paz, se alzaron é rebelaron contra todos los Españoles que en estas partes estaban, en tal manera, que al tiempo que se rebelaron, el dicho capitan é nosotros estábamos en la dicha ciudad de Temistitán para ir á servir á V. M. adonde por el dicho capitan nos fuese mandado, los dichos Indios nos cercaron dándonos muy recio combate é guerra, en tal manera, que viendo el dicho riesgo que teniamos é peligro en que estábamos, por ser la dicha ciudad muy fuerte, é las casas de ella de azoteas é terrados cercados de agua, é que los Indios se aprovechaban en la dicha guerra de los dichos Españoles desde las dichas azoteas é terrados, desde donde los herian y fatigaban, y los dichos Españoles no se podian aprovechar de ellos, é que la salida de la dicha ciudad era muy mala, por tener en ella los dichos Indios recias fuerzas en muchas puentes que en ella hay, é que cada dia las fortalecian mas; é que tardándose en salir de la dicha ciudad, ninguno podia escapar; por manera que el dicho capitan, por importunidad de muchos de los que con él en la dicha ciudad estábamos, acordó de salir della, é á la salida se recrecieron innumerables Indios defendiéndola, en lo cual mataron cierto número de Españoles é caballos, é tomaron mucho oro é joyas, así de V. A. como de muchos de nosotros, en mas cantidad de cuatrocientos mil pesos de oro; é los dichos Indios en el dicho alzamiento por otras partes han fecho otros muchos daños, en tal manera, que se falla por cuenta que así en la dicha ciudad como en sus provincias y en las otras que se rebelaron, han muerto mas de quinientos Españoles que iban á la dicha ciudad en seguimiento del dicho capitan general para servir á V. M. en lo que les fuera mandado, segun que de todo á V. M. será fecha por nuestra parte mas entera relacion; é aun con todo el dicho alzamiento, de que ha sido causa el dicho Diego Velazquez é Páufilo de Narvaez, el dicho capitan con todo amor é benevolencia é por las vias que han sido mas necesarias, ha tornado á pacificar é poner debajo de su real señorío muchas provincias de las que se habian alzado y rebelado; por manera que á nosotros nos ha movido, viendo los muy señalados servicios que el dicho capitan ha fecho en estas partes, poniéndose, como ha puesto, á mucho riesgo é peligro de su persona, é se espera, segun está informado de muchas mas tierras é riquezas que en estas partes hay, que á V. M. fará en ella muy mas señalados servicios; é porque nos parece que á su real servicio conviene que en el dicho capitan estén los dichos cargos é oficios é no en otro ninguno, por lo que dicho es, y porque todos los que en su real servicio andamos en estas partes en conquistar é pacificar los Indios é naturales dellas lo deseamos tener por nuestro capitan é justicia mayor, porque dél somos tenidos en paz é justicia, é conviene que así sea para la buena pacificacion é poblacion de estas partes, porque los dichos Indios que han venido é vienen para servir á V. M., de él han sido é son bien tratados; é á fama del buen tratamiento que les ha fecho é hace, muchos de los Indios que se rebelaron han venido é vienen á él á se someter debajo del dominio é señorío de V. M. como lo habian fecho, é así esperamos que vernán muy presto los Indios, así de la dicha ciudad como de las otras ciudades é tierra á ella sujetas; é si otro viniese con los dichos cargos é oficios, como el dicho Narvaez se nombraba que los tenia, seria causa que se tornasen á rebelar los dichos Indios, como lo hicieron cuando el dicho Narvaez vino, por no saberse que los trujese; é alzándose é rebelándose otra vez, para los tornar á ganar é poner de paz, seria con mucho trabajo, é costas, é daños, é muertes; é por ser las gentes de estas partes innumerables, é tener muchas fuerzas, é ser guerreros, como lo hemos visto por experiencia é obra en lo fasta agora descubierto; por lo que á V. M. suplicamos é pedimos, que pues los dichos Diego Velazquez é Pánfilo de Narvaez han sido causa de tantas muertes é daños, como dicho es; é pues al dicho Diego Velazquez no pertenecen los dichos oficios é cargos ni alguno de ellos, no embargante cualquiera merced que V. M. le hiciese justamente, la dicha merced no fué fecha verdadera relacion, porque si de la verdad fuera V. M. informado, la dicha merced no le fuera concedida ni fecha, como si necesario fuese por nuestra parte será fecha; é en semejantes tierras que nuevamente se empiezan á poblar é pacificar, como esta, de nuevo, que por V. M. al presente conquistamos é poblamos, porque no se impida y cese de facer, no se debe de dar lugar á pleitos, ni debates, ni diferencia, especialmente siendo esta tierra como es tan grande é rica, é por cualquiera impedimento que en ella hubiese, á V. M. será fecho gran deservicio por todo lo que dicho es; é pues que el dicho capitan Hernando Cortés en todo lo fecho hasta agora, á V. M. ha fecho muy señalados servicios, é esperamos que hará, por estar informado de las cosas de estas partes y de las riquezas de ellas; é pues que conviene á la buena poblacion é pacificacion de esta tierra, que V. M. sea servido de nos le mandar dar por nuestro capitan é justicia mayor en estas partes por V. M., como lo ha sido é al presente lo es, antes que á otro ninguno, porque en ello á nosotros será fecha muy señalada merced, é escusarse han los impedimentos é debates que se esperan haber, á causa que por parte del dicho Diego Velazquez no fué fecha á V. M. verdadera relacion para poder facer la dicha merced de los dichos oficios é de cada uno de ellos: é en todo mande proveer aquello que mas convenga á su real servicio, é á la buena poblacion é pacificacion de la tierra.[1]

Pedro de Alvarado, alcalde. Diego de Ordáz, regidor. Cristóbal Dolí. Juan Rodriguez de Villafuerte. Luis de Marin, alcalde. Pedro de Ircio, alcalde. Francisco de Orozco, regidor. Cristóbal Martin de Gamboa. Francisco de Solís. Cristóbal Corral, regidor. Alonso Dávila. Rodrigo Álvarez Chico. Diego de Valdenebro. Juan de Salamanca. Bernardino Vazquez de Tápia. Gonzalo de Sandoval. Juan Jaramillo. Juan de Mansilla. Sebastian de Porras. Antonio Quiñones. Martin Paz. Pedro Rodriguez de Escobar. Antonio de Villaroel. Luis de Ojeda. Francisco de Vargas. Sebastian de Grijalva. Francisco de San Martin. Juan Bono de Quexo. Cristóbal de Guzman. El bachiller Alonso Perez. Gutierre de Badajoz. Gerónimo

---

[1] Muchas de las firmas que siguen se hallan tan mal escritas, que no pueden entenderse. Para evitar repeticion de notas, he puesto de letra *cursiva* las que se encuentran en este caso, á fin de que el lector no confie del todo en ellas. Algunas se han restablecido con el auxilio de otros documentos, y principalmente por medio de la lista de Conquistadores, que el Sr. Orozco y Berra ha publicado en el tomo II (pág. 495), del *Diccionario Universal de Historia y de Geografía*, impreso há poco en esta capital. Mas cuando el Sr. Orozco formó aquella lista, no conocia este documento, donde se hallan nombres que no aparecen en la lista, y faltan otros que se registran en aquella.

de Aguilar. Alonso de Mendoza. Andrés de Tápia. Gomez de Alvarado. Vasco Porcallo. Pedro de *(está en blanco)*. Alonso de Castillo. Hernando de Lerma. Hernan Gutierrez. Alonso de Morales. Hernando *Hallaus*. Pedro de Villalobos. Juan del Valle. Antonio de Villafranca. Alonso Romero. Andrés de Portillo. Lope de Ávila. Hernando Jerez. Gutierre de Samos. Alonso de *Alduines*. Alonso Nortes. Nicolás Gomez. Juanes Terron. Francisco de Estrada. Lúcas Juan López. Pero Sanchez. Martin García. Juan de Leon. Juan Diaz, clérigo. Francisco Daza de Alconchel. Bartolomé Franco. Francisco Maldonado. Juan Rico[2] de Alanis. Antonio de Quemada. Mendo Juarez. Juan Lopez. Pedro Bamba Cabeza de Vaca. Juan Lopez. Juan Navarro. Juan Zamudio. Juan Bueno. Juan Volante. Rodrigo de Salazar. Alonso Gonzalez. Juan García Mendez. Diego de Mola. Francisco Velazquez. Alonso de la Puente. Francisco Montaño. Juan de Vergara. Alonso de Trujillo. Alonso de *(en blanco)*. Juan Rodriguez. Alonso de Contreras. Cristóbal Ortiz. Andrés Campos. Alonso Álvarez. Agustino Perez. Martin Velez. Pedro Nieto. Alonso Quintero. Bautista Genovés.[3] Francisco García, teniente. Bartolomé Alonso de la Puebla. Juan Rubio. Diego Naipes. Pedro Romero. Cristóbal Rodriguez. Juan de *Axeces*. Francisco de Casanova. Alonso Morcillo. Francisco de Alburquerque. García de Bibriesca. Domingo Martin. Francisco Marquez. Sancho de Barahona. El comendador Leonel de Cervántes. Miguel de Villasanta. Alonso de Ojeda. Francisco de Lugo. Francisco de Arévalo. Francisco García. Alonso de *(en blanco)*. Anton de Molina. Francisco Quintero. Francisco Bernal. Juan de Alcántara. Pedro Lopez. Ramon Ginovés. Luis de Cárdenas. Hernando de *Llanimpinto*. Luis de Frías. Andrés Valiente. Martin de Jaen. Antonio de Saldaña. Benito de Vejer. Pedro Rodriguez Carmona. Rodrigo de Nájara. Francisco Vazquez. Juan de Cárdenas. Francisco Marroquí. Rodrigo de Castañeda. Juan de Zamudio. Alonso de Salvatierra. Bartolomé Tamayo. Juan Durán. Pedro Romero. Juan de Villacorta. Pedro Zamorano. Alonso de Salamanca. Sebastian Benitez. Pedro Gomez. Juan Bautista. Diego Fernandez. Luis Velazquez. Diego Sanabria. Gonzalo Sobrino. Cristóbal Mar-

---

[2] Puede leerse tambien *Ruiz*.
[3] Varios conquistadores usaban este apellido, que mas bien seria un nombre nacional.

DE CORTÉS.   433

tin. Francisco de Castro. García de Aguilar. Pedro de Sepúlveda. Diego Moreno. Nicolás *Palacios*. Alonso de Navarrete. Pedro de Benavente. Blasco Hernandez. Martin de Vergara. Alonso *Cabello*.[4] Pedro de Villaverde. Pedro Romero. Pedro Moreno. Juan Larios. Pedro Vizcaino. Alonso del Rio. Juan Ballesteros. Gaspar de Tarifa. Gonzalo de Solís. Márcos Ginovés. Pedro Gallego. Hernando de Torres. Juan Rodriguez. Juan de Leiva. Estéban de Ponte. Francisco Rodriguez. Alonso de Pastrana. Juan *Tomboria*. Pedro Gallardo. Sebastian de Lorca. Francisco de *(en blanco)*. Francisco de Utrera Nuñez. Pedro Valencia. Hernando de Aguilar. Hernando Dozma. Alonso Rieros. Juan Sedeño. Diego Juarez. Diego Rubio. Pedro Ruiz. Alonso Esturiano. Juan de Cabra. Cristóbal Gallego. Diego Castellano. Juan Rico. Juan Perez. Domingo Ginovés. Pedro de Abarca. Juan de Placencia. Francisco Lopez. Juan de Nájara. Alonso de Gibraltar. Martin de Chaves. Juan Ortiz. Juan de Santana. Pedro Hernandez. Francisco de Evia. Hernan Martin. Andrés García. Juan de Grijalva. Pedro Sabiote. Pedro Calvo. Rodrigo Fernandez. Martin Soldado. Pedro de Villoria. Martin de la Cruz. Alonso Nuñez. Diego Diaz. Andrés Farfán. Francisco Velazquez. Pedro García. Gonzalo de Al *(en blanco; quizá* Alvarado*)*. Rodrigo Ramirez. Miguel Jimenez. Diego de Santiago. Juan Fernandez Macías. Felipe Napolitano. Nuño Gentil *Rey*. Estéban *Can*..... *(ilegible)*. Diego de Ayamonte. Diego Montero. Francisco de Gil. Bartolomé de Campos. Juan Vizcaino. García Martin. Miguel Gomez. Juan Flamenco. Anton de Veintemilla. Alonso García. Tomás de Riscola.[5] Juan Cermeño. Pedro de Rodas. Martin de las Casas. Álvaro Gonzalez. Gonzalo Sanchez. Andrés Alonso. Nicolás Rodriguez. Bartolomé de Villanueva. Jorge de Alvarado. Sebastian Olanos. Francisco de Alvarado. Hernando Lozano. Juan de Arriaga. Juan Ramos de *Torres*. Pedro de Alanis. Cristobal Pacheco. Antonio de Silva. Bartolomé Roman. Francisco de Santa Cruz. Álvaro Becerra. Pedro de Abascal. Andrés de Monjaráz. Diego Holguin. Gomez Gutierrez. Julian de la Muda. Pedro Gonzalez de Harinas Alcázar. Alonso Fernandez. García de Espíndola. Andrés de Santiestéban. Bernardino de San-

---

[4] La figura de la *e* es dudosa, de modo que tambien puede decir *Cavallo*.

[5] Está mal escrito; puede leerse tambien *Rixoles* ó *Rijoles*.

tiago. Juan Mendez. Juan de Aparicio. Alonso Quiñones de Herrera. Juan Fraile. Juan de *(en blanco)*. Juan Perez de *Aquitiano*. Juan de *Yajestas*. Francisco *Moralesnetros*. García del Pilar. Francisco de *(en blanco)*. Juan de *(en blanco)*. Cristóbal Hernandez. Diego de Villareal. Pedro de Guzman. Andrés Alonso. Gonzalo Gutierrez. Gonzalo Mejía. Hernando de Frías. Andrés de Eibar. Pedro del Arnés de Sopuerta. Francisco de Oliveros. Alonso de Jerez. Francisco de Bernal. Guillen *Tillalo*. Hernando Burgueño. Hernan Llanos. Francisco Martin. Hernando de Toral. Francisco Vazquez. Fray Bartolomé. Alonso de Villanueva. Francisco Lopez. Francisco Rodriguez. Diego de Porras. Alonso de Herrera. Pedro Gonzalez. Diego Badales. Maestre Juan. Cristóbal Diaz. Juan de Ávila. Juan Bellido. Pedro de Solís. Hernando de Rojas. Alonso Bello. Gonzalo Dominguez. Gerónimo Salinas. Juan de Cuellar. Juan Ochoa de Elexalde. *(Una palabra que no se entiende.)* Alonso de Portillo. Pedro Gutierrez de Valdelomar. Alonso Basurto. Juan Perez. Francisco Dolanos. Juan de Cuellar. Alonso de Torres. Lorenzo *Dava*. Hernando de Tápia. Alonso de Ledesma. Juan Moreno. Gregorio Sedeño. Diego de Soto. Bartolomé Lopez. Ginés Pinzon. Juan Pinzon. Luis de *(en blanco)*. Hernando de Robles. Alberto de Cisneros. Juan García. Garci Caro Gutierrez. Juan Gomez. Diego Martin. Diego de Llerena. Diego de Salamanca. Juan Álvarez. Pedro Fernandez. Gaspar Aleman. Hernan de Trujillo. Hernando Juarez. Gonzalo de Lagos. Juan Cárlos de San Remon. Juan del Puerto. Andrés Nuñez. Cristóbal Garrido. Cristóbal Flores. Francisco Flores. Sebastian de Duero. Ochoa de Azúa. Tomás de Gaona. Estéban Colmenero. Juan Ceciliano. Gonzalo Lopez. Martin Lopez. Andrés de Trujillo. Francisco del Barco. Gerónimo Tebiano. Juan Bono. Hernando Porego. Alonso de Yerena. Pedro de Jibaja. Alonso de Villanueva. Juan Jimenez. Hernando de Illescas. Maestre Pedro. Bartolomé Sanchez. Sancho de Salcedo. Juan de Ávila. Pedro de las Asturias. Cristóbal Farfán. Diego *(en blanco)*. Alonso de Cárdenas. Pedro Gutierrez. Anton Bravo. Gaspar Gutierrez. Alonso Perez. Martin del Puerto. Domingo Gomez. Alvaro Perez. Gomez de Balderrama. Pedro Rodriguez. Simon Lopez Gabriel. Juan Mayor. García *(no se entiende)*. Juan de Valladolid. El bachiller Alonso Perez. Pedro Centeno. Alonso Gutierrez Nájera.

Juan de Valladolid.[6] Juan Muñoz. Pedro Álvarez. Alonso Hidalgo. Martin Dorantes. Pedro Gonzalez Nájara. Francisco Garcia. Pedro de Ocaña. Pedro Blanes. Melchor de San Miguel. Rodrigo de Peña. Juan de Manzanilla. Pedro de Trujillo. Martin Fernandez. Martin Barahona. Pedro Fernandez. Diego de Fonseca. Francisco de Aguilar. Lúcas Montañés. Bartolomé de Paredes. Lúcas de Escalona. Cristóbal Martin. Juan de Rivera. Juan Rodriguez. Pedro Calvo. Juan de Carmona. Anton de Rodas. Francisco de Salazar. Juan *Avalano*. Gonzalo de Uriola. Juan de Cáceres. Alonso de *Nasciel*. Gonzalo de Medina. Juan Melgarejo. Alonso Fernandez. Andrés de Hoces. Anton Gabarro. Gonzalo Martin *(no se entiende)*. Gonzalo Hernando Cortés de Mérida. Lorenzo Payno. Benito Gallego. Alonso de Toledo. Juan Montañés. Bernardino de Oviedo. Juan de Morales. Juan *(en blanco)*. Martin de Morales. Rodrigo de Valladolid. Hernando Rodriguez de Prado. Gregorio Muñoz. Alonso de Salamanca. Diego Gomez Cornejo. Lorenzo Gonzalez. Juan de Trevejo. Pedro del Barco. Pedro de Palma. Pedro de S *(no se entiende)*. Juan de Espinosa. El Vizcaino. Gonzalo de *Valte*. Martin de Segura. Rodrigo Gonzalez. Rodrigo de Moguer. Bartolomé Pardo. Estéban de Carmona. Martin de *Oredo*. Sebastian Rodriguez. Diego Martin. Pedro de *Xorista*. Rodrigo Rengel. Antonio de Arizavalo. Simon de Cueva. Pedro de Maluenda. Francisco Solís. Juan Diaz. Juan de Jerez. Juan Ruiz de Viana. Martin Dircio. Juan Velez de Abella. Pedro Dominguez. Pedro de Villar. Benito Perez Cuenca. Juan de Almodovar. Juan de Maya. Pedro de Mendia. Juan Gomez. Gonzalo de Robles. Juan de Espinar. Francisco de Vega. Juan Durán. Diego Bermudez. Bartolomé de Porras. Juan Álvarez. Rodrigo de Ávila. Juan de Moguer. Francisco Diaz. Alonso *Lores* Baena. Juan Salgado. Gonzalo García. García Paz. Juan García Camacho. Juan *(en blanco)*. Juan García. Francisco de Escobedo. Francisco Ballesteros. Pedro Baez. Juan de Aguilera. Juan Anton *Reciño*. Gonzalo Rellero. Andrés de Mola. Juan de Tápia. Francisco Miguel de Salamanca. Gaspar de Ávila. Bartolomé Xanuto. Juan de Madrigal. Tomás Rojo. Francisco Gallego. Francisco Morales. García Alonso Galeote. Juan de Solórzano.

---

[6] A este apellido sigue otro que no puede descifrarse.

Diego de Porras. Hernando de Rivera. Hernan Muñoz. Juan de Avo. Hernando Cabrero. Alonso Fernandez. Alonso Sanchez de Montejo. Hernando de Porras. Alonso Fernandez Pablos. Juan Álvarez Galeote. Alonso Ortiz. Alonso de Moro. Diego Ruiz de *Yesares*. Cristóbal Lobato. Alonso Montes. Gonzalo de Arcos Cervera. García Fernandez. Gonzalo Gordillo. — Hernando de *Avesalla*, escribano de S. M.

Son quinientos cuarenta y cuatro, * que en aquella época era la mayor parte del ejército de Hernan Cortés. Es notable que no se halle el nombre de Bernal Diaz del Castillo.— (Dice en el cap. 134 de su Historia, que estaba muy enfermo de calenturas hácia el tiempo en que fué escrita esta carta, la que probablemente acompañó á la segunda de Cortés, cuya fecha es de Octubre de 1520.— *W. H. Prescott.*)

Por copia fehaciente en el legajo 4º de la Residencia de Hernan Cortés, pieza 1ª, desde fol. 12 hasta 22 vº.

Contuli.—LEMBKE. *Id.* H. W.

* En mi copia solo se hallan quinientos treinta y cuatro nombres, segun en esta edicion aparecen; de modo que si no hubo equivocacion en la cuenta del primer colector, Don José Vargas y Ponce, faltan diez firmas, omitidas por los copiantes posteriores.

DEMANDA DE CEBALLOS

EN NOMBRE DE PÁNFILO DE NARVAEZ,

CONTRA

HERNANDO CORTÉS Y SUS COMPAÑEROS.

M. P. S.—Hernando de Ceballos, en nombre de Pánfilo de Narvaez, gobernador é capitan general de las tierras y provincias de la Florida &c., é adelantado de las dichas tierras, é por virtud del poder que dél tengo para en todas sus causas civiles y criminales, é licencia de V. M. para poder acusar en su nombre, por estar, como está, ocupado en vuestro servicio, en la conquista é pacificacion de las dichas tierras; me querello criminalmente ante V. M. de Hernando Cortés, é de Alonso Dávila, é de Jorge de Alvarado, é de Gomez de Alvarado, é de Luis Marin, é de Juan Jaramillo, é de Andrés de Tápia, é de Pedro Sanchez Farfán, é de Juan Rodriguez de Villafuerte, é de Rodrigo de Villandrando, é de.... de Valdelomar, é de Juan de Limpias, é de Francisco Álvarez, é de Cristóbal Martin de Gamboa, é de Francisco Maldonado, é de Francisco de Solís, é de Martin Vazquez, é de Francisco Bonal, é de Alonso Romero, é de Juan Ochoa de Lejalde, é de Francisco de Mesa, é de Francisco Rodriguez, é de Francisco Rodriguez Flores, é de Juan Siciliano, é de Juan Castaño, é de Bartolomé Fernandez, é de Anton del Rio, é de Guillen de Loa, é de Andrés Martinez, é de Bartolomé Lopez, é de Diego Sanchez Sopuerta, é de Rodrigo de Segura, é de Francisco de Terrazas, é de Alonso de la Serna, é de Andrés de Monjaráz, é de Gerónimo del Águila,[1] é de Hernando Martin Herre-

---

[1] Será probablemente *Gerónimo de Aguilar*, el intérprete.

ro,[2] y de Cristóbal Corral, difunto, y de Gonzalo de Sandoval, difunto, de Rodrigo Rangel, difunto, é de Gonzalo de Alvarado, difunto, é de Hernando Lopez Dávila, difunto, é de Rodrigo Álvarez Chico, difunto, é de Domingo García, difunto, é de Pedro de Ircio, difunto; é de otros sus consortes, que articulando protesto declarar; é haciendo relacion de lo dicho, digo: que siendo Diego Velazquez gobernador é capitan general por V. M. en las tierras é provincias que descubriese é ficiese descubrir é enviase á poblar, envió por capitan con una armada que fizo, al dicho Hernando Cortés, desde la isla de Cuba, é con él á todos los susodichos é á otras muchas personas que con él vinieron á estas partes; é habiendo llegado é desembarcado en ellas, viendo el dicho Cortés la riqueza de la tierra é disposicion de ella, é la mucha gente que en ella habia para se poder ayudar, é la buena voluntad con que lo recibian, é la gran distancia que habia desde estas partes á los reinos de España, que la costa no tenia puertos do pudiese estar armada, como el dicho Hernando Cortés era persona de baja condicion é manera, que el dicho Diego Velazquez le habia sacado de ser teniente de escribano en Azúa, é lo habia llevado consigo á la dicha isla de Cuba, donde le honró con cargos é oficios, é le envió á esta tierra, como dicho es; é que los otros sus consortes que con él envió, eran mancebos que estaban en la dicha isla sin tener ninguna cosa, é que habian de hacer su voluntad, poniéndole, como les puso, en esta tierra;[3] reinando el diablo en el pensamiento del dicho Hernando Cortés, como hizo Lucifer, trató de se levantar, no solamente contra el dicho Diego Velazquez, que así de nada le habia fecho mas, y aun contra V. M.; é platicándolo con los susodichos, que los mas eran de su tierra, é con otros que trujo á su luciferino pensamiento, á ciertos dias de los meses de Mayo é Junio del año pasado de 1519 años, el dicho Hernando Cortés tuvo artes é mañas para se desistir del dicho cargo é capitanía que del dicho Diego Velazquez traia, con que los susodichos é otros de la comunidad[4] que consigo traia, que para ello le ayuda-

---

[2] No sé si esta palabra es apellido, ó denota profesion.

[3] No se entiende lo que esto quiere decir.

[4] Con motivo del mal éxito de la reciente guerra de las *Comunidades*, y como una adulacion al monarca vencedor, este nombre de *comunidad* habia venido á ser un apodo injurioso para designar cualquier reunion de rebeldes; y en tal sentido se halla usado con frecuencia en los documentos de la época.

ron, le eligiesen, como le eligieron, por su capitan; é queriendo un Juan Escudero é otros tres ó cuatro ir á un bergantin, á dar mandado al dicho Diego Velazquez de la dicha maldad del dicho Hernando Cortés, los prendió, é ahorcó al dicho Juan Escudero é á Rodrigo Cermeño, é á otro cortó un pié, é dió con todos los navíos del armada al través, excepto dos de ellos que dejó; y esto fecho, el dicho Hernando Cortés comenzó á capitanear y gobernar en estas partes con la dicha su comunidad, donde hizo muchas crueldades de muertes é prisiones é tiranías, robos é sacos, fuerzas, matando á los naturales de estas partes que de tan buena voluntad lo habian recibido, robándoles sus haciendas é haberes, é teniendo á los señores en cepos é prisiones porque se lo diese, asándolos vivos algunos de los criados de los dichos señores, porque le descubriesen los tesoros, é dellos tomándoles sus mujeres é hijas, teniendo formas é maneras que ellos é los Españoles que consigo tenia le temiesen como á tirano; é siendo el dicho Diego Velazquez de la dicha maldad informado é sabidor, se envió á quejar á V. M., é V. M. le mandó dar sus provisiones reales de gobernador é de otras partes,[5] con las cuales é con su poder subdelegado, el dicho Diego Velazquez envió al dicho Pánfilo de Narvaez por su teniente á gobernar en esta tierra por V. M.: el cual vino con una gruesa armada é mucha gente de pié é de caballo, bastimentos, artillería é municion á la gobernacion; como el dicho Hernando Cortés tenia pensado é platicado con todos los susodichos la traicion que queria cometer, tenia al dicho Gonzalo de Sandoval por su teniente en la Villa Rica, que tenia poblada para resistir á los que viniesen; y estando el dicho Hernando Cortés en esta ciudad de México, el dicho mi parte llegó con la dicha armada por el mes de Abril ó Mayo del año de 1520 años, á un puerto de esta tierra que se llama San Juan de Lua, que es cerca de donde la dicha Villa Rica estaba poblada, é desde allí envió el treslado autorizado de las dichas provisiones de V. M. é de sus poderes, al dicho Hernando Cortés é al dicho Gonzalo de Sandoval, con.....de Guevara, clérigo, é con Alonso de Vergara, escribano, é con Antonio de Maya, para notificar é requerir que obedeciesen las dichas provisiones; é sabido esto por el dicho Gonzalo de Sandoval, no mirando ni acatando la

---

[1] No hace sentido la frase: lo haria si se leyera *destas* en vez de *é de otras*.

denidad sacerdotal del dicho Guevara, ni la facultad que el dicho escribano tenia, como tenia platicada la dicha traicion el dicho Hernando Cortés con él, prendió á los susodichos, é con prisiones los envió á esta ciudad al dicho Hernando Cortés; y esto fecho, el dicho Gonzalo de Sandoval tomó juramento á todos los vecinos de la dicha villa para que no obedeciesen las dichas provisiones ni acudiesen al dicho Pánfilo de Narvaez, salvo al dicho Hernando Cortés; é luego alzó ó despobló el dicho pueblo de la Villa Rica, y se fué con los vecinos á un pueblo de Indios que se llama Papulo,[6] que está cerca de allí en un lugar fuerte; é el dicho Hernando Cortés recibió los dichos presos, y ellos le dijeron á lo que iban; é luego el dicho Cortés envió á Rodrigo Álvarez Chico, é á Pedro Hernandez, escribano, con un mandamiento, en que mandaba al dicho Pánfilo de Narvaez, que luego saliese de la tierra é se tornase á embarcar, so pena de muerte é perdimiento de bienes; é á la sazon que esto pasó, un.... Pinedo habiendo visto la traicion del dicho Cortés, é sabido que el dicho Pánfilo de Narvaez venia con provisiones de V. M., escondidamente se partió de esta ciudad para ir donde estaba el dicho Narvaez, é el dicho Hernando Cortés mandó á Montezuma, señor de esta ciudad, que luego lo enviase á buscar é lo ficiese matar; el cual lo fizo así, é lo mataron, é muerto se lo trujeron al camino al dicho Hernando Cortés en una hamaca; y el dicho Rodrigo Álvarez Chico, é Pedro Hernandez, escribano, fueron á Zempoal, donde el dicho Pánfilo de Narvaez estaba, é allí le notificaron el mandamiento del dicho Hernando Cortés, á los cuales, é á Fray Bartolomé é á otros que de parte del dicho Hernando Cortés fueron, el dicho Pánfilo de Narvaez les mostró las provisiones reales de V. M. é poderes que traia para gobernar; é por no alterar mas al dicho Cortés ni dalle materia para mas errar, con mucho seso é concierto le respondia para le aplacar: que él le tenia por hijo, é que lo habia de tener é tratar como á hijo, á él é á todos los que con él venian, é que obedeciesen las provisiones de V. M. é no se pusiesen en facer lo contrario; ó tornó á enviar á Alonso de Mata, escribano, é á Bernardino de Quesada con el treslado autorizado de las dichas provisiones é poderes, para los notificar al dicho Hernando Cortés, é los requerir que las obedeciesen é le

---

* Así en el MS.—Bernal Diaz del Castillo (Historia Verdadera de la Conquista de la Nueva España, [Madrid, 1632.] cap. CXI), llama á este pueblo *Papalote*.

dejasen libremente gobernar esta tierra por V. M., los cuales hallaron en Tlaxcala, que iban de camino contra el dicho Pánfilo de Narvaez, é allí se las notificaron; é el dicho Hernando Cortés, como traidor é tirano, fué tan rebelde, que no solo no quiso obedecer las dichas provisiones de V. M. ni entregarles la dicha tierra é jurisdiccion, mas prendió al dicho Alonso de Mata, escribano, porque se las notificaba, é púsole preso en su pié de amigo, é proveyó ciertos capitanes para que fuesen á apercibir los Indios infieles naturales de esta tierra, que fuesen en favor contra el dicho Pánfilo de Narvaez, el uno de los cuales dichos capitanes se llamaba Heredia, que fué al dicho Mitlata,[1] de donde sacó y llevó contra el dicho mi parte tres mil hombres, poco mas ó menos, armados con picas é otras armas de la tierra; é estando el dicho Pánfilo de Narvaez en la ciudad de Zempoal, salvo é seguro debajo de la proteccion é amparo de V. M. é de sus provisiones, con intencion é propósito de no romper con el dicho Hernando Cortés, por no alterar los Indios de la tierra, ni dalle materia para que los alterase, ó mas errase, trabajando de llevar los negocios con él por bien, el dicho Hernando Cortés rió de V. M. como traidor alevoso, sin apercibir al dicho mi parte, con un diabólico pensamiento é infernal osadía, en contempto é menosprecio de V. M. é de sus provisiones reales, no mirando ni acatando la lealtad que debia á V. M., presidiendo en la Iglesia de Dios Nuestro Señor, nuestro muy Santo Padre   Séptimo,[2] é reinando en estos reinos é señoríos de España V. M., que Dios deje vivir é reinar por largos tiempos é buenos, el dicho Cortés dió un mandamiento al dicho Gonzalo de Sandoval para que prendiese al dicho Pánfilo de Narvaez, é si se defendiese, que lo matase; y esto fecho, en un dia del mes de Mayo del año del Señor de mil y quinientos é veinte años, el dicho Hernando Cortés é el dicho Sandoval, é todos los sobredichos

---

[1] Así en el MS.; pero Juan Tirado, declarando en la Residencia de Cortés, expresa «que el dicho Don Fernando Cortés envió á Juan Gonzalez de *Heredia* á *Chinanta* (Chinantla) é su comarca para que de allí sacase la mas gente que pudiese.» (Sumario de la Residencia tomada á Don Fernando Cortés; publicado por el Lic. I. L. Rayon, [México, 1853], tom. II, p. 7.) Es bien sabido ademas, que Cortés mandó pedir gente á Chinantla en esta ocasion, y asimismo hizo fabricar allí un gran número de lanzas con puntas de cobre, que fueron de gran provecho en el ataque á los cuarteles de Narvaez. Véase especialmente á Bernal Diaz, cap. CXVIII. Por todo esto creo que en vez de *Mitlata* debe leerse *Chinantla.*

[2] Igual claro en el MS.; pero la palabra *Séptimo* no está bien en ningun caso, porque el Papa que gobernaba en 1520 era Leon X.

con ellos, fueron sobre el dicho Pánfilo de Narvaez de noche á media noche, á los aposentos de la dicha ciudad de Zempoal donde estaba aposentado, é con mucha otra gente que consigo llevaba, todos armados de fuste é de hierro á punto de guerra, con armas ofensivas é defensivas, dándose favor los unos á los otros, é los otros á los otros, combatieron al dicho Pánfilo de Narvaez é pusieron fuego á un cuarto donde estaba aposentado con cierta gente, é allí le dieron muchas heridas, lanzadas é cuchilladas, de que le cortaron el cuero é la carne, é le salió mucha sangre, é le quebraron el ojo izquierdo, é le prendieron, é el dicho Alonso Dávila le sacó las dichas provisiones reales de V. M. del seno, teniéndolo preso é abrazado el dicho Pero Sanchez Farfán, é dando voces el dicho Pánfilo de Narvaez de cómo se las sacaban, faciendo testigos á los circunstantes; é allí le mataron quince hombres que murieron de las feridas que les dieron, é les quemaron seis hombres del dicho incendio, que despues parecieron las cabezas dellos quemadas, é pusieron á sacomano todo cuanto tenian los que venian con el dicho mi parte, como si fueran Moros, y al dicho mi parte robaron é saquearon todos sus bienes, oro é plata é joyas é jaeces, é tres caballos, é tres esclavos negros, é todas las escripturas de deudas que se le debian, é armas é artillería é municion é provisiones é mantenimientos, no solo de la dicha ciudad de Zempoal, mas de los navíos que el dicho mi parte trujo, é estaban señores *(sic)* en el dicho puerto, é dió con los once navíos que el dicho mi parte allí tenia, al través, é les fizo quemar; é así preso el dicho Narvaez, sin darle lugar á que curase, sino ensangrentado de las dichas feridas que le dieron, é el dicho ojo quebrado, el dicho Cortés le envió preso á la Villa Rica; é luego dende á dos dias que esto pasó, llegó á la dicha ciudad de Zempoal el dicho Heredia, capitan con el dicho Cortés, con los dichos tres mil hombres Indios infieles que llevaba derechamente armados como dicho es, los cuales entraron dando grita por los patios de la dicha ciudad de Zempoal; en el cual dicho saco, el dicho Cortés é los susodichos que con él iban robaron é saquearon al dicho mi parte los dichos sus bienes é cosas, que podian valer cien mil castellanos de buen oro; y preso y saqueado el dicho mi parte, el dicho Cortés le tuvo preso con muy ásperas prisiones tres años, poco mas ó menos, é con guardias que nadie no le pudiese ver; é aquellos pasados, le quitó las prisiones é le tuvo preso otros dos años, que no le dejó salir desta tierra, de cuya cabsa el dicho mi parte perdió otros doscientos mil castellanos de buen oro que pudiera haber en esta tierra de provechos é granjerías de las cosas della é derechos de su capitanía é gobernacion, si el dicho Cortés é los susodichos que con él estaban obedecieran las dichas provisiones de V. M. como eran obligados, é dejaran la dicha gobernacion al dicho mi parte, é no lo prendieran como le prendieron: é demas desto digo: que perseverando el dicho Cortés é los susodichos que con él estaban, en su mal propósito, añadiendo ferror á ferror é delito á delito, llevando adelante su traicion y tiranía, cuando V. M. tornó á enviar con sus provisiones reales á gobernar esta tierra á Cristóbal de Tápia, habiendo desembarcado en la Villa Rica, el dicho Hernando Cortés envió contra él á los susodichos é otra mucha gente, ficiéronle volver del camino, que venia á esta ciudad, é por fuerza muy aviltadamente le ficieron embarcar en sus navíos; é no contentos con esto, añadiendo mas delito á delito é ferror á ferror, rebelacion á rebelacion, traicion á traicion, enviando como enviaba V. M. á gobernar la provincia de Pánuco á Francisco de Garay, para tener por alguna parte entrada en la tierra é que un tan bajo hombre como el dicho Cortés no se le desmandase; el dicho Cortés envió sobre el dicho Garay á la dicha provincia de Pánuco mucha gente de pié é de caballo á punto de guerra, con Pedro de Alvarado é Diego de Ocampo, los cuales saltearon los capitanes del dicho Francisco de Garay, é les tomaron sus armas é caballos, é le derramaron la gente que traia para conquistar é poblar la dicha provincia, é trujeron al dicho Francisco de Garay en son de preso á esta ciudad, de cuya causa viendo los Españoles derramados, los Indios de la dicha provincia se alzaron é mataron trescientos Españoles é mas, de los que el dicho Francisco de Garay consigo traia; lo cual el dicho Hernando Cortés é los sobredichos é todos los otros que para ello le dieron favor é ayuda, cometieron gravísimos é atrocísimos delitos, é incurrieron en pena de traidores, alevosos, tiranos, incendiarios, homicidas, salteadores, robadores é saqueadores, é son por ello dinos é merecedores de muy graves penas criminales capitales, establecidas en derecho contra los que tan atrocísimos crímenes é delitos cometen; por lo que pido é suplico á V. M. pronuncie é declare los susodichos ser fechores, cometedores é perpetradores de los dichos delitos é maleficios, ó ser dinos ó merecedores de muchas é graves penas civiles é criminales, establecidas en derecho contra los que semejantes delitos é maleficios facen é cometen, en las cuales les condene, ó las mande ejecutar en sus personas é bienes, y en los bienes de los muertos, por ser como son infamados de tan inormes delitos; porque justo es que pues no pueden ser punidos en las personas, que sean penados en sus bienes; é incidente *(sic)* de vuestro real oficio que imploro, pido é suplico á V. M. les condene en los dichos trescientos mil pesos de oro que así robaron é saquearon al dicho mi parte é le ficieron de daño, segun dicho es; é condenados, que los mande dar ó pagar con las costas, é sobre todo serme fecho cumplimiento de justicia, ó en lo necesario vuestro real oficio imploro; é juro á Dios é á Santa María y á la señal de la Cruz, que esta querella no la doy maliciosa, sino por alcanzar cumplimiento de justicia.

Otrosí pido é suplico á V. M. que me mande recibir testigos de informacion cerca de lo susodicho, é les mande preguntar por el escrito de interrogatorio que para ello dieron, é me mande dar mandamiento para prender los que se hallaren culpados, é albalá de pregones para llamar los ausentes, é citatoria para llamar á pregones á los herederos de los difuntos, para que parezcan á los defender cerca de lo susodicho, y estar conmigo á derecho sobre la dicha razon; é sobre ello pido serme fecho entero cumplimiento de justicia &c.

_{Va esta demanda en la Residencia que se tomó á Nuño de Guzman en 531, de letra de un malvado escribiente que puso mil desatinos.—*Contuli.*—Muñoz.}

_{«Falta la fecha.»—Lembke. H. W.}

ORDENANZAS MILITARES Y CIVILES

MANDADAS PREGONAR

POR DON HERNANDO CORTÉS EN TLAXCALA, AL TIEMPO DE PARTIRSE
PARA PONER CERCO Á MÉXICO.

Este dia á voz de pregonero publicó sus ordenanzas, cuyo proemio es este:

Porque por muchas escrituras y corónicas auténticas nos es notorio é manifiesto cuanto los antiguos que siguieron el ejercicio de la guerra, procuraron é trabajaron de introducir tales y tan buenas costumbres y ordenaciones, con las cuales y con su propria virtud y fortaleza, pudiesen alcanzar y conseguir victoria y próspero fin en las conquistas y guerras que hobiesen de hacer y seguir; é por el contrario vemos haber sucedido grandes infortunios, desastres é muertes á los que no siguieron la buena costumbre y órden que en la guerra se debe tener, é les haber sucedido semejantes casos con poca pujanza de los enemigos, segun parece claro por muchos ejemplos antiguos é modernos que aquí se podrian espresar; é porque la órden es tan loable, que no tan solamente en las cosas humanas, mas aun en las divinas se ama y sigue, y sin ella ninguna cosa puede haber cumplido efecto, como que ella sea un principio, medio y fin para el buen regimiento de todas las cosas: por ende, yo Hernando Cortés, capitan general y justicia mayor en esta Nueva España del Mar Océano, por el muy alto, muy poderoso é muy católico Don Cárlos, nuestro señor, electo rey de Romanos, futuro Emperador semper augusto, rey de España é de otros muchos grandes reinos é señoríos; considerando todo lo susodicho, y que si los pasados fallaron ser necesario hacer ordenanza é costumbres por donde se rigiesen é gobernasen aquellos que hubiesen de seguir é ejercer el uso de la guerra, á los Españoles que en mi compañía agora están é estuvieren é á mí nos es mucho mas necesario é conveniente seguir é observar toda la mejor costumbre y órden que nos sea posible, así por lo que toca al servicio de Dios Nuestro Señor y de la sacra católica Majestad, como por tener por enemigos y contrarios á la mas belicosa y astuta gente en la guerra, é de mas géneros de armas que ninguna otra generacion, especialmente por ser tanta que no tiene número, é nosotros tan pocos y tan apartados y destituidos de todo humano socorro; viendo ser muy necesario é cumplidero al servicio de su Cesárea Majestad é utilidad nuestra, mandé hacer é hice las Ordenanzas que de yuso serán contenidas é irán firmadas de mi nombre é del infrascrito, en la manera siguiente.

Primeramente: por cuanto por la experiencia que habemos visto é cada dia vemos, cuanta solicitud y vigilancia los naturales de estas partes tienen en la cultura y veneracion de sus ídolos, de que á Dios Nuestro Señor se hace gran deservicio, y el demonio por la ceguedad y engaño en que los trae, es de ellos muy venerado; y en los apartar de tanto error é idolatría, y en los reducir al conocimiento de nuestra santa fe católica, Nuestro Señor será muy servido, y demas de adquirir gloria para nuestras ánimas con ser causa que de aquí adelante no se pierdan ni condenen tantos, acá en lo temporal seria Dios siempre en nuestra ayuda y socorro: por ende, con toda la justicia que puedo y debo, exhorto y ruego á todos los Españoles que en mi compañía fueren á esta guerra que al presente vamos, y á todas las otras guerras y conquistas que en nombre de S. M. por mi mandado hubieren de ir, que su principal motivo é intencion sea apartar y desarraigar de las dichas idolatrías á todos los naturales destas partes, y reducillos, ó á lo menos desear su salvacion, y que sean reducidos al conocimiento de Dios y de su santa fe católica; porque si con otra intencion se hiciese la dicha guerra, seria injusta, y todo lo que en ella se oviese obnoxio é obligado á restitucion: é S. M. no ternia razon de mandar gratificar á los que en ellas sirviesen. E sobre ello encargo la conciencia á los dichos Españoles; é desde ahora protesto en nombre de S. M., que mi principal intencion é motivo en facer esta guerra é las otras que ficiere, por traer y reducir á los dichos naturales al dicho conocimiento de nuestra santa fe é creencia, y despues por los sojuzgar é supeditar debajo del yugo é dominio imperial é real de su sacra Majestad, á quien jurídicamente el señorío de todas estas partes....[1]

Item: por cuanto de los reniegos é blasfemias Dios Nuestro Señor es mucho deservido, y es la mayor ofensa que á su Santísimo Nombre se puede hacer, y por eso permite en las gentes recios y duros castigos; y no basta que seamos tan malos que por los inmensos beneficios que de cada dia dél recibimos no le demos gracias, mas decimos mal y blasfemamos de su Santo Nombre; y por evitar tan aborrecible uso y pecado, mando que ninguna persona de cualquiera condicion que sea, no sea osado decir no creo en Dios, ni pese, ni reniego, ni del cielo, ni no ha poder en Dios; y que lo mismo se entienda de Nuestra Señora y de todos los otros santos, so pena que demas de ser ejecutadas las penas establecidas por las leyes del reino contra los blasfemos, la persona que en lo susodicho incurriere, pague quince castellanos de oro, la tercera parte para la primera cofradía de Nuestra Señora que en estas partes se hiciere, y la otra tercera parte para el fisco de S. M., y la otra tercera parte para el juez que sentenciare.

Item: porque de los juegos muchas y las mas veces resultan reniegos y blasfemias, é nacen otros inconvenientes, y es justo que del todo se prohiban y defiendan; por ende mando que de aquí adelante ninguna persona sea osada de jugar á naipes ni á otros juegos vedados, dineros ni preseas ni otra cosa alguna, so pena de perdimiento de todo lo que jugare, é de veinte pesos de oro; la mitad de todo ello para la cámara, é la otra mitad para el juez que lo sentenciare. Pero por cuanto en las guerras es bien que tenga la gente algun ejercicio, y se acostumbra y permítese que jueguen porque se eviten otros mayores inconvenientes; permítese que en el aposento donde yo estuviere se jueguen naipes é otros juegos moderadamente, con tanto que no sea á los dados; porque allí escusarse han de no decir mal, é á lo menos si lo dijeren serán castigados.

---

[1] Queda aquí incompleto el sentido.

Item: que ninguno sea osado de echar mano á la espada ó puñal, ó otra arma alguna para ofender á ningun Español, so pena que el que lo contrario hiciere, si fuere hidalgo pague cien pesos de oro, la mitad para el fisco de S. M. y la otra mitad para los gastos de la justicia; y al que no fuere hidalgo se le han de dar cien azotes públicamente.

Item: por cuanto acaece que algunos Españoles por no velar é hacer otras cosas se dejan de apuntar en las copias de los capitanes que tienen gente; por ende mando que todos se alisten en las capitanías que yo tengo hechas é hiciere, excepto los que yo señalare que queden fuera dellas; con apercibimiento que dende agora se les face, que al que ansí no lo hiciere, no se le dará parte ni partes algunas.

Otrosí: por cuanto algunas veces suele acaecer que en burlas é por pasar tiempo algunas personas que están en una capitanía burlan é porfían de algunas de las otras capitanías, y los unos dicen de los otros y los otros de los otros, de que se suelen recrecer quistiones é escándalos; por ende mando que de aquí adelante ninguno sea osado de burlar ni decir mal de ninguna capitanía ni la perjudicar, so pena de veinte pesos de oro, la mitad para la cámara, y la otra mitad para los gastos de justicia.

Otrosí: que ninguno de los dichos Españoles no se aposente ni pose en ninguna parte, excepto en el lugar é parte donde estuviese aposentado su capitan, so pena de doce pesos de oro, aplicados en la forma contenida en el capítulo antecedente.

Item: que ningund capitan se aposente en ninguna poblacion ó villa ó ciudad, sino en el pueblo que le fuere señalado por el maestre de campo, so pena de diez pesos de oro, aplicados en la forma susodicha.

Item: por cuanto cada capitan tenga mejor acaudillada su gente, mando que cada uno de los dichos capitanes tenga sus cuadrillas de veinte en veinte Españoles, y con cada una cuadrilla un cuadrillero ó cabo de escuadra, que sea persona hábil y de quien se deba confiar, so la dicha pena.

Otrosí: que cada uno de los dichos cuadrilleros ó cabos descuadra ronden sobre las velas todos los cuartos que les cupiere de velar, so la dicha pena; é que la vela que hallaren durmiendo ó ausente del lugar donde debiere velar, pague cuatro castellanos, aplicados en la forma susodicha, y demás que esté atado medio dia.

Otrosí: que los dichos cuadrilleros tengan cuidado de avisar y avisen á las velas que hubieren de poner, que puesto que haya recaudo en el real, no desamparen ni dejen los portillos ó calles ó pasos donde les fuere mandado velar, y se vayan de allí á otra parte, por ninguna necesidad que digan que les constriñe, hasta que sean mandados, so pena de cincuenta castellanos, aplicados en la forma susodicha al que fuese hidalgo; y si no lo fuere, que le sean dados cien azotes públicamente.

Otrosí: que cada capitan que por mí fuere nombrado, tenga y traiga consigo su tambor y bandera, para que rija y acaudille mejor la gente que tenga á su cargo; so pena de diez pesos de oro, aplicados en la forma susodicha.

Otrosí: que cada Español que oyere tocar el atambor de su compañía, sea obligado á salir é salga á acompañar su bandera, con todas sus armas en forma y á punto de guerra; so pena de veinte castellanos, aplicados en la forma arriba declarada.

Otrosí: que todas las veces que yo mandare mover el real para alguna parte, cada capitan sea obligado de llevar por el camino toda su gente junta, y apartada de las otras capitanías, sin que se entrometa en ella ningun Español de otra capitanía ninguna; y para ello constriñan y apremien á los que así llevasen debajo de su bandera, segun uso de guerra; so pena de diez pesos de oro, aplicados en la forma susodeclarada.

Item: por cuanto acaece que antes ó al tiempo de romper en los enemigos, algunos Españoles se meten entre el fardaje, demás de ser pusilanimidad, es cosa fea el mal ejemplo para los Indios nuestros amigos que nos acompañan en la guerra; por ende mando que ningun Español se entremeta ni vaya con el fardaje, salvo aquellos que para ello fueren dados ó señalados; so pena de veinte pesos de oro, aplicados segun que de suso se contiene.

Otrosí: por cuanto acaece algunas veces que algunos Españoles fuera de órden y sin les ser mandado, arremeten é rompen en algun escuadron de los enemigos, ó por se desmandar así se desbaratan y salen fuera de ordenanza, de que suele recrecerse peligro á los mas; por ende mando que ningun capitan se desmande á romper por los enemigos, sin que primeramente por mí le sea mandado, so pena de muerte. E si otra persona se desmanda, si fuere hijodalgo, pena de cien pesos, aplicados en la forma susodicha; y si no fuere hijodalgo, le sean dados cien azotes públicamente.

Item: por cuanto podria ser que al tiempo que entran á tomar por fuerza alguna poblacion ó villa ó ciudad á los enemigos, antes de ser del todo echados fuera, con codicia de robar, algun Español se entrase en alguna casa de los enemigos, de que se podria seguir daño; por ende mando que ningun Español ni Españoles entren á robar ni á otra cosa alguna en las tales casas de los enemigos, hasta ser del todo echados fuera y haber conseguido el fin de la victoria; so pena de veinte pesos de oro, aplicados en la manera que dicha es.

Item: é por escusar y evitar los hurtos, encubiertas y fraudes que se hacen en las cosas habidas en la guerra ó fuera della, así por lo que toca al quinto que dellas pertenece á su católica Majestad, como porque han de ser repartidas conforme á lo que cada uno sirve ó merece; por ende mando que todo el oro, plata, perlas, piedras, plumaje, ropa, esclavos y otras cosas cualesquier que se adquieran, hubieren ó tomaren en cualquier manera, ansí en las dichas poblaciones, villas ó ciudades como en el campo, que la persona ó personas á cuyo poder viniese, ó la hallaren ó tomaren en cualquier forma que sea, lo traigan luego incontinente é manifiesten ante mí ó ante otra persona que fuere.......... sin lo meter ni llevar á su posada ni á otra parte alguna, so pena de muerte é perdimiento de todos sus bienes para la cámara é fisco de S. M.

E por cuanto lo susodicho é cada una cosa é parte dello se guarde é cumpla segun é de la manera que aquí de suso se contiene, y de ninguna cosa de lo aquí contenido pretendan ignorancia, mando que sea apregonado públicamente para que venga á noticia de todos. Que fueron hechas las dichas ordenanzas en la ciudad y provincia de Taxclateque (Tlaxcala), Sábado 22 dias del mes de Diciembre, año del nacimiento de Nuestro Salvador Jesucristo de 1520 años.

Pregonáronse las dichas ordenanzas de suso contenidas, en la ciudad é provincia de Taxclatecle, Miércoles, dia de San Estéban, que fueron 26 dias del mes de Diciembre, año del nacimiento de Nuestro Salvador Jesucristo de 1520 años, estando presente el magnífico señor Hernando Cortés, capitan general é justicia mayor de esta Nueva España del Mar Océano por el Emperador nuestro señor, por ante mí Juan de Ribera, escribano é notario público en todos los reinos é señoríos de España por las autoridades apostólica y real. Lo cual pregonó en voz alta Anton García, pregonero, en el alarde de la gente de á caballo é de á pié que S. M.ᶜᵈ mandó facer é se fizo en dicho dia. A lo cual fueron testigos que estaban presentes, Gonzalo de Sandoval, alguacil mayor, é Alonso de Grado,[2] contador, é Rodrigo Álvarez Chico, veedor por S. M.; é otras muchas personas. Fecho ut supra.—JUAN DE RIBERA.

Legajo 4°, pieza 1ª de la Residencia: de fol. 342 á 349. *H. W.*

---

[2] En el MS. se lee *Alonso de Prado*, y así lo imprimió el Sr. Prescott. Yo he creido que debia leerse *Alonso de Grado;* pues aunque entre los conquistadores hubo un *Alonso Prado*, no fué persona principal, ni que debiera ser elegida para testigo de la solemne publicacion de estas ordenanzas, en union del alguacil mayor y veedor de S. M. Tampoco consta que Prado tuviese nunca el empleo de contador; mientras que por Bernal Diaz sabemos (cap. CXXXI), que siendo contador Alonso de Ávila, lo despachó Cortés con una comision á la isla Española, y con tal motivo dió el empleo á Alonso de Grado, ya en vísperas de publicar las presentes ordenanzas y emprender su marcha á México.

LO QUE PASÓ CON CRISTÓBAL DE TÁPIA

ACERCA DE NO ADMITIRLE POR GOBERNADOR,

CON LOS PROCURADORES DE MÉXICO Y DEMÁS POBLACIONES, Y LOS DE HERNAN CORTÉS.

En la poblacion de Zempoal, término de la Villa Rica de la Vera Cruz de esta Nueva España del Mar Océano, Mártes veinte é cuatro dias del mes de Diciembre, año del nacimiento de Nuestro Salvador Jesucristo de mil é quinientos é veinte é un años, en presencia de mí, Alonso de Vergara, escribano público é del concejo de la dicha villa de la Vera Cruz, é de los testigos de yuso escritos, estando juntos el cabildo é regimiento de la dicha villa de la Vera Cruz, conviene á saber: Francisco Álvarez Chico,[1] alcalde de la dicha villa, é el factor Bernardino Vazquez de Tápia, é Jorge de Alvarado, é Simon de Cuenca, regidores de la dicha villa, é Pedro de Alvarado, alcalde é procurador de la ciudad de Temistitán, é Cristóbal Corral, regidor é procurador de la Villa Segura de la Frontera, é Andrés de Monjaráz, alcalde é procurador de la villa de Medellin de esta Nueva España, é Gonzalo de Sandoval, é Diego de Soto, é Diego de Valdenebro, procuradores del señor Hernando Cortés, capitan general é justicia mayor de esta Nueva España por el Emperador nuestro señor: Cristóbal de Tápia, veedor de las fundiciones de la isla Española, hizo presentacion de una provision de SS. MM., escrita en papel é firmada de ciertos nombres, é sellada con el sello real, é DE UN requerimiento; su tenor de lo cual, uno en pos de otro, es lo que se sigue.

Don Cárlos é Doña Juana, &c. A vos Cristóbal de Tápia, nuestro

---

[1] Este Francisco Álvarez Chico era hermano del Rodrigo del mismo apellido, muchas veces mencionado en los documentos que preceden.

LO QUE PASÓ CON CRISTÓBAL DE TÁPIA.   453

veedor de las fundiciones de oro que se facen en la isla Española, salud é gracia. Sépades que el adelantado Diego Velazquez, lugarteniente del nuestro gobernador de la isla Fernandina, á su costa é con su industria descubrió ciertas tierras é islas, que primero se llamaban Yucatan é Cozumel, é despues tercera vez, con licencia de los padres priores de la órden de San Gerónimo que residian en la isla, que despues fué por nos confirmado é fecho otras mercedes al dicho adelantado, tornó á enviar una gruesa armada de navíos é gente á las dichas tierras á las ver é bojar é contratar con los Indios é naturales dellas, é á las poblar; é envió por capitan general é justicia mayor de la armada á un Hernando Cortés, al cual en nuestro nombre é como nuestro gobernador, dió poderes bastantes para todo lo que en la dicha armada conviniese facer en bien é poblacion de las dichas tierras é islas, que así habia descubierto un Juan de Grijalva en su nombre, é para que pudiese descubrir é correr mas; como mas largo consta por ciertos poderes é instrumentos é instrucciones que ante mí el Rey y en nuestro Consejo de las Indias fueron presentados: el cual dicho Hernando Cortés con la gente é armada diz que surgió en el puerto de San Juan de Ulúa, y de ahí pasó mas adelante é hizo cierta poblacion con la dicha gente, á la cual pusieron nombre la villa de la Veracruz; y despues que el dicho Cortés así se vió, no se acordando de la obediencia que era obligado de tener al dicho adelantado como á lugarteniente de nuestro gobernador, y que en nuestro nombre le habia enviado, é á los poderes é instrucciones que llevaba, movido de codicia é ambicion dió á entender á la dicha gente, que los dichos poderes que llevaba eran espirados é que él no tenia poder para poblar ni facer otras cosas que querian facer; é tuvo formas é persuadió á algunos para que ellos de nuevo le eligiesen por gobernador é capitan general de la dicha tierra, é así lo hicieron. Visto lo susodicho, el adelantado aderezó otra cierta armada é gente é bastimentos, é envió por capitan en ella á Pánfilo de Narvaez, para notificar al dicho Hernando Cortés é á la gente que con él estaba, las provisiones é mercedes que habiamos fecho al dicho adelantado en las dichas tierras; lo cual sabido por los oidores de la nuestra Audiencia Real que reside en la isla Española, porque pareció que entre la gente que el dicho Hernando Cortés allí tenia é la que el dicho Pánfilo de Narvaez llevaba, podria haber escándalo é rompimiento, é por escusar aquello, enviaron con poderes de la dicha Audiencia en nuestro nombre al licenciado Lúcas Vazquez de Ayllon, nuestro oidor de la dicha Audiencia, el cual llegó á la dicha isla antes que el dicho Pánfilo de Narvaez é la dicha gente partiesen, donde fizo al dicho adelantado é al dicho Pánfilo de Narvaez ciertos requerimientos é mandamientos en nuestro nombre, é dió cierto parecer de la manera que el dicho Pánfilo de Narvaez se habia de haber en el dicho negocio para que no viniesen en rompimiento, sino que se hiciese con toda templanza é como conviniese al servicio de Dios Nuestro Señor é nuestro, é bien é poblacion de la dicha tierra; y el dicho licenciado diz que fué en la dicha armada para tratar entre ellos é poner las cosas en buen estado ó en toda paz; é somos informados que llegada á la dicha tierra la dicha armada, porque el dicho licenciado Ayllon fizo al dicho Pánfilo de Narvaez ciertos requerimientos é mandamientos de nuestra parte, le prendió é metió en un navío, é al alguacil mayor é escribano de la dicha Audiencia en otros sendos navíos á manera de presos, é los envió á la dicha isla Española; lo cual fué en mucho desacatamiento nuestro é poco temor de la nuestra justicia, é cosa muy digna de muy gran punicion é castigo, é á Nos como Reyes é Señores naturales pertenece proveer en lo tal; porque las dichas personas de la dicha Audiencia han de ser acatados como nuestros ministros, é tan preeminentes; é las cosas que la dicha Audiencia haga é proveyere, obedecidas como es razon; é es nuestra voluntad que esto sea castigado como la gravedad del delito lo requiere, é como cosa de que nos habemos deservidos: confiando de vos que sois tal persona que guardaréis nuestro servicio, é que bien é fielmente entenderéis en esto é en lo demás que por Nos vos fuere encomendado ó cometido, es nuestra merced é voluntad de vos lo encomendar é cometer, é por la presente vos lo encomendamos é cometemos; porque vos mandamos que luego vades á las dichas tierras é islas donde el dicho Hernando Cortés y la gente están, é despues que hayais presentado nuestra provision que llevais de nuestro gobernador de las dichas tierras, hayais vuestra informacion acerca de todo lo susodicho, é oyendo sobre ello á la parte del dicho adelantado; é así al dicho Pánfilo de Narvaez como á las otras personas particulares que por la dicha informacion falláredes culpantes en el dicho desacato é prision, les prendais sus cuerpos y secuestreis sus bienes, é los tengais así presos é á buen recaudo, é envieis ante Nos el proceso original que contra ellos hubiéredes fecho, para que por Nos visto os enviemos mandar lo que cerca dello de justicia se deba facer; é entretanto suspenderéis ejecutar en ellos y en sus bienes las penas en que han caido é incurrido por la dicha desobediencia é prision;[2] é sobre ello podais poner todas las penas é facer todas las prisiones é vejaciones é ejecuciones é remates de bienes que convengan é menester sean de se facer; é mandamos á los dichos Hernando Cortés é Diego Velazquez é otras cualesquier personas de quien entendiéredes ser informado é saber la verdad de lo susodicho, que vengan é parezcan ante vos á vuestros llamamientos é emplazamientos, é digan sus dichos é deposiciones á los plazos é so las penas que vos de nuestra parte les pusiéredes é mandáreis poner; las cuales Nos por la presente les ponemos é habemos por puestas: é vos damos poder é facultad para las poder ejecutar en las personas é bienes de los que remisos é inobedientes fuesen: é si para lo susodicho favor é ayuda oviéredes menester, por esta nuestra carta mandamos á todos los oficiales, capitanes é otras cualesquier personas que en la dicha tierra están, que vos lo den é fagan dar, é se junten para ello con vos, segund que vos se lo pidiéredes é demandáredes de nuestra parte; para lo cual todo cuanto dicho es é cada cosa é parte de ello, por esta nuestra carta vos damos poder cumplido con todas sus incidencias y dependencias, anexidades é conexidades; é los unos ni los otros no fagades ende al por alguna manera, so pena de la nuestra merced é de mil ducados de oro para la nuestra cámara á cada uno que lo contrario hiciere. Dada en Búrgos á once dias del mes de Abril de mil é quinientos é veinte y un años.—ADRIANUS, CARDINALIS TORTOSENSIS.—EL CONDESTABLE.—En las espaldas de la dicha carta é provision estaba el sello real, é los nombres siguientes:—FONSECA, ARCHIEPISCOPUS ET EPISCOPUS.—LICENCIADO ZAPATA.—Registrada. JUAN DE SÁMANO.—ANTON GALLO, chanciller.— Asentóse esta provision de SS. MM. en los libros

---

[2] Parece haber aquí algun vicio en el texto, ó contradiccion en la órden; pues acabando de prevenir á Tápia que suspenda la ejecucion de sus sentencias, hasta recibir la aprobacion de la corte, se le autoriza en seguida para imponer toda clase de penas. A no ser que se entienda lo que sigue como un poder anticipado para ejecutar las dichas sentencias luego que hayan sido confirmadas.

de la Casa de la Contratacion de Sevilla, á veinte y cuatro del mes de Abril, año del nacimiento de Nuestro Salvador Jesucristo de mil é quinientos é veinte y un años.—EL DOCTOR MATIENZO.—JUAN LÓPEZ DE RECALDE.

En Mártes, 24 dias del mes de Diciembre de 1521 años, el señor veedor Cristóbal de Tápia, habiendo mostrado las provisiones de la gobernacion y habiéndose leido ante los señores Pedro de Alvarado, é Bernardino Vazquez de Tápia, y Cristóbal Corral, é Gonzalo de Sandoval, é Diego de Soto, é Diego de Valdenebro é otras personas, dijo: que porque mas les conste que él tiene la gobernacion destas partes, é para que sepan cómo S. M. le manda entender en otras cosas particularmente, de lo que ya han visto é les ha mostrado, que él asimismo les mostraba é mostró otra comision particular de S. M., la cual hizo leer á mí el dicho escribano, y dijo: que en cuanto podia é de derecho mejor habia lugar, se la notificaba é notificó, y dijo: que les requeria á todos en general y á cada uno dellos en particular, que le den el favor y ayuda que les pidiere é menester hubiere, como en la dicha provision S. M. lo manda, é so las penas en ella contenidas, para que cumplan lo en ella contenido; lo cual dijo que les decia y requeria como á oficiales, regidores é capitanes que son en estas partes, con los cuales particularmente S. M. habla; é pidiólo por testimonio. Así presentada la dicha provision y escrito de pedimento, é requerimiento que de suso van incorporados, dijo: que así lo pedia y requeria como en ello se contiene.

Y tomaron la provision con todas las ceremonias de estilo; y en cuanto al cumplimiento dijeron que responderian. Testigos, Diego de Ocampo, y Pedro Gallego, y Andrés de Alanís, y Juan de Ribera, escribano de S. M.

Y despues de lo susodicho, Sábado, 28 dias del mes de Diciembre de 1521, en presencia de mí el dicho escribano y de los testigos de yuso escritos, parecieron el dicho alcalde y regidores de la dicha villa de la Vera Cruz, y los dichos Pedro de Alvarado y Cristóbal Corral y Andrés de Monjaráz, como procuradores de los otros cabildos é regimientos de la dicha Nueva España; é Gonzalo de Sandoval é Diego de Soto é Diego de Valdenebro, como procuradores del dicho señor capitan general; é respondiendo á la presentacion de la provision de SS. MM. que de suso va incorporada, y al pedimento é requerimiento á ellos fecho sobre el cumplimiento de ella por el dicho veedor Cristóbal de Tápia, dijeron: que habiendo visto, platicado é comunicado lo que convenia al servicio de SS. MM. é pro comun de los pobladores é naturales destas partes, que en cuanto al cumplimiento de dicha provision real suplicaban é suplicaron de ella para ante SS. AA. y ante quien é con derecho deban, así por las razones y causas que se siguen, como por lo que cumple al servicio de SS. MM., como dicho tienen.

Lo primero, porque ellos tienen suplicado de la provision de gobernacion que el dicho veedor trajo, y no habiendo sido admitido al dicho cargo suplicado en estas partes, seria peligrosa y . . . . . [3] dar á los [4] escándalo, de que se seguiria deservicio á SS. AA. segun es notorio y lo probarán donde y cuando fuere necesario.

Otrosí: demás de lo susodicho, la dicha provision y comision de SS. MM. que el dicho veedor trae, parece que no trae suscricion ni viene refrendada de ningun escribano de SS. AA. ni otra persona; por do consta y parece, que pues en cosa de tanta sustancia é calidad viene falta, que despues de haber dado la dicha comision al dicho veedor, fué acordada y consultada otra cosa en contrario, así por SS. MM. como por los señores de su Consejo.

Item: por cuanto en la comision y provision del dicho veedor dice que Diego Velazquez con licencia de los padres gerónimos que residen en la isla Española envió al dicho capitan Hernando Cortés con una gruesa armada á estas tierras, á las ver é bojar é contratar con los Indios naturales de ellas, é á las poblar; é que el dicho Diego Velazquez le dió poder en nombre de S. M. para que como capitan general y justicia mayor ficiese lo que conviniese al bien y poblacion de las dichas tierras; y que llegado á ellas, movido de codicia é ambicion, persuadió á los que venian en su compañía para que le eligiesen por capitan general y gobernador de las dichas tierras, dijeron: que ya ellos tienen dicho y alegado y se ha hecho saber á SS. AA., como toda la relacion cerca desto é de lo demás contenido en la dicha provision sobre el descubrimiento é costas de las armadas, que el dicho Diego Velazquez ha fecho á S. M., ha sido incierta y no verdadera, en cosa ni en parte de ella, segun que largamente está probado. Y

---

[3] Sigue una palabra que no puede leerse. [4] Falta aquí alguna palabra sin duda.

demás desto, ni se fallará que los dichos padres gerónimos dieron ni despacharon ningun poder ni facultad para poblar; ni tampoco el dicho Diego Velazquez dió poder alguno al dicho capitan para poblar, ni conquistar, ni permanecer en estas dichas partes, ni el dicho Diego Velazquez tal poder tenia ni podia tener, porque fuera de la gobernacion de la isla Fernandina, donde él era teniente de gobernador, no era ni debia de ser habido mas que por persona particular; y él no podia dar tal poder ni para poblar ni administrar justicia, ni tal dió; ni en la instruccion que el dicho capitan tiene original, firmada del dicho Diego Velazquez, tal parecerá; ni menos otro concierto ó asiento con el dicho capitan, salvo que él viniese en seguimiento é busca de Juan de Grijalva, que habia venido con otros navíos siguiendo la costa y tierra que primeramente habia descubierto Francisco Fernandez de Córdoba, difunto, vecino de la isla Fernandina, é por sí solo, en nombre de SS. MM., ante escribano y testigos, tomando la posesion de toda la dicha tierra é costa;[5] que de camino y despues de se juntar con el dicho Grijalva, el dicho capitan Hernando Cortés rescatase con los dichos naturales todo lo que pudiese; para en seguimiento de lo cual el dicho capitan Hernando Cortés en la armada que trajo puso doblada costa é navíos que no el dicho Diego Velazquez, segun por probanza bastante lo ha enviado á SS. AA. E la codicia é ambicion que al dicho capitan han movido, fué mas verdaderamente el celo que siempre tuvo é tiene al servicio de su rey y señor, é como su leal vasallo naturalmente le debe; é ver que una tierra tal é tan rica é grande como esta es, Diego Velazquez queria totalmente destruirla, habiéndose de conquistar por via de rescate; porque por mucho recaudo que se pone en la tierra donde hay contratacion de rescate, siempre se recrecen mil escándalos é insultos, é se hacen muchos enojos á los naturales, de que se siguen alzamientos é movimientos dellos é de los Españoles; que eran causas bien suficientes para dejar el dicho rescate é contratacion, é buscar otro modo en que SS. AA. fuesen mas servidos, como fué en poblar. E nunca el dicho capitan persuadió á los de su compañía para que poblasen, antes ellos con muchos requerimientos se lo importunaron é pidieron, segun consta de los autos que acerca dello

---

[5] Para entender este pasaje debe tenerse presente que hasta aquí se va hablando de la expedicion de Hernandez do Córdoba, y lo que sigue se refiere ya á la de Cortés.

pasaron: los cuales protestaron en los dichos nombres por estar ante SS. MM. cada y cuando fuere menester. Y considerando los grandes y señalados servicios que á SS. AA. por el dicho capitan y por los de su compañía se han hecho en conquistar y sujetar y poblar estas tierras, antes debia de ser gratificado y remunerado el dicho capitan, que reprobado lo que ha servido; de lo cual se tiene entera esperanza, y que sabidos por SS. MM. los grandes servicios que dél ha recibido, se los mandará remunerar é facer las mercedes que sus servidores merecen; é si esto se ha dejado de hacer y otra cosa se ha servido, ha procedido y procede de las falsas relaciones que el dicho Diego Velazquez desde el principio sobre la manera del descubrimiento destas tierras ha hecho. Lo cual dijeron que bastaba para que suplicaran, é si no[6] han suplicado de la dicha provision y comision; la cual si verdaderamente SS. MM. fueran informados no mandaran librar de la manera que se despachó, acerca de lo que dice del dicho capitan general; pues hasta agora ha servido y sirve muy lealmente á SS. MM., á su costa, solo y con muchos trabajos y peligros de su persona, la cual infinitas veces ha puesto á la muerte por conseguir, como ha conseguido, fin de bueno y leal servidor de la corona real.

Item: que por la prision del licenciado Lúcas Vazquez de Ayllon, y por la ofensa que con su prision se hizo á la Audiencia Real de la isla Española, y por otros escándalos y alborotos é deservicios de SS. MM. que Pánfilo de Narvaez ha fecho en estas partes, el dicho capitan general LE ha tenido y tiene preso hasta agora, y dello ha fecho relacion á SS. MM.; y no seria justo en su prision innovar cosa alguna sin su real expreso mandado.

E demás desto, tambien los señores oidores de la dicha Audiencia Real han empezado á conocer de la causa é ofensa hecha á la dicha Audiencia Real de ellos; por el conocimiento de la dicha causa, y tambien sin mandado de SS. AA. y suyo, el dicho capitan no será obligado á consentir que el dicho veedor conociese de lo susodicho, sin que primeramente se consultase é hiciese saber á SS. AA. Por las cuales causas, é por otras que protestaron expresar en su tiempo é lugar, dijeron: que al servicio de SS. AA. convenia suplicar como han suplicado de la dicha provision, y no haber lugar lo pedido y

---

[6] Parece haber algun vicio del texto ó de la copia en este lugar, porque no hay sentido.

requerido por el dicho veedor : é firmáronlo de sus nombres *ut supra*. —Francisco Álvarez Chico, alcalde.—Bernardino Vazquez de Tápia, regidor.—é Anton de Cuenca, regidor.—Pedro de Alvarado, procurador.—é Cristóbal del Corral, procurador.—Andrés de Monjaráz, procurador.—Gonzalo de Sandoval.—Diego de Soto.—Diego de Valdenebro.

Así presentado lo susodicho por los dichos alcaldes é regidores é procuradores, en presencia de mí el dicho escribano dijeron : que me daban é dieron por respuesta á lo susodicho é á la dicha provision, y que si testimonio el dicho veedor pidiere, que gelo dé con todo lo susodicho : testigos, Miguel de Morales é Juan de Ribera, escribanos de SS. MM.

(Notificósele á Cristóbal de Tápia en su posada en presencia de todos los de arriba : y él el dia 30 de Diciembre dió la contestacion siguiente.)

Lo que yo el veedor Cristóbal de Tápia digo respondiendo y satisfaciendo á la suplicacion hecha por los dichos *(los pone todos)* é los demás, de la provision por mí presentada, digo ser ninguna la dicha suplicacion por muchas causas, en especial por las siguientes.

Lo uno, por no ser los sobredichos parte para ellos todos juntos, ni cada uno de por sí, ni en su nombre, ni en nombre de las córtes y villas de quien se dice que traen poderes, ni del dicho Hernando Cortés, pues á ellos no toca el contenido de la dicha provision, y los tales no podian suplicar de lo proveido sobre negocios ajenos.

Lo otro, porque las razones por ellos asignadas no son tales, ni por ellas se condena el haber lugar á la dicha suplicacion.

E respondiendo á cada una dellas, digo : que la primera razon que quieren dar no face ni impide á que yo haya de usar de la dicha comision; porque aunque esté suplicado de la dicha provision principal que yo truje de gobernador, no por eso cesa ni impide el efecto de la presente provision : porque el negocio en ella contenido y la comision que á mí se hace, viene concebido particularmente á mí como Cristóbal de Tápia, y no como á gobernador, segun por el tenor de ella parece; y ningun escándalo por mi parte se seguia en cumplir y facer lo que S. A. manda; cuanto mas que la suplicacion que dicen que de la otra provision está fecha, es ninguna, y estamos en caso como si no se hubiera interpuesto.

Otrosí: en cuanto á la segunda causa y razon, que no consta; porque la dicha comision viene firmada de los señores gobernadores ó de los consejeros de S. M., y sellada con el sello real, é registrada: é porque falte la suscricion está claro que fué descuido del escribano, é no por eso deja de tener fuerza, mayormente que viene señalada en las espaldas del mismo escribano Sámano de quien las otras provisiones vienen suscritas, y en ella vienen fechas todas las diligencias y fianzas ó señales que despues de haber firmado el escribano se suelen hacer; de donde se infiere que no fué revocada como quieren decir, que por eso se dejó de suscribir; y demás desto la dicha provision fué recibida y asentada por los oficiales de S. A. que residen en la ciudad de Sevilla, que tienen cargo de ver las provisiones que SS. MM. á estas partes envian, y no darian lugar á que pasara si en ella falta hubiera. E ademas desto la dicha provision fué vista por los oidores de la Chancillería que reside en la isla Española, y por ellos fué obedecida, y en cumplimiento de ella me remitieron el conocimiento de la causa tocante á Pánfilo de Narvaez de que ellos ya conocian, y me mandaron entregar los procesos todos que al caso tocaban: y aun esta sola remision sola bastaba para me atribuir jurisdiccion en la presente causa.

Otrosí: en cuanto á la tercera razon que dan en que recuentan la manera y órden que se tuvo en venir y estar el dicho Hernando Cortés en estas partes, de que concluyen que la relacion que S. M. tiene y la que en la dicha provision hace no es cierta, é que es fecha por Diego Velazquez, y que antes diz que es al contrario, é que el dicho Hernando Cortés ha hecho muchos y grandes servicios á la corona real; á lo cual digo, que siendo así como ellos dicen, por eso habia mas razon ó causa de se facer lo que S. M. manda, pues que por la informacion que se hiciese se sabria la verdad de lo que pasó, é se farian al dicho Hernando Cortés las mercedes que dice que merece, pues S. M. las sabe y suele y acostumbra facer á los que bien y lealmente le sirven; y porque pueden haber sido inciertas las relaciones que hasta agora á S. A. le han fecho, ha proveido como príncipe muy justo, enviando persona de su confianza, criado de su real casa, para que reciba y haga la dicha informacion é se la envie. Que tampoco fuera justo se diera entero crédito á las relaciones del dicho Hernando Cortés sin otra informacion alguna, é alguna *(sic)* en sus propios fechos y causa, mayormente habiendo parte que la contradice y afianza tan de recio en contrario. E aun el mismo Hernando Cortés envió á suplicar á S. M. enviase persona que recibiese la dicha informacion; y pues la envia y quiere que vea la verdad, é quiere é guarda justicia á cada una de las partes, no dando á ninguno crédito por su simple relacion, no hay razon ninguna para que se me debiese vedar que yo reciba la dicha informacion, antes parece haberse culpados y lo dan á entender, pues no quieren dar lugar á que se sepa la verdad y á que se envie la informacion dello á S. M.; porque los culpados suelen resistir que no se sepa en los casos en que lo son, y no los que han bien servido, como ellos dicen que se fizo; que á los tales conviene, como tengo dicho, que se sepa la verdad de otros que de ellos, para que sabida, ellos sean gratificados é reciban mercedes é ganen la corona de gloria que á los buenos es debida; é aun le convenia al dicho Hernando Cortés se supiese como no fué movido por codicia é ambicion, como están informados.

Otrosí: en cuanto á la cuarta razon que dan, digo lo que dicho tengo en el capítulo antes deste; que al dicho Hernando Cortés conviene se sepa la verdad por relacion de la persona que S. A. envia, y no dar lugar que contra ellos se presuma culpa si no la hay. Y no hay que decir que S. A. no proveeria de aquella manera como ellos dicen, pues viene muy bien é justamente proveido; pues no se determina en el caso, sino solo se manda saber la verdad; y habiéndole servido como dice, á él es mas favorable que á nadie la dicha provision.

Otrosí: en cuanto á la quinta razon que dan, diciendo que por se haber hecho relacion á S. M. de la prision de Narvaez é causa della, que otro no era juez sino el que S. M. enviase, digo: que por eso me ha proveido, y yo era el juez y no otro, por la misma razon que dan, y asimismo por lo que dicen que está el conocimiento de la causa en la Audiencia Real que reside en la Española, pues la misma Audiencia me ha fecho remision de la dicha causa; y entregándome los procesos como me entregaron, fueron visto declararme por tal juez competente della; y aun por la dicha comision y remision que así me fué fecha, se suplia cualquier falta que hubiere en la provision principal presentada, é se purgaba el defecto que dicen de no venir suscrita, la cual dicha comision y remision estoy presto de las mostrar luego incontinente, queriéndolas ver y dándome á ello lugar. Por las cuales razones y por lo demás que decirse pueda, requiero, segun que requerido tengo, á los dichos é á cada uno dellos, que me dejen é confirmen é consientan hacer é recibir las dichas informaciones, sin embargo de la dicha suplicacion que dicen, que como dicho tengo es ninguna; so la pena é penas en la dicha comision contenidas, y so las demás que en derecho incurran; é so pena de perdimiento de sus bienes, en las cuales dichas penas desde agora los he por condenados, lo contrario haciendo. Y pídolo por testimonio.

Por copia fehaciente en el legajo 4° del de Residencia de Cortés, pieza 1ª, de fol. 132 á 147 v^{to}.

Contulí.—L<small>IMBER</small>. *Id.* H. W.

INSTRUCCION CIVIL Y MILITAR

A FRANCISCO CORTÉS,

PARA LA EXPEDICION DE LA COSTA DE COLIMA.

Lo que vos, Francisco Cortés, mi lugarteniente de la villa de Colima y sus comarcas, habeis de hacer, es lo que se sigue.

Primeramente recogeréis aquí todos los vecinos de la dicha villa que en esta ciudad están, y las otras personas que por mi mandado ó con mi licencia van á la dicha villa, y no consentiréis que sin ella vaya en vuestra compañía persona alguna; y así recogidos os partiréis con ellos para la dicha villa.

Item: no consentiréis que por el camino por donde fuéredes se aparte ninguno de vuestra compañía, sino que todos vayan juntos con vos, sin se adelantar ni rezagar; y en los pueblos por donde pasáredes en el dicho camino, aposentarse han todos juntos, é tendréis mucho cuidado é diligencia en que no se haga daño ó agravio á los naturales de los dichos pueblos, ni á otros cualesquiera, ni les tomaréis cosa contra su voluntad; é cuando alguno lo hiciere lo castigaréis conforme á justicia.

Item: despues que en el nombre de Dios seréis llegado á la dicha villa, presentaréis ante el alcalde della la provision mia que llevais, para que os reciban é hagais la solemnidad del juramento que en este caso se requiere.

Item: despues que seréis llegado y recibido al dicho oficio, publicaréis el repartimiento que agora llevais de los naturales de esas provincias, é daréis á cada uno de los vecinos las cédulas de ellos; é ternéis mucho cuidado de saber si alguno de los dichos vecinos fué agraviado en él, ó si á alguno se le dió mas de lo que la calidad de

INSTRUCCION Á FRANCISCO CORTÉS. 465

su persona merecia; y de todo me haréis muy larga y particular relacion para que yo lo remedie.

Item: tendréis mucho cuidado y vigilancia en que los Indios no sean maltratados ni hechas vejaciones, así por los que los tuvieren encomendados como por otras cualesquiera personas. E porque sobre pedirles oro se les suelen hacer algunas premias, ternéis sobre ello mucho aviso, y al que lo hiciere suspenderéis los Indios; por el delito castigaréis conforme á justicia. Pero porque los vecinos sean en algo aprovechados, trabajaréis vos con los naturales que estuvieren depositados, que los traten buenamente, habiendo respeto á la calidad de los dichos Indios y de la persona en quien estuvieren depositados.

Item: tendréis especial cuidado en castigar las blasfemias, é juegos, é todos otros pecados públicos. E porque mas os justifiqueis, haréis luego pregonar que ninguna persona sea osado de decir mal á Dios Nuestro Señor, ni á su gloriosa Madre, ni á ninguno de sus santos; é que ninguno juegue dados, ni naipes, ni ninguno de los juegos defendidos. E el que lo contrario hiciere sea castigado conforme á justicia, habiendo respeto á la calidad de la blasfemia é del juego, é á la calidad de las personas que incurrieren en las dichas penas.

Item: porque la principal causa por que se permite que los naturales destas partes nos sirvan, es porque con nuestra conversacion sean traidos al conocimiento de nuestra santa fe católica é apartados de las idolatrías é supersticiones que tienen; ante todas cosas les haréis notificar por lengua que lo puedan entender, que de aquí adelante no tengan ídolos ni hagan cosa alguna de aquellas que solian hacer para el culto y veneracion dellos; en especial que no maten gentes como lo solian hacer, so pena de muerte. E faced entender al señor de cada pueblo, que él ha de tener cuidado de lo evitar que en su nombre no se hagan, con apercibimiento que en cualquiera parte que se hallare cualquiera de los dichos robos,[1] demás de ser punida la persona que lo hiciere, tendrá la misma pena el dicho señor por lo consentir é no lo prohibir. E los autos que acerca desto se ficieren, hacerlos heis asentar ante escribano en for-

[1] Nada se habla de robos en este capítulo, sino de idolatrías de los Indios; parece por lo mismo que debe leerse aquí alguna otra cosa, y no *robos*.

ma, é así como asentados tendréis mucho cuidado de los castigar é defender.

Item: proveido todo lo susodicho, veréis las minas que agora se han descubierto en esas provincias, é haréis cavar en todas las otras partes en que hubiere disposicion de oro, y haréis informacion de todo, y enviaréis la muestra de todo con relacion de cómo é dónde se falló.

Item: porque algunos vecinos de la dicha villa tienen [2] é agora llevan mas, ternéis especial cuidado en que no los pongan en partes en que hagan daño á los naturales de la tierra; y si supiéredes que algunos hayan hecho ó hicieren de aquí adelante, mandarles heis pagar mas, á convenio de los dichos naturales.

Item: luego que llegueis á la dicha villa haréis alarde de la gente, así vecinos como moradores que en ella hay, y qué caballos y armas tienen; enviarme heis con mucha brevedad el traslado dél, para que yo sepa lo que se debe proveer.

Item: porque soy informado que la costa abajo que confina con esta dicha villa hay muchas provincias muy pobladas de gente, donde se sabe que hay muchas riquezas; y que en cierta parte della hay una isleta poblada de mujeres, sin ningun varon, las cuales diz que tienen en la generacion aquella manera que en las historias antiguas se escribe que tenian las Amazonas; y porque por saberse la verdad desto y de lo demás que hay en la dicha costa, Dios Nuestro Señor y SS. MM. serán muy servidos, tomaréis veinte ó veinte y cinco de los vecinos de la dicha villa y cincuenta ó sesenta peones, que sean los mas ballesteros y escopeteros, é con dos tiros de artillería que allá teneis, para los cuales y para los ballesteros llevais todo aparejo y municion; y con mucho concierto seguiréis el camino de la dicha costa abajo para saber el secreto de lo susodicho: é la órden que habeis de tener en este camino es lo siguiente.

Lo primero, concertaréis vuestra gente de á pié é de á caballo por vuestras escuadras, segun la cantidad de la gente que llevaredes, é en cada una de las escuadras que así hiciéredes, señalaréis una persona á quien todos acudan y á quien vos digais lo que os pareciere que debe hacer.

[2] No expresa el MS. lo que ya tenian y aun llevaban de nuevo los vecinos; mas por el contexto puede conjeturarse muy fundadamente que falta aquí la palabra *ganados*.

Item: para que la artillería vaya á buen recaudo y os podais aprovechar de ella cuanto sea necesario, señalaréis asimismo una persona con la gente que os pareciere que es necesaria, para que tenga cargo della. A los cuales mandaréis, aunque algun reencuentro se les ofrezca, no la desamparen por ir á pelear ni á otra cosa.

Item: despues que entreis por la tierra de aquellas gentes que aun no están sujetas al imperial dominio de SS. MM., iréis vos mismo al recaudo llevando vuestra gente junta é apercibida, y llevando siempre cuatro ó cinco de á caballo por corredores de la tierra adelante, á trechos que los podais ver é ellos á vos, y con ellos alguna gente de los naturales que son nuestros amigos que fueren con vos; que de estos habeis de llevar algunas personas, en especial de los principales. A los cuales dichos corredores mandaréis que viendo alguna gente de guerra os lo hagan saber, y que en ninguna manera rompan ni revuelvan escaramuza con los enemigos hasta que vos lo mandeis.

Item: que si los dichos corredores llegaren á pueblo alguno, que en ninguna manera entren en él, sino que en llegando á vista os esperen, para que vos deis la órden que se ha de tener: la cual será que antes de entrar en pueblo alguno, como antes que rompais con gente, si al campo saliesen, les hagais entender con las lenguas, lo mejor que pudiéredes, á lo que vais, conforme á una memoria que para esto llevaréis firmada de mi nombre. Y hecho esto haréis todos los demás requerimientos y protestaciones que os pareciere que conviene. Lo cual todo haréis ejecutar por auto y tomaréis por testimonio ante el escribano que lleváredes. Y si todavía perseveraren en querer romper con vos, trabajad de os defender é de los ofender. Y puesto que alguna vez rompais con ellos y ellos con vos, dándoos Dios Nuestro Señor la victoria, como se espera que os la dará, pues llevais tan justa y santa demanda, trabajad que sea con las menos muertes de ellos que sea posible; é que todavía les torneis á requerir que se ofrezcan por súbditos del Emperador nuestro señor, conforme á la dicha memoria; é que viniendo en este conocimiento é ofreciéndose por tales, sean de vos é de los de vuestra compañía muy bien tratados; é no consintais que se les haga ningun agravio, ni se les tome nada de sus bienes despues que así se hayan ofrecido. Y así lo mandaréis pregonar. Y si alguno hiciere lo contrario, sea muy bien castigado, é en manera que vaya en noticia de los Indios el castigo que hiciéredes, por que conozcan que les decis verdad é guardais todo lo que con ellos pusiéredes.

Item: en los pueblos que entráredes de paz, recibiéndoos sin guerra y ofreciéndose como es dicho por súbditos é vasallos de S. M., aposentaréis con toda vuestra gente junta en la parte que ellos vos señalaren, ó en la que á vos mas os pareciere que conviene para vuestra seguridad; y de allí mandaréis que ninguno salga sin vuestra licencia, so graves penas, las cuales ejecutaréis en quien lo contrario hiciere. E á los señores é personas principales de los dichos pueblos les notificaréis asimismo á lo que vais, conforme á la dicha memoria, é les haréis los requerimientos que á los otros, é ansimismo lo tomaréis por testimonio; y darles heis de las cosas de rescate que vos llevais para ello, porque con mas amor os provean de las cosas necesarias, é hagan lo que vos les rogais.

Item: porque la codicia es pecado que muchas veces trae consigo la penitencia, dando causa á alborotos, y podria ser que por esto algunos de los naturales de estas partes por donde habeis de ir, [3] de donde resultaria que ellos se resabiasen é se alborotasen; y como sean gentes sin número y vosotros tan pocos, os podrian matar á todos; y ya que Dios Nuestro Señor esto no permitiese, seria dar causa de impedimento á vuestra jornada, de donde Dios Nuestro Señor y SS. MM. serán muy deservidos, é con no buen efecto aquello á que os envio, que es á saber los secretos desas partes para hacer relacion á S. M., é traer á su servicio esas gentes, y al conocimiento de nuestar santa fe católica, que es el principal motivo por que todos nos debemos mover. Por tanto, vos ni ninguno de vuestra compañía hagais premia alguna á ninguno de los dichos naturales sobre pedilles oro, ni plata, ni perlas, ni otras cosas, si ellos de su propia voluntad no os lo quisieren dar; antes disimulad con ellos, dando á entender que aquello teneis en poco: porque desta manera demás de escusarse el inconveniente que arriba dijimos, fácilmente podréis saber el secreto de las riquezas desas provincias, porque no le esconderán viendo que lo teneis en poco: porque *(un claro en el MS.)* dad de lo que vos llevais, para que os tomen amor, é de ninguna cosa tomen resabio.

[3] Falta aquí algo para completar la oracion.

Item: habeis de tener muy especial cuidado y diligencia de saber todos los secretos de las provincias que anduviéredes y de las que mas tuviéredes noticia, haciendo asentar por memoria desde el dia que saliéredes de la tierra de los amigos todas las jornadas que anduviéredes, y en qué dia llegáredes á cada parte, é qué es lo que hay de una provincia á otra, y qué medicion y grandeza tiene cada una de las dichas provincias, é todo lo que en cada una os acaeciere; por manera que de todo tengais en larga y particular relacion, para que por ello yo sepa lo que habeis hecho y de ello dé cuenta á S. M.

Item: pues habeis de llevar copia de Indios de los señores amigos, trabajaréis con ellos todas las veces que os pareciere que es posible, y lo mas á menudo que vos pudiéredes, de me escribir muy largo de todo lo que hasta aquella sazon os hubiere acaecido y hubiese que me escribir, porque yo sepa donde estais y lo que haceis, y os provea de las cosas que tuviéredes necesidad.

Item: sabréis y hacerme heis entera relacion de qué manera corre la costa, é los puertos que halláredes en ella, é en qué paraje está cada uno, é la manera que tiene, é todas las demás particularidades que os pareciere acerca de este caso, lo que me debeis escribir.

Item: todas las cosas, así como plata, perlas y esclavos y otras cosas, que oviéredes en este camino, así de lo que los señores os dieren por su voluntad, como de lo que hubiéredes de despojo, si alguna guerra se os ofreciere, hacer heis asentar ante escribano que lleváredes, é ante *(en blanco)* que va por veedor; al cual despues de junto daréis y entregaréis la parte que dello pertenece á S. M., constando del conocimiento de lo que recibe y asentándose ante dicho escribano; y lo demás partiréis de la manera que se acostumbra en estas partes, lo que se adquiere en semejantes entradas.

Lo cual todo que dicho es, os mando que así hagais y cumplais, y para ello os doy todo poder cumplido segun que yo lo tengo de S. M., con todas sus anexidades y conexidades, dependencias y emergencias, segun que mejor é mas cumplidamente puedo y debo darle de derecho.—HERNANDO CORTÉS.

A   dias del mes de   de 1524 años.

Por copia fehaciente, legajo 4° de la Residencia de Cortés, pieza 1°, de folio 363 á 371. *Contull.*—H. W.

CARTA INÉDITA DE HERNAN CORTÉS.

S. C. C. M.[1]—Porque demás de la relacion que á V. M. envio de las cosas que en estos nuevos reinos de Vuestra Celsitud se han ofrecido despues de la que llevó Juan de Ribera, donde doy á V. A. de todo copiosa cuenta, hay otras de que conviene que Vuestra Excelencia sea avisado particularmente, para que las mande proveer como mas á su imperial servicio convenga, me pareció ser bien manifestarlas á Vuestra Grandeza, sin que el vulgo de ellas participe; y antes que á la narracion de ellas venga, beso cien mil veces los reales piés de V. E. por las inmensas mercedes que ha sido servido de me mandar hacer, en mandar que mis procuradores fuesen ante su real presencia oidos, por donde se confundió la maldad de mis adversarios y se manifestó mi limpieza y puro deseo al real servicio de V. M.; que fué cabsa que V. E. me conociese y mandase hacer tan crecidas mercedes como me hizo, en se querer servir de mí en estos sus nuevos reinos, donde pienso, guiándolo Nuestro Señor, dar á Vuestra Celsitud tal cuenta, que siuan[2] las mercedes recibidas y merezca las que mas Vuestra Grandeza fuere servido de me mandar hacer.

Por un capítulo, muy católico señor, de los de la instruccion que V. E. me mandó enviar, me manda que se dé lugar á que los Españoles que en estas partes residen tengan libremente contratacion y conmercion[3] con los naturales de ellas, porque mediante este trato y familiaridad mas aína serian convertidos á nuestra santa fe; y muy notorio en esto y en todas las otras cosas que V. M. acerca de este caso manda proveer, se manifiesta el católico y santo propósito

---

[1] Estas cuatro iniciales que se ponian al frente de todos los escritos dirigidos al Emperador, significaban *Sacra, Cesárea, Católica Majestad*.

[2] Así el original: será *sigan*.

[3] Tres veces se halla en el original, aunque con diversa ortografía, esta palabra que no conozco: parece significar *comunicacion*.

de V. A.; mas como las cosas juzgadas y proveidas por absencia no pueden llevar conveniente expedicion, por no poder comprender todas las particularidades del caso, hay en esto muy gran dificultad, por donde no se efectuó el real mandado de V. M. hasta le ser consultado; y humillmente á V. E. suplico, esto y lo que demás desta calidad se hiciere, no me sea imputado á desobediencia, sino á mucha fidelidad y deseo de servir, como en la verdad lo es; porque de cada cosa semejante yo daré á Vuestra Celsitud descargo y cuenta de las cabsas que á ello me movieron, de donde resultará conocerse de mí tener en ello el propósito y deseo que arriba digo; y porque de cada cosa particulares descargos son necesarios, para que mejor se comprenda y entienda llevaré esta órden.

Cuanto á lo en este capítulo contenido, digo, muy poderoso señor, que la contratacion y comersion de los Españoles con los naturales destas partes seria sin comparacion dañosa, porque dándose lugar á que libremente la oviese, los naturales recibirian muy conocido daño, y se les harian muchos robos, fuerzas y otras vejaciones; porque con estar prohibido y castigarse con mucha reguridad que ningun Español salga de los pueblos que están en nombre de V. M. poblados, para ir á los de los Indios, ni á otra parte alguna, sin especial licencia y mandado, se hacen tantos males, que aunque en otra cosa yo y las justicias que tengo puestas no nos ocupásemos, no se podria acabar de evitar, por ser la tierra como es tan larga; y si todos los Españoles que en estas partes están y á ellas vienen fuesen flaires, ó su principal intencion fuese la conversion destas gentes, bien creo yo que su conversacion con ellos seria muy provechosa; mas como esto sea al revés, al revés ha de ser el efecto que obrare; porque es notorio que la mas cantidad de la gente española que acá pasa son de baja manera y suerte, y viciosos de diversos vicios y pecados: é si á estos tales se les diese libre licencia de se andar por los pueblos de los Indios, antes por nuestros pecados se convertirian ellos á sus vicios, que los atraerian á virtud, y seria mucho inconveniente para su conversion; porque oyendo los sermones de los religiosos y personas que en esto entienden, que por ello les prohiben los vicios y aconsejan el uso de las virtudes, y viendo las obras destos que en su conversacion anduviesen ser contrarias de lo que de nuestra fe se les predique, seria tenerlo por cosa de burla y creer que las palabras que los religiosos y otras personas buenas les dijesen, eran á propósito de los atraer á que nos sirviesen, y no á efecto de salvacion de sus ánimas; y demás desto haciéndoles agravios seria cabsa que no pudiéndolos sufrir se rebelasen; y como ya mas diestros de nuestras cosas podrian buscar muchos géneros de armas contra las nuestras para se defender y ofender, que tienen para esto asáz habilidad; y como sean gentes sin número y nosotros en su comparacion meaja, muy brevemente nos acabarian; y aun para esto habria mas aparejo, porque con la codicia de robarlos, los Españoles se desparramarian por muchas partes, y haciéndoles los dichos daños los tomarian uno á uno sin ninguu riesgo dellos, los matarian uno á uno, y aun sin que se supiese, como ha acaecido que lo han hecho á muchos que se han desmandado á se ir sin licencia por los pueblos dellos, que nunca mas han parecido, y aun á otros delincuentes que por temor de la justicia se han absentado por los pueblos de los Indios, y ellos la han ejecutado; y aun figuenseme[1] y creo que no me yerro, que seria otro mayor daño, que por los muchos insultos y abominaciones que se harian andando esta gente suelta, Dios Nuestro Señor permitiria en todos un gran castigo, y cesaria la mas santa y alta obra que desde la conversion de los Apóstoles acá jamás se ha comenzado, la cual, bendito Nuestro Señor, va en tales términos, que si oviese tantos obreros cuantos son necesarios para tan gran multitud de miés, muy en breve tengo esperanza que se plantaria en esta tierra otra nueva iglesia, de que siendo V. E. el fundador, no podia carecer de gran premio; así que por estas cabsas y por otras muchas que podria decir, que por no dar importunidad á V. M. dejo, no me parece que conviene en ninguna manera la dicha conversacion y conmercion.

Por otro capítulo de la dicha instruccion, invictísimo César, me manda Vuestra Grandeza que no reparta, ni encomiende, ni deposite por ninguna manera los naturales destas partes en los Españoles que en ella residen, diciendo no se poder hacer con conciencia, y que para ello Vuestra Celsitud mandó juntar letrados teólogos, los cuales concluyeron, que pues Dios Nuestro Señor los habia hecho libres, no se les podia quitar esta libertad, segun que mas largo está

---

[1] Así el original: puede ser *fingeseme*, por *se me figura*.

en el dicho capítulo; y esto no solamente no se cumplió como V. M. lo envió á mandar, por los inconvenientes que diere,[5] mas aun lo he tenido y tengo tan secreto, que á nadie se ha dado parte, excepto á los oficiales de V. M. y á los procuradores de las cibdades y villas de esta Nueva España, con juramento que no lo manifestasen á sus pueblos ni á otra persona, por el gran escándalo que en ello oviera; y las cabsas de se hacer así, son: la primera, que en estas partes los Españoles no tienen otros géneros de provechos, ni maneras de vivir ni sustentarse en ellas, sino por el ayuda que de los naturales reciben, y faltándoles esto no se podrian sostener y forzado habian de desamparar la tierra, y los que en ella estoviesen, é con la nueva[6] no vendrian otros, de que no poco daño se seguiria, así en lo que toca al servicio de Dios Nuestro Señor, cesando la conversion destas gentes, como en diminucion de las reales rentas de V. M., y perderse tan gran señorío como en ellas V. A. tiene, y lo que mas está aparejado de se tener, que es mas que lo que hasta agora se sabe del mundo.

La otra, que la cabsa de no se repartir ni encomendar, parece ser por la privacion de libertad que á estos allá parece que se hace, y esta no solamente cesa, mas aun encomendándolos de la manera que yo los encomiendo, son sacados de cabtiverio y puestos en libertad; porque sirviendo en la manera que ellos á sus señores antiguos servian, no solo eran cautivos, mas aun tenian incompatible[7] sobjucion; porque demás de les tomar todo cuanto tenian, sin les dejar sino aun pobremente para su sustentamiento, les tomaban sus hijos é hijas y parientes y aun á ellos mismos para los sacrificar á sus ídolos; porque de estos sacrificios se hacian tantos y en tanta cantidad, que es cosa horrible de lo oir; porque se ha averiguado que en sola la mezquita mayor desta cibdad, en una sola fiesta, de muchas que se hacian en cada un año á sus ídolos, se mataban ocho mil ánimas en sacrificio dellos, y esto todo cesa; sin otras muchas cosas que ellos dicen que les hacian, que son incomportables; y ha acaecido y cada dia acaece, que para espantar algunos pueblos á que sirvan bien á los cristianos á quien están depositados, se les dice que si no

---

[5] Así el original: parece que debiera decir *diré*.

[6] Esto es, con la noticia de ello.

[7] Parece que debió decir *insufrible, insoportable sujecion*.

lo hacen bien que los volverán á sus señores antiguos; y esto temen mas que otro ningun amenazo ni castigo que se les puede hacer.

Lo otro, porque la manera y órden que yo he dado en el servicio destos Indios á los Españoles es tal, que por ella no se espera que vendrán en diminucion ni consumimiento, como han hecho los de las islas que hasta agora se han poblado en estas partes; porque como há veinte y tantos años que yo en ellas resido, y tengo experiencia de los dapños que se han hecho y de las cahsas dellos, tengo mucha vigilancia en guardarme de aquel camino y guiar las cosas por otro muy contrario; porque se me figura que me seria á mí mayor culpa conociendo aquellos yerros seguirlos, que no á los que primero los usaron, y por esto yo no permito que saquen oro con ellos, aunque muchas veces se me ha requerido, y aun por algunos de los oficiales de V. M., porque conozco el gran dapño que dello vendria, y que muy presto se consumirian é acabarian; ni tampoco permito que los saquen fuera de sus casas á hacer labranzas, como lo hacian en las otras islas, sino que dentro en sus tierras le señalan cierta parte donde labran para los Españoles que los tienen depositados, y de aquello se mantienen y no se les pide otra cosa; y esta antes me parece que es libertad y manera de multiplicar é conservarse, que no de diminucion; y porque *non in solo pan vivit homo*, para que los Españoles se sustenten y puedan sacar oro para sus necesidades, y las rentas de V. M. no se disminuyan, antes se multipliquen, hay tal órden, que con la merced que V. M. fué servido que se hiciese á los pobladores destas partes, de que pudiesen resgatar esclavos de los que los naturales tienen por sus esclavos, y con otros que se han de guerra, hay tanta copia de gente para sacar oro, que si herramientas oviese, como las habrá presto, placiendo á Nuestro Señor, se sacará mas cantidad de oro en sola esta tierra, segun las muchas minas que por muchas partes están descubiertas, que en todas las islas juntas y en otras tantas; y desta manera se harán dos cosas; la una, buena órden para conservacion de los naturales, y la otra, provecho y sustentamiento de los Españoles, y de estas dos resultarán el servicio de Dios Nuestro Señor y acrecentamiento de las rentas de V. M.; y á mí me parece y así es, que para dar á estas cosas de arriba inmortalidad y que turen cuanto el mundo durare, conviene mucho que V. M. mande que los naturales destas partes se den á los Españoles que en ellas están y á ellas vinieren, perpetuamente, habiendo respeto á las personas y servicios de cada uno, quedando á V. E. la suprema jurisdiccion de todo; porque desta manera cada uno los miraria como cosa propia, y los cultivaria como heredad que habrá de suceder en sus descendientes; y hacerse hia que el cuidado que yo solo agora tengo ó ha de tener la persona que V. M. fuere servido que gobierne estas partes, lo toviesen todos y cada uno en particular en lo que le tocase; y la diligencia que cada uno tiene en sacar dellos todo lo que puede, por todas las vias que alcanzan que lo puede hacer, dudando el tiempo que dellos ha de gozar, se convertiria en especial cuidado de los sobrelevar, estando cierto de la seguridad del uso é posesion dellos.

Junto con este capítulo, muy poderoso señor, se sigue otro en la instruccion de V. M. por el cual manda que á los naturales destas partes se les haga entender el dominio que Vuestra Celsitud sobrellos tiene, como su supremo señor, y el servicio que ellos á V. E. son obligados como súbditos y vasallos; y manda asimismo que en reconocimiento desto se tenga forma con ellos cómo den y contribuyan á V. M. *ciertun quid* en cada un año; y porque en el dicho capítulo V. A. me manda que esto lo comunique con sus oficiales, y aun con los religiosos que en estas partes estuvieren, lo hice, y creo que todos los oficiales y aun algunos de los religiosos escriben á V. M. sobre ello; y porque ellos dirán su parecer en sus cartas, no me determé yo en mas de decir el mio, que es que de ninguna cosa que acá se pudiera mandar, V. A. pudiera recibir mayor deservicio, que en ponerse en obra; y las cabsas dello son:

La una, porque seria imposible poner á estas gentes en esta órden de contribucion; porque aunque *in agibilibus* tienen muy buena manera de entendimiento, carecen de otras muchas cosas que serian necesarias para este efecto, y por esto seria muy dificultoso.

Lo otro, porque ya que se pusiesen ó pudiesen traer á esta órden de contribucion, todo lo que dieren no podrá ser cosa de que V. M. fuese servido; porque oro ni plata no habrá de ser, porque alguno que tenian antiguamente en joyuelas, ya lo han dado y se es acabado, y lo que podrian dar es lo que agora dan á los Españoles que los tienen, así como maiz, que es el trigo de que acá nos mantenemos; algodon, de que hacen las ropas de que ellos se visten; pulque, que es un vino que ellos beben; hacer las casas en que los Españoles moran; criar algunos ganados: pues vea Vuestra Celsitud que es el fruto que desto se podria sacar, porque aun para los que lo recogen no bastaria para mantenerse; y la experiencia desto se ha mostrado muy á la clara en ciertos pueblos, que al principio no sabiendo las cosas ni habiéndolas experimentado, quise señalar para V. M., que fueron en esta provincia á Tezcuco con su tierra, los puertos abajo á Cempual y á Tatactetelco con su tierra, y en la provincia de Guaxaca á Coatlán con su tierra, y en la Mar del Sur á Zacatula con su tierra; y estovieron en poder de Julian Alderete, tesorero de V. A., mas de un año sin que se ovo de provecho cien castellanos, y como estaban sin administracion, cuando acordé en ello casi perdidos y destruidos vi todos estos pueblos, como cosa de nadie, de manera que me fué forzado, para que no se perdiesen los pueblos y el fruto dellos, encomendarlos á Españoles, y con esto se han reedificado, y vale mas lo que ha pertenecido á V. M. de sus quintos y derechos, que tres veces lo que antes daban, con ser todo de V. A., porque si algun provecho habia era de aquellos que entendian en ello; así que de aqui adelante yo no pienso señalar ningun pueblo que se diga para V. M., pues todos son suyos, porque no conviene á su servicio ni á sus rentas. La provincia de Tascaltecal (Tlaxcala) está debajo de nombre de V. A., no por el provecho ni renta que della se ha de seguir, sino porque como V. M. por las relaciones ha visto, aquellos han sido harta parte de haberse conquistado toda esta tierra, aunque primero ellos fueron conquistados con harto trabajo; y por esto, porque parezca que tienen alguna mas libertad no los repartí como los otros; y porque tengan tambien sojucion, que conviene tanto como lo demás, están en la dicha provincia dos ó tres hombres en guarda dellos é que les hacen sembrar maizales para V. A., y aun se criará algun ganado, y hacen en esta cibdad una fortaleza, y aun se tenga tal órden que las cibdades y villas: he hecho hacer allí un monasterio y están allí tres flaires que los instruyen en las cosas de nuestra fe, y desto tiene cargo el fator de V. A.

Lo otro, porque como arriba he dicho, habiendo de contribuir desto á V. M. no habrán de dar nada á los Españoles; pues sin ellos no se podrian sostener; pues no teniendo con que sostenerse, forzado habrán de dejar la tierra; pues dejándola habránse de perder, y perdiéndose vea V. A. el servicio que Dios Nuestro Señor y V. M. recibirian; é ya que allá se quiera decir que para sostener la tierra V. A. tendria en ella gente á sueldo, esto no se piense en ninguna manera; porque para sostener lo ganado, sin se pensar de acrecentar mas ni se conquistar mas tierra, eran menester á lo menos mill de caballo y cuatro mill peones; estos ninguno de los de caballo se podrian sufrir con que le diesen quinientas mill maravedís de partido, y porque en un caballo se va mas de la mitad, en especial agora que los de la Española han defendido que nos pasen acá yeguas de ninguna isla por vendernos los caballos mas caros, y lo demás no basta ni para herraje y para vestirse, segun valen las cosas; de manera que con este partido les faltaria aun para comer; y eran para solo los de caballo menester quinientos cuentos: pues los peones que se les diese al precio que se les da al menor, por cuanto son doscientos pesos de oro; pues cuatro mill veces doscientos pesos, son ochocientos mill pesos: así que vea V. M. qué bastaria para pagar esta suma, cuanto mas que con darles esto no se hallarian; é ya que se hallasen, no era menester otra pestilencia para destruir la tierra sino ellos; y demás desto y lo que seria peor, era forzado que habia de cesar la conversion de los naturales, porque era menester con cada fraile que fuese á predicar á un pueblo ir una guarnicion, y esta con tres dias que estuviese en el pueblo le dejaria asolado; y cierto en muy breve tiempo se acabaria la tierra.

Asimismo, muy cristianísimo príncipe, me manda Vuestra Grandeza por un capítulo de su instruccion, que en la eleccion de los alcaldes y regidores que se eligen en cada un año en todos los pueblos desta Nueva España, se tenga tal órden, que las cibdades y villas hagan su nombramiento ó señalamiento de las personas que les parece que lo deban ser, y ansí hecho lo trayan ante mí, é yo con los oficiales de V. M. escojamos las personas que nos pareciere, y á aquellas se den los oficios y cargos; y porque despues que vino la dicha instruccion no se ha ofrecido eleccion ninguna, por no haber llegado el tiempo en que se suelen elegir, que es el primero dia de Enero de cada un año, no se ha hecho cosa ninguna cerca dello; y como en todas las cosas que yo hiciere ó pensare hacer, cuando alguna duda toviere no las haré sin consultar á V. M. sobre ello, para que mas conforme á su real voluntad y servicio se hagan, me pareció que en esta que era de mucha importancia debia tener la misma órden; y así digo, muy católico señor, que no conviene á su real servicio, ni á la buena órden de la gobernacion destas partes, que las tales elecciones se hagan por otra persona sino por el gobernador que V. M. en ellas toviere, por muchos inconvenientes y escándalos que se podrian seguir.

El uno, que viniendo los nombramientos de las villas hechos, serian que cada uno de los regidores ó personas que oviesen de hacer el tal nombramiento, lo encaminarian mas á personas amigos é parientes suyos por el provecho ó interese dellos, que no á personas que mejor mirasen el bien de la república; y habiéndose de señalar de aquellos que ellos nombrasen, no podria el gobernador, aunque otra cosa sintiese, poner personas provechosas al bien de la república; y por esta misma cabsa no conviene que los oficiales en ella entiendan, porque es notorio que han de tener el mismo respeto y fin; y el gobernador, como cualquiera buena órden y concierto que haya en los regimientos de los pueblos redunda en honra suya, y si por el contrario en infamia, es notorio que tendrá mas especial cuidado de lo que conviene, pues es todo á su cargo, que no aquellos que no les compete mas de aquel interese; y aun es otra cosa que se me figura de mas inconveniente, que como el gobernador representa su real persona y jurisdiccion, dando aquella mano á los pueblos ó á otras personas, parecia derogar su preeminencia real, y aun por tiempo la extenderian á mas, haciéndolo uso y costumbre. Así que por estos inconvenientes y otros muchos que se podrian seguir, yo pienso tener en esto la órden que hasta aquí he tenido, hasta que V. M. otra cosa me envie á mandar, porque me parece que conviene á su real servicio, y que haciéndose de otra manera seria grandísimo dapño; y así suplico á V. E. lo mande mirar y enviarme á mandar aquello de que V. A. mas se sirva.

Los oficiales que V. M. mandó venir á estas partes para entender en su hacienda, son llegados, é yo los recibí y he hecho y hago aquel tratamiento y buena compañía que me parece que debo como á criados de V. M. y como á personas que han de residir en su servicio; é se han tomado las cuentas á las personas que hasta aquella sazon habian tenido cargo de cobrar las rentas de V. A.; y porque desto y del recabdo que en todo se halló, ellos escribirán á V. M. y se verá por la carta cuenta que envian, no tengo que decir mas de remitirme á lo que ellos dijeren; sino que por la dicha carta cuenta parece yo haber gastado de las rentas de V. M. sesenta y dos mill y tantos pesos de oro en la conquista y pacificacion destas partes, demás de yo haber gastado todo cuanto yo tenia, que son mas de otros cien mill pesos de oro, sin estar empeñado en mas de otros treinta mill pesos que agora me han emprestado para enviar á esos reinos, para me proveer de cosas necesarias y otros gastos de mi casa; é los dichos oficiales, puesto que les constó todos los dichos gastos ser ansí, no me los recibió en cuenta, porque dijeron que no traian para ello poder ni facultad; y aunque yo no les debiera dar la cuenta, pues que decian que no traian poder para me dar finiquito, se la quise dar; porque como sea á todos tan notorio lo que yo he gastado y el fruto que dello ha sucedido, y el daño que se oviera hecho en no gastarse; como yo tenga á V. M. por tan cristianísimo, y antes tenga cierto que me ha de mandar hacer muchas mercedes, que no permitir que me sea tomado lo mio, pues tanto ha sido servido de haberlo yo gastado, y no solo ello sino mi persona se haya empleado en su real servicio, no he recibido pena con la dilacion que estos oficiales me han puesto. A V. M. suplico mande que los dichos sesenta y tantos mill pesos de oro se me reciban en cuenta, y lo que mas pareciere haber yo gastado se me pague, pues ellos y mi persona, y de mis debdos y amigos está ofrecido á su real servicio, y es un depósito que V. M. tiene muy cierto para todas las veces que dello se quisiere servir, y se ofreciere en que yo lo pueda gastar.

Por la mala costumbre que en la isla Española se ha tenido de haberse entremetido los jueces y oficiales que en ella residen en la gobernacion, de donde ha resultado que no solamente á ella, mas aun á todas las otras y á Tierra Firme han destruido, y en tal manera que ya se oviera acabado si no oviera sido por el remedio que desta tierra les ha ido; querrian estos oficiales que agora V. M. ha enviado, tener acá la misma mano, y hanlo probado algunas veces, si yo para ello les oviera dado lugar; y como yo, como arriba á V. M. he dicho, haya tanto tiempo que estoy en estas partes y tenga noticia de todas las cabsas de los daños que en ellas ha habido, no querria que á mí me acaeciese de tal manera, pues me seria mas culpa y seria dino de mucha punicion y castigo; y no he permitido ni pienso permitir que ellos se entremetan en otra cosa fuera de lo que tocare á sus oficios, por el grande inconveniente que dello se podria seguir, como se manifiesta por lo que se ha hecho y cada dia se hace en la Española. No sé si desto estarán algo descontentos; pero en la verdad ellos no tienen razon, porque en lo que toca y atañe á sus oficios, ellos han hallado y hallan en mí tanto aparejo y favor cuanto han querido recibir; y en el tratamiento y aprovechamiento de sus personas asimismo han hallado todo lo que han querido y se ha podido hacer con ellos; porque en la verdad, demás de ser criados de V. M. y estar acá en su servicio, sus personas de todos son tan honradas, y hasta agora ellos hacen tan bien lo que á sus oficios conviene, que merecen de mí todo buen tratamiento y aprovechamiento, é que V. M. les haga mercedes por la buena voluntad que dellos he conocido á su real servicio: é porque desto ellos no estén resabiados, ni me tengan algun odio pensando que yo les quito alguna preeminencia de sus oficios, porque en la verdad yo deseo toda el amistad y conformidad con ellos, suplico á V. M. les envie á mandar la órden que en esto han de tener, y que no se entremetan en otra cosa fuera de sus oficios; y para mas descargo me haga V. A. merced de me enviar su provision real para ello, porque aunque la que tengo basta, es para mas satisfacerles, y para que crean que no se les quita nada, antes por cierto en todas las cosas que me parece que debo comunicar las comunico y comunicaré con ellos, como á personas que tengo creido que me darán en todo lo que ellos alcanzaren, el parecer que mas al real servicio de V. M. convenga: y esto suplico á V. M. mande proveer con mucha brevedad, porque conviene mucho á su real servicio: y si todavía á V. A. le pareciere que conviene á su servicio que ellos entiendan ó sean parte en algo de lo que toca á la gobernacion, á V. A. suplico me haga merced de se la dejar á ellos toda, ó ponga otra persona de quien V. A. mas se sirva; porque conozco que siendo así y gobernándose esta tierra por diversidad de pareceres, como las otras islas, parará en lo que las otras han parado; y nunca Dios quiera que pues él fué servido de hacerme á mí medio para ganar estas tierras, que yo sea fin de perderlas: y en pago de mis servicios y de los que mas haré, queriendo V. M. servirse de mí, yo me contento y me doy por muy pagado de que V. M. los reciba por tales, y en esta tierra ó en otra parte donde V. A. mas sea servido, me haga merced de alguna cosa donde sustente mi persona conforme á la manera que yo he tenido y tengo; y que no responda la merced á mis servicios, sino á la voluntad con que se hicieron, y á V. M. que es hacedor dellas.

En la relacion que envio á V. M. de las cosas destas partes, va un capítulo en que hago saber á V. A. como yo envié á un Cristóbal Dolit, vecino desta cibdad de Tenustitán, que pasó conmigo á estas partes, con cierta armada para que fuese á poblar el cabo ó punta de Higueras, por la noticia que en la dicha relacion digo que tenia de aquella tierra; y despues le torné á enviar á un primo mio, que se dice Francisco de las Casas, con otros cuatro navíos y gente y artillería; y hanme escrito desde la isla de Cuba, adonde él fué á bastecerse, y un criado mio le habia de dar los bastimentos que oviese menester, que allí se habia confederado con Diego Velazquez, y que iba con voluntad de no me obedecer, antes de le entregar la tierra al dicho Diego Velazquez y juntarse con él contra mí; y en la verdad Dios sabe el alteracion que yo desto sentí, porque demás de haber gastado mas de cuarenta mill pesos de oro en la negociacion, paréceme que si es verdad es un gran deservicio de V. A. y se hace muy gran daño, así en la dilacion que habrá en poblarse aquellas partes y en los daños que los naturales dellas recibirán, porque no se tendrá la órden que conviene y por el impedimento que habrá en el servicio que estaba muy notorio que de allí V. M. recibiera, como por el mal sonido que traerá en todas partes, y por la mala voluntad que pondrá así en mí como en otras personas de estas partes que tienen voluntad de gastar parte de sus haciendas en descubrir y buscar tierras nuevas para V. M.; porque como no lo puedan hacer todos con sus personas y hayan por fuerza de enviar terceros, creerán ó tendrán temor que les ha de acaecer ansí; y aun otra cosa me pena mas, que los que saben poco de la negociacion pasada entre Diego Velazquez y mí, dirán que es *pena pecati;* y pluguiera á Dios que ello así fuera, porque no pudiera yo tener queja ninguna; mas es al revés, que en lo otro ni en esto puedo quedar sin ella, porque ni el otro dijo verdad en decir que mi venida no habia sido á mi costa, ni estotro la dirá si dijere que en ello puso cosa alguna. Y teniendo pena de todas estas cosas, yo me determiné á ir por tierra hasta donde está ó puede estar, para saber la verdad del caso, y si así fuese castigarle conforme á justicia; porque para ir, segun soy informado, hay por tierra muy buen camino, y desde donde yo tengo poblado, que es desde Utlatlán ó Guatemal, donde Pedro de Alvarado fundó aquella villa de que en la relacion hago mencion á V. M., hay muy poca distancia, y en muy breve tiempo pensaba ser con él; y así lo comencé á poner por obra, y comencé á dejar recabdo en esta cibdad y en todas las otras partes que convenia ponerse, y apercibí á todas las personas principales de los naturales desta tierra para los llevar conmigo, para que quedase mas seguro. Y platicado en ello con los oficiales de V. M. les pareció que no lo debia hacer, por algunos inconvenientes que para ello dieron; y puesto que todos ó los mas cesaban por las cabsas que yo les dí, parecióme que pues ya lo habian contradicho que jamás lo aprobarian; y puesto que del saneamiento yo estoviese satisfecho, porque no pueden los hombres comprender todo lo que puede suceder, en especial en largo camino, temí que la menor cosita de contrariedad que me acaeciese la empinarian de manera que se aprobase su consejo y reprobase mi determinacion; y por esto y porque aun de la verdad yo no estoy aun muy certificado, mudé el propósito, porque de cualquier manera que sea yo espero nuevas de aquí á dos meses, y segun fueren así proveeré lo que me pareciere que mas convenga al servicio de V. M. Á V. A. suplico humillmente, que si por parte de Diego Velazquez ó del dicho Cristóbal Dolit, ó de otra cualquier persona, alguna relacion fuere á V. A., mande saber la verdad antes que ninguna otra cosa provea, porque conozca que así en esto como en lo pasado, nunca he discrepado della, ni nunca Dios quiera que yo á V. M. diga mentira en ningun tiempo ni por ningun interese; y sabida esta verdad, V. M. como de cosa suya proveerá lo que mas convenga á su servicio, porque de aquello recibiré yo mas señalada merced.

Por una provision de V. M. vi la cantidad que V. A. tovo por bien de me hacer merced, así por mi salario como para otras gentes que yo tengo necesidad de tener siempre en mi compañía, así para guarda y amparo de la tierra como para salud de los Españoles; y porque ansí lo uno como lo otro trujo tan baja estimacion que no se podria sufrir, suplico á V. M. lo mande ver y proveer como mas su real servicio sea; porque en lo que toca á mi salario manda V. A. por su provision que se me den trescientas y tantas mill maravedís, y que estas no se me paguen desde mas tiempo que desde el dia de la dacta de la dicha provision; y cuanto á la suma de las dichas trescientas y tantas mill maravedís, si á cada uno de los oficiales que agora viniéron se les dieron á quinientas y diez mill maravedis, no sé yo quién tasó que no merecia yo cuatro tanto que cada uno, pues tengo yo doscientas veces mas costa que todos juntos; pues tambien no sé á qué cabsa se me dejó de mandar pagar desde el dia que yo entré en la tierra, ó á lo menos la poblé en nombre de V. M.; porque certifico á V. A. que desde entonces hasta hoy no se ha gastado tiempo en vano, ni aun creo se gastará de aquí á veint años, segun que hay en que entender: así que suplico á V. M. lo mande ver y no permita que yo en esto reciba agravio; y porque mis procuradores lo pedirán ante V. A. mas largo, á ellos me remito.

Invictísimo César: Dios Nuestro Señor la imperial persona de V. M. guarde, y con acrecentamiento de muy mayores reinos y señoríos por muy largos tiempos en su santo servicio prospere y conserve, con todo lo demás que por V. A. se desea. De la gran cibdad de Tenustitán desta Nueva España, á quince dias del mes de Otubre de MDXXIV (1524) años. *De V. S. M. muy humill siervo y vasallo, que los reales piés y manos de V. A. besa.*—HERNANDO CORTÉS.

(Original.)

CARTA

DEL CONTADOR RODRIGO DE ALBORNOZ, AL EMPERADOR.

S. C. C. M.—Con Lope de Samaniego, que de aquí envié trece meses há á dar cuenta y relacion á V. M. de estos sus reinos y señoríos, escribí á V. Ces. M. todo lo que á la sazon me ocurrió y con larga relacion de lo que alcanzaba á conocer y cumplia al servicio de V. M., aunque era de pocos dias llegado, para que entendido V. M., lo de esta tierra mandase proveer como viese que convenia á su real servicio, y nos enviase á mandar á los oficiales y criados de V. M. lo que en todo habiamos de hacer en las cosas de su servicio y hacienda, que no tenia ni tiene aquella órden que para el buen recabdo della conviene: y porque segund acá por algunas carabelas que han venido, así de Sevilla como de la Española, tenemos nueva que las carabelas que llevaron los dineros y presente que con Diego de Soto y Montejo y el dicho Samaniego, el gobernador Hernando Cortés y los oficiales de V. M. le enviamos, llegaron en salvo á Sevilla en fin del mes de Abril, y V. M. habrá mandado oir al dicho Lope de Samaniego, que á solo hacer relacion á V. M. desta su tan gran tierra envié, y habrá proveido como mejor cumpla á su servicio, en esta haré saber á V. M. lo que al presente me ocurre y me parece dar aviso á V. M.

Como los que fueron con el dicho oro de los sesenta mil castellanos harian relacion á V. M., el gobernador Hernando Cortés, despues de haber escrito á V. M. con el dicho Lope de Samaniego que no iria el camino para las Higueras contra Cristóbal de Olit, que á mi instancia y contradiccion que de parte de V. M. le habia hecho dijo que dejaria, creyendo ya que eran hechos á la vela los navíos que partieron de Medellin, determinó de ir todavía el dicho viaje de las

Higueras, y sacó de aquí ciento y veinte de caballo y veinte escopeteros y otros tantos ballesteros y gente de pié; y pasado el rio que dicen de Grijalva, de aquella parte de Guazacualco, cerca de doscientas leguas desta ciudad de Temestitán, halló los Indios de guerra que no están del todo sujetos al dominio de V. M., puesto que para pasar con gente como iba de paso no halló allí contradiccion alguna; y como pasado de allí, mensajeros de esta ciudad no podian pasar, sino que les mataban; y con un criado mio que le alcanzó antes de entrar en aquella provincia que llaman de Tabasco, que le envié á ver si queria mudar la opinion de ir aquel camino contra Cristóbal de Olid, por el mucho deservicio que V. M. dello recibia y tanto daño la tierra y los cristianos, me escribió iba en su determinacion; y porque la gente donde ya llegaria de allí adelante, pasado él quedaria de guerra, ó yendo mensajeros ó poca gente los matarian, que no le enviásemos persona ninguna; y de allí tomó su camino á las Higueras, junto á una ciudad principal que se llama Xicalango; y en este medio tiempo, que es de diez meses y mas que no sabiamos dél, venian nuevas por diversas partes y provincias, que decian los Indios de Xicalango hácia otra que se llama Trapala, que le habian muerto y á todos los cristianos que con él fueron, y á cuatro ó cinco mil Indios que llevaba en su compañía de los desta ciudad y tierra.

Y los parientes y criados del dicho gobernador que habia dejado en esta ciudad y provincia en su hacienda, fingian y escribian diversas maneras de nuevas por se tener las haciendas y sustentar en los cargos que les habia dejado, con los cuales se juntaban algunos oficiales de V. M. y escribian nuevas, cómo por Indios mercaderes que habian venido de Xicalango sabian que el gobernador Cortés venia ya de vuelta, que habia detenídose en una provincia por las aguas; y dende á otros quince dias ó treinta venia nueva por via de Indios, que le habian muerto; y con esta forma de nuevas hemos estado suspensos mas de medio año, y con pena de no poder escribir á V. M. cosa cierta, hasta que vino una nueva secreta por via de Indios, que era muerto de la parte de Trapala, siete jornadas adelante de Xicalango.

Y no confiándonos en todo esto, aunque el mucho tiempo que habia que no se sabia dél daba á creer fuese muerto, enviamos por mar costeando hácia las Higueras á Diego de Ordáz, su amigo y criado, con dos bergantines y veinte ballesteros, para que entrase por el rio arriba de Xicalango, que viene á dar en la costa, y con lengua de la tierra que llevaba supiese la certinidad de su muerte ó vida, porque le pudiésemos escribir á V. M. para que mandase proveer de remedio en esta tierra como cumple á su servicio; el cual dicho Ordáz entró con los dichos bergantines por el rio arriba de Xicalango, que es como el Rhin, y encontró con siete ú ocho mercaderes Indios que venian en una canoa, y juntóse á ellos y tomóles, y metidos en un bergantin hízoles muchas preguntas del gobernador y su gente que por allí habian pasado; y aunque al principio de miedo le negaban que no le habian visto, despues le confesaron, como á aquel capitan y á los que con él iban les habian muerto mas habia de siete ú ocho lunas (porque ellos cuentan por cada mes una luna), en una ciudad siete jornadas de Xicalango, que está dentro de una laguna, que se llama Cuzamelco; y que la causa principal fué porque el gobernador habia demandado al señor de aquella ciudad oro y otras cosas, y que no se lo quiso dar diciendo que no lo tenia, y que le habia sobre ello maltratado; y que con aquel despecho, el señor de aquella ciudad Cuzamelco apercibió toda la tierra del rededor, y el dia que salieron á dormir junto á la laguna en un lugar pequeño de aquella ciudad, á media noche que el gobernador y su gente reposaban, vino mucha multitud de gente sobre los cristianos, y comenzaron á poner fuego por todas partes y á dar sobre ellos y los caballos; y como no pudieron ni tuvieron tiempo de se poder servir dellos, y con el fuego, desbarataron los Indios á los cristianos, y se dividieron por diversas partes; y ya que amaneció diz que dieron sobre los que quedaban, y prendieron al capitan, que lo conocieron, que tenia una herida en la garganta, y lleváronlo en señal de victoria á un templo principal de sus ídolos, que llaman Uchilobos, y allí lo sacrificaron á sus ídolos, y de los demás no dejaron hombre á vida; y á los Indios que de acá iban con los cristianos diz que guardaron para comer, y á los cristianos echaron en la laguna, porque diz que los han probado y son duros y amarga la carne dellos; y dice el dicho Diego de Ordáz, que los Indios decian que mejor los pudieran matar dentro de la ciudad de Cuzamelco que está en el agua, sino por no quemarla y destruirla, que la tenia en mucho el señor della.

Han puesto, muy católico señor, tanto dolor y tristeza en los vasallos de V. M. estas nuevas y muerte del dicho gobernador y cristianos que con él fueron, que no ha podido ser mas, así por haber muerto tantos cristianos á manos de infieles, como por haber muerto al dicho gobernador, que tan bien habia servido y trabajado en estas partes, así á Dios como á V. M.; porque aunque cuando aquí vinimos habia alguna sospecha que en lo de adelante no estaria tan obediente en servicio de V. M. como debia é era razon, al tiempo de su partida desta tierra mostró tener fidelidad y obediencia al servicio de V. M. en dejar como dejó antes que se partiese, la gobernacion y administracion desta tierra á los oficiales que de V. M. aquí quedamos; puesto que en ello hubo alguna maña, de la cual se puede imputar la culpa tanto y mas á algunos de los dichos oficiales que no á él, como mas largo V. M. sabrá para que en ello mande proveer y castigarlo como á su real servicio conviene, pues en ello algunos hemos padecido con trabajo y pérdida de hacienda, como de los que de acá van V. M. podrá ser informado, por tener en paz y quietud esta tierra y que no se perdiese, como muchas veces ha estado á punto de perderse, hasta que V. M. provea de remedio é justicia en ella; y así lo procuraré en todo lo que mis fuerzas bastaren en mitigar y amansar la furia de algunos comuneros que aquí se han levantado contra el servicio de V. M. y perdicion desta Nueva España, hasta tanto que V. Ces. M. mande enviar el remedio y castigo que en ello conviene, antes que esta tan gran tierra se acabe de perder.

Los frailes franciscos, Sacra Majestad, de la custodia de San Gabriel que á esta tierra han venido para la conversion de los Indios, han dado tal ejemplo con su vivir y trabajo en les conducir y atraer al conocimiento de nuestra santa fe católica, que con su industria y deseo de servir á Dios y á V. M. y con la buena disposicion é ingenios de razon que ellos tienen, han convertido y atraido á la fe mucho número de gente, y así de cada dia convierten y hacen tan gran fruto, que tengo por cierto que por este servicio que V. M. hace á Dios y aumento en su fe, acrecienta grandes tesoros en la gloria; y porque segun la grandeza de la tierra, los religiosos que acá han venido son muy pocos, muy humilmente suplico á V. M. mande al general de la dicha órden provea de enviar buen número de religiosos de la misma custodia; porque no solamente dan gran doctrina á cristianos é Indios, pero han sido toda la mas parte para que en estos tiempos de alteraciones que han sucedido, la tierra no se perdiese; y porque no haya jamás discordia en la religion, sea de la misma custodia, ó de la provincia de Santiago, porque son muy conformes.

Como V. S. M. es informado, la gente destas partes comen carne humana, así por lo haber acostumbrado de sus pasados, como por la penuria que en estas partes ha habido entre ellos de no tener ganados; y porque tambien acostumbrados á la carne humana, les es mas dulce que la de aves é caza que tienen é crian; y despues que la tierra está en el dominio de V. M., con la conversacion y trato de los cristianos comen aves de Castilla y puercos y carnero y vaca, y las otras carnes que ven comer á los cristianos, y beben vino de España con mejor voluntad que el pulque que ellos tienen por vino, que parece un poco á cerveza, aunque no es tal; y como son gente de razon y vivos de ingenio, y tratan mucho en comprar y vender en todo lo que ven que pueden ganar su vivir y que los cristianos lo compran, ellos crian aves de España, y ponen huertas y las curan, y guardan ganados, y son tan apegados á todas las cosas como los labradores de España, y mas subtiles é vivos; y así cumple al servicio de V. M. y poblacion y aumento de estas partes, mande so graves penas á las justicias de la Española, San Juan y Cuba y Jamaica, dejen sacar libremente cualesquier ganados de vacas y yeguas é carneros é ovejas para esta tierra, porque allá hay mucha abundancia y acá falta; que aunque les han mostrado carta de V. M., dicen no dejaron en la Española sacar ciertas yeguas que para esta tierra se traian.

Y si V. Ces. M. mandare dar los Indios perpetuados, ó encomendados por su voluntad, ó como fuere servido de los mandar dar, conviene á su servicio que para que la tierra, pues es tan fértil é semejable á España, y para que la gente que está é viniere á ella asiente é se arraigue é tome amor á perseverar en ella, mande V. M. que á cualquiera que se dan Indios ó perpetuos ó por tiempo, que sea obligado de sembrar cierta cantidad de tierra de trigo de España, pues acá lo hay ya y se da en el lugar que le dieren los Indios, y ponga tantos piés de viña, y árboles y simientes y legumbres de España; y que sea obligado de lo poner dentro de un año ó año y medio que fuere proveido de los dichos Indios, y tantas vacas y ovejas y yeguas, y que haya de tener caballo y armas, segun fueren los Indios que tuviere, á vista y parecer del gobernador y oficiales de V. M.; porque así, pues la tierra es tan fértil y semejable á España, la cultivarán y permanecerá la gente en ella, así cristianos como Indios, y V. M. habrá muy mayores tributos della, é no estará la gente de camino como está para se ir della é volverse en España, procurando de despojar á los Indios lo que cada uno puede haber, que no los tiene seguros, sino que hoy los tiene uno y de aquí á un mes los da á otro, y cada uno procura de los despojar aquel tiempo que los tiene; que á esta causa las islas de V. M. se pierden de cada dia, y las de Portugal se pueblan é aumentan de cada dia, por ser los Portugueses grandes pobladores.

Y pues que V. M. ha sido servido de mandar á sus oficiales de Sevilla que envien con cada navío que viniere á esta tierra plantas é simientes de Castilla, puede hacer V. M. merced á esta tierra que les mande que ningun navío venga sin ello, so cierta pena; y que se entreguen á los oficiales que de V. M. aquí residen para que las repartan por los vecinos; y que hecha sobre ello ordenanza en la Casa de la Contratacion, se envie á esta Nueva España para que acá los oficiales de V. M. tengan cuidado de lo hacer cumplir; que con dos años que se haga estará llena la tierra.

Como V. Ces. M. por relaciones de muchos y las de su muy alto Consejo ha sabido, los Indios destas partes son de mucha razon y órden, é acostumbrados á trabajo é trato de vivir, é han acostumbrado tan ordinariamente á contribuir á Muteczuma y á sus señores, como los labradores en España; y así porque ellos están puestos en el camino é órden desto, como porque V. M. en sus instrucciones nos lo manda, lo procuramos así; y porque en la verdad es lo mejor y mas cierto y conviene así al aumento de sus rentas, he procurado de los poner en aquella órden y costumbre, y que demás de la que ellos tenian, fuesen llegándose á la de los vasallos de España; y puesto que algunos que V. M. sabrá, por diversos respetos é propios intereses me lo estorbaban, yo procuré con el cacique de Zacatula, que está en la costa del Mar del Sur donde se hacen los dos navíos, y envié un oficial mio, despues de haberle hablado é concertado con él de lo que habia de dar é contribuir á V. M. de cuatro en cuatro meses; que fué que diese de cuatro en cuatro meses dos copas de oro y dos barras, y maiz y cacao, que son unas almendras que ellos usan por moneda, de que hacen su brebaje; cumplidos los cuatro meses vino con ello al mismo tiempo que quedó: y de la misma manera concertábamos contribucion ordinaria con los señores de Tlaxcala y con los de esta ciudad de Temistitán, y así se hubiera hecho con todas las provincias y lugares desta Nueva España, si no nos lo hubiera estorbado quien V. M. sabrá.

Y puede V. M. creer que si despues que somos venidos á esta tierra se hubiera hecho lo que V. M. en sus instrucciones nos manda, y no me hubieran ido á la mano antes que el gobernador se fuese, y despues con haber habido comunidad en la tierra, que hubiéramos enviado á V. M. mas de ducientos mil castellanos mas de los que se le han enviado; lo cual no se podrá hacer ni remediar hasta que V. M. envie con toda brevedad el remedio de una persona tal de gobernador, y audiencia prudente y sin cobdicia y de autoridad, y que V. M. mande se haga y procure la contribucion general; y venido esto, yo espero en Dios que dentro de un año ó poco mas he de dar órden como toda la tierra contribuya y se aumenten diez tanto mas las rentas de V. M., y se le pueda enviar mucho oro y servicio; y si algunos allá escribieren ó dijeren que no contribuirán los Indios ni tienen órden, V. M. crea no le hacen verdadera relacion, y que lo harán por su interés particular; que yo me ofrezco que aunque los Indios estén despojados y maltratados, de dar órden, si no me lo estorban y V. M. envia justicia y persona de gobernador, de dentro de un año ó dos de hacer que estén puestos en la contribucion, y que de ello se saque para V. M. mucha suma cada año.

Y crea V. M. que si para esto y todo el remedio de la tierra, pues Dios ha dispuesto de Hernando Cortés, no envia aquí un gobernador que sea de edad, autoridad y prudencia, y sin codicia, y que piense que no viene á otra cosa sino á servir á V. M., que la tierra se perderá y nunca se hará cosa que cumpla al servicio de V. M.; porque como estas tierras están tan lejos de la presencia de V. R. M. y muy tardíos los remedios de los males que en ellas se hacen, crian muchos malos servidores y todos ensanchamos las conciencias, y algunos nunca piensan que V. M. se acordará de mandar enviar el castigo de los que acá le desirven y van tan á la desvergonzada contra su servicio.

En esta tierra, como V. M. sabe, y con licencia que allá han demandado, han ido á entradas de lugares y provincias á hacer esclavos, so color que no querian venir á la obediencia é dominio de V. M.; lo cual se suplicó á instancia de los procuradores que allá han ido á nombre de la tierra, aunque siempre van por la mayor parte á hacer lo que cumple á los que gobiernan; y mandó V. M. que se les hiciesen primero requerimientos ante escribano y con interceder lenguas que les den á entender que estén y vengan á la servidumbre y dominio de V. M., y que si no lo quisieren hacer les captiven y tomen por esclavos; y si en este caso, muy católico señor, se hiciesen las diligencias que á V. M. dan allá á entender y convinieren al servicio de Dios y de V. M., y que su santísima y recta intencion y de su muy alto Consejo le dicta y en todo tiene, muy bien seria y muy santo; pero aunque diga, como algunos acá dicen, San Lúcas á los 14 capítulos, en nombre de Nuestro Redentor, *compelle eos intrare*, á propósito de la cena que hizo aquel padre de familias, excusándose los convidados porque no eran dignos de entrar, siendo pobres y enfermos; habia de ser acá no con cautelas ni engaños, ni por robarlos ni hacerlos esclavos, sino con inducirlos con palabras y formas para los atraer á nuestra fe y servicio de V. M.; porque segun he sabido, muchas veces ha acontecido que saliendo los Indios de algunas provincias á dar la obediencia y viniendo de paz, dar los cristianos sobre ellos y hacer entender á los que venian detrás que no querian ser amigos sino matarlos, porque les pesaba diesen la obediencia, por les robar y hacer esclavos; y así se ha hecho y hace y hará mucho estrago en esta tierra, y se perderá la gente della y los que pudieran venir á la fe y dominio de V. M., si no lo mandase remediar luego, y que en ninguna manera se haga sin mucha causa, porque es gran cargo de conciencia.

Asimismo en los esclavos de rescate de que V. M. hizo merced á los de la tierra que pudiesen rescatar de los que los Indios tenian entre sí, se hace mucha abominacion y crueldad; porque allá dieron á entender á V. M. que los Españoles les habian de rescatar, y por maravilla se rescatan, sino que el cristiano demanda á su cacique oro, y si dice que no lo tiene, y aunque lo tenga y se lo dé, dícele que en lugar de oro que mas le habia de dar, le dé ciento ó doscientos esclavos de los que ellos tienen; y como el cacique no tenga por ventura tantos, por cumplir lleva á vuelta de los que son esclavos otros de sus vasallos de los que no lo son, y por contentar á su amo el cristiano, atemorízalos á que digan que son esclavos aunque no lo sean, que aunque les maten no quieren decir sino que son esclavos, pues se lo mandó su señor, porque son muy obedientes á sus señores; y así se hará mucho estrago en la tierra, si V. M. no lo manda remediar é informarse de los que allá fueren y tuvieren mejor celo y menos cobdicia.

Y porque V. M. mande proveer como cumple á su servicio, diré los provechos y daños que en esto parece acá que hay; y el provecho que de sacar los dichos esclavos viene, es que haciendo muchos y venidos á poder de los cristianos, échanse mas cuadrillas á las minas y sácase mas oro y plata y otros metales, de donde se acrecientan las rentas y quinto de V. M., y hacen los cristianos mas granjerías con ellos; y estando en poder de cristianos, algunos dellos, especialmente los niños, se vuelven cristianos, ó algunos los industrian en la fe, aunque pocos lo hacen como lo debíamos hacer.

El daño, Católica Majestad, que se hace á los Indios de sacar y herrar tantos esclavos, es que los señores Indios destas partes el mayor servicio é ayuda que tienen para poblar y cultivar su tierra y dar el tributo á los cristianos á quien están encomendados, es tener esclavos de quien en esto se sirven mucho; lo segundo, que como los cristianos les demandan muchos mas de los que les pueden dar, por contentar á los cristianos, á vuelta de diez esclavos vienen otros seis vasallos que no lo son, y algunas veces los hierran como á los esclavos, porque los mismos, siendo algunos libres, por contentar á sus señores dicen que son esclavos: lo tercero, que cuando no bastan de los vasallos, como los Indios tienen algunos á diez y veinte mujeres, en especial los que son personas principales, acaece á tener unos veinte y treinta hijos, y traen algunos dellos y véndenlos entre sí, que parece lo tienen por granjería, como los cristianos de los animales: lo cuarto, que por muy fáciles cosas y de poco crímen hacen unos á otros esclavos; á unos porque á sus padres ó madres les dieron diez ó doce hanegas de maiz; á otro porque le dieron á su padre siete ú ocho mantillas de las que ellos se cubren; á otro le hacen esclavo porque hurtó tres mazorcas de maiz ó cuatro; á otro porque siendo niño le dió uno de comer medio año ó uno, aunque se sirviera dél; y así por cosas muy fáciles y de burla se hacen unos á otros esclavos; y por cosas tan livianas, que estando yo presente al examinar de unos esclavos, dijo uno que era esclavo; preguntando porqué, si padre ó madre lo fueron, dijo que no, sino que un dia que ellos estaban en sus areitos, que es su fiesta, tañia uno un atabal que ellos usan en sus fiestas como los de España, y que le tomó gana de tañer en él, y que el dueño no le quiso dejar tañer si no se lo pagaba; y como él no tenia que le dar, dijo seria su esclavo, y el otro le dejó tañer aquel dia, y de allí adelante quedó por su esclavo, y despues le habian vendido tres ó cuatro veces en sus tianguez ó mercados que tienen cada dia; y así hasta los músicos se venden, que es una cosa de burla y de mucho daño, así para la conciencia como al servicio de V. M.

Y demás desto, si no se tiene mucha templanza y recaudo, vanse disminuyendo de cada dia los esclavos, aunque la tierra es muy poblada; porque los esclavos que se sacan de provincia fria para llevar á las minas de tierra caliente, así con el trabajo como con el calor se mueren y disminuyen, y los de caliente en la fria, aunque no tanto.

Y porque en esta materia, muy poderoso señor, yo he procurado de inquirir el remedio que mas cumpliese al servicio de Dios y de V. M. y conservacion de esta tierra y aumento de sus rentas, he platicado con muchos esta materia, y parece que pues de una parte hay provecho y daños y de la otra tambien, que de lo uno y lo otro se elija lo mejor y que mas conviene al servicio de Nuestro Señor y de V. M., y es que estos esclavos no se dejen de procurar que vengan á poder de los cristianos, ni tampoco se haga como agora, ni se ensanchen las conciencias, sino que dello se tome un medio; que V. M. mande que los esclavos que los caciques y señores dieren y hayan dado á los cristianos, se hierren aquellos que sus padres fueron esclavos ó lo son, ó fueren de guerra, ó por otras causas que á los de su sacro Consejo parecieren ser justas, ó que el derecho las permite; y que los que son esclavos por aquellas poquedades que estos Indios entre sí han usado, que no se hierren ni sean esclavos, pues Dios Nuestro Señor ha sido servido de les querer dar luz y traerlos al dominio y servidumbre de V. M. para que se salven y vengan en conocimiento de nuestra santa fe, y V. M. pueda ganar el premio de todo el servicio que á Nuestro Señor en ello se hiciere.

Y porque trayendo estos esclavos por cosas livianas, y no los herrando ni quedando en poder de los cristianos, los caciques volviéndolos á sus pueblos los tornarian á vender en los mercados, como han hecho y hacen cada dia, y siempre serán esclavos aunque los cristianos no los tomen, podrá V. M. mandar que los tales que son esclavos por causas livianas, que aunque no se hierren se dejen á los cristianos á quien los trae el cacique y se le den por naborias, con que jure y dé seguridad que no los echará hierro en secreto ni los hará esclavos; y que de aquellas haya un libro en que se asienten las naborias que se le queda ó lleva cada uno, porque piensen hay cuenta y razon, y no haga dellos como de esclavos; porque aunque sea trabajo tomar cuidado de cosa ajena y sin utilidad, porque es evitar mucho daño y destruccion de la gente y tierra, yo tomaré el trabajo de tener cuenta y razon en un libro de V. M. de los que cada uno tuviere, para que dé cuenta dellos cuando se le pida.

Y porque esta es cosa muy importante á la conciencia de V. M. y á la conservacion ó destruccion de esta tierra, y no se puede dar bien á entender cada inconveniente ó provecho por letra, y si se pregunta á los que de acá van, los mas por ventura no dirán sino que si no se dan largamente los esclavos como los Indios entre si los usan é traen, no valdrá tanto la renta, ni los cristianos ternán tanto; suplico á V. S. M. se mande informar de personas sin cobdicia y pasion, pues allá son idos religiosos de sancta vida de la custodia de San Gabriel y órden de San Francisco de los descalzos, que le dirán la verdad; y si así desto como de todo lo demás destas partes V. M. quisiere largamente ser informado, mande enviar á la Española por el licenciado Zuazo, que ha estado en las islas ocho ó diez años y en esta tierra hartos dias, que le conocen bien muchos del Consejo y tiene mucha experiencia é bondad, é podrá dar entera luz é informacion á V. M. de todo, en especial desta que es muy diferente de todas las otras islas é tierras; é por otro bachiller Ortega que desta Nueva España es partido á la dicha Española, á quien V. M. escribió estos dias pasados que fuese á informar de algunas cosas á los oidores que allá residen, que cumplen al servicio de V. M.; porque siendo de todo informado podrá mejor mandar poner remedio en todo lo que cumple al servicio de V. M.

Destos esclavos, muy católico señor, que los cristianos sacan de sus caciques, pues se los dan en lugar del oro que antes les solian dar, he demandado se pague el quinto que dellos pertenece á V. M., y no he podido acabar ni hacer se pague como es razon, por estar todo así, como V. M. mas largo allá sabrá; y segund las cosas allá andan y han andado, no se hará nada hasta que V. M. envie el remedio y castigo que es bien menester para esta tierra, é mande se le pague el quinto de todos los esclavos que los caciques han dado y dieren á sus amos de aquí adelante, porque estos no son rescatados sino dados en lugar del oro que solian dar; porque como esto toque tambien á quien ha tenido y tiene la mano, no se ha podido hacer, hasta que V. M. con castigo y ejecucion lo mande hacer, y que se cumplan mejor sus provisiones y mandamientos, que hasta aquí se hace.

En esta Nueva España, Cesárea Majestad, no ha habido muy buena disposicion de puertos para los navíos que á ella vienen, y agora la Villa Rica de la Vera Cruz se muda seis leguas de donde estaba, junto á un rio que dicen de Canoas, que es en el mismo término suyo hácia la villa de Medellin; porque del puerto de San Juan donde agora vienen los navíos, sube un brazo de mar á este sitio donde agora se pasa la dicha villa, y otro al de Medellin; y este está mas cerca para desembarcar la ropa de los navíos, dos leguas que el de Medellin; y así se podrán desembarcar mas á placer las mercaderías que de aquí adelante vinieren, y sin tanta costa.

Vuestra Católica Majestad tiene mandado por sus provisiones é instruccion que envió al gobernador Hernando Cortés, que los regidores y oficiales que se nombrasen cada año, hasta que V. M. los hiciese perpetuos, los nombrasen el gobernador y oficiales, y repartiesen los solares y caballerías y todas las otras cosas, porque con mas acuerdo y parecer se hiciese lo que cumplia al servicio de V. M., como se ha hecho y hace en las otras islas; lo cual nunca quiso hacer por tener él solo mano en el cabildo; é estuvo la dicha instruccion escondida hasta que se halló despues de sabida su muerte; la cual despues se ha notificado á los que tienen la justicia para que la cumplan como en ella V. M. manda, y no la han querido cumplir. V. M. mande poner remedio en todo como mas cumple á su servicio, pues la tierra y los que acá venimos nacimos para le servir; y mande castigar esta mala costumbre y poca obediencia que acá hay de no querer obedecer los mandamientos y provisiones que de V. M. han venido y vienen; que si á dos ó tres se hubiese cuarteado,[1] ninguno tendria atrevimiento de oponerse cada dia contra las provisiones de V. M., ni rodear que no se obedeciesen.

Despues que á esta tierra llegué, procuré con el gobernador Cortés que diese forma como enviásemos á descubrir el estrecho que se ha dicho y creido que habia para la Especiería, así por la costa del Norte como por la del Sur; y así me dió á entender cuando envió á Francisco de las Casas, que le enviaba á descubrir el estrecho, si le habia por la parte del Sur, y fué á las Higueras; y despues acá se ha sabido de muchos que han venido de las Higueras y pasado desta Tierra Firme donde está Pedrarias, hasta esta ciudad por tierra, como no hay estrecho, sino todo tierra firme; y de la otra parte del Norte hácia la Florida tambien dicen que no hay los que por allí han costeado.

Los dos navíos que se hacian en Zacatula, y un bergantin, están acabados, y pudieran luego ir á descubrir y seguir el camino de la Especiería, que segun los pilotos aquí dicen, por su punto y cartas no está de Zacatula de seiscientas á setecientas leguas; y hay nuevas de Indios que dicen que en el camino hay islas ricas de perlas y piedras; y siendo á la parte del Sur ha de haber, segun razon, oro en abundancia; y preguntando á los Indios de aquella costa de Zacatula, cómo saben que debe haber por allí islas, dicen que muchas veces oyeron á sus padres y abuelos, que de cierto en cierto tiempo solian venir á aquella costa Indios de ciertas islas hácia el Sur, que señalan; y que venian en unas grandes piraguas, y les traian allí cosas gentiles de rescate y llevaban ellos otras de la tierra; y que algunas veces cuando la mar andaba brava, que suele haber grandes olas en aquella parte del Sur mas que en otra parte ninguna, se quedaban los que venian acá cinco ó seis meses, hasta que venia el buen tiempo é sosegaba la mar é se tornaban á ir; y así se tiene por cierto hay islas cerca y que hay razon de ser ricas; y yo quisiera fueran luego los dos navíos y el bergantin, pues están á punto y hay hartos marineros y que desean ir al viaje, y el aderezo para todo lo que es menester, y bastimento y las otras cosas necesarias; pero como la tierra

---

[1] Descuartizado.

está sin gobernador y en comunidad, y tan perdida como V. M. de muchos allá sabrá, no he sido parte sino para que solo vaya un bergantin con ocho hombres ó diez á reconocer si parecen algunas islas; y como el bergantin sea cosa pequeña y de poco costado á las olas de aquella parte, muy mas altas que en otra mar, dicen los pilotos que no se osaba meter á la mar, y que no pudiendo llevar bastimento, como no puede sino muy poco, se volverá de fuerza luego. Yo procuraba fueran los dos navíos, pues habia tambien aparejo y sazon; pero no soy parte para poder mas servir á V. M. como está al presente la tierra, hasta que mande enviar el remedio y castigo para todo, y darme algo mas poder para que pueda mejor servir á V. M.; porque si destas cosas no manda uno de nosotros, aunque se comunique con todos, no tiene especial cargo de V. M. para lo hacer y poner en ello diligencia, nunca unos por otros se hará nada; porque yo certifico á V. M. que si hubiera traido una cédula de tres renglones para esto y otras cosas, que el camino de la Especiería fuera descubierto, y por ventura otras islas de grand provecho é interese.

Y sabido ó descubierto el camino de la Especiería por esta Nueva España, Sacra Majestad, aunque el estrecho no se halle, como no diz que le hay, podrian venir los navíos que trajeren la especiería á una parte desta Nueva España hácia lo de Zacatula, que estará del puerto de Medellin ó Villa Rica de sesenta á setenta leguas, y de allí por tierra sin mucho trabajo se podria traer en Indios muy á placer y sin daño dellos, hasta la poner en el puerto y navíos que cada dia van á la Española y España; porque demás que los Indios son acostumbrados á ir con sus cargas y mercaderías trescientas leguas á contratar en provincias remotas, aunque allá parecerá trabajoso, podríanse, como suele hacerse, remudarse de jornada á jornada los Indios como acá se acostumbra, y desta manera entre ellos corren postas, como correos en los reinos de V. M.; que como V. Cat. M. y los de su muy alto Consejo mejor saben, los Venecianos cuando trataban en especiería, la traian de trato y comercio de Calicut[2] y venian á la isla Scoira,[3] donde diz que habitan cristianos, y entraban por el seno y estrecho del Mar Rubro[4] y por muchas islas que venian á la punta del dicho mar, y desembarcaban en el puerto de Johar-

---

[2] Calcuta. [3] Socotora, la antigua Dioscórida. [4] Mar Rojo.

na,[5] y allí diz que la tomaban en camellos, y por el desierto de Arabia la llevaban al puerto de Ostraciña y Pelucio,[6] y por cerca de la costa se venian á Alejandría; y de allí la que les quedaba la traian á Candia y al puerto de la Corna en la isla de Morea; y entre la costa de Pulla del reino de Nápoles de V. M. y Albania, por el Mar Adriático, la traian á Venecia y á toda la Europa, hasta que el camino no tuvieron seguro por los Alarbes; y así, muy poderoso señor, pues aquellos por reinos de infieles é mar la traian de tan lejos, muy mejor y mas sin trabajo ni costa se podrá traer por aquí, y con harta ventaja de navegacion y camino, y por islas y reinos de V. M. hasta llegar en España sin ningun gasto; y demás desto ya hay recuas y de cada dia habrá mas, en que se pueda pasar sin mucho trabajo ni costa, en defecto que el dicho estrecho no le haya como dicen.

Algunos, Cesárea Majestad, de los que han estado en estas partes y experimentado las cosas dellas, y por lo que se pierde y vienen en diminucion, dicen es porque las hallan fértiles y ricas, y no cura ninguno, del mayor hasta el menor, sino tener ojo á aprovecharse y á procurar de haber con que se vaya en España; y así dan tras la tierra y recogen lo que pueden y desuellan á los Indios, y al tiempo que piensan haber otro tanto dellos, no lo tienen y acábaseles; y no habiendo qué les sacar, es por fuerza que les han de maltratar, como cada dia se hace, y si procurasen de conservar la tierra con otras cosas de granjería, y que no fuese todo sacarles oro, conservarse hian muchos años; y así diz que seria muy provechoso que V. M. mandase venir tres ó cuatro mil labradores, así de la Andalucía como de Castilla, y que viniesen á poblar la tierra con sus mujeres y casas, y que trajese cada uno su aderezo de labranza y plantas de viñas y árboles; y estos se repartiesen acá por las provincias que al gobernador que viniere y oficiales de V. M. pareciere; y que á cada uno dellos se le repartiesen en la provincia donde asentase, ciento ó doscientos Indios para que los tuviese en administracion, ó se les diesen por suyos para que se sirviese dellos é le ayudasen en sus labranzas é granjerías; é los impusiese en sus labores é forma de vivir que tienen los labradores en España; porque como estos Indios sean vivos de ingenio, é bien dispuestos y recios, y de tanta razon que en

[5] Arsinoe. (Suez.) (?)
[6] Puerto del Mediterráneo en la boca mas oriental del Nilo: hoy *Tineh*. Ostracina era un puerto de la misma costa.

dos años tomarán la órden é forma de vivir de España; y de allí tomarán mejor la órden de la contribucion, porque son tan ingeniosos que no hay cosa que vean que no la hacen mas políticamente que la ven, hasta hacer vihuelas como en España, y tapicería á la manera de Flandes y de dos haces, aunque los rostros no aciertan por el presente tan bien á hacerlos; y si V. S. M. porque viniesen de mejor gana á poblar la tierra fuese servido que á los labradores que viniesen les diese los Indios perpetuos ó á vida, y que anduviesen los Indios con la misma heredad, vendrian de mejor gana á poblar y asentar en la tierra; porque puede V. M. creer que si los Indios no manda dar perpetuos, que la tierra se perderá y ninguno permanecerá en ella.

Aquí vino una cédula de V. M., y dicen que procurada por un solicitador del gobernador á nombre de la tierra, para que no hubiese procuradores ni letrados en esta Nueva España; y aunque parece V. M. le concedió por mejor fin, porque no hubiese pleitos, ha sido en daño de muchos; porque ó no ha de haber pleitos, ó si los hay ha de haber letrados é procuradores; porque habiendo tanta multitud de causas como hay, de razon los ha de haber; porque así los jueces y escribanos se lo llevan todo, tanto que hay extrema necesidad que V. M. mande enviar una audiencia con el gobernador que viniere, porque en esta tierra hay mas extrema necesidad que en ninguna parte de sus reinos, por estar mas remota de su real presencia, y por la grandeza della.

Las cosas de la Iglesia, Sacra Majestad, y de nuestra santa fe católica, puesto que nosotros ponemos recaudo en ellas, no están en aquella veneracion ni órden que ellas requieren estar; y así cumple al servicio del culto divino y de V. M. y bien de la tierra, que V. M. mande enviar aquí á esta ciudad un arzobispo como á cabeza de la tierra, y dos ó tres obispos á otras provincias comarcanas, como por un memorial que envio á Lope de Samaniego para que haga relacion á V. M., podrá mandar ver de lo que valen y valgan los diezmos de esta ciudad y villas destas partes, para que por él V. M. mande ver lo que vale cada cosa; que viniendo personas de buena vida y sin cobdicia, muy necesario es que las cosas de nuestra santa fe tengan la autoridad y policía que conviene, y donde se podrán muy bien emplear y ganar ánimas y apacentar sus ovejas los pastores de Dios;

porque es la tierra mas aparejada para servir á Dios y sacar fruto los que quisieren servirle, que jamás nunca se halló; y los que otra cosa escribieren á V. M., crea no sienten bien de la fe, ó que les mueve otro respeto ó pasion; y si alguno mirando al interese ó ampliacion de oficio habia de estorbar ó procurar que no viniesen obispos, habia de ser el contador, porque tiene mas mano en lo de los diezmos que ninguno; que no habiendo obispo, mi oficio de contador está mas extendido, porque yo hago las rentas y libro los salarios á los clérigos, y todo lo que mas se gasta es con libranza mia en nombre de V. M., y veniendo obispos no tengo en ello que hacer; pero porque me parece que la fe y culto divino estará mas venerado y con mas autoridad é á servicio de Dios, é las iglesias mejor servidas, y que vean los Indios que hay cabeza en la Iglesia á quien se tiene acatamiento y veneracion; porque ellos así idólatras como son han tenido tanta veneracion y policía en los cues donde tenian sus ídolos, y honran tanto á los que tenian por sacerdotes, que entre ellos llaman papas, que es vergüenza de lo poco que en servicio de Dios y de nuestra iglesia los cristianos hacemos, viendo á estos hacer tanto en servicio del enemigo que tan mal pago les da; y así me pareció dar cuenta dello á V. M., pues es tan cristianísimo y católico, para que lo mande proveer como cumpla al servicio de Dios y suyo.

Y porque la opinion que algunos tienen para excusa, de decir que no seria bien viniesen obispos porque algunos no gastan la renta en servicio de Dios ni aumento de la Iglesia, en esto V. M. elegirá tales personas que la gasten como deben; y porque los que sucedieren despues hagan lo que deben, si V. M. fuere servido podrá limitarles la renta, y que desto agora vengan las bulas, que la renta de cada obispado se haga cuatro partes, y las dos lleve el obispo, y la otra los canónigos, y la otra para la fábrica y ornamentos y cosas de la Iglesia; y que de las cosas de la fábrica sean patrones los oficiales de V. M. en su nombre, porque cuando el obispo que fuere no lo hiciere bien, los oficiales que á la sazon fueren le hagan poner en razon, y provean en las cosas necesarias á la dicha Iglesia.

Y porque podria ser que una vez entrado el obispo en su Iglesia, quisiere hacer con codicia que le pagasen diezmo del cacao que se coge en la tierra, que los Indios tienen por moneda, diciendo que es fruto de los árboles, que agora no se diezma dello, porque como es moneda en la tierra, si se diezmase, más ternia el obispo que viniese de renta al año que V. M. de su quinto; porque por el cacao se da oro, y seria destruir la tierra; y doy aviso dello á V. M. porque el obispo de San Juan anduvo así en discordia con la isla sobre otra cosa semejante; y así seria necesario que se expresase en las bulas, que no se diezme del dicho cacao, que sin nada dello este arzobispado y obispados de la tierra son mejores que todos los de las islas, y subirán de cada dia.

Para que los hijos de los caciques y señores, muy poderoso señor, se instruyan en la fe, hay necesidad nos mande V. M. se haga un colegio donde les muestren á leer y gramática y filosofía y otras artes, para que vengan á ser sacerdotes, que aprovechará mas el que de ellos saliere tal y hará mas fruto que cincuenta de los cristianos para atraer á los otros á la fe; que para la sustentacion dellos y edificios, un lugar destos pequeños que están junto á la laguna habrá harto, como lo lleva quien no hace fruto; y otro tanto podria V. M. mandar para un monasterio de mujeres en que se instruyan las hijas de señores principales, y sepan la fe y aprendan hacer cosas de sus manos, y quien las tenga en órden y concierto hasta las casar, como hacen á las Beguinas [7] en Flandes.

Halcones he procurado de haber para enviar á V. M., y pienso que venida la muda se habrán algunos pollos en el lugar que se llama Xaltocan y en otro que se dice Xilotepeque, donde vienen á criar al tiempo; aunque han acá dado estos lugares y Guachimango donde nace el liquidámbar y donde se cria la grana; que estos quisiera yo quedaran para V. M., para le enviar cada año de todo; pero mándelo V. M. lo que en ello fuere servido, para que yo pueda poner la diligencia que deseo en el servicio de V. M.

Aquí procuramos que toda la tierra, pues es tanta y tan grande, haga un servicio á V. M. de oro y joyas para ayuda á sus grandes gastos: no sé lo que podré hacer por estar la tierra como allá por muchos V. M. sabrá.

Por el mes de Agosto enviamos á V. M. por via de la Española, con dos navíos de Vicente Dávila y Juan de Quintero, veinte mil

---

[7] Especie de beatas establecidas desde el siglo XII. Vivian reunidas en un edificio; cada una en celda separada. Hacian voto de castidad mientras permanecian en el convento, del que salian para tomar estado. No se sabe á punto fijo el origen de esta órden.

castellanos dirigidos á los oficiales de la Española, para que de allí los enviasen á V. M. con la flota que partiese; y creo que con ayuda de Dios habrán llegado en salvamento á Sevilla; y agora enviamos á la dicha Española con un Eugenio Moscoso que partió desta ciudad con el oro, nueve mil y ciento y cincuenta y seis pesos, y seis tomines, y cinco granos y medio de oro, de á cuatrocientos y cincuenta maravedís cada peso, que van ya de acá reducidos á buen oro; y otros doce mil pesos de oro sin ley, el cual es muy bueno; que son por todos veinte y un mil y ciento y cincuenta y seis pesos, y seis tomines, y seis granos y medio, que con los de Agosto son cuarenta y un mil y tantos castellanos, aunque es grand mal que de tan grande tierra como esta, por no haber órden ni justicia no se pueda enviar á V. M. mas de lo que se envia; pero proveido en ella verá lo que en su servicio y aumento de sus rentas se hace, porque cada dia se descubren mas minas de oro y plata, y con hacer un pueblo en las minas de Guaxaca, que hemos hablado en hacer, habrá mas aparejo de coger oro: lleva tambien el dicho Moscoso ciento y dos marcos de plata, y una onza y seis reales.

Asimismo es menester hacer en la provincia de Mechoacán una casa para que se funda la tierra de donde sale la plata, y fundida allí se venga aquí á refundir é acendrar, porque de una vez la plata no sale como el oro, limpia, y pague el quinto ó diezmo á V. M.; porque como la sacan Indios de la tierra y esclavos y aun cristianos, han acostumbrado á lo fundir cada uno en su casa y aun acendrarlo, y no se vienen por maravilla á pagar los derechos de V. M., porque se lo callan los que la sacan; y cuando van al puerto los que la llevan, con dar algo al alcalde Bonal y escribano ó guardas, se lo dejan sacar, y esclavos; y como un teniente de contador que allí está lo quiere estorbar, y estorbar ha que no se robe á V. M. tan absolutamente, no le dejan entrar y hácenle extorsiones y daños hasta que le es forzoso callar, pues no puede ni es parte para lo remediar, hasta que el castigo para todo venga de V. M., como cada dia lo esperamos; y hecha allí la casa en Mechoacán, hacerse ha que ninguno funda la dicha tierra sino allá, y se envie lo que salió con una fe de un oficial que allí ha de estar, para que acá en la fundicion desta ciudad se acendre y tomemos los derechos que á V. M. pertenecieren.

Y para que mejor de aquella provincia de Mechoacán V. M. sea servido y los Indios descubran las minas de plata, que tiene muchas y no osan hacerlo por temor del Cazoncí, que es el señor de aquella provincia, hay necesidad que V. M. nos envie á mandar por su letra le enviemos al dicho Cazoncí y á otros dos hermanos suyos y principales dellos y á otros señores desta Nueva España, porque sacados de aquí la tierra estará mas segura y los de acá descubrirán las minas sin temor, sabiendo que estos se han llevado allá, y verán á V. M. y su grandeza, y se podrá desta tierra sacar mucho servicio; que yo quisiera los enviáramos á V. M. agora, sino que me han ido á la mano por algunos respetos no muy provechosos al servicio de V. M.

El gobernador Hernando Cortés debe á V. M. de un resto de una cuenta que con él fenecimos, de dineros que tomó del quinto de V. M., sesenta y dos mill y tantos castellanos, como con Lope de Samaniego escribí á V. M., y agora despues de haberse averiguado su muerte, pedimos el tesorero Alonso de Estrada y yo al factor y veedor de V. M. que agora tienen la justicia, que nos entregasen los dichos sesenta y dos mill castellanos de su hacienda, pues la tomaron, para los enviar luego á V. M., conforme á una obligacion que con harta dificultad le sacamos, y que en la mas hacienda restante no se tocase, porque la mas pertenecia á V. M., hasta que mandase lo que della fuese servido, y no se ha hecho nada; y por estar la tierra tal no podemos mas hacer de presente, hasta que V. M. mande proveer en el remedio de todo.

Entre ciertas escripturas que del gobernador Cortés vi, hallé que habia enviado á España con ciertas personas cincuenta y cinco mill y seiscientos y ochenta y seis pesos de oro, como en un memorial que á Lope de Samaniego envio, de que ha de hacer relacion á V. M. se contiene, sin otros catorce mill y sesenta y un pesos que envió el dicho gobernador á la Española con Alonso de Villanueva para desempeñar cierta hacienda de Francisco de Garay, como á los oficiales y veedores de la Española hemos escripto el dicho tesorero y yo, asi por dos vias, como despues con el dicho Eugenio de Moscoso con quien agora enviamos los dichos veinte y un mill pesos, para que los cobre y los envie á V. M., dirigidos á los oficiales de la Casa de la Contratacion de Sevilla; los cuales V. M. mandará cobrar y desembarazar lo de acá; que en deudas y hacienda y granjerías aprecian la hacienda del dicho gobernador los que la saben, en mas de doscientos mill castellanos; que entregado V. M. de lo uno y lo otro, de lo restante podrá mandar lo que sea servido.

Muchas de las disensiones y muertes de cristianos, Sacra Majestad, que en estas partes han sucedido entre los cristianos vasallos de V. M., han sido sobre los límites y lugares de los gobernadores que por V. M. han venido en estas partes, como entre Pedrarias y Gil Gonzalez Dávila y el gobernador Hernando Cortés y Cristóbal de Olit hácia el cabo de Higueras, que unos y otros han venido á concurrir allí; y así hay mucha necesidad, si V. M. fuere servido, que mande limitar el término y leguas que ha de tener cada gobernacion, el cual acá parece basta ducientas leguas de una parte á otra de cualquier gobernacion en largo, y el ancho, si hubiere, otro tanto, si no lo que pareciere puede tener segund la disposicion donde fuere cada una; y acá halo menester cada gobernacion segund las tierras son grandes, y hay por donde se extienda cada gobernacion, y conquisten los della las provincias que no están sujetas al dominio de V. M.

Y porque entre esta Nueva España y provincias á ella comarcanas y Tierra Firme é Higueras, concurren gobernaciones, y mas que se cree que V. M. dividirá de la de aquí de Temistitlán á Pánuco y Guatimala y Guazacualco, que se pueden bien hacer y dividir estas gobernaciones pues hay tierra para todas, y habrá necesidad de un juez de términos muy recto y de mucha conciencia, para que limite y señale lo que es de cada gobernacion, y con recias provisiones de V. M. para que ninguno exceda ni tome mas de lo que fuere de su gobernacion, ni se salteen unos á otros, ni se prendan y maten como si fuesen enemigos y como cada dia hacen, siendo todos vasallos de V. M., y que piensen que al que hiciere lo que no debe, aunque esté tres ni diez mill leguas de V. M., le ha de mandar enviar á cortar la cabeza.

Otrosí, muy poderoso señor, como V. M. ha sido informado muchas veces, los Indios destas partes son muchos y sueltos, recios, de grandes estaturas y aficionados á las cosas de la guerra, y tan sabios que no les falta sino no haberse ejercitado ni tener al presente armas y aparejo de guerra de la manera que los cristianos; y como son vivos de ingenio vanlo tomando, y ven que tan bien muere el cristiano y el caballo de un golpe ó lanzada como ellos, porque antes pensaban eran inmortales, y huian ducientos y trescientos de uno ó dos de caballo, y agora acontece á tenerse un Indio con un cristiano que esté á pié como él, lo que antes no hacian, y arremeter al de caballo diez ó doce Indios por una parte y otros tantos por otra para tomarles por las piernas; y así viendo como los cristianos pelean y se arman, ellos hacen lo mismo, y de secreto procuran de recoger armas y espadas, y saben hacer picas con oro que dan á los cristianos; porque en las diferencias que en estas partes ha habido y hay entre los vasallos que han venido, para señorear unos á otros y gobernar, hanse valido de los Indios y ayúdanse dellos unos cristianos contra otros, y así demás de ser una cosa muy mal hecha y digna que V. M. la mande muy reciamente castigar, muestran á los Indios á pelear, para que un dia que les esté bien ó tengan aparejo no dejen cristiano con nuestras mismas armas y ardides; y puede V. M. creer que si no lo manda luego remediar, castigando á los cristianos que han sacado y valídose de Indios contra otros cristianos, y dádoles armas, y prohibiendo so graves penas que ninguno sea osado de lo hacer, so pena de muerte y perdimiento de bienes, que esta tierra antes de mucho tiempo se perderá.

Y demás desto, para que esta tierra se perpetúe y prevalezca, parece á los que acá tienen experiencia, que V. M. mande dar forma como esta tierra se pueble, y que para esto haga mercedes á los que en ella estuvieren y vinieren, y á los que mandará dar Indios perpetuos, como tienen por cierto que V. M. para perpetuar la tierra y para que sea servido mas lealmente que hasta aquí, no los excusa de dar; porque quienquiera que acá gobierna, aunque sea por tres dias, da los Indios y con ello es mas obedecido que si fuera señor de la tierra; y como los quitan y dan cuando les place, y no se dan por mano de V. M., vanse mas tras el cebo de presente que á lo que son obligados; y como se diesen de mano de V. M. y el que gobernase no se los pudiese dar ni quitar, crea V. M. que la tierra estaria mas en su servicio y obediencia de lo que agora está, y que cada uno ternia otro cuidado y manera en el tratamiento de los Indios, que no tiene al presente con pensar que mañana se los han de quitar; y cuando V. M. los mandase dar, que mandase que al que se diese sea casado, y si no que se case dentro de año y medio que le diesen los Indios, que en este tiempo la puede traer de Castilla, y si no, perdiese los Indios y lo que dellos hubiese llevado; y que cada uno pusiese sus viñas y árboles y sembrase en su término; y que el que vendiere ó diere armas ofensivas ni defensivas á Indio, pierda hacienda y muera por ello; y pues la tierra es tan buena, crea V. M. que si en ella manda poner remedio, se perpetuará y terná en ella otros reinos é imperio.

A muchos de los que en la perpetuidad desta tierra hablan, muy católico señor, les parece que esta ciudad se debia mudar de este sitio donde está dentro de esta laguna, y pasarla á tierra firme, dos leguas de aquí, junto á esta misma laguna, que es un lugar que se llama Cuyoacan, ó en Tezcuco, que tambien está junto al agua y en tierra firme; y por ventura parecerá á V. M. que en una cosa grande como es mudar una ciudad seria necesario, como en la verdad es, mejor y mas prudente juicio que el mio; pero porque vistas V. M. las causas del provecho y daño de estar aquí la ciudad, pueda con su muy alto Consejo determinar y hacer lo que mas para lo futuro sea su servicio, diré lo que en este caso se me ofrece.

Hay, Cesárea Majestad, para que esta ciudad no se mudase, que están en ella edificadas casi ciento y cincuenta casas de Españoles y muchas de los Indios que en ella de otra parte viven; y que decir allá en España ó en cualquier parte del mundo, que esta ciudad está puesta en una laguna como Venecia, parece cosa insigne y muy noble.

Y para esto, muy católico señor, hay muchos inconvenientes: lo uno que el dia que se concertaren los Indios de alzarse, repartirian que diesen sobre cada casa principal cuatro ó cinco mil Indios, y lo primero que harian seria entrarse á las caballerizas á matar los caballos, y juntamente poner fuego á las casas para que no pudiésemos socorrer unos á otros, y otros abrir las calles y calzadas de agua, como acostumbran luego á hacer, para que los cristianos no se puedan aprovechar de los caballos, que saben es la mayor fuerza que tenemos contra ellos, de los cuales no nos podriamos los cristianos servir, abriendo las dichas calles y calzadas, porque de la misma manera fué cuando al gobernador Cortés desbarataron y mataron mucha gente, hasta que le fué forzado dejar la ciudad, y lo mejor que pudo con los que le quedaron, acogerse de noche por unas montañas por el camino de Tascaltecle (Tlascala), y por ventura si los Indios estuvieran tan diestros é instruidos en los ardides de guerra de los cristianos como agora, antes que llegaran á Tascaltecle no quedara hombre dellos, y tambien fué á una sazon que los desta ciudad estaban enemigos con los otros, lo que ya no están, porque ni á unos ni á otros no les contenta estar subjetos de los cristianos, y es de creer que cada y cuando vean tiempo lo procurarán; y no hagan entender á V. M. que sola la diligencia y fuerza de cristianos ha bastado para sustentar la tierra contra tanta multitud de gente, sino que Nuestro Señor é la buena dicha de V. M. la conserva y sustenta para que no se pierda la fe católica que aquí está plantada y de cada dia se va aumentando; con lo cual es necesario V. M. en lo que á él toca mande proveer esto se conserve en lo por ve......

Y pasándose á Cuyoacan ó Tezcuco el asiento desta ciudad en tierra firme y junto al agua, demás de ser las casas acá de piedra y fuertes, bien trazada conforme á esta,[5] con una cerca de cal y canto, puesto que toda la tierra se alzase, teniendo los cristianos tiempo para se armar y ponerse á caballo y sacar gente de ballesteros, que es lo que mas les desbarata, saliendo á ellos por tierra firme los desbaratarán siempre con ayuda de Nuestro Señor y la buena dicha de V. M.; porque estando la ciudad en tierra firme y la una parte que llegue á la lengua del agua, como está el sitio muy excelente en cualquiera de las dos partes, con una fuerza allá donde estén los bergantines como en las atarazanas, para correr cuando fuese menester la laguna, aunque viniesen diez mill canoas no pasarian; y así cercada la ciudad, con cuatro ó seis hombres que velasen en tiempo de sospecha por la cerca cada noche, estaria la ciudad tan segura como en Valladolid; y es perpetuar la tierra que estuviese segura para siempre de nunca perderse.

Y demás de la seguridad de los cristianos y guarda de toda la tierra, los bastimentos de esta ciudad serian mas barato, porque como se traen de lejos vale todo en subido precio, como leña, y yerba, y agua, y aves, que es la mayor parte de bastimentos; y lo que mas dañoso es, como esta ciudad está sobre agua salada y la tierra de las calles es salitral, porque della hacen los Indios la sal, á los caballos en quien los cristianos tienen la principal fuerza, dentro de cuatro ó cinco meses que están en esta ciudad les salen cuartos y se mancan luego, que no es provecho dellos, ni bastan los remedios que para ello se han buscado de hacer las caballerizas el suelo de madera como

---

[5] Sin duda incluyó el plan, que no hallo ahora. (Muñoz.)

en Flandes, ni otras muchas defensas que para ello se han hecho.

Y parecerá á V. M. y á su muy alto Consejo que el pasar lo que está hecho desta ciudad y hacer otra de principio seria dificultoso ó que se expenderá mucho tiempo en ello: acá segund la disposicion de lo uno y de lo otro lo tienen por bien factible, porque demás que todos los Españoles desean pasarse á una destas dos partes, porque ya estuvieron allí cuando vinieron á la tierra, y contra voluntad de todos hizo el gobernador Hernando Cortés que se pasasen aquí, dicen los Indios y cristianos que en medio año pasarán las casas que aquí tienen hechas; y como ya la piedra dellas está labrada y la pongan junta, tornarán á hacerlas en otro medio año, porque como tienen canoas y mucho aparejo y gente, cada uno con sus Indios y repartimiento pasaria presto su casa; y tienen todos los cristianos tanto deseo de se pasar de aquí por la seguridad y descanso que de ello ven que se les seguirá, que lo harian mas presto que parece.

Y porque esta ciudad está bien trazada, y á ninguno de los que tienen en buen lugar sus casas se les hiciese daño ni agravio, podria V. M. mandar que esta misma traza se llevase en el otro asiento, y á cada uno se señalase su casa en el mismo lugar y de la propia manera que la tiene aquí.

Y aunque creo, como es razon, que V. M. en esto querrá y será servido para una cosa que importa como esta, de informarse dello y mandar tomar parecer de quien mas sepa, para que con mas maduro consejo y parecer se haga lo que cumple á su servicio y á la perpetuidad y conservacion desta tierra y bien de los que á ella vienen y están, parecióme dar aviso dello á V. M., para que antes que el gobernador y audiencia que V. M. hubiere aquí de enviar, como es necesario, vengan, luego lo mande con ellos platicar é comunicar, para que si hallaren cumple á su servicio é bien é seguridad de la tierra é cristianos della, se haga como convenga al servicio de V. M., y si no se esté como está; y habiéndose de estar así seria muy necesario hacer una cerca que acá hemos platicado muchas veces que es necesaria y no se ha hecho; que los Indios, pues hay materiales cerca, dicen la harán en medio año; aunque mudarla de aquí seria lo mas perpetuo y seguro para lo que cumple al servicio de V. M.

Si en alguna tierra, Cesárea Majestad, de sus reinos é señoríos fué necesario dar órden de vivir á sus súbditos y vasallos, es en esta mas necesario que en ningun reino ni señorío de V. M., porque como la tierra es abundosa de mantenimientos é de minas de oro é plata, ó se ensancha á toda manera de gente el ánimo de gastar y tener, á cabo de un año ó medio que está en la tierra, el que es minero ó estanciero ó porquero no lo quiere ser sino que le den Indios, y para esto procura de echar en atavíos y sedas cuanto ha habido, y otro tanto á su mujer, si la tiene; y desta misma manera dejan de hacer los otros oficiales de arte mecánica sus oficios y se ponen en excesivos gastos, y no trabajan ni se saca oro ni plata de las minas, con pensamiento que los Indios que les dieren les han de servir y mantener sus casas y gentilezas y sacarles oro; y así de cada dia se va perdiendo la tierra, é vienen en mucha diminución las rentas y quinto de V. M., y no se saca nada de minas, y la misma gente está perdida y pobre y con deudas, las cuales no pudiendo cumplir con sus acreedores, andan en cárceles ó se van de unas islas á otras, y es mucha perdicion dellos y de sus vidas; porque yo muchas veces he oido á personas antiguas en estas islas, que en el tiempo que no se traian estas sedas y brocados que agora se traen en estas islas, la gente se ocupaba en minas y el mejor de la tierra se holgaba de ir á ellas, y el menor tenia siete ó ocho mill castellanos en sus barras, y procuraba de las enviar á Castilla á su casa ó deudos, y agora como todos son caballeros y no quieren aplicarse á lo que es necesario de procurar de sacar oro, habiendo el mejor aparejo que nunca en ninguna tierra hubo de las descubiertas, por los muchos esclavos y abundancia de gente, el que mas debia tener en la tierra está adeudado; y así todo está perdido é de cada dia se perderá mas.

Cumple al servicio de V. M. y aumento de sus rentas y bien de todos sus vasallos y para que esta tierra no se acabe de perder, que mande enviar á mandar que la pragmática de la seda y brocado se guarde, ni que nadie la traiga ni un ribete, sino con la limitacion de hasta un jubon ó poco mas, ni se den Indios á oficiales que hayan sido, ni á minero, ni estanciero, ni porquero, ni sastre, ni zapatero, ni de otro cualquier oficio de arte mecánica, sino que usen sus oficios como en Castilla, y que sabiéndolos los usen, so pena de perdimiento de bienes; que certifico á V. M. que mujeres de oficiales y públicas traen mas ropas de seda que de un caballero en Castilla; y así están todos pobres y destruidos, y despachan los pobres Indios que son la gente que mejor sirven en todo el mundo; porque excusándose acá de cosas excesivas, darse han á sacar oro y plata, y teniéndolo, V. M. habrá mas renta y la gente podrá mejor enviarlo en Castilla, y no habrá tantas trampas ni deudas entre ellos.

Algunas cosas se suplican allá á V. M. y parecen necesarias por las causas y colores que les dan para que V. M. las conceda, y venidas acá son perjudiciales á sus rentas y servicio, y á la ciudad y tierra no aprovechan sino á los oficiales que aquel año las administran: si V. M. fuere servido, para que acá se pueda ver lo que cumple mas á su servicio é rentas, mande hacer algun remision á los oficiales que acá están, y ⁹ como en las mas V. M. acostumbra, para que no defrauden á V. M. en sus rentas.

Bien creo, muy poderoso señor, que de acá se escribirán á V. M. diversas informaciones y siniestras relaciones muy contrarias unas de otras y llenas de pasion; y como los de su muy alto Consejo saben y están informados, no hay ninguno que en estas partes tenga mano en la justicia ó en proveer Indios, que quiera hacer informacion falsa contra un cartujo, que no halle treinta y cincuenta testigos que depongan mas de lo que quisiere, con ver que les pueden proveer Indios; pero porque la verdad de quien lealmente ha servido á V. M. se sepa, y nadie se atreva á hacer lo semejante, ni informar á V. M. fuera de la verdad, muy humillmente suplico á V. M. lo mande todo ver y mandar guardar lo que unos y otros escribimos; y enviando tal persona de gobernador é oidores é pesquisidor cuales conviene al servicio de V. M., gelas mande todas dar para que las traiga acá, y les mande expresamente que hagan muy recio castigo, así contra los que han deservido á V. M. y tomádole sus rentas é hacienda é alterádole su tierra, como contra los que le envian relaciones falsas, y especialmente contra nosotros los oficiales, que V. M. acá nos envió á le servir, y contra mí el primero, si en algo le he deservido; porque como esta tierra está tan remota de la presencia de V. M., HAY acá muchos deservidores y comuneros; y porque de todo lo destas partes que cumple al servicio de V. M. y bien desta tierra escribí mas por extenso á Lope de Samaniego para que de todo dé cuenta á V. M., para que en ello con brevedad mande proveer como cumple á su real

---

⁹ Una palabra que no puede descifrarse.

servicio, á él me remito; é humillmente suplico á V. M. le mande dar fe y creencia, porque en todo se provea como mejor convenga á servicio de V. M. é aumento é conservacion destos sus reinos; y si en algo de lo que á V. M. en esta doy relacion no le pareciere que siente bien de lo que escribo, y no cumple á su real servicio, por otras causas que para ello le moverán, muy humillmente suplico á V. M. me perdone, y reciba mi deseo y leal intencion de le servir, porque mirando á esta, aunque en todo yerre, será mi yerro digno de venia, pues la recta intencion de servir á Vuestra Cesárea Majestad lo salva. Nuestro Señor el sacro imperial estado de V. M. por largos tiempos prospere é conserve, con muchos imperios é señoríos, como sus vasallos é criados deseamos: desta su gran ciudad de Temistitlán, á quince dias de Diciembre de quinientos y veinte é cinco años.—De Vuestra Cesárea y Católica Majestad muy humill vasallo y servidor que sus reales piés y manos besa.—RODRIGO DE ALBORNOZ.

Contuli.—Simancas, 14 de Octubre 1781.—MUÑOZ.
Contuli.—LEMBKE. *Id.*—H. W.

MEMORIA

DE LO ACAECIDO EN ESTA CIUDAD DESPUES QUE EL GOBERNADOR HERNANDO CORTÉS SALIÓ DELLA, QUE FUÉ Á LOS DOCE DIAS DEL MES DE OCTUBRE DE MILL É QUINIENTOS É VEINTE É CINCO AÑOS.

El gobernador Hernando Cortés salió desta cibdad de Temixtitán el dicho dia doce de Octubre: dijo que iba á conquistar los Zapotecas é otras provincias, é aunque todos tuvieron creido que iba contra Cristóbal Dolid quel habia enviado por capitan á descobrir el cabo de Hibueras, que es en la Mar del Norte, el cual se le habia alzado; dejó por teniente de capitan general al tesorero Alonso de Estrada, é por gobernador ansimismo, juntamente con el licenciado Alonso Zuazo en quien dejó la administracion de la justicia cevil é creminal: el fator Gonzalo de Salazar é el veedor Per Armildez Cherino iban con el dicho gobernador, é como pensaban volverse, el dicho fator trabajó muy afetuosamente que quedase en la gobernacion juntamente con los sobredichos el contador Rodrigo de Albornoz, con el cual á la sazon el dicho gobernador estaba algo enojado, é con voluntad del dicho tesorero se concertó que fuese ansí, é quedaron en la dicha gobernacion los dichos licenciado é tesorero é contador; procuró esto el dicho fator, porque como llevaban voluntad él é el dicho veedor de volverse, oviese lugar que ellos tambien quedasen en la dicha gobernacion: é dende á ciertos dias, sobre cierta eleccion é porfía, como cada dia acaece, estando en regimiento los dichos tesorero é contador ovieron ciertas palabras de enojo momentáneo, de que luego otro dia fueron amigos.

Los dichos fator é veedor llegaron con el dicho gobernador hasta Coazacoalco, é como allí el gobernador é ellos supieron el enojo acaecido entre el dicho tesorero é contador, el dicho gobernador les dió dos provisiones porque de allí se volviesen á la dicha ciudad de Temixtitán; la una para que ellos juntamente con los dichos licenciado é tesorero é contador gobernasen; la otra para que si los dichos tesorero é contador no quisiesen ser amigos, que los dichos fator é veedor gobernasen juntamente con el dicho licenciado, en quien todavía el dicho gobernador dejaba la dicha juridicion que le habia dejado. Vinieron á la dicha cibdad los dichos fator é veedor el segundo dia de Pascua de Navidad del año siguiente, é hallaron á los dichos contador é tesorero en amistad é conformidad é juntos en fiestas é regocijos que á la sazon se hacian por la tomada de Fuenterrabía, de lo cual les pesó mucho á los dichos fator é veedor, porque traian creido quel gobernador Hernando Cortés no habia mas de volver del camino que hizo, é que ellos podian tener la tierra como quisiesen; é con este presupuesto escondieron la provision quel gobernador Hernando Cortés les habia dado para que gobernasen juntamente con el dicho tesorero é contador, aunque la amostraron á algunos, é usaron de la otra regurosa para que ellos juntamente con el dicho licenciado gobernasen; presentáronla en cabildo, é por los susodichos é por los regidores fué obedecida, é usando de la dicha provision prendieron á los dichos tesorero é contador; é viendo que ellos eran amigos, como tales se trataban, no pudieron hacer otra cosa sino alzarles la carcelería dende á ciertos dias, aunque intentaron de destruir al dicho tesorero, como lo querian hacer si el dicho licenciado no les fuera á la mano.

Sabida por los dichos tesorero é contador la fealdad de que habian usado los dichos fator é veedor en usar de la una provision é no de la otra, pusiéronse en justicia con ellos ante el dicho licenciado, el cual vista la amistad en que estaban el dicho tesorero é contador, é que en aquella los habian hallado los dichos fator é veedor, é como escondieron la provision de que habian de usar, que todos gobernasen, declaró por su sentencia que los dichos fator é veedor no pudieron ni debieron presentar la provision que presentaron, é declaró que todos juntos los dichos oficiales gobernasen; é la sentencia del dicho licenciado fué presentada en el cabildo de la dicha cibdad estando presentes los dichos fator é veedor é los alcaldes é regidores, é fué obedecida é mandada guardar por el dicho cabildo; é de allí adelante por espacio de dos meses é mas tiempo, los dichos oficiales todos juntos gobernaron en pacífica paz é posesion, é cabtelosamente fingian, á lo que despues pareció el dicho fator, que todos estuviesen conformes; procuraban aún que oviese entre los dichos oficiales mas amor é comunicacion, é que comiesen é bebiesen juntos, é que todo el pueblo los tuviese por tan conformes que no pudiesen meter su dedo entre ellos, é aún que partiesen la hostia á vista de todo el pueblo; é en este tiempo los dichos fator é veedor no hacian sino allegar gentes á sí, é hacerles convites é librarlos de las cárceles con justicia é sin ella; tanto que á esta sazon á un alcalde que se dice Francisco Dávila, amigo de hacer justicia, porque no queria hacer lo que ellos querian, le quebraron la vara una vez con grande alboroto, por mano del dicho veedor, é despues le prendieron é pusieron en la cárcel pública, é le quitaron del todo la vara é aun los Indios que tenia, é mandaron que no usase con él nadie como alcalde.

El dicho gobernador habia dejado en su casa por su mayordomo á un Rodrigo de Paz, su primo, é hízole alguacil mayor ó regidor; é como este gastaba por el dicho gobernador é se abrigaron con él todos los criados del dicho gobernador, era mucha parte en la cibdad é en la tierra, al cual habian procurado los dichos fator é veedor de ganalle é tenerle por amigo para contra los dichos tesorero é contador, é para tener la tierra de su mano; é como por buenas palabras no le pudieron atraer á su amistad, procuraban de hacerle daño con el amistad del dicho licenciado é tesorero é contador, é procuraban que fuese preso, diciendo que aquel dicho Rodrigo de Paz estorbaba que los oficiales no tuviesen la tierra de su mano toda, é que iba á la mano á todos; é para ello no dejaban flaires ni confesores que no echasen á las orejas de los dichos licenciado é contador; é porque el dicho Rodrigo de Paz en algunas cosas se desmandaba, vinieron en ello los dichos tesorero é licenciado é contador, é acordaron que se prendiese al dicho Rodrigo de Paz; é era tanta la solicitud que para esta provision traia el dicho fator, que no se les podia defender dél, aunque se les figuró que lo facia el dicho fator por algun mal ó daño, como sucedió; é como mostraba mucha enemistad al dicho Rodrigo de Paz, el dicho fator procuró que se lo diesen á él preso, que él lo guardaria é lo ternia á buen recabdo; é ansí se hizo en un Lúnes de la Semana Santa, el dicho Rodrigo de Paz fué preso é entregado al dicho fator con unos grillos ó una cadena, en su propia cámara é con guardas que le guardaban.

Y como el dicho fator procuraba esta prision del dicho Rodrigo de Paz para ganalle é tenerle para su amigo, para con su ayuda é favor alzarse con la tierra é hacer la comunidad, dentro de dos horas que le tuvo preso se concertó con él para que fuese su amigo, é enemigo de los dichos licenciado é tesorero é contador, é dicen que por mano de un licenciado Prado que aquí vino se dió el concierto, é que lo juraron en manos de un clérigo que se llama Bello, que el dicho fator tiene por capellan; é el dicho Rodrigo de Paz, demás de la solenidad le dió un anillo en prendas para que echaria dentro de ciertos dias de la gobernacion á los dichos tesorero é contador; é dentro de tres dias quitó el dicho fator los grillos y cadenas al dicho Rodrigo de Paz é le puso en libertad en su propia casa, é procuró con los dichos licenciado é contador é tesorero que le soltasen, dándoles á entender que él se habia apiadado de él, é que el dicho Rodrigo de Paz haria toda solenidad, que estaria dende en adelante obediente; é como tenia el dicho fator la deliberacion del dicho Rodrigo de Paz tan adelante, no podian hacer otra cosa sino soltarle, porque aunque ellos no lo ficieran, el dicho fator le soltaba del todo, pues le tenia en tal estado; pareció cosa muy fea é aclaróse la maldad que los dichos fator é veedor querian hacer; el dicho Rodrigo de Paz fué suelto el Miércoles de la Semana Santa, é en aquel dia é Juéves é Viérnes Santo se trató avencion de los otros compañeros, é el Jueves recibieron el Sacramento juntos los dichos licenciado é contador é fator é veedor; é el Domingo de Pascua comieron con el tesorero todos en su casa; é otro dia como salió la Pascua, en la plaza pública, con voz de pregonero, con mucha gente armada, con grande escándalo é alboroto, los dichos fator é veedor é el dicho Rodrigo de Paz é otros muchos con ellos que seguian su opinion é comunidad que se habia hecho, descompusieron de gobernadores á los dichos tesorero é contador, é mandaron so grandes penas que ninguno los obedeciese é acompañase; é porque ese dia é otro firmaron los dichos contador é tesorero en unas cédulas con los dichos fator é veedor, como tenientes de gobernador, los prendieron é encarcelaron, aunque los dichos tesorero é contador por esto no tuvieran la carcelería; pero por no dar lugar á que la tierra se perdiese, é Dios Nuestro Señor é S. M. fuesen deservidos, abajaron la cabeza é se dejaron de la dicha gobernacion, para que la tuviesen los dichos fator é veedor.

Y para indignar á los dichos licenciado é contador é tesorero con el dicho Rodrigo de Paz é con los otros criados é allegados del dicho gobernador Hernando Cortés, que era la mayor parte de la tierra, decian é publicaban los dichos fator é veedor, que se querian alzar con la tierra los dichos tesorero ó licenciado é contador por de S. M., haciéndose ellos que eran los grandes amigos del dicho gobernador, todo con fin é celo de aniquilar á los susodichos é de prevalecer ellos en la gobernacion é mando de la tierra; é de allí adelante, como habian seguido é tenido enemistad al dicho Rodrigo de Paz, le tuvieron por grande amigo é lo mostraban, é le dieron tanta abtoridad, que el dicho Rodrigo de Paz mandaba é hacia todo lo que queria, como señor absoluto de la tierra, ensoberbeciendo é enloqueciendo por los dichos fator é veedor, é lisonjeado é acatado dellos para conservarle.

Dende á pocos dias dicen que de acuerdo del dicho Rodrigo de Paz é con su favor, é aun demás del dicho Rodrigo de Paz, un Pedro de Paz, hermano del dicho Rodrigo de Paz, un Domingo saliendo el dicho contador de misa, le salió á matar en la plaza pública á traicion, estando en resguardo el dicho Rodrigo de Paz con gente; el cual dicho contador estuvo en canto de ser muerto por los susodichos, é le hirieron dos ó tres personas malamente; é viniendo el dicho tesorero con su mujer de misa, vino á las voces é ruido á valer al dicho contador, sobre el cual recudió el dicho Rodrigo de Paz con mas de trescientos hombres con picas ó alabardas é todas armas, é á mas que de paso corrieron al dicho tesorero, é le echaron de la plaza, é le desjarretaron dos caballos, viniendo él con su mujer é tres personas altas, salvo é seguro é sin pensamiento del daño que se hizo é se queria hacer, estando presentes los dichos fator é veedor; en lo cual el dicho veedor trabajó de poner toda la paz que pudo; é iba sobre el dicho tesorero mucha piedra menuda é gruesa.

Dende á ciertos dias, pareciéndoles al dicho fator é veedor é Rodrigo de Paz que el dicho licenciado Zuazo les hacia algun destorbo con tener como tenia la jurisdiccion civil é criminal, de noche le prendieron é sacaron de casa del gobernador donde estaba, é con una cadena al pié, é lo llevaron preso á una cibdad que se llama Tecalco, é de allí á Medellin para le embarcar; é dende á muchos dias que ficieron esta prision, echaron fama que habia una cédula de

S. M. en esta cibdad para que el dicho licenciado Zuazo fuese á hacer residencia á Cuba, ó que cuando no quisiese ir que el gobernador le enviase preso, é que por esto habia sido la dicha prision; é de allí en adelante los dichos fator é veedor se hicieron pregonar por tenientes de gobernador é justicia mayor, é mandaron por sus pregones que todos acudiesen á sus abdiencias, porque ellos querian oir é determinar los pleitos é cabsas, sin tener ningun poder ni facultad para ello, sino el que ellos se tomaron por su abtoridad, como se hizo en Castilla al tiempo de las comunidades pasadas.

Dende á dos ó tres noches que la prision del dicho licenciado se hizo, díjose é publicóse que querian prender á los contador é tesorero, é que tenian gentes juntadas para ello los dichos fator é veedor; el dicho contador é tesorero por saber qué cosa era, é aun de temor de la dicha prision é tiranía, se salieron solos en sendos caballos por ciertas calles apartadas de la dicha cibdad, hasta ver si se acometia á hacer la dicha prision en sus casas; é dende á cierto rato oyeron grande alboroto é mormullo en la dicha cibdad, é vieron salir de sus casas á los dichos fator é veedor, andando acomunando é llamando la gente de casa en casa á se levantasen para ir á prender á los dichos tesorero é contador; é salió el dicho Rodrigo de Paz con toda la gente del dicho gobernador, é los unos é los otros serian bien ochenta de caballo, los cuales anduvieron por toda la cibdad buscando al dicho contador é tesorero para los prender, con lumbres encendidas, é echaron gentes por los caminos para que los buscasen, é vinieron á catar sus casas; é como hallaron en ellas á sus criados é caballos, é Doña Marina, mujer del dicho tesorero, les certificó que estaban en la cibdad, y se aseguraron ya cerca del dia poniendo é toviendo guardas por los caminos, ansí apaciguó el dicho alboroto.

Otrosí, dende á ciertos dias los dichos tesorero é contador tenian encajado el oro para lo llevar á la villa de Medellin, á lo entregar á los maestres é señores de navíos para que lo llevasen á S. M.; é queriendo ir los dichos tesorero é contador en persona á lo entregar, é de allí dar noticia á S. M. de las cosas que pasaban en la dicha tierra, é aun con intencion de ir el uno de ellos á Castilla; habiendo comunicado con los dichos fator é veedor, cómo querian ir á entregar el dicho oro, no los dejaban ir ni salir de la dicha cibdad, del dicho temor que no se supiesen sus cosas; é ya vinieron en que fuese el uno de ellos, con haber pasado sobre ello muchas alteraciones é fuerzas; é como el contador no quiso que el tesorero fuese solo á entregar el dicho oro, ovieron de ir ambos con cada tres personas suyas é otros tres amigos que iban con ellos por los acompañar; é saliendo de la dicha cibdad para hacer su viaje, el dicho tesorero encontró con el dicho fator, é le habló é dijo que fuese en hora buena; é como le vido salido vino á la iglesia é á la plaza pública, porque era un dia Domingo, é llamó é acomunó al dicho veedor é al dicho Rodrigo de Paz é á todo el pueblo para que fuesen tras los dichos contador é tesorero é los volviesen; los cuales iban de su espacio é con esclavos é tamemes que llevaban cargados con sus camas, plata é vestidos é cosas de comer, como caminantes; é salió de la cibdad el veedor con cincuenta de á caballo é mas, todos armados y en órden de guerra, á mata caballo hasta que alcanzaron ocho leguas de la dicha cibdad á los dichos contador é tesorero, é los prendieron é requirieron que se volviesen con ellos, porque habian dejado grande escándalo con su salida; é los dichos tesorero é contador, por conseguir el fin que siempre han tenido, por no dar lugar á escándalo ni á daño, se volvieron con ellos; é otro dia por la mañana requirieron al dicho veedor que los dejasen ir su camino, é les mostraron el peso del rey que llevaban é hasta mill é quinientos pesos de oro que ansimesmo llevaban por de S. M., demás de cuatro cajones de oro que dejaban encajados para los cargar un arriero en la casa del dicho tesorero al tiempo que partian, lo cual habian de esperar en Talmanalco otro dia, hasta que el dicho arriero llegase con el dicho oro, lo cual el dicho fator estorbó é hizo que no se cargase ni sacase de la dicha cibdad; é el dicho veedor con los dichos cincuenta é mas de caballo trujo al dicho contador é tesorero á la dicha cibdad como presos, é en son de presos sin quererlos dejar ir su camino; é tomaron las lanzas é espadas á los que iban con ellos, despues que los tuvieron entre sí, é fingieron que los dichos tesorero é contador se iban á juntar con Francisco de las Casas, capitan del gobernador Hernando Cortés que venia á la dicha cibdad, lo cual si fuera ansí no fueran como los dichos contador é tesorero con sus camas y ropa y aderezo, é con ellos oro é peso de S. M.

E para dar color á esta salida é alboroto que hicieron los dichos fator é veedor, encarcelaron en sus casas á los dichos contador é tesorero, é les sacaron de ellas por mano del dicho Rodrigo de Paz todos los caballos é armas que tenian, é los tuvieron despojados de ellos por espacio de dos meses é medio é mas tiempo.

Dende á ocho dias desta prision entró en la dicha cibdad el dicho Francisco de las Casas é el capitan Gil Gonzalez Dávila con hasta diez é ocho ó veinte de á caballo, que traian consigo del cabo de Hibueras de donde venian, é se aposentaron en la casa del gobernador con el dicho Rodrigo de Paz, pacíficos é sosegados, tanto que se echaron á dormir dende á dos ó tres horas que llegaron; é como los vieron tan asosegados, los dichos fator é veedor é el dicho Rodrigo de Paz quisieron hacer cierto alboroto é fingieron que los dichos tesorero é contador tenian gente en sus casas; é acaeció que el dicho contador estaba en su casa con sus criados, é solo con una persona se vino á casa del dicho tesorero á le ver é comunicar con él cosas; é estando ansí fueron avisados como venian á cercar la casa el dicho Rodrigo de Paz, alguacil mayor, con gente, é á esta cabsa cerraron sus puertas é se pusieron en órden para se defender ellos é sus criados é cinco ó seis personas que estaban de fuera; al cual dicho cerco recudió el dicho fator ó veedor con toda la gente de la dicha cibdad, é los tuvieron cercados; é para combatir la casa del dicho tesorero trujeron el artillería que el dicho gobernador tenia, é la asestaron, é en aquel estado dieron un pregon pidiendo é requiriendo al dicho tesorero que abriese la dicha casa é la hiciese llana; é oyendo el dicho pregon, porque no fuese saqueada la dicha casa del oro é escripturas que en ella habia de S. M., lo hizo ansí é la abrió é entraron en ella todos los que quisieron, é llevaron presos las cinco personas forasteras que en ella habia, é se los azotaron otro dia pú'licamente de hecho é contra justicia, é les prendieron á sus criados, é al dicho contador llevaron á la fortaleza de las atarazanas preso, é al dicho tesorero á otra casa de la cibdad, donde los tuvieron por espacio de dos meses, acusándoles creminalmente de lo que los dichos fator y veedor habian de ser acusados, por hacerles perder el abtoridad é crédito que tenian, é por aniquilallos indignándolos con el pueblo, é haciendo entender que querian saquear la ciudad.

Dende á ciertos dias el dicho Rodrigo de Paz acabó de ganar á los naipes é dados al veedor lo que tenia, habiéndole ganado en todas veces hasta diez é ocho ó veinte mill pesos de oro; é como el dicho

Rodrigo de Paz era tesonzuelo é lo tenia tan ensoberbecido, no quiso volver ningunos dineros destos ganados al dicho veedor; é dicen que á esta cabsa é de verse muy pobres é gastados los dichos fator é veedor, acordaron de prender al dicho Rodrigo de Paz é de alzarse con todo, é para ello convocaron todo el pueblo, é aun pusieron en mas libertad á los dichos contador é tesorero; é sabido por el dicho Rodrigo de Paz, púsose á recabdo en la dicha casa del gobernador con los criados é amigos del dicho gobernador é con sus armas é artillería, que serian hasta ciento é veinte personas; é los dichos fator é veedor juntaron consigo hasta doscientas personas muy en armas é en órden de guerra, é ansí estuvo la cibdad é tierra una noche para se perder, é al contador sacaron de la dicha fortaleza los dichos fator é veedor para traerlo consigo; el Rodrigo de Paz envió al contador á pedirle y rogarle que le amparase, é como fuese para pelear contra los otros que eran oficiales de S. M., no lo quisieron hacer, que vino con él en concierto que lo ponia todo en sus manos é le entregaria la casa é hacienda del gobernador, é para que de su mano se hiciese llana á los dichos fator é veedor que traian nombre de jueces; é para esto el dicho tesorero se entró en la dicha casa del gobernador con el dicho Rodrigo de Paz, é lo hizo luego saber á los dichos fator é veedor, cómo para poner paz entre ellos él habia venido allí; é de su acuerdo le dejaron para otro dia Domingo por la mañana; é toda la noche é otro dia hasta que se dió concierto, el dicho tesorero é el capitan Gil Gonzalez, que estaba en la dicha casa como huésped, nunca asintieron que saliesen á pelear ni se hiciese algun daño; é dado concierto entre ellos, el dicho tesorero hizo dejar las armas á todos los que dentro estaban, é tomó las llaves de la artillería, municion é armas é la dió é entregó á los dichos fator é veedor por bien de paz, é hizo salir la gente que estaba dentro de la dicha casa para que entrasen en ella pacíficamente los dichos fator é veedor con la gente que traian; é habian asegurado al dicho Rodrigo de Paz de no prenderle. Entrados en la dicha casa le prendieron é tomaron las llaves de toda ella, é le enviaron á la fortaleza de las atarazanas preso, é de su acuerdo quedaron en la dicha casa los dichos fator é veedor é tesorero é contador, los cuales todos juntos comenzaron á facer el secreto de la artillería é cámara é bienes del dicho gobernador, porque se decia que era muerto; é dende á dos ó tres dias los dichos fator é veedor echaron de la dicha casa afuera á los dichos tesorero é contador, enviándoselo á decir é pedir que lo hiciesen ansí, los cuales lo hicieron por no esperar á que les ficiesen alguna descortesía é por no dar cabsa de enojo.

Apoderáronse en todo los dichos fator é veedor, é otro dia siguiente llamaron á los alcaldes é alcaides é regidores é todas las otras gentes, é hiciéronse jurar por tenientes de gobernadores durante el absencia del gobernador Hernando Cortés, al cual há muchos dias que tienen por muerto los dichos fator é veedor, é ansí lo publican: el contador é tesorero de palabra loaron el juramento hecho á los dichos fator é veedor porque se lo pidieron, é si no lo hicieran los aprisionaran, por tener la tierra é gente como la tienen de su mano.

E despues apretaron al dicho Rodrigo de Paz á que dijese adónde tenia el dicho gobernador los tesoros que decian que tenia, lo cual se creyó que no sabia el dicho Rodrigo de Paz, porque no habia sino un año que estaba con el dicho gobernador; é si tesoros tenia el dicho gobernador, habia mas de dos años é aun de tres que los tenia escondidos, que fué cuando dicen que los hubo, que fué luego como se acabó de ganar la tierra: diéronle grandes tormentos de agua é de cordeles é de fuego, tanto que le hicieron perder los dedos de los piés é llegar á punto de muerte; hicieron condenacion al dicho Rodrigo de Paz de lo que habia ganado al dicho veedor, é condenáronle en ello, é cobráronlo de sus bienes dende á mes é medio que estuvo preso, é hiciéronle proceso é sacáronle á horcar en un asno en la plaza pública, donde estuvo en piernas é desnudo é un paño sucio tocado en la cabeza el dicho Rodrigo de Paz todo un dia, el cual dos meses antes andaba con doce ó quince alabarderos é veinte de á caballo: ahorcaron al que tenian por amigo, de quien se ayudaron é favorecieron, para tener al rincon á los dichos contador é tesorero é á quien los hizo señores de la tierra; lo que durare como lo de Juan de Padilla é los otros.

Y tenian tanto deseo los dichos fator é veedor de hallar los tesoros que el dicho gobernador decian que tenia, que hicieron cavar todo lo mas de la casa del dicho gobernador, ellos á sus solas sin decirlo ni hacerlo saber al contador ni al tesorero de S. M., ni querer que estuviesen presentes; é si hallaron ó no los dichos tesoros, ellos se lo saben; é para hacerlo sin inconvenientes de terceros, echaron fuera de la dicha casa todas las mujeres é señoras de la tierra, é otras dueñas de Castilla, é mujeres de algunos de los que habian ido con el dicho gobernador, que estaban en la dicha casa en recogimiento é honestidad á costa de la despensa del dicho gobernador; que fué una cosa dolorosa de ver é de oir, é crueza de que se usó; que aun esto era sin saber que el dicho gobernador fuese muerto, como despues se supo ó se dijo.

Dende el dia que se entró la casa del dicho gobernador é prendieron al dicho Rodrigo de Paz en adelante, tomaron los dichos fator é veedor otra voz contraria de la que hasta allí tenian, diciendo que la tierra hasta allí estaba en tiranía en poder de Hernando Cortés, é que la tomaban é tenian para S. M.; é no habia á quien tomalla, porque el dicho gobernador la dejó en poder de los oficiales de S. M., é ellos la han tenido despues que él se fué; é los dichos fator é veedor parece que ficieron mucho agravio al dicho gobernador Hernando Cortés en alzarse con la gobernacion que él les dejó, contra él, é en decir que si fuese vivo é viniese le ahorcarian como hicieron al dicho Rodrigo de Paz; é si él fuera vivo, mal lo pudieran hacer por el valor de su persona é parte que tiene en la dicha tierra; pero hanse puesto en armas é en todo recabdo para contradecirle en el campo al dicho gobernador si viniese, é han dicho é hecho contra él muchas malicias.

Ya que con esta voz de S. M., que tomaron los dichos fator é veedor por destruir al dicho Rodrigo de Paz é á todos los criados é debdos del dicho Hernando Cortés, se ha allanado la tierra é les ha parecido que están muy encabalgados en ella, toman ahora otra voz por el pueblo, diciendo que los pecadores están pobres, é que no ha de cobrar de ellos nadie de lo que deben al gobernador Hernando Cortés que les prestó; é que á S. M. han señalado seis ó siete cibdades, las cuales ellos se tienen como lo otro, é dicen que á S. M. se le ha dado de la tierra mas de lo que se le habia de dar, é tiénense toda la hacienda del dicho gobernador, é no quieren hacer pagado de ella al Emperador de los sesenta é dos mill pesos de oro que el dicho gobernador le debe, que tomó de poder de un tesorero; é vuelven ya por el pueblo é olvidan la voz de S. M.; é si otra vuelta conviene dar, tambien la darán.

Que dende á ciertos dias que se dijo la muerte del dicho gobernador, hicieron sus honras, é á la sazon estaban en el monasterio de San Francisco ciertas personas debdos é amigos del dicho gobernador retraidos de temor de los dichos fator é veedor que los querian echar de la tierra; é predicaba á las dichas honras el guardian del dicho monasterio, é ya que acababa dejáronlo en un púlpito viendo alzar el Sacramento, é salieron de las honras los dichos fator é veedor é sus justicias é lo mas de la gente, é sacaron del dicho monasterio á los dichos que en él estaban, con grande escándalo é alboroto. El custodio é guardian, en quien está la jurisdiccion eclesiástica, pusieron entredichos, é dejaron el monasterio é saliéronse de la dicha cibdad, que dió grande alboroto en la cibdad; é tuviéronlos aprisionados é despues volviéronlos al dicho monasterio.

Toda la gente que han tenido ganada para esto que han hecho, ha sido con haberles prometido de repartirles é dalles la tierra, é ansí lo han hecho; é hasta aquí S. M. la tenia en poder de uno solo, que era Hernando Cortés, é ahora la tiene en poder de muchos, é sobajada é desfrutada, que será mala de sacar de poder de los que la tienen. Gozan de los Indios é gozan de toda la tierra á su voluntad, están apoderados en ella, sin dar parte ni cuenta al tesorero ni contador, ni acogerse á ningun parecer suyo. Hay muchas cosas que decir cerca desto, é de las formas é maneras que para ello han tenido, é de los juramentos é fees é pleitosmenajes que han quebrantado, que seria muy largo de escribir. Plega á Dios que todo salga á buen fin, é á S. M. conviene proveer brevemente de un gobernador que sea gran persona é sabio; que por donde han perdido el juego los dichos contador é tesorero ha sido por no prometer la tierra á nadie, ni fuera razon que ellos ni los otros la dieran sin consulta de S. M.

Sin duda esta relacion se hizo de órden del contador ó del tesorero, ó por alguno de ellos mismos. Inclino á que escribió el tesorero Strada, pues el contador Albornoz muestra alguna mas cultura en escribir.—*Contuli.* 17 de Septiembre de 1781. MUÑOZ

Contuli.—LEMBKE. *Id.*—H. W.

CARTA DE DIEGO DE OCAÑA.

Magníficos Señores.—El deseo que tengo de servir á mi rey me hace escribir á V. Mds. en tiempo que veo muchos peligros aparejados á los que escriben, pues no solamente aquí se toman y abren las cartas que los hombres envian, pero aun lo que tienen escrito en sus casas para S. M.; y para hacer esto esfuérzame una cosa, que pues he vivido sesenta años, los que mal me quieren hacer no me pueden quitar larga vida; y que tambien es loado el que muere bien, como reprendido el que vive mal. E yo veo, señores, engañarse los hombres en esta tierra y ciar algunos que deben bogar en servicio de su rey; porque los ricos y el oro tienen tanto poder, que ciegan los corazones y atapan los oidos, y hacen hablar á unos y enmudecer á otros. Y porque allá irán cartas desta calidad, no quise en tal tiempo dejar de escribir á V. Mds., pues me conoscen y desean el servicio de S. M., y en lo que dijere no saldré un paso de lo que he visto y sé que pasa en verdad. Yo, señores, vine aquí por el mes de Junio del año pasado con estos oficios de escribano público y de la gobernacion, y hallé que Hernando Cortés era ido á las Higueras contra Cristóbal Dolid, y vi discordes á estos cuatro oficiales de S. M. sobre el cargo de tenientes de gobernador, porque lo habian seido tesorero y contador, y á la sazon lo eran el factor y veedor, con los cuales usé mis oficios: en este tiempo salieron de aquí el tesorero y contador diciendo que á llevar oro á S. M., y iban entrellos y sus amigos y criados catorce de caballo armados, y sus mozos y otros cinco vecinos armados á pié; dijose que se iban á juntar con Francisco de las Casas que llegaba de las Higueras y estaba veinte leguas de aquí, para que entrase con vara y quitase la jurisdiccion á los dichos fator y veedor. Y porque el oro de S. M. quedaba en esta ciudad, y se ovo información de lo dicho, fué tras ellos el veedor con gente y hallólos caminando á media noche, y fueron traidos presos, y puestos los que lo merecian en sus casas y los otros en la cárcel, y hallóse por la informacion, que un mozo del tesorero y otro del contador fueron luego á dar mandado á Francisco de las Casas, y los mozos asi lo confesaron. Desterraron desde la cárcel cinco hombres de los que iban con ellos y mandaron sacar al tesorero y contador los caballos y armas que en sus casas tenian, porque Francisco de las Casas venia. El cual venido, la noche que entró díjose que el tesorero tenia mucha gente armada en su casa, para se juntar con él y que tomase la justicia y prendiese al factor y veedor que la tenian. Dióse mandamiento para el alguacil mayor para catalle la casa y allanalla, el cual se vino á quejar, diciendo que se la resistian; fueron allá el fator y veedor con mucha gente y diéronse pregones para que la abriesen é hiciesen llana; y porque no se hizo antes é tiraron saetas de lo alto, mandaron traer artillería para derriballe la puerta, y hecho otro requerimiento por voz de pregonero, abrieron con ciertas condiciones. Hallóse dentro al contador y sus criados, y tambien otra gente escondida, de los cuales algunos huyeron, y prendiéronse cinco vecinos; y porque pareció por sus confesiones que se habian ayuntado por mandado del tesorero, y que se platicaba entre ellos que era para prender al factor y veedor, y por otras cosas que confesaron, fueron aquellos cinco condenados á ser azotados y desterrados públicamente, y ejecutóse la sentencia. Todo esto pasó ante mí, como mas largo parecerá por los procesos á que me remito. En todas estas cosas yo trabajé cuanto pude por poner concordia entre estos cuatro oficiales, y puse en ello con muchos medios que daba á Gil Gonzalez Dávila, y nunca los podimos acordar; é visto esto, pareciéndome que era bien y que el tiempo lo curaria y los haria acordar, di órden de dilatar los procesos del tesorero y contador y sus criados. En este tiempo hicieron ciertos requerimientos el tesorero y contador al fator y veedor, uno de los cuales se enderezaba contra Rodrigo de Paz, que decian que enviaba por diversas partes el oro del gobernador, que era fama que era muerto y debia mucho á S. M.: lo que sobre esto pasó al fator y veedor con Rodrigo de Paz no lo sé; pero Rodrigo de Paz juntó mucha gente y armas y artillería en casa de Hernando Cortés, y el fator y veedor juntaron otra mucha gente, y acordáronse con el tesorero y contador, y fueron sobre Rodrigo de Paz, y pasaron ciertos abtos, y dióse Rodrigo de Paz con ciertas condiciones, el cual fué preso, y procedióse contra él, y fué condenado á tormentos, diciendo que tenia escondido muy gran tesoro del gobernador que pertenecia á S. M.; y en los tormentos no confesó saber dello nada, y fué condenado por el escándalo y otros delitos á pena de muerte, y ejecutóse la sentencia, no embargante que apeló. En este tiempo, como se esforzaban nuevas de la muerte de Hernando Cortés, con acuerdo del tesorero y contador que lo aprobaron, juraron por tenientes de gobernador por S. M. al factor y al veedor. Despues desto juntáronse procuradores de los pueblos con poderes para jurar á los dichos factor y veedor por tenientes de gobernador por S. M., y para enviar procuradores de córtes con capítulos á S. M., y hacer repartimiento de Indios: enviáronse los procuradores con capítulos que hicieron. Hízose el repartimiento, remediáronse muchos pueblos y vecinos con lo que les daban de lo que en sus comarcas tenia el gobernador: asimismo se dieron á S. M. muchas ciudades é provincias que antes no tenia, salvo Hernando Cortés. Hecho esto vino Diego de Ordáz que habia ido con un navío por la costa del Norte en busca de Hernando Cortés, y afirmó que era muerto y trajo ciertos Indios que lo decian. Los procuradores de los pueblos por excusar alborotos y escándalos, viendo lo que habia hecho Rodrigo de Paz, y otro alboroto que asimismo anduvo levantando Francisco de las Casas, y que tambien se sonaban no mejores nuevas de Pedro de Alvarado que estaba en Guatemala; y viendo la calidad desta tierra y lo que antes habia pasado en ella, por conservalla en paz y que no se levantase alguna tiranía hasta que S. M. proveyese, dijeron que pues el poder de S. M. no espiraba por muerte de Hernando Cortés y quedaba en el factor y veedor á quien él lo dejó, que era bien de jurallos, y juráronlos por gobernadores hasta que S. M. proveyese de gobernador, y ellos juraron á los procuradores de mantenellos en justicia. Hecho esto levantáronse ciertos Indios en la provincia de Guajaca, diz que con acuerdo del dicho Pedro de Alvarado. Fué el veedor á los pacificar y á poblar una villa que ahí estaba señalada, con los Indios que Hernando Cortés allí tenia, y pacificó los Indios.

Pasado, señores, todo esto, un Domingo en la noche, veinte y ocho de Enero, llegaron cartas del gobernador á San Francisco donde estaban muchos de los suyos retraidos, unos por la muerte de Cristóbal Dolid, y otros porque prendieron al teniente Gomez Nieto en las Higueras, y le quitaron la vara del rey y lo encadenaron y hicieron muchos vituperios, y despoblaron el pueblo que allí estaba poblado, y otros por otros delitos, contra los cuales se procedia á pregones. El fator juntó gente consigo; concurrió la mayor parte al favor del gobernador y del tesorero y de los dichos delincuentes. El contador, y yo con él, fuimos por parte del fator á dar en ello algun medio; hicimos apear al tesorero, é hizo hacer cabildo allí junto con Sant Francisco. El tesorero y contador por su abtoridad tomaron varas de justicia en la calle. El contador siempre ha dicho que contra su voluntad se la dieron; y fueron al dicho cabildo con ellas, adonde el dicho tesorero prendió luego un alcalde y dos regidores, y hizo quel dicho cabildo los eligiese por tenientes de gobernador, diciendo que el pueblo los pedia, y así se hizo; y vinieron sobre el fator con mano armada, al cual combatieron y prendieron, teniendo la vara del rey en la mano, y quitaron la juridicion que estaba por S. M. y volviéronla á Hernando Cortés, y tomáronla ellos en su nombre, sabiendo ellos lo que dél tenian escrito á S. M.; y luego enviaron á prender al voedor, que estaba en Guajaca, el cual huyó y se metió en un monasterio, y de allí lo enviaron á sacar; y pusieron los presos en dos cámaras sin ninguna lumbre, con muchas guardas; y sin tener mas poder que este que he dicho que les dió México, mandaron en todas las otras juridiciones de toda la tierra, y hicieron teniente de Medellin y Villa Rica á Álvaro de Sayavedra, pariente del gobernador, el cual era uno de los dichos retraidos y pregonados por la prision del dicho Gomez Nieto, y por haber despoblado la dicha villa y por otros delitos. Asimismo hicieron alguacil mayor á Juan de Hinojosa, que era uno de los dichos retraidos y pregonados por los mismos delitos, y asimismo hicieron su alcalde mayor al bachiller Juan de Ortega, al cual se le habia notificado ante mí una cédula de S. M. para que se fuese á presentar ante los oidores de Santo Domingo, y le fué puesta pena que lo cumpliese, contra el cual habia cierta pesquisa sobre la muerte de Cristóbal Dolid, la cual el dicho fator queria enviar al tiempo que él fuese á los dichos oidores. Asimismo soltaron á Juan Rodriguez de Villafuerte, que estaba preso á mucho recabdo

con dos testigos de vista, que se ialaban otros tres que estaban presentes cuando él dijo, sobre un gobernador que decia quel rey enviaba, puesta la mano en la espada y sacándola hasta la mitad, en son de amenaza contra el rey y contra quien por él viniese: «venga, venga quien quisiere, que jurado hemos de no dar la tierra al rey, sino defendérsela;» y deste hicieron guarda mayor del fator y veedor: soltáronse asimismo otros presos de la cárcel que estaban presos por feos delitos; fueron presos y perseguidos y retraidos otros muchos que no los habian cometido, sino que eran amigos del fator y veedor, los cuales agora han mandado soltar sin pena. En todas estas cosas, aunque culpo á los dichos tesorero y contador, parece que el contador siempre decia que no podia mas, ni osaba contradecir al tesorero, de miedo de los parciales del dicho Hernando Cortés.

Los que, señores, tenian la parcialidad del dicho Hernando Cortés, por derraigar el nombre de S. M. de la tierra, buscaban maneras de prender á los dichos tesorero y contador para justiciallos á todos cuatro. Vino á noticia de los dichos tesorero y contador, que fueron algunas veces avisados, una de las cuales se lo descobrí yo, y pusiéronse á recabdo; pero si Dios no lo remediara no se pudiera excusar, y si se hiciera, Dios sabe quién mandara la Nueva España.

Tambien, señores, se movieron otros diciendo que el fator y veedor estaban presos contra justicia, y que el tesorero y contador no fueron jueces para los prender; y reprimiendo una fuerza por otra, ordenaron de sacallos de la prision, lo cual fué descubierto antes que se pusiese en efecto, y fueron algunos presos, contra los cuales procedió el bachiller Juan de Ortega, no poco apasionado en servicio de Hernando Cortés, el cual degolló tres y ahorcó cuatro y desterró otros y condenó á perdimiento de bienes, sin otorgalles apelacion; y si mucho se tardaba la venida de Hernando Cortés, sabe Dios si parara aquí.

Despues desto, señores, vino el gobernador Hernando Cortés llamándose Señoría, y los dichos tesorero y contador le hicieron recibimiento con arcos triunfales y con muchos entremeses, y las cruces salieron hasta la plaza á lo recibir; y aquí quiero tener la mano de ciertos entremeses que pasaron, enviándole á pedir misericordia para sus vasallos. Fuése á posar á San Francisco; vino nueva que era venido con un juez del rey á Medellin, y los frailes pidiéronle al veedor, al cual antes no les habia querido dar, y dióselo porque fué sacado de su monasterio; y esto hecho, no sé á qué propósito, aunque algunos lo tienen por claro, el dicho Hernando Cortés quitó los alcaldes y regidores que estaban hechos, y puso otros sus parientes y criados. Hecho esto llegó una carta de Luis Ponce, que haya gloria, con otra de S. M., haciéndole saber su venida, al cual le envió á hacer banquetes por el camino. Luis Ponce se dió priesa y entró en esta ciudad; y antes que entrase y entonces, el veedor que estaba en San Francisco y el tesorero y contador tenian mucha gente llegada en su favor; y presentó su provision de juez de residencia y fué recibido, aunque algunos quieren decir que si no estuviera la tierra en bandos que se mostraban claros, se le hiciera el recebimiento que á los otros pasados. Y luego como fué recibido al oficio adoleció, y Hernando Cortés, como supo su venida y despues de recibido, hacia repartimiento de Índios á muy gran priesa, é hizo pregonar conquistas y armadas; y Luis Ponce le envió á decir desde la cama que no lo hiciese, pues no lo podia, y hiciese su residencia clara. En este tiempo aquejóle el mal, y llegó el licenciado Márcos de Aguilar que venia por inquisidor, y fué rogado que socorriese al servicio de S. M., y pues Luis Ponce se aquejaba, tomase la vara de alcalde mayor por él, y así se hizo; pero antes le dije yo, pensando que viviera Luis Ponce, que si no tuviera judicatura le aseguraria diez mill pesos de oro en un año por el abogacía, segun los negocios estaban trabados, mayormente que los seis mill dellos sabia yo dos partes que se los dieran; el cual me respondió que no dejaria de servir á S. M. en tiempo de tanta necesidad por ningun interese. Y como ya se conoció que Luis Ponce no podia vivir, traspasó al dicho licenciado todos los poderes que de S. M. traia, y el gobernador Hernando Cortés envió á embargar todos los navíos de Medellin. Y el dia que falleció Luis Ponce, los procuradores de los pueblos, persuadidos por alguna persona diabólica, hicieron requerimiento á Hernando Cortés que tornase á tomar la gobernacion en sí, y otro tal hicieron al cabildo de la ciudad para que se la diese; el cual cabildo estaba ayuntado antes que enterrasen á Luis Ponce, en la iglesia desta ciudad, con mucho alboroto y gente armada de la que antes se habia ayuntado á dormir en casa del dicho Hernando Cortés, y el dicho cabildo envió á decir al licenciado Márcos de Aguilar, que pues por muerte de Luis Ponce habia espirado su poder, que les diese la vara é fuese al cabildo á mostrar por qué cabsa la tenia. Él estaba muy enfermo y viejo, y respondió como sano y varon, y púsoles ciertas penas, y díjoles que cuando aquella le tomasen, aunque estaba viejo y flaco que les pareceria otra cosa, y que palos habia para hacer otras para los castigar. El veedor, tesorero y contador tenian ayuntada gente consigo, de los servidores de S. M., para socorrer al licenciado; y luego fueron á la iglesia el contador y tesorero á contradecir aquel cabildo y lo que querian hacer, y dijeron á Hernando Cortés, que allí estaba, algunas palabras, por las cuales se suspendió aquel cabildo. Los que se mostraban servidores del rey estaban esperando ser sacrificados, segund la costumbre de los Indios, si el licenciado dejase la vara. En fin, señores, han pasado aquí muchos requerimientos y abtos; pero el gobernador Hernando Cortés no ha querido dejar el repartimiento de los Indios, ques el señorío de la tierra.

Antes que muriese Luis Ponce, Hernando Cortés tuvo mañas de hacer á Francisco de Orduña, que fué su secretario y criado, que pujase la escribanía de la gobernacion, el cual la puso en doscientos mill maravedís; y si Luis Ponce no muriera, segund los criados de Hernando Cortés decian, no parara en dos mill ducados hasta que Orduña lo oviera, porque le convenia á Hernando Cortés; y como falleció Luis Ponce, paró allí y no se pujó mas. Esto parece claro ser de las cosas de Hernando Cortés, porque como es poderoso de dinero guia las cosas á su modo.

Aquí, señores, se han dicho por algunos criados y parciales de Hernando Cortés, muchas palabras osadas en deservicio de S. M., como es notorio, diciendo que Hernando Cortés y ellos ganaron la tierra, y quél es Señor della y la ha de mandar, y que aunque venga el Emperador, cuanto mas otro gobernador, que no se debia recibir; y cuando ven eligir por alcaldes y regidores algunos servidores del rey, dicen que no es menester más para que si S. M. enviase otro gobernador que lo reciban; y otras muchas palabras dinas de mucho castigo. Andan, señores, aquí muchos amigos suyos cerreros á quien él ha hecho valer en la tierra, los cuales no saben qué es yugo de rey. A mi pobre juicio, seria menester castigar á los unos y descepar la mala planta de la tierra.

Algunos dicen aquí, que levantaban á Hernando Cortés en Castilla que no habia de recibir á quien el Rey enviase, y que ya se ha visto su mentira, pues recibió á Luis Ponce con tanto favor y banquetes. Otros dicen contra esto, que reniegan de los banquetes, y que si lo recibió fué porque no pudo mas, porque vió la tierra en parcialidad, y mostrarse los servidores del rey en el tiempo pasado, llegándose á sus jueces y oficiales; y que si no es verdad lo que en Castilla se decia, no quitara como quitó los alcaldes y regidores en toda la tierra y puso otros de nuevo, desque supo que Luis Ponce venia.

Pasado, señores, esto, los conquistadores que estaban quejosos y aquí se hallaron, pidieron licencia al licenciado Márcos de Aguilar para se juntar y elegir procuradores y hacer capítulos para enviar á S. M., la cual les concedió conforme á derecho; y vinieron á mi casa obra de doscientos dellos para otorgar el poder, el cual por quitarme de debates hice que pasase ante otro escribano. Y algunos de los procuradores, por sí y en nombre de los otros, me rogaron que les ayudase á ordenar los capítulos; y estándolos ordenando, súpolo Hernando Cortés, y requirió al licenciado que me mandase que le diese el traslado dellos, el cual se lo denegó, y aquella noche no estando yo en mi casa, un Jorge, notario, que va huyendo en estos navíos y el gobernador lo envia á su costa con los frailes, y en presencia de Valenzuela y de Villafranca comenzó á trastornar mis escrituras diciendo que buscaba un poco de papel blanco, y tomó los capítulos y metióselos en el seno y llevóles á Hernando Cortés, resistiéndoselo los que he dicho que estaban presentes. Esta es cosa muy grave, que aun los hombres no vivan seguros escribiendo en su casa lo que conviene á S. M.; es uno de los catorce casos de traicion descobrir lo que el rey escribe ó lo que al rey escriben; pues acá no se ha podido haber, no dejen V. Mds. allá, pues ha de pasar por contadero, de apretallo para saber la verdad dél por cuantas vias pudieren. Yo ando acá, señores, á sombra de tejados, con mas miedo que vergüenza de Hernando Cortés, porque algunos de los suyos por honestas maneras me han amenazado.

Allá, señores, va el contador á decir verdades á S. M., y Gonzalo Mejía por procurador de los conquistadores; si á V. Mds. les pareciere que deben enviar mi carta á S. M. y escrebir lo que conocen de mi persona, júntenlos á ambos y léanla en presencia de S. M., estando ellos presentes; y si hallase que yo salgo un punto de la verdad, mándeme S. M. sacar la lengua como á hombre que miente á su rey, porque si hacer se pudiese, yo daria fe de todo esto como escribano público.

Agora, señores, Hernando Cortés ha adquirido favor de los frailes á quien mantiene, y asimismo dió orden con el cabildo, segun se sabe, que eligieran por procurador al dicho Francisco de Orduña; allá se puede ver qué fe se puede dar á estos cabildos y procurador.

Despedido destas cosas, quiero hacer saber á V. Mds. otras que me parece que convienen á servicio de S. M., con que les suplico que en mi nombre se las hagan saber. Ya habrán sabido V. Mds. en estos navíos, cómo llegó á esta Nueva España por la parte de la Mar del Sur, un navío que se perdió con tormenta, de otros que iban á la Especiería, el cual por el altura vino en busca desta tierra, sin barca ni mantenimientos para se proveer. Da, señores, nuevas de muchas islas ricas que en el camino halló. Con S. M. tiene concertado Hernando Cortés con ciertas mercedes que le han prometido, de descobrir en aquellas mares; y pues S. M. lo puede hacer sin ellas, puede tornar á mandar ver si será bien hacello á su costa, y encargallo á quien pueda remover cada vez que fuese servido; porque algunos piensan aquí, segun lo que han visto en tiempo pasado, que si Cortés lo va á hacer morirá con corona. Asimismo, pues por este navío se sabe estar cerca de aquí el especiería, S. M. debria mandar proveer de aquí un par de navíos que fuesen allá para traer á estas partes planta é simiente del especiería, pues todas estas islas y tierras son abtas para ello, la cual se extenderia por todas estas tierras, y deshacerse hia todo el trato de Levante y Portugal, y quedaria en Castilla, y todas estas tierras se ennoblecerian y poblarian mucho mas, y S. M. podria haber dello muy grandes rentas, ganando bula de Su Santidad de los diezmos della, y imponiendo otro diezmo por sus derechos, y mas lo que habia de los almojarifadgos de lo que allá fuese. Y esto, señores, se podria luego hacer, enviando á suspender que no saliesen los navíos del dicho Hernando Cortés, y tomándoselos para en cuenta de lo que le debe, y enviando buenos pilotos y personas que sepan de planta y simiente; y aun para los armar y enviar, aquí habria quien lo hiciese si S. M. no lo quisiese hacer á su costa, con que les dejasen rescatar y traer especiería en ellos; pero lo mejor era hacello los oficiales de S. M. Y tambien, señores, mandando S. M. descobrir las dichas islas y tierras en la Mar del Sur, se ennobleceria esta Nueva España, enviando S. M. aquí, como le han suplicado, todo género de planta y simientes, pues lo lleva la tierra en mucha abundancia. Sepa S. M. que hay necesidad de sembrar para coger, y no ternia yo en mucho desta manera que fuesen estas tierras la mayor y mejor parte de sus señoríos.

Nuestro Señor las magníficas personas de V. Mds. guarde y acreciente. De México, á 31 de Agosto de 1526 años. Señores: besa la mano de V. Mds.—DIEGO DE OCAÑA.

Magníficos señores.—Por la carta que va con esta he escrito tan largo á V. Mds., aunque á mi parecer corto y en suma lo que ha pasado, que temo que ya estarán importunados de leer. Pero el mismo celo que me movió á escribir la otra me hace escrebir esta, por ser despues acá en pocos dias pasadas cosas de mucha importancia. El Sábado por la mañana, 1° de este mes de Setiembre, me dijo Lopez, hermano de Diego Lopez, veinte y cuatro de Sevilla, que traia una carta que Jorge de Alvarado escribió á Pedro de Alvarado su hermano, teniente de Guatemala, en que le dijo que no obedezca al licenciado Márcos de Aguilar ni á sus mandamientos. El Sábado en la tarde lo dije yo al licenciado, el cual me dijo que ya la tenia y que la guardaba para en su tiempo y lugar. Yo le dije que mirase su merced que aquello no se podia hacer sin acuerdo y mandado de Hernando Cortés, y él me dijo que lo claro no habia menester glosa. Este mismo dia en la tarde se pregonó en la plaza desta ciudad por pregonero y ante escribano, ciertas ordenanzas que Hernando Cortés hizo, en que parecia querer tentar los vados de sus pensamientos y voluntades ajenas, en que decia: «manda el Señor Don Hernando Cortés, capitan general y gobernador desta Nueva España y sus provincias por SS. MM., que porque S. M. le encomendó el buen tratamiento de los naturales de la tierra, que ninguno sea osado de salir desta ciudad ni de otros lugares sin su licencia ó de sus tenientes, so ciertas penas. Item, que ninguno que tenga Indios pueda vender maiz, ni les pedir mas de lo que ha menester para su comer, so ciertas penas,» y otras muchas ordenanzas que se pregonaron. Los servidores de S. M. dijeron que este pregon era *crimen Majestatis*, y que lo hacian con intincion, que viendo que se pregonaba gobernador, el pueblo le acudiese para algo que pensaba hacer, estando las fortalezas del rey como corral de vacas, y él con mucha artillería y armas y municion; y que lo del maiz seguia las mismas pisadas, por poner en necesidad de mantenimiento á la gente, teniendo él como tenia cuatrocientas mill hanegas de maiz entrojado que vendia. El licenciado Márcos de Aguilar comenzó á hacer luego su pesquisa, y luego aquella noche concurrió mucha gente armada á casa del dicho Hernando Cortés, que durmió en ella. Asimismo los servidores de S. M. concurrieron á las casas del licenciado y del tesorero y del veedor, y durmieron allí. Otro dia siguiente, Domingo en la tarde, el licenciado salió á la plaza y hizo llamar á Hernando Cortés, y hizo ciertos pregones en que dijo, que á su noticia era venido que algunas personas se juntaban á hacer ligas é munipodios en algunas casas con gente armada, en deservicio de S. M. y para turbar la paz y sosiego de la tierra; y otros habian dicho palabras osadas contra la justicia de S. M.; protestando de proceder contra ellos por ellas, que les mandaba que luego se derramasen y no se juntasen mas á hacer las dichas ligas, ni se armasen ni acudiesen mas á las dichas casas, so ciertas penas; y mandó pregonar una provision de S. M. en que mandaba que todos diesen favor y ayuda á Luis Ponce de Leon y se ayuntasen con él á punto de guerra cada y cuando se lo mandase, so ciertas penas. Despues de leido hizo cierto razonamiento á los que estaban presentes en servicio de S. M. Luego la misma tarde entró el contador Rodrigo de Albornoz que iba á embarcarse y lo supo en el camino, y luego otro dia Lúnes en amaneciendo, el licenciado dió mandamiento, y fueron á casa de Hernando Cortés á sacar y sacaron con él[1] al fator Gonzalo de Salazar, que estaba en la junta y nunca lo habian podido sacar hasta allí con mañas quel dicho Hernando Cortés habia tenido, y mandólo llevar á la cárcel y encerrallo en una cámara; así por hacelle justicia como por esforzar la justicia, acompañáronlo hasta allí mas de cien servidores de S. M. y amigos suyos; y luego que Hernando Cortés lo supo juntó hasta sesenta ó setenta hombres de sus aliados que andaban armados y á pié: fué con ellos á la cárcel y pidió las llaves de la cámara del dicho fator. Concurrió allí luego

---

[1] Es decir, con el mandamiento.

Gonzalo de Sandoval que le estorbó lo que queria hacer, porque ya el licenciado y el tesorero venian con gente á la cárcel, y así se volvió el dicho Hernando Cortés sin abrir la cámara do estaba el dicho fator. Despues de esto el dicho licenciado y los dichos tesorero y contador hicieron cierto requerimiento al dicho Hernando Cortés, para que pues S. M. le habia suspendido los oficios, dejase la dicha capitanía y gobernacion y repartimiento de los Indios; y sobre esto ovo muchas juntas de todos ellos y de frailes, y al fin lo ovo de hacer así, so ciertas protestaciones que hizo. Aquí, señores, se han mostrado muy bien los servidores de S. M., porque sin mandárselo nadie iban á acompañar de noche y de dia al dicho licenciado, y otros en casa del tesorero y contador y en la cárcel donde estaba el fator y en el aposento del veedor, á causa que si Hernando Cortés diese de noche en alguna parte, como hizo á Narvaez, los otros se hallasen fuertes para le socorrer: en fin, que aquí estamos repartidos en dos bandos, que los unos tienen el servicio del rey delante, y los otros el partido de Hernando Cortés. De todas estas cosas, como es notorio, el alcaide Salazar casi toma la voz de Hernando Cortés, y por propias cosas suyas, las suyas. Allá diz que va el alguacil Proaño herido desta misma yerba: el pueblo dice contra ellos muchas cosas que dejo de escrebir. Dejó, señores, Proaño, alguacil mayor, por sus tenientes á Diego Valadés y á Blasco Hernandez, cuñados del dicho Hernando Cortés, y hizo su partido con Hernan Lopez Dávila, y dejóle la vara de alguacil mayor y fué recibido al oficio; y como Hernando Cortés lo supo y quel dicho Hernan Lopez se juntaba con la justicia, diz que escribió al dicho Proaño para que le revocase el poder y lo diese á otro, y diz que envió á Gerónimo Lopez, escribano del rey, al camino á él para que se hiciese, el cual lo hizo y vino aquí la revocacion; y sabido por el licenciado, siguiendo lo que conviene al servicio de S. M., no le ha querido quitar la vara: digo esto para que lo sepan V. Mds., y que todos los oficios quieren corromper aquí á dinero, y se mire no se haga así en la escribanía para tomalle la residencia. Todavía se temen aquí de sus mañas, especialmente que dicen que ha enviado por Pedro de Alvarado y la gente que tiene en Guatemala. La justicia hace guarda, y conviénele guardarse, y esto es muy recia cosa en tierra del rey.

Aunque yo siento que es error querer yo dar parecer con tan poca

TABLA ANALÍTICA

DE LOS ESCRITOS DE FRAY TORIBIO DE MOTOLINIA.

Acalis, ó barcas de los Indios, pág. 200.
ACAMAPITZTLI, rey de los Mexicanos, 6.
Acolhuas, su orígen, 11.
ACOLI, capitan de los Acolhuas, 11.
ACXOTECATL, cacique, mata á su hijo, 217-219. Y á la madre de este, 220. Es ajusticiado, 221.
Agüeros que tenian los Indios, 129, 130.
Aguilas reales que tenia Moteuczoma, 185.
Ahuacatl, fruta, 194.
AHUITZOTL, emperador de México, hizo muchos sacrificios humanos, 254.
Algodon, 190.
Alumbre, 189.
Alvarado (rio de), 202.
Atlixco (valle de), su situacion, clima y aguas, 237. Sus producciones, 239, 241. Era el campo de batalla de los Indios, 240.
Autos representados por los Indios, 82. Uno notable en Tlaxcallan, 85. Otro, 96, 97.
Aves acuáticas, 203.
Ayunos de los Indios, 51, 61.
Azúcar (cañas de), 196.

Bálsamo, 191.
Bautismo, cómo se comenzó á administrar, 101, 107. El de un hijo de Moteuczoma, 107. Lo que sucedió con un niño no bautizado, 108. Número de bautizados, 109, 163. Opiniones que hubo sobre administrarlo á los Indios, 110. Modo de administrarlo, 112. Lo que se dispuso acerca de esto, 112, 114. Se suspende, 114. Y los frailes lo continúan, *ibid*. Mudos y ciegos que vinieron á bautizarse, 115, 116.
BENITO, mancebo de Chololllan, vision que tuvo, 122.
Brasil (palo de), 189.

Caballos, abundan en México, 177.
Cacao, 190.
CALAHORRA (Martin de), procesa y ahorca al cacique Acxotecatl, 220.
Calpixques, crueles con los Indios, 17.
Camaxtli, ídolo de Tlaxcallan, 59.
Canela, 190.
Cantares de los Indios, 69.
Cañafistola, 191.
CARO (Fray Juan), el primero que enseñó el castellano y el canto de órgano á los Indios, 109.
CASAS (Fray Bartolomé de las), no tiene razon en lo que dice, 255. Cuán mal dispuso una expedicion á la Florida, *ibid*. Se mandaron recoger unos libros suyos, 256. Injuria á los conquistadores y encomenderos, *ibid*., 257, 261, 262, 267, 268. Sus viajes, 257. Traia Indios cargados, 258, 259. Lo que le sucedió sobre el bautismo de un Indio, 258. Por casos particulares juzga en general, 259, 268. Lo que hizo en su obispado, 259. Lo desampara, 260. No se ocupó sino en escribir contra los Españoles, *ibid*. Debe ser encerrado en

habilidad donde tanto saber sobra, con el mismo celo diré lo que me parece, y es porque hay peligro en la tardanza, de lo que S. M. ha de proveer, y el licenciado es hombre sabio, viejo y experimentado y deseoso de servir á S. M.: si á V. Mds. pareciese, pues las cosas están en este estado, debian por su parecer decir á S. M. que hasta que proveyese lo que mas conviniese á su servicio, debia luego despachar una ó dos carabelas con duplicados poderes para el dicho licenciado, para que usase de la jurisdiccion y provisiones que el dicho Luis Ponce traia, y una cédula para que mandase sacalle toda el artillería, armas y municion que tiene Hernando Cortés en su casa en una sala de armas de tres naves, que es mayor quel patio desa Casa de la Contratacion, y que lo pongan en las atarazanas, que está sin ninguna cosa, porque no entregó mas que las paredes, habiéndose hecho el artillería con lo que los Indios vasallos de S. M. dieron para ello; y una docena de cédulas en blanco para prender algunos destos sus criados y parciales que andan cerreros; y que si al dicho licenciado y los oficiales de S. M. pareciese que debia ser preso el dicho Hernando Cortes, lo hiciese así, porque mas seguramente osasen deponer los testigos lo que saben contra él.

No dejaré de escrebir á V. Mds., aunque es cosa liviana en cantidad, por lo que tiene de calidad, lo que pasó ayer Sábado, dia de Nuestra Señora, en un juego de cañas, que salieron ciertos parciales de Hernando Cortés al juego en hábito de romeros y echaron ciertas coplas que decian cada una:

> Cumpliré mi romería
> Cumplida la perdicion
> De todos cuantos
> Contra vos son.

Yo me he acortado todo lo que he podido, aunque va larga la escritura; pero parecióme que es bien dar de todo noticia á V. Mds. como á servidores de S. M.

Nuestro Señor las magníficas personas y casas de V. Mds. guarde y acreciente.—De México á 9 de Setiembre.

Señores.—Habiendo escrito hasta aquí, son venidas cartas como viene Pedro de Alvarado. Los servidores del rey están muy escandalizados porque trae toda la gente de Guatemala y toda la otra que Her-

nando Cortés habia llevado, en que trae quinientos Españoles; creese que viene por mandado de Hernando Cortés, segund la carta que he dicho que tiene tomada, que Jorge de Alvarado la escribia. Los parciales de Hernando Cortés hacen muchas alegrías, y dicen lo que piensan en sus corazones, é la justicia hará ciertos pregones sobre ello: y quieren enviar un mandamiento para Pedro de Alvarado con graves penas, que vuelva la gente á Guatemala y que venga él con los vecinos que de aquí fueron. Y otra provision para Gonzalo de Alvarado, que se ha mostrado siempre servidor de S. M., para encargalle la capitanía de Guatemala. Plega á Dios no haga como César cuando el pueblo romano le envió á mandar que dejase las armas; lo que sucederá Dios lo sabe; lo mejor seria asegurallo todo con prender media docena de personas, que se puede hacer muy bien aquí. El socorro de allá está tan lejos, cuando algo fuese, que nos habrán de hacer traidores por fuerza ó habemos de morir á mi parecer, y esto será lo mejor. Fecha el dicho dia. Señores: besa la mano de V. Mds.
—Diego de Ocaña.

FIN DEL TOMO PRIMERO.

TABLA ANALÍTICA

DE LOS ESCRITOS DE FRAY TORIBIO DE MOTOLINIA.

Acalis, ó barcas de los Indios, pág. 200.
ACAMAPITZTLI, rey de los Mexicanos, 6.
Acolhuas, su orígen, 11.
ACOLI, capitan de los Acolhuas, 11.
ACXOTECATL, cacique, mata á su hijo, 217-219. Y á la madre de este, 220. Es ajusticiado, 221.
Agüeros que tenian los Indios, 129, 130.
Aguilas reales que tenia Moteuczoma, 185.
Ahuacatl, fruta, 194.
AHUITZOTL, emperador de México, hizo muchos sacrificios humanos, 254.
Algodon, 190.
Alumbre, 189.
Alvarado (rio de), 202.
Atlixco (valle de), su situacion, clima y aguas, 237. Sus producciones, 239, 241. Era el campo de batalla de los Indios, 240.
Autos representados por los Indios, 82. Uno notable en Tlaxcallan, 85. Otro, 96, 97.
Aves acuáticas, 203.
Ayunos de los Indios, 51, 61.
Azúcar (cañas de), 196.

Bálsamo, 191.
Bautismo, cómo se comenzó á administrar, 101, 107. El de un hijo de Moteuczoma, 107. Lo que sucedió con un niño no bautizado, 108. Número de bautizados, 109, 163. Opiniones que hubo sobre administrarlo á los Indios, 110. Modo de administrarlo, 112. Lo que se dispuso acerca de esto, 112, 114. Se suspende, 114. Y los frailes lo continúan, *ibid*. Mudos y ciegos que vinieron á bautizarse, 115, 116.
BENITO, mancebo de Chololan, vision que tuvo, 122.
Brasil (palo de), 189.

Caballos, abundan en México, 177.
Cacao, 190.
CALAHORRA (Martin de), procesa y ahorca al cacique Acxotecatl, 220.
Calpixques, crueles con los Indios, 17.
Camaxtli, ídolo de Tlaxcallan, 59.
Canela, 190.
Cantares de los Indios, 69.
Cañafístola, 191.
CARO (Fray Juan), el primero que enseñó el castellano y el canto de órgano á los Indios, 109.
CASAS (Fray Bartolomé de las), no tiene razon en lo que dice, 255. Cuán mal dispuso una expedicion á la Florida, *ibid*. Se mandaron recoger unos libros suyos, 256. Injuria á los conquistadores y encomenderos, *ibid*., 257, 261, 262, 267, 268. Sus viajes, 257. Traia Indios cargados, 258, 259. Lo que le sucedió sobre el bautismo de un Indio, 258. Por casos particulares juzga en general, 259, 268. Lo que hizo en su obispado, 259. Lo desampara, 260. No se ocupó sino en escribir contra los Españoles, *ibid*. Debe ser encerrado en

un monasterio, 261. Es falso lo que dice de los Indios esclavos, 271-273.
Cera, 192.
Cíbola, 4, 12.
CISNEROS (Fray García de), uno de los doce primeros franciscanos que vinieron á la Nueva España, 160.
CIUDAD RODRIGO (Fray Antonio de), carta suya en que cuenta una fiesta en Tlaxcallan, 87. Fué uno de los doce primeros franciscanos que vinieron á la Nueva España, 160.
Cocodrilos, 200.
Codicia, sus estragos, 28.
Colhuas, pobladores de Anáhuac, 3, *y nota*. Su venida, 4, 5. Su orígen, 10.
Colores que usan los Indios, 192.
Copalli, 46.
CÓRDOBA (Fray Andrés de), lego franciscano, vino con la primera mision de su órden á Nueva España, 160.
CORTÉS (Hernan), conquista á México, 15. Su elogio, 188. Cómo se condujo en la conquista, 274-276. Lo que protegió á los Indios, 276.
CORUÑA (Fray José de la), debió acompañar á los primeros franciscanos, pero se quedó en España, 160 *nota*.
CORUÑA (Fray Martin de la), fué uno de los doce franciscanos de la primera mision que vino á la Nueva España, 160.
Cotoch, su etimología, 192.
Coyoacan, su situacion, 182. Residen allí los Españoles despues de la toma de la capital, *ibid*.
Coyotes, 48.
CRISTÓBAL, niño indio de Tlaxcallan, muerto por su padre, 217-219.
Cruces, muchas y muy reverenciadas en la Nueva España, 137.
Cuauhquechollan, 7. Sus guerras con los de Calpa y Huexotzinco, 237, *y nota*.
Cuautitlan, primer pueblo en que enseñaron los frailes, 101. Su situacion, 182.
Cuitlahuac, pueblo, su conversion, 103.
Culebras, 33. Cómo las cogen los Indios, 81.

Chalchihuitl, piedra fina, 189.
Chicomoztoc ó Siete cuevas, 7
CHICHIMECATL, 10.
Chichimecas, primeros pobladores de Anáhuac, 3. Gente bárbara, y sus costumbres, 4, 173, 253.
Chinantla (rio de), 202.

Cholollan, la Roma de Anáhuac, 49. Fiestas que allí se hacian, 61. La pirámide, 65.

Encomenderos, doctrinan á sus Indios, 260.
Esclavos, se hicieron muchos en los primeros años despues de la conquista, 19. Es falso lo que acerca de ellos dice el obispo Casas, 271-273.
Españoles, sus discordias en México, 20. Regalo con que se tratan, 77. No querian creer en la conversion de los Indios, 135. Beneficios que deben á los frailes, 137. Los que son crueles con los Indios acaban mal, 139, 161. Hablaban mal de los frailes, 168. No miran mas que á su interés, 175, 205. Han traido ganados y semillas de España, 186. Cuenta que han de dar á Dios de los Indios, 207. Vienen engañados creyendo que todo es oro, 208. Buscan ídolos por codicia, 249.
Estanque de Dios, 203.
Eucaristía (Sacramento de la), se daba á muy pocos Indios, 123. Caso que sucedió sobre esto, 124. Manda el papa Paulo III que no se les niegue, *ibid*.

Fieras, su abundancia, 199. Modo de defenderse de ellas, *ibid*., 200.
Fiestas de los Indios; al fin del siglo, 38. De Panquetzaliztli, 39. Del dios del fuego, 43. Del dios del agua, 44. Del dia de Atemoztli, *ibid*. Del de Hueytozoztli, 45. De Tititl, 46. De los mercaderes, 47. De la diosa de la sal, *ibid*. De la venida del dios, *ibid*. Una muy solemne en Tlaxcallan, 55. Fiestas cristianas, 69 *y sig*. Pascuas, 69. Natividad, 70. Los Reyes, *ibid*. La Purificacion, *ibid*. Domingo de Ramos, 71. Miércoles de Ceniza y Juéves Santo, *ibid*. Dia de los difuntos, 72. De Corpus Christi en Tlaxcallan, 79. De San Juan Bautista allí, 82. De Nuestra Señora de la Encarnacion, 84. En Tlaxcallan por las paces entre el Emperador y el rey de Francia, 87. Cesaron las de los Indios con la venida de los Españoles, 247.
Flores, su abundancia en Tlaxcallan, 80.
Florida, conviene su conquista, 255, 263.
Frailes, su empeño en la conversion de los Indios, 22. Destruyen los ídolos, 26, 34. Sus primeros trabajos, 101, 103. Predican y bautizan con un rio de por medio, 106. Trabajaron mucho en los primeros años, 126. Empeño que tomaron los In-

dios en que no se los quitasen, 134, 135.
Vienen cuarenta de España, 136. Por violacion de asilo sákanse del convento de San Francisco de México, 136. Evitan un alzamiento de los Indios, 144. Su buena vida y ejemplo, 162. Cómo enseñaban á los Indios, 163. Su desinterés y humildad, 167. Predican á los Zapotecas, 170. En Coatzacoalco, Xicalango y Campech, 171. Por Xalisco y la Nueva Galicia, *ibid.* A los Chichimecas, 173. Adonde ellos no llegan no hay cristiandad, 175. Introdujeron frutas nuevas, 191. Trabajos que pasan por la aspereza de la tierra, 198. Les libra Dios de muchos peligros, 201. Recogen á los niños indios en los monasterios, 214. Hay pocos frailes en cada monasterio, 230.

Francisco (Convento de San), en México, primera iglesia en Nueva España, 137.

FRANCISCO (Don), señor de Cuitlahuac, su conversion y muerte, 103.

FUENLEAL. Véase RAMIREZ.

FUENSALIDA (Fray Luis de), uno de los doce franciscanos de la primera mision, 160.

Ganados, su abundancia en la Nueva España, 177, 264, 265.
Goma elástica ú *óllin*, 44.
Grifos, los hubo en Nueva España, 185.
Guajolotes monteses, 86.
Guatlaos, qué eran, 27 *nota.*
Guayacan, 195.
Guerras, muy frecuentes en la Nueva España, 141, 272.

Hermanos, sucedian en el trono de México, 6.
HERNANDO (Don), hermano del señor de Tetzcoco, su casamiento, 124.
Hospitales hechos por los Indios, 131.
Hueytozoztli, 45.
Huitzila (rio de), 202.

Idolos, gran cantidad de ellos en Nueva España, 33, 248.
Iguanas, 204.
Indias, servian en los templos, y cómo, 53. Sus partos, 77. Véase *Niñas Indias.*
Indios de Nueva España, no tenian letras, 2. Tenian cinco libros de figuras, 3. Y se ayudaban con la tradicion, 7. Su origen, 11, 12. Mueren muchos de viruelas, 15. De sarampion, *ibid.* En la conquista de México, 17. De hambre, *ibid.* En las minas, 18. En la reedificacion de México, *ibid.* Sus vicios, 22. Contrahacian la comunion, 22. Principio de su conversion, 29, 101. Sus templos, 30. Sus fiestas, 31. Multitud de sus ídolos, 32. Su cómputo del tiempo, 36, 38. Sus ceremonias y costumbres en los nacimientos, 37, 108, 138. Nombres á los niños, 37. Sus ayunos, 50. Conservaban las calaveras de los sacrificados, 52. Sus crueles penitencias, 57. Les incitaba el demonio contra los Españoles, 67. Sus artefactos de oro y pluma, 68. Cómo celebran las fiestas cristianas, 69. Todos saben torcer cordel, 70. Su pobreza, 72, 76, 113, 167. Gran ofrenda que hicieron en Tlaxcallan, 73. Su hospital, 75. Sus danzas, *ibid.* Son muy pobres y humildes, 76. Sus restituciones en la cuaresma, 83, 118, 121. Es general entre ellos la embriaguez, 106. Número de los bautizados, 108, 109. Su timidez, 113. Su habilidad, *ibid.* Con su trabajo se enriquecen los Españoles, 115. Sus pobres, 120. Su órden de heredar, *ibid.* Trato que dan á sus esclavos, 121. Cómo se confesaban por figuras, 122. Trabajo para quitarles la poligamia, 125. Se casan despues muchísimos, 126, 127. Los convertidos iban á predicar á los infieles, 128. Agüeros que tenian, 129. Han hecho hospitales, 131. Y uno muy principal en Tlaxcallan, *ibid.* Dan libertad á muchos esclavos, 132. Visiones que han tenido, 133. Empeño que tomaron en que no les quitasen los frailes, 134, 135. El que tuvieron en que sus hijos fuesen doctrinados, 138. Reverencia que tienen al Santo Nombre de Jesus, 140. Sorpresa que les causó la venida de los Españoles, y cómo les llamaban al principio, 142. Intentan alzarse en ausencia de Cortés, 143. Su devocion á San Francisco, 145, 146. Y aficion á sus frailes, 166. En algunas partes hacen sus casas en alto por temor de las fieras, 199. Bienes que resultan de su conservacion, 207. Su aptitud para aprender ó imitar, 209. Cómo aprendieron la música, 210. Y el latin, 211. Caso sucedido sobre esto, *ibid.* Aprenden muchos oficios, y cómo, 212. Caso gracioso de uno que hizo sambenitos, 213. Escondieron los ídolos principales, 247. Y ya convertidos los descubrieron, 248. Olvido en que han puesto la idolatría, 249. Dimi-

nucion que han padecido, 264, 270. No debe permitírseles que usen caballos, 265. Véase *Fiestas*, *Niños indios*, *Sacrificios y Sacerdotes*.
Itzcoatzin, rey de México, 6.

Jerusalem, su conquista representada por los Indios, 87.
JIMENEZ (Fray Francisco), vino á la Nueva España en la primera mision de franciscanos, 160.
JUAN, Indio principal de Turecato, da libertad á sus esclavos, reparte sus bienes y solicita con instancia el hábito de San Francisco, 132.
JUAN DE LA CRUZ, mancebo de Chiautempan, vision que tuvo, 123.
JUAN (Don), principal de Cuauhquechollan, buen cristiano, y su muerte, 119.
JUAREZ (Fray Juan), fué uno de los primeros franciscanos que vinieron á la Nueva España, 160.

Liquidámbar, 190.

Macehuales, qué son, 19.
Maguey. Véase Metl.
Manatí, 203, 204.
Matlalcueye, diosa del agua en Tlaxcallan, 228. Destruye Fray Martin de Valencia sus imágenes, 229.
Matrimonio (Sacramento del), cómo y dónde comenzó en Nueva España, 124. Cómo se administraba, 127.
MAXISCATZIN, señor de Tlaxcallan, 229.
MENDOZA (Don Antonio de), virey, su elogio, 165.
Metl ó Maguey, qué planta es, 243. Sus muchos usos, 244-246. Otra especie de la misma planta, 245. Su abundancia, 246.
Mexicanos, terceros pobladores de Anáhuac, 3. Su venida, 5. Trajeron varias artes, 186. Cuándo llegaron á la Nueva España, ibid. Sus armas, 188.
México, su etimología, 180. Su situacion, 176, 181. Su Iglesia mayor, monasterios, audiencia, ayuntamiento, vecinos, cofradías, hospitales y riqueza, 176. Sus caballos y ganados, 177. Sus alrededores, 178. Sus lagunas, ibid. Sus inundaciones, 179. Sus fundadores, 185, 186. Descripcion de la ciudad, 187.
Mictlan, su descripcion, 170.
MINAYA (Fray Bernardino de), lleva consigo dos Indezuelos cristianos, 221. Los envia á recoger ídolos, 222. Y los matan, 223. Castigo de los asesinos, 224.
Mixteca, su situacion y producciones, 8.
MIXTECATL, 8.
Montañas. Véase Sierras.
Morales, 192, 237, 239.
MOTEUCZOMA I, 6.
MOTEUCZOMA II, 6. Significado de su nombre, 7. Recibe de paz á los Españoles, 16. Lo que ocurrió en el bautismo de un hijo suyo, 107. Magnificencia de su corte, 183, 184. Respeto con que era tratado, ibid. Su gran poder, 188.
MOTOLINIA (Fray Toribio de), uno de los doce primeros frailes franciscanos que vinieron á la Nueva España, 160. Escribió por obediencia, 99. Pasa una sierra muy áspera, 128. Su carta al Emperador, 253 y sig.
Música, cómo la aprendieron los Indios, 210.

Navajas, cómo las hacian los Indios, 56, 215.
Nicaragua, poblado por Mexicanos, 9.
Niñas indias, fueron recogidas y enseñadas, 225. Labores que ejecutaban, ibid. Dos casos notables de su castidad, 226.
Niños indios, sirven de mucho á los frailes, 224. Matan á un sacerdote gentil, 215. Van dos con Fray Bernardino de Minaya, 222. Y mueren á manos de gentiles, 223. Véase CRISTÓBAL
Nopal, 173.
Nueva España, su riqueza, 189, 193. Sus producciones, 189. Su clima, 193. Su abundancia de aguas, 196. Está muy despoblada, 265. Causas de su despoblacion, 199. Sus rios, 201. Diferencia de su clima al de España, 236. Su fertilidad, 241. Males que padece, 271. Lo que convendria proveer para su bien, 196, 263-266.

Oajaca ó Oaxyecac, sus producciones, 9. Mortandad de Indios, 20.
Obispos, no deben renunciar sino por graves causas, 261.
Ocelotl, fiera, 85.
Ocotochtli, cuadrúpedo, 185.
Ometochtli, dios del vino, 215.
Otlatitlan, pueblo, 203.
Otomíes, 9.
OTOMITL, 9.
OVIEDO (Gonzalo Fernandez de), citado, 205 y nota.

Palmas, 191.
PALOS (Fray Juan de), lego franciscano, vino en la primera mision de su órden, 160.
Papaloapan, rio, 202. Sus tributarios, *ibid*.
Papel, dónde y de qué se hacia en Nueva España, 246.
Pastel, tinte, 189.
Patos, 204.
Peces, de fundicion que hacian los Indios, con una escama de oro y otra de plata, todo de una pieza, 213.
Penitencia (Sacramento de la), cuándo y dóe de comenzó en Nueva España, 116, 164.
Perros, los trajeron los Españoles, 200.
Perú, desgracias y muertes que ha ocasionado, 206.
PIMENTEL (Don Antonio), su elogio, 2, 88.
Pimienta, 190.
Pirámide de Chololan, 65.
Poligamia, dificultades para desterrarla de entre los Indios, 125, 164.
Procesiones, cómo fué su principio en Nueva España, 105.
Puebla de los Angeles, su fundacion, 231. Descripcion de la ciudad, 233-235. Sus templos y hospital, 242. Sus vecinos, *ibid*. Elogio de la ciudad y conveniencia de fortificarla, *ibid*., 265.

Quauhquepaltepec, rio, 202. Pueblo, 203.
QUETZALCOATL, 10, 30, 65.
Quimichtepec, rio, 202.

RAMIREZ DE FUENLEAL (Don Sebastian), presidente de la Audiencia, su amor á los Indios, 165.
Resurreccion de un muerto, 145.
RIBAS (Fray Juan de), uno de los primeros doce frailes franciscanos que vinieron á la Nueva España, 160.
Robos, no los cometen los Indios, 141.
ROJAS (Gabriel de), citado, 66 *nota*.

Sacerdotes indios, 51.
Sacrificios de animales, 47.
Sacrificios humanos, 40 y sig., 256. En Cuautitlan, 43. A Tlaloc, 45. En Tlaxcallan, Huexotzinco y Chololan, 48. En Tehuacan, Teutitlan y Coxcatlan, 50. En Huexotzinco, Tepeyacac y Zacatlan, 60. Véase *Fiestas*.
Sal, 194.
SANTÍSIMO SACRAMENTO, cómo empezó á ponerse, y dónde, 67, 68.

Sarampion, aparece en Nueva España, 15.
Seda, mucha en Nueva España, 8, y nota, 192, 235, 239, 240.
Sierras (Montañas), hay muchas en Nueva España y en toda la América, 175. Las del valle de México, 179.
SOTO (Fray Francisco de), uno de los franciscanos de la primera mision, 160.

Tabaco ó *picietl*, adormece las culebras, 81.
TECTO (Fray Juan de), su venida, 111.
Tehuacan, pueblo, bienes que ha producido su monasterio, 117, 118. En él residió el autor, 13.
TENOCH, 7.
Tenochtitlan. Véase *México*.
Teocacholli, ave, 204.
Teocallis, su forma, 63. Multitud de ellos en todas partes, 65.
Teonanacatl, hongos embriagantes, 23.
Tepepolco, pueblo, se convierte y destruye sus idolos, 104.
Tepotzotlan, primer pueblo en que enseñaron los frailes, 101.
Terremotos, muy frecuentes, 130.
Tetzcoco, 5. Su descripcion, 182.
Tetzitzpec, pueblo, lo que sucedió con la señora de él, 117.
Teuhxiyuca, rio, 202.
Tezcatlipoca, 24.
Tiburones, 200, 203.
Tlacopan, 182.
Tlaloc, dios de los Indios, 228.
TLAPAXILOTZIN, India, madre del niño Cristóbal, su muerte, 220.
Tlatilulco, 181.
Tlaxcallan, sacrificios humanos allí, 55-59. Gran ofrenda de los Indios, 73. Primer dia que usó su escudo de armas, 81. Situacion y extension de la provincia, 227, 265. Sus montañas, 228. Sus idolos, *ibid*. Su fertilidad, 229. Su ciudad capital, *ibid*. Su gobierno, *ibid*. Ayudó mucho á la conquista, 230. Su crecimiento, 231. Razas que la pueblan, *ibid*.
Tlaxcaltecas, su origen, 11.
Tochimilco, 239.
Tochtlan, rio, 202.
Tollan, 5.
Tollantzinco, 5.
Toninas, 203.
Tunas, 173.

Uvas, 189.

Val de Cristo. Véase *Atlixco.*
VALENCIA (Fray Martin de), su patria, 148. Toma el hábito, y quién fué su maestro, *ibid.* Pasa á Santa María del Hoyo, 149. Sufre muchas tentaciones, y las palabras de una mujer le libran de ellas, *ibid.* Su afición á los árboles, 150. Desea el martirio, 102, 150. Vision que tuvo, 102, 151. Solicita licencia para ir entre infieles, y no la consigue, 152. Caso que le sucedió al pasar un rio, *ibid.* Va á reunirse con Fray Juan de Guadalupe, *ibid.* Se ve perseguido, 153. Pasa á Santa María del Berrocal, junto á Belvis, *ibid.* Visita á la Beata del Barco de Ávila, *ibid.* Pasa á San Onofre de la Lapa, y restablece la paz entre las casas de Priego y Feria, 154. Elegido provincial de la provincia de San Gabriel, *ibid.* Sus penitencias, *ibid.* Resuelve pasar á Nueva España, 155. Causa de ello, 102. Su venida con doce compañeros, 14, 156. Fué el primero que vino con autoridad apostólica, 147. Nunca pudo aprender la lengua mexicana, 156. Su penitencia y contemplacion, 157. Visita los pueblos de la laguna dulce, 101. Fundó el convento de Tlaxcallan, 158. Pasa á Tlalmanalco, *ibid.* Intenta extender la predicacion, 159. Va á embarcarse á Tecoantepec, y no lo consigue, 170. Da dos niños indios cristianos á Fray Bernardino de Minaya, 221. Y sentimiento que le causó su muerte, 224. Destruye en Tlaxcallan el templo de la diosa Matlalcueye, 229. Su muerte, 159.

Verapaz, 259.
Villancicos cantados por los Indios, 87.
Viruelas, principio que tuvieron en Nueva España, 14.

Xicolanco, 7.
XICOTENCATL, señor de Tlaxcallan, 230.
XOCHIPAPALOTZIN, significa FLOR-DE-MARIPOSA, incita á su marido Acxotecatl para que mate á su hijo Cristóbal, 218.

Yeso, 194.
Yucatan, su etimología, 192. Llamóse tambien así toda la Nueva España, *ibid.*

Zacatollan (rio de), 228.
Zarzamora, 189.
Zarzaparrilla, 195.
ZUMÁRRAGA (Fray Juan de), su venida, 14. Su celo en favor de los Indios, 165.

www.ingramcontent.com/pod-product-compliance
Lightning Source LLC
Chambersburg PA
CBHW061954300426
44117CB00010B/1337